U0895830

北京统计年鉴

Beijing Statistical Yearbook

2006

（京）新登字 041号

图书在版编目（CIP）数据

北京统计年鉴. 2006/北京市统计局编.
—北京：中国统计出版社，2006. 6
ISBN 7-5037-4876-1

I. 北… II. 北… Ⅲ.统计资料-北京市-2006
-年鉴 Ⅳ.C832.1-54

中国版本图书馆CIP数据核字（2006）第026079号

北京统计年鉴——2006

作　　者 / 北京市统计局、国家统计局北京调查总队
责任编辑 / 王立群
E-mail / yearbook@stats.gov.cn
责任校对 / 孟素洁
装帧设计 / 陆智昌/一石文化
彩页设计 / 陆智昌　管维洋/一石文化
出版发行 / 中国统计出版社
通信地址 / 北京市西城区三里河月坛南街75号　中国统计出版社
邮　　编 / 100826
电　　话 /（010）63376877
印　　刷 / 北京顺义振华印刷厂
经　　销 / 新华书店
开　　本 / 880毫米×1230毫米　1/16
字　　数 / 165万字
印　　张 / 30.25印张　　彩插/1.5印张
印　　数 / 0001-2400册
版　　别 / 2006年7月第1版
版　　次 / 2006年7月第1次印刷
书　　号 / ISBN 7-5037-4876-1/F·2223
定　　价 / 280.00元

中国统计版图书，版权所有，侵权必究。
中国统计版图书，如有印装错误，本社发行部负责调换。

同一个世界 同一个梦想 One World One Dream

奥运给我们带来太多的惊喜和难忘的瞬间
Olympic Games Gives Us Too Many Surprising Pleasure and Memorable Moments.

城市建设 呈现新面貌 >>

Urban Construction Presents A New Look

分功能区土地面积（单位：平方公里）
Land Area Grouped by Function（sq.km）

首都功能核心区：Core Districts of Capital Function 东城区 / 西城区 / 崇文区 / 宣武区 Dongcheng / Xicheng / Chongwen / Xuanwu	92.39
城市功能拓展区：Urban Function Extended Districts 朝阳区 / 丰台区 / 石景山区 / 海淀区 Chaoyang / Fengtai / Shijingshan / Haidian	1275.93
城市发展新区：New Districts of Urban Development 房山区 / 通州区 / 顺义区 / 昌平区 / 大兴区 Fangshan / Tongzhou / Shunyi / Changping / Daxing	6295.57
生态涵养发展区：Ecological Preservation Development Districts 门头沟区 / 怀柔区 / 平谷区 / 密云县 / 延庆县 Mentougou / Huairou / Pinggu / Miyun / Yanqing	8746.65

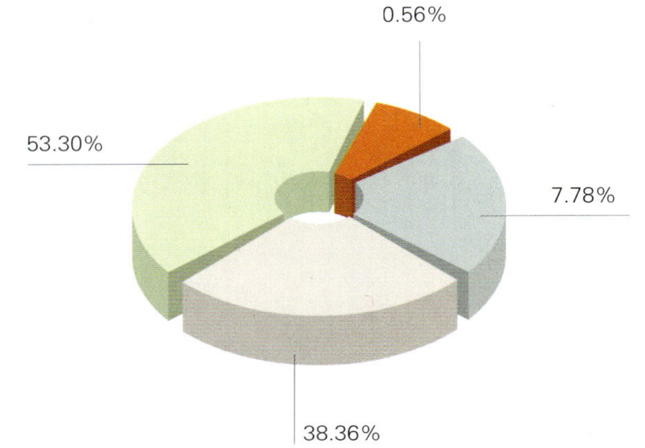

城镇化率（单位：%）
Rate of Urbanization（%）

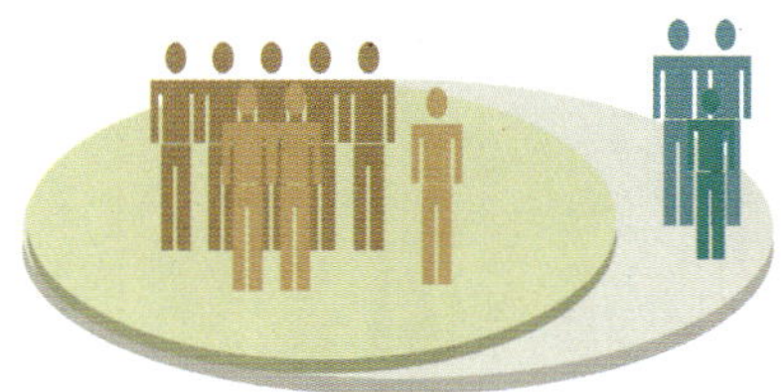

"九五"期末 The End of the 9th Five-Year Plan
77.5 %

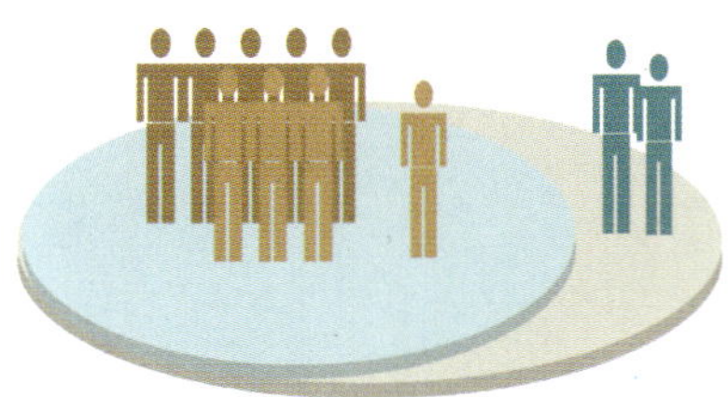

"十五"期末 The End of the 10th Five-Year Plan
83.6%

常住人口密度及功能区分布图（单位：人/平方公里）
Chart of Permanent Population Density and Function Distribution（person / sq.m）

首都功能核心区	Core Districts of Capital Function	22210
城市功能拓展区	Urban Function Extended Districts	5862
城市发展新区	New Districts of Urban Development	654
生态涵养发展区	Eclogical Preservation Development Districts	198

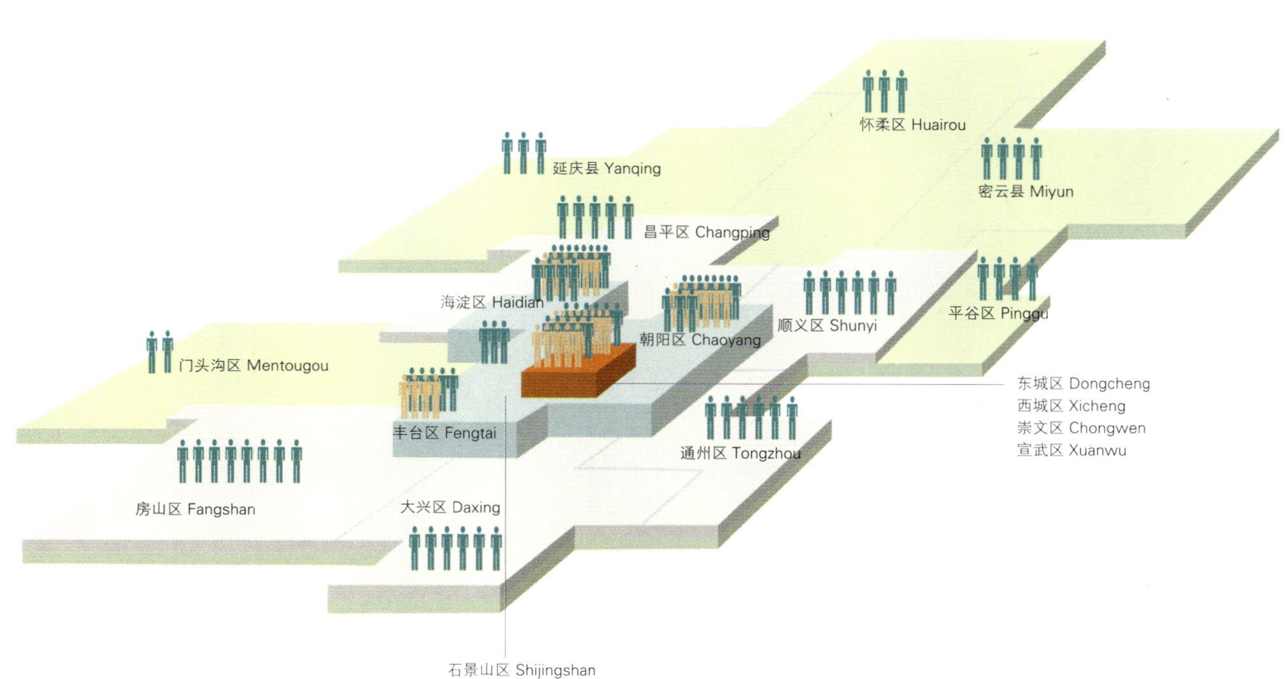

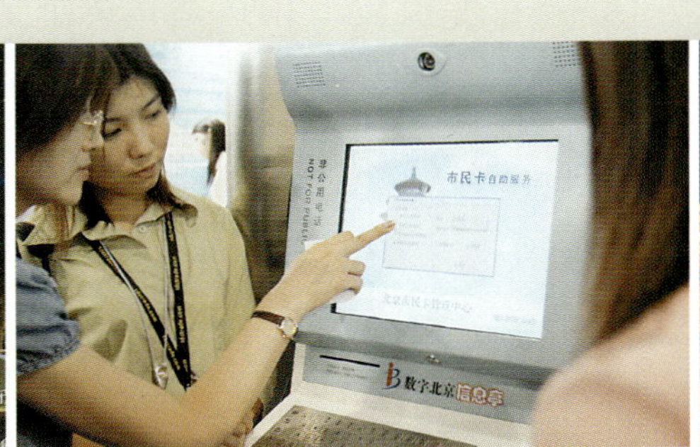

城市基础设施投资（单位：亿元）
Urban Investment in Infrastructures（100 million yuan）

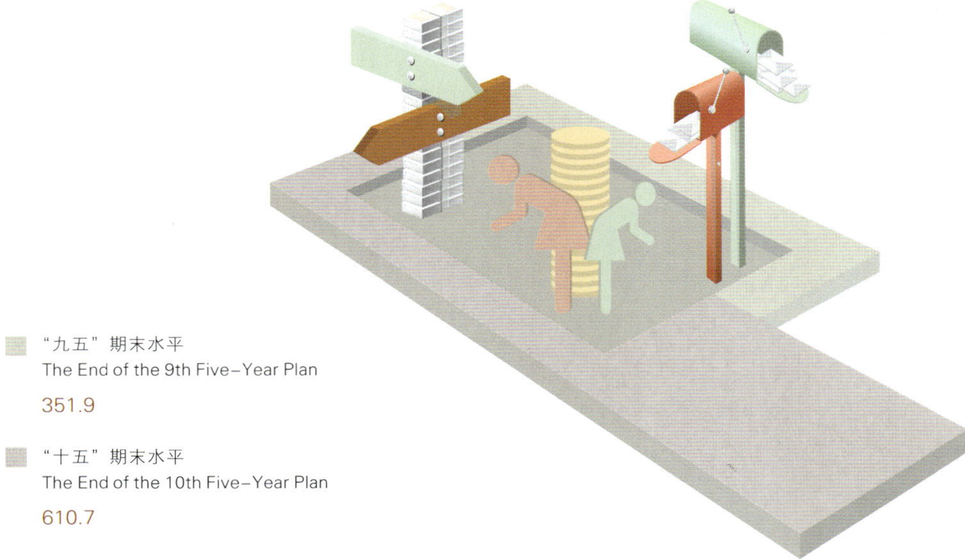

"九五"期末水平
The End of the 9th Five-Year Plan
351.9

"十五"期末水平
The End of the 10th Five-Year Plan
610.7

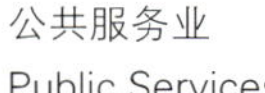

公共服务业
Public Services

"九五"期末水平
The End of the 9th Five-Year Plan
155.0

"十五"期末水平
The End of the 10th Five-Year Plan
160.3

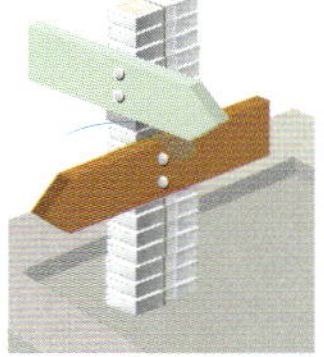

交通运输投资
Investment in Transportation

"九五"期末水平
The End of the 9th Five-Year Plan
44.8

"十五"期末水平
The End of the 10th Five-Year Plan
224.1

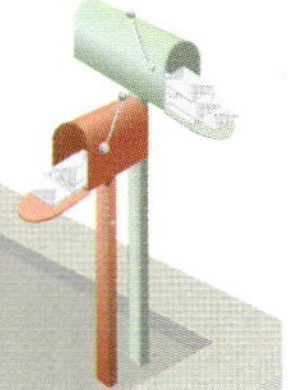

邮政电信
Post and Telecommunication

"九五"期末水平
The End of the 9th Five-Year Plan
63.7

"十五"期末水平
The End of the 10th Five-Year Plan
69.9

城市公共交通发展情况
Development of Public Traffic in Urban

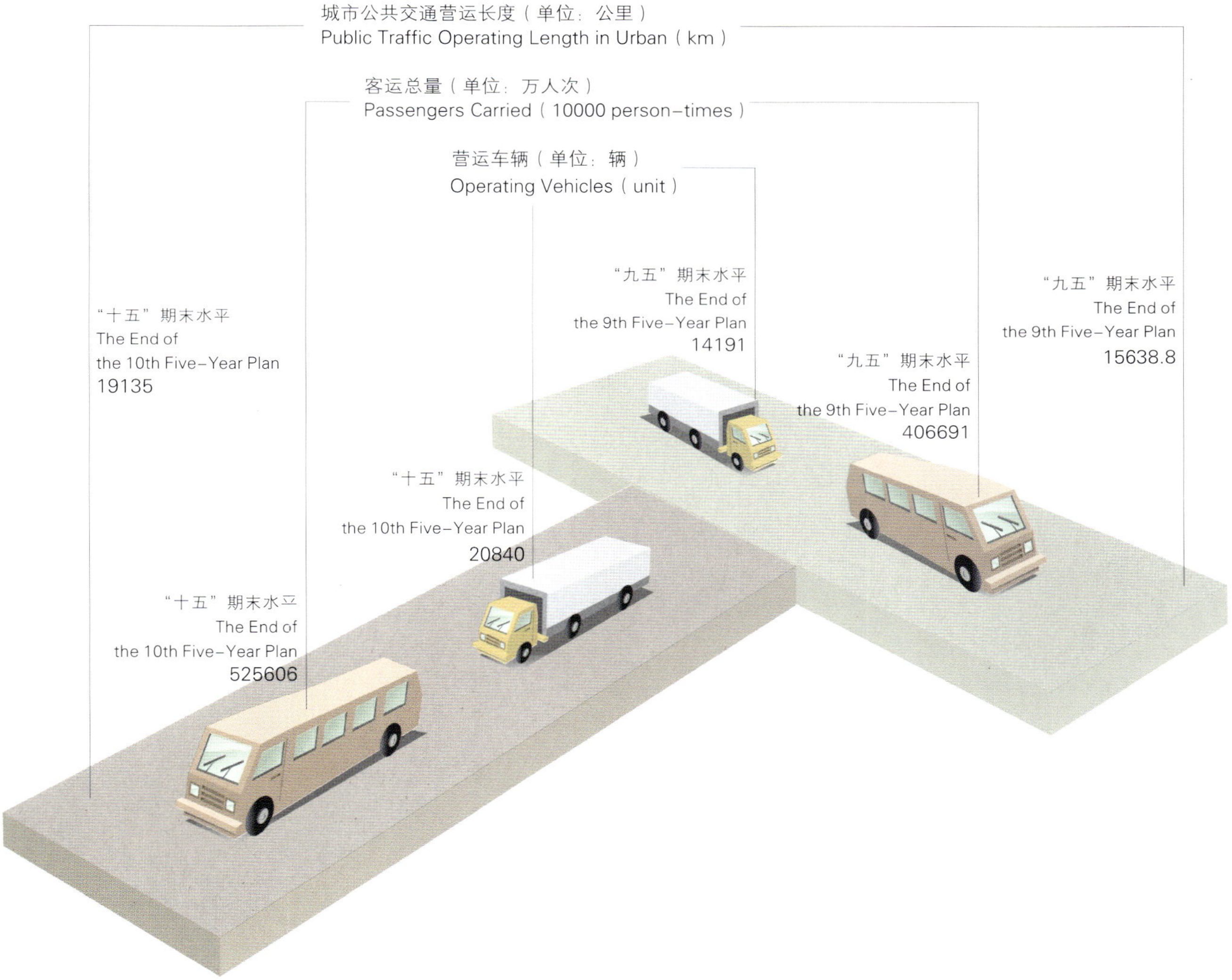

城市公共交通营运长度（单位：公里）
Public Traffic Operating Length in Urban（km）

客运总量（单位：万人次）
Passengers Carried（10000 person-times）

营运车辆（单位：辆）
Operating Vehicles（unit）

"九五"期末水平
The End of
the 9th Five-Year Plan
14191

"九五"期末水平
The End of
the 9th Five-Year Plan
15638.8

"十五"期末水平
The End of
the 10th Five-Year Plan
19135

"九五"期末水平
The End of
the 9th Five-Year Plan
406691

"十五"期末水平
The End of
the 10th Five-Year Plan
20840

"十五"期末水平
The End of
the 10th Five-Year Plan
525606

居民燃气用户（单位：万户）
Household with Access to Gas（10000 households）

"九五"期末 The End of the 9th Five-Year Plan
291.9

"十五"期末 The End of the 10th Five-Year Plan
458.5

北京地区用电量（单位：亿千瓦）
Beijing Electricity Consumption（100 million kwh）

北京地区用电量
Beijing Electricity Consumption

城乡居民生活用电量
Electricity Consumption by Urban and Rural Household

	2000年	2001年	2002年	2003年	2004年	2005年
北京地区用电量 Beijing Electricity Consumption	331.8	346.4	384.2	414.8	451.7	567.0
城乡居民生活用电量 Electricity Consumption by Urban and Rural Household	47.6	53.9	62.6	70.5	80.2	88.9

自来水售水量（万立方米）
Tap Water Sales in Volume（10000 cu.m）

集中采暖面积（单位：万平方米）
Central Heating Area（10000 sq.m）

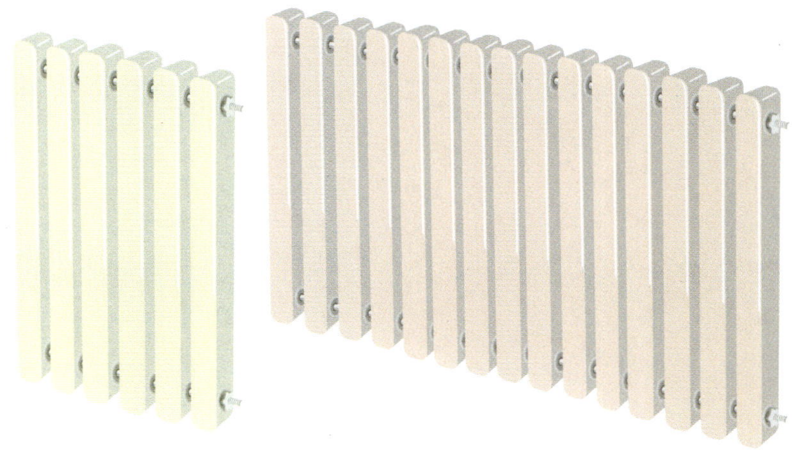

"九五"期末 The End of the 9th Five-Year Plan
10859.6

"十五"期末 The End of the 10th Five-Year Plan
31736

气象（2005年）
Meteorology（2005）

降水量（单位：毫米）	Precipitation（mm）	410.7
日照时数（单位：时）	Hours of Sunshine（hours）	2576.1
平均气温（单位：℃）	Average Temperature（℃）	13.2
平均风速（单位：米/秒）	Average Wind Speed（meter/second）	2.4
平均气压（单位：百帕）	Average Air Pressure（100 pa）	1012.8
大风日数（单位：日）	Days of Strong Wind（day）	5
雨日数（单位：日）	Days of Rain（day）	64

空气污染指数检测情况（2005年）
Minitoring Statistics for Air Pollution Index（2005）

空气质量好于或等于二级的天数（单位：天） Days of Air Quality Equal To or Above Grade II（day）	234

绿化建设
Virescence Construction

全市林木覆盖率（单位：%）Coverage of City Forest（%）	50.5
年末公共绿地面积（公顷）Public Green Areas（year-end）（hectare）	11356

环境保护基本情况
Basic Statistics for Environment Protection

自然保护区数（单位：个） Number of Nature Reserves（unit）	20
自然保护区面积（单位：万公顷） Area of Nature Reserves（10000 hectares）	13.6
可吸入颗粒物年日均值（单位：毫克/立方米） Annual Average of Daily PM10 Concentration（mg/cu.m）	0.142
二氧化硫年日均值（单位：毫克/立方米） Annual Average of Daily SO_2 Concentration（mg/cu.m）	0.05
二氧化氮年日均值（单位：毫克/立方米） Annual Average of Daily NO_2 Concentration（mg/cu.m）	0.066

	"十五"期末 The End of the 10th Five-Year Plan	"九五"期末 The End of the 9th Five-Year Plan
污水处理率（单位：%） Disposal Rate of Sewage（%）	62.4	39.4
下水道长度（公里） Length of Sewer（km）	6475	4847
污水处理量（万立方米） Disposed Volume of Sewage（10000 cu.m）	70158	37031

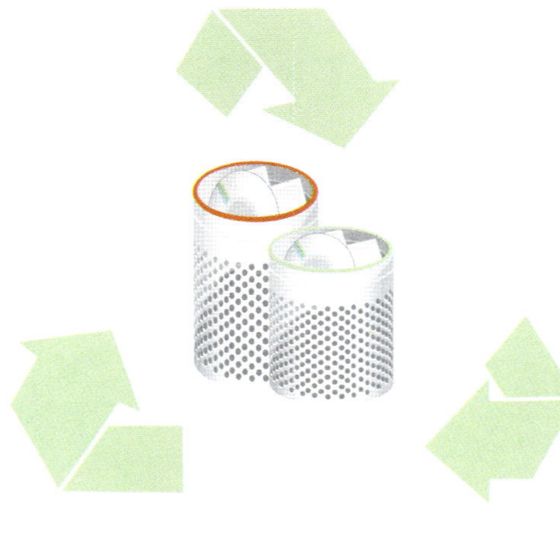

垃圾无害化处理情况（2005年）
Statistics for Harmless Disposal of Garbage（2005）

垃圾产生量（万吨） Output of Garbage（10000 tons）	537
垃圾无害化处理量（万吨） Volume of Harmless Disposal of Garbage（10000 tons）	436
粪便清运量（万吨） Volume of Excrement and Urine Disposal（10000 tons）	172
清扫街道面积（万平方米/日） Area Cleaned（10000 sq.m / day）	1247.7

经济发展 进入新阶段 >>

Economic Growth Comes Into a New Phase

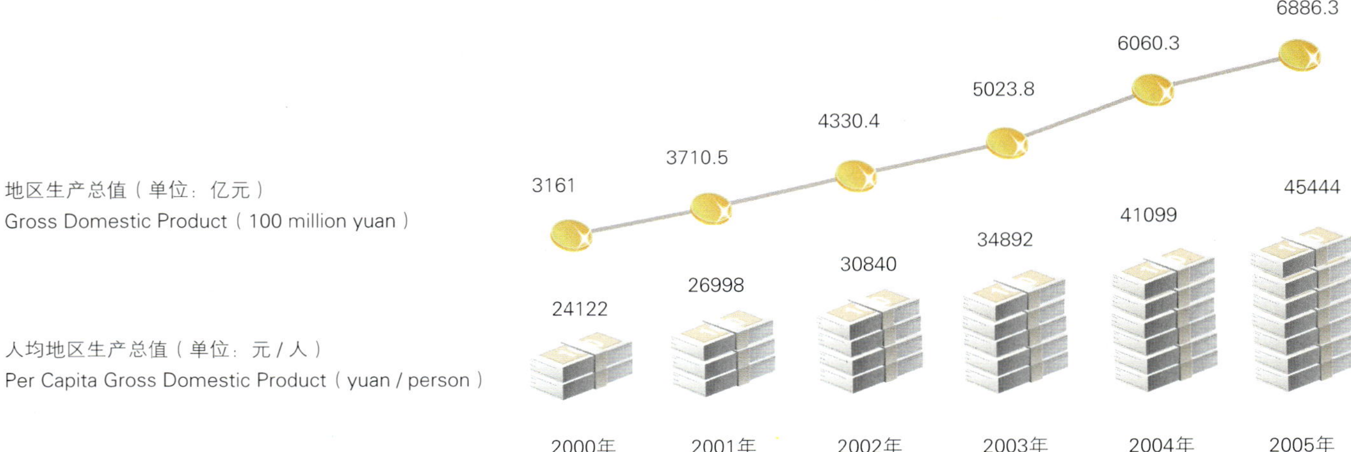

地区生产总值产业构成（单位：%）
Industry Composition of Gross Domestic Product（%）

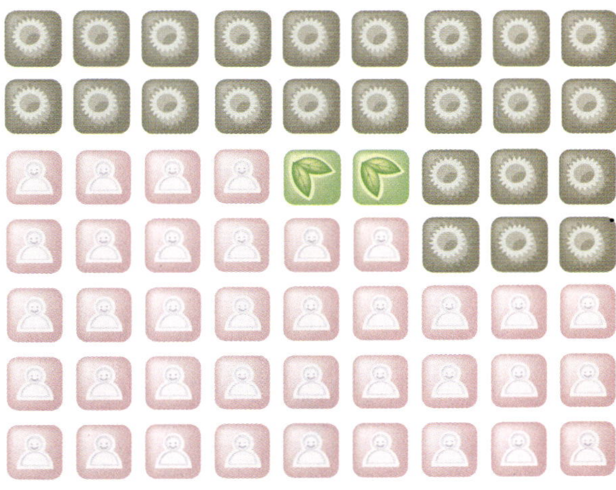

第一产业 Primary Industry 1.4%
第二产业 Secondary Industry 30.9%
第三产业 Tertiary Industry 67.7%

社会消费品零售额（单位：亿元）
Total Retail Sales of Consumer Goods（100 million yuan）

全社会固定资产投资（单位：亿元）
Total Investment in Fixed Assets（100 million yuan）

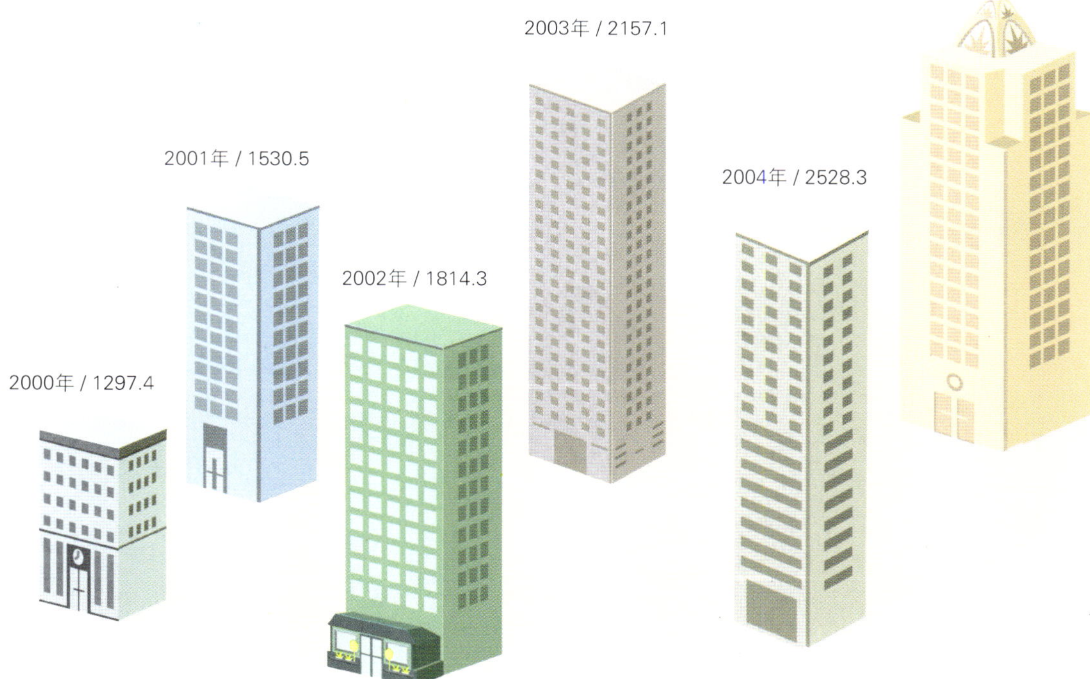

居民消费价格指数
Consumer Price Index

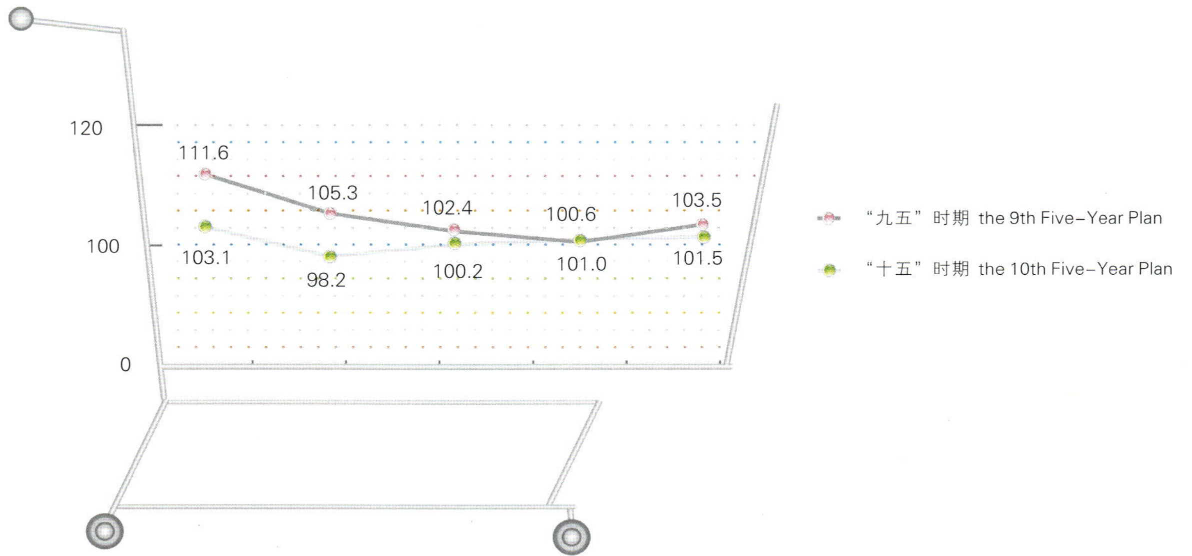

万元地区生产总值综合能耗（吨标准煤）
Comprehensive Energy Consumption by Per 10000 yuan GDP (In tons of SCE)

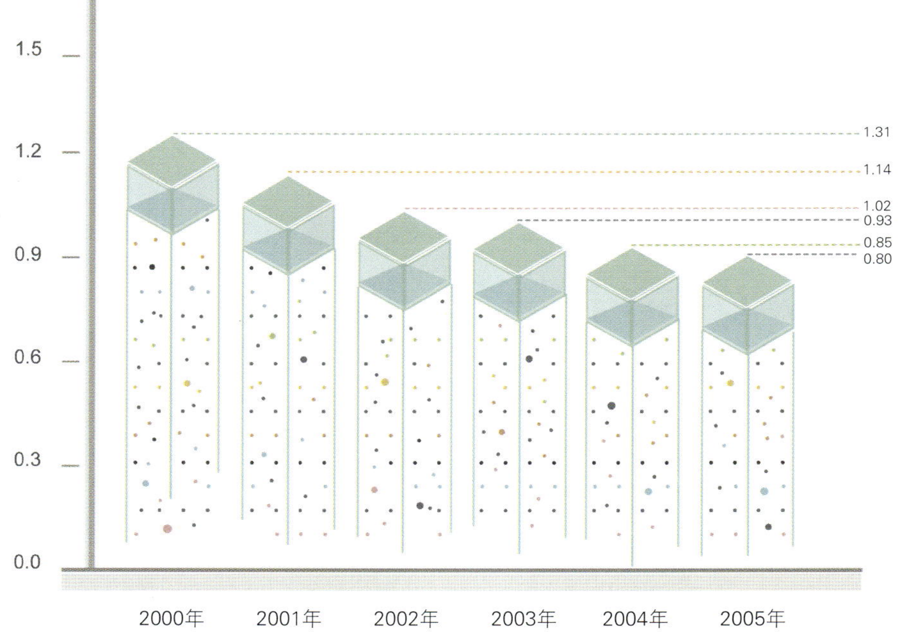

全力打造六大城市功能区
Devote Every Effort to Build Major 6 Urban Functional Districts

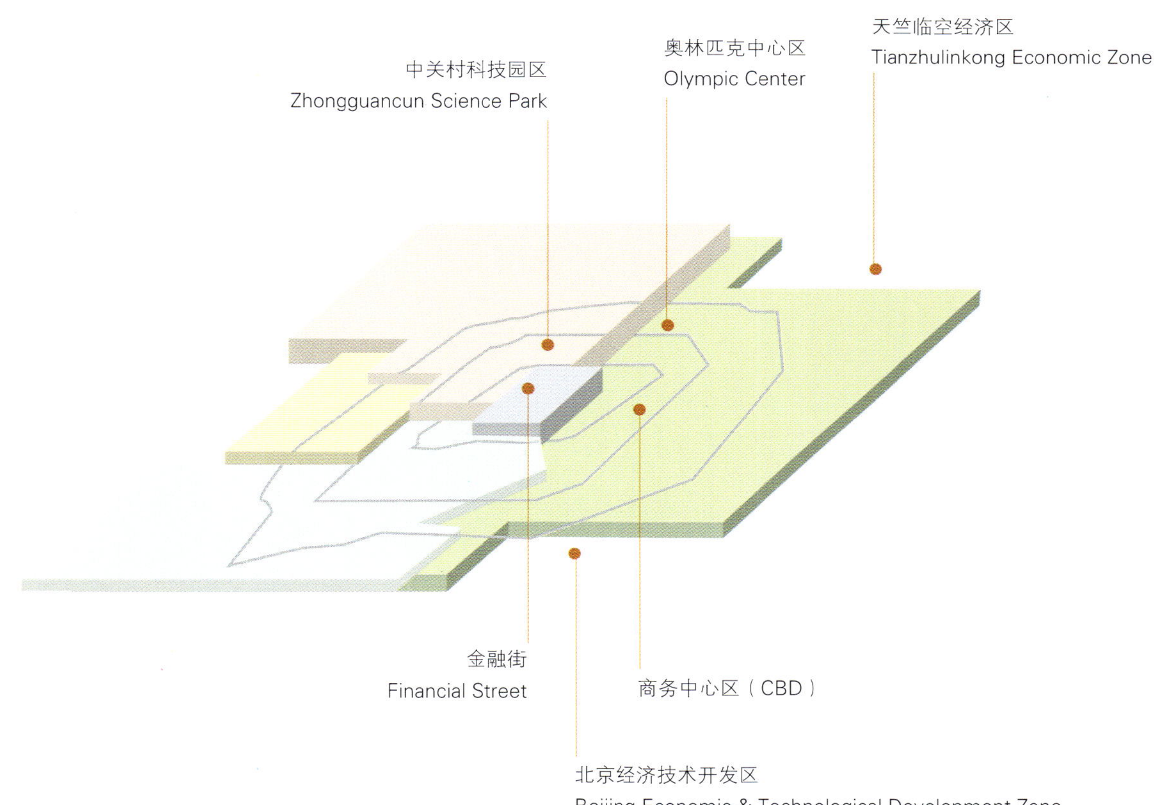

中关村科技园区包括：
海淀园、电子城科技园、丰台园、昌平园、亦庄科技园、德胜园、健翔园。

商务中心区（CBD）：
核心区规划面积4平方公里，聚集了北京最主要的国际商务设施，也集中了全市绝大部分的高档商务写字楼、宾馆、酒店和主要的市场研究公司。

金融街：
该地区聚集了600多家全国性金融机构总部和大企业总部，区域内企业管理的总资产达到18万亿元，管理着中国16万亿元的金融资产，控制着全国90%的信贷资金和65%的保费资金运用。

奥林匹克中心区：
依托奥林匹克公园、奥运会主场馆、北京国际会议中心等设施，通过承接国际重要会议、展览和科技活动，以及大型文艺演出和体育比赛，重点发展体育文化、旅游会展产业，逐步成为具有国际影响力的体育中心、文艺演出中心、会展中心、奥运标志旅游地。

北京经济技术开发区：
以京津塘高速公路和京津城际铁路为纽带，以高新技术产业、现代制造业等高端产业和总部经济为依托，重点发展通讯、显示、微电子、汽车、医药等高新技术产业和现代制造业。

天竺临空经济区：
以电子信息、现代物流为主体，以外向型经济为特征，以高新技术企业为依托的现代化科技园区。

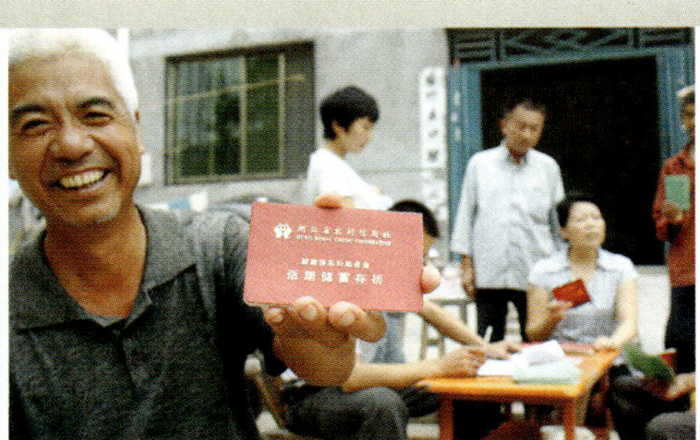

工业经济效益（2005年）（单位：亿元）

Economic Efficiency of Industry（2005）（100 million yuan）

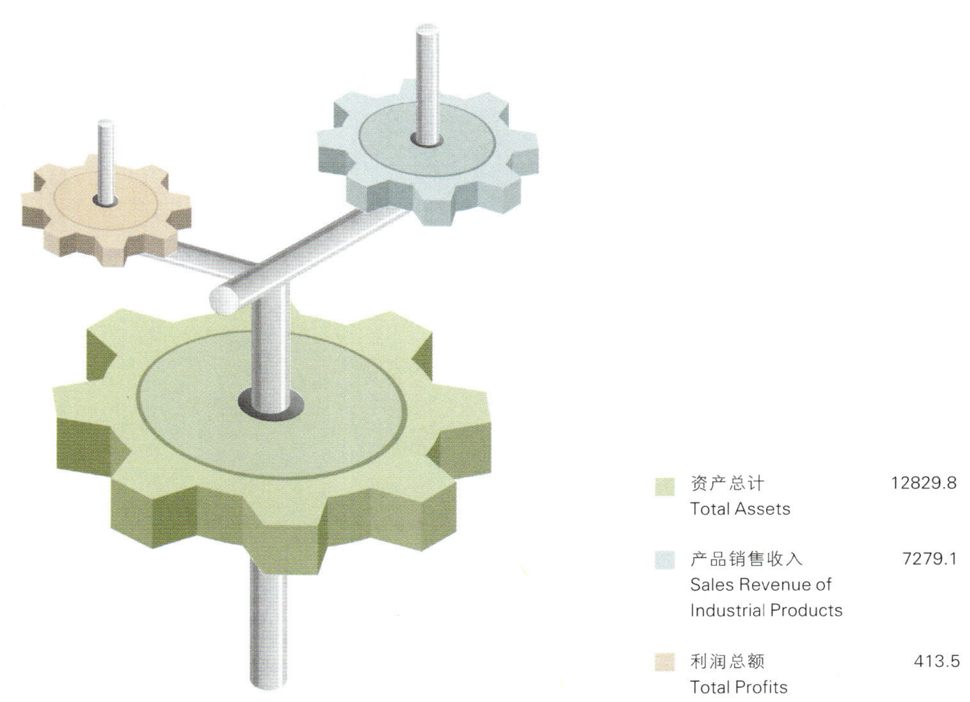

资产总计 Total Assets	12829.8
产品销售收入 Sales Revenue of Industrial Products	7279.1
利润总额 Total Profits	413.5

2005年规模以上工业企业主要指标（单位:亿元）

Main Indicators for Industrial Enterprises above Designed Size（2005）（100 mlillion yuan）

	资产总计 Total Assets	负债总计 Total Liabilities	实收资本 Paid-up Capital	产品销售收入 Sales Revenue of Industrial Products	利润总额 Total Profits
总计 Total	12829.8	4706.7	4563.1	7279.1	413.5
大型企业 Large Enterprises	3468.0	1746.7	1144.4	3757.2	146.9
中型企业 Medium Enterprises	7121.3	1663.2	2746.3	1720.8	184.4
小型企业 Small Enterprises	2240.5	1296.8	672.4	1801.2	82.2

全市地方财政收入（单位：亿元）
Local Financial Revenue（100 million yuan）

"九五"时期 the 9th Five-Year Plan
1345.25

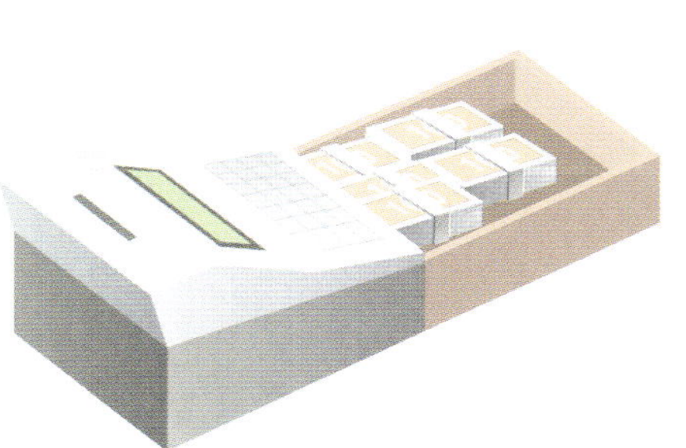

"十五"时期 the 10th Five-Year Plan
3611.96

居民人均收入（单位：元）
Annual Per Capita Income（yuan）

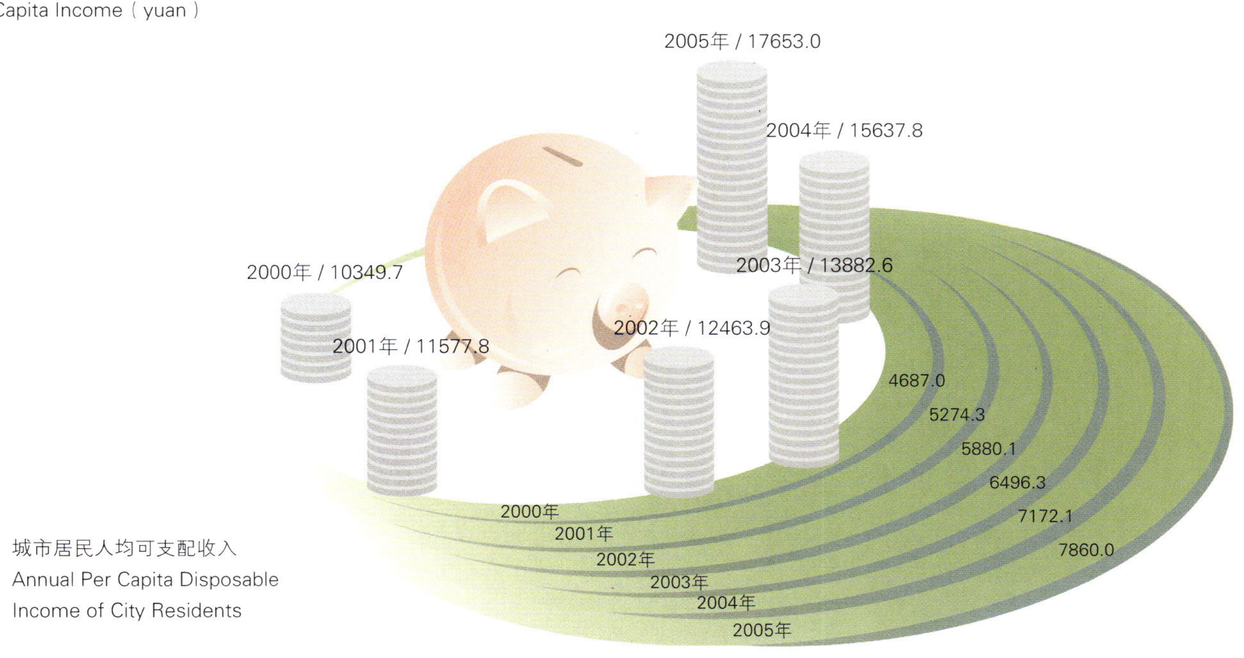

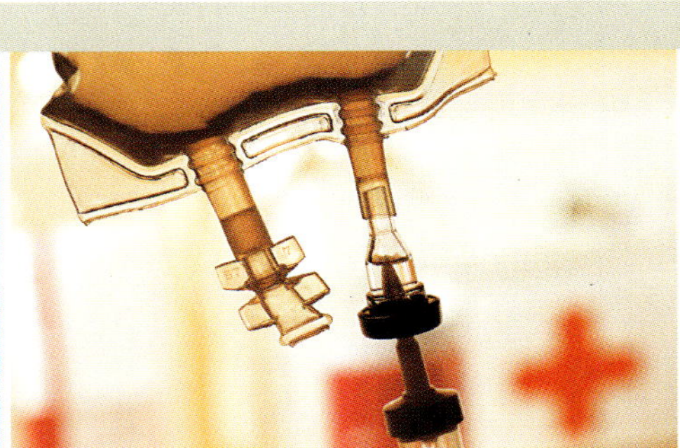

社会发展 迈出新步伐 >>

Social Development Takes A New Step

科技
Science and Technology

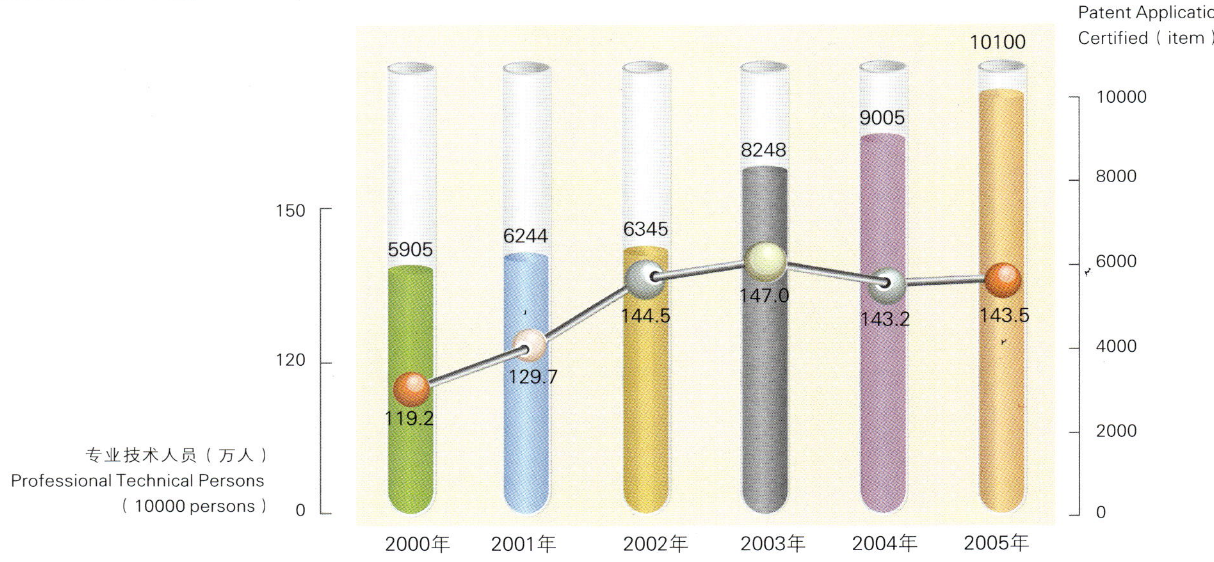

教育
Education

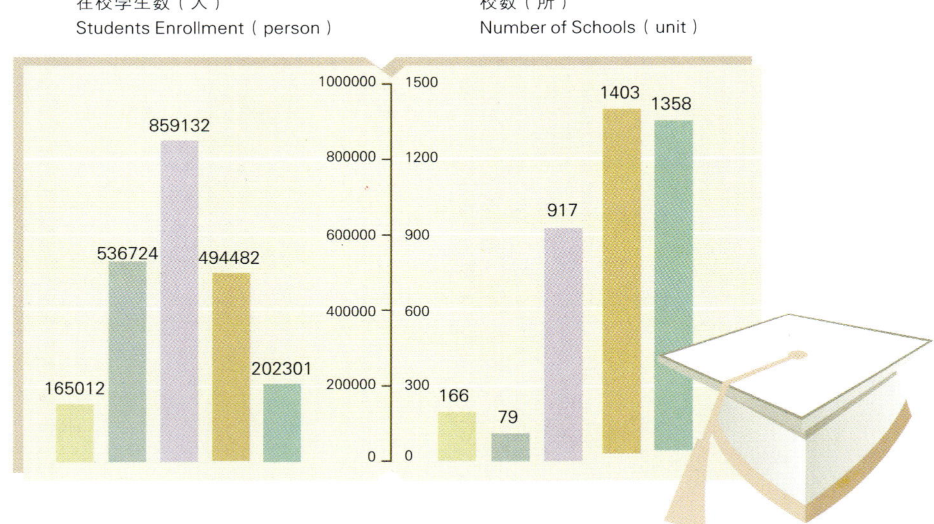

文化
Culture

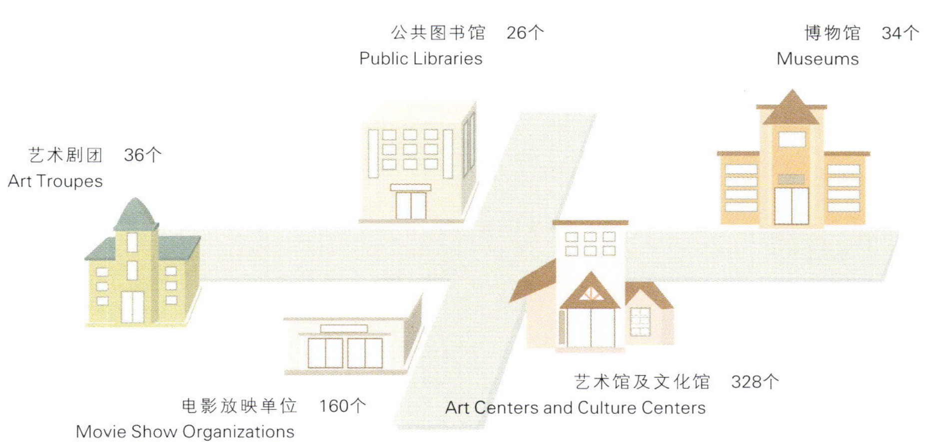

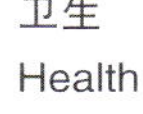

卫生
Health

平均每千人拥有
Average 1000 persons possess

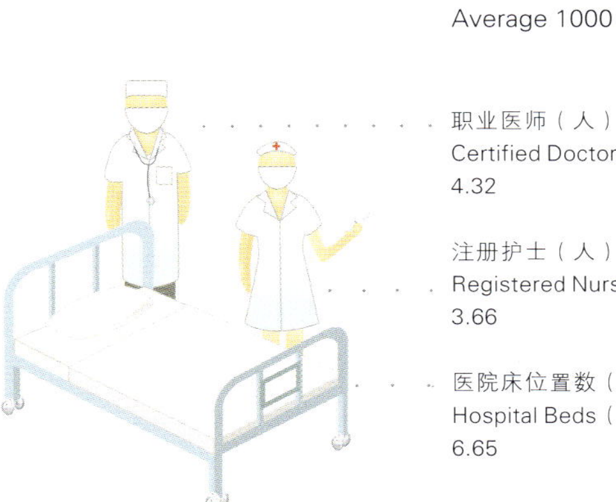

职业医师（人）
Certified Doctors (person)
4.32

注册护士（人）
Registered Nurses (person)
3.66

医院床位置数（张）
Hospital Beds (NOS.)
6.65

体育
Sports

获得国际和全国性比赛奖牌数：（单位：块）
Number of Medals Won at International and National Games (unit)

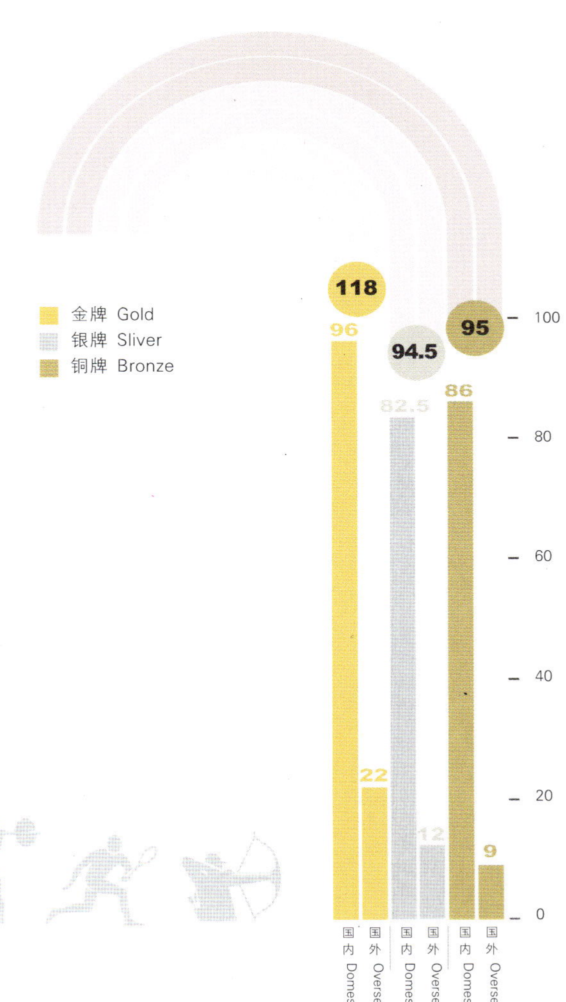

改革开放　取得新突破 >>

Opening Up and Reform Made A New Breakthrough

外商投资企业实际利用外资情况（单位：万美元）
Statistics on Utilization of Foreign Capital of Foreign Funded Enterprises（USD 10000）

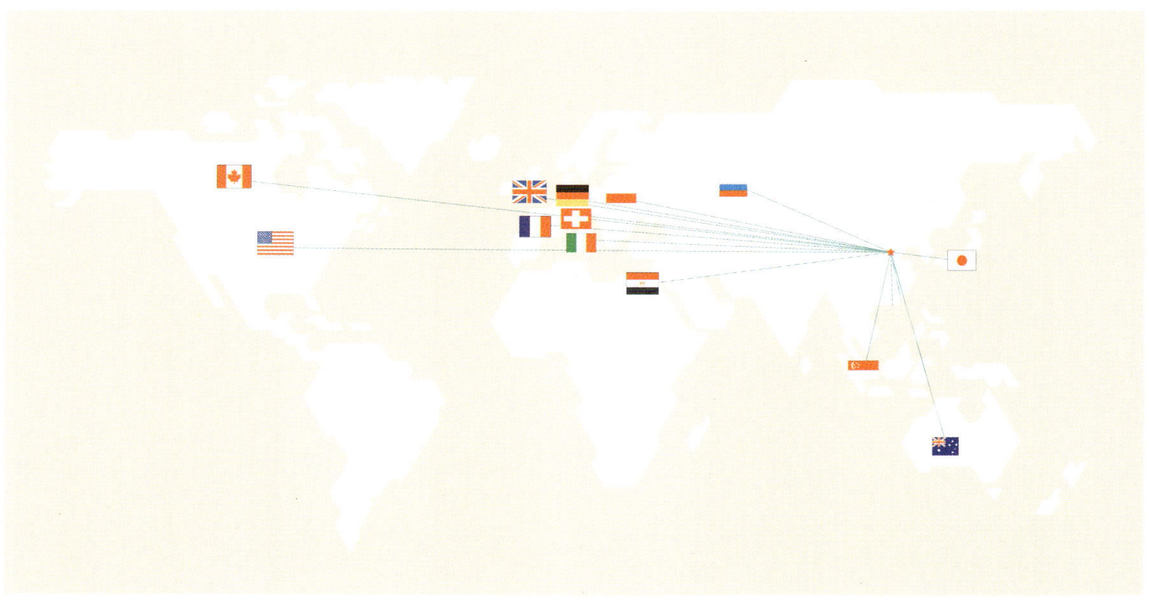

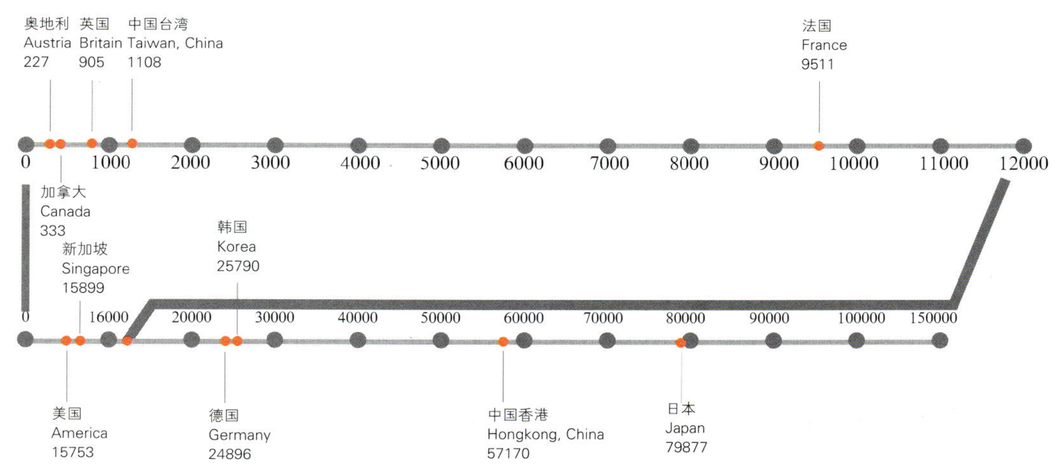

进出口贸易总额（地方）
Total Value of Imports and Exports at Customs（Local）

2005年

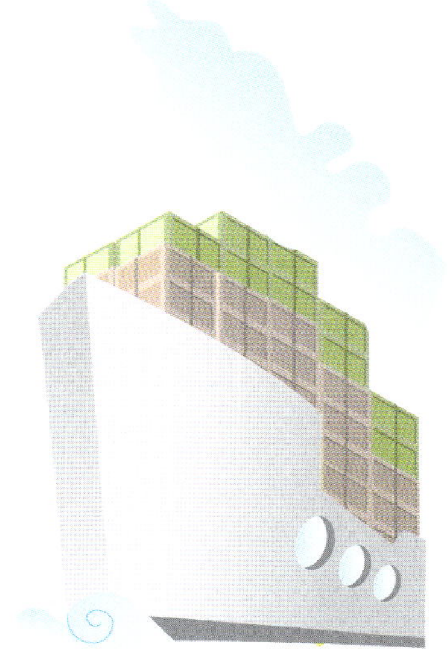

2004年

项目 Item	金额（万美元） Value（USD 10000）		
	2005	2004	2005年为2004年% 2005 as % of 2004
地方出口 Local Exports	**1709603**	**1060916**	**161.1**
内资企业 Domestic Funded Enterprises	514048	323808	158.7
外商投资企业 Foreign Funded Enterprises	1195555	737108	162.2
地方进口 Local Imports	**2322136**	**1745980**	**133.0**
内资企业 Domestic Funded Enterprises	804477	632339	127.2
外商投资企业 Foreign Funded Enterprises	1517659	1113641	136.3

人民生活　达到新水平 >>

The People′s Livelihood Reaches A New Level

参加基本退休（养老）基金统筹的单位个数（单位：个）
Number of Unit of General Retirement（Endowment） Funds（NOS.）

2005年 73909

2000年 21647

恩格尔系数：（%）
Engel Cofficient

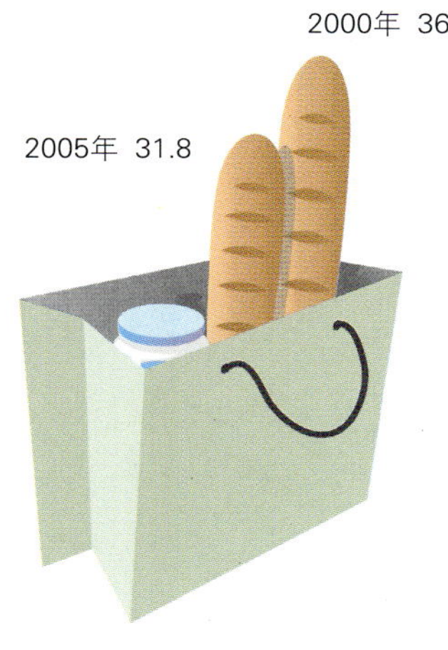

城市 Urban

乡村 Rural

城市居民消费结构（单位：元／人）
Consumer Struction on Urban Household Lives（yuan / person）

	2005年	2000年
食品 Food	4215.6	3083.4
衣着 Clothing	1184.1	755.0
家庭设备用品及服务 Households Facilities and Services	852.2	1097.8
居住 Residence	1039.8	587.4

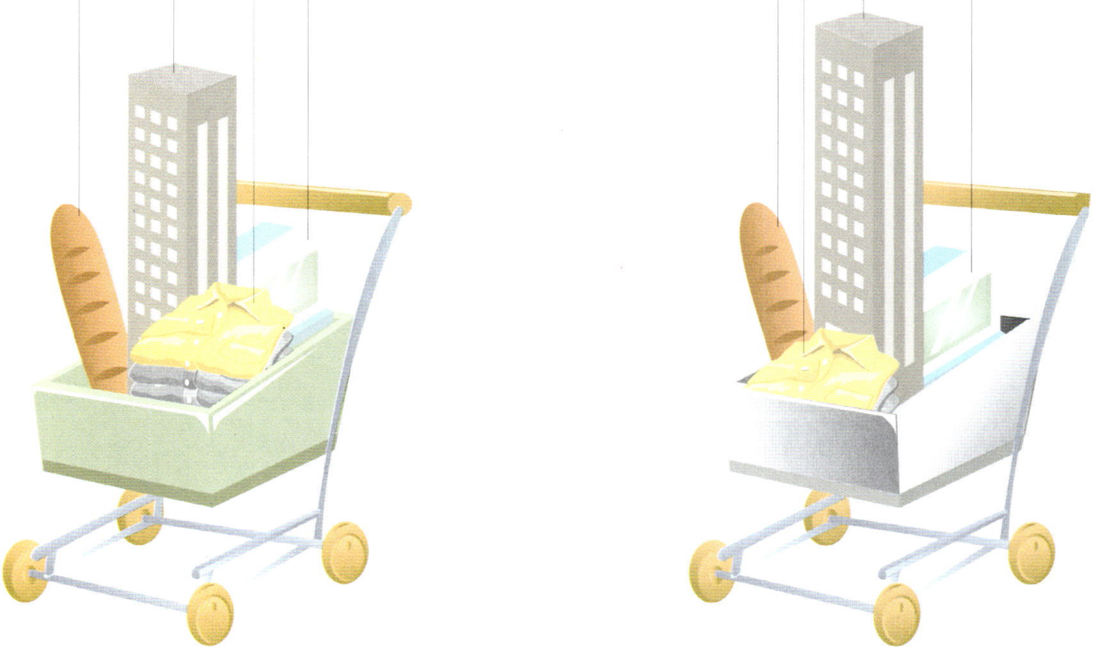

城市、农村人均交通通信和文教娱乐支出占总支出的比重
Per-Capita Urban and Rural Expenditures on Traffic, Communication, Culture, Education and Entertainment as Percentage of Total Expenditures

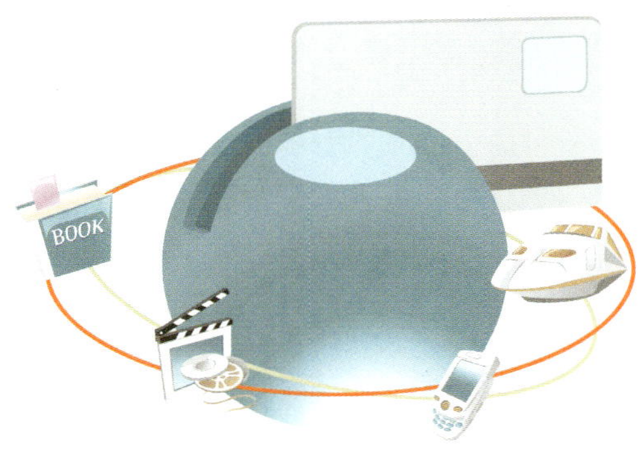

2005年	
城市 Urban	31.2%
农村 Rural	26.1%

2000年	
城市 Urban	22.2%
农村 Rural	20.7%

城镇、农村居民人均住房使用面积：（单位：平方米）
Per Capital Gross Living Space in Urban and Rural Residents（sq.m）

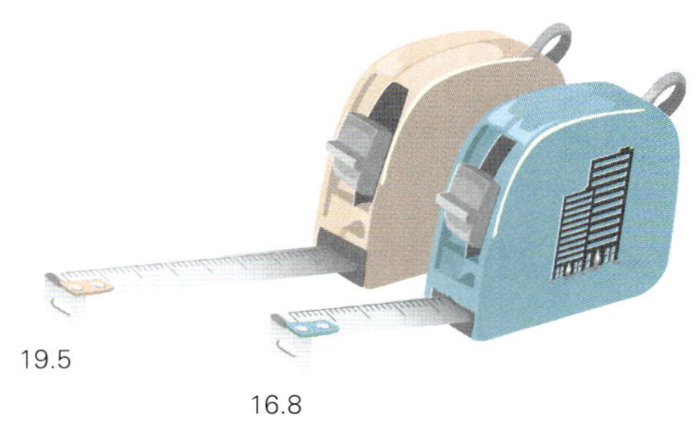

城镇 Urban

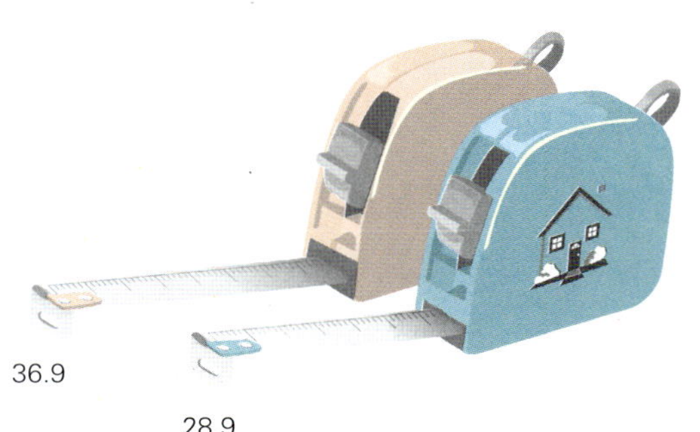

农村 Rural

《北京统计年鉴－2006》
编辑委员会及编辑工作人员

编委会

主　　任：崔述强　潘　璠

副 主 任：邹兰春　顾兖州　杨　寅　于秀琴　刘亚力　刁满庆　邵建民
王　红　鲜祖德　侯小维　刘亚平　杨万强　王　军

编辑委员：（以姓氏笔画为序）
王宝生　王　军（城镇住户调查处）　卞　晶　王守琪　邢志宏　邬春仙
乔立娜　孙晓冬　张继斌　宋晓梅　吴万标　张　怡　李　萍　李宏丽
李燕琴　张　群　孟素洁　郑　新　赵超美　夏沁芳　崔淑筠　裘孔明
潘建民　魏小真

编辑工作人员

总 编 辑：于秀琴

执行编辑：石平平　秦丽媛

编辑人员：李小虎　朱燕南　仲长远　吕艳琴　冯　艳　贾占华　颜　平　李艳春
郑艳丽　周　锐（核算处）　郑子濮　于立平　庞江倩　方瑞杰　胡欣洁
徐景超　夏　萍　王铁梅　朱昌顺　丁卓茹　陈宝生　刘红红　陈　晨
刘金山　何　侃　刘明霞　李玉霞　张　冲　康　斌　董　智　罗　勇
方晓丹　周建武　任砚静　郭　宏　郑　炎　王　敏　戴慧芳　朱亦军
周　锐（工交处）　孔　雷　张红阳　杨朝宇　张春雷　周　博　黄晨星
王　玚　李　阳　李力红　白剑莉　肖玉清　王孝廉　唐红燕　刘　黎
刘秋菊　耿　淼　高　云　薛青华　茅振芳　赵　萍　王立平　张　峦
肖　楠　董亚非　绳国庆　牛超峰　肖凤霞　王　斌　王丽英　姜　虹
李洁昕　乔俊峰　张　健　崔小凤　杜云洁　杜　鹃　王　滨　李玉娟
李思涤　任　虹　李晓敏　徐　蕊　郎　华　方　芳　李维萍　牛小慧

光盘设计：王晓路　郭月英

编辑说明

1.《北京统计年鉴》是一部按年连续出版的大型统计资料书。本书通过大量的统计数据，真实地记录了北京市一年来社会经济的发展变化情况，是国内外各界人士了解北京、认识北京的重要资料工具书。

2. 本书正文分为两部分——文章选编和统计表。第一部分登载了《北京市2005年暨“十五”期间国民经济和社会发展统计公报》、《2005年北京市1%人口抽样调查主要数据公报》、《北京市第一次全国经济普查主要数据公报》(1、2、3 号)；第二部分统计表包括综合，国民经济核算，人口和劳动力，能源和环境，全社会固定资产投资和房地产开发投资，价格指数，人民生活，公用事业，农业和农村经济，工业，建筑业，交通运输和邮电业，批发零售贸易业和餐饮业，对外经济贸易，旅游业，金融和保险，教育和文化，科技，卫生和体育，社会福利、政法和其他，第三产业，企业和企业集团资料，各类开发区资料，共23个细目。

3. 本书为中英文对照版，随书配有统计年鉴电子光盘，具备数据加工、制图和快速查询的功能。

4. 2006版《北京统计年鉴》在统计表部分的每个章节前都新增加了简要说明，对本章中数据的主要内涵、来源、数据口径、调查方法等均做了说明，统计数据发布进一步公开、透明。本书收录了“十五”时期主要社会经济考核指标情况、反映区域功能定位的资料，以及2005年北京市1%人口抽样调查的主要数据，全面细化了北京市常住人口的分组情况。此外，能源部分首次登载了全行业数据，方便读者查阅。

5. 本书将原体例的附录部分资料溶入相应篇目中，目的是将历史资料与专业表式结合在一起，使读者使用更方便。

6. 按照国际惯例，本书依据北京市经济普查结果对主要指标的历史数据予以调整，主要内容包括：地区生产总值指标，调整的历史区间上溯至1978年；限额以上工业增加值、社会消费品零售额、社会商品销售总额、建筑业产值及面积数据，调整历史区间上溯到1993年；能源消费总量数据调至1996年。此外，北京市统计局、国家统计局北京调查总队将专门出版普查资料以供读者查阅，由此带给您的不便，请予以谅解。

7. 本书使用的符号说明：“…”表示数据不足该表最小单位数；“空格”表示该项指标数据不详或没有数据；“#”表示其中部分项目。

目　　录
Contents

文章选编
ARTICLES

统计表
STATISTICS

一、综合
GENERAL SURVEY

二、国民经济核算
NATIONAL ACCOUNTS

三、人口和劳动力
POPULATION AND LABOR FORCE

四、能源和环境
ENERGY AND ENVIRONMENT PROTECTION

五、全社会固定资产投资和房地产开发投资
TOTAL INVESTMENT IN FIXED ASSETS AND REAL ESTATE DEVELOPMENT

六、价格指数
PRICE INDEX

七、人民生活
PEOPLE'S LIVELIHOOD

八、公用事业
PUBLIC UTILITIES

九、农业和农村经济
AGRICULTURE AND RURAL ECONOMY

十、工业
INDUSTRY

十一、建筑业
CONSTRUCTION

十二、交通运输和邮电业
TRANSPORT, POST AND TELECOMMUNICATION SERVICES

十三、批发零售贸易业和餐饮业
WHOLESALE, RETAIL AND RESTAURANT

十四、对外经济贸易
FOREIGN ECONOMY AND TRADE

十五、旅游业
TOURISM

十六、金融和保险
BANKING AND INSURANCE

十七、教育和文化
EDUCATION AND CULTURE

十八、科技
SCIENCE AND TECHNOLOGY

十九、卫生和体育
HEALTH AND SPORTS

二十、社会福利、政法和其他
SOCIAL WELFARE,POLITICS AND LAW AND OTHERS

二十一、第三产业
TERTIARY INDUSTRY

二十二、企业和企业集团
ENTERPRISE AND ENTERPRISES GROUP

二十三、开发区
DEVELOPMENT ZONES

北京统计年鉴……2006　BEIJING STATISTICAL YEARBOOK

文章选编

ARTICLES

北京市2005年暨“十五”期间国民经济和社会发展统计公报

北京市统计局　国家统计局北京调查总队

2006年1月24日

2005年，全市人民在市委、市政府的正确领导下，以邓小平理论和“三个代表”重要思想为指导，认真贯彻党的十六大、十六届三中、四中和五中全会精神及中央对北京市工作的一系列重要指示，全面贯彻科学发展观，坚决落实宏观调控措施，紧紧围绕新的城市总体规划和“新北京、新奥运”战略构想，将保持经济平稳较快增长、加快结构调整步伐、转变经济增长方式、推动和谐社会建设作为经济社会发展的主线，实现了首都经济和社会发展的预期目标，“十五”计划顺利完成。

一、综合

初步核算，全市实现地区生产总值6814.5亿元，比上年增长11.1%。其中，第一产业增加值97.7亿元，下降1%；第二产业增加值2100.5亿元，增长11.7%；第三产业增加值4616.3亿元，增长11.2%。按常住人口计算，当年人均GDP达到44969元（折合5457美元），比上年增长8.1%，是2000年的1.9倍。

第一产业对经济增长的贡献率为-0.2%，比2000年下降1.4个百分点；第二产业贡献率为33.8%，下降13个百分点；第三产业贡献率为66.4%，提高14.4个百分点。三次产业结构由2000年的2.5:32.7:64.8变化为2005年的1.4:30.9:67.7。

“十五”期间，全市地区生产总值年均增长11.9%，超出“十五”计划目标2.9个百分点，高于“九五”时期平均增速1.6个百分点。其中三次产业年均分别增长2.7%、11.7%和12.3%。

表1:地区生产总值

单位:亿元

指　　标	2005年	比上年增长%
地区生产总值	6814.5	11.1
第一产业	97.7	-1.0
第二产业	2100.5	11.7
工业	1782.4	12.8
建筑业	318.1	5.9
第三产业	4616.3	11.2
交通运输、仓储和邮政业	392.9	8.0
信息传输、计算机服务和软件业	517.2	14.7
批发和零售业	640.4	9.3
住宿和餐饮业	176.9	8.2
金融业	792.8	9.9
房地产业	488.9	8.8
其他服务业	1607.2	13.9

2000年以来全市地区生产总值及增速

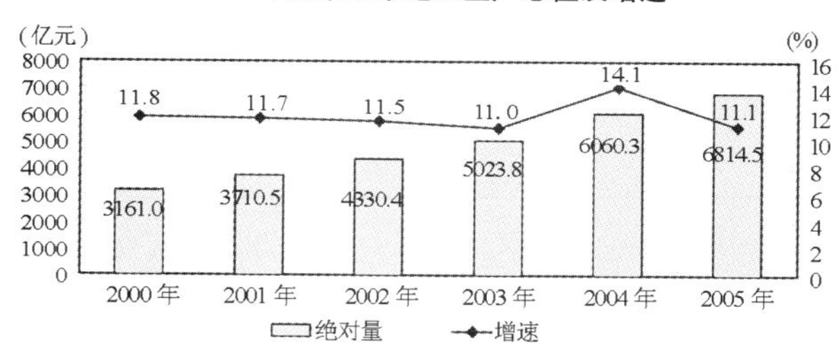

三次产业比重变化情况

2000年

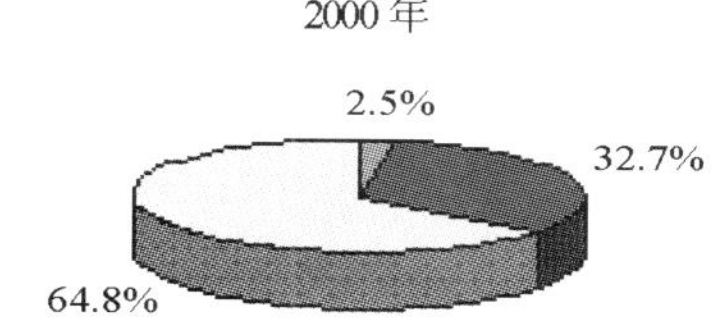

2005年

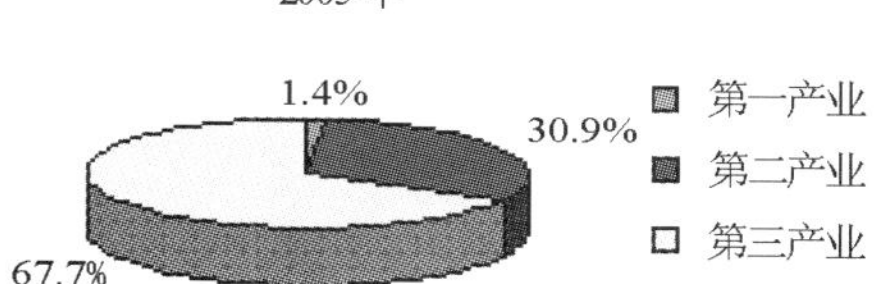

全市万元GDP能耗为0.81吨标准煤，按可比价格计算，比上年下降3.9%，降幅高于上年1.1个百分点。万元GDP水耗为50.9立方米，按可比价格计算，比上年下降9.8%。

全市研究与试验发展（R&D）经费支出占地区生产总值的比重达到5.6%，比上年提高0.4个百分点，比2000年提高0.7个百分点。

全市完成地方财政收入（一般预算）919.2亿元，比上年增长23.5%。地方财政支出（一般预算）1050.9亿元，增长17%。“十五”期间，地方财政收入（一般预算）和支出（一般预算）累计分别达到3244.4亿元和3871.5亿元，分别是“九五”时期的2.7倍和2.6倍，年均分别增长25.3%和18.4%。

全市居民消费价格指数为101.5%，高于上年0.5个百分点；其中，低收入居民消费价格指数为101.9%。工业品出厂价格指数为101.3%，原材料、燃料、动力购进价格指数为111.4%，分别比上年回落1.7个和2.8个百分点。固定资产投资价格指数为100.7%，低于上年3.6个百分点。房屋销售价格指数为106.9%，高于上年3.2个百分点；其中商品住宅销售价格指数为107.1%，上升2.8个百分点。

表2:居民消费价格指数

单位:%

指　　标	2005年	其中:低收入层	2004年
居民消费价格总指数	101.5	101.9	101.0
其中:服务项目价格指数	101.3	100.9	101.8
食　品	104.9	103.6	104.8
烟酒及用品	100.0	100.2	101.2
衣　着	100.1	99.2	98.9
家庭设备用品及维修服务	99.7	99.7	96.9
医疗保健和个人用品	98.0	97.7	99.2
交通和通信	97.5	99.5	95.7
娱乐教育文化用品及服务	99.7	100.0	101.5
居　住	105.9	106.9	101.4

年末城镇登记失业率为2.11%,比上年末提高0.81个百分点,仍处于2.3%的计划调控目标之内。当年全市共安排19.9万名失业人员就业,6.8万名农村劳动力实现转移就业。

国民经济和社会发展中存在的主要问题是:经济增长方式依然较为粗放,经济社会发展与资源环境的矛盾仍显突出,就业压力有所加大,社会保障体系尚待进一步完善,解决“三农”问题、城乡统筹和区域协调发展任重道远。

二、农业

全市粮食播种面积19.2万公顷,比上年增长24.4%,粮食产量94.9万吨,比上年增产35.3%。其他主要农副产品产量除鲜蛋较上年有所增长外,均呈现不同程度的下降。

表3:主要农副产品产量

指　　标	单位	2005年	比上年增长%
粮食总产量	万吨	94.9	35.3
蔬菜总产量	万吨	423.9	-13.3
肉类总产量	万吨	66.7	-5.8
鲜蛋总产量	万吨	16.0	0.5
牛奶总产量	万吨	64.2	-8.3
水产品总产量	万吨	6.4	-4.5
出栏生猪	万头	448.7	-2.6
出栏家禽	万只	16852.5	-3.2

观光休闲农业发展较快。农业观光园达512个,比上年增长39.1%;观光旅游收入4.1亿元,增长49.3%;民俗旅游户8691个,接待人数为770万人次,增长28.4%。种业收入5.9亿元,比上年增长35.6%。

三、工业和建筑业

全市完成工业增加值1782.4亿元,比上年增长12.8%。其中规模以上工业企业完成增加值1705.4亿元,增长13.1%。产销衔接良好,产品销售率为98.5%,比上年提高0.3个百分点。

“十五”期间,全市工业增加值年均增长12.4%,比“九五”时期提高2.5个百分点。

表4:规模以上工业企业增加值

单位:亿元

指　　标	2005年	比上年增长%
工业增加值	1705.4	13.1
轻工业	345.4	10.5
重工业	1360.0	13.8
其中:高新技术产业	517.5	20.0
其中:国有及国有控股企业	1004.0	10.5
其中:通信电子设备制造业	258.7	14.7
交通运输设备制造业	150.5	12.6
化学原料及化学制品制造业	159.2	14.9
专用设备制造业	64.5	23.1
石油、炼焦及核燃料加工业	29.7	34.5
电力、热力的生产和供应业	228.0	28.0

注:高新技术产业增加值增速按现价计算。

高新技术产业实现增加值517.5亿元,按现价计算,比上年增长20%。其中电子与信息增长22%,生物医药增长10.1%,新材料增长13.2%,光机电一体化增长18.4%;占高新技术产业增加值的比重分别为70.4%、6.8%、8.7%和10.7%。程控交换机、移动电话机和微型电子计算机等主要高新技术产品产量分别比上年增长12.4%、35.1%和23.4%。高新技术产业增加值占全市工业的比重为29%,占地区生产总值的比重为7.6%。

全市生产汽车58.6万辆,比上年增长8.8%。其中轿车22.1万辆,增长47.1%。“十五”期间,全市累计生产汽车179.5万辆,年均增长36.1%(“九五”时期汽车产量年均下降6.9%)。

全市规模以上工业企业经济效益综合指数为177.7%,比上年提高2.1个百分点;利润总额391.1亿元,下降1.2%。

表5:主要工业产品产量

产品名称	单位	2005年	比上年增长%
钢材	万吨	966.2	11.4
发电量	亿千瓦时	209.0	3.8
液化石油气	万吨	47.4	10.1
化肥(折纯)	万吨	5.9	7.6
乙烯	万吨	99.0	0.8
汽车	万辆	58.6	8.8
其中:轿车	万辆	22.1	47.1
彩色显像管	万只	983.1	-6.4
显示器	万部	577.8	15.7
微型计算机	万台	649.6	23.4
程控交换机	万线	3652.2	12.4
移动电话机	万台	9108.2	35.1
饮料酒	万千升	163.1	9.8
乳制品	万吨	56.9	18.3

全市建筑业实现增加值318.1亿元，比上年增长5.9%。全市具有资质等级的总承包和专业承包建筑业企业实现利润51.8亿元，增长29.5%；上缴税金70.3亿元，增长27.1%。

"十五"期间，全市建筑业增加值年均增长8.1%，比"九五"时期提高0.9个百分点。

四、固定资产投资

全市完成全社会固定资产投资2827.2亿元，比上年增长11.8%，增幅比上年回落5.4个百分点。其中，城镇投资增长11.2%，农村投资增长18.7%。

表6：全社会固定资产投资

单位：亿元

指　　标	2005年	比上年增长%
全社会固定资产投资	2827.2	11.8
城镇固定资产投资	2595.4	11.2
其中：房地产开发	1525.0	3.5
农村固定资产投资	231.8	18.7
其中：生产投资（不含房地产开发）	1302.2	23.4
第一产业	11.9	83.1
第二产业	409.7	21.8
其中：工业	383.4	19.0
第三产业	880.6	23.7
其中：城市基础设施投资	610.7	31.8
其中：住宅投资	853.8	1.2

全市完成房地产开发投资1525亿元，比上年增长3.5%，增幅比上年回落19个百分点。商品房销售面积2803.2万平方米，增长13.4%；其中住宅2566万平方米，增长12.3%。商品房空置面积1374.2万平方米，增长31.6%。商品房销售额1758.8亿元，增长40.8%。

全市基础设施投资610.7亿元，比上年增长31.8%，增幅比上年提高20.9个百分点；占全社会固定资产投资的比重为21.6%，比上年提高3.3个百分点。

全市房屋施工面积14096.2万平方米，比上年增长7.4%；其中住宅8043.2万平方米，增长7.1%。房屋竣工面积4679.2万平方米，增长11.3%；其中住宅3024.1万平方米，增长14.1%。

"十五"期间，全社会固定资产投资累计达到10857.4亿元，相当于"九五"时期的2倍。五年间投资年均增长17.7%，比"九五"时期提高8.9个百分点。其中房地产开发投资累计达到5974亿元，相当于"九五"时期的3倍；城市基础设施投资累计达到2260亿元，相当于"九五"时期的1.6倍。

"十五"期间，全市房屋施工面积累计达到55603.8万平方米，相当于"九五"时期的1.8倍；其中住宅33754.9万平方米，相当于"九五"时期的2倍。房屋竣工面积累计达到17311.8万平方米，相当于"九五"时期的1.8倍；其中住宅11927.8万平方米，相当于"九五"时期的2倍。

五、国内贸易

全市批发零售业实现增加值640.4亿元，比上年增长9.3%；住宿餐饮业实现增加值176.9亿元，增长8.2%。

全市实现社会消费品零售额2902.8亿元，比上年增长10.5%，扣除物价上涨因素，实际增长10.8%。

表7：社会消费品零售额

单位：亿元

指　　标	2005年	比上年增长%
社会消费品零售额	2902.8	10.5
按商品用途分		
吃的商品	748.7	16.1
穿的商品	281.5	16.3
用的商品	1638.7	6.5
烧的商品	233.9	16.2
按行业分		
其中：批发、零售贸易业	2529.4	13.6
餐饮业	267.9	7.1
按地区分		
城镇	2519.1	9.1
郊区	383.7	20.8

在限额以上批发零售企业零售额中，通讯器材类增长8%，家用电器和音像器材类增长14%，建筑及装潢材料类增长17.2%，家具类增长4.4%，石油及制品类增长30.5%。

全市销售机动车57万辆，比上年增长27.5%。其中，新车37.2万辆，增长22.3%。

全市社会商品购进总值12308.7亿元，增长20%；商品销售总值13400.1亿元，增长18.8%。

年末全市连锁商业门店数达到5973个，比上年末增加541个，比2001年末增加3850个；实现零售额950.7亿元，比上年增长14%。郊区乡镇连锁超市、便利店达到1123个，比上年末增加681个。

全市限额以上批发零售企业实现商品销售收入9654.1亿元，比上年增长24%；利润总额228.1亿元，增长12.4%。

"十五"期间，全市批发零售业增加值年均增长10.8%，住宿餐饮业增加值年均增长11.4%。全市累计实现社会消费品零售额11662.9亿元，相当于"九五"时期的1.7倍。五年间社会消费品零售额年均增长11.8%，与"九五"时期持平。

六、对外经济

北京地区进出口总值达1255.7亿美元，比上年增长32.8%；其中出口308.7亿美元，增长50.1%。地方企业进出口总值403.2亿美元，比上年增长43.6%；其中出口171亿美元，增长61.1%。地方企业出口中，机电产品出口120.5亿美元，增长69.2%；高新技术产品出口89.9亿美元，增长73.8%；占地方出口的比重分别达到70.5%和52.6%，分别比上年提高3.4个和3.9个百分点。

"十五"期间，北京地区进出口总值累计达到3927.4亿美元，比"九五"时期增长1.3倍；其中出口927亿美元，增长85%。地方企业进出口总值累计为1147.6亿美元，其中出口458.4亿美元，分别比"九五"时期增长2倍和1.9倍。

表8:全市进出口总值

单位:亿美元

指　　标	2005年	比上年增长%
北京地区进出口总值	1255.7	32.8
出口	308.7	50.1
进口	947.0	28.0
其中:地方进出口总值	403.2	43.6
出口	171.0	61.1
进口	232.2	33.0

全市签订利用外资项目2136个,比上年增长18.3%;合同外资金额65.2亿美元,增长4.2%;实际利用外资35.3亿美元,增长14.4%。“十五”期间,全市共签订利用外资项目7821个,合同外资金额219.6亿美元,分别比“九五”时期增长90.8%和87.3%。实际利用外资五年累计达123.2亿美元,比“九五”时期增长24.6%。

对外承包工程与对外劳务合作完成营业额7.2亿美元,比上年增长19.5%。“十五”期间,累计完成营业额20.8亿美元,比“九五”时期增长38.7%。

七、交通、邮电和旅游

交通运输、仓储和邮政业实现增加值392.9亿元,比上年增长8%。信息传输、计算机服务和软件业实现增加值517.2亿元,增长14.7%。“十五”期间,交通运输、仓储和邮政业增加值年均增长5.7%,信息传输、计算机服务和软件业增加值年均增长16.6%。

货物运输总量32530万吨,比上年增长2.6%。其中,铁路1976万吨,增长0.9%;公路30050万吨,增长2.7%;民航77万吨,增长5%。“十五”期间,货运总量累计达到15.7亿吨,比“九五”时期增长1.5%。

旅客运输总量60839万人,比上年增长22.3%。其中,铁路5778万人,增长6.3%;公路51925万人,增长25.2%;民航3136万人,增长10%。“十五”期间,客运总量累计达到19.2亿人,比“九五”时期增长2.1倍。

年末全市公共电汽车(含小公共,下同)线路达到622条,运营里程19121公里,比2000年末增长22%。轨道交通运营里程达到114公里,比2000年末增加60公里。全市共有公共电汽车运营车辆1.9万辆,客运出租车运营车辆6.66万辆,分别比2000年末增长40%和2.3%。全年城市公共交通共运送乘客53.3亿人次(不含出租车),比2000年增长31%;其中公共电汽车运送乘客46.5亿人次,轨道交通运送乘客6.8亿人次。全年出租汽车客运量达到6.5亿人次,比2000年增长4.8%。

年末全市民用汽车保有量达到214.6万辆,比上年末增长14.7%,其中轿车130.8万辆,增长19.3%;分别比2000年末增长1.1倍和1.7倍。私人汽车保有量达到154万辆,比上年末增长18.7%;其中轿车99.2万辆,比上年末增长23.5%;分别比2000年末增长2.1倍和3.1倍。

全市完成邮电业务总量417.5亿元(2000年不变价),比上年增长21.3%,比2000年增长94.4%。其中,邮政业务总量33.5亿元,比上年增长7.8%;电信业务总量384亿元,比上年增长22.7%。新增固定电话用户102.6万户,年末达到950万户,其中城市电话用户854.5万户,乡村电话用户95.5万户。固定电话主线普及率达到62.7线/百人,比2000年增加28.3线/百人。新增移动电话用户129.3万户,年末达到1470万户。移动电话普及率达到97部/百人,比2000年增加70.5部/百人。

全市接待入境旅游者362.9万人次,比上年增长15%。其中,外国人311.6万人次,增长16.2%;港、澳、台同胞51.3万人次,增长8.2%。全市旅游外汇收入36.2亿美元,增长14.2%。全年出境旅游者达51.7万人次,增长0.7%。全年接待国内旅游者1.25亿人次,增长4.6%。国内旅游收入1300亿元,增长13.5%。“十五”期间,全市共接待入境旅游者1460万人次,旅游外汇收入累计达到148亿美元,分别比“九五”时期增长21.3%和21.4%。共接待国内旅游者5.6亿人次,实现旅游收入4968.7亿元,分别比“九五”时期增长26.3%和1.3倍。

八、金融、证券和保险

金融业实现增加值792.8亿元,比上年增长9.9%。“十五”期间,金融业增加值年均增长10.6%,比“九五”时期下降6.3个百分点。

年末全市金融机构(含外资)本外币存款余额28970亿元,比年初增加5093.6亿元,同比多增1764.9亿元。金融机构(含外资)本外币贷款余额15335.5亿元,按可比口径计算,比年初增加1993.1亿元,同比多增79.7亿元。

表9:全市金融机构(含外资)本外币存贷款

单位:亿元

指　　标	2005年末数	比年初增加额	增加额同比增减
各项存款余额	28970.0	5093.6	1764.9
其中:企事业存款	16340.0	3046.6	933.8
储蓄存款	8315.8	1161.5	448.7
各项贷款余额	15335.5	1993.1	79.7
其中:短期贷款	5167.2	354.7	-256.1
中长期贷款	8632.4	1159.4	-67.6
票据融资	1140.0	354.7	362.9

证券市场各类证券成交额9322.5亿元,比上年下降49.6%。其中股票成交额4343.7亿元,下降40.1%;国债成交额305.4亿元,下降54.5%;基金成交额91.3亿元,增长15.7%。

年末全市有各类保险公司44家,比上年增加13家;保险中介机构227家,增加47家。全年保费收入497.7亿元,比上年增长78.2%。其中,财产险保费收入67.1亿元,增长1.3%;人身险保费收入389.4亿元,增长1.2倍;健康险和意外伤害险保费收入41.3亿元,增长21.3%。全年各类保险赔款给付支出75.4亿元,比上年增长36.3%;其中财产险赔款35.2亿元,寿险业务给付29亿元,健康险和意外伤害险赔款及给付11.2亿元,分别增长2.7%、1.2倍和37.3%。

九、开发区

年末全市28个开发区累计入区企业34630家,其中投产企业25723家,分别比上年末增加5271家和1839家。全年各类开发区实现总收入6448.4亿元,比上年增长29.9%,其中出口销售收入995.1亿元,增长68.9%;实现利润357.2亿元,增长13%;应缴税金267.6亿元,增长22.2%。

中关村科技园区投产开业企业21257家,实现总收入4819.3亿元,比上年增长30%,其中出口销售收入730.3亿元,增长1.2倍;实现利润270.2亿元,增长5.8%;应缴税金167.5亿元,增长14%。

北京市经济技术开发区投产开业企业942家,实现总收入1267亿元,比上年增长73.4%,其中出口销售收入444.6亿元,增长1.3倍;实现利润85.9亿元,增长30%;应缴税金42.6亿元,增长40%。

十、教育和科学技术

年末全市共有普通高等院校79所,比2000年末增加20所。全年招收本专科学生15.6万人,本专科在校生达到53.7万人,毕业学生11.7万人。全市共有51所普通高校和115个科研机构培养研究生,全年在学研究生达到16.5万人。本专科在校生与在学研究生分别比2000年末增加25.4万人和10.1万人。

年末全市有普通中等学校917个,全年招生25.9万人,在校生85.9万人,毕业生30.4万人。小学1403所,招生7.1万人,在校生49.4万人,毕业生9.3万人。特殊教育学校25所,招生635人,在校生6353人,毕业生1043人。幼儿园1358所,在园幼儿20.2万人。

年末全市民办学校数达到517所,在校生31万人,毕业生5万人。

全市研究与试验发展(R&D)经费支出380亿元,比上年增长20%,"十五"期间,R&D经费支出累计达到1343.9亿元,比"九五"时期增长2.1倍。全市开展科技活动的单位7400个,拥有科技活动人员34万人,分别比2000年增长1.2倍和30.3%。全市专利申请量与批准量分别为2.3万项和1万项。"十五"期间,专利申请量和批准量累计分别达到8.4万项和4万项,分别比"九五"时期增长1.3倍和77.8%。全市签订技术合同3.8万项,技术合同成交总额489.6亿元。"十五"期间,技术合同签订项目数与成交总额累计分别达到15.6万项和1592.2亿元,分别比"九五"时期增长71%和2.8倍。

十一、文化、卫生和体育

年末全市共有公共图书馆26个,总藏书3465.6万册,比2000年末增长14.8%。全市11个市属专业艺术表演团体举办国际国内演出6905场。年末有线电视用户达到282万户,比2000年末增长68%;有线电视入户率为64.1%,比2000年末提高18.3个百分点。广播、电视综合覆盖率分别达到100%和99.99%。北京地区出版的报纸、期刊和图书分别达到253种、2810种和10.6万种,分别比2000年末增加13种、458种和5.1万种。全市各类电影院全年放映电影22.6万场,比2000年增长79.3%,观众达到873.8万人。全市拥有全国重点文物保护单位60处,市级文物保护单位264处。北京地区注册登记的博物馆达到129座,馆藏文物323.8万件。

年末全市共有卫生机构7236个,比2000年末增加1132个。其中,医院511个,卫生院145个,乡村卫生室2329个。医疗卫生机构共有床位7.8万张,比2000年末增长10.1%。其中,医院7万张,卫生院3688张。全市卫生技术人员达到11.6万人,比2000年末增长0.8%。其中执业医师4.8万人,注册护士4.2万人。全市医疗机构共诊疗7097万人次,健康检查343.6万人次。

年末全市共有体育场馆6105个,比2000年末增加1432个。全民健身工程总面积达到376万平方米,总投资6.62亿元。全市共有专业体育运动员820人,共获得国际和全国性比赛奖牌307.5枚,其中金牌118枚,银牌94.5枚。"十五"期间,全市运动健儿共获得国际和全国性比赛奖牌1461枚,比"九五"时期增加600余枚。

十二、人口、人民生活和社会保障

年末全市常住人口(在京居住半年以上人口)1538万人,比上年末增加45.3万人,比2000年末增加174.4万人。全市人口出生率为6.3‰,死亡率5.2‰,自然增长率1.1‰。据公安部门统计,年末全市户籍人口1180.7万人,比上年末增加17.8万人,比2000年末增加73.2万人。

城市居民人均可支配收入达到17653元,比上年增长12.9%,扣除价格因素,实际增长11.2%。其中,20%低收入户人均可支配收入增长15.9%,20%高收入户人均可支配收入增长11.2%。"十五"期间,城市居民人均可支配收入年均实际递增10.4%,高于"九五"时期3.3个百分点。城市居民恩格尔系数为31.8%,比2000年降低4.5个百分点。城镇居民人均住房使用面积19.5平方米,比上年增加0.4平方米,比2000年增加2.7平方米。

农村居民人均纯收入7860元,比上年增长9.6%,扣除价格因素,实际增长8.1%。其中,20%低收入户人均纯收入增长16.7%,20%高收入户人均纯收入增长5.3%。"十五"期间,农村居民人均纯收入年均实际递增9.9%,高于"九五"时期3.7个百分点。农村居民恩格尔系数为32.8%,比2000年下降3.9个百分点。农村居民人均住房面积36.9平方米,比上年增加2.7平方米,比2000年增加8平方米。

年末全市参加基本养老、基本医疗、失业、工伤保险的人数分别为520万人、574.8万人、394.6万人和328.9万人,分别比上年末净增60万人、90.8万人、86.6万人和69.9万人。其中,基本养老、失业保险参保人数分别比2000年末增加128.4万人和106.8万人,基本医疗保险参保人数比2001年末增加358.2万人。全市参加农村养老保险的人数为40.6万人,比上年末增加3.8万人;参加新型农村合作医疗的人数达到249万人,比上年末增加15万人,参合率为81%,高于上年17个百分点。社会保障相关待遇标准有所提高。全市享受城市最低生活保障的居民为15.5万人,比上年减少0.6万人,享受农村最低生活保障的农民7.8万人,比上年增加0.3万人。其中享受城乡最低生活保障的残疾人达到4万人,比上年增加0.3万人。

年末我市各类收养性社会福利单位323家,床位3.2万张,收养各类人员2万人。城镇建立各种社区服务设施1770个,其中社区服务中心162个。

表 10:社会保障相关待遇标准变化情况

单位:元/月

项　　目	2005 年	2000 年
失业保险金	382－491	300－385
城市居民最低生活保障	300	280
职工最低工资	580	412
退休人员基本养老金最低标准（统筹范围内）	563	421

十三、资源与环境

我市继续严格土地管理,加大闲置土地的收回力度,土地供应在得到控制的前提下,满足了全市经济社会发展的需要。全年土地供应总量 6000 公顷,其中基础设施用地 3281 公顷,为全年计划供地量的 153%;经济适用房用地 295 公顷,为全年计划的 148%,规划建筑面积 335 万平方米。

全市能源消费量 5500 万吨标准煤,比上年增长 7%,增幅同比回落 2.8 个百分点。

全年平均降水量 468 毫米,比上年减少 13%。全年总用水量 34.5 亿立方米,与上年基本持平。其中,生活用水增长 5%,工业用水下降 15%,农业用水增长 0.7%。全社会节水意识增强。全年农业新增节水灌溉面积 10 万亩,工业和生活完成节水技改措施 56 项。

城八区污水日处理能力达 248 万立方米,比上年增长 30.5%;城八区污水处理率达到 70%,比上年提高 12 个百分点,比 2000 年提高 30 个百分点。新建再生水利用管线 70 公里,污水再生利用率达到 30%。城八区生活垃圾无害化处理率达到 95.2%(按产生量计算)。空气质量达到二级和好于二级的天数为 234 天,比上年增加 5 天,占全年总天数的 64.1%,比 2000 年提高 15.7 个百分点。城八区绿化覆盖率达到 42.5%,比上年提高 0.7 个百分点,比 2000 年提高 6.2 个百分点。城八区人均公共绿地面积 11.1 平方米,比上年增加 1 平方米,比 2000 年增加 2.4 平方米。

全市共完成绿化造林 16 万亩,植树 1792 万株。飞播造林 3 万亩,封山育林 13 万亩。全市林木覆盖率达到 50.5%,比 2000 年提高 8.6 个百分点。三道绿色生态屏障建设取得进一步进展。其中,绿化隔离地区新增绿地面积 3 万亩,平原绿色生态屏障建设新增绿地面积 2.5 万亩,山区绿色生态屏障建设新增绿地面积 10.5 万亩。全市有自然保护区 20 个,面积为 1342 平方公里;其中国家级自然保护区 1 个。拥有国家级生态示范区 7 个,面积 9245.8 平方公里。

公报注释:

1. 本公报数据为初步统计数。
2. 本公报中增加值为现价,除注明外,增加值增长速度均按可比价计算。
3. 按国家统计局要求,本公报中地区生产总值、社会消费品零售额历史数据根据经济普查结果作了相应调整。
4. 规模以上工业企业是指全部国有和年产品销售收入 500 万元及以上非国有工业企业;限额以上批发零售企业是指年销售额 2000 万元及以上批发企业和年销售额 500 万元及以上零售企业。
5. 利用外资数据均为客商直接投资口径。
6. 恩格尔系数是指居民食品消费支出占全部消费支出的比重。
7. 城市、农村 20% 高、低收入户人均收入增速未扣除价格因素。

2005 年北京市 1% 人口抽样调查主要数据公报

北京市统计局　国家统计局北京调查总队

2006 年 3 月 17 日

根据国务院的决定，我市于 2005 年 11 月 1 日进行了全国 1% 人口抽样调查工作。这次调查以全国为总体，以各省、自治区、直辖市为次总体，采取分层、多阶段、整群概率比例的抽样方法。最终样本单位为调查小区。这次调查北京市常住人口的样本量为 29 万人，占全市常住人口的 1.89%。在国务院和北京市人民政府的统一领导下，通过调查工作人员的艰苦努力，圆满完成了 1% 人口抽样调查的现场登记和复查任务。目前，调查的全部资料正在用电子计算机进行数据处理。主要数据的快速汇总工作已经结束，现公布如下：

一、常住人口

2005 年 11 月 1 日零时，北京市常住人口为 1536 万人，与 2000 年 11 月 1 日零时第五次全国人口普查的常住人口 1382 万人相比，增加了 154 万人，增长 11.14%；年平均增加 31 万人，年平均增长 2.14%。2005 年底常住人口为 1538 万人。

二、自然增长

调查时点前一年，即 2004 年 11 月 1 日至 2005 年 10 月 31 日全市常住人口出生率为 6.29‰，常住人口死亡率为 5.20‰，常住人口自然增长率为 1.09‰。

三、城乡构成

全市常住人口中，居住在城镇的人口 1284 万人，占常住人口的 83.62%；居住在乡村的人口 252 万人，占常住人口的 16.38%。与第五次全国人口普查相比，城镇人口占常住人口的比重上升了 6.07 个百分点。

四、性别构成

全市常住人口中，男性为 778 万人，占常住人口的 50.63%；女性为 758 万人，占常住人口的 49.37%。性别比（以女性为 100，男性对女性的比例）为 102.55。

五、年龄构成

全市常住人口中，0－14 岁的人口为 157 万人，占常住人口的 10.21%；15－64 岁的人口为 1213 万人，占常住人口的 79%；65 岁及以上的人口为 166 万人，占常住人口的 10.79%。与第五次全国人口普查相比，0－14 岁人口的比重下降了 3.38 个百分点，65 岁及以上人口的比重上升了 2.37 个百分点。

六、民族构成

全市常住人口中，汉族人口为 1464 万人，占常住人口的 95.33%；各少数民族人口为 72 万人，占常住人口的 4.67%。与第五次全国人口普查相比，汉族人口增加了 141 万人，增长了 10.67%；各少数民族人口增加了 13 万人，增长了 22.03%。

七、受教育程度

全市常住人口中，具有大学程度的人口为 362 万人，高中程度的人口为 372 万人，初中程度的人口为 476 万人，小学程度的人口为 212 万人。与第五次全国人口普查相比，大学程度的人口增加 129 万人，高中程度的人口增加 52 万人，初中程度的人口增加 1 万人，小学程度的人口减少 22 万人。

八、家庭户人口

全市共有家庭户 524 万户，家庭户人口为 1421 万人，平均每个家庭户的人口为 2.71 人；集体户人口为 115 万人。与第五次全国人口普查相比，平均每个家庭户的人口减少了 0.2 人。城镇平均每个家庭户的人口为 2.67 人，乡村为 2.92 人。

注：1. 本公报为根据调查结果的初步推算数。

2. 调查登记标准时间为 2005 年 11 月 1 日零时，调查登记对象为具有中华人民共和国国籍并居住在中华人民共和国境内大陆的常住人口。

3. 常住人口指居住在本市，户口登记地在本市的人和居住在本市，户口登记地在外省，但离开户口登记地半年以上的人。

北京市第一次全国经济普查主要数据公报
（第一号）

北京市第一次全国经济普查领导小组办公室

北京市统计局

2005 年 12 月 21 日

为全面掌握我国第二、第三产业[注一]的发展规模、结构和效益状况，研究制定国民经济和社会发展规划，提高各级政府的决策和管理水平，促进国民经济的健康发展，我国于 2004 年开展了第一次全国经济普查。

本次普查的标准时点为 2004 年 12 月 31 日，时期资料为 2004 年度。普查对象[注二]是我国境内从事第二、第三产业的法人单位、产业活动单位和个体经营户。普查内容包括各单位的基本属性、从业人员与报酬、生产经营活动与财务状况、科技活动以及能源消费等方面的情况。

根据全国的统一要求，北京市组织实施了北京地区的第一次全国经济普查工作，取得了重要成果，现将主要数据公布如下。

一、单位基本情况

到 2004 年末，北京市共有从事第二、第三产业的法人单位、产业活动单位以及个体经营户 77.4 万个。其中，法人单位 25.6 万个[注三]，法人单位所属的产业活动单位 4.1 万个，个体经营户 47.7 万个。

本次经济普查法人单位及其所属的产业活动单位数为 29.7 万个，与 2001 年第二次基本单位普查的 24.7 万个相比，增长了 20.2%。

在法人单位数量中，第二产业单位 4.6 万个，占 17.9%；第三产业单位 21.0 万个，占 82.1%。

从法人单位机构类型看，企业单位 22.9 万个，占法人单位的 89.4%；其他各种机构类型的单位占 10.6%。

表 1　法人单位机构类型情况

	单位数（万个）	构成（%）
合　计	**25.58**	**100.0**
企业单位	22.86	89.4
事业单位	1.09	4.2
机关单位	0.20	0.8
社会团体	0.36	1.4
民办非企业	0.15	0.6
其　他	0.92	3.6

从法人单位的登记注册类型看，内资单位 24.8 万个，占法人单位的 97.0%；外资单位 0.8 万个，占 3.0%。全市私营单位 12.7 万个，占法人单位的 49.6%。

表 2　法人单位登记注册类型情况

	单位数		第二产业		第三产业	
	数量（万个）	构成（%）	数量（万个）	构成（%）	数量（万个）	构成（%）
合　计	**25.58**	**100.0**	**4.57**	**100.0**	**21.01**	**100.0**
内资	**24.82**	**97.0**	**4.25**	**93.0**	**20.57**	**97.9**
国有	2.54	9.9	0.21	4.6	2.33	11.1
集体	1.98	7.7	0.71	15.5	1.27	6.0
股份合作	2.45	9.6	0.43	9.5	2.02	9.6
联营	0.07	0.3	0.02	0.4	0.05	0.3

续表

	单位数		第二产业		第三产业	
	数量(万个)	构成(%)	数量(万个)	构成(%)	数量(万个)	构成(%)
有限责任公司	3.61	14.1	0.74	16.1	2.87	13.7
股份有限公司	0.44	1.7	0.09	2.0	0.35	1.7
私营	12.68	49.6	2.04	44.7	10.64	50.6
其他	1.05	4.1	0.01	0.2	1.04	4.9
外资	**0.76**	**3.0**	**0.32**	**7.0**	**0.44**	**2.1**
港澳台商投资	0.24	0.9	0.10	2.2	0.14	0.6
外商投资	0.52	2.1	0.22	4.8	0.30	1.5

从法人单位的行业分类看,批发和零售业、租赁和商务服务业、制造业的法人单位数位居前三位,占法人单位的57.6%。

表3　法人单位行业分类情况

	单位数(万个)	构成(%)
合　计	**25.58**	**100.0**
第二产业	**4.57**	**17.9**
采矿业	0.08	0.3
制造业	3.61	14.1
电力、燃气及水的生产和供应业	0.03	0.1
建筑业	0.85	3.4
第三产业	**21.01**	**82.1**
交通运输、仓储和邮政业	0.46	1.8
信息传输、计算机服务和软件业	1.26	4.9
批发和零售业	7.29	28.5
住宿和餐饮业	0.97	3.8
金融业	0.07	0.3
房地产业	1.00	3.9
租赁和商务服务业	3.84	15.0
科学研究、技术服务和地质勘查业	1.57	6.1
水利、环境和公共设施管理业	0.18	0.7
居民服务和其他服务业	1.50	5.9
教育	0.62	2.4
卫生、社会保障和社会福利业	0.23	0.9
文化、体育和娱乐业	0.69	2.7
公共管理和社会组织	1.33	5.2

从法人单位的地区分布看,单位数量较多的区县依次是海淀区、朝阳区、丰台区、西城区、东城区和大兴区,六个区的法人单位数占全市的67.4%。

表4　法人单位地区分布情况

	单位数		第二产业		第三产业	
	数量(万个)	构成(%)	数量(万个)	构成(%)	数量(万个)	构成(%)
合　计	**25.58**	**100.0**	**4.57**	**100.0**	**21.01**	**100.0**
首都功能核心区	**4.74**	**18.6**	**0.25**	**5.6**	**4.49**	**21.4**
东城区	1.43	5.6	0.06	1.3	1.37	6.5
西城区	1.73	6.8	0.07	1.6	1.66	7.9
崇文区	0.63	2.5	0.05	1.2	0.58	2.8
宣武区	0.95	3.7	0.07	1.5	0.88	4.2

续表

	单位数		第二产业		第三产业	
	数量(万个)	构成(%)	数量(万个)	构成(%)	数量(万个)	构成(%)
城市功能拓展区	**13.40**	**52.3**	**1.61**	**35.1**	**11.79**	**56.1**
朝阳区	4.86	19.0	0.56	12.2	4.30	20.5
丰台区	2.11	8.2	0.38	8.2	1.73	8.2
石景山区	0.62	2.4	0.10	2.2	0.52	2.5
海淀区	5.81	22.7	0.57	12.5	5.24	24.9
城市发展新区	**5.09**	**19.9**	**1.99**	**43.6**	**3.10**	**14.7**
房山区	0.93	3.6	0.31	6.7	0.62	2.9
通州区	0.96	3.8	0.44	9.7	0.52	2.4
顺义区	0.77	3.0	0.32	7.0	0.45	2.2
昌平区	1.00	3.9	0.32	7.1	0.68	3.2
大兴区	1.31	5.1	0.56	12.2	0.75	3.6
经济技术开发区	0.12	0.5	0.04	0.9	0.08	0.4
生态涵养发展区	**2.22**	**8.7**	**0.71**	**15.6**	**1.51**	**7.2**
门头沟区	0.47	1.8	0.15	3.2	0.32	1.5
怀柔区	0.49	1.9	0.14	3.0	0.35	1.7
平谷区	0.52	2.1	0.21	4.7	0.31	1.5
密云县	0.47	1.8	0.15	3.2	0.32	1.5
延庆县	0.27	1.1	0.06	1.5	0.21	1.0
其他	**0.13**	**0.5**	**0.01**	**0.1**	**0.12**	**0.6**

注:“其他”是指在本市登记注册,在外埠经营的单位和市统计局直接统计的单位。

二、从业人员情况

全市第二、第三产业从业人员705.2万人。其中,第二产业从业人员230.4万人,占32.7%;第三产业从业人员474.8万人,占67.3%。

从登记注册类型看,内资单位从业人员639.4万人,占第二、第三产业从业人员的90.7%;外资单位65.8万人,占9.3%。在内资单位中,国有、有限责任公司和私营单位的从业人员比重为72.7%。

表5　按登记注册类型划分的从业人员情况

	从业人员		第二产业		第三产业	
	数量(万个)	构成(%)	数量(万个)	构成(%)	数量(万个)	构成(%)
合　计	**705.15**	**100.0**	**230.40**	**100.0**	**474.75**	**100.0**
内资	**639.34**	**90.7**	**198.28**	**86.1**	**441.06**	**92.9**
国有	195.23	27.7	33.15	14.4	162.08	34.1
集体	43.57	6.2	21.92	9.5	21.65	4.6
股份合作	28.60	4.1	10.82	4.7	17.78	3.7
联营	2.42	0.3	1.06	0.4	1.36	0.3
有限责任公司	155.15	22.0	67.02	29.1	88.13	18.6
股份有限公司	39.32	5.6	16.52	7.2	22.80	4.8
私营	162.38	23.0	47.67	20.7	114.71	24.2
其他	12.67	1.8	0.12	0.1	12.55	2.6
外资	**65.81**	**9.3**	**32.12**	**13.9**	**33.69**	**7.1**
港澳台商投资	20.42	2.9	9.09	3.9	11.33	2.4
外商投资	45.39	6.4	23.03	10.0	22.36	4.7

从行业分类看，从业人员主要集中在工业［注四］、建筑业、批发和零售业以及租赁和商务服务业。

表6 按行业划分的从业人员情况

	从业人员（万人）	构成（%）
合　计	**705.15**	**100.0**
第二产业	**230.40**	**32.7**
采矿业	4.14	0.6
制造业	148.79	21.1
电力、燃气及水的生产和供应业	7.79	1.1
建筑业	69.68	9.9
第三产业	**474.75**	**67.3**
交通运输、仓储和邮政业	43.00	6.1
信息传输、计算机服务和软件业	28.51	4.0
批发和零售业	83.22	11.8
住宿和餐饮业	38.37	5.5
金融业	15.00	2.1
房地产业	31.86	4.5
租赁和商务服务业	63.78	9.0
科学研究、技术服务和地质勘查业	38.87	5.5
水利、环境和公共设施管理业	7.45	1.1
居民服务和其他服务业	19.57	2.8
教育	38.72	5.5
卫生、社会保障和社会福利业	16.05	2.3
文化、体育和娱乐业	16.22	2.3
公共管理和社会组织	34.13	4.8

在从业人员中，具有大专及以上学历的人员273.3万人，占38.8%；具有专业技术职称的人员172.2万人，占24.4%；具有技术等级的人员67.4万人，占9.6%。

表7 从业人员的学历、职称及技术等级情况

	从业人员（万人）	女性	女性比重（%）
一、就业人员合计	**705.15**	**266.16**	**37.7**
研究生及以上学历人员	25.52	8.34	32.7
大学本科学历人员	120.22	47.84	39.8
大专学历人员	127.59	57.92	45.4
高中学历人员	221.91	90.17	40.6
初中及以下学历人员	209.91	61.89	29.5
二、具有技术职称的人员合计	**172.16**	**72.27**	**42.0**
高级专业技术职称	31.74	10.05	31.7
中级专业技术职称	66.23	28.06	42.4
初级专业技术职称	74.19	34.16	46.0
三、具有技术等级证书人员合计	**67.41**	**17.24**	**25.6**
高级技师	2.01	0.34	17.0
技师	5.26	0.98	18.6
高级工	24.30	5.75	23.7
中级工	35.84	10.17	28.4

三、实收资本情况

经济普查结果表明,第二、第三产业的实收资本为33832.5亿元。其中,第二产业实收资本为6136.3亿元,占18.1%;第三产业27696.2亿元,占81.9%。

从登记注册类型看,内资单位实收资本占第二、第三产业实收资本的88.7%,外资单位占11.3%。

表8 按登记注册类型划分的实收资本情况

	实收资本		第二产业		第三产业	
	数量(万个)	构成(%)	数量(万个)	构成(%)	数量(万个)	构成(%)
合　　计	**33832.50**	**100.0**	**6136.35**	**100.0**	**27696.15**	**100.0**
内资	**30025.93**	**88.7**	**5266.13**	**85.8**	**24759.80**	**89.4**
国有	12881.08	38.1	2702.05	44.0	10179.03	36.7
集体	249.82	0.7	81.40	1.3	168.42	0.6
股份合作	172.83	0.5	43.43	0.7	129.40	0.5
联营	39.38	0.1	16.49	0.3	22.89	0.1
有限责任公司	8274.99	24.5	1830.94	29.8	6444.05	23.3
股份有限公司	6393.68	18.9	274.19	4.5	6119.49	22.1
私营	2001.72	5.9	317.20	5.2	1684.52	6.1
其他	12.43	…	0.43	…	12.00	…
外资	**3806.57**	**11.3**	**870.22**	**14.2**	**2936.35**	**10.6**
港澳台商投资	1709.59	5.1	156.75	2.6	1552.84	5.6
外商投资	2096.98	6.2	713.47	11.6	1383.51	5.0

注:表中"…"表示该栏数据不够计量单位的数量值(下同)。

从行业分类看,实收资本较高的依次是金融业,租赁和商务服务业,信息传输、计算机服务和软件业,三个行业实收资本总计为20919.9亿元,占全市的61.8%。

表9 按行业划分的实收资本情况

	实收资本(亿元)	构成(%)
合　　计	**33832.50**	**100.0**
第二产业	**6136.35**	**18.1**
采矿业	21.02	…
制造业	2100.89	6.2
电力、燃气及水的生产和供应业	3207.08	9.5
建筑业	807.36	2.4
第三产业	**27696.15**	**81.9**
交通运输、仓储和邮政业	912.01	2.7
信息传输、计算机服务和软件业	3578.96	10.6
批发和零售业	2104.89	6.2
住宿和餐饮业	395.34	1.2
金融业	9618.40	28.4
房地产业	1867.90	5.5
租赁和商务服务业	7722.58	22.8
科学研究、技术服务和地质勘查业	845.28	2.5
水利、环境和公共设施管理业	92.89	0.3
居民服务和其他服务业	307.83	0.9
教育	30.21	0.1
卫生、社会保障和社会福利业	17.53	0.1
文化、体育和娱乐业	202.33	0.6

四、主营业务收入情况

全市第二、第三产业法人单位的主营业务收入28776.3亿元。其中，第二产业8308.7亿元，占28.9%；第三产业20467.6亿元，占71.1%。

从登记注册类型看，内资单位主营业务收入占法人单位主营业务收入的82.8%，外资单位占17.2%。

表10 按登记注册类型划分的主营业务收入情况

	主营业务收入		第二产业		第三产业	
	数量(亿元)	构成(%)	数量(亿元)	构成(%)	数量(亿元)	构成(%)
合　计	**28776.25**	**100.0**	**8308.70**	**100.0**	**20467.55**	**100.0**
内资	**23824.57**	**82.8**	**5982.12**	**72.0**	**17842.45**	**87.2**
国有	5660.22	19.7	1107.13	13.3	4553.09	22.2
集体	647.38	2.3	243.27	2.9	404.11	2.0
股份合作	386.35	1.3	122.00	1.5	264.35	1.3
联营	61.58	0.2	15.90	0.2	45.68	0.2
有限责任公司	8660.46	30.1	2777.13	33.4	5883.33	28.8
股份有限公司	4634.02	16.1	1109.62	13.4	3524.40	17.2
私营	3760.71	13.1	606.48	7.3	3154.23	15.4
其他	13.85	…	0.59	…	13.26	0.1
外资	**4951.68**	**17.2**	**2326.58**	**28.0**	**2625.10**	**12.8**
港澳台商投资	1109.68	3.9	555.86	6.7	553.82	2.7
外商投资	3842.00	13.3	1770.72	21.3	2071.28	10.1

从行业分类看，主营业务收入比重较大的是：批发和零售业9636.2亿元，占第二、第三产业主营业务收入的33.5%；工业6225.3亿元，占21.6%；金融业4104.6亿元，占14.3%；房地产业1760.1亿元，占6.1%。

表11 按行业划分的主营业务收入情况

	主营业务收入(亿元)	构成(%)
合　计	**28776.25**	**100.0**
第二产业	**8308.70**	**28.9**
采矿业	152.74	0.5
制造业	5259.51	18.3
电力、燃气及水的生产和供应业	813.06	2.8
建筑业	2083.39	7.3
第三产业	**20467.55**	**71.1**
交通运输、仓储和邮政业	750.82	2.6
信息传输、计算机服务和软件业	1328.23	4.6
批发和零售业	9636.24	33.5
住宿和餐饮业	361.44	1.2
金融业	4104.59	14.3
房地产业	1760.13	6.1
租赁和商务服务业	1123.14	3.9
科学研究、技术服务和地质勘查业	829.90	2.9
水利、环境和公共设施管理业	38.63	0.1
居民服务和其他服务业	251.51	0.9
教育	30.83	0.1
卫生、社会保障和社会福利业	20.99	0.1
文化、体育和娱乐业	231.10	0.8

五、能源消费情况

经济普查对全市第二、第三产业企事业单位的能源消耗量进行了调查。第二产业消费量为2664.2万吨标煤,第三产业消费量为1638.0万吨标煤。

表12　第二、第三产业主要能源消费量

能源品种	计量单位	合　计	工　业	其他行业
电　力	亿千瓦小时	421.99	239.00	182.99
汽　油	万吨	116.10	17.44	98.66
柴　油	万吨	116.46	30.34	86.12
天然气	亿立方米	20.21	3.51	16.70
液化石油气	万吨	10.46	4.76	5.70
煤　炭	万吨	2712.62	2378.20	334.42

六、个体经营户情况

本次普查登记的个体经营户47.7万个,从业人员109万人,全年营业收入606.6亿元,营业支出439.9亿元,固定资产原值101.2亿元。

在个体经营户中从事第二产业的个体经营户1.95万个,占4.1%;从事第三产业的45.7万个,占95.9%。

从行业分类看,从事批发业、零售业、餐饮业、居民服务业的个体经营户36.9万个,占个体经营户的77.4%;从业人员83.2万人,占76.4%;营业收入498.1亿元,占82.1%。

表13　个体经营户基本情况

	户数（万户）	从业人员（万人）	营业收入（亿元）	营业支出（亿元）	交纳税费	固定资产（亿元）
合　计	**47.69**	**108.97**	**606.58**	**439.86**	**31.12**	**101.18**
第二产业	**1.95**	**10.85**	**48.44**	**35.93**	**1.63**	**11.11**
工业	1.63	8.57	40.42	29.86	1.36	9.96
建筑业	0.32	2.28	8.02	6.07	0.27	1.15
第三产业	**45.74**	**98.12**	**558.14**	**403.93**	**29.49**	**90.07**
交通运输电信业	4.66	5.94	38.11	25.62	3.76	17.27
批发业	3.23	7.14	103.76	73.23	2.53	4.40
零售业	25.70	48.66	304.20	219.86	14.38	29.60
住宿业	0.24	0.59	1.56	1.16	0.14	2.84
餐饮业	3.90	18.09	72.23	54.84	5.86	17.88
房地产业	0.02	0.04	0.14	0.11	0.03	0.04
租赁和商务服务业	0.49	1.04	2.90	2.05	0.22	2.19
教育	0.07	0.50	1.13	1.01	0.07	0.64
卫生和福利业	0.29	0.50	1.62	1.06	0.06	0.79
居民服务业	4.07	9.34	17.90	14.29	1.44	8.08
文化、体育和娱乐业	0.34	0.49	2.13	1.48	0.19	0.78
其他服务业	2.73	5.79	12.46	9.22	0.81	5.56

七、普查数据质量情况

北京市第一次全国经济普查办公室对本次普查数据进行了严格的审核,按全国统一的方法进行了事后质量抽查,结果表明,数据填报综合差错率为1.7‰,达到了国家数据质量控制标准。

[注一]第二、第三产业:第二产业包括采矿业,制造业,电力、燃气及水的生产和供应业以及建筑业四个门类。第三产业包括交通运输、仓储和邮政业,信息传输、计算机服务和软件业,批发和零售业,住宿和餐饮业,金融业,房地产业,租赁和商务服务业,科学研究、技术服务和地质勘查业,水利、环境和公共设施管理业,居民服务和其他服务业,教育,卫生、社会保障和社会福利业,文化、体育和娱乐业,以及公共管理和社会组织十四个门类。

[注二]普查对象:根据《第一次全国经济普查调查方案》的规定,普查对象包括从事第二、第三产业生产经营活动的法人单位、产业活动单位以及从事个体经营活动的个体经营户。

法人单位指依法成立,有自己的名称、组织机构和场所,能独立承担民事责任;独立拥有和使用(或授权使用)资产,有权与其他单位签订合同;会计上独立核算,能够编制资产负债表的单位。

产业活动单位指在一个场所从事一种或主要从事一种社会经济活动,相对独立组织生产或业务活动,能够掌握收入和支出等业务资料的单位。

个体经营户指除农户外,生产资料归劳动者个人所有,以个体劳动为基础,劳动成果归劳动者个人占有和支配的一种经营单位。包括:(1)经各级工商行政管理机关登记注册并领取《营业执照》的个体工商户。(2)经民政部门核准登记并领取证书的民办非企业单位。(3)没有领取执照或证书,或按照有关规定免于登记,但有相对固定场所、年内实际从事个体经营活动三个月以上的城镇、农村个体户。但不包括农民家庭以辅助劳力或利用农闲时间进行的一些兼营性活动。

[注三]法人单位25.6万个:与国务院第一次全国经济普查办公室发布的法人单位22.1万个相比,增加了3.5万个,主要原因是这些单位属于一企多照和无主产业活动的单位。

[注四]工业:包括采矿业,制造业,电力、燃气及水的生产和供应业。

北京市第一次全国经济普查主要数据公报
(第二号)

北京市第一次全国经济普查领导小组办公室

北京市统计局

2005 年 12 月 21 日

根据北京市第一次全国经济普查结果,现将第二产业主要数据公布如下:

一、工业发展情况

1. 企业数量及从业人员

经济普查结果显示,全市工业企业法人单位37227个,占全部法人单位的14.6%;从业人员160.7万人,占全部从业人员的22.8%。

从登记注册类型看,内资企业的单位数和从业人员占全部工业企业的比重分别为91.8%和80.9%;外资企业比重分别为8.2%和19.1%。

表1　按企业登记注册类型划分的工业企业法人单位及从业人员情况

	单位数		从业人员	
	数量(个)	构成(%)	数量(万人)	构成(%)
合　计	**37227**	**100.0**	**160.72**	**100.0**
内资	**34184**	**91.8**	**130.07**	**80.9**
国有	1564	4.2	18.37	11.4
集体	6117	16.4	15.20	9.5
股份合作	4004	10.8	8.13	5.0
联营	182	0.5	0.97	0.6
有限责任公司	5623	15.1	39.39	24.5
股份有限公司	770	2.1	13.79	8.6
私营	15827	42.5	34.12	21.2
其他	97	0.2	0.10	0.1
外资	**3043**	**8.2**	**30.65**	**19.1**
港澳台商投资	922	2.5	8.38	5.2
外商投资	2121	5.7	22.27	13.9

从行业分类看,在工业的39个行业中,金属制品业、非金属矿物制品业、通用与专用设备制造业的单位数量较多,占工业企业数量的32.5%;交通运输设备制造业,通信设备、计算机及其他电子设备制造业,非金属矿物制品业,纺织服装、鞋、帽制造业,通用设备制造业以及金属制品业的从业人员较多,占工业企业从业人员的41.9%。

表2　按行业划分的工业企业法人单位及从业人员情况

	单位数		从业人员	
	数量(个)	构成(%)	数量(万人)	构成(%)
合　计	**37227**	**100.0**	**160.72**	**100.0**
采矿业	**788**	**2.1**	**4.14**	**2.6**
煤炭开采和洗选业	262	0.7	3.02	1.9
石油和天然气开采业	13	…	0.10	0.1

续表

	单位数		从业人员	
	数量(个)	构成(%)	数量(万人)	构成(%)
黑色金属矿采选业	27	0.1	0.33	0.2
有色金属矿采选业	22	0.1	0.02	…
非金属矿采选业	452	1.2	0.67	0.4
其他采矿业	12	…	…	…
制造业	**36120**	**97.0**	**148.79**	**92.5**
农副食品加工业	1101	3.0	3.56	2.2
食品制造业	1225	3.3	5.13	3.2
饮料制造业	515	1.4	2.76	1.7
烟草制品业	7	…	0.09	0.1
纺织业	937	2.5	5.26	3.3
纺织服装、鞋、帽制造业	2006	5.4	11.75	7.3
皮革、毛皮、羽毛(绒)及其制品业	260	0.7	0.82	0.5
木材加工及木、竹、藤、棕、草制品	586	1.6	1.04	0.6
家具制造业	1204	3.2	2.98	1.9
造纸及纸制品业	945	2.5	2.49	1.6
印刷业和记录媒介的复制	1586	4.3	7.24	4.5
文教体育用品制造业	389	1.1	1.44	0.9
石油加工、炼焦及核燃料加工业	301	0.8	1.56	1.0
化学原料及化学制品制造业	2768	7.4	7.57	4.7
医药制造业	681	1.8	4.30	2.7
化学纤维制造业	58	0.2	0.14	0.1
橡胶制品业	223	0.6	1.11	0.7
塑料制品业	1537	4.1	4.03	2.5
非金属矿物制品业	3154	8.5	11.46	7.1
黑色金属冶炼及压延加工业	297	0.8	6.77	4.2
有色金属冶炼及压延加工业	350	0.9	1.13	0.7
金属制品业	4022	10.8	9.23	5.7
通用设备制造业	2573	6.9	9.50	5.9
专用设备制造业	2339	6.3	8.57	5.3
交通运输设备制造业	1428	3.8	12.93	8.0
电气机械及器材制造业	1789	4.8	6.80	4.2
通信设备、计算机及其他电子设备制造业	1642	4.4	12.55	7.8
仪器仪表及文化、办公用机械制造业	1261	3.4	4.23	2.6
工艺品及其他制造业	870	2.3	2.21	1.4
废弃资源和废旧材料回收加工业	66	0.2	0.14	0.1
电力、燃气及水的生产和供应业	**319**	**0.9**	**7.79**	**4.9**
电力、热力的生产和供应业	180	0.5	6.36	4.0
燃气生产和供应业	41	0.1	0.75	0.5
水的生产和供应业	98	0.3	0.68	0.4

注：表中“…”表示该栏数据不够计量单位的数量值(下同)。

2.经济总量及构成

经济普查结果表明，全市工业企业资产总量13451.9亿元，负债合计4697.8亿元，实收资本5329.0亿元，全年实现主营业务收入6225.3亿元，利润总额389.9亿元。

工业主要产品产量情况如下。

表3 工业主要产品产量

产品	计量单位	产量	产品	计量单位	产量
水泥	万吨	1214.19	程控交换机	万线	3224.92
平板玻璃	万重量箱	658.70	移动通信手持机	万台	4172.09
钢材	万吨	870.61	彩色显像管	万只	1050.82
金属切削机床	万台	0.76	微型电子计算机	万台	533.35
汽车	万辆	53.90	集成电路	亿块	11.14
光通信设备	万台	66.95	发电量	亿千瓦小时	203.89

从登记注册类型看，外商投资企业、有限责任公司、股份有限公司实现主营业务收入4601.8亿元，占工业企业的73.9%；实现利润总额285.4亿元，占73.2%。

表4 按登记注册类型划分的工业企业主要经济指标

	资产总计（亿元）	负债合计（亿元）	实收资本（亿元）	主营收入（亿元）	利润总额（亿元）
合计	**13451.86**	**4697.81**	**5328.99**	**6225.31**	**389.85**
内资	**11209.75**	**3514.52**	**4481.37**	**3955.46**	**245.20**
国有	5439.13	1005.11	2320.66	418.16	61.46
集体	230.51	157.74	53.26	137.41	4.93
股份合作	98.32	57.37	30.23	78.92	1.66
联营	44.62	25.00	15.16	11.29	0.70
有限责任公司	3726.73	1486.80	1593.49	1835.22	94.86
股份有限公司	1036.47	441.46	248.45	1033.56	68.51
私营	632.14	338.93	219.73	440.42	13.25
其他	1.83	2.11	0.39	0.48	-0.17
外资	**2242.11**	**1183.29**	**847.62**	**2269.85**	**144.65**
港澳台商投资	494.69	312.88	145.45	536.87	22.57
外商投资	1747.42	870.41	702.17	1732.98	122.08

从行业分类看，化学原料及化学制品制造业，黑色金属冶炼及压延加工业，交通运输设备制造业，通信设备、计算机及其它电子设备制造业，电力、热力的生产和供应业实现主营业务收入3618.7亿元，占全部工业企业的58.1%；实现利润总额257.7亿元，占66.1%。

表5 按行业划分的工业企业主要经济指标

	资产总计（亿元）	负债合计（亿元）	实收资本（亿元）	主营收入（亿元）	利润总额（亿元）
合计	**13451.86**	**4697.81**	**5328.99**	**6225.31**	**389.85**
采矿业	**68.95**	**30.07**	**21.02**	**152.74**	**16.84**
煤炭开采和洗选业	36.25	16.80	7.53	129.49	12.02
石油和天然气开采业	15.63	4.38	8.67	7.54	1.92
黑色金属矿采选业	8.97	4.45	1.70	10.20	2.74
有色金属矿采选业	0.64	0.08	0.55	0.54	0.03
非金属矿采选业	7.44	4.35	2.56	4.96	0.13
其他采矿业	0.02	0.01	0.01	0.01	…

续表

	资产总计（亿元）	负债合计（亿元）	实收资本（亿元）	主营收入（亿元）	利润总额（亿元）
制造业	**6531.15**	**3480.94**	**2100.89**	**5259.51**	**268.74**
农副食品加工业	101.54	58.70	36.41	125.53	3.20
食品制造业	183.26	101.58	86.75	122.43	-0.41
饮料制造业	187.48	93.56	63.59	89.35	4.85
烟草制品业	12.41	3.37	4.79	15.29	1.36
纺织业	108.92	67.66	41.07	63.55	0.87
纺织服装、鞋、帽制造业	98.46	61.70	31.35	78.86	-0.01
皮革、毛皮、羽毛(绒)及其制品业	17.21	11.47	6.86	8.61	0.01
木材加工及木、竹、藤、棕、草制品	33.99	19.37	12.87	14.70	-0.09
家具制造业	46.06	29.07	16.66	30.08	…
造纸及纸制品业	60.39	37.19	20.13	42.67	3.32
印刷业和记录媒介的复制	182.94	89.50	71.28	94.52	7.16
文教体育用品制造业	30.15	18.53	7.49	15.17	0.71
石油加工、炼焦及核燃料加工业	134.62	60.31	37.63	280.49	1.58
化学原料及化学制品制造业	446.98	152.86	181.52	410.26	65.71
医药制造业	287.14	115.34	89.29	118.64	15.17
化学纤维制造业	7.37	3.66	2.49	2.83	-0.01
橡胶制品业	33.30	22.13	8.43	19.82	1.02
塑料制品业	89.67	54.42	34.37	65.76	1.48
非金属矿物制品业	413.38	248.07	142.36	197.20	8.67
黑色金属冶炼及压延加工业	567.45	313.13	119.04	406.26	15.52
有色金属冶炼及压延加工业	49.16	24.04	20.71	53.06	1.56
金属制品业	221.61	131.68	74.86	134.15	3.36
通用设备制造业	348.79	213.00	111.22	204.26	7.56
专用设备制造业	457.70	234.40	129.20	226.37	17.52
交通运输设备制造业	654.58	387.54	195.52	782.10	38.68
电气机械及器材制造业	285.05	160.90	90.64	211.35	16.26
通信设备、计算机及其他电子设备制造业	1232.39	638.59	387.02	1279.24	43.07
仪器仪表及文化、办公用机械制造业	183.59	96.03	54.11	136.72	10.41
工艺品及其他制造业	50.14	30.10	21.06	28.57	0.29
废弃资源和废旧材料回收加工业	5.42	3.04	2.17	1.67	-0.08
电力、燃气及水的生产和供应业	**6851.76**	**1186.80**	**3207.08**	**813.06**	**104.27**
电力、热力的生产和供应业	6474.31	1095.08	3000.98	740.82	94.74
燃气生产和供应业	140.05	13.81	93.48	46.40	9.34
水的生产和供应业	237.40	77.91	112.62	25.84	0.19

从企业规模看，全市有大中型工业企业496个，占全部工业企业的1.3%；资产总量9679.5亿元，占72.0%；实现主营业务收入4300.7亿元，占69.1%；利润总额308.6亿元，占79.2%。

表6　按企业规模划分的工业企业主要经济指标

	资产总计（亿元）	负债合计（亿元）	实收资本（亿元）	主营收入（亿元）	利润总额（亿元）
合　计	**13451.86**	**4697.81**	**5328.99**	**6225.31**	**389.85**
大型企业	3134.19	1295.67	1120.47	2736.41	161.30
中型企业	6545.30	1556.50	2670.15	1564.29	147.28
小型企业	3772.37	1845.64	1538.37	1924.61	81.27

3. 高新技术产业及出口

经济普查数据显示，全市有高新技术工业企业6040个，占全部工业企业的16.2%；从业人员33.5万人，占20.8%；实现主营业务收入2049.1亿元，占32.9%；实现利税194.4亿元，占30.5%。

工业企业全年产品出口交货值701.6亿元，占全部工业企业销售产值的12.0%。其中，高新技术产品出口交货值482.6亿元，占工业企业出口交货值的68.8%。

4. 科技投入及研发

2004年，全市规模以上工业企业[注一]中，开展科技活动的企业1346个，其中，拥有技术开发机构的企业434个。在有科技活动的企业中，拥有科技活动人员5.6万人，其中科学家和工程师4.1万人。

规模以上工业企业科技活动经费支出87.6亿元，占规模以上工业企业主营业务收入（产品销售收入）的1.5%；R&D经费支出[注二]59.9亿元，占规模以上工业企业主营业务收入（产品销售收入）的1.0%。

规模以上工业企业全年完成科技开发项目（课题）4388个；申请专利2330件，其中，发明专利931件；新产品销售收入1105.2亿元，占规模以上工业企业主营业务收入（产品销售收入）的18.4%。

5. 能源消费及耗水

经济普查结果显示，全市工业企业全年消耗电力239.0亿千瓦小时，液化石油气4.8万吨，天然气3.5亿立方米，柴油30.3万吨，汽油17.4万吨，煤炭2378.2万吨，耗水量为3.2亿立方米。

二、建筑业发展情况

1. 企业数量及从业人员

2004年，全市建筑业法人单位8446个，占全部法人单位的3.4%；从业人员69.7万人，占9.9%。具有资质等级的建筑业法人单位2802个，占建筑业法人单位的33.2%。

从登记注册类型看，建筑业企业中的集体企业、有限责任公司和私营企业单位数量较多，分别占建筑业企业的11.6%、20.5%和54.2%；从业人员比重较高的是国有企业、有限责任公司和私营企业。

表7　按登记注册类型划分的建筑业法人单位情况

	单位数		从业人员	
	数量（个）	构成（%）	数量（万人）	构成（%））
合　计	**8446**	**100.0**	**69.68**	**100.0**
内资	**8287**	**98.1**	**68.20**	**97.9**
国有	501	5.9	14.78	21.2
集体	981	11.6	6.72	9.6
股份合作	343	4.1	2.69	3.9
联营	13	0.2	0.09	0.1
有限责任公司	1735	20.5	27.63	39.7
股份有限公司	122	1.4	2.73	3.9
私营	4577	54.2	13.55	19.5
其他	15	0.2	0.01	…
外资	**159**	**1.9**	**1.48**	**2.1**
港澳台商投资	81	1.0	0.72	1.0
外商投资	78	0.9	0.76	1.1

2. 经济总量及构成

2004年末，全市建筑业企业资产总量3199.9亿元，负债合计2041.2亿元，实收资本807.4亿元。建筑业企业完成总产值1776亿元，实现主营业务收入2083.4亿元，实现利润总额46.9亿元。

全年房屋建筑施工面积14739.5万平方米；竣工面积5409.3万平方米，其中住宅面积3479.4万平方米。

从登记注册类型看，国有企业、有限责任公司和私营企业在各主要经济指标中所占比重较高。

表8　按登记注册类型划分的建筑业主要经济指标

	总产值（亿元）	资产总计（亿元）	负债合计（亿元）	实收资本（亿元）	主营收入（亿元）	利润总额（亿元）	竣工面积（万平方米）
合　计	**1775.96**	**3199.93**	**2041.21**	**807.36**	**2083.39**	**46.95**	**5409.27**
内资	**1726.65**	**3139.91**	**2003.62**	**784.77**	**2026.66**	**47.20**	**5371.01**
国有	475.10	1237.35	685.96	381.39	688.97	12.49	1204.66
集体	105.07	153.32	112.63	28.13	105.86	4.40	474.38
股份合作	40.73	42.96	25.75	13.21	43.07	1.58	199.63
联营	2.22	8.43	6.80	1.33	4.61	0.18	…
有限责任公司	867.05	1361.52	989.11	237.45	941.90	19.26	3065.28
股份有限公司	72.79	132.68	85.00	25.74	76.06	5.38	209.23
私营	163.59	203.55	98.34	97.47	166.07	3.90	217.83
其他	0.10	0.10	0.03	0.05	0.12	0.01	…
外资	**49.31**	**60.02**	**37.59**	**22.59**	**56.73**	**-0.25**	**38.26**
港澳台商投资	17.71	25.08	14.10	11.29	18.99	-0.35	18.59
外商投资	31.60	34.94	23.49	11.30	37.74	0.10	19.67

从行业分类看，房屋和土木工程建筑业的主要经济指标所占比重均在70%以上。

表9　按行业划分的建筑业主要经济指标

	总产值（亿元）	资产总计（亿元）	负债合计（亿元）	实收资本（亿元）	主营收入（亿元）	利润总额（亿元）	竣工面积（万平方米）
合　计	**1775.96**	**3199.93**	**2041.21**	**807.36**	**2083.39**	**46.95**	**5409.27**
房屋和土木工程建筑业	1363.88	2637.06	1680.43	626.63	1603.19	35.59	5265.60
建筑安装业	226.58	334.04	236.87	80.86	293.74	7.98	95.03
建筑装饰业	137.14	154.00	82.05	70.62	134.66	1.52	1.94
其他建筑业	48.36	74.83	41.86	29.25	51.80	1.86	46.70

2004年，全市总承包和专业承包建筑业企业完成房屋建筑施工面积14424.4万平方米，房屋建筑竣工面积5257.7万平方米，竣工价值666.9亿元。

表10　总承包和专业承包建筑业企业房屋建筑完成情况

	房屋建筑竣工面积		房屋建筑竣工价值	
	数量（万平方米）	构成（%）	数量（亿元）	构成（%）
合　计	**5257.69**	**100.0**	**666.86**	**100.0**
厂房、仓库	511.41	9.7	65.26	9.8
住宅	3409.91	64.9	389.03	58.3
办公用房	533.33	10.1	88.93	13.3
批发和零售用房	130.29	2.5	17.51	2.6
住宿和餐饮用房	35.37	0.7	6.03	0.9
居民服务业用房	58.52	1.1	7.50	1.1
教育用房	196.61	3.7	32.71	4.9
文化、体育用房	58.72	1.1	10.68	1.6
卫生医疗用房	47.04	0.9	8.49	1.3
科研用房	34.79	0.7	5.35	0.8
其他用房	241.70	4.6	35.37	5.4

[注一]规模以上工业：包括全部国有工业企业和年主营业务收入500万元及以上的非国有工业企业。

[注二]R&D经费支出：R&D即研究与试验发展的英文缩写。R&D经费支出指企业用于基础研究、应用研究和试验发展三类项目以及这三类项目的管理和服务费用支出。

北京市第一次全国经济普查主要数据公报（第三号）

北京市第一次全国经济普查领导小组办公室

北京市统计局

2005年12月21日

根据北京市第一次全国经济普查结果，现将第三产业主要数据公布如下：

一、交通运输、仓储和邮政业

全市交通运输、仓储和邮政业的法人单位4594个，占全市法人单位的1.8%；从业人员43.0万人，占全部从业人员的6.1%。

表1 按行业划分的交通运输、仓储和邮政业主要经济指标

	单位数（个）	从业人员（万人）	资产总计（亿元）	负债合计（亿元）	实收资本（亿元）	主营收入（亿元）	利润总额（亿元）
合　计	**4594**	**43.00**	**2494.31**	**1206.01**	**912.01**	**750.82**	**75.98**
铁路运输业	38	8.28	423.18	81.76	328.21	144.70	4.74
道路运输业	1972	5.40	488.74	230.65	173.60	72.76	8.03
城市公共交通业	315	17.03	237.31	114.85	73.87	86.33	2.40
水上运输业	2	…	3.47	2.46	0.27	1.87	0.19
航空运输业	27	3.62	848.69	547.77	181.15	192.69	16.63
管道运输业	3	0.01	107.33	79.90	19.89	15.43	8.06
装卸搬运和其他运输服务业	1381	3.12	202.07	62.23	83.36	143.16	22.41
仓储业	620	1.58	121.41	63.82	34.78	31.54	-0.18
邮政业	236	3.96	62.11	22.57	16.88	62.34	13.70

注：表中“…”表示该栏数据不够计量单位的数量值（下同）。

二、信息传输、计算机服务和软件业

全市信息传输、计算机服务和软件业的法人单位12649个，占全市法人单位的4.9%；从业人员28.5万人，占全部从业人员的4.0%。

表2 按行业划分的信息传输、计算机服务和软件业主要经济指标

	单位数（个）	从业人员（万人）	资产总计（亿元）	负债合计（亿元）	实收资本（亿元）	主营收入（亿元）	利润总额（亿元）
合　计	**12649**	**28.51**	**8734.77**	**2356.52**	**3578.96**	**1328.23**	**550.27**
电信和其他信息传输服务业	1493	7.29	6977.59	1577.19	2901.15	536.65	510.35
计算机服务业	4941	8.40	844.46	446.99	355.19	478.39	18.93
软件业	6215	12.82	912.72	332.34	322.62	313.19	20.99

三、批发和零售业

1. 企业数量及从业人员

全市批发和零售业的法人单位72880个，占全市法人单位的28.5%；从业人员83.2万人，占全部从业人员的11.8%。

表3 按登记注册类型划分的企业法人单位及从业人员情况

	单位数		从业人员	
	数量(个)	构成(%)	数量(万人)	构成(%))
合　计	**72880**	**100.0**	**83.22**	**100.0**
内资	**72490**	**99.5**	**78.93**	**94.8**
国有	2972	4.1	8.18	9.8
集体	4313	5.9	4.14	5.0
股份合作	8275	11.3	4.40	5.3
联营	198	0.3	0.23	0.3
有限责任公司	9602	13.2	18.94	22.7
股份有限公司	1297	1.8	3.87	4.6
私营	45614	62.6	39.11	47.0
其他	219	0.3	0.06	0.1
外资	**390**	**0.5**	**4.29**	**5.2**
港澳台商投资	117	0.1	0.50	0.6
外商投资	273	0.4	3.79	4.6

2. 经济总量及构成

经济普查数据显示，批发和零售业全年销售总额为10722.6亿元。

从登记注册类型看，内资企业完成销售总额9485.2亿元，占批发和零售业销售总额的88.5%；外资企业完成销售额1237.4亿元，占11.5%。

表4 按登记注册类型划分的批发和零售业主要经济指标

	资产总计(亿元)	负债合计(亿元)	实收资本(亿元)	主营收入(亿元)	利润总额(亿元)	销售总额(亿元)	
							零售额
合　计	**8102.98**	**5317.96**	**2104.89**	**9636.24**	**221.74**	**10722.57**	**1802.92**
内资	**7418.65**	**4951.08**	**1885.28**	**8538.86**	**147.32**	**9485.23**	**1630.11**
国有	2498.99	1743.54	535.10	1947.64	72.50	2099.10	167.30
集体	190.60	142.88	33.46	292.68	2.24	314.04	62.11
股份合作	101.38	71.64	32.35	110.70	-1.35	127.12	55.84
联营	18.73	12.80	4.16	34.43	0.25	38.29	13.53
有限责任公司	2591.59	1880.71	565.48	3188.19	58.46	3513.43	508.03
股份有限公司	851.58	331.11	256.00	918.90	20.28	1056.12	260.42
私营	1165.15	768.05	458.50	2045.95	-5.08	2336.74	562.63
其他	0.63	0.35	0.23	0.37	0.02	0.39	0.25
外资	**684.33**	**366.88**	**219.61**	**1097.38**	**74.42**	**1237.34**	**172.81**
港澳台商投资	20.69	13.56	7.57	23.72	0.94	24.06	17.01
外商投资	663.64	353.32	212.04	1073.66	73.48	1213.28	155.80

从行业分类看，在批发和零售业销售总额中，批发业占81.1%，零售业占18.9%。

表5 按行业划分的批发和零售业主要经济指标

	单位数(个)	从业人员(万人)	资产总计(亿元)	负债合计(亿元)	实收资本(亿元)	主营收入(亿元)	利润总额(亿元)	销售总额(亿元)	
									零售额
合　计	**72880**	**83.22**	**8102.98**	**5317.96**	**2104.89**	**9636.24**	**221.74**	**10722.57**	**1802.92**
批发业	34715	42.08	6599.89	4356.73	1568.01	7897.65	216.31	8696.28	178.58
零售业	38165	41.14	1503.09	961.23	536.88	1738.59	5.43	2026.29	1624.34

四、住宿和餐饮业

1. 企业数量及从业人员

全市住宿和餐饮业的法人单位9748个，占全市法人单位的3.8%；从业人员38.4万人，占全部从业人员的5.5%。

表6　按登记注册类型划分的企业法人单位及从业人员

	单位数		从业人员	
	数量(个)	构成(%)	数量(万人)	构成(%)
合　计	**9748**	**100.0**	**38.37**	**100.0**
内资	**9458**	**97.0**	**31.73**	**82.7**
国有	1198	12.3	6.97	18.2
集体	1291	13.3	2.21	5.8
股份合作	1632	16.7	2.60	6.8
联营	53	0.5	0.17	0.4
有限责任公司	1054	10.8	6.90	18.0
股份有限公司	168	1.7	0.86	2.2
私营	4013	41.2	11.95	31.1
其他	49	0.5	0.07	0.2
外资	**290**	**3.0**	**6.64**	**17.3**
港澳台商投资	115	1.2	2.55	6.6
外商投资	175	1.8	4.09	10.7

2. 经济总量及构成

经济普查数据显示，住宿和餐饮业主营业务收入为361.4亿元。

从登记注册类型看，内资企业主营业务收入为248.4亿元，占住宿和餐饮业的68.7%；外资企业为113.1亿元，占31.3%。

表7　按登记注册类型划分的住宿和餐饮业主要经济指标

	资产总计(亿元)	负债合计(亿元)	实收资本(亿元)	主营收入(亿元)	利润总额(亿元)	客房收入(亿元)	餐费收入(亿元)	商品收入(亿元)
合　计	**777.66**	**510.21**	**395.34**	**361.44**	**-0.28**	**100.30**	**213.25**	**9.51**
内资	**572.64**	**320.07**	**299.20**	**248.38**	**-9.40**	**65.77**	**150.03**	**7.10**
国有	230.72	93.86	182.64	65.14	-1.21	32.15	20.59	1.87
集体	41.45	26.01	11.70	14.38	-0.32	5.55	6.61	0.32
股份合作	15.53	11.07	6.38	13.82	-0.56	2.42	10.85	0.21
联营	2.91	2.11	1.90	1.38	-0.03	0.57	0.64	0.07
有限责任公司	168.70	102.04	59.84	58.41	-3.65	16.19	33.65	1.63
股份有限公司	21.59	9.28	5.86	11.13	1.22	0.92	7.85	0.35
私营	91.55	75.54	30.75	83.72	-4.82	7.83	69.67	2.63
其他	0.19	0.16	0.13	0.40	-0.03	0.14	0.17	0.02
外资	**205.02**	**190.14**	**96.14**	**113.06**	**9.12**	**34.53**	**63.22**	**2.41**
港澳台商投资	123.69	132.70	49.17	48.81	2.34	20.49	20.20	0.58
外商投资	81.33	57.44	46.97	64.25	6.78	14.04	43.02	1.83

从行业分类看，住宿业主营业务收入187.0亿元，占住宿和餐饮业的51.7%；餐饮业174.4亿元，占48.3%。

表8　按行业划分的住宿和餐饮业主要经济指标

	单位数(个)	从业人员(万人)	资产总计(亿元)	负债合计(亿元)	实收资本(亿元)	主营收入(亿元)	利润总额(亿元)	客房收入(亿元)	餐费收入(亿元)	商品收入(亿元)
合　计	**9748**	**38.37**	**777.66**	**510.21**	**395.34**	**361.44**	**-0.28**	**100.30**	**213.25**	**9.51**
住宿业	3011	16.42	634.56	409.38	339.69	187.02	2.69	98.72	50.68	3.82
餐饮业	6737	21.95	143.10	100.83	55.65	174.42	-2.97	1.58	162.57	5.69

经济普查数据显示，全市住宿业法人单位3011个，从业人员16.4万人，主营业务收入187.0亿元。在住宿业法人单位中有星级饭店515个，其从业人员为10.7万人，主营业务收入为147.5亿元。

表9 住宿业法人单位主要经济指标

	单位数（个）	从业人员（万人）	资产总计（亿元）	负债合计（亿元）	实收资本（亿元）	主营收入（亿元）	利润总额（亿元）	客房收入（亿元）	餐费收入（亿元）	商品收入（亿元）
合　计	**3011**	**16.42**	**634.56**	**409.38**	**339.69**	**187.02**	**2.69**	**98.72**	**50.68**	**3.82**
五星级	33	2.36	164.44	113.57	69.93	54.77	6.14	26.18	17.24	0.55
四星级	57	2.71	139.08	101.94	44.46	40.73	1.64	19.76	11.45	0.53
三星级	191	3.87	130.24	84.44	135.46	38.74	-1.94	19.67	10.67	1.82
二星级	201	1.63	38.64	17.45	15.01	12.09	-0.39	6.91	3.02	0.23
一星级	33	0.16	7.23	4.66	2.61	1.12	-0.06	0.59	0.26	0.02
未评定星级	2496	5.69	154.93	87.32	72.22	39.57	-2.70	25.61	8.04	0.67

五、金融业

全市金融业的法人单位677个，占全市法人单位的0.3%；从业人员15.0万人，占全部从业人员的2.1%。

表10 按登记注册类型划分的金融业主要经济指标

	单位数（个）	从业人员（万人）	资产总计（亿元）	负债合计（亿元）	实收资本（亿元）	主营收入（亿元）	利润总额（亿元）
合　计	**677**	**15.00**	**141269.93**	**131718.74**	**9618.40**	**4104.59**	**237.60**
内资	**629**	**14.28**	**140519.68**	**131054.02**	**9542.52**	**4068.30**	**236.25**
国有	35	4.87	63387.25	59702.32	3757.75	1305.34	103.43
集体	49	0.18	417.78	400.39	10.38	11.30	3.19
股份合作	95	0.73	2505.26	2479.64	14.02	68.63	22.15
联营	1	…					
有限责任公司	229	2.38	22512.78	22689.54	1144.80	480.79	75.16
股份有限公司	90	5.74	51565.77	45772.95	4488.07	2194.13	35.15
私营	128	0.38	130.84	9.18	127.50	8.11	-2.83
其他	2	…					
外资	**48**	**0.72**	**750.25**	**664.72**	**75.88**	**36.29**	**1.35**
港澳台商投资	5	0.03	101.64	95.46	6.25	3.17	0.56
外商投资	43	0.69	648.61	569.26	69.63	33.12	0.79

在金融业中，银行业的法人单位234个，占金融业的34.6%，从业人员占48.5%，资产总量占79.5%，负债合计占79.0%。

表11 按行业划分的金融业主要经济指标

	单位数（个）	从业人员（万人）	资产总计（亿元）	负债合计（亿元）	实收资本（亿元）	主营收入（亿元）	利润总额（亿元）
合　计	**677**	**15.00**	**141269.93**	**131718.74**	**9618.40**	**4104.59**	**237.60**
银行业	234	7.27	112356.91	104010.08	7662.31	3125.12	65.29
证券业	59	1.29	561.44	384.04	204.79	25.27	-13.21
保险业	177	5.09	7722.23	7138.56	745.70	754.11	94.16
其他金融活动	207	1.35	20629.35	20186.06	1005.60	200.09	91.36

六、房地产业

全市房地产业的法人单位9960个，占全市法人单位的3.9%；从业人员31.9万人，占全部从业人员的4.5%。

从登记注册类型看，有限责任公司、私营和外商投资企业资产总量为6442.4亿元，占房地产业的64.3%；主营业务收入1305.6亿元，占74.2%。

表12 按登记注册类型划分的房地产业主要经济指标

	单位数（个）	从业人员（万人）	资产总计（亿元）	负债合计（亿元）	实收资本（亿元）	主营收入（亿元）	利润总额（亿元）
合　计	**9960**	**31.86**	**10016.36**	**7620.43**	**1867.90**	**1760.13**	**126.16**
内资	**9421**	**27.77**	**7204.99**	**5432.74**	**1275.03**	**1461.53**	**112.16**
国有	874	3.95	1113.29	867.86	154.63	159.62	1.74
集体	560	1.76	126.82	89.96	20.51	18.99	1.34
股份合作	258	0.50	39.88	29.07	7.02	17.13	0.87
联营	39	0.27	18.58	15.47	2.76	3.15	0.23
有限责任公司	3321	12.85	4139.38	3252.63	686.25	811.97	56.75
股份有限公司	259	0.89	687.59	449.74	164.24	118.28	18.22
私营	4098	7.52	1079.19	727.89	239.57	332.20	33.01
其他	12	0.03	0.26	0.12	0.05	0.19	…
外资	**539**	**4.09**	**2811.37**	**2187.69**	**592.87**	**298.60**	**14.00**
港澳台商投资	295	2.53	1587.56	1267.61	328.46	137.13	-3.34
外商投资	244	1.56	1223.81	920.08	264.41	161.47	17.34

房地产业按行业分类的情况如下。

表13 按行业划分的房地产业主要经济指标

	单位数（个）	从业人员（万人）	资产总计（亿元）	负债合计（亿元）	实收资本（亿元）	主营收入（亿元）	利润总额（亿元）
合　计	**9960**	**31.86**	**10016.36**	**7620.43**	**1867.90**	**1760.13**	**126.16**
房地产开发经营	3135	8.30	8752.41	6844.22	1498.34	1518.30	107.01
物业管理	3531	18.42	727.30	484.08	208.06	163.97	7.12
房地产中介服务	2137	2.37	93.29	46.86	35.24	24.41	2.90
其他房地产活动	1157	2.77	443.36	245.27	126.26	53.45	9.13

房地产开发企业施工面积10730.1万平方米，竣工面积3430.3万平方米，商品房销售面积2770.8万平方米，其中住宅销售面积2552.6万平方米。物业管理企业在管房屋建筑面积25551.6万平方米。中介服务企业房屋代理销售成交合同面积994.9万平方米，房屋代理销售成交合同金额452.2亿元。

七、租赁和商务服务业

全市租赁和商务服务业的法人单位38383个，占全市法人单位的15.0%；从业人员63.8万人，占全部从业人员的9.0%。在租赁和商务服务业中，外资企业主营收入296.7亿元，占租赁和商务服务业的26.2%；利润总额169.4亿元，占69.2%。

表14 按登记注册类型划分的租赁和商务服务业主要经济指标

	单位数（个）	从业人员（万人）	资产总计（亿元）	负债合计（亿元）	实收资本（亿元）	主营收入（亿元）	利润总额（亿元）
合　计	**38383**	**63.78**	**19440.65**	**8279.59**	**7722.58**	**1123.14**	**244.75**
内资	**37457**	**60.57**	**17474.81**	**7238.38**	**7095.10**	**826.43**	**75.40**
国有	2362	15.85	7501.37	2672.23	3309.20	149.91	11.78
集体	2281	5.21	362.45	279.03	62.60	27.40	6.00
股份合作	3102	3.28	72.28	33.04	31.10	18.72	1.35
联营	51	0.07	3.75	2.77	1.07	0.60	-0.01
有限责任公司	5336	13.26	5846.68	2681.99	2366.78	305.87	73.74
股份有限公司	547	1.65	2861.75	1158.89	950.53	47.23	-40.87

续表

	单位数（个）	从业人员（万人）	资产总计（亿元）	负债合计（亿元）	实收资本（亿元）	主营收入（亿元）	利润总额（亿元）
私营	22282	20.39	777.17	393.71	366.44	274.52	23.41
其他	1496	0.86	49.36	16.72	7.38	2.18	…
外资	**926**	**3.21**	**1965.84**	**1041.21**	**627.48**	**296.71**	**169.35**
港澳台商投资	276	1.19	671.51	172.92	123.72	63.93	144.07
外商投资	650	2.02	1294.33	868.29	503.76	232.78	25.28

从行业分类看，商务服务业实现主营业务收入1104.8亿元，占租赁和商务服务业主营业务收入的98.4%。

表15　按行业划分的租赁和商务服务业主要经济指标

	单位数（个）	从业人员（万人）	资产总计（亿元）	负债合计（亿元）	实收资本（亿元）	主营收入（亿元）	利润总额（亿元）
合　计	**38383**	**63.78**	**19440.65**	**8279.59**	**7722.58**	**1123.14**	**244.75**
租赁业	1689	2.04	106.18	68.42	40.89	18.31	-0.13
商务服务业	36694	61.74	19334.47	8211.17	7681.69	1104.83	244.88

八、科学研究、技术服务和地质勘查业

全市科学研究、技术服务和地质勘查业的法人单位15716个，占全市法人单位的6.1%；从业人员38.9万人，占全部从业人员的5.5%。

表16　科学研究、技术服务和地质勘查业主要经济指标

	单位数（个）	从业人员（万人）	资产总计（亿元）	主营收入（亿元）
合　计	**15716**	**38.87**	**2932.32**	**829.90**
研究与试验发展	2256	11.85	953.15	127.10
专业技术服务业	7284	19.25	1161.72	442.11
科技交流和推广服务业	6005	7.20	599.62	254.99
地质勘查业	171	0.57	217.83	5.70

九、水利、环境和公共设施管理业

全市水利、环境和公共设施管理业的法人单位1844个，占全市法人单位的0.7%；从业人员7.5万人，占全部从业人员的1.1%。

表17　水利、环境和公共设施管理业主要指标

	单位数（个）	从业人员（万人）	资产总计（亿元）
合　计	**1844**	**7.45**	**713.99**
水利管理业	262	0.76	94.02
环境管理业	495	2.80	74.25
公共设施管理业	1087	3.89	545.72

十、居民服务和其他服务业

全市居民服务和其他服务业的法人单位15019个，占全市法人单位的5.9%；从业人员19.6万人，占全部从业人员的2.8%。

表 18 居民服务和其他服务业主要经济指标

	单位数（个）	从业人员（万人）	资产总计（亿元）	主营收入（亿元）
合　计	**15019**	**19.57**	**822.71**	**251.51**
居民服务业	**6346**	**6.37**	**63.08**	**23.45**
家庭服务	417	0.49	1.37	0.66
托儿所	9	0.01	0.02	…
洗染服务	417	0.38	2.98	1.53
理发及美容保健服务	2244	1.31	3.55	2.99
洗浴服务	648	1.55	11.68	6.98
婚姻服务	260	0.08	0.27	0.14
殡葬服务	96	0.26	17.83	1.53
摄影扩印服务	765	0.56	4.70	3.60
其他居民服务	1490	1.73	20.68	6.02
其他服务业	**8673**	**13.20**	**759.63**	**238.06**
修理与维护	3232	3.43	34.77	23.33
清洁服务	1169	3.26	5.26	5.83
其他未列明的服务	4272	6.51	719.60	198.90

十一、教育

全市教育行业的法人单位 6245 个，占全市法人单位的 2.4%；从业人员 38.7 万人，占全部从业人员的 5.5%。

表 19 教育行业主要指标

	单位数（个）	从业人员（万人）	资产总计（亿元）
合　计	**6245**	**38.72**	**1120.79**
学前教育	573	2.15	18.05
初等教育	921	5.58	49.97
中等教育	1123	11.22	163.92
高等教育	343	12.81	706.13
其他教育	3285	6.96	182.72

十二、卫生、社会保障和社会福利业

全市卫生、社会保障和社会福利业的法人单位 2280 个，占全市法人单位的 0.9%；从业人员 16.1 万人，占全部从业人员的 2.3%。

表 20 卫生、社会保障和社会福利业主要指标

	单位数（个）	从业人员（万人）	资产总计（亿元）
合　计	**2280**	**16.05**	**464.58**
卫　生	1540	15.12	439.00
社会保障业	297	0.29	8.21
社会福利业	443	0.64	17.37

十三、文化、体育和娱乐业

全市文化、体育和娱乐业的法人单位 6850 个，占全市法人单位的 2.7%；从业人员 16.2 万人，占全部从业人员的 2.3%。

表 21　文化、体育和娱乐业主要经济指标

	单位数（个）	从业人员（万人）	资产总计（亿元）	主营收入（亿元）
合　　计	**6850**	**16.22**	**1083.17**	**231.10**
新闻出版业	1180	6.30	408.56	164.95
广播、电视、电影和音像业	1097	2.78	343.69	32.43
文化艺术业	2857	3.50	149.44	12.77
体育	618	1.25	51.62	5.40
娱乐业	1098	2.39	129.86	15.55

十四、公共管理和社会组织

全市公共管理和社会组织的法人单位 13319 个，占全市法人单位的 5.2%；从业人员 34.1 万人，占全部从业人员的 4.8%。

表 22　公共管理和社会组织主要指标

	单位数（个）	从业人员（万人）	资产总计（亿元）
合　　计	**13319**	**34.13**	**1690.86**
中国共产党机关	367	0.81	61.51
国家机构	2995	23.21	1172.78
人民政协和民主党派	54	0.20	14.01
群众团体、社会团体和宗教组织	3542	2.62	259.63
基层群众自治组织	6361	7.29	182.93

北京统计年鉴——2006　BEIJING STATISTICAL YEARBOOK

统计表

STATISTICS

综合

GENERAL SURVEY

简要说明

本章资料的主要内容及数据来源

本章包括北京市行政区划土地面积资料，来自北京市国土资源局；气象资料来自北京市气象局；行政区划划分资料来自北京市民政局;全市基本单位情况来自北京市统计局数据中心；全市社会经济主要指标及“十五”时期重要指标概况资料来自北京市统计局及国家统计局北京调查总队综合处；北京市市级财政收支及其历史资料来自北京市财政局。

1-1 土地面积

LAND AREA

单位：平方公里 (sq.km)

项目	Item	土地面积 Land Area
全　市	**Total**	**16410.54**
东城区	Dongcheng	25.34
西城区	Xicheng	31.62
崇文区	Chongwen	16.52
宣武区	Xuanwu	18.91
朝阳区	Chaoyang	455.08
丰台区	Fengtai	305.80
石景山区	Shijingshan	84.32
海淀区	Haidian	430.73
房山区	Fangshan	1989.54
通州区	Tongzhou	906.28
顺义区	Shunyi	1019.89
昌平区	Changping	1343.54
大兴区	Daxing	1036.32
门头沟区	Mentougou	1450.70
怀柔区	Huairou	2122.62
平谷区	Pinggu	950.13
密云县	Miyun	2229.45
延庆县	Yanqing	1993.75

资料来源：北京市国土资源局。

Soures: Beijing Land and Resources Bureau.

1-2 气象(2005年)

METEOROLOGY (2005)

月 份 Month	降水量(毫米) Precipitation (mm)	平均气温(℃) Average Temperature (℃)	日照时数(时) Hours of Sunshine (hours)	平均风速(米/秒) Average Wind Speed (meter/second)	平均气压(百帕) Average Air Pressure (100 pa)	大风日数(日) Days of Strong Wind (day)	雨日数(日) Days of Rain (day)
全 年 Total	**410.7**	**13.2**	**2576.1**	**2.4**	**1012.8**	**5**	**64**
1	1.5	-2.8	210.3	2.5	1023.4	0	1
2	10.0	-2.9	160.2	2.7	1024.9	0	7
3	0.2	6.3	270.8	3.1	1018.1	2	1
4	17.0	16.4	254.9	3.0	1007.7	0	4
5	68.4	19.8	261.2	3.0	1004.9	2	8
6	66.4	25.6	231.7	2.4	997.9	1	12
7	96.1	27.9	200.5	2.2	1000.0	0	11
8	123.4	26.0	185.4	1.9	1003.6	0	11
9	24.5	22.1	192.3	1.9	1011.9	0	3
10	1.8	14.9	216.3	1.9	1017.4	0	4
11	0.4	7.5	192.7	1.8	1017.0	0	1
12	1.0	-2.5	199.8	2.8	1026.3	0	1

注：1. 无霜期183天。

2. 年极端最高气温38.9℃，出现日期6月21日和7月5日。

3. 年极端最低气温-11.5℃，出现日期1月2日。

资料来源：北京市气象局。

Note：a) Annual frost-free period is 183 days.

b) Annual utmost highest air temperature is 38.9℃,seen on the 21th of June and the five of July.

c) Annual utmost lowest air temperature is-11.5℃,seen on the two day of January.

Sources: Beijing Neteorological Bureau.

1-3 行政区划(2005年)

ADMINISTRATIVE DIVISIONS (2005)

单位：个 (Nos.)

地 区	District	街道办事处 Urban Subdistrict Office	镇 Town	乡 Township	社区居委会 Community Neighborhood Committee	村民委员会 Villagers' Committee
全 市	**Total**	**129**	**142**	**43**	**2488**	**3953**
首都功能核心区	**Core Districts of Capital Function**	**32**			**487**	
东城区	Dongcheng	10			136	
西城区	Xicheng	7			152	
崇文区	Chongwen	7			91	
宣武区	Xuanwu	8			108	
城市功能拓展区	**Urban Function Extended Districts**	**67**	**7**	**27**	**1344**	**311**
朝阳区	Chaoyang	22		20	381	157
丰台区	Fengtai	14	2	5	264	69
石景山区	Shijingshan	9			133	
海淀区	Haidian	22	5	2	566	85
城市发展新区	**New Districts of Urban Development**	**20**	**72**	**7**	**385**	**2198**
房山区	Fangshan	8	14	6	106	462
通州区	Tongzhou	4	10	1	44	480
顺义区	Shunyi	3	19		65	425
昌平区	Changping	2	15		95	305
大兴区	Daxing	3	14		75	526
生态涵养发展区	**Ecological Preservation Development Districts**	**10**	**63**	**9**	**272**	**1444**
门头沟区	Mentougou	4	9		126	177
怀柔区	Huairou	2	12	2	29	284
平谷区	Pinggu	2	14	2	25	273
密云县	Miyun	2	17	1	65	334
延庆县	Yanqing		11	4	27	376

资料来源：北京市民政局。

Sources: Beijing Civil Affairs Bureau.

1-4 全部法人、产业活动单位数(2005年)

TOTAL NUMBER OF JUDICIAL ENTITIES AND ESTABLISHMENTS (2005)

单位：个 (Nos.)

项目	Item	法人单位数合计 Total number of Judicial Entities	单产业法人 Single-sector Judicial Entities	多产业法人 Multi-sector Judicial Entities	多产业法人单位的产业活动单位数 Establishments of Multi-sector Judicial Entities
合计	**Total**	**287369**	**274566**	**12803**	**39223**
按登记注册类型分	**Grouped by Registration Status**				
内资	Domestically-funded Economy	278101	265927	12174	33470
国有	State-owned Units	25589	23797	1792	9068
集体	Collective-owned Units	19927	19036	891	3679
股份合作	Joint-stock Enterprises	24457	23638	819	1884
联营	Joint Ownership Units	720	676	44	150
有限责任公司	Limited-Liability Corporations	40106	37992	2114	8327
股份有限公司	Share Holding Corporations Ltd.	4430	4184	246	1526
私营	Private	151887	146264	5623	7769
其他	Others	10985	10340	645	1067
港澳台商投资	Units with Funds from Hongkong, Macao and Taiwan	2719	2502	217	1164
与港澳台商合资经营	Joint Venture with Hongkong, Macao and Taiwan	1306	1205	101	237
与港澳台商合作经营	Cooperative with Hongkong, Macao and Taiwan	252	233	19	56
港、澳、台商独资	Hongkong,Macao and Taiwan Funded	1141	1049	92	840
港澳台商投资股份有限公司	Hongkong,Macao and Taiwan Share Holding Corporations Ltd.	20	15	5	31
外商投资	Foreign Funded Units	6549	6137	412	4589
中外合资经营	Chinese-Foreign Joint Venture	2559	2384	175	1062
中外合作经营	Chinese-Foreign Cooperative	429	401	28	149
外资(独资)	Wholly Foreign Funded	3500	3297	203	3353
外商投资股份有限公司	Foreign-funded Share Holding Corporation Ltd.	61	55	6	25
按隶属关系分	**Grouped by Administrative Relationship**				
中央属	Central	10922	9991	931	
市属	City	10163	9255	908	
区县属	Districts and Counties	16496	15382	1114	
街道属	Sub-district	3732	3628	104	
镇属	Town	8842	8314	528	
乡属	Township	1958	1834	124	
居委会属	Community Neighborhood Committee	366	363	3	
村委会属	Villager Committee	8382	8036	346	
其他	Others	226508	217763	8745	
按地理位置分	**Grouped by Geographic Location**				
二环路以内	Within the Second Ring Road	43290	40245	3045	
二环路至三环路	the Second-third Ring Road	12349	11771	578	
三环路至四环路	the Third-Fourth Ring Road	12947	12748	199	
四环路以外	Outside the Fourth Ring Road	218783	209802	8981	
按执行会计制度分	**Grouped by Accounting System Executed**				
企业	Enterprises	261903	250528	11375	
事业	Institutions	13956	13317	639	
机关	Government Agencies and Organizations	2563	2396	167	
其他	Others	8947	8325	622	

1-5 企业法人单位数(2005年)
NUMBER OF ENTERPRISES AS JUDICIAL ENTITIES (2005)

单位：个 (Nos.)

项目	Item	法人单位合计 Total Number of Judicial Entities	项目	Item	法人单位合计 Total Number of Judicial Entities
合计	**Total**	**259521**	私营企业	Private	150559
			其他内资企业	Other Domestically-funded enterprises	1159
按营业状况分	**Grouped by Business Condition**		港澳台商投资企业	Enterprises with Funds from Hongkong,Macao and Taiwan	2710
营业	Going on	209023			
停业	Closed	28848	与港澳台商合资经营企业	Joint Venture with Hongkong, Maocao and Taiwan	1304
筹建	Preparation	16850			
当年关闭	Closed in this Year	324	与港澳台商合作经营企业	Cooperative with Hongkong, Macao and Taiwan	247
当年破产	Bankruptcy in this Year	17			
其他	Others	4459	港、澳、台商独资企业	Hongkong,Macao and Taiwan Funded	1139
按开业时间分	**Grouped by Openning Time**		港澳台商投资股份有限公司	Hongkong,Macao and Taiwan Share Holding Corporations Ltd.	20
1949年以前	Before 1949	120			
1950——1965	between 1950 and 1965	936			
1966——1979	between 1966 and 1979	1219	外商投资企业	Foreign Funded Enterprises	6511
1980——1989	between 1980 and 1989	9266	中外合资经营企业	Chinese-Foreign Joint Venture	2557
1990年以后	After 1990	231130	中外合作经营企业	Chinese-Foreign Cooperative	418
筹建单位	Preparatory	16850	外资(独资)企业	Foreign Funded Enterprises	3476
按登记注册类型分	**Grouped by Registration Status**		外商投资股份有限公司	Foreign Share Holding Corporations Ltd.	60
内资企业	Domestic Funded Enterprises	250300	**按地理位置分**	**Grouped by Location**	
			二环路以内	Within the Second Ring Road	37673
国有企业	State-owned Units	11081	二环路至三环路	Between the Second-third Ring Road	11445
集体企业	Collective-owned Units	18057			
股份合作企业	Cooperative Enterprises	24333	三环路至四环路	Between the Third-Fourth Ring Road	12752
联营企业	Joint-owned Enterprises	657	四环路以外	Outside the Fourth Ring Road	197651
有限责任公司	Limited-Liability Corporations	40042	**按控股情况分**	**Grouped by Share Holding Conditions**	
股份有限公司	Share Holding Corporations Ltd.	4412	#国有绝对控股	State-owned Absolute Holding	16925
			国有相对控股	State-owned Relative Holding	2871

1-6 国民经济各行业法人和产业活动单位数(按行业分)(2005年)

NUMBER OF JUDICIAL ENTITIES AND ESTABLISHMENTS IN DIFFERENT SECTORS OF THE NATIONAL ECONOMY (2005)

单位：个 (Nos.)

行　业	Sector	法人单位数合计 Total number of Judicial Entities	单产业法人 Single-sector Judicial Entities	多产业法人 Multi-sector Judicial Entities	多产业法人单位的产业活动单位数 Establishments of Multi-sector Judicial Entities
合　计	**Total**	**287369**	**274566**	**12803**	**39223**
农　业	Agriculture Farming	1148	1134	14	45
林　业	Forestry	585	576	9	13
畜牧业	Animal Husbandry	872	859	13	30
渔　业	Fishery	126	123	3	7
农、林、牧、渔服务业	Services for Agriculture	596	572	24	46
煤炭开采和洗选业	Mining and Washing of Coal	199	172	27	92
石油和天然气开采业	Extraction of Petroleum and Natural Gas	14	14		8
黑色金属矿采选业	Mining and Processing of Ferrous Metal Ores	25	25		1
有色金属矿采选业	Mining and Processing of Non-Ferrous Metal Ores	18	18		
非金属矿采选业	Mining and Processing of Nonmetal Ores	400	391	9	29
其他采矿业	Mining of Other Minerals	13	13		1
农副食品加工业	Processing of Food from Agriculture Products	1107	1078	29	58
食品制造业	Manufacture of Foods	1257	1189	68	79
饮料制造业	Manufacture of Beverages	510	494	16	24
烟草制造业	Manufacture of Tobacco	3	2	1	
纺织业	Manufacture of Textile	937	898	39	32
纺织服装、鞋、帽制造业	Manufacture of Textile Wearing Apparel, Foodware, and Caps	2062	2002	60	76
皮革、毛皮、羽毛(绒)及其制品业	Manufacture of Leather,Furs,Feather(Down) and Related Products	255	246	9	8
木材加工及竹、藤、棕、草制品业	Processing of Timber, Manufacture of Wood, Bamboo, Rattan, Palm, and Straw Products	609	598	11	9
家具制造业	Manufacture of Furniture	1257	1219	38	23
造纸及纸制品业	Manufacture of Paper and Paper Products	956	943	13	19
印刷业和记录媒介的复制	Printing, Reproduction of Recording Media	1604	1568	36	46
文教体育用品制造业	Manufacture of Articles for Culture, Education and Sports Activity	391	380	11	17
石油加工、炼焦及核燃料加工业	Processing of Petroleum, Coking, Processing of Nuclear fule	307	295	12	13
化学原料及化学制品制造业	Manufacture of Raw Chemical Materials and Chemical Products	2782	2699	83	107
医药制造业	Manufacture of Medicines	690	671	19	21
化学纤维制造业	Manufacture of Chemical Fibers	56	55	1	0
橡胶制品业	Manufacture of Rubber	226	222	4	11
塑料制品业	Manufacture of Plastics	1564	1533	31	45
非金属矿物制品业	Manufacture of Non-metallic Mineral Products	3179	3096	83	97
黑色金属冶炼及压延加工业	Smelting and Pressing of Ferrous Metals	285	275	10	13

1-6 续表1 continued

单位：个 (Nos.)

行业	Sector	法人单位数合计 Total number of Judicial Entities	单产业法人 Single-sector Judicial Entities	多产业法人 Multi-sector Judicial Entities	多产业法人单位的产业活动单位数 Establishments of Multi-sector Judicial Entities
有色金属冶炼及压延加工业	Smelting and Pressing of Non-ferrous Metals	350	340	10	8
金属制品业	Manufacture of Metal Products	4061	3979	82	129
通用设备制造业	Manufacture of General Purpose Machinery	2657	2554	103	109
专用设备制造业	Manufacture of Special Purpose Machinery	2428	2331	97	125
交通运输设备制造业	Manufacture of Transport Equipment	1484	1422	62	118
电气机械及器材制造业	Manufacture of Electrical Machinery and Equipment	1819	1746	73	63
通信设备、计算机及其他电子设备制造业	Manufacture of Communication Equipment, Computers, and Other Electronic Equipment	1654	1565	89	113
仪器仪表及文化、办公用机械制造业	Manufacture of Measuring Instruments and Machinery for Cultural Activity and Office Work	1284	1227	57	83
工艺品及其他制造业	Manufacture of Artwork and Other Manufacturing	863	829	34	58
废弃资源和废旧材料回收加工业	Recycling and Disposal of Waste	62	60	2	
电力、热力的生产和供应业	Production and Distribution of Electric Power and Heat Power	184	167	17	68
煤气生产和供应业	Production and Distribution of Gas	40	34	6	19
水的生产和供应业	Production and Distribution of Water	104	96	8	29
房屋和土木工程建筑业	Construction of Buildings and Civil Engineering	1858	1660	198	816
建筑安装业	Building Installation	1888	1797	91	197
建筑装饰业	Building Decoration	4603	4469	134	313
其他建筑业	Other Construction	748	723	25	81
铁路运输业	Railway Transport	43	38	5	120
道路运输业	Road Transport	2199	2079	120	354
城市公共交通业	Urban Public Transport	316	293	23	36
水上运输业	Waterway Transport	4	4		39
航空运输业	Air Transport	34	28	6	128
管道运输业	Transport Via Pipelines	3	3		
装卸搬运和其他运输服务业	Loading and Unloading and Other Transport Services	1520	1414	106	383
仓储业	Storage	641	616	25	75
邮政业	Post	282	270	12	827
电信和其他信息传输服务业	Telecommunications and Other Information Transmission	1790	1702	88	481
计算机服务业	Computer Services	5110	4952	158	243
软件业	Software	7595	7412	183	322

1-6 续表2 continued

单位：个 (Nos.)

行业	Sector	法人单位数合计 Total number of Judicial Entities	单产业法人 Single-sector Judicial Entities	多产业法人 Multi-sector Judicial Entities	多产业法人单位的产业活动单位数 Establishments of Multi-sector Judicial Entities
批发业	Wholesale Trade	38903	36831	2072	2786
零售业	Retail Trade	41325	38691	2634	9657
住宿业	Hotels	3132	2803	329	572
餐饮业	Restaurants	7404	6947	457	2168
银行业	Banks	59	36	23	2641
证券业	Security Activities	70	48	22	316
保险业	Insurance	240	216	24	204
其他金融活动	Other Financial Activities	234	222	12	174
房地产业	Real Estate Business Services	10725	10003	722	1367
租赁业	leasing	1774	1713	61	112
商务服务业	Commercial Business Services	44120	42939	1181	5474
研究与试验发展	Research and Experimental Development	2376	2290	86	66
专业技术服务业	Professional Technical Services	7861	7612	249	398
科技交流和推广服务业	Services of Science and Technology Exchanges and Promotion	10713	10538	175	239
地质勘察业	Geologic Prospecting	175	173	2	3
水利管理业	Management of Water Conservancy	264	249	15	20
环境管理业	Environmental Management	509	496	13	40
公共设施管理业	Management of Public Facilities	1132	1104	28	54
居民服务业	Services to Households	6798	6409	389	1445
其他服务业	Other Services	9653	9400	253	618
教　育	Education	6523	6245	278	801
卫　生	Health	1634	1501	133	1390
社会保障业	Social Securitiy	295	294	1	21
社会福利业	Social Welfare	462	451	11	67
新闻出版业	Journalism and Publishing Activities	1223	1165	58	123
广播、电视、电影和音像业	Broadcasting, Televisions, Movies, and Audio-Visual Activities	1233	1191	42	40
文化艺术业	Cultural and Art Activities	3494	3426	68	113
体　育	Sports Activities	682	660	22	31
娱乐业	Entertainment	1241	1193	48	224
中国共产党机关	Organs of Communist Party of China	366	361	5	4
国家机关	Government Agencies (C.P.P.C)	3050	2875	175	1137
人民政协和民主党派	People's Political Consultative Conference and Democratic Party	54	54		
群众团体、社会团体和宗教组织	Masses,Social Organizatuon and Religionary Body Social Organizations and Religion Organizations	3602	3463	139	602
基层群众自治组织	Masses Autonomous Body	6386	5797	589	9
国际组织	International Organization				

1-7 全市私营个体经济基本情况

STATISTICS FOR INDIVIDUAL AND PRIVATE ECONOMY

单位：万元 (10000 yuan)

项目	Item	私营 Private 2005	私营 Private 2004	2005年为2004年% 2005 as % of 2004	个体 Individual 2005	个体 Individual 2004	2005年为2004年% 2005 as % of 2004
工商登记注册 *	**Registered in Department of Industry and Commerce**						
户数 (户)	Number of Establishments (Nos.)	260371	224659	115.9	651686	526741	123.7
从业人员 (人)	Number of Employed Persons (person)	2306560	2156412	107.0	846857	692670	122.3
注册资本	Registered Capital	32385354	28413275	114.0	858854	675232	127.2
地税税收	**Taxes to Local Tax Department**						
入库税收合计	Taxes Put into National Treasury	895773	748369	119.7	79240	58044	136.5
#营业税	Business Tax	531037	444097	119.6	24759	19957	124.1
国税税收	**Taxes to National Tax Department**						
纳税总金额	Total Taxes Paid	335372	270547	124.0	37720	43003	87.7
#增值税	VAT	314383	258984	121.4	36926	31553	117.0
单位代码发放 *	**Institution Code Sent out**						
户数 (户)	Number of Establishments (Nos.)	44216	38728	114.2			

注：1. *为时点累计数。

2. 本表数据来源于北京市工商行政管理局、北京市地方税务局、北京市国家税务局、北京市质量技术监督局。

Note: a) Data with * indicates the accumulative data at the year-end.

b) Beijing Administration for Industry and Commerce, Beijing Local Tax Bureau, Beijing State Tax Bureau, and Beijing Quality & Technology Supervision Bureau.

1-8 国民经济和社会发展总量与速度指标

项 目		Item		1990
人口与就业		**Population and Employment**		
人 口		**Population**		
年末全市常住人口	(万人)	Year-end Total Population	(10000 persons)	1086
男性人口		Male		545
女性人口		Female		541
年末户籍人口	(万人)	Year-end Permanent Residents Registered	(10000 persons)	1032.2
就 业		**Employment**		
从业人员	(万人)	Employment	(10000 persons)	627.1
#在岗职工人数		Fully Employed Staff and Workers		454.9
城镇登记失业人数	(万人)	Urban Registeration Unemployment	(10000 persons)	
宏观经济		**Macro Economy**		
国民经济核算		**National Accounting**		
地区生产总值	(亿元)	Gross Domestic Product	(100 million yuan)	500.8
第一产业		Primary industry		43.9
第二产业		Secondary Industry		262.4
第三产业		Tertiary Industry		194.5
人均生产总值	(元)	Per Capita Gross Domestic Products	(yuan)	4635
固定资产投资		**Investment in Fixed Assets**		
全社会固定资产投资	(亿元)	Total Investment in Fixed Assets	(100 million yuan)	179.2
#房地产开发投资		Real Estate Development		22.5
#国有单位		State-Owned Units		154.2
商品房施工面积	(亿平方米)	Floor Space of Commodity Buildings under Construction	(100 million sq.m)	774.0
商品房竣工面积	(亿平方米)	Floor Space of Commodity Buildings Completed	(100 million sq.m)	271.6
财 政		**Finance**		
地方财政收入	(亿元)	Local Financial Revenue	(100 million yuan)	74.0
#一般预算		Local Government General Budgetary Financial Revenue		
地方财政支出	(亿元)	Local Financial Expenditures	(100 million yuan)	66.5
#一般预算		Local Government General Budgetary Financial Expenditures		
价格指数		**Price Indices**		
居民消费价格指数	(%)	Consumer Price Index	(%)	105.4
商品零售价格指数	(%)	Retail Price Index	(%)	104.1
农产品生产价格指数	(%)	Indices of Producer's prices of Farm Products	(%)	
工业品出厂价格指数	(%)	Ex-Factory Price Indices of Industrial Products	(%)	107.9
原材料、燃料、动力购进价格指数	(%)	Purchasing Price Indices of Raw Material, Fuel and Power	(%)	114.8
固定资产投资价格指数	(%)	Investment in Fixed Assets Price Indices	(%)	
能源消费总量		**Total Energy Consumption**	**(10000 tons of SCE)**	**2719.3**
产 业		**Industry**		
农村经济		**Rural Economy**		
耕地面积	(万公顷)	Cultivated Areas	(10000 hectare)	41.3
农林牧渔业总产值(现价)	(亿元)	Gross Output Value of Farming,Forestry,Animal Husbandry and Fishery(at current prices)	(100 million yuan)	70.2
主要农产品产量	(万吨)	Yield of Farm and Sideline Prodncts	(10000 ton)	
粮 食		Yield of Grain		264.6
蔬 菜		Vegetable		356.1
鲜 蛋		Fresh Eggs		25.8
牛 奶		Cow Milk		21.7
猪牛羊肉		Pork, Beef and Mutton		20.4

注：1. 地区生产总值绝对值按现价计算,发展速度按可比价格计算;工业增加值是用综合法计算的规模以上口径数据，其绝对值按现价计算，发展速度按可比价格计算。

2. 从2001年开始,有关职工的指标调整为在岗职工的指标。

PRINCIPAL AGGREGATE INDICATORS ON NATIONAL ECONOMIC AND SOCIAL DEVELOPMENT AND THEIR RELATED INDICES AND GROWTH RATES

总量指标 Aggregate Data				速度指标(%) Indices (%)			
				指 数(2005年比以下各年) Index (2005 as Percentage of the Previous Years)			
1995	2000	2004	2005	1990	1995	2000	2004
1251.1	1363.6	1492.7	1538.0	141.6	122.9	112.8	103.0
627.0	710.9	779.9	778.7	142.9	124.2	109.5	99.8
624.1	652.7	712.8	759.3	140.4	121.7	116.3	106.5
1070.3	1107.5	1162.9	1180.7	114.4	110.3	106.6	101.5
665.3	619.3	854.1	878.0	140.0	132.0	141.8	102.8
470.9	434.2	446.4	448.4	98.6	95.2	103.3	100.4
2.2	3.3	6.5	10.6		480.5	320.3	163.6
1507.7	3161.0	6060.3	6886.3	502.6	287.3	176.3	111.8
72.2	76.6	93.4	95.5	125.2	121.0	114.1	98.8
645.8	1033.3	1853.6	2026.5	450.3	268.9	171.3	110.1
789.7	2051.1	4113.3	4764.3	643.0	320.2	181.5	113.0
12691	24121	41099	45439	358.2	225.3	152.5	108.8
841.5	1297.4	2528.3	2827.2	1577.7	336.0	217.9	111.8
352.8	522.1	1473.3	1525.0	6777.8	432.3	292.1	103.5
514.2	765.8	755.5	897.7	582.2	174.6	117.2	118.8
2810.2	4455.0	9931.3	10748.5	1388.7	382.5	241.3	108.2
653.0	1365.6	3067.0	3770.9	1388.4	577.5	276.1	123.0
115.3	398.4	830.0	1007.4				
	345.0	744.5	919.2			266.4	123.5
154.4	490.3	974.2	1137.3	1710.2	736.6	232.0	116.7
	443.0	898.3	1058.3			238.9	117.8
117.3	103.5	101.0	101.5				
112.6	98.9	99.2	99.7				
		106.2	102.9				
107.3	102.5	103.0	101.3				
106.7	100.0	114.2	111.4				
113.9	101.0	104.3	100.7				
3533.3	**4144.0**	**5139.6**	**5521.9**			**133.3**	**107.4**
39.9	32.9	23.6	23.3	56.4	58.4	70.8	98.7
164.4	195.2	262.0	268.8	382.9	163.5	137.7	102.6
259.8	144.2	70.2	94.9	35.9	36.5	65.8	135.2
397.3	489.1	489.2	423.9	119.0	106.7	86.7	86.7
28.5	16.0	15.9	16.0	62.0	56.1	100.0	100.6
20.6	30.3	70.0	64.2	295.9	311.7	211.9	91.7
27.0	34.0	41.8	39.7	194.6	147.0	116.8	95.0

Note: a) Figures in value terms on GDP are at current prices, whereas growth rates are at comparable prices; figures on industrial added value are for enterprises above the designated size and calculated with comprehensive method,which in value terms are at current prices, whereas growth rates are at comparable prices.

b) From 2001,indicators related to the "statf and workers "have been changed to those of "fully employed statf and workers".

1-8 续表1 continued

项目		Item		1990
工 业		**Industry**		
工业增加值(综合法,规模以上)	(亿元)	Added Value of Industry (with production method,above designated size)	(100 million yuan)	
工业总产值(现价,规模以上)	(亿元)	Gross Output Value (at current prices, above designated size, 100 million yuan)	(100 million yuan)	625.9
轻工业		Light Industry		262.2
重工业		Heavy Industry		363.7
工业企业主要经济指标		Main Indicators of Industrial Enterprises		
资产总计	(亿元)	Total Assets	(100 million yuan)	498.3
负债总额	(亿元)	Total Liabilities	(100 million yuan)	
产品销售收入	(亿元)	Sales Revenue	(100 million yuan)	610.5
利润总额	(亿元)	Total Profits	(100 million yuan)	48.9
建 筑		**Construction**		
建筑业施工企业总产值	(亿元)	Gross Output Value	(100 million yuan)	94.7
建筑业施工企业从业人员	(万人)	Employed Persons	(10000 persons)	60.2
运 输		**Transportation**		
货物周转量	(亿吨公里)	Freight Ton-Kilometers	(100 million ton-km)	
铁 路	(亿吨公里)	Railway	(100 million ton-km)	
公 路	(亿吨公里)	Highway	(100 million ton-km)	
民 航	(亿吨公里)	Civil Aviation	(100 million ton-km)	
管 道	(亿吨公里)	Pipeline	(100 million ton-km)	
旅客周转量	(亿人公里)	Passenger-Kilometers	(100 million passenger-km)	
邮 电		**Post and Telecommunication**		
邮电业务总量	(亿元)	Business Volume of Posts and Telecommunication	(100 million yuan)	7.7
年末全市移动电话用户	(万户)	Number of Mobile Telephone Subscribers at year-end	(10000 Subscribers)	
百人拥有移动电话	(部)	Number of Mobil Telephones Per 100 Persons	(unit)	
商 业		**Commerce**		
社会消费品零售额	(亿元)	Total Retail Sales of Consumer Goods	(100 million yuan)	307.7
批发零售贸易业		Wholesale and Retail		247.7
餐饮业		Restaurants		19.3
其 他		Others		40.7
对外经济贸易和旅游		**Foreign Economy,Trade and Tourism**		
海关进出口总额	(亿美元)	Total Value of Imports and Export at Customs	(USD100million)	
进口额		Imports		
出口额		Exports		
地方企业进出口总额	(亿美元)	Total Import and Export of Local Enterprises	(USD100million)	21.5
进口额		Imports		10.3
出口额		Exports		11.2
协议利用外商直接投资	(亿美元)	Contracted Foreign Capital	(USE 100 million)	1.2
实际利用外商直接投资	(亿美元)	Auctual Foreign Investment	(USE 100 million)	2.8
接待海外旅游人数	(万人次)	International Tourists	(10000 person.times)	100
旅游外汇收入	(亿美元)	Foreign Exchange Earning From International Tourism	(USD100million)	6.6
金融保险		**Banking and Insurance**		
金融机构(含外资)本外币存款余额	(亿元)	Adding Deposit of Financial Institutions (Include Foreign Currency and Foreign Capital)	(100 million yuan)	
金融机构(含外资)本外币贷款余额	(亿元)	Adding Loan of Financial Institutions (Include Foreign Currency and Foreign Capital)	(100 million yuan)	
保险费收入	(亿元)	Premiums Income	(100 million yuan)	5.2

1-8 续表2 continued

总量指标 Aggregate Data				速度指标(%) Indices(%)			
				指 数(2005年比以下各年) Index (2005 as Percentage of the Previous Years)			
1995	2000	2004	2005	1990	1995	2000	2004
	745.2	1483.2	1627.0				
1493.3	2842.0	5733.3	6946.2	1109.8	465.2	244.4	121.2
472.2	719.3	1084.7	1164.9	444.3	246.7	161.9	107.4
1021.1	2122.7	4648.6	5781.3	1589.6	566.2	272.4	124.4
2582.6	4612.7	12049.5	12829.8	2574.7	496.8	278.1	106.5
1528.8	2676.4	4143.1	4706.7		307.9	175.9	113.6
1590.4	2821.4	5992.7	7279.1	1192.3	457.7	258.0	121.5
85.3	127.1	397.4	413.5	845.6	484.8	325.3	104.1
426.6	812.5	1776.0	2025.4	2138.8	474.8	249.3	114.0
82.6	56.6	53.6	67.2	111.6	81.4	118.7	125.4
323.1	299.6	402.3	488.5		151.2	163.1	121.4
239.3	200.2	257.1	310.8		129.9	155.2	120.9
76.2	82.6	82.3	85.5		112.2	103.5	103.9
7.5	16.8	27.0	28.2		376.0	167.9	104.4
0.07	0.04	35.8	64.0		91428.6	160000.0	178.8
207.7	314.0	758.0	838.1		403.5	266.9	110.6
56.1	214.7	343.8	413.0	5363.6	736.2	192.4	120.1
	347.2	1340.7	1459.8			420.4	108.9
		90.9	96.3				105.9
950.4	1658.7	2626.6	2902.8	943.4	305.4	175.0	110.5
672.2	1178.6	2227.0	2529.4	1021.2	376.3	214.6	113.6
72.4	99.3	250.2	268.0	1388.6	370.2	269.9	107.1
205.8	380.8	149.4	105.4	259.0	51.2	27.7	70.5
370.3	496.2	946.6	1255.7		339.1	253.1	132.7
267.8	376.5	740.9	947.0		353.6	251.5	127.8
102.5	119.7	205.7	308.7		301.2	257.9	150.1
53.1	116.5	280.7	403.2	1875.3	759.3	346.1	143.6
30.4	70.2	174.6	232.2	2254.4	763.8	330.8	133.0
22.7	46.3	106.1	171.0	1526.8	753.3	369.3	161.2
27.4	43.3	62.6	65.2	5433.3	238.0	150.6	104.2
14.0	24.6	30.8	35.3	1260.7	252.1	143.5	114.4
207	282	316	363	363.0	175.4	128.7	114.9
21.8	27.7	31.7	36.2	548.5	166.1	130.7	114.2
	11526.0	23781.3	28970.0			251.3	121.8
	6407.9	13577.4	15335.5			239.3	112.9
26.3	88.0	279.3	498.2	9580.8	1894.3	566.1	178.4

1-8 续表3 continued

项目		Item		1990
教育、文化、科技、卫生		**Education,Culture,Science and Technology and Health Care**		
教育		**Education**		
在校学生数	(万人)	Students Enrollment	(10000 persons)	168.7
专任教师数	(万人)	Full-time Teachers	(10000 persons)	14.6
文化		**Culture**		
公共图书馆藏书	(万册)	Collection of Public Libraries	(10000 copies)	2205.4
艺术剧团国内演出场次	(场)	Times of Domestic Performance of Art Troup	(times)	7527
科技		**Science and Technology**		
专业技术人员	(万人)	Professional Technical Personnel by Sectors of National Economy	(10000 persons)	91.9
研究与发展经费支出	(亿元)	Expenditures on Research and Development	(100 million yuan)	
技术合同成交总额	(亿元)	Volume of Transaction in Technical Bargain	(100 million yuan)	
专利授权量	(件)	Grants for Patents	(Nos.)	2268
卫生		**Health**		
卫生机构病床数	(万张)	Health Care Institutions Beds	(10000 units)	5.9
卫生技术人员数	(万人)	Medical Technical Personnel	(10000 persons)	11.2
#执业医师	(万人)	Certified Doctors	(10000 persons)	5.1
注册护师(士)	(万人)	Registered Nurses	(10000 persons)	3.5
生活与环境		**People's Living and Environment**		
婚姻		**Marriages and Divorces**		
结婚登记总数	(万对)	Register Number of Marriages	(10000 couples)	9.3
离婚数	(万对)	Number of Divorces	(10000 couples)	1.5
居住		**Housing**		
城镇居民人均住宅使用面积	(平方米)	Per Capita Living Space in Urban Areas	(sq.m)	11.17
农村人均住房面积	(平方米)	Rural Per Capita Living Space	(sq.m)	20.6
生活		**People'livelihood**		
城市居民人均可支配收入	(元)	Per Capita Annual Disposable Income of Urban Households	(yuan)	1787.1
农村居民人均纯收入	(元)	Per Capita Net Income of Rural Residents	(yuan)	1297.1
城乡居民储蓄存款余额	(亿元)	Saving Deposits of Urban and Rural Residents	(100 million yuan)	226.6
城镇	(亿元)	Urban	(100 million yuan)	188.0
农村	(亿元)	Rural	(100 million yuan)	38.6
工资		**Wages and Welfare**		
在岗职工工资总额	(亿元)	Total Wages	(100 million yuan)	118.9
在岗职工平均工资	(元)	Average wage of Staff and Workers	(yuan)	2653
市政建设		**City Construction**		
用电量	(亿千瓦时)	Electricity Consumption	(100 million kwh)	150.5
自来水销售量	(亿吨)	Sales of Tap Water	(100 million tons)	5.3
居民燃气用户	(万户)	Households of Access to Gas	(10000 households)	176.1
城市公共交通客运量	(亿人次)	Passengers Carried of City Public Transport	(100 million person-times)	33.5
环境		**Environment**		
城市绿化覆盖率	(%)	Coverage Rate of Urban Green Area	(%)	28.0
污水处理率	(%)	Dispose Rate of Sewage(in urban districts and suburban districts)	(%)	7.3
空气质量二级及好于二级的天数	(天)	The Number of Days in Which the Air Pollution Index Was at and Better than Grade II	(days)	

注：从2005年开始，用电量统计开始包括用电损失量。

1-8 续表4 continued

总量指标 Aggregate Data				速度指标(%) Indices(%)			
				指 数(2005年比以下各年) Index (2005 as Percentage of the Previous Years)			
1995	2000	2004	2005	1990	1995	2000	2004
203.2	201.7	229.2	226.4	134.2	111.4	112.2	98.8
16.1	15.8	17.2	17.5	119.9	108.7	110.8	101.7
2629.0	3020.0	3450.6	3626.3	164.4	137.9	120.1	105.1
6728	7610	8731	11059	146.9	164.4	145.3	126.7
112.7	119.2	143.2	143.5	156.1	127.3	120.4	100.2
		316.9	379.5				
	126.3	425.0	489.6			387.6	115.2
4025	5905	9005	10100	445.3	250.9	171.0	112.2
6.7	7.1	7.7	7.9	133.9	117.9	111.3	102.6
11.6	11.6	11.7	12.0	107.1	103.4	103.4	102.6
5.4	5.2	4.9	5.1	100.0	94.4	98.1	104.1
3.7	4.0	4.2	4.3	122.9	116.2	107.5	102.4
8.5	8.0	12.6	9.7	104.3	114.1	121.3	76.4
2.0	2.7	2.1	2.4	160.0	120.0	88.9	114.3
13.34	16.75	19.09	19.45	174.1	145.8	116.1	101.9
24.74	28.91	34.21	36.94	179.3	149.3	127.8	108.0
5868.4	10349.7	15637.8	17653.0	987.8	300.8	170.6	112.9
3208.5	4687.0	7172.1	7860.0	606.0	245.0	167.7	109.6
1254.0	2923.2	6122.3	7477.6	3299.9	596.3	255.8	122.1
1111.5	2663.3	5692.8	6968.9	3706.9	627.0	261.7	122.4
142.5	259.9	429.6	508.7	1317.9	357.0	195.7	118.4
382.0	695.5	1315.1	1520.1	1278.5	397.9	218.6	115.6
8144	15726	29674	34191	1288.8	419.8	217.4	115.2
222.6	331.8	451.7	567.0	376.7	254.7	170.9	125.5
6.8	7.5	8.3	7.2	135.8	105.9	96.0	86.7
219.8	291.9	438.6	458.5	260.4	208.6	157.1	104.5
37.2	40.7	51.4	52.6	157.0	141.4	129.2	102.3
32.7	36.5	41.9	42.5				
19.4	39.4	53.9	62.4				
	177	229	234			132.2	102.2

Note: From 2005, electricity consumption includes electricity losses.

1-9 国民经济和社会发展结构指标

STRUCTURAL INDICATORS ON NATIONAL ECONOMIC AND SOCIAL DEVELOPMENT

单位: % (%)

项目	Item	1990	1995	2000	2002	2003	2004	2005
人口与就业	**Population and Employment**							
人口	**Population**							
男	Male	50.2	50.1	52.1	52.2	52.3	52.2	50.6
女	Female	49.8	49.9	47.9	47.8	47.7	47.8	49.4
就业	**Employment**							
产业结构	Industrial Structure							
第一产业	Primary Industry	14.5	10.6	11.8	10.0	8.9	7.2	7.1
第二产业	Secondary Industry	44.9	40.7	33.6	34.6	32.1	27.3	26.3
第三产业	Tertiary Industry	40.6	48.7	54.6	55.4	59.0	65.5	66.6
宏观经济	**Macro Economy**							
国民经济核算	**National Accounting**							
地区生产总值	Gross Domestic Product							
第一产业	Primary Industry	8.8	4.8	2.4	1.9	1.7	1.5	1.4
第二产业	Secondary Industry	52.4	42.8	32.7	28.9	29.6	30.6	29.4
第三产业	Tertiary Industry	38.8	52.4	64.9	69.2	68.7	67.9	69.2
投资	**Investment**							
全社会固定资产投资	Structure of Total Investment in Fixed Assets							
城镇	Urban	88.2	94.4	91.9	93.0	92.7	92.3	91.8
农村	Rural	9.7	4.8	6.5	5.6	6.1	7.7	8.2
资金来源结构	Structure of Funded Sources							
国家预算内资金	State Budgetary Appropriation	26.3	14.5	16.2	15.3	9.8	11.5	10.0
国内贷款	Domestic Loans	16.7	13.8	20.5	22.8	21.0	22.9	29.9
利用外资	Foreign Investment	11.2	9.6	2.2	3.5	2.4	7.1	2.5
自筹和其他投资	Fundraising and Others Investment	45.8	62.1	61.1	58.4	66.8	58.5	57.6
财政	**Government Finance**							
一般预算财政收入主要税种	General Budgetary Financial Revenue Items							
增值税	Value Added Tax		23.6	13.3	12.5	12.7	9.3	10.6
营业税	Business Tax		55.9	43.2	42.7	44.5	44.8	41.7
企业所得税	Enterprise Income Tax			17.9	19.2	15.8	16.3	17.9
个人所得税	Private Income Tax			16.3	11.5	9.7	9.9	9.2
能源消费总量	**Total Consumption of Energy**							
第一产业	Primary Industry	4.2	3.4	2.5	2.3	2.1	1.7	1.6
第二产业	Secondary Industry	63.4	65.9	58.5	54.4	53.3	51.8	49.0
第三产业	Tertiary Industry	18.7	17.9	26.1	30.1	29.9	31.9	34.8
生活消费	Living Consumption	13.7	12.8	12.9	13.2	14.6	14.6	14.7

注：为了方便使用，本表中地区生产总值三次产业结构的历年数据按国家1994年版国民经济行业分类标准核算。

Note: For convenience of use, figures in this table on three industries in GDP over the past years were calculated with the national classification standard of national economy sectors 1994 edition.

1-9 续表1 continued

单位: % (%)

项　　目	Item	1990	1995	2000	2002	2003	2004	2005
产　业	**Industry**							
农　业	**Agriculture**							
农林牧渔业产值结构	Structure of Gross Output Value of Agriculture							
农　业	Farming	55.6	52.8	46.6	39.1	36.0	35.4	37.4
林　业	Forestry	1.3	1.7	2.8	5.6	5.5	4.8	4.9
牧　业	Animal Husbandry	39.8	41.8	46.4	50.8	50.9	52.9	50.5
渔　业	Fishery	3.3	3.7	4.2	4.5	4.1	3.8	3.6
农林牧渔服务业	Services for Agriculture					3.6	3.1	3.5
工　业	**Industry**							
工业总产值经济类型	Registration Status of Gross Output Value of Industry							
#国有企业	State-Owned	72.1	58.9	28.4	18.9	13.5	12.6	5.7
集体企业	Collective Owned	19.8	13.7	9.5	4.2	3.5	2.9	1.3
港澳台商投资企业	Hongkong,Macao and Taiwan	1.1	6.6	12.5	11.4	11.0	9.4	7.0
外商投资企业	Foreign Funded Enterprises	7.0	17.8	29.6	28.2	29.8	32.7	37.4
建筑业	**Construction**							
建筑业总产值结构	Stucture of Gross Output Value of Construction Industry							
#国有企业	State-owned Enterprise	68.7	69.1	44.8	30.5	32.1	27.9	27.4
集体企业	Collective-owned Enterprises	31.3	26.4	21.7	11.3	9.0	5.2	4.7
港澳台商投资企业	Enterprise with Funds from HongKong,Macao&Taiwan		1.4	1.4	0.9	0.9	0.9	1.2
外商投资企业	Foreign Funded Enterprise		1.2	2.0	1.6	1.9	1.7	1.7
交通运输业	**Transportation**							
货运量结构(按运输方式分)	Structure of Freignt(By Means of Transportation)							
路　铁	Railways	11.4	9.2	8.5	7.6	7.3	6.2	6.1
路　公	Highways	87.5	90.4	91.2	91.6	91.7	92.3	92.4
民用航空	Civil Aviation	…	0.1	0.1	0.1	0.1	0.2	0.2
管　道	Pipelines	1.0	0.3	0.2	0.6	0.8	1.3	1.2
国内商业	**Domestic Trade**							
社会消费品零售额构成	Composition of Retail Sales of Consumer Goods							
食品类	Food	39.6	42.7	28.4	26.9	26.0	24.6	25.8
衣着类	Clothing	13.2	14.6	12.0	11.0	11.0	9.2	9.7
日用品类	Daily Use Articles	44.8	40.8	56.2	58.2	59.1	58.6	56.5
燃料类	Fuels	2.3	1.9	3.4	3.9	4.0	7.7	8.1
对外经济贸易	**Foreign Trade**							
出口商品结构	Structure of Exports							
#初级产品	Primary Goods	11.6	9.5	6.0	8.2	8.5	7.2	5.0
工业制成品	Manufactured Goods	88.4	90.5	94.0	91.8	90.9	90.8	93.0
进口商品结构	Structure of Imports							
#初级产品	Primary Goods	6.5	16.5	5.4	7.1	9.2	12.3	12.8
工业制成品	Manufactured Goods	93.5	83.5	94.6	92.9	90.6	87.7	87.2
国际旅游	**International Tourism**							
接待海外旅游人数结构	Structure of Tourists							
外国人	Foreigners	63.7	80.5	84.4	85.8	82.5	85.0	85.9
港澳台同胞	Compatriots from HongKong,Macao and Taiwan	34.6	17.6	15.6	14.2	17.5	15.0	14.1

注：从2003年起农业统计执行新《国民经济行业分类标准》及按生产者价格计算，农林牧渔业总产值中含农林牧渔服务业产值，因此分项相加不等于合计。

Note: Effective 2003,new Classification Standards of National Economy Industries are implemented. Producer prices are used.Gross output value of farming, forestry, animal husbandry and fishery includes the output value of services of farming forestry, animal husbandry and fishery. Therefore, the sum of subentries is not equal to the total.

1-9 续表2 continued

单位：% (%)

项 目	Item	1990	1995	2000	2002	2003	2004	2005
教育、科技、文化、卫生	**Education, Science,Culture,Health Care**							
教 育	**Education**							
在校学生结构	Structure of Student Enrollment							
大学生	College and University Students	8.3	9.0	14.0	21.6	24.8	28.1	31.0
中学生	Secondary School Students	32.5	41.0	48.7	43.0	42.5	40.1	37.9
小学生	Primary School Students	59.0	49.6	36.8	25.9	23.8	22.5	21.8
专任教师结构	Full-time Teachers by Type							
大 学	College and Universities	24.6	22.7	22.2	21.2	23.1	25.6	27.5
中 学	Secondary Schools	38.3	38.6	40.5	38.9	38.6	37.4	36.2
小 学	Primary Schools	36.7	37.9	36.8	32.1	30.0	28.3	27.5
科 技	**Science and Technology**							
科技经费筹集额结构	Structure of Funding for Scientific and Technological Outlay							
#政府资金	Government Fund				48.3	43.9	45.2	40.9
企业资金	Enterprises Fund				34.5	35.5	39.1	44.5
金融机构贷款	Loans from Banks				2.1	2.6	1.8	1.5
科技经费内部支出结构	Structure of Intrnal Expenditures on Scientific and Technological Activities							
#人员劳务费	Service Fees				24.6	25.6	26.5	25.2
固定资产购建	Purchases of Fixed Assets				18.5	17.5	17.6	18.9
卫 生	**Health Care**							
卫生技术人员结构	Doctors by Types							
#执业医师	Certified Doctors	46.9	46.7	44.6	43.1	42.7	42.1	42.2
注册护士	Registered Nurses	31.0	31.7	34.5	35.5	35.6	35.6	35.8
生活、环境	**People's Livelihood and Environment**							
生 活	**People's Livelihood**							
城市居民消费结构	Consumption Structure of Urban Residents							
食品类	Food	54.2	48.5	36.3	33.8	31.7	32.2	31.8
衣着类	Clothing	14.7	15.1	8.9	8.4	8.1	8.7	8.9
用品及其他	Articles for Daily Use and Others		31.9	47.9	48.8	51.6	50.4	51.4
居 住	Residence		4.5	6.9	9.0	8.6	8.7	7.9
农村居民消费结构	Consumption Structure of Rural Residents							
食品类	Food	50.7	49.6	36.7	33.0	31.7	32.6	32.8
衣着类	Clothing	9.5	10.8	7.6	7.5	7.1	7.4	7.8
用品及其他	Articles for Daily Use and Others	23.9	32.5	40.0	42.5	41.4	42.9	43.3
居 住	Residence	15.9	7.1	15.7	17.0	19.8	17.1	16.2
环 境	**Environment**							
空气质量达到二级及好于二级天数比重	Pollution Index for Air above Grade Ⅱ			48.4	55.6	61.4	62.7	64.1

1-10 国民经济和社会发展比例和效益指标

INDICATORS ON PROPORTIONS AND EFFICIENCY IN NATIONAL ECONOMIC AND SOCIAL DEVELOPMENT

项目		Item		2005	2004
人口与就业		**Population and Employment**			
人　口		**Population**			
常住人口出生率	(‰)	Birth Rate	(‰)	6.29	6.13
常住人口死亡率	(‰)	Death Rate	(‰)	5.20	5.39
常住人口自然增长率	(‰)	Natural Growth Rate	(‰)	1.09	0.74
就　业		**Employment**			
城镇登记失业率	(%)	Unemployment Rate in Urban Areas	(%)	2.11	1.30
宏观经济		**Macro Economy**			
国民经济核算		**National Accounting**			
产业结构	(%)	Industry Structure	(%)	100.0	100.0
第一产业		Primary Industry		1.4	1.6
第二产业		Secondary Industry		29.5	30.6
第三产业		Tertiary Industry		69.1	67.8
全社会劳动生产率	(元/人)	Overall Labor Productivity	(yuan/person)	79514	77826
第一产业		Primary Industry		15843	15385
第二产业		Secondary Industry		87368	80836
第三产业		Tertiary Industry		83212	84366
固定资产投资		**Investment in Fixed Assets**			
全社会固定资产投资相当于地区生产总值比例	(%)	Proportion of Investment in fixed Assets to GDP	(%)	41.1	41.7
财　政		**Finance**			
地方财政收入相当于地区生产总值比例	(%)	Proportion of Government Revenue to GDP	(%)	14.6	13.7
地方财政支出相当于地区生产总值比例	(%)	Proportion of Government Expenditures to GDP	(%)	16.5	16.1
利用外资		**Utilization of Foreign Capital**			
实际利用外资额相当于签订利用外资额比例	(%)	Proportion of Foreign Capital Actually Used to Total Amount of Foreign Capital for Utilization by Signed Contracts or Agreements	(%)	54.1	49.3
能源消费		**Energy Consumption**			
能源消费弹性系数		Elasticity Ratio of Energy Consumption		0.63	0.75
每万元地区生产总值消耗的能源(现价)	(吨标煤)	Energy Consumption per 10000 yuan GDP (Current Price)	(ton of SCE)	0.80	0.85
每万元地区生产总值消耗的水(现价)	(立方米)	Water Consumption per 10000 yuan GDP (Current Price)	(cu.m)	50.10	57.01
产　业		**Industry**			
限额以上工业企业效益		**Economic Efficiency of Industrial Enterprises Above Designated Size**			
综合效益指数	(%)	Aggregate Index of Industrial Economic Deficiency	(%)	171.02	
总资产贡献率	(%)	Contribution Rate of Total Assets	(%)	5.81	
资产保值增值率	(%)	Changing Rate of Net Assets	(%)	102.74	

1-10 续表1 continued

项目		Item		2005	2004
资产负债率	(%)	Asset-Liability Ratio	(%)	36.69	
流动资产周转率	(次)	Turnover Rate of Current Assets	(times)	1.97	
成本费用利润率	(%)	Ratio of Profits to Industrial Cost	(%)	5.89	
全员劳动生产率	(元)	Overall Labor Productivity	(yuan)	138998	
产品销售率	(%)	Proportion of Products Sold	(%)	97.90	
建筑业		**Construction**			
全员劳动生产率	(元/人)	Overall Labor Productivity	(yuan/person)	158082	147996
产值竣工率	(%)	Ratio of Output Value Completed to Total		61.3	64.7
面积竣工率	(%)	Ratio of Follr Space of Building Completed		31.5	36.5
邮电通信业		**Post and Communications**			
百人拥有移动电话	(部)	Population Rate of Mobil Telephone	(unit)	96.3	90.9
百人拥有固定电话主线	(线)	Population Rate of Main Line	(line)	62.3	57.5
国内商业		**Domestic Trade**			
人均社会消费品零售额	(元)	Per Capita Retail Sales of Consumer Goods	(yuan)	19156.0	17812.9
教育、科技、文化、卫生		**Education,Science and Technology, Culture and Health Care**			
教育		**Education**			
学龄儿童入学率	(%)	Enrollment Rate of Children at School-Age	(%)	99.90	99.92
小学升初中	(%)	Entering Junior Secondary Schools from Primary Schools	(%)	99.53	100.35
初中升高中	(%)	Entering Senior Secondary Schools from Junior Secondary Schools	(%)	99.23	99.80
学校教师负担系数	(%)	Coefficient of Supporting by Teachers	(%)		
高等学校	(%)	Instiutions of Higher Education	(%)	17.0	17.1
中等学校	(%)	Regular Secondary Schools	(%)	12.0	12.9
小学学校	(%)	Primary Schools	(%)	10.0	11.0
科技		**Science and Technology**			
研究与试验发展经费支出相当于地区生产总值比例	(%)	R&D Expenditures as Percentage of GDP	(%)	5.5	5.2
文化		**Culture**			
每万人拥有公共图书馆	(个)	Number of Public Libraries per Million Persons	(unit)	0.02	0.02
每万人拥有博物馆	(个)	Number of museums per Million Persons	(unit)	0.02	
卫生		**Health Care**			
婴儿死亡率	(‰)	Infant Mortality Rate	(‰)	4.35	4.61
孕产妇死亡率	(1/10万)	Maternal Mortality Rate	(1/100000)	15.91	15.19
平均每千人拥有执业医师数	(人)	Certified Doctors Per 1000 Persons	(person)	4.32	4.25
平均每千人拥有医院床位数	(张)	Beds Per 1000 Persons	(Nos.)	6.65	6.54
家庭、生活、市政、环境		**Household,Living, City Construction and Environment**			
家庭		**Household**			
少儿抚养比（常住人口）	(%)	Children Support Coefficient(Total Population)	(%)	12.9	
老年抚养比（常住人口）	(%)	Elder Support Coefficient(Total Population)	(%)	13.7	
生活		**Living**			
城市与农村居民收入比例（以农村居民收入为1）		Ratio of Urban and Rural Residents' Income (Rural Residents' Income = 1)		2.25	2.18
城镇居民人均住房使用面积	(平方米)	Per Capita Using Space of Urban Residents	(sq.m)	19.45	19.09
农村居民人均生活用房面积	(平方米)	Per Capita Living Space of Rural Residents	(sq.m)	36.94	34.21
市政建设与环境灾害		**City Construction and Environment**			
人均公共绿地面积	(平方米)	Per Capita Public Green Areas	(sq.m)	12.66	11.45
平均每起火灾直接经济损失	(元)	Average Direct Pecuniary Losses per Fire Accidents	(yuan)	1209.7	2598.6
平均每起交通事故直接经济损失	(元)	Average Direct Pecuniary Losses per Traffic Accidents	(yuan)	4100.4	4754.0

1-11 北京一日

A DAY IN BEIJING

项　　目		Item		2005	2004
每天创造的财富		**Daily Production**			
地区生产总值	(万元)	Gross Domestic Product	(10000 yuan)	188665.8	166035.6
第一产业		Primary Industry		2684.9	2616.4
第二产业		Secondary Industry		55520.5	50783.6
工　业		Industry		46767.1	42594.5
建筑业		Consumption		8753.4	8189.0
第三产业		Tertiary Industry		130460.2	112635.6
#交通运输、仓储和邮政业		Transportation,Storage Posts and Telecommunications		11087.7	9775.3
地方财政收入	(万元)	Local Financial Revenue	(10000 yuan)	27598.5	22740.7
地方财政支出	(万元)	Local Financial Expenditure	(10000 yuan)	31158.3	26689.7
发电量	(万千瓦时)	Electricity	(10000 kwh)	5845.1	5586.1
汽车生产量	(辆)	Output of Motor Vehicles	(unit)	1605.5	1476.7
移动电话机生产量	(部)	Output of Mobile Telephone	(unit)	250167.1	114304.1
每天收入与消费量		**Daily Income Consumption**			
城市居民人均可支配收入	(元)	Per Capita Discretionary Income of Urban Residents	(yuan)	48.4	42.8
城市居民人均消费支出	(元)	Per Capita Living Expenditures of Urban Residents	(yuan)	36.3	33.4
农村居民人均纯收入	(元)	Per Capita Net Income of Rural Residents	(yuan)	21.5	19.6
农村居民人均生活消费支出	(元)	Per Capita Living Expenditures of Rural Residents	(yuan)	15.1	13.4
在岗职工平均工资	(元)	Average Wage of Fully Employed Staff and Workers	(yuan)	93.7	81.3
社会消费品零售额	(万元)	Retail Sales of Consumer Goods	(10000 yuan)	79528.8	71961.6
汽车销售量(限额以上批发零售企业)	(辆)	Sales of Motor Vehicles (Wholesale and Retail Sale Trades above Designated Size)	(unit)	1505.4	625.1
生活消费用电量	(万千瓦时)	for Living Use Electricity	(10000 kwh)	2436.2	
居民家庭用自来水	(万立方米)	for Living Use Tap Water	(10000 cu.m)	88.1	111.0
每天其他活动		**Other Daily Activities**			
地方企业海关出口额	(万美元)	Exports of Local Enterprises	(USD 10000)	4683.8	2906.6
旅游外汇收入	(万美元)	Foreign Exchange Earning from Tourism	(USD 10000)	991.8	868.5
国内旅游收入	(万元)	Domestic Tourism Earnings	(10000 yuan)	35616.4	31369.9
接待入境旅游人数	(人次)	International Tourists Arrival to Beijing	(person-time)	9945.2	8657.5
接待国内旅游者人数	(人次)	Domestic Tourists	(person-time)	342465.8	327397.3
市内公共交通客运量	(万人次)	Urban Passenger Traffic	(10000 person-times)	1440.0	1407.9
每天人口和婚姻变动		**Daily Population and Marriage Changes**			
出生人口	(人)	Birth Population	(person)	261.1	246.4
死亡人口	(人)	Death Population	(person)	215.9	218.2
登记结婚对数	(对)	Marriage Registered	(couple)	264.6	346.4
离婚对数	(对)	Registered Divorces	(couple)	65.7	57.6

1-12 “十五”时期主要社会经济指标

项目		Item		1995
地区生产总值	(亿元)	Gross Domestic Product	(100 million yuan)	1507.7
人均地区生产总值	(元)	Per Capita Gross Domestic Products	(yuan)	12690.0
地区生产总值年增长率	(%)	Annual Growth Rate of GDP	(%)	12.0
三次产业比重	(%)	Proportion of Three Industries	(%)	4.8:42.8:52.4
地方一般预算财政收入	(亿元)	Local Governments General Budgetary Revenue	(100 million yuan)	115.26
年末户籍人口	(万人)	Year-end Registered Permanent Residents	(10000 persons)	1070.3
全市常住人口年均自然增长率	(‰)	Annual Natural Growth Rate of Permanent Population in Beijing	(‰)	2.8
城镇登记失业率	(%)	Urban Registeration Unemployment Rate	(%)	0.46
地方全社会固定资产投资	(万元)	Total Local Investment in Fixed Assets	(10000 yuan)	576.1
社会消费品零售额	(万元)	Retail Sales of Consumer Goods	(10000 yuan)	950.4
实际利用外商直接投资	(亿美元)	Foreign Direct Investment Actually Utilized	(100 million USD)	14.0
地方出口额	(亿美元)	Value of Exports (Local)	(100 million USD)	22.7
全社会研究与试验发展经费支出相当于GDP比例	(%)	Total R&D Expenditure as % of GDP	(%)	
每万辆机动车死亡	(人)	Killed by Per 10000 Motor Vehicles in Traffic Accidents	(person)	47.9
农村养老保险覆盖率	(%)	Retirement Insurance Coverage Rate in Rural Area	(%)	
农村新型合作医疗覆盖率	(%)	New-type Cooperative Healthcare Coverage Rate in Rural Area	(%)	
城镇居民人均住宅使用面积	(平方米)	Per Capita Living Space in Urban Areas	(sq.m)	13.34
城市居民人均可支配收入年实际增长率	(%)	Actual Annual Growth Rate of Per-capita Discretionary Income of Urban Residents	(%)	5.7
农民人均纯收入年实际增长率	(%)	Actual Annual Growth Rate of Per-capita Net Income of Rural Residents	(%)	6.2
全市城市化率	(%)	Overall Urbanization Rate of Beijing	(%)	75.6
城市绿化覆盖率	(%)	Coverage of City Green Areas	(%)	32.7
全市林木覆盖率	(%)	Overall Forest Coverage Rate	(%)	
平均每人占有公共绿地面积（包括水面）	(平方米)	Per Capita Public Green Areas (including water surface)	(sq.m)	7.48
污水处理率	(%)	Disposed Rate of Sewage	(%)	19.4
清扫街道面积	(万平方米/日)	Road Area Swept	(10000 sq.m/day)	4540.7
空气质量达到二级及好于二级天数比重	(%)	Pollution Index for Air above Grade II	(%)	

注：1. 2005年三次产业比重数据按国家2002年国民经济行业分类标准计算。

2. 居民收入年实际增长率“九五”及“十五”期间平均增速为收入年均实际增速。

资料来源：2000年农村养老保险覆盖率和农村新型合作医疗覆盖率为国家统计局北京调查总队抽样调查数据，2005年农村养老保险覆盖率由北京市劳动和社会保障局提供，农村新型合作医疗覆盖率由北京市卫生局提供。

MAJOR SOCIAL & ECONOMIC INDICATORS IN THE 10TH FIVE-YEAR PLAN

2000	2005	"九五"期间 平均增速(%) Annual Growth Rate in the 9th Five-year Plan (%)	"十五"期间 平均增速(%) Annual Growth Rate in the 10th Five-year Plan (%)
3161.0	6886.3	10.3	12.0
24122.0	45444.0	8.1	8.8
11.8	11.8		
2.4:32.7:64.9	1.4:29.5:69.1		
345.00	919.21	24.3	25.3
1107.5	1180.7	0.7	1.3
0.9	1.1		
0.75	2.11		
979.5	2462.9	9.2	22.7
1658.7	2902.8	11.8	11.8
24.6	35.3	11.9	7.5
46.3	171.0	15.3	29.9
4.9	5.5		
9.8	5.9		
10.0	25.1		
38.3	80.3		
16.75	19.45	4.7	3.0
8.9	11.2	7.1	10.4
7.3	8.1	6.2	9.9
77.5	83.6		
36.5	41.9		
43.0	50.5		
9.70	12.66	4.2	5.1
39.4	62.4		
6014.7	11247.7	5.8	13.3
48.4	64.1		

Note: 1. 2005 figures on share of three industries were calculated with the national classification standard of national economy sectors 2002 edition.

2. The average actual annual growth rate of residents' income during the 9th and 10th Five-year Plans means the actual annual growth rate of income.

Sources: Data of retirement insurance coverage rate in rural area and new-type cooperative healthcare coverage rate in rural area in 2000 are provided by Beijing General Team of Investigation Under NBS. The retirement insurance coverage rate in rural area in 2005 is provided by Beijing Labor & Social Security Bureau and new-type cooperative healthcare coverage rate in rural area in 2005 is provided by Beijing Municipal Health Bureau.

1-13 地方财政收支(1978-2005年)

LOCAL FINANCIAL REVENUE AND EXPENDITURE (1978-2005)

单位：亿元 (100 million yuan)

年份 Year	地方财政收入 Local Financial Revenue	#地方一般预算财政收入 Local Government General Budgetary Financial Revenue	地方财政支出 Local Financial Expenditure	#地方一般预算财政支出 Local Government General Budgetary Financial Expenditure	#基本建设 Capital Construction	#农业生产和农业事业费 Agricultural Production and Operating Expenses	#文教科卫事业费 Culture, Education, Science and Health Expenses	#教育事业费 Education	#科学事业费 Scientific Research
1978	50.46		20.38		10.89	0.84	2.43	1.46	0.22
1979	47.75		20.06		10.07	0.86	2.94	1.77	0.24
1980	51.29		14.87		5.65	0.75	3.22	1.93	0.26
1981-1985	**234.27**		**111.40**		**39.75**	**4.69**	**24.82**	**14.04**	**1.64**
1986-1990	**337.13**		**272.89**		**55.78**	**12.72**	**59.36**	**30.48**	**2.98**
1986	60.34		44.27		11.22	1.57	8.20	4.45	0.49
1987	63.62		49.67		10.47	1.91	9.21	4.79	0.58
1988	68.11		52.93		10.53	2.88	11.46	6.04	0.58
1989	71.05		59.50		11.70	3.15	13.67	7.00	0.57
1990	74.01		66.52		11.86	3.21	16.82	8.20	0.76
1991-1995	**456.48**		**473.64**		**51.07**	**22.74**	**131.86**	**73.30**	**7.37**
1991	77.02		67.98		9.35	3.67	17.58	9.41	1.01
1992	80.25		71.74		8.57	3.98	19.72	10.56	1.10
1993	84.10		80.99		10.35	4.33	24.08	13.10	1.30
1994	99.85		98.53		9.37	4.93	29.81	17.22	1.62
1995	115.26		154.40		13.43	5.83	40.67	23.01	2.34
1996-2000	**1345.25**		**1655.36**		**182.00**	**57.35**	**376.87**	**216.14**	**21.91**
1996	150.90		187.45		21.66	7.42	51.66	29.57	2.94
1997	209.91	182.32	262.20	236.39	24.89	9.85	63.83	35.97	3.74
1998	265.61	227.33	316.84	281.07	32.50	10.70	72.79	41.31	4.11
1999	320.44	279.09	398.53	367.03	45.46	13.13	84.52	49.22	4.91
2000	398.39	345.00	490.34	443.00	57.49	16.25	104.07	60.07	6.21
2001-2005	**3611.96**	**3241.40**	**4219.74**	**3878.85**	**387.63**	**145.23**	**907.72**	**524.16**	**55.81**
2001	507.68	451.17	614.92	559.11	92.96	19.58	124.08	72.26	7.27
2002	600.96	533.99	683.98	628.35	64.31	23.50	146.72	85.82	8.78
2003	665.94	592.54	809.39	734.80	71.99	26.18	175.64	98.82	10.76
2004	830.03	744.49	974.17	898.28	73.94	33.33	208.96	121.39	13.26
2005	1007.35	919.21	1137.28	1058.31	84.43	42.64	252.32	145.87	15.74

注：地方财政收支数为决算数。

资料来源:北京市财政局。

Note: Local financial revenue and expenditure figures are final.

Sources: Beijing Finance Bureau.

1-14 地方财政收入

LOCAL FINANCIAL REVENUE

项目	Item	绝对数(万元) Value(10000 yuan)		2005年为2004年% 2005 as % of 2004	构成(%) Composition(%)	
		2005	2004		2005	2004
合计	**Total**	**10073460**	**8300347**	**121.4**	**100.0**	**100.0**
一般预算财政收入	**General Budgetary Financial Revenue**	**9192098**	**7444874**	**123.5**	**91.3**	**89.7**
#增值税	Value-added Tax	975976	688797	141.7	9.7	8.3
营业税	Business Tax	3837623	3331645	115.2	38.1	40.1
个人所得税	Personal Income Tax	845232	733357	115.3	8.4	8.8
城市维护建设税	Tax on City Maintenance and Construction	388336	347203	111.8	3.9	4.2
固定资产投资方向调节税	Tax on the Adjustment of the Investment in the Fixed Assets	6	312	1.9		…
农牧业税和耕地占用税类	Tax for Farming and Animal Husbandry and Cultivated Land Occupation	7405	18403	40.3	0.1	0.2
企业所得税	Company Income Tax	1647615	1216973	135.4	16.4	14.7
国有资产经营收益	State-owned Assets Profit	15442	9035	170.9	0.2	0.1
国有企业计划亏损补贴类	Planning Subsidies to Loss-Suffering Stated-Owned Enterprises	-502900	-506057	99.4		
企业所得税退税	Return for Enterprise's Income Tax					
罚没收入、行政性收费	Penalty and Confiscatory Income and Administrative Fees	433655	348309	124.5	4.3	4.2
基金预算收入合计	**Total Fund Budgetary Income**	**881362**	**855473**	**103.1**	**8.7**	**10.3**

注：增速为可比增速。

资料来源：北京市财政局。

Note: The growth rate figures are calculated at comparable prices.

Sources: Beijing Finance Bureau.

1-15 地方财政支出

LOCAL FINANCIAL EXPENDITURE

项目	Item	绝对数(万元) Value(10000 yuan)		2005年为2004年% 2005 as % of 2004	构成(%) Composition(%)	
		2005	2004		2005	2004
合计	**Total**	**11372789**	**9741724**	**116.7**	**100.0**	**100.0**
一般预算财政支出	**General Budgetary Financial Expenditure**	**10583114**	**8982756**	**117.8**	**93.1**	**92.2**
#基本建设支出	Expenditure for Capital Construction	844269	739446	114.2	7.4	7.6
企业挖潜改造资金	Expenditure for Innovation Enterprises	443307	428314	103.5	3.9	4.4
科技三项费用	Science and Technology Promotion Funds	96094	78547	122.3	0.8	0.8
农林水支出	Agriculture, Forestry, Water Conservancy	426420	333335	127.9	3.7	3.4
城市维护费	Expenditure for City Maintenance	527159	404388	130.4	4.6	4.2
工业交通等部门的事业费	Expenditure for Operating Expenses of Departments of Industry & Transportation	73253	61856	118.4	0.6	0.6
文体广播事业费	Operating Expenses for Culture, Sports and Broadcast	250827	202481	123.9	2.2	2.1
教育事业费	Operating Expenses for Education	1458723	1213881	120.2	12.8	12.5
卫生经费	Operating Expenses for Health	656229	540662	121.4	5.8	5.5
科学事业费	Operating Expenses for Science	157439	132556	118.8	1.4	1.4
行政管理费	Administrative expenses	691634	533379	129.7	6.1	5.5
公检法司支出	Expenditure for Public Security Agency, Procuratorial Agency and Court of Justice	843905	677822	124.5	7.4	7.0
抚恤和社会福利救济费	Expenditure for Pension and Social Welfare	320515	266954	120.1	2.8	2.7
政策性补贴支出	Expenditure on Policy-related Subsidies	46158	45178	102.2	0.4	0.5
基金支出合计	**Funds Expenditure**	**789675**	**758968**	**104.0**	**6.9**	**7.8**

资料来源：北京市财政局。

Sources: Beijing Finance Bureau.

主要统计指标解释

法人单位指具备以下条件的单位 （1）依法成立、有自己的名称、组织机构和场所、能够独立承担民事责任；（2）独立拥有和使用（或授权使用）资产、承担负债、有权与其它单位签订合同；（3）会计上独立核算、能够编制资产负债表。法人单位包括企业法人、事业单位法人、机关法人、社会团体法人、民办非企业法人和其他法人。

单产业法人 指只在一个地点，主要从事一种生产经营活动的法人单位。

多产业法人 指坐落于两个及两个以上地点、或主要从事两种及两种以上生产经营活动的，按照单位划分规定可以划分为两个或两个以上产业活动单位的法人单位。

产业活动单位 是法人单位的附属单位。产业活动单位应具备下列条件：（1）在一个场所从事一种或主要从事一种社会经济活动；（2）相对独立组织生产经营和业务活动；（3）能够掌握收入和支出等业务核算资料。

登记注册类型 以在工商行政管理机关登记注册的各类企业为划分对象。行政机关、事业单位和社会团体及其他经济组织参照执行。

国有企业 指企业全部资产归国家所有，并按国家有关法律规定登记注册的非公司制的经济组织。不包括有限责任公司中的国有独资公司。

集体企业 指企业资产归集体所有，并按国家有关法律规定登记注册的经济组织。

股份合作企业 以合作制为基础，由企业职工共同出资入股，吸收一定比例的社会资产投资组建，实行自主经营、自负盈亏，共同劳动，民主管理，按劳分配与按股分红相结合的一种集体经济组织。

联营企业 指两个及两个以上相同或不同所有制的企业法人或事业单位法人，按自愿、平等、互利的原则，共同投资组成的经济组织。包括国有联营、集体联营、国有与集体联营和其他联营企业。

有限责任公司 指根据国家有关法律规定登记注册，由两个以上，五十个以下的股东共同出资，公司以其全部资产对其债务承担责任的经济组织。包括国有独资公司以及其他有限责任公司。

股份有限公司 指根据国家有关法律规定登记注册，其全部注册资本由等额股份构成并通过发行股票筹集资本的经济组织。

私营企业 指由自然人投资设立或由自然人控股，以雇佣劳动为基础的盈利性经济组织。包括按照有关法律、条例规定登记注册的私营独资企业、私营合伙企业、私营有限责任公司和私营股份有限公司。

其他企业 指上述单位之外的其他内资经济组织。

港、澳、台商投资企业 指港澳台地区投资者依照中华人民共和国有关涉外经济的法律、法规，以合资、合作、独资、股份有限公司的形式在内地设立的企业。凡其中港澳台股本占公司注册资本比例小于25%的，属于内资企业中的股份有限公司。

外商投资企业 指外国企业或外国人依照中华人民共和国有关涉外经济的法律、法规，以合资、合作、独资、股份有限公司的形式在中国内地投资设立的企业。凡其中外资股本占公司注册资本比例小于25%的，属于内资企业中的股份有限公司。

一般预算财政收入 是通过一定的形式和程序，由各级财政部门组织并纳入预算管理的各项收入，也就是会计制度改革以前所称的“预算收入”。

基金预算收入 是按规定收取，转入或通过当年财政安排，由财政管理并具有指定用途的政府性基金预算收入等。

一般预算财政支出 是各级财政部门对集中的一般预算收入有计划地分配和使用而安排的支出。

基金预算支出 是各级财政部门用基金预算收入安排的支出。

《国民经济行业分类与代码》GB/T 4754-2002 版与原 GB/T 4754-1994 版的主要框架结构变化：

增加的门类:a).信息传输、计算机服务和软件业 b).租凭和商务服务业 c). 住宿和餐饮业 d).水利、环境和公共设施管理业 e).教育 f).国际组织

名称或范围进行调整的门类：a).农、林、牧、渔业 b).采矿业 c).制造业 d).交通运输、仓储和邮政业 e).批发和零售业 f).金融业 g).科学研究、技术服务和地质勘查业 h).居民服务和其他服务业 i).卫生、社会保障和社会福利业 j).文化、体育和娱乐业 k).公共管理和社会组织

取消的门类：a).地质勘查业、水利管理业 b).其他行业

国民经济核算

NATIONAL ACCOUNTS

简要说明

一、本章资料的主要内容

国民经济核算资料主要包括北京市历年地区生产总值、北京市居民消费水平及全社会劳动生产率等资料，是由北京市统计局核算处根据不同产业部门、不同支出构成的特点和资料来源情况而采用不同方法计算的。

二、本章中关于历史数据调整的问题

按照国家统一规定，历史资料要根据“北京市第一次全国经济普查”的数据结果进行修正。本章中地区生产总值及其分组资料，调整历史区间为1978至2003年、2004年使用经济普查数据，力求实现年报数据与普查数据的衔接。

三、关于数据使用的说明

本章表2-1的2004及2005年的分三次产业数据使用国家1994年国民经济行业分类标准；表2-4使用国家2002年国民经济行业分类标准。在做“十五”时期数据分析比较时使用表2-1中公布的资料；若只使用当年数据，请用表2-4中公布的数据。

2-1 地区生产总值(1978-2005年)
GROSS DOMESTIC PRODUCT (1978-2005)

单位: 亿元 (100 million yuan)

年 份 Year	地区生产总值 Gross Domestic Product	第一产业 Primary Industry	第二产业 Secondary Industry	工业 Industry	建筑业 Construction	第三产业 Tertiary Industry	人均地区生产总值(元/人) Per Capita Gross Domestic Product (yuan/person)
1978	108.8	5.6	77.4	70.2	7.2	25.8	1257
1979	120.1	5.2	85.2	77.4	7.8	29.7	1358
1980	139.1	6.1	95.8	86.9	8.9	37.2	1544
1981-1985	**951.0**	**62.5**	**589.3**	**515.4**	**73.9**	**299.2**	
1986-1990	**1978.7**	**162.9**	**1084.2**	**917.3**	**166.9**	**731.6**	
1986	284.9	19.1	165.8	141.2	24.6	100.0	2836
1987	326.8	24.3	182.6	154.5	28.1	119.9	3150
1988	410.2	37.1	221.3	189.5	31.8	151.8	3892
1989	456.0	38.5	252.2	212.8	39.4	165.3	4269
1990	500.8	43.9	262.4	219.3	43.1	194.5	4635
1991-1995	**4847.2**	**286.3**	**2220.4**	**1833.5**	**386.9**	**2340.5**	
1991	598.9	45.5	291.5	255.6	35.9	261.9	5494
1992	709.1	48.7	345.9	293.0	52.9	314.5	6458
1993	886.2	53.1	419.6	339.2	80.4	413.5	8006
1994	1145.3	66.8	517.6	417.9	99.7	560.9	10240
1995	1507.7	72.2	645.8	527.8	118.0	789.7	12690
1996-2000	**12079.4**	**373.9**	**4277.7**	**3450.4**	**827.3**	**7427.8**	
1996	1789.2	73.4	714.7	576.2	138.5	1001.1	14254
1997	2075.6	74.0	781.9	635.9	146.0	1219.7	16609
1998	2376.0	74.9	840.6	670.4	170.2	1460.5	19118
1999	2677.6	75.1	907.3	724.0	183.3	1695.2	21397
2000	3161.0	76.6	1033.3	844.0	189.3	2051.1	24122
2001-2005	**26011.3**	**437.2**	**7759.6**	**6446.2**	**1313.4**	**17814.5**	
2001	3710.5	78.6	1142.4	938.8	203.6	2489.5	26998
2002	4330.4	82.1	1250.0	1021.2	228.8	2998.3	30840
2003	5023.8	87.6	1487.2	1224.5	262.7	3449.0	34892
2004	6060.3	93.4	1853.6	1554.7	298.9	4113.3	41099
2005	6886.3	95.5	2026.5	1707.0	319.5	4764.3	45444

注：1. 本表按当年价格计算。人均GDP按常住人口计算。
2. 为了便于比较使用，本表中地区生产总值三次产业结构的2004及2005年数据依然按国家1994年版国民经济行业分类标准核算。

Note: a) Data in this table are calculated at current prices.
b) For convenience of use, figures in this table on three industries in GDP of 2004 and 2005 years were calculated with the national classification standard of national economy sectors 1994 edition.

2-2 地区生产总值指数(上年=100)(1978-2005年)

INDICES OF GROSS DOMESTIC PRODUCT (PRECEDING YEAR=100) (1978-2005)

单位：% (%)

年份 Year	地区生产总值 Gross Domestic Product	第一产业 Primary Industry	第二产业 Secondary Industry	工业 Industry	建筑业 Construction	第三产业 Tertiary Industry	人均地区生产总值 Per Capita Gross Domestic Product
1979	109.7	105.0	109.2	110.1	108.4	113.2	107.4
1980	111.8	109.3	110.1	110.1	110.3	118.5	109.8
1985	108.7	106.3	111.0	109.1	124.7	104.4	106.9
1986	108.0	100.1	104.8	105.0	103.7	115.7	104.6
1987	109.6	113.4	105.6	105.5	106.3	116.7	106.1
1988	112.8	111.2	112.1	113.0	106.5	114.1	111.0
1989	104.4	101.1	108.9	108.4	112.2	97.3	103.1
1990	105.2	103.3	101.1	101.9	95.6	113.3	104.0
1991	109.9	103.6	107.5	112.6	81.6	114.5	108.9
1992	111.3	103.0	112.2	110.3	125.7	111.9	110.5
1993	112.3	103.1	113.0	110.5	128.5	113.1	111.4
1994	113.7	102.6	114.1	113.5	117.0	115.0	112.5
1995	112.0	91.7	107.7	107.7	107.6	120.5	105.4
1996	109.0	97.0	106.2	106.1	107.0	113.4	103.1
1997	110.1	101.0	108.1	108.7	105.1	113.2	110.6
1998	109.5	101.5	109.6	108.7	114.2	110.1	110.1
1999	110.9	102.5	112.0	112.8	108.0	110.6	110.2
2000	111.8	104.0	111.4	113.2	102.1	112.9	106.8
2001	111.7	104.5	109.5	110.2	106.6	113.1	106.5
2002	111.5	105.0	108.4	107.8	110.9	113.3	109.2
2003	111.0	103.3	112.0	112.2	110.7	110.8	108.2
2004	114.1	101.9	117.0	119.3	106.3	113.1	111.4
2005	111.8	98.8	110.1	110.9	106.3	113.0	108.8

注：本表按可比价格计算。

Note: Data in this table are calculated at constant prices.

2-3 地区生产总值指数(1978年=100)(1978-2005年)
INDEX OF GROSS DOMESTIC PRODUCT(YEAR OF 1978=100) (1978-2005)

单位：% (%)

年份 Year	地区生产总值 Gross Domestic Product	第一产业 Primary Industry	第二产业 Secondary Industry	工业 Industry	建筑业 Construction	第三产业 Tertiary Industry	人均地区生产总值 Per Capita Gross Domestic Product
1978	100.0	100.0	100.0	100.0	100.0	100.0	100.0
1979	109.7	105.0	109.2	110.1	108.4	113.2	107.4
1980	122.6	114.8	120.2	121.2	119.6	134.1	117.9
1985	194.7	173.3	179.3	172.0	264.5	246.8	173.2
1986	210.3	173.5	187.9	180.6	274.3	285.5	181.2
1987	230.4	196.7	198.5	190.6	291.6	333.2	192.2
1988	259.9	218.7	222.5	215.3	310.6	380.2	213.4
1989	271.4	221.1	242.3	233.4	348.5	369.9	220.0
1990	285.5	228.4	244.9	237.9	333.1	419.2	228.8
1991	313.8	236.7	263.3	267.8	271.8	479.9	249.1
1992	349.2	243.8	295.4	295.4	341.7	537.0	275.3
1993	392.2	251.3	333.8	326.4	439.1	607.4	306.7
1994	445.9	257.8	380.9	370.5	513.7	698.5	345.0
1995	499.4	236.4	410.2	399.0	552.8	841.7	363.7
1996	544.3	229.4	435.7	423.4	591.5	954.5	374.9
1997	599.3	231.6	471.0	460.2	621.6	1080.5	414.7
1998	656.2	235.1	516.2	500.2	709.9	1189.6	456.6
1999	727.8	241.0	578.1	564.3	766.7	1315.7	503.1
2000	813.7	250.6	644.0	638.7	782.8	1485.4	537.3
2001	908.8	261.9	705.2	703.9	834.5	1680.0	572.3
2002	1013.4	275.0	764.5	758.8	925.4	1903.5	624.9
2003	1124.8	284.1	856.2	851.4	1024.4	2109.0	676.2
2004	1283.4	289.5	1001.7	1015.7	1089.0	2385.3	753.2
2005	1434.9	286.0	1102.9	1126.4	1157.6	2695.4	819.5

注：本表按可比价格计算。
Note: Data in this table are calculated at constant prices.

2-4 地区生产总值
GROSS DOMESTIC PRODUCT

单位：亿元 (100 million yuan)

项目	Item	2005	2004	2005年为2004年% 2005 as % of 2004	构成(%) Composition(%) 2005	2004
地区生产总值	**Gross Domestic Product**	**6886.3**	**6060.3**	**111.8**	**100**	**100**
第一产业	**Primary Industry**	**98.0**	**95.5**	**99.2**	**1.4**	**1.6**
第二产业	**Secondary Industry**	**2026.5**	**1853.6**	**110.1**	**29.5**	**30.6**
工业	Industry	1707.0	1554.7	110.9	24.8	25.7
建筑业	Construction	319.5	298.9	106.3	4.7	4.9
第三产业	**Tertiary Industry**	**4761.8**	**4111.2**	**113.0**	**69.1**	**67.8**
交通运输、仓储和邮政业	Transportation,Storage, Posts and Telecommunications	404.7	356.8	108.5	5.9	5.9
信息传输、计算机服务和软件业	Information Transmission, Computer Servecis and Software	583.2	449.7	123.1	8.5	7.4
批发和零售业	Wholesale Trade and Retail Trade	654.1	587.7	111.6	9.5	9.7
住宿和餐饮业	Stay Place and Catering	182.8	163.3	109.5	2.6	2.7
金融业	Finance	836.6	713.8	115.1	12.1	11.8
房地产业	Real Estate Trade	455.3	436.1	102.0	6.6	7.2
租赁和商务服务业	Tenancy and Commercial Servecis	346.8	276.6	119.4	5.0	4.6
科学研究、技术服务和地质勘察业	Scientific Studies,Technical Servecis and Geological Prospecting	341.8	276.5	117.9	5.0	4.6
水利、环境和公共设施管理业	Water，Environment and Municipal Engineering Conservancy	40.1	34.6	114.3	0.6	0.6
居民服务和其他服务业	Resident Services and Other Services	84.5	79.6	104.8	1.2	1.3
教育	Education	315.2	286.3	110.1	4.6	4.7
卫生、社会保障和社会福利业	Health Care,Social Security and Social Welfare	116.2	105.9	111.7	1.7	1.7
文化、体育和娱乐业	Culture,Art,Sports and Recreation	171.3	142.7	118.6	2.5	2.3
公共管理和社会组织	Public Manage and Social Organization	229.2	201.6	112.1	3.3	3.3
人均地区生产总值（元）	**Per Capita Gross Domestic Products (yuan)**	**45444**	**41099**	**108.8**		

注：本表按当年价格计算。人均GDP按常住人口计算。行业按国家2002年国民经济行业分类标准核算。

Note: Data in this table are calculated at current prices. Per capita gross domestic product calculated by permanent population. This table follows the classification standard of national economy sectors 2002 edition.

2-5 居民消费水平

HOUSEHOLD CONSUMPTION

单位：元/人 (yuan/person)

项　目	Item	2005	2004
全市居民消费水平	**All Households**	**14835**	**13636**
农业居民	Agricultural	6635	6095
非农业居民	Non-Agricultural	16683	15605
农业居民与非农业居民对比（以农业居民为1）	**Ratio of Consumption of Agricultural to Non-Agricultural (Agricultural=1)**	**1:2.5**	**1:2.6**

2-6 社会劳动生产率

OVERALL LABOR PRODUCTIVITY

单位：元/人 (yuan/person)

项　目	Item	2005	2004
社会劳动生产率(当年价格)	**Overall Labor Productivity (at current prices)**	**79514**	**77826**
第一产业	Primary Industry	15843	15385
第二产业	Secondary Industry	87368	80836
第三产业	Tertiary Industry	83212	84366

主要统计指标解释

地区生产总值 是按市场价格计算的地区生产总值的简称。它是一个地区所有常住单位在一定时期内生产活动的最终成果。地区生产总值有三种表现形式，即价值形态、收入形态和产品形态。从价值形态看，它是所有常住单位在一定时期内所生产的全部货物和服务价值超过同期投入的全部非固定资产货物和服务价值的差额，即所有常住单位的增加值之和；从收入形态看，它是所有常住单位在一定时期内所创造并分配给常住单位和非常住单位的初次分配收入之和；从产品形态看，它是最终使用的货物和服务减去进口货物和服务。在实际核算中，地区生产总值的三种表现形态表现为三种计算方法，即生产法、收入法和支出法。三种方法分别从不同的方面反映地区生产总值及其构成。

三次产业 根据社会生产活动历史发展的顺序对产业结构的划分，产品直接取自自然界的部门称为第一产业，对初级产品进行再加工的部门成为第二产业。为生产和消费提供各种服务的部门称为第三产业。它是世界上通用的产业结构分类，但各国的划分不尽一致。我国 2003 年前的三次产业划分是:

第一产业：农、林、牧、渔业（包括农业、林业、畜牧业和渔业）。

第二产业：工业（包括采掘工业、制造业、电力、煤气及水的生产及供应业）和建筑业。

第三产业：除第一、第二产业以外的其他各业。

2003 年后的三次产业划分是:

第一产业：农、林、牧、渔业（包括农业、林业、畜牧业、渔业和农、林、牧、渔服务业）。

第二产业：工业（包括采矿业、制造业、电力、燃气及水的生产及供应业）和建筑业。

第三产业：除第一、第二产业以外的其他各业。

人口和劳动力

POPULATION AND LABOR FORCE

简要说明

一、本章资料的主要内容

本章人口部分（表 3-1 至表 3-18）包括历年公安部门掌握的户籍人口资料；1953 年、1964 年、1982 年、1990 年及 2000 年共五次全国人口普查的北京市主要数据；1990 年以后的人口变动情况抽样调查数据；1995 年北京市 1%人口抽样调查数据；2005 年北京市 1%人口抽样调查数据；北京市人口和计划生育委员会的数据。

本章劳动力部分（表 3-19 至表 3-32）包括历年北京市从业人员人数情况；1978 至 2000 年北京市职工人数及工资情况；2001 至 2005 年北京市在岗职工人数及工资情况；2005 年及去年同期的城镇单位从业人员劳动报酬；2005 年职业技能培训与就业服务情况。

二、本章的资料来源

本章人口部分（表 3-1 至表 3-18）中，表 3-3 至表 3-7，以及表 3-1 中的“户籍人口”数据来自于北京市公安局；其中表 3-4 中的“土地面积”数据来自于北京市国地资源管理局；表 3-18 来自于北京市人口和计划生育委员会；其余资料均出自北京市统计局人口和就业处。

本章劳动力部分（表 3-19 至表 3-32）中，表 3-32 由北京市劳动和社会保障局及北京市人事局共同提供，其他资料由北京市统计局人口和就业处整理。

三、2005 年 1%人口抽样调查简介

根据国务院的决定，北京市于 2005 年 11 月 1 日进行了全国 1%人口抽样调查工作。这次调查以全国为总体，以各省、自治区、直辖市为次总体，采取分层、多阶段、整群概率比例的抽样方法。最终样本单位为调查小区。这次调查，北京市常住人口的样本量为 29 万人，占全市常住人口的 1.89%，具体资料可参见本章表 3-8 至表 3-16，以及本书文章选编部分的《2005 年北京市 1%人口抽样调查主要数据公报》。

3-1 人口状况(1978-2005年)

POPULATION (1978-2005)

年份 Year	常住人口(万人) Permanent Population (10000 persons)	按性别分 By Sex 男 Male	女 Female	按城乡分 By Urban Area and Rural Area 城镇人口 Urban Population	乡村人口 Rural Population	常住人口出生率(‰) Birth Rate (‰)	常住人口死亡率(‰) Death Rate (‰)	常住人口自然增长率(‰) Natural Growth Rate (‰)	户籍人口(万人) Registered Permanent Residents (10000 persons)
1978	871.5	443.2	428.3	479.0	392.5	12.93	6.12	6.81	849.7
1979	897.1	454.6	442.5			13.67	5.92	7.75	870.6
1980	904.3	457.8	446.5			15.56	6.30	9.26	885.7
1985	981	500	481			15.45	5.75	9.70	957.9
1986	1028	524	502			15.82	4.47	11.35	971.2
1987	1047	525	522			17.29	5.40	11.89	988.0
1988	1061	534	527			14.43	5.08	9.35	1001.2
1989	1075	538	537			12.84	5.35	7.49	1021.1
1990	1086	545	541	798	288	13.04	5.81	7.23	1032.2
1991	1094	547	547	808	286	8.03	5.82	2.21	1039.5
1992	1102	554	548	819	283	9.22	6.11	3.11	1044.9
1993	1112	559	553	831	281	9.35	6.16	3.19	1051.2
1994	1125	564	561	846	279	8.96	5.76	3.20	1061.8
1995	1251.1	627.0	624.1	946.2	304.9	7.92	5.12	2.80	1070.3
1996	1259.4	639.0	620.4	957.9	301.5	8.02	5.34	2.68	1077.7
1997	1240.0	628.7	611.3	948.3	291.7	7.91	6.02	1.89	1085.5
1998	1245.6	630.6	615.0	957.7	287.9	6.0	5.3	0.7	1091.5
1999	1257.2	636.4	620.8	971.7	285.5	6.5	5.6	0.9	1099.8
2000	1363.6	710.9	652.7	1057.4	306.2	6.2	5.3	0.9	1107.5
2001	1385.1	722.1	663.0	1081.2	303.9	6.1	5.3	0.8	1122.3
2002	1423.2	743.1	680.1	1118.0	305.2	6.60	5.73	0.87	1136.3
2003	1456.4	761.2	695.2	1151.3	305.1	5.06	5.15	-0.09	1148.8
2004	1492.7	779.9	712.8	1187.2	305.5	6.13	5.39	0.74	1162.9
2005	1538.0	778.7	759.3	1286.1	251.9	6.29	5.20	1.09	1180.7

注：1. 1985-1989年数据是根据1982、1990年两次人口普查数据调整的，1990年以后数据是人口变动抽样调查推算数,1995年数为1995年北京市1%人口抽样调查推算数,2000年数为2000年北京市第五次全国人口普查快速汇总推算数，2005年数为2005年北京市1%人口抽样调查推算数，其余年份数据为户籍统计数。

2. “按城乡分”栏包括的“城镇人口”和“乡村人口”，1978年数据为户籍管理统计中的“非农业人口”和“农业人口”口径；1990年-1999年数据是根据1990年、2000年两次人口普查数据调整的；2000年数据为国家统计局1999年发布的《关于统计上划分城乡的规定(试行)》中的“城镇人口”和“乡村人口”口径，2000年以后数据为该口径的推算数。

资料来源：表中“户籍人口”数据来自北京市公安局。

Note: a) Data form 1985 to 1989 were adjusted from cencus conducted in 1982 and 1990, data after 1990 were from sample survey of population changes, Data of 1995 are estimates of 1995 Beijing 1% Population Sample Check. Data of 2000 are from quick estimate of Beijing 5th Census in 2000. Data of 2005 are estimates of 2005 Beijing 1% Population Sample Check, and data in other years were from statistics on registered permanent population.

b) In classification by rural and urban areas,the "urban population" and "rural poplulation" in 1978 were those in the household register statistics data from 1990-1999 were adjusted from cencus conducted in 1990 and 2000, that in 2000 were on the basis of statistical classification of rural and urban population stated by the State Statistical Bureau, and that after 2000 were estimated on such basis.

Sources: The data of "Registered Permanent Residents" comes from Beijing Municipal Public Security Bureau.

3-2 五次人口普查人口基本情况
BASIC STATISTICS ON POPULATION CENSUS IN 1953, 1964, 1982, 1990 AND 2000

项目		Item		1953	1964	1982	1990	2000
总人口	**(万人)**	**Total Population**	**(10000 persons)**	**276.8**	**759.7**	**923.1**	**1081.9**	**1356.9**
男		Male		159.8	391.1	467.1	559.3	707.4
女		Female		117.0	368.6	456.0	522.6	649.5
性别比(女=100)		Sex Ratio(Female=100)		136.5	106.1	102.4	107.0	108.9
家庭户规模	**(人/户)**	**Average Family Size**	**(person/household)**			**3.7**	**3.2**	**2.9**
各年龄组人口	**(%)**	**Population by Age Group**	**(%)**					
0-14		Age 0-14		30.1	41.5	22.4	20.2	13.6
15-64		Age15-64		66.6	54.4	72.0	73.5	78.0
65岁及以上		Age 65 and Over		3.3	4.1	5.6	6.3	8.4
民族人口	**(万人,%)**	**Nationality Population**	**(10000 persons,%)**					
汉族		Han Nationality		260	731.2	890.8	1040.5	1298.4
占总人口比重		Percentage to Total Population		93.9	96.2	96.5	96.2	95.7
少数民族		Minority Nationalities		16.8	28.5	32.3	41.4	58.5
占总人口比重		Percentage to Total Population		6.1	3.8	3.5	3.8	4.3
每十万人口拥有的各种受教育程度人口	**(人)**	**Population with Various Education Attainment Per 100000 Population**	**(person)**					
大专及以上		Junior College and Above			4359	4866	9300	16839
高中和中专		Senior Secondary/Secondary Technical School			4513	17646	18978	23165
初中		Junior Secondary School			11768	29086	30551	34380
小学		Primary School			31883	26197	22579	16963
文盲人口及文盲率		**Illiterate Population and Illiterate Rate**						
文盲人口	(万人)	Illiterate Population	(10000 persons)		168.9	114.7	94.3	57.8
文盲率	(%)	Illiterate Rate	(%)		34.2	16.0	10.9	4.9
城乡人口	**(万人)**	**Population by Residence**	**(10000 persons)**					
城镇人口		Urban Population		205.8	425.8	597.0	794.5	1052.2
乡村人口		Rural Population		71.0	333.9	326.1	287.4	304.7

注：1. 1964年人口普查的文盲、半文盲人数为12周岁及以上人口，1982年、1990年、2000年人口普查的文盲、半文盲人数为15周岁及以上人口。

2. 本表与表3-1重叠的指标却不同数据，是因为本表时点均为普查时点，表3-1均为年末时点。

Note: a) Statistics on illiterate and Semi-illiterate people in 1964 was about the population at 12 and over, that in 1982, 1990 and 2000, about the population at 15 and over.

b) This table has the same indicators but different figures from Table 3-1, because this table uses the census time point, and Table 3-1 uses the year end as the time point.

3-3 户数及人口数(户籍统计)(2005年)

HOUSEHOLD AND POPULATION (REGISTERED STATISTICS) (2005)

地区	District	户籍人口 Regisered Permanent Residents						暂住人口(万人) Temporary Residents (10000 persons)
		户数(万户) Households (10000 households)			人口数(万人) Residents (10000 persons)			
		合计 Total	非农业户 Non -Agricultural	农业户 Agricultural	合计 Total	非农业户 Non -Agricultural	农业户 Agricultural	
全市	**Total**	**451.7**	**334.3**	**117.4**	**1180.7**	**880.2**	**300.5**	**355.1**
首都功能核心区	**Core Districts of Capital Function**	**81.1**	**81.1**	**…**	**225.7**	**225.7**	**…**	**29.7**
东城区	Dongcheng	21.9	21.9		61.2	61.2		9.2
西城区	Xicheng	26.2	26.2	…	75.7	75.7	…	7.3
崇文区	Chongwen	13.3	13.3	…	35.8	35.8	…	4.4
宣武区	Xuanwu	19.7	19.7	…	53.0	53.0	…	8.8
城市功能拓展区	**Urban Function Extended Districts**	**177.3**	**159.3**	**18.0**	**495.3**	**455.5**	**39.8**	**209.4**
朝阳区	Chaoyang	65.5	58.4	7.1	171.1	155.6	15.5	90.7
丰台区	Fengtai	39.0	33.2	5.8	97.4	84.2	13.2	38.4
石景山区	Shijingshan	12.7	12.7		35.0	35.0		15.0
海淀区	Haidian	60.1	55.0	5.1	191.8	180.7	11.1	65.3
城市发展新区	**New Districts of Urban Development**	**124.8**	**62.0**	**62.8**	**299.0**	**130.7**	**168.3**	**98.0**
房山区	Fangshan	31.2	15.8	15.4	75.4	34.7	40.7	13.4
通州区	Tongzhou	28.8	14.2	14.6	62.9	26.9	36.0	21.6
顺义区	Shunyi	23.8	10.8	13.0	55.9	20.7	35.2	14.8
昌平区	Changping	19.7	10.8	8.9	48.2	25.7	22.5	18.8
大兴区	Daxing	21.3	10.4	10.9	56.6	22.7	33.9	29.4
生态涵养发展区	**Ecological Preservation Development Districts**	**68.5**	**31.9**	**36.6**	**160.7**	**68.3**	**92.4**	**18.0**
门头沟区	Mentougou	10.5	7.4	3.1	23.8	17.1	6.7	4.9
怀柔区	Huairou	12.0	5.0	7.0	27.3	10.7	16.6	5.3
平谷区	Pinggu	15.6	7.2	8.4	39.5	15.7	23.8	2.4
密云县	Miyun	18.2	7.3	10.9	42.5	15.1	27.4	3.6
延庆县	Yanqing	12.2	5.0	7.2	27.6	9.7	17.9	1.8

资料来源：北京市公安局。

Sources: Beijing Municipal Public Security Bureau.

3-4 人口密度(2005年)

POPULATION DENSITY (2005)

地区	District	土地面积(平方公里) Land Area (sq.km)	户籍人口密度(人／平方公里) Population Density (Registered Permanent Residents) (person/sq.km)	常住人口密度(人／平方公里) Population Density (Permanent Population) (person/sq.km)
全　市	**Total**	**16410.54**	**718**	**937**
首都功能核心区	**Core Districts of Capital Function**	**92.39**	**24360**	**22210**
东城区	Dongcheng	25.34	24142	21665
西城区	Xicheng	31.62	23941	20873
崇文区	Chongwen	16.52	21669	18826
宣武区	Xuanwu	18.91	27705	28133
城市功能拓展区	**Urban Function Extended Districts**	**1275.93**	**3874**	**5862**
朝阳区	Chaoyang	455.08	3759	6157
丰台区	Fengtai	305.80	3187	5128
石景山区	Shijingshan	84.32	4025	6214
海淀区	Haidian	430.73	4453	6004
城市发展新区	**New Districts of Urban Development**	**6295.57**	**475**	**654**
房山区	Fangshan	1989.54	379	437
通州区	Tongzhou	906.28	694	957
顺义区	Shunyi	1019.89	548	697
昌平区	Changping	1343.54	359	582
大兴区	Daxing	1036.32	547	855
生态涵养发展区	**Ecological Preservation Development Districts**	**8746.65**	**184**	**198**
门头沟区	Mentougou	1450.70	164	191
怀柔区	Huairou	2122.62	129	152
平谷区	Pinggu	950.13	415	436
密云县	Miyun	2229.45	191	197
延庆县	Yanqing	1993.75	139	140

资料来源：北京市公安局、北京市国土资源管理局。

Sources: Beijing Municipal Public Security Bureau，Beijing Land and Resources Bureau.

3-5 户籍人口性别构成及性别比(户籍统计)(2005年)

SEX COMPOSITION AND SEX RATIO OF PERMANENT RESIDENTS (REGISTERED STATISTICS) (2005)

地　　区	District	户籍人口(万人) Registered Permanent Residents (10000 persons)			性别比 (女=100) Sex Ratio (female=100)
		合　计 Total	男 Male	女 Female	
全　　市	**Total**	**1180.7**	**596.0**	**584.7**	**101.9**
首都功能核心区	**Core Districts of Capital Function**	**225.7**	**112.5**	**113.2**	**99.3**
东 城 区	Dongcheng	61.2	30.3	30.9	98.0
西 城 区	Xicheng	75.7	37.8	37.9	99.5
崇 文 区	Chongwen	35.8	17.9	17.9	99.5
宣 武 区	Xuanwu	53.0	26.5	26.5	100.3
城市功能拓展区	**Urban Function Extended Districts**	**495.3**	**252.6**	**242.7**	**104.1**
朝 阳 区	Chaoyang	171.1	86.5	84.6	102.4
丰 台 区	Fengtai	97.4	49.5	47.9	103.5
石景山区	Shijingshan	35.0	18.3	16.7	109.2
海 淀 区	Haidian	191.8	98.3	93.5	105.2
城市发展新区	**New Districts of Urban Development**	**299.0**	**149.6**	**149.4**	**100.1**
房 山 区	Fangshan	75.4	37.9	37.5	101.2
通 州 区	Tongzhou	62.9	31.2	31.7	98.7
顺 义 区	Shunyi	55.9	27.7	28.2	97.9
昌 平 区	Changping	48.2	24.4	23.8	102.2
大 兴 区	Daxing	56.6	28.4	28.2	100.7
生态涵养发展区	**Ecological Preservation Development Districts**	**160.7**	**81.3**	**79.4**	**102.4**
门头沟区	Mentougou	23.8	12.3	11.5	107.6
怀 柔 区	Huairou	27.3	13.8	13.5	101.7
平 谷 区	Pinggu	39.5	19.8	19.7	101.0
密 云 县	Miyun	42.5	21.4	21.1	101.1
延 庆 县	Yanqing	27.6	14.0	13.6	102.9

资料来源：北京市公安局。

Sources: Beijing Municipal Public Security Bureau.

3-6 户籍人口变动(户籍统计)
POPULATION CHANGE (REGISTERED STATISTICS)

单位：人 (person)

项目	Item	2005	2004
自然变动	**Natural Change**		
自然增加	Natural Increase	5368	3644
非农业人口	Non-agricultural Population	19650	9501
农业人口	Agricultural Population	-14282	-5857
出　生	Birth	75167	65811
非农业人口	Non-agricultural Population	55412	46177
农业人口	Agricultural Population	19755	19634
死　亡	Death	69799	62167
非农业人口	Non-agricultural Population	35762	36676
农业人口	Agricultural Population	34037	25491
机械变动	**Non-natural Change**		
机械增加	Non-natural Increase	163107	146474
非农业人口	Non-agricultural Population	150517	136216
农业人口	Agricultural Population	12590	10258
市外迁入	Move in from outside	216078	189703
非农业人口	Non-agricultural Population	202486	178142
农业人口	Agricultural Population	13592	11561
迁往市外	Move out	52971	43229
非农业人口	Non-agricultural Population	51969	41926
农业人口	Agricultural Population	1002	1303

资料来源：北京市公安局。
Sources: Beijing Municipal Public Security Bureau.

3-7 户籍人口自然变动情况(户籍统计)
NATURAL CHANGE OF REGISTERED RESIDENTS (REGISTERED STATISTICS)

单位：人 (person)

地区	District	出生人数 Number of Birth		死亡人数 Number of Death		自然增加人数 Number of Natural Growth	
		2005	2004	2005	2004	2005	2004
全　市	**Total**	**75167**	**65811**	**69799**	**62167**	**5368**	**3644**
东城区	Dongcheng	2995	2736	2990	3442	5	-706
西城区	Xicheng	3741	3605	3573	3591	168	14
崇文区	Chongwen	1571	1294	2038	2204	-467	-910
宣武区	Xuanwu	2261	2153	2805	3741	-544	-1588
朝阳区	Chaoyang	10432	9194	7533	7594	2899	1600
丰台区	Fengtai	6404	5090	5427	5004	977	86
石景山区	Shijingshan	1812	1575	1556	1869	256	-294
海淀区	Haidian	11869	9956	6257	6106	5612	3850
门头沟区	Mentougou	1660	1535	2249	1951	-589	-416
房山区	Fangshan	5778	5036	5979	4553	-201	483
通州区	Tongzhou	4155	3789	4566	4305	-411	-516
顺义区	Shunyi	3720	3240	4202	3624	-482	-384
昌平区	Changping	3747	3362	3635	2608	112	754
大兴区	Daxing	4520	3992	3968	2739	552	1253
怀柔区	Huairou	2325	2193	1978	1582	347	611
平谷区	Pinggu	2609	2094	3735	2437	-1126	-343
密云县	Miyun	3404	3092	5583	3117	-2179	-25
延庆县	Yanqing	2164	1875	1725	1700	439	175

资料来源：北京市公安局。
Sources: Beijing Municipal Public Security Bureau.

3-8 常住人口总量(2005年)

TOTAL NUMBER OF PERMANENT POPULATION (2005)

单位：万人 (10000 persons)

地　区	District	常住人口 Permanent Population	#外来人口 Non-permanent Natives
全　市	**Total**	**1538.0**	**357.3**
首都功能核心区	**Core Districts of Capital Function**	**205.2**	**36.4**
东 城 区	Dongcheng	54.9	10.2
西 城 区	Xicheng	66.0	11.8
崇 文 区	Chongwen	31.1	5.1
宣 武 区	Xuanwu	53.2	9.3
城市功能拓展区	**Urban Function Extended Districts**	**748.0**	**209.2**
朝 阳 区	Chaoyang	280.2	84.0
丰 台 区	Fengtai	156.8	36.6
石景山区	Shijingshan	52.4	14.9
海 淀 区	Haidian	258.6	73.7
城市发展新区	**New Districts of Urban Development**	**411.6**	**94.4**
房 山 区	Fangshan	87.0	11.9
通 州 区	Tongzhou	86.7	19.7
顺 义 区	Shunyi	71.1	15.6
昌 平 区	Changping	78.2	21.9
大 兴 区	Daxing	88.6	25.3
生态涵养发展区	**Ecological Preservation Development Districts**	**173.2**	**17.3**
门头沟区	Mentougou	27.7	4.1
怀 柔 区	Huairou	32.2	5.3
平 谷 区	Pinggu	41.4	2.4
密 云 县	Miyun	43.9	3.5
延 庆 县	Yanqing	28.0	2.0

注：本表至表3-16的数据均为2005年北京市1%人口抽样调查推算数。

Note: Data from this Table to Table 3-16 are estimates of 2005 Beijing 1% Population Sample Check.

3-9 常住人口户数及人口数(2005年)

NUMBER AND HOUSEHOLDS OF PERMANENT POPULATION (2005)

地 区	District	户数(万户) Households (10000 households)			人口数(万人) Residents (10000 persons)		
		合 计 Total	家庭户 Family	集体户 Collective	合 计 Total	家庭户 Family	集体户 Collective
全 市	**Total**	**556.4**	**524.9**	**31.5**	**1538.0**	**1422.8**	**115.2**
首都功能核心区	**Core Districts of Capital Function**	**74.0**	**69.9**	**4.1**	**205.2**	**189.3**	**15.9**
东城区	Dongcheng	19.6	18.4	1.2	54.9	50.0	4.9
西城区	Xicheng	23.7	22.3	1.4	66.0	60.7	5.3
崇文区	Chongwen	10.8	10.5	0.3	31.1	29.5	1.6
宣武区	Xuanwu	19.9	18.7	1.2	53.2	49.1	4.1
城市功能拓展区	**Urban Function Extended Districts**	**276.3**	**255.8**	**20.5**	**748.0**	**672.2**	**75.8**
朝阳区	Chaoyang	106.2	99.0	7.2	280.2	255.3	24.9
丰台区	Fengtai	58.7	56.4	2.3	156.8	148.8	8.0
石景山区	Shijingshan	19.6	18.5	1.1	52.4	49.5	2.9
海淀区	Haidian	91.8	81.9	9.9	258.6	218.6	40.0
城市发展新区	**New Districts of Urban Development**	**144.0**	**137.9**	**6.1**	**411.6**	**390.4**	**21.2**
房山区	Fangshan	29.4	28.8	0.6	87.0	83.8	3.2
通州区	Tongzhou	30.8	29.2	1.6	86.7	80.9	5.8
顺义区	Shunyi	25.1	24.3	0.8	71.1	68.6	2.5
昌平区	Changping	28.2	26.7	1.5	78.2	74.2	4.0
大兴区	Daxing	30.5	28.9	1.6	88.6	82.9	5.7
生态涵养发展区	**Ecological Preservation Development Districts**	**62.1**	**61.3**	**0.8**	**173.2**	**170.9**	**2.3**
门头沟区	Mentougou	10.2	10.1	0.1	27.7	27.3	0.4
怀柔区	Huairou	12.0	11.7	0.3	32.2	31.4	0.8
平谷区	Pinggu	13.4	13.1	0.3	41.4	40.7	0.7
密云县	Miyun	16.2	16.1	0.1	43.9	43.6	0.3
延庆县	Yanqing	10.3	10.3	…	28.0	27.9	0.1

3-10 常住人口性别构成(2005年)
SEX COMPOSITION OF PERMANENT POPULATION (2005)

单位：万人 (10000 persons)

地 区	District	合 计 Total	男 Male	女 Female
全 市	**Total**	**1538.0**	**778.7**	**759.3**
首都功能核心区	**Core Districts of Capital Function**	**205.2**	**101.5**	**103.7**
东 城 区	Dongcheng	54.9	27.3	27.6
西 城 区	Xicheng	66.0	32.0	34.0
崇 文 区	Chongwen	31.1	15.6	15.5
宣 武 区	Xuanwu	53.2	26.6	26.6
城市功能拓展区	**Urban Function Extended Districts**	**748.0**	**380.5**	**367.5**
朝 阳 区	Chaoyang	280.2	146.7	133.5
丰 台 区	Fengtai	156.8	78.7	78.1
石景山区	Shijingshan	52.4	26.3	26.1
海 淀 区	Haidian	258.6	128.8	129.8
城市发展新区	**New Districts of Urban Development**	**411.6**	**209.9**	**201.7**
房 山 区	Fangshan	87.0	44.1	42.9
通 州 区	Tongzhou	86.7	44.9	41.8
顺 义 区	Shunyi	71.1	35.8	35.3
昌 平 区	Changping	78.2	39.3	38.9
大 兴 区	Daxing	88.6	45.8	42.8
生态涵养发展区	**Ecological Preservation Development Districts**	**173.2**	**86.8**	**86.4**
门头沟区	Mentougou	27.7	14.0	13.7
怀 柔 区	Huairou	32.2	16.0	16.2
平 谷 区	Pinggu	41.4	20.8	20.6
密 云 县	Miyun	43.9	22.0	21.9
延 庆 县	Yanqing	28.0	14.0	14.0

3-11 常住人口年龄构成(2005年)

AGE COMPOSITION OF PERMANENT POPULATION (2005)

单位：万人 (10000 persons)

年龄 Age	合计 Total	男 Male	女 Female
合计 Total	**1538.0**	**778.7**	**759.3**
0-4	45.7	24.2	21.5
5-9	51.7	27.2	24.5
10-14	59.6	30.4	29.2
15-19	111.1	58.4	52.7
20-24	152.9	79.0	73.9
25-29	133.6	67.6	66.0
30-34	140.0	71.5	68.5
35-39	138.0	71.1	66.9
40-44	151.7	79.1	72.6
45-49	133.7	67.4	66.3
50-54	119.4	59.0	60.4
55-59	76.3	37.0	39.3
60-64	58.3	26.8	31.5
65-69	62.7	29.6	33.1
70-74	51.6	25.7	25.9
75-79	30.2	14.8	15.4
80岁及以上 80 ages and over	21.5	9.9	11.6

3-12 常住人口年龄构成指数(2005年)
AGE COMPOSITION INDEX OF PERMANENT POPULATION (2005)

地区	District	人口数(万人) Residents (10000 persons)				年龄构成指数 (%) Age Composition Index (%)		
		合计 Total	0-14岁	15-64岁	65岁及以上 65 and over	总负担系数 Gross Support Coefficient	少年儿童抚养系数 Children Support Coefficient	老年人口抚养系数 Elder Support Coefficient
全市	**Total**	**1538.0**	**157.0**	**1215.0**	**166.0**	**26.6**	**12.9**	**13.7**
首都功能核心区	**Core Districts of Capital Function**	**205.2**	**15.7**	**159.2**	**30.3**	**28.9**	**9.9**	**19.0**
东城区	Dongcheng	54.9	4.2	42.6	8.1	28.9	9.9	19.0
西城区	Xicheng	66.0	5.2	50.5	10.3	30.7	10.3	20.4
崇文区	Chongwen	31.1	2.5	24.0	4.6	29.6	10.4	19.2
宣武区	Xuanwu	53.2	3.8	42.1	7.3	26.4	9.0	17.3
城市功能拓展区	**Urban Function Extended Districts**	**748.0**	**70.3**	**596.2**	**81.5**	**25.5**	**11.8**	**13.7**
朝阳区	Chaoyang	280.2	24.5	224.0	31.7	25.1	10.9	14.2
丰台区	Fengtai	156.8	14.4	123.5	18.9	27.0	11.7	15.3
石景山区	Shijingshan	52.4	5.6	41.6	5.2	26.0	13.5	12.5
海淀区	Haidian	258.6	25.8	207.1	25.7	24.9	12.5	12.4
城市发展新区	**New Districts of Urban Development**	**411.6**	**48.0**	**328.4**	**35.2**	**25.3**	**14.6**	**10.7**
房山区	Fangshan	87.0	10.6	68.9	7.5	26.3	15.4	10.9
通州区	Tongzhou	86.7	9.9	69.5	7.3	24.7	14.2	10.5
顺义区	Shunyi	71.1	8.1	56.4	6.6	26.1	14.4	11.7
昌平区	Changping	78.2	8.4	62.8	7.0	24.5	13.4	11.1
大兴区	Daxing	88.6	11.0	70.8	6.8	25.1	15.5	9.6
生态涵养发展区	**Ecological Preservation Development Districts**	**173.2**	**23.0**	**131.2**	**19.0**	**32.0**	**17.5**	**14.5**
门头沟区	Mentougou	27.7	3.3	21.1	3.3	31.3	15.6	15.6
怀柔区	Huairou	32.2	4.4	24.3	3.5	32.5	18.1	14.4
平谷区	Pinggu	41.4	5.8	31.1	4.5	33.1	18.6	14.5
密云县	Miyun	43.9	6.0	33.4	4.5	31.4	18.0	13.5
延庆县	Yanqing	28.0	3.5	21.3	3.2	31.5	16.4	15.0

3-13 常住人口户口性质(2005年)

NATURE OF HOUSEHOLD REGISTER OF PERMANENT POPULATION (2005)

单位：万人 (10000 persons)

地　　区	District	合　计 Total	农业户口 Agricultural	非农业户口 Non-Agricultural
全　　市	**Total**	**1531.6**	**547.1**	**984.5**
首都功能核心区	**Core Districts of Capital Function**	**204.8**	**26.0**	**178.8**
东 城 区	Dongcheng	54.8	7.9	46.9
西 城 区	Xicheng	65.9	7.6	58.3
崇 文 区	Chongwen	31.0	3.4	27.6
宣 武 区	Xuanwu	53.1	7.1	46.0
城市功能拓展区	**Urban Function Extended Districts**	**746.1**	**170.6**	**575.5**
朝 阳 区	Chaoyang	279.6	76.5	203.1
丰 台 区	Fengtai	156.3	37.7	118.6
石景山区	Shijingshan	52.2	10.4	41.8
海 淀 区	Haidian	258.0	46.0	212.0
城市发展新区	**New Districts of Urban Development**	**409.0**	**247.4**	**161.6**
房 山 区	Fangshan	86.4	49.7	36.7
通 州 区	Tongzhou	86.2	54.7	31.5
顺 义 区	Shunyi	70.6	47.8	22.8
昌 平 区	Changping	77.9	38.9	39.0
大 兴 区	Daxing	87.9	56.3	31.6
生态涵养发展区	**Ecological Preservation Development Districts**	**171.7**	**103.1**	**68.6**
门头沟区	Mentougou	27.6	8.6	19.0
怀 柔 区	Huairou	31.8	20.2	11.6
平 谷 区	Pinggu	41.0	27.7	13.3
密 云 县	Miyun	43.6	26.6	17.0
延 庆 县	Yanqing	27.7	20.0	7.7

注：本表的合计数不包括户口待定人员。

Note: Total in this table exclude persons in suspension of registered permanent residence.

3-14 常住人口受教育程度(2005年)

PERMANENT POPLUATION'S EDUCATION ATTAINMENT (2005)

单位：万人 (10000 persons)

地　　区	District	6岁及以上人口 Population at 6 and over	#小　学 Primary Schools	#初　中 Junior Secondary Schools	#高　中 Senior Secondary Schools	#大学专科 Specialized Subject (Three Years)	#大学本科 Regular College Course	#研究生 Postgraduate
全　　市	**Total**	**1481.9**	**212.2**	**477.0**	**372.3**	**165.7**	**168.3**	**28.1**
首都功能核心区	**Core Districts of Capital Function**	**200.8**	**21.0**	**50.3**	**62.6**	**28.9**	**27.9**	**3.5**
东 城 区	Dongcheng	53.9	5.9	13.9	17.6	7.3	6.8	0.6
西 城 区	Xicheng	64.6	6.3	14.3	18.2	10.5	11.9	1.7
崇 文 区	Chongwen	30.3	3.1	7.8	9.8	3.9	3.9	0.6
宣 武 区	Xuanwu	52.0	5.7	14.3	17.0	7.2	5.3	0.6
城市功能拓展区	**Urban Function Extended Districts**	**721.2**	**83.7**	**194.4**	**184.5**	**99.8**	**117.1**	**22.7**
朝 阳 区	Chaoyang	270.4	33.3	83.0	68.8	33.8	39.3	5.1
丰 台 区	Fengtai	151.3	18.8	43.7	44.9	20.2	16.8	2.1
石景山区	Shijingshan	50.1	7.0	14.6	14.1	6.7	5.4	0.5
海 淀 区	Haidian	249.4	24.6	53.1	56.7	39.1	55.6	15.0
城市发展新区	**New Districts of Urban Development**	**393.7**	**70.3**	**169.2**	**87.8**	**27.6**	**18.3**	**1.8**
房 山 区	Fangshan	83.6	15.4	35.9	18.7	5.6	3.7	0.3
通 州 区	Tongzhou	83.1	16.3	38.3	17.0	4.9	3.1	0.2
顺 义 区	Shunyi	68.1	13.0	30.6	14.8	3.7	2.0	0.1
昌 平 区	Changping	74.7	10.9	27.8	18.0	7.7	5.8	0.9
大 兴 区	Daxing	84.2	14.7	36.6	19.3	5.7	3.7	0.3
生态涵养发展区	**Ecological Preservation Development Districts**	**166.2**	**37.2**	**63.1**	**37.4**	**9.4**	**5.0**	**0.1**
门头沟区	Mentougou	26.5	5.2	9.2	7.9	1.7	0.8	0.1
怀 柔 区	Huairou	30.8	6.2	11.4	7.4	2.1	1.1	…
平 谷 区	Pinggu	40.0	9.1	16.2	8.5	1.7	1.0	…
密 云 县	Miyun	41.9	9.4	16.3	8.3	2.7	1.6	…
延 庆 县	Yanqing	27.0	7.3	10.0	5.3	1.2	0.5	…

3-15 常住就业人口行业分布(2005年)
INDUSTRIAL DISTRIBUTION OF PERMANENT EMPLOYED POPULATION (2005)

单位：万人 (10000 persons)

行业	Sector	常住就业人口 Permanent Employed Persons
全市	**Total**	**753.7**
农、林、牧、渔业	Farming,Forestry,Animal Husbandry and Fishery	61.3
采矿业	Mining	3.1
制造业	Manufacturing	126.6
电力、燃气及水的生产和供应业	Production and Distribution of Electricity,Gas and Water	8.4
建筑业	Construction	61.0
交通运输、仓储和邮政业	Transport,Storage and Post	54.3
信息传输、计算机服务和软件业	Information Transmission,Computer Services and Software	22.8
批发和零售业	Wholesale and Retail Trade	121.7
住宿和餐饮业	Hotel and Restaurants	45.7
金融业	Financial Intermediation	14.5
房地产业	Real Estate	22.9
租赁和商务服务业	Leasing and Business Services	29.4
科学研究、技术服务和地质勘查业	Scientific Research,Technical Services and Geologic Prospecting	19.6
水利、环境和公共设施管理业	Management of Water Conservanc,Environment and Public Facilities	9.6
居民服务和其他服务业	Services to Households and Other Services	29.8
教育	Education	36.7
卫生、社会保障和社会福利业	Health,Social Securities and Social Welfare	20.8
文化、体育和娱乐业	Culture,Sports and Entertainment	21.5
公共管理和社会组织	Public Management and Social Organization	43.6
国际组织	International Organization	0.4
就业人口平均受教育年限(年)	**Average Years of Education for Employed Population(years)**	**11.5**

3-16 常住人口自然变动(2005年)

NATURAL CHANGE OF PERMANENT POPULATION (2005)

地 区	District	自然变动人数(人) Population of Natural Change (pearson)			自然变动率(‰) Rate of Natural Change (‰)		
		出生人数 Number of Birth	死亡人数 Number of Death	自然增加人数 Number of Natural Growth Increase	出生率 Birth Rate	死亡率 Death Rate	自然增长率 Natural Increasing Rate
全 市	**Total**	**95316**	**78798**	**16518**	**6.29**	**5.20**	**1.09**
东城区	Dongcheng	2111	3528	-1417	3.91	6.53	-2.62
西城区	Xicheng	3376	4365	-989	5.13	6.64	-1.51
崇文区	Chongwen	1250	1891	-641	4.04	6.11	-2.07
宣武区	Xuanwu	2538	3417	-879	4.87	6.56	-1.69
朝阳区	Chaoyang	15704	12062	3642	5.66	4.35	1.31
丰台区	Fengtai	9350	7110	2240	6.12	4.65	1.47
石景山区	Shijingshan	3462	2549	913	6.52	4.80	1.72
海淀区	Haidian	16112	8873	7239	6.34	3.49	2.85
门头沟区	Mentougou	2074	1695	379	7.49	6.12	1.37
房山区	Fangshan	5939	5621	318	6.83	6.46	0.37
通州区	Tongzhou	5168	5070	98	6.25	6.13	0.12
顺义区	Shunyi	4616	4966	-350	6.43	6.92	-0.49
昌平区	Changping	5580	3884	1696	7.38	5.13	2.25
大兴区	Daxing	6868	4319	2549	8.11	5.10	3.01
怀柔区	Huairou	2793	1902	891	8.71	5.93	2.78
平谷区	Pinggu	2564	2667	-103	6.20	6.45	-0.25
密云县	Miyun	3800	3117	683	8.60	7.05	1.55
延庆县	Yanqing	2011	1762	249	7.21	6.32	0.89

3-17 常住人口平均预期寿命

AVERAGE LIFE EXPECTANCY OF PERMANENT POPULATION

单位：岁 (Age)

年 份 Year	合 计 Total	男 Male	女 Female
1989	75.6	73.8	77.4
2000	76.1	74.3	78.0

注：1989年数为1990年北京市第四次全国人口普查数，2000年数为2000年北京市第五次全国人口普查数。

Note: Data of 1989 are estimates of Beijing 4th Census in 1990.Data of 2000 are estimates of Beijing 5th Census in 2000.

3-18 计划生育状况
FAMILY PLANNING

项目		Item		2005	2004	2005年比2004年增、减 Increase/decrese in 2005 over 2004
全市		**Total**				
计划内生育	(人)	Within Plan	(person)	72045	68939	3106
计划生育率	(%)	Family Planning Rate	(%)	98.22	98.01	0.21
已婚育龄妇女人数	(人)	Number of Married Women at Childbearing Ages	(person)	2110165	2159163	-48998
实际采取节育措施人数	(人)	Number of Women Actually Taking Birth Control Measures	(person)	1868439	1898203	-29764
独生子女领证率	(%)	Acceptance Rate of Only-child Certificate	(%)	66.71	67.58	-0.87
城市		**Urban Area**				
计划生育率	(%)	Family Planning Rate	(%)	98.89	98.88	0.01
已婚育龄妇女人数	(人)	Number of Married Women at Childbearing Ages	(person)	1372818	1392156	-19338
实际采取节育措施人数	(人)	Number of Women Actually Taking Birth Control Measures	(person)	1203581	1210240	-6659
独生子女领证率	(%)	Acceptance Rate of Only-child Certificate	(%)	73.79	76.45	-2.66
农村		**Rural Area**				
计划生育率	(%)	Family Planning Rate	(%)	96.70	96.37	0.33
已婚育龄妇女人数	(人)	Number of Married Women at Childbearing Ages	(person)	737347	767007	-29660
实际采取节育措施人数	(人)	Number of Women Actually Taking Birth Control Measures	(person)	664858	687963	-23105
独生子女领证率	(%)	Acceptance Rate of Only-child Certificate	(%)	53.52	51.46	2.06

资料来源：北京市人口和计划生育委员会。

Source of data: Beijing Municipal Commission of Population and Family Planning.

3-19 三次产业从业人员及构成(1978-2005年)

PERSONS EMPLOYED IN THREE INDUSTRIES AND THEIR COMPOSITION (1978-2005)

年份 Year	从业人员(万人) Employed Persons (10000 persons)	第一产业 Primary Industry	第二产业 Secondary Industry	第三产业 Tertiary Industry	构成(%)(合计=100) Composition (Total=100) 第一产业 Primary Industry	第二产业 Secondary Industry	第三产业 Tertiary Industry
1978	444.1	125.9	177.9	140.3	28.3	40.1	31.6
1979	470.5	121.4	195.2	153.9	25.8	41.5	32.7
1980	484.2	118.0	207.3	158.9	24.4	42.8	32.8
1985	574.8	97.1	254.3	223.4	16.9	44.2	38.9
1986	590.0	93.3	260.8	235.9	15.8	44.2	40.0
1987	598.2	91.8	264.1	242.3	15.3	44.2	40.5
1988	584.1	88.4	267.6	228.1	15.1	45.8	39.1
1989	593.9	91.0	266.3	236.6	15.3	44.9	39.8
1990	627.1	90.7	281.6	254.8	14.5	44.9	40.6
1991	634.0	90.8	279.7	263.5	14.3	44.1	41.6
1992	649.3	84.5	281.6	283.2	13.0	43.4	43.6
1993	627.8	65.1	279.4	283.3	10.4	44.5	45.1
1994	664.3	73.2	272.2	318.9	11.0	41.0	48.0
1995	665.3	70.6	271.0	323.7	10.6	40.7	48.7
1996	660.2	72.5	260.1	327.6	11.0	39.4	49.6
1997	655.8	71.0	257.6	327.2	10.8	39.2	50.0
1998	622.2	71.5	226.0	324.7	11.5	36.3	52.2
1999	618.6	74.5	216.2	327.9	12.1	34.9	53.0
2000	619.3	72.9	208.2	338.2	11.8	33.6	54.6
2001	628.9	71.2	215.9	341.8	11.3	34.3	54.4
2002	679.2	67.6	235.3	376.3	10.0	34.6	55.4
2003	703.3	62.7	225.8	414.8	8.9	32.1	59.0
2004	854.1	61.5	232.8	559.8	7.2	27.3	65.5
2005	878.0	62.2	231.1	584.7	7.1	26.3	66.6

3-20 按登记注册类型分从业人员(年末数)(1978-2005年)

EMPLOYEES BY REGISTRATION STATUS (YEAR-END) (1978-2005)

单位：万人 (10000 persons)

年份 Year	合计 Total	#城镇 Urban	#国有经济单位 State-Owned	#集体经济单位 Collective-Owned	#联营经济单位 Joint Owned	#股份制经济单位 Share Holding	#外商投资经济单位 Foreign Funded	#港澳台投资经济单位 Hongkong, Macao and Taiwan Funded	#个体 Individual
1978	444.1	291.6	240.9	50.7					
1979	470.5	312.0	254.2	57.8					
1980	484.2	326.8	269.4	57.1					0.3
1985	574.8	384.8	308.1	72.6			1.6		2.5
1986	590.0	400.5	324.4	71.1			2.4		2.6
1987	598.2	408.4	331.8	70.7			2.8		3.1
1988	584.1	413.9	336.4	69.9	0.2		3.4		3.5
1989	593.9	424.0	343.8	67.4	3.4		3.7		5.6
1990	627.1	461.2	357.9	86.8	5.1		4.6		6.3
1991	634.0	477.2	367.8	89.0	0.5		7.7	0.2	7.2
1992	649.3	490.6	371.5	90.5	0.4		11.4	0.2	14.0
1993	627.8	481.4	362.3	79.7	2.8		11.0	6.4	14.0
1994	664.3	492.7	363.5	73.3	3.5	6.3	15.0	9.4	20.9
1995	665.3	492.7	358.1	72.1	3.7	8.0	17.4	10.4	21.9
1996	660.2	495.7	355.1	68.6	3.4	14.8	20.7	10.1	22.9
1997	655.8	498.7	354.7	68.5	3.2	19.3	21.2	10.2	21.2
1998	622.2	463.2	308.1	51.0	5.2	44.5	21.2	13.1	20.1
1999	618.6	456.1	287.6	49.7	4.8	24.9	20.6	13.5	23.7
2000	619.3	456.3	266.2	48.3	4.0	48.2	23.8	14.2	24.4
2001	628.9	464.2	246.3	45.8	4.1	67.9	22.4	12.9	24.8
2002	679.2	513.6	224.8	36.8	4.1	112.1	29.2	17.0	33.1
2003	703.3	533.7	212.8	30.1	3.8	135.7	31.5	17.3	37.2
2004	854.1	682.7	199.5	28.2	3.5	172.4	45.0	18.3	45.7
2005	878.0	694.0	195.0	23.8	2.4	185.7	49.6	21.7	57.2

3-21 城镇单位在岗职工人数及工资总额(1978-2005年)

NUMBER AND WAGE OF FULLY EMPLOYED STAFF AND WORKERS IN URBAN ENTITIES (1978-2005)

年份 Year	在岗职工人数(万人) Fully Employed Staff and Workers (1000 persons)	国有经济单位 State-Owned	城镇集体经济单位 Urban Collective Owned	其他经济单位 Others	在岗职工工资总额(亿元) Total Wages of Fully Employed (100 million yuan)	国有经济单位 State-Owned	城镇集体经济单位 Urban Collective Owned	其他经济单位 Others
1978	291.6	240.9	50.7		18.7	16.2	2.5	
1979	311.9	254.2	57.7		22.4	19.4	3.0	
1980	326.5	269.4	57.1		26.9	23.3	3.6	
1981-1985					**183.7**	**153.7**	**29.6**	**0.4**
1985	382.3	308.1	72.6	1.6	50.7	41.5	9.0	0.3
1986-1990					**421.1**	**349.7**	**64.4**	**7.0**
1986	397.9	324.4	71.1	2.4	58.0	48.5	9.1	0.4
1987	405.2	331.8	70.7	2.7	66.7	56.0	10.1	0.6
1988	410.4	336.4	69.9	4.1	81.2	68.1	12.1	1.0
1989	418.4	343.8	67.4	7.2	96.3	81.0	13.4	1.9
1990	454.9	357.9	86.8	10.2	118.9	96.1	19.7	3.1
1991-1995					**1198.1**	**950.3**	**156.6**	**91.2**
1991	470.0	367.8	89.0	13.2	132.2	106.1	21.5	4.6
1992	476.6	371.5	90.5	14.6	158.5	128.6	23.9	6.0
1993	467.3	362.3	79.6	25.4	218.9	176.6	28.5	13.8
1994	471.8	363.5	73.4	34.9	306.5	243.4	36.2	26.9
1995	470.9	358.2	72.1	40.6	382.0	295.6	46.5	39.9
1996-2000					**2825.4**	**1988.5**	**236.5**	**600.4**
1996	460.6	349.0	64.8	46.8	442.4	339.4	46.2	56.8
1997	465.3	348.7	65.0	51.6	514.8	383.6	53.8	77.4
1998	450.1	321.7	50.8	77.6	558.2	391.9	45.0	121.3
1999	438.0	303.0	49.6	85.4	614.5	420.0	44.8	149.7
2000	434.2	283.0	46.0	105.2	695.5	453.6	46.7	195.2
2001-2005					**5662.3**	**2872.7**	**184.6**	**2605.0**
2001	400.3	235.9	40.0	124.4	777.3	477.8	44.8	254.7
2002	434.2	212.6	32.7	188.9	950.9	508.8	40.0	402.1
2003	436.3	197.6	26.1	212.6	1098.9	565.5	35.0	498.4
2004	446.4	183.7	24.8	237.9	1315.1	625.7	34.0	655.4
2005	448.4	178.5	20.7	249.2	1520.1	694.9	30.8	794.4

注：2000年及以前的数据为职工口径，包括在岗职工和不在岗职工。

Note: Figures before 2001 were for employees including on-the-job and off-the-job ones .

3-22 城镇单位在岗职工平均工资(1978-2005年)

AVERAGE WAGE AND INDEX OF FULLY EMPLOYED STAFF AND WORKERS IN URBAN ENTITIES (1978-2005)

年份 Year	在岗职工平均工资(元) Average Wage of Fully Employed (yuan)	国有经济单位 State-Owned	城镇集体经济单位 Urban Collective Owned	其他经济单位 Others
1978	673	703	471	
1979	742	778	556	
1980	848	889	635	
1985	1343	1367	1231	1768
1986	1488	1530	1287	2080
1987	1670	1712	1449	2267
1988	2000	2048	1738	2661
1989	2312	2366	1992	2761
1990	2653	2713	2334	3243
1991	2877	2937	2504	3713
1992	3402	3500	2828	4289
1993	4780	4920	3834	5469
1994	6540	6695	5009	8179
1995	8144	8237	6516	10278
1996	9579	9645	7133	13851
1997	11019	10917	8259	15370
1998	12285	11971	8800	15989
1999	13778	13483	8928	17748
2000	15726	15483	9844	19165
2001	19155	19776	11063	20594
2002	21852	23754	11997	21432
2003	25312	28464	13580	23769
2004	29674	34009	13422	28026
2005	34191	39067	14695	32324

注：2000年及以前的数据为职工口径，包括在岗职工和不在岗职工。

Note: Figures before 2001 were for employees including on-the-job and off-the-job ones .

3–23 城镇单位从业人员年末人数(2005年)
YEAR-END EMPLOYED PERSONS IN URBAN ENTITIES (2005)

单位：人 (person)

项目	Item	从业人员 Employed Persons	在岗职工 Fully Employed Staff and Workers at their Posts	聘用留用的离退休人员 Retired and VCSR Engaged and Kept on	聘用的外籍及港澳台方人员 Personnel of Foreign,Hongkong,Macao and Taiwan	其他从业人员 Other Employed Persons
合计	**Total**	**5055947**	**4483943**	**145967**	**15743**	**410294**
按登记注册类型分	**Grouped by Registration Status**					
内资	Domestic Investment Economy	4343340	3867724	131377	3199	341040
国有	State-owned Units	1949986	1784816	48785	1695	114690
集体	Collective-owned Units	238234	207178	13265	47	17744
联营	Joint Ownership Units	24415	22480	1327	45	563
股份有限公司	Share Holding Corporations Ltd.	363570	307508	5228	136	50698
有限责任公司	Limited-Liability Corporations	1493762	1309793	46247	655	137067
股份合作	Share Holding	225321	201483	10560	62	13216
其他	Others	48052	34466	5965	559	7062
外商投资	Foreign Funded Economy	495802	426341	8098	9596	51767
港、澳、台商投资	Units with Funds from Hongkong, Macao and Taiwan	216805	189878	6492	2948	17487
按隶属关系分	**Grouped by Administrative Relationship**					
#中央	Central	1295338	1137951	33820	1899	121668
地方	Local	2029521	1847145	52305	1946	128125
按行业分	**Grouped by Sector**					
农、林、牧、渔业	Farming,Forestry,Animal Husbandry and Fishery	28330	27351	194	40	745
#农业	Agriculture	7996	7737	59	17	183
采矿业	Mining	22183	20154	49		1980
制造业	Manufacturing	1023655	953684	23576	2691	43704
电力、燃气及水的生产和供应业	Production and Distribution of Electricity, Gas and Water	57654	56294	494	8	858
建筑业	Construction	410807	351036	9010	784	49977
交通运输、仓储和邮政业	Transport,Storage and Post	370551	330250	1683	234	38384
#铁路运输业	Railway Transport	75658	59276	57	1	16324
道路运输业	Road Transport	31837	28671	451	76	2639
城市公共交通业	Urban Public Transport	167245	160137	542	3	6563
邮政业	Post	36729	26494	149	53	10033

注：城镇单位从业人员年末人数与报国家统计局劳动工资年报口径一致，不含城镇个体、私营独资、私营合伙、私营股份有限公司、私营有限责任公司、农村从业人员。

Note: Data in this table is in accordance to the annual report on labors and wages to the National Bureau of Statistics, not including urban individuals, private funded, private cooperative, private corporation, private company limited and rural employees.

3-23 续表1 continued

单位：人 (person)

项　　目	Item	从业人员 Employed Persons	在岗职工 Fully Employed Staff and Workers at their Posts	聘用留用的离退休人员 Retired and VCSR Engaged and Kept on	聘用的外籍及港澳台方人员 Personnel of Foreign,Hong-kong,Macao and Taiwan	其他从业人员 Other Employed Persons
信息传输、计算机服务和软件业	Information Transmission,Computer Service and Software	194035	175451	2559	1650	14375
#计算机服务业	Computer Service	50613	46432	893	630	2658
批发和零售业	Wholesale and Retail Trade	387754	343490	15038	1883	27343
批发业	Wholesale Trade	177060	156417	6363	1640	12640
零售业	Retail Trade	210694	187073	8675	243	14703
住宿和餐饮业	Hotel and Restaurants	245917	204454	8008	731	32724
住宿业	Hotel	141739	121704	5053	349	14633
餐饮业	Restaurant	104178	82750	2955	382	18091
金融业	Financial Intermediation	158010	108495	529	338	48648
房地产业	Real Estate	233468	196148	13031	756	23533
租赁和商务服务业	Leasing and Business Services	466557	423081	10963	3077	29436
租赁业	Leasing	11390	10532	361	15	482
商务服务业	Business Service	455167	412549	10602	3062	28954
科学研究、技术服务和地质勘察业	Scientific Research,Technical Services and Geologic Prospecting	316359	259939	23710	801	31909
水利、环境和公共设施管理业	Management of Water Conservancy, Environment and Public Facilities	70376	66338	1883	22	2133
居民服务和其他服务业	Services to Households and Other Services	102725	89017	4081	234	9393
#居民服务业	Services to Households	32749	28187	1066	105	3391
教　育	Education	367729	328388	13915	1865	23561
卫生、社会保障和社会福利业	Health ,Social Securities and Social Welfare	162330	152306	5416	167	4441
#卫　生	Health	153083	143652	5146	167	4118
文化、体育和娱乐业	Culture, Sports and Entertainment	140565	126073	3958	426	10108
#文化艺术业	Culture and Arts	25962	23910	773	39	1240
体　育	Sports	9622	7644	258	23	1697
公共管理和社会组织	Public Management and Social Organization	296942	271994	7870	36	17042
国际组织	International Organization					

3-24 城镇单位从业人员人数增减情况
CHANGES IN NUMBER OF URBAN EMPOLYED PERSONS

单位：人 (person)

项目	Item	2005			2004		
		合计 Total	#中央单位 Central	#地方单位 Local	合计 Total	#中央单位 Central	#地方单位 Local
增加人数	**Number of Persons Increased**	**1087572**	**182978**	**386820**	**1018627**	**182050**	**372399**
从农村招收	Recruited from Rural Area	323335	32526	136401	273535	30001	110361
从城镇招收	Recruited from Urban Area	183751	27400	38777	173699	25202	44118
录用的退伍军人	Employment of Demobilized Soldiers	10567	2090	3710	8799	1781	3177
录用大中专技校毕业生	Employment of Graduate	125845	33829	38056	131988	34536	45066
调入人数	Transferred in	192293	37341	69711	167767	32856	62838
#市外调入	From Outside Beijing	38464	8861	11183	32760	6833	9857
其　他	Others	251781	49792	100165	262839	57674	106839
减少人数	**Number of Persons Decreased**	**915230**	**154166**	**371695**	**822513**	**138604**	**365476**
离休退休退职	Retired	87071	20590	44695	86428	20061	50589
开除除名辞退	Discharged	54347	9189	11614	46568	7569	11323
终止解除合同	Contract Expiration	393480	51159	167969	325539	44550	137334
离开本单位仍保留劳动关系	Leave Unit and Still Keep the Relation of Working	7529	2313	3195	7858	1758	4730
死　亡	Death	2906	988	1433	3219	932	1920
调出人数	Job Changes	133850	29247	51614	120759	29687	49999
#调往市外	to Outside Beijing	11341	2634	2081	8585	2622	2509
其　他	Others	236047	40680	91175	232142	34047	109581

3-25 城镇单位国民经济各行业在岗职工人数(按隶属关系、登记注册类型分)(2005年)

单位：人

行业	Sector	全市 Total	#中央 Central	#地方 Local
合　计	**Total**	**4483943**	**1137951**	**1847145**
农、林、牧、渔业	**Farming,Forestry,Animal Husbandry and Fishery**	**27351**	**518**	**14371**
#农、林、牧、渔服务业	FFAF Services	4817	54	3780
采矿业	**Mining**	**20154**	**1165**	**17197**
煤炭开采和洗选业	Mining and Washing of Coal	12796	101	12609
石油和天然气开采业	Extraction of Petroleum and Natural Gas	1083	1057	
黑色金属矿采选业	Mining and Processing of Ferrous Metal Ores	3370		3366
有色金属矿采选业	Mining and Processing of Non-Ferrous Metal Ores	30		20
非金属矿采选业	Mining and Processing of Nonmetal Ores	2857	7	1184
其他采矿业	Mining of Other Ores	18		18
制造业	**Manufacturing**	**953684**	**121089**	**388689**
农副食品加工业	Processing of Food from Agriculture Products	20484	155	10015
食品制造业	Manufacture of Foods	35458	1196	9584
饮料制造业	Manufacture of Beverages	22570	187	15353
烟草制造业	Manufacture of Tobacco	794	769	
纺织业	Manufacture of Textile	31495	337	16374
纺织服装、鞋、帽制造业	Manufacture of Textile Wearing Apparel, Footware and Caps	63907	352	24419
皮革、毛皮、羽毛(绒)及其制品业	Manufacture of Leather, Furs, Feather (Down) and Related Products	4350		1997
木材加工及竹、藤、棕、草制品业	Processing of Timber,Manufacture of Wood, Bamboo, Rattan, Palm and Straw Products	3954	19	1126
家具制造业	Manufacture of Furniture	15774	103	3476
造纸及纸制品业	Manufacture of Paper and Paper Products	10803	42	3981
印刷业和记录媒介的复制	Printing,Reproduction of Recording Media	42178	15593	10117
文教体育用品制造业	Manufacture of Articles For Culture, Education and Sports Activity	9082	28	5045
石油加工、炼焦及核燃料加工业	Processing of Petroleum, Coking, Processing of Nuclear Fuel	14426	7386	4070
化学原料及化学制品制造业	Manufacture of Raw Chemical Materials and Chemical Products	48184	14282	13756
医药制造业	Manufacture of Medicines	33950	3270	11380
化学纤维制造业	Manufacture of Chemical Fibers	470	16	67
橡胶制品业	Manufacture of Rubber	7355	472	4627
塑料制品业	Manufacture of Plastics	23218	1374	5451
非金属矿物制品业	Manufacture of Non-Metallic Mineral Products	57336	3688	26465
黑色金属冶炼及压延加工业	Smelting and Pressing of Ferrous Metals	62301	4	60462

NUMBER OF URBAN ENTITIES FULLY EMPLOYED STAFF AND WORKERS IN DIFFERENT SECTORS OF NATIONAL ECONOMY (GROUPED BY ADMINISTRATIVE RELATIONSHIP AND REGISTRTION STATUS) (2005)

(person)

国有经济 State owned	#中央 Central	#地方 Local	集体经济 Collective Owned	其他经济 Others
1784816	**807595**	**936509**	**207178**	**2491949**
8830	**152**	**8210**	**3293**	**15228**
3137		3006	906	774
1706	**7**	**1699**	**1645**	**16803**
			638	12158
				1083
1655		1655	503	1212
			24	6
51	7	44	473	2333
			7	11
127984	**64623**	**57847**	**49829**	**775871**
2801	27	1927	498	17185
2064	30	1723	1207	32187
8555	77	8435	473	13542
769	769			25
2415	7	2395	2458	26622
1374	131	1243	4070	58463
			645	3705
359	6	353	409	3186
263	23	224	580	14931
745	7	699	1807	8251
15010	13579	804	4408	22760
531	21	510	913	7638
4685	872	3813	128	9613
2186	822	1144	2300	43698
2954	1467	1275	898	30098
8			20	442
298	10	262	226	6831
1229	260	854	2148	19841
7674	347	6743	3230	46432
2057	4	2053	636	59608

3-25 续表1 continued

单位：人

行业	Sector	全市 Total	#中央 Central	#地方 Local
有色金属冶炼及压延加工业	Smelting and Pressing of Non-Ferrous Metals	7486	723	3707
金属制品业	Manufacture of Metal Products	39629	3039	12330
通用设备制造业	Manufacture of General Purpose Machinery	60101	6108	21001
专用设备制造业	Manufacture of Special Purpose Machinery	60039	14701	16905
交通运输设备制造业	Manufacture of Transport Equipment	107214	30927	49687
电气机械及器材制造业	Manufacture of Electrical Machinery and Equipment	43058	1785	16531
通信设备、计算机及其他电子设备制造业	Manufacture of Communication Equipment,Computers and Other Electronic Equipment	89913	8264	29622
仪器仪表及文化办公用机械制造业	Manufacture of Measuring Instruments and Machinery for Culture Activity and Office Work	27845	5241	7815
工艺品及其他制造业	Manufacture of Artwork and Other Manufacturing	9466	1010	2916
废弃资源和废旧材料回收加工业	Recycling and Disposal of Waste	844	18	410
电力、燃气及水的生产和供应业	**Production and Distribution of Electricity, Gas and Water**	**56294**	**27565**	**26562**
电力、热力的生产和供应业	Production and Distribution of Electric Power and Heat Power	43027	27537	14371
煤气生产和供应业	Production and Distribution of Gas	7083		6456
水的生产和供应业	Production and Distribution of Water	6184	28	5735
建筑业	**Construction**	**351036**	**83372**	**154599**
房屋和土木工程建筑业	Construction of Buildings and Civil Engineering	255286	66006	124543
建筑安装业	Building Installation	51681	13753	13489
建筑装饰业	Building Decoration	29488	3025	8195
其他建筑业	Other Construction	14581	588	8372
交通运输、仓储和邮政业	**Transport,Storage and Post**	**330250**	**120171**	**139922**
铁路运输业	Railway Transport	59276	59172	
道路运输业	Road Transport	28671	3243	12295
城市公共交通业	Urban Public Transport	160137	3529	117417
水上运输业	Waterway Transport	85	32	
航空运输业	Air Transport	29824	26435	379
管道运输业	Transport Via Pipelines	121		
装卸搬运和其他运输服务业	Loading and Unloading and Other Transport Services	15537	3130	4146
仓储业	Storage	10105	1688	5569
邮政业	Post	26494	22942	116
信息传输、计算机服务和软件业	**Information Transmission,Computer Services and Software**	**175451**	**29419**	**12960**
电信和其他信息传输服务业	Telecommunications and Other Information Transmission	52965	16894	2886
计算机服务业	Computer Services	46432	8551	4580
软件业	Software	76054	3974	5494
批发和零售业	**Wholesale and Retail Trade**	**343490**	**47728**	**106207**
批发业	Wholesale Trade	156417	35576	32049
零售业	Retail Trade	187073	12152	74158
住宿和餐饮业	**Hotel and Restaurants**	**204454**	**39064**	**64505**
住宿业	Hotel	121704	36750	45786
餐饮业	Restaurants	82750	2314	18719

3-25 续表2 continued

(person)

国有经济 State-Owned	#中 央 Central	#地 方 Local	集体经济 Collective-Owned	其他经济 Others
799	265	534	407	6280
3485	1652	1515	5261	30883
9909	2835	6524	5736	44456
16235	12263	3419	1737	42067
29098	22650	5690	3713	74403
2443	846	1477	2454	38161
5148	3698	1442	1358	83407
3955	1481	2446	877	23013
915	474	323	1014	7537
20		20	218	606
9189	**1744**	**7437**	**408**	**46697**
5885	1744	4141	351	36791
1790		1790		5293
1514		1506	57	4613
72783	**49053**	**22356**	**40155**	**238098**
57598	38532	18237	28318	169370
11679	8564	2755	6940	33062
2523	1675	675	4312	22653
983	282	689	585	13013
126873	**73408**	**53040**	**7087**	**196290**
51219	51219		64	7993
2640	1125	1458	2061	23970
48499	1543	46952	3173	108465
				85
454	454		9	29361
				121
1699	1120	384	899	12939
5958	1550	4239	878	3269
16404	16397	7	3	10087
11715	**10160**	**840**	**871**	**162865**
3514	3265	201	426	49025
6173	5534	302	268	39991
2028	1361	337	177	73849
64088	**26120**	**32745**	**21361**	**258041**
36420	21826	11296	9381	110616
27668	4294	21449	11980	147425
60314	**25864**	**26971**	**11526**	**132614**
54713	25155	22953	6838	60153
5601	709	4018	4688	72461

3-25 续表3 continued

单位：人

行业	Sector	全市 Total	#中央 Central	#地方 Local
金融业	**Financial Intermediation**	**108495**	**75421**	**7275**
银行业	Banks	71784	56752	2770
证券业	Security Activity	7310	2039	841
保险业	Insurance	17237	6018	3135
其他金融活动	Other Financial Activities	12164	10612	529
房地产业	**Real Estate**	**196148**	**22536**	**63456**
租赁和商务服务业	**Leasing and Business Services**	**423081**	**134301**	**171395**
租赁业	Leasing	10532	610	6018
商务服务业	Business Services	412549	133691	165377
科学研究、技术服务和地质勘察业	**Scientific Research,Technical Services and Geologic Prospecting**	**259939**	**152520**	**36047**
研究与试验发展	Research and Experimental Development	96985	80986	6813
专业技术服务业	Professional Technical Services	108964	55204	22059
科技交流和推广服务业	Services of Science and Technology Exchanges and Promotion	49540	14043	5738
地质勘察业	Geologic Prospecting	4450	2287	1437
水利、环境和公共设施管理业	**Management of Water Conservanc,Environment and Public Facilities**	**66338**	**1604**	**55358**
水利管理业	Management of Water Conservancy	7759	585	6826
环境管理业	Environmental Management	28398	538	24537
公共设施管理业	Management of Public Facilities	30181	481	23995
居民服务和其他服务业	**Services to Households and Other Services**	**89017**	**7958**	**33523**
居民服务业	Services to Households	28187	526	11089
其他服务业	Other Services	60830	7432	22434
教育	**Education**	**328388**	**91664**	**218567**
卫生、社会保障和社会福利业	**Health,Social Securities and Social Welfare**	**152306**	**40661**	**102433**
卫生	Health	143652	40199	94661
社会保障业	Social Securities	2746	174	2561
社会福利业	Social Welfare	5908	288	5211
文化、体育和娱乐业	**Culture,Sports and Entertainment**	**126073**	**78315**	**26314**
新闻出版业	Journalism and Publishing Activities	59716	51206	5088
广播、电视、电影和音像业	Broadcasting, Televisions,Movies and Audiovisual Activities	20145	11862	5803
文化艺术业	Cultural and Art Activities	23910	12116	8176
体育	Sports Activities	7644	2512	3992
娱乐业	Entertainment	14658	619	3255
公共管理和社会组织	**Public Management and Social Organization**	**271994**	**62880**	**207765**
中国共产党机关	Organs of Communist Party of China	9613	5922	3691
国家机关	Government Agencies	244498	44966	199211
人民政协和民主党派	People's Political Consultative Conference and Democratic Parties	1968	995	973
群众团体、社会团体和宗教组织	Non-Governmental Institutions, Social Organizations and Religion Organizations	15915	10997	3890
基层群众自治组织	Masses Autonomous Body			
国际组织	**International Organization**			
国际组织	International Organization			

3-25 续表4 continued

(person)

国有经济 State-Owned	#中 央 Central	#地 方 Local	集体经济 Collective-Owned	其他经济 Others
47026	**46326**	**312**	**17**	**61452**
43578	43578			28206
504	504			6806
2546	1858	300		14691
398	386	12	17	11749
31425	**8816**	**20592**	**7734**	**156989**
207776	**101980**	**102742**	**24176**	**191129**
870	326	507	664	8998
206906	101654	102235	23512	182131
154144	**127274**	**24174**	**4618**	**101177**
84164	77573	5759	311	12510
51179	36854	13519	2834	54951
15058	10758	3608	1466	33016
3743	2089	1288	7	700
48062	**969**	**44304**	**1291**	**16985**
7105	465	6532	95	559
19728	238	18256	350	8320
21229	266	19516	846	8106
20308	**6142**	**13107**	**13476**	**55233**
5028	447	4298	4908	18251
15280	5695	8809	8568	36982
293550	**90356**	**200902**	**6619**	**28219**
132849	**39606**	**90856**	**11291**	**8166**
125591	39144	84139	10360	7701
2599	174	2417	68	79
4659	288	4300	863	386
98059	**74155**	**21615**	**1297**	**26717**
55599	49110	4835	397	3720
15814	10527	5234	137	4194
19238	11769	7341	184	4488
6445	2467	3715	62	1137
963	282	490	517	13178
268135	**60840**	**206760**	**484**	**3375**
9613	5922	3691		
244498	44966	199211		
1968	995	973		
12056	8957	2885	484	3375

3-26 城镇单位在岗职工人数

NUMBER OF FULLY EMPLOYED STAFF AND WORKERS IN URBAN ENTITIES

单位：人 (person)

项 目	Item	2005	2004	2005年为2004年% 2005 as % of 2004
合 计	**Total**	**4483943**	**4463777**	**100.5**
按登记注册类型分	**Grouped by Registration Status**			
内 资	Domestic Investment Economy	3867724	3918843	98.7
国 有	State-owned Units	1784816	1836559	97.2
集 体	Collective-owned Units	207178	248364	83.4
联 营	Joint Ownership Units	22480	31242	72.0
股份有限公司	Share Holding Corporations Ltd.	307508	315961	97.3
有限责任公司	Limited-Liability Corporations	1309793	1176817	111.3
股份合作	Share Holding	201483	248872	81.0
其 他	Others	34466	61028	56.5
外商投资	Foreign Funded Units	426341	384727	110.8
港、澳、台商投资	Units with Funds from Hongkong,Macao and Taiwan	189878	160207	118.5
按隶属关系分	**Grouped by Administrative Relationship**			
#中 央	Central	1137951	1146532	99.3
地 方	Local	1847145	1928247	95.8
按行业分	**Grouped by Sector**			
农、林、牧、渔业	Farming,Forestry,Animal Husbandry and Fishery	27351	28521	95.9
#农 业	Agriculture	7737	8422	91.9
采矿业	Mining	20154	19138	105.3
制造业	Manufacturing	953684	980024	97.3
电力、燃气及水的生产和供应业	Production and Distribution of Electricity,Gas and Water	56294	61093	92.1
建筑业	Construction	351036	369972	94.9
交通运输、仓储和邮政业	Transport,Storage and Post	330250	313897	105.2
#铁路运输业	Railway Transport	59276	54528	108.7
道路运输业	Road Transport	28671	24037	119.3
城市公共交通业	Urban Public Transport	160137	151732	105.5
邮政业	Post	26494	25769	102.8
信息传输、计算机服务和软件业	Information Transmission,Computer Service and Software	175451	162713	107.8
#计算机服务业	Computer Service	46432	49171	94.4
批发和零售业	Wholesale and Retail Trade	343490	372022	92.3
批发业	Wholesale Trade	156417	160387	97.5
零售业	Retail Trade	187073	211635	88.4
住宿和餐饮业	Hotel and Restaurants	204454	212867	96.0
住宿业	Hotel	121704	121201	100.4
餐饮业	Restaurant	82750	91666	90.3
金融业	Financial Intermediation	108495	100694	107.7
房地产业	Real Estate	196148	191083	102.7
租赁和商务服务业	Leasing and Business Services	423081	385982	109.6
租赁业	Leasing	10532	8424	125.0
商务服务业	Business Services	412549	377558	109.3
科学研究、技术服务和地质勘察业	Scientific Research,Technical Services and Geologic Prospecting	259939	244650	106.2
水利、环境和公共设施管理业	Management of Water Conservancy,Environment and Public Facilities	66338	64028	103.6
居民服务和其他服务业	Services to Households and Other Services	89017	92729	96.0
#居民服务业	Services to Households	28187	28409	99.2
教 育	Education	328388	329681	99.6
卫生、社会保障和社会福利业	Health,Social Securities and Social Welfare	152306	146435	104.0
#卫 生	Health	143652	138098	104.0
文化、体育和娱乐业	Culture,Sports and Entertainment	126073	121105	104.1
#文化艺术业	Culture and Arts	23910	23985	99.7
体 育	Sports	7644	8236	92.8
公共管理和社会组织	Public Management and Social Organization	271994	267143	101.8
国际组织	International Organization			

3-27 城镇单位在岗职工工资总额
TOTAL WAGES OF FULLY EMPLOYED STAFF AND WORKERS IN URBAN ENTITIES

单位：万元 (10000 yuan)

项目	Item	2005	2004	2005年为2004年% 2005 as % of 2004
合计	Total	**15200513**	**13151038**	**115.6**
按登记注册类型分	**Grouped by Registration Status**			
内资	Domestic Investment Economy	12304628	10907056	112.8
国有	State-owned Units	6948546	6257203	111.0
集体	Collective-owned Units	307785	340371	90.4
联营	Joint Ownership Units	39335	57120	68.9
股份有限公司	Share Holding Corporations Ltd.	1160616	1027092	113.0
有限责任公司	Limited-Liability Corporations	3461416	2781604	124.4
股份合作	Share Holding	302549	320520	94.4
其他	Others	84381	123146	68.5
外商投资	Foreign Funded Units	2112930	1706190	123.8
港、澳、台商投资	Units with Funds from Hongkong,Macao and Taiwan	782955	537792	145.6
按隶属关系分	**Grouped by Administrative Relationship**			
#中央	Central	5320828	4710080	113.0
地方	Local	5529257	5051130	109.5
按行业分	**Grouped by Sector**			
农、林、牧、渔业	Farming,Forestry,Animal Husbandry and Fishery	44680	42511	105.1
#农业	Agriculture	10057	9615	104.6
采矿业	Mining	46648	38728	120.5
制造业	Manufacturing	2379180	2185157	108.9
电力、燃气及水的生产和供应业	Production and Distribution of Electricity,Gas and Water	287552	257682	111.6
建筑业	Construction	886103	839485	105.6
交通运输、仓储和邮政业	Transport,Storage and Post	890984	764689	116.5
#铁路运输业	Railway Transport	166691	138550	120.3
道路运输业	Road Transport	62904	45468	138.3
城市公共交通业	Urban Public Transport	288743	252090	114.5
邮政业	Post	113443	98688	115.0
信息传输、计算机服务和软件业	Information Transmission,Computer Services and Software	1211328	972552	124.6
#计算机服务业	Computer Services	360558	339562	106.2
批发和零售业	Wholesale and Retail Trade	1087388	1004269	108.3
批发业	Wholesale Trade	707744	617030	114.7
零售业	Retail Trade	379644	387239	98.0
住宿和餐饮业	Hotel and Restaurants	399159	370896	107.6
住宿业	Hotel	271598	249678	108.8
餐饮业	Restaurant	127561	121217	105.2
金融业	Financial Intermediation	981886	793793	123.7
房地产业	Real Estate	569367	511546	111.3
租赁和商务服务业	Leasing and Business Services	1279663	966851	132.4
租赁业	Leasing	14685	15934	92.2
商务服务业	Business Services	1264979	950917	133.0
科学研究、技术服务和地质勘察业	Scientific Research,Technical Services and GeologicProspecting	1170157	986124	118.7
水利、环境和公共设施管理业	Management of Water Conservancy,Environment and Public Facilities	175669	167432	104.9
居民服务和其他服务业	Services to Households and Other Services	159318	150052	106.2
#居民服务业	Services to Households	44660	38888	114.8
教育	Education	1186324	1065581	111.3
卫生、社会保障和社会福利业	Health,Social Securities and Social Welfare	639949	567854	112.7
#卫生	Health	614649	546111	112.6
文化、体育和娱乐业	Culture,Sports and Entertainment	538306	460319	116.9
#文化艺术业	Cultural and Art Activities	86516	79469	108.9
体育	Sports Activities	30478	28829	105.7
公共管理和社会组织	Public Management and Social Organization	1266852	1005517	126.0
国际组织	International Organization			

3-28 城镇单位在岗职工平均工资
AVERAGE WAGE OF FULLY EMPLOYED STAFF AND WORKERS IN URBAN ENTITIES

单位：元 (yuan)

项目	Item	2005	2004	2005年为2004年% 2005 as % of 2004
合计	**Total**	**34191**	**29674**	**115.2**
按登记注册类型分	**Grouped by Registration Status**			
内资	Domestic Investment Economy	31943	27911	114.4
国有	State-owned Units	39067	34009	114.9
集体	Collective-owned Units	14695	13422	109.5
联营	Joint Ownership Units	17566	18479	95.1
股份有限公司	Share Holding Corporations Ltd.	37705	32936	114.5
有限责任公司	Limited-Liability Corporations	26684	23823	112.0
股份合作	Share Holding	14884	13051	114.0
其他	Others	25311	21078	120.1
外商投资	Foreign Funded Units	52262	46442	112.5
港、澳、台商投资	Units with Funds from Hongkong,Macao and Taiwan	41347	34338	120.4
按隶属关系分	**Grouped by Administrative Relationship**			
#中央	Central	47127	41396	113.8
地方	Local	29896	25947	115.2
按行业分	**Grouped by Sector**			
农、林、牧、渔业	Farming,Forestry,Animal Husbandry and Fishery	16125	14677	109.9
#农业	Agriculture	12578	11118	113.1
采矿业	Mining	23774	20392	116.6
制造业	Manufacturing	24958	22338	111.7
电力、燃气及水的生产和供应业	Production and Distribution of Electricity,Gas and Water	49776	41854	118.9
建筑业	Construction	23300	20606	113.1
交通运输、仓储和邮政业	Transport,Storage and Post	27655	24628	112.3
#铁路运输业	Railway Transport	28169	25636	109.9
道路运输业	Road Transport	22120	18966	116.6
城市公共交通业	Urban Public Transport	18687	16608	112.5
邮政业	Post	44352	39516	112.2
信息传输、计算机服务和软件业	Information Transmission,Computer Services and Software	71544	62200	115.0
#计算机服务业	Computer Services	76514	71968	106.3
批发和零售业	Wholesale and Retail Trade	32109	27264	117.8
批发业	Wholesale Trade	46250	39061	118.4
零售业	Retail Trade	20452	18406	111.1
住宿和餐饮业	Hotel and Restaurants	19926	17965	110.9
住宿业	Hotel	22705	20902	108.6
餐饮业	Restaurant	15806	13933	113.4
金融业	Financial Intermediation	92764	80785	114.8
房地产业	Real Estate	29811	27675	107.7
租赁和商务服务业	Leasing and Business Services	31699	26516	119.5
租赁业	Leasing	15525	19044	81.5
商务服务业	Business Services	32087	26691	120.2
科学研究、技术服务和地质勘察业	Scientific Research,Technical Services and Geologic Prospecting	45661	41160	110.9
水利、环境和公共设施管理业	Management of Water Conservancy，Environment and Public Facilities	26575	25609	103.8
居民服务和其他服务业	Services to Households and Other Services	18159	16735	108.5
#居民服务业	Services to Households	15886	13927	114.1
教育	Education	36447	32625	111.7
卫生、社会保障和社会福利业	Health ,Social Securities and Social Welfare	42925	39678	108.2
#卫生	Health	43704	40487	107.9
文化、体育和娱乐业	Culture,Sports and Entertainment	43617	38817	112.4
#文化艺术业	Cultural and Art Activities	36606	33824	108.2
体育	Sports Activities	39591	35804	110.6
公共管理和社会组织	Public Management and Social Organization	47277	38038	124.3
国际组织	International Organization			

3-29 国民经济各行业城镇单位在岗职工平均工资(2005年)

TOTAL WAGES AND AVERAGE WAGE OF URBAN ENTITIES FULLY EMPLOYED STAFF AND WORKERS IN DIFFERENT SECTORS OF NATIONAL ECONOMY (2005)

单位：元 (yuan)

行业	Sector	平均工资 Average Wage	国有经济 State-owned	集体经济 Collective-Owned	其他经济 Others
合　计	**Total**	**34191**	**39067**	**14695**	**32324**
农、林、牧、渔业	**Farming,Forestry,Animal Husbandry and Fishery**	**16125**	**23864**	**11087**	**12696**
#农、林、牧、渔服务业	FFAF Services	22259	26608	13417	15777
采矿业	**Mining**	**23774**	**23762**	**17169**	**24496**
煤炭开采和洗选业	Mining and Washing of Coal	27210		17600	27811
石油和天然气开采业	Extraction of Petroleum and Natural Gas	25927			25927
黑色金属矿采选业	Mining and Processing of Ferrous Metal Ores	21471	23558	24396	17309
有色金属矿采选业	Mining and Processing of Non-Ferrous Metal Ores	7564		7580	7500
非金属矿采选业	Mining and Processing of Nonmetal Ores	11819	28647	10067	11716
其他采矿业	Mining of Other Ores	3989		4929	3391
制造业	**Manufacturing**	**24958**	**27032**	**12343**	**25445**
农副食品加工业	Processing of Food from Agricultural Products	15708	14577	8347	16099
食品制造业	Manufacture of Foods	23385	17301	14194	24180
饮料制造业	Manufacture of Beverages	20922	20114	8254	21895
烟草制造业	Manufacture of Tobacco	74142	76257		7968
纺织业	Manufacture of Textile	14593	15585	9420	15012
纺织服装、鞋、帽制造业	Manufacture of Textile Wearing Apparel,Footwear and Caps	12519	15334	9676	12661
皮革、毛皮、羽毛(绒)及其制品业	Manufacture of Leather, Furs, Feather (Down) and Related Products	13686		16100	13204
木材加工及竹、藤、棕、草制品业	Processing of Timber, Manufacture of Wood, Bamboo, Rattan, Palm and Straw Products	14728	21841	8958	14595
家具制造业	Manufacture of Furniture	15556	22835	8617	15695
造纸及纸制品业	Manufacture of Paper and Paper Products	15822	17426	10075	16966
印刷业和记录媒介的复制	Printing, Reproduction of Recording Media	20786	26635	15617	17792
文教体育用品制造业	Manufacture of Articles for Culture,Education and Sports Activity	16169	13877	16179	16364
石油加工、炼焦及核燃料加工业	Processing of Petroleum,Coking, Processing of Nuclear Fuels	31793	36094	11206	29906
化学原料及化学制品制造业	Manufacture of Raw Chemical Materials and Chemical Products	27477	26651	11942	28337
医药制造业	Manufacture of Medicines	38870	25778	12183	40928
化学纤维制造业	Manufacture of Chemical Fibers	18239	22875	11239	18679
橡胶制品业	Manufacture of Rubber	15567	16547	15607	15526
塑料制品业	Manufacture of Plastics	13727	18804	12700	13519
非金属矿物制品业	Manufacture of Non-metallic Mineral Products	18155	20666	9707	18343
黑色金属冶炼及压延加工业	Smelting and Pressing of Ferrous Metals	35173	25658	10171	35773

3-29 续表1 continued

单位：元 (yuan)

行　　业	Sector	平均工资 Average Wage	国有经济 State-owned	集体经济 Collective-Owned	其他经济 Others
有色金属冶炼及压延加工业	Smelting and Pressing of Nonferrous Metals	22236	18167	14841	23193
金属制品业	Manufacture of Metal Products	16435	28560	10475	16076
通用设备制造业	Manufacture of General Purpose Machinery	24347	24606	13465	25785
专用设备制造业	Manufacture of Special Purpose Machinery	28077	27498	13925	28884
交通运输设备制造业	Extraction of Petroleum and Natural Gas	27463	32942	15524	25885
电气机械及器材制造业	Manufacture of Electrical Machinery and Equipment	23746	21136	11650	24728
通信设备、计算机及其他电子设备制造业	Manufacute of communication Equipment,Computers and other Electronic Equipment	40251	37529	14481	40868
仪器仪表及文化、办公用机械制造业	Manufacture of Measuring Instruments and Machinery for cultural Activity and Office Work	31885	24844	16819	33836
工艺品及其他制造业	Manufacture of Artwork and Other Manufacturing	18040	19202	12560	18693
废弃资源和废旧材料回收加工业	Recycling and Disposal of Waste	17163	29160	15292	17531
电力、燃气及水的生产和供应业	**Production and Distribution of Electricity, Gas and Water**	**49776**	**57866**	**12949**	**48593**
电力、热力的生产和供应业	Production and Distribution of Electric Power and Heat Power	54481	76745	13296	51671
煤气生产和供应业	Production and Distribution of Gas	33580	25764		36363
水的生产和供应业	Production and Distribution of Water	35435	30319	10735	37412
建筑业	**Construction**	**23300**	**30034**	**15369**	**22423**
房屋和土木工程建筑业	Construction of Buildings and Civil Engineering	23546	28477	13944	23522
建筑安装业	Building Installation	26466	35542	23531	21826
建筑装饰业	Building Decoration	17254	23746	12066	17556
其他建筑业	Others	18126	32802	18845	16977
交通运输、仓储和邮政业	**Transport,Storage and Post**	**27655**	**27942**	**14529**	**27943**
铁路运输业	Railway Transport	28169	27430	19751	33273
道路运输业	Road Transport	22120	20426	15407	22930
城市公共交通业	Urban Public Transport	18687	24955	9772	15967
水上运输业	Waterway Transport	71448			71448
航空运输业	Air Transport	63770	55254	34904	63898
管道运输业	Transport Via Pipelines	100248			100248
装卸搬运和其他运输服务业	Loading Unloading and Other Transport Services	31571	30988	18980	32547
仓储业	Storage	24814	27629	22111	20295
邮政业	Post	44352	38801	8400	54229
信息传输、计算机服务和软件业	**Information Transmission,Computer Services and Software**	**71544**	**53418**	**19842**	**73213**
电信和其他信息传输服务业	Telecommunications and Other Information Transmission	68656	52657	16749	70335
计算机服务业	Computer Services	76514	52831	19021	80502
软件业	Software	70308	56204	28882	70869
批发和零售业	**Wholesale and Retail Trade**	**32109**	**43886**	**14533**	**30565**
批发业	Wholesale Trade	46250	59289	16211	44337
餐饮业	Restaurant	20452	23615	13261	20444
住宿和餐饮业	**Hotel and Restaurants**	**19926**	**20344**	**13014**	**20342**
住宿业	Hotel	22705	20771	14743	25332
餐饮业	Restaurants	15806	15754	10508	16156

3-29 续表2 continued

单位：元 (yuan)

行业	Sector	平均工资 Average Wage	国有经济 State-owned	集体经济 Collective-Owned	其他经济 Others
金融业	**Financial Intermediation**	**92764**	**90674**	**62747**	**94408**
银行业	Banks	94656	92613		97879
证券业	Security Activity	122063	88901		124338
保险业	Insurance	86033	53150		92042
其他金融活动	Other Financial Activities	71496	117542	62747	69965
房地产业	**Real Estate**	**29811**	**32669**	**16150**	**29913**
租赁和商务服务业	**Leasing and Business Services**	**31699**	**27475**	**12613**	**38939**
租赁业	Leasing	15525	24801	13076	14695
商务服务业	Business Services	32087	27487	12597	40044
科学研究、技术服务和地质勘察业	**Scientific Research,Technical Services and Geologic Prospecting**	**45661**	**49145**	**22018**	**41345**
研究与试验发展	Research and Experimental Development	47743	47564	24638	49543
专业技术服务业	Professional Technical Services	47848	53389	20602	43964
科技交流和推广服务业	Services of Science and Technology Exchanges and Promotion	36995	45706	24194	33551
地质勘察业	Geologic Prospecting	43324	40319	10800	61907
水利、环境和公共设施管理业	**Management of Water Conservancy, Environment and Public Facilities**	**26575**	**27815**	**12960**	**24177**
水利管理业	Management of Water Conservancy	30266	30696	20887	26300
环境管理业	Environmental Management	24989	23385	8160	29221
公共设施管理业	Management of Public Facilities	27058	30619	14025	18846
居民服务和其他服务业	**Services to Households and Other Services**	**18159**	**28627**	**13717**	**15428**
居民服务业	Services to Households	15886	24934	16473	13168
其他服务业	Other Services	19230	29873	12076	16552
教　育	**Education**	**36447**	**37924**	**18980**	**25075**
卫生、社会保障和社会福利业	**Health, Social Securities and Social Welfare**	**42925**	**45684**	**24354**	**23349**
卫　生	Health	43704	46396	25650	23762
社会保障业	Social Securities	36093	37361	10275	19448
社会福利业	Social Welfare	27068	31083	10569	14975
文化、体育和娱乐业	**Culture,Sports and Entertainment**	**43617**	**48809**	**15278**	**25418**
新闻出版业	Journalism and Publishing Activities	49621	50467	21704	39169
广播、电视、电影和音像业	Broadcasting,Televisions,Movies and Audiovisual Activities	54051	58322	17175	38864
文化艺术业	Cultural and Art Activities	36606	39927	20676	22359
体　育	Sports Activities	39591	40813	13192	34036
娱乐业	Entertainment	18229	30833	8658	17730
公共管理和社会组织	**Public Management and Social Organization**	**47277**	**47461**	**25074**	**35826**
中国共产党机关	Organs of Communist Party of China	41630	41630		
国家机关	Government Agencies	47879	47879		
人民政协和民主党派	Peole's Political Consultative Conference and Democratic Parties	53046	53046		
群众团体、社会团体和宗教组织	Non-Governmental Institutions, Social Organizations and region Organizations	40872	42908	25074	35826

3-30 分地区城镇单位从业人员人数、劳动报酬

NUMBER AND REMUNERATION OF EMPLOYED PERSONS BY DISTRICT

地区	District	人数(人) Number of Employed Persons (person)		劳动报酬(万元) Remuneration (10000 yuan)	
		2005	2004	2005	2004
全市	**Total**	**5055947**	**5028295**	**16868883**	**14584583**
东城区	Dongcheng	434896	407183	1703876	1435958
西城区	Xicheng	583331	551288	2407492	2025350
崇文区	Chongwen	102807	105121	300776	267287
宣武区	Xuanwu	240749	243294	829451	740569
朝阳区	Chaoyang	840439	864456	3548861	3130579
丰台区	Fengtai	438792	429509	1110012	976268
石景山区	Shijingshan	159958	154466	485462	419221
海淀区	Haidian	984150	967737	3531445	2925330
门头沟区	Mentougou	62222	62300	143697	124841
房山区	Fangshan	131674	161210	305040	330934
通州区	Tongzhou	182469	177669	319751	290283
顺义区	Shunyi	220292	217711	588326	514267
昌平区	Changping	197326	210091	457030	403047
大兴区	Daxing	210771	194717	572730	478447
怀柔区	Huairou	64456	75244	163361	152762
平谷区	Pinggu	74423	67972	130564	106970
密云县	Miyun	78705	82858	155193	142742
延庆县	Yanqing	39825	42330	94364	88508
外地	**Nonlocal**	**8662**	**13139**	**21452**	**31220**

注：城镇单位从业人员年末人数与报国家统计局劳动工资年报口径一致，不含城镇个体、私营独资、私营合伙、私营股份有限公司、私营有限责任公司、农村从业人员。

Note: Data in this table is in accordance to the annual report on labors and wages to the National Bureau of Statistics, not including urban individuals, private funded, private cooperative, private corporation, private company limited and rural employees.

3-31 分地区城镇单位在岗职工人数、平均工资
NUMBER AND AVERAGE WAGE OF FULLY EMPLOYED STAFF AND WORKERS, BY DISTRICT

地　区	District	在岗职工人数(人) Staff and Workers (person)		平均工资(元) Average Wage (yuan)	
		2005	2004	2005	2004
全　市	**Total**	**4483943**	**4463777**	**34191**	**29674**
东城区	Dongcheng	363232	336364	42075	38215
西城区	Xicheng	499800	472416	45049	39836
崇文区	Chongwen	90339	92344	30580	27311
宣武区	Xuanwu	196821	197219	38186	34877
朝阳区	Chaoyang	724853	745271	41201	35738
丰台区	Fengtai	389908	377517	26796	23566
石景山区	Shijingshan	147902	141969	31793	28045
海淀区	Haidian	873223	865375	38009	31403
门头沟区	Mentougou	56457	56375	23894	21055
房山区	Fangshan	125411	154528	23556	19568
通州区	Tongzhou	165591	169461	17768	16179
顺义区	Shunyi	208221	203669	25991	23084
昌平区	Changping	188173	198522	21950	19436
大兴区	Daxing	195317	180320	26125	25096
怀柔区	Huairou	62087	70369	25627	21256
平谷区	Pinggu	72300	66577	17460	15118
密云县	Miyun	77633	80887	19583	16962
延庆县	Yanqing	38019	41512	23501	19029
外　地	**Nonlocal**	**8656**	**13082**	**25046**	**23839**

3-32 职业技能培训与就业服务情况(2005年)
STATISTICS ON VOCATIONAL SKILL TRAINING AND EMPLOYMENT SERVICE (2005)

项　目		Item		2005
职业技能培训与鉴定		**Vocational Skill Training & Identification**		
职业技能培训人员总量	(人次)	Total Number of Persons Trained for Vocational Skill	(person-time)	637296
职业技能鉴定人员总数	(人)	Total Number of Persons Identified for Vocational Skill	(person)	419884
劳动力市场		**Labor Force Marekt**		
职业介绍服务机构	(家)	Job Service Agencies	(Nos.)	653
求职登记人员总数	(万人次)	Number of Job Hunters Registered	(10000 person-times)	51.95
职业介绍成功人数	(万人次)	Number of Job Hunters Employed	(10000 person-times)	29.21
人才市场		**Talent Market**		
人才中介服务机构	(家)	Talent Agencies	(Nos.)	282
求职登记人员总数	(万人次)	Number of Job Hunters Registered	(10000 person-times)	420
推荐成功人数	(万人)	Number of Job Hunters Employed	(10000 persons)	35

注：1. 职业介绍服务机构是指取得《北京市职业介绍许可证》的机构数。
2. 人才中介服务机构包括人事部和北京市人事局批准的人才中介服务机构。

Note: a) Job Service Agencies mean the number of agencies awarded the Beijing Job Services License.
b) Talent Agencies include the talent agencies approved by the Ministry of Personnel and Beijing Personnel Bureau.

资料来源：北京市劳动和社会保障局、北京市人事局。

Source: Beijing Labor & Social Security Bureau, Beijing Personnel Bureau.

主要统计指标解释

户籍人口 指根据户籍登记情况统计的人口，以派出所办理的户籍登记和监狱管理局、劳教工作管理局掌握的服刑人员的情况为基础进行汇总而成。

暂住人口 指不具有本市常住户口，来自北京市行政区划以外的省、自治区、直辖市，在京暂住三日以上，并向公安机关申报暂住登记以及领取暂住证件的人员。

常住人口 指在本市地区实际居住半年以上的人口。

出生率 指在一定时期内（通常为一年）出生人数与同期平均人数(或期中人数)之比，一般用千分比表示。计算公式:

$$\text{出生率}=\frac{\text{年出生人数}}{\text{年平均人数}}\times 1000\%$$

出生人数是指活产，即脱离母体时（不管怀孕月数），有过呼吸或其他生命现象的活婴儿总和。年平均人数是年初、年底人口数的平均数，也可用年中人口数代替。

死亡率 指在一定时期内（通常为一年）死亡人数与同期平均人数（或期中人数）之比，一般用千分比表示。计算公式:

$$\text{死亡率}=\frac{\text{年死亡人数}}{\text{年平均人数}}\times 1000\%$$

自然增长率 指在一定时期内（通常为一年）人口自然增加数（出生人数减死亡人数）与该时期内平均人数（或期中人数）之比，一般用千分比表示。计算公式:

$$\text{自然增长率}=\frac{\text{本年出生人数}-\text{本年死亡人数}}{\text{年平均人数}}\times 1000\%$$

人口自然增长率=人口出生率－人口死亡率

从业人员 指在各级国家机关、党政机关、社会团体及企业、事业单位中工作，取得工资或其他形式的劳动报酬的全部人员。包括：在岗职工、聘用、留用的离退休人员以及在各单位中工作的外方人员及港澳台方人员、兼职人员、借用的外单位人员和第二职业者。不包括本单位的不在岗职工。

在岗职工 指在本单位工作并由单位支付工资的人员，以及有工作岗位，但由于学习、病伤产假（六个月以内）等原因暂未工作，仍由单位支付工资的人员。

在岗职工工资总额 与“在岗职工”指标相对应，指单位在报告期内直接支付给在岗职工的劳动报酬总额。

包括基础工资、职务工资、级别工资、工龄工资、计件工资、奖金、各种津贴和补贴、交通补贴、洗理费、书报费、旅游费、过节费、伙食补助、住房补贴、住房提租补贴、由单位从个人工资中直接为其代扣代缴的个人所得税、房费、水电费以及住房公积金和社会保险基金个人缴纳部分等。

在岗职工平均工资 指企业、事业、机关单位的在岗职工在一定时期内的人均劳动报酬。它表明一定时期在岗职工工资收入的高低程度，是反映在岗职工工资水平的主要指标。计算公式为:

$$\begin{matrix}\text{在岗职工}\\\text{平均工资}\end{matrix}=\frac{\text{报告期实际支付的全部在岗职工工资总额}}{\text{报告期全部在岗职工平均人数}}$$

劳动报酬(生活费)总额 指在报告期内直接支付给本单位使用的全部劳动力报酬总额。包括：在岗职工工资总额；不在岗职工生活费；聘用、留用的离退休人员的劳动报酬；外籍及港澳台方人员劳动报酬以及聘用的其他从业人员的劳动报酬。

职业技能培训人员总量 是指失业人员、本市农村劳动力、来京务工人员和企业在职职工参加职业技能培训的总数。

职业技能鉴定人员总数 指考生在北京市参加职业技能鉴定，并由北京市职业技能鉴定中心组织鉴定的人员。

求职登记人员总数 是指在职介机构登记求职的人次数。

职业介绍成功人数 是指通过职介机构匹配推荐成功就业人次数。

推荐成功人数 指与单位签定聘用合同、劳动合同推荐成功人数。

能源和环境

ENERGY AND ENVIRONMENT PROTECTION

简要说明

一、本章资料的主要内容

本章包括的主要内容有：能源生产量、能源消费量，能源消费的行业构成和品种构成，能源消费弹性系数，能源平衡表和供水情况；北京市环境保护情况等。

二、本章资料的统计范围

本章能源部分为全社会统计；环境部分为城镇口径。

三、本章的资料来源

本章能源部分由北京市统计局、国家统计局北京调查总队工业处提供；城市环境卫生由北京市市政管理委员会提供；环保及空气质量情况由北京市环境保护局提供。

四、本章中关于历史数据调整的问题

按照国家统计局统一要求和统一方法，历史资料要根据“北京市第一次全国经济普查”的数据结果进行修正。本章中的能源消费总量，调整历史区间为1995至2003年。2004年使用经济普查数据，力求实现年报数据与普查数据的衔接。调整采用“趋势离差法”。

五、全市能源消费总量的测算方法

全市能源消费总量包括生产消费的能源和居民生活消费的能源。根据现行的国家统计制度，能源统计工作主要是对规模以上工业企业的能源消费情况和全社会主要能源品种的供应情况进行统计，同时通过抽样调查对居民生活的能源消费情况进行调查。从2005年年报开始，北京市统计局和国家统计局北京调查总队，建立了全市第二、三产业规模以上单位的能源消费季报制度。

各产业能源消费量的调查和测算方法是不同的，生产能源消费量是按照三次产业分别进行测算的。居民生活的能源消费量主要是根据国家统计局北京调查总队所开展的居民生活抽样调查资料推算得到。

从全市范围看，各能源品种的生产量、供应量和消费量应存在平衡关系。因此，在利用上述方法进行生产和居民生活的能源消费量测算时，还应根据全市各能源品种的生产量、供应量和供应结构进行平衡修正。

4-1 能源生产量

PRODUCTION OF ENERGY

项目		Item		2005	2004	2005年为2004年% 2005 as % of 2004
一次能源	**(万吨标煤)**	**Primary Energy**	**(10000 ton of SCE)**	**679.5**	**765.0**	**88.8**
原煤	(万吨)	Coal	(10000 tons)	945.2	1067.9	88.5
水电	(亿千瓦时)	Hydropower	(100 million kwh)	1.4	0.6	214.1
二次能源	**(万吨标煤)**	**Secondary Energy**	**(10000 ton of SCE)**	**2832.1**	**2850.8**	**99.3**
煤制品	(万吨)	Coal Products	(10000 tons)	2.4	3.4	70.6
焦炭	(万吨)	Coke	(10000 tons)	343.1	366.9	93.5
焦炉煤气	(亿立方米)	Coking Gas	(100 million cu.m)	15.1	15.6	96.7
其他煤气	(亿立方米)	Other Gas	(100 million cu.m)	117.6	125.0	94.0
汽油	(万吨)	Gasoline	(10000 tons)	156.5	169.8	92.2
煤油	(万吨)	Kerosene	(10000 tons)	12.4	8.1	152.4
柴油	(万吨)	Diesel Oil	(10000 tons)	176.8	180.7	97.8
燃料油	(万吨)	Fuel Oil	(10000 tons)	68.9	68.2	101.1
液化石油气	(万吨)	Liquefied Petroleum Gas	(10000 tons)	47.3	43.3	109.3
炼厂干气	(万吨)	Gas of Plant	(10000 tons)	46.1	18.4	250.4
其他石油制品	(万吨)	Other Petroleum Products	(10000 tons)	266.2	301.4	88.3
其他焦化产品	(万吨)	Other Coking Products	(10000 tons)	17.5	17.8	98.0
热力	(万百万千焦)	Heat	(10 billion kilo-joules)	11335.7	10973.9	103.3
电力	(亿千瓦时)	Electricity	(100 million kwh)	209.8	200.4	104.7

4-2 能源消费总量及万元地区生产总值能耗(1996-2005年)

TOTAL ENERGY CONSUMPTION AND ENERGY CONSUMPTION PER 10000 YUAN GDP (1996-2005)

单位：万吨标准煤 (10000 ton of SCE)

年份 Year	能源消费总量 Total Energy Consumption		#终端消费量 Terminal Consumption		万元GDP能耗(吨标准煤) Energy Consumption per 10000 yuan GDP (ton of SCE)		万元GDP能耗下降率(%) Decrease Rate of Energy Consumption per 10000 yuan GDP(%)	
	等价值 Amount	当量值 Equivalent	等价值 Amount	当量值 Equivalent	等价值 Amount	当量值 Equivalent	等价值 Amount	当量值 Equivalent
1996	3734.5	3416.8	3578.4	2966.0	2.09	1.91	2.75	2.99
1997	3719.2	3358.4	3568.3	2921.0	1.79	1.62	9.60	11.11
1998	3808.1	3437.9	3654.9	2990.1	1.60	1.45	6.88	6.25
1999	3906.6	3558.6	3749.0	3099.5	1.46	1.33	7.38	6.67
2000	4144.0	3713.5	3946.3	3171.7	1.31	1.17	5.07	7.14
2001	4229.2	3767.0	4036.6	3241.1	1.14	1.02	8.40	8.55
2002	4436.1	3922.1	4234.1	3384.4	1.02	0.91	5.83	6.54
2003	4648.2	4122.7	4475.9	3610.6	0.93	0.82	6.19	6.00
2004	5139.6	4521.9	4928.0	3928.5	0.85	0.75	2.83	3.19
2005	5521.9	4825.1	5323.1	4232.5	0.80	0.70	3.88	6.67

注：万元地区生产总值能耗按现价计算，下降率按可比价计算。

Note: Energy consumption per 10000 yuan GDP calculate at current prices,and decrease rate is at comparable prices.

4-3 能源平衡表(实物量)(简表)

单位：万吨

项　　目	Item	原煤 Coal	洗精煤 Clean Coal	其他洗煤 Other Washing Coal	煤制品 Coal Products	焦炭 Coke	焦炉煤气(亿立方米) Coking Gas (100 million cu.m)	其它煤气(亿立方米) Other Gas (100 million cu.m)
可供本地区消费的能源量	**Total Energy Available for Consumption**	**2563.37**	**455.02**	**8.42**		**49.15**		
加工转换投入(-)产出(+)量	**Input(-) or Output(+) in Processing and Transformation**	**-1293.35**	**-455.06**	**-8.25**	**2.40**	**205.21**	**13.01**	**85.59**
火力发电	Thermal Power	-897.75		-6.57			-0.64	-16.09
供　热	Heating	-393.22		-1.68			-1.44	-15.88
洗选煤	Washing-dressing Coal							
炼　焦	Coking		-455.06			343.08	15.09	
炼　油	Petroleum Refining							
制　气	Gas Production							117.56
#焦炭再投入量(-)	Coke Re-input(-)					-137.87		
煤制品加工	Coal Products Processing	-2.38			2.40			
损失量	**Losses**						**0.66**	
#运输和输配损失	in Transportation and Transmission						0.66	
终端消费量	**Final Consumption Industry**	**1312.02**	**0.24**	**0.03**	**2.42**	**259.53**	**12.29**	**85.74**
第一产业	Primary Industry	43.11						
农、林、牧、渔业	Farming, Forestry, Animal Husbandry and Fishery	43.11						
第二产业	Secondary Industry	656.00	0.24	0.03	1.49	259.53	10.75	85.74
工　业	Industry	636.71	0.24	0.03	1.49	259.53	10.75	85.74
#用作原料、材料	use in Materials	2.04				0.96		
建筑业	Construction	19.29						
第三产业	Tertiary Industry	380.34					1.20	
生活消费	Residential Consumption	232.57			0.93		0.34	
城　镇	Urban	62.85			0.93		0.34	
乡　村	Rural	169.72						
平衡差额	Balance	-42.00	-0.28	0.14	-0.02	-5.17	0.06	-0.15
消费量合计	**Total Energy Consumption**	**2605.37**	**455.30**	**8.28**	**2.42**	**397.40**	**15.03**	**117.71**

ENERGY BALANCE (ABRIDGED EDITION)

(10000 tons)

原油 Crude Oil	汽油 Gasoline	煤油 Kerosene	柴油 Diesel Oil	燃料油 Fuel Oil	液化石油气 Liquefied Petroleum Gas	炼厂干气 Net Gas of Plant	天然气(亿立方米) Natural Gas (100 million cu.m)	其它石油制品 Other Petroleum Products	其它焦化产品 Other Coking Products	热力(万百万千焦) Heat (10000 million kilo-joule)	电力(亿千瓦时) Electricity (100 million kwh)	其它能源(万吨标准煤) Others (10000 tons of SCE)	合计(万吨标准煤) Total (10000 tons of SCE)
799.62	**74.65**	**179.33**	**-27.83**	**-6.20**	**-9.76**		**31.74**	**94.56**	**-8.98**		**358.26**	**30.50**	**5481.04**
-796.87	**156.52**	**12.36**	**176.15**	**22.70**	**47.34**	**41.76**	**-1.72**	**241.27**	**17.45**	**11335.69**	**209.80**	**-26.37**	**-15.29**
			-0.48	-12.25			-0.28				209.80	-8.58	
			-0.17	-33.99		-4.31	-1.44	-24.91		11335.69		-17.79	
									17.45				-15.29
-796.87	156.52	12.36	176.80	68.94	47.34	46.07		266.18					
													131.64
													-131.64
2.73	**0.14**	**0.02**	**0.08**	**0.01**	**0.02**		**2.32**			**410.00**	**41.23**		**183.59**
2.73							2.32			410.00	41.23		183.18
	235.09	**189.34**	**140.13**	**19.63**	**46.08**	**41.76**	**28.00**	**337.86**	**5.43**	**11521.54**	**525.81**	**4.63**	**5323.07**
	4.49		8.72								11.43		86.35
	4.49		8.72								11.43		86.35
	25.88	0.30	42.65	19.63	6.27	41.76	2.73	337.86	5.43	5789.35	224.57	4.63	2556.15
	17.21	0.30	26.90	19.63	5.78	41.76	2.51	337.86	5.43	5690.26	209.91	4.63	2452.70
	0.77		0.26					315.24					454.24
	8.67		15.75		0.49		0.22			99.09	14.66		103.45
	101.32	189.04	82.76		8.26		19.61			3740.91	200.89		1866.20
	103.40		6.00		31.55		5.66			1991.28	88.92		814.37
	103.40		6.00		28.94		5.66			1991.28	70.64		630.67
					2.61						18.28		183.70
0.02	14.74	2.33	8.11	-3.14	-8.52		-0.30	-2.03	3.04	-595.85	1.02	-0.50	-40.90
799.60	**235.23**	**189.36**	**140.86**	**65.88**	**46.1**	**46.07**	**32.04**	**362.77**	**5.43**	**11931.54**	**567.04**	**31.00**	**5521.94**

4-4 分行业能源消费总量和主要能源品种消费量

单位：万吨

项目	Item	能源消费总量(万吨标准煤) Total Energy Consumption (10000 tons of SCE)	煤炭 Coal	焦炭 Coke
合计	**Total**	**5521.94**	**3068.97**	**397.40**
农、林、牧、渔业	Farming,Forestry,Animal Husbandry and Fishery	86.35	43.11	
采矿业	Mining	25.06	14.31	
煤炭开采和洗选业	Mining and Washing of Coal	7.96	3.84	
石油和天然气开采业	Extraction of Petroleum and Natural Gas	0.01		
黑色金属矿采选业	Mining and Processing of Ferrous Metal Ores	11.88	7.12	
有色金属矿采选业	Mining and Processing of Non-Ferrous Metal Ores	0.04		
非金属矿采选业	Mining and Processing of Nonmetal Ores	5.17	3.36	
其他采矿业	Mining of Other Ores			
制造业	Manufacturing	2296.01	1108.50	397.40
农副食品加工业	Processing of Food from Agriculture Products	20.70	14.26	
食品制造业	Manufacture of Foods	33.21	16.63	0.02
饮料制造业	Manufacture of Beverages	39.58	37.43	
烟草制造业	Manufacture of Tobacco	1.03		
纺织业	Manufacture of Textile	19.86	11.10	
纺织服装、鞋、帽制造业	Manufacture of Textile Wearing Apparel, Footware and Caps	17.07	13.97	
皮革、毛皮、羽毛(绒)及其制品业	Manufacture of Leather,Furs,Feather(Down) and Related Products	1.69	0.63	
木材加工及竹、藤、棕、草制品业	Processing of Timber,Manufacture of Wood, Bamboo,Rattan,Palm and Staw Products	5.46	1.00	
家具制造业	Manufacture of Furniture	6.26	2.34	0.01
造纸及纸制品业	Manufacture of Paper and Paper Products	14.78	10.74	
印刷业和记录媒介的复制	Printing,Reproduction of Recording Media	21.85	4.82	
文教体育用品制造业	Manufacture of Articles For Culture,Education and Sports Activity	2.62	1.57	
石油加工、炼焦及核燃料加工业	Processing of Petroleum, Coking,Processing of Nuclear Fuel	662.19	214.51	
化学原料及化学制品制造业	Manufacture of Raw Chemical Materials and	199.32	56.59	0.08
医药制造业	Manufacture of Medicines	20.36	14.92	
化学纤维制造业	Manufacture of Chemical Fibers	0.99	0.12	
橡胶制品业	Manufacture of Rubber	13.23	11.04	
塑料制品业	Manufacture of Plastics	20.91	7.20	
非金属矿物制品业	Manufacture of Non-Metallic Mineral Products	299.40	259.55	2.07

注：各行业能源总消费量为各行业终端消费量与各行业分摊的损失量和加工转换损失量之和，不等于分品种能源消费量(标准煤)的合计。

CONSUMPTION OF TOTAL ENERGY AND ITS MAIN VARIETIES BY SECTOR

(10000 tons)

汽 油 Gasoline	煤 油 Kerosene	柴 油 Diesel Oil	燃料油 Fuel Oil	液 化 石油气 Liquefied Petroleum Gas	天然气 (亿立方米) Natural Gas (100 million cu.m)	热 力 (万百万千焦) Heat (10 billion kilo-joule)	电 力 (亿千瓦时) Electricity (100 million kwh)
235.23	**189.36**	**140.86**	**65.88**	**46.10**	**32.04**	**11931.55**	**567.03**
4.49		8.72					11.43
0.31		1.82	0.36			0.45	3.49
0.21		0.20					1.44
0.01						0.45	
0.05		0.88	0.36				1.53
							0.01
0.05		0.73					0.51
16.09	0.32	24.74	30.00	5.78	2.40	5162.47	173.46
0.66		0.55	0.06	0.06	0.01	15.99	2.46
0.73		0.95	0.71	0.40	0.06	108.81	3.79
0.49		0.38				19.30	3.40
					0.05		0.12
0.39		0.33		0.01	0.01	72.37	2.47
0.70		0.33		0.02		5.67	1.66
0.08		0.01			0.02	1.30	0.27
0.13		0.07			0.10	11.67	0.88
0.41		0.16	0.01		0.01	2.73	1.11
0.42		0.68	0.11	0.02	0.01	5.81	1.55
1.03	0.03	0.31		0.07	0.15	48.77	3.94
0.13	0.01	0.06				4.14	0.31
0.72	0.02	0.79	13.81	4.12	0.01	2439.26	20.45
1.01	0.03	0.95	7.40	0.07	0.12	1054.78	13.82
0.34		0.31			0.06	27.30	2.20
0.01		0.03			0.01		0.24
0.17		0.03				21.19	1.32
0.55	0.01	0.50		0.03		12.95	4.27
1.23	0.01	9.77	5.50	0.19	0.55	13.54	21.42

Note: Total energy consumption in each sector is the end consumption of each sector plus losses shared by each sector and the losses from processing in each sector, but not equal to sum of consumption (SCE equivalent) of all sorts of energy.

4-4 续表1 continued

单位：万吨

项目	Item	能源消费总量(万吨标准煤) Total Energy Consumption (10000 tons of SCE)	煤炭 Coal	焦炭 Coke
黑色金属冶炼及压延加工业	Smelting and Pressing of Ferrous Metals	661.32	345.70	390.21
有色金属冶炼及压延加工业	Smelting and Pressing of Non-Ferrous Metals	6.40	1.14	0.33
金属制品业	Manufacture of Metal Products	23.51	7.22	0.45
通用设备制造业	Manufacture of General Purpose Machinery	32.13	9.27	3.96
专用设备制造业	Manufacture of Special Purpose Machinery	21.95	10.76	0.02
交通运输设备制造业	Manufacture of Transport Equipment	63.78	36.87	0.17
电气机械及器材制造业	Manufacture of Electrical Machinery and Equipment	13.73	3.07	0.02
通信设备、计算机及其他电子设备制造业	Manufacture of Communication Equipment, Computers and Other Electronic Equipment	52.32	1.13	
仪器仪表及文化、办公用机械制造业	Manufacture of Measuring Instruments and Machinery for Culture Activity and Office Work	5.22	0.79	0.01
工艺品及其他制造业	Manufacture of Artwork and Other Manufacturing	13.51	13.98	0.04
废弃资源和废旧材料回收加工业	Recycling and Disposal of Waster	1.59	0.16	
电力、燃气及水的生产和供应业	Production and Distribution of Electricity,Gas and Water	278.03	1269.91	
电力、热力的生产和供应业	Production and Distribution of Electric Power and Heat Power	260.24	1269.63	
燃气生产和供应业	Production and Distribution of Gas	2.24	0.05	
水的生产和供应业	Production and Distribution of Water	15.54	0.24	
建筑业	Construction	103.44	19.29	
交通运输、仓储和邮政业	Transportation,Storage,Posts and Telecommunications	563.39	22.89	
信息传输、计算机服务和软件业	Information Transmission,Computer Servecis and Software	52.32	1.80	
批发和零售业	Wholesale Trade and Retail Trade	157.56	12.57	
住宿和餐饮业	Hotel and Restaurants	199.88	29.30	
金融业	Finance	27.56	2.14	
房地产业	Real Estate Trade	306.71	119.43	
租赁和商务服务业	Tenancy and Commercial Servecis	115.26	35.50	
科学研究、技术服务和地质勘查业	Scientific Studies,Technical Servecis and Geological Prospecting	85.49	19.26	
水利、环境和公共设施管理业	Water,Environment and Municipal Engineering Conservancy	23.45	8.88	
居民服务和其他服务业	Resident Services and Other Services	64.88	39.76	
教育	Education	143.67	46.48	
卫生、社会保障和社会福利业	Health Care,Social Security and Social Welfare	52.44	18.63	
文化、体育和娱乐业	Culture,Art,Sports and Recreation	43.80	5.22	
公共管理和社会组织	Public Manage and Social Organization	82.28	18.50	
生活消费	**Residential Consumption**	**814.37**	**233.50**	
城镇	Urban	630.17	169.72	
乡村	Rural	184.20	63.78	

4-4 续表2 continued

(10000 tons)

汽 油 Gasoline	煤 油 Kerosene	柴 油 Diesel Oil	燃料油 Fuel Oil	液 化 石油气 Liquefied Petroleum Gas	天然气 (亿立方米) Natural Gas (100 million cu.m)	热 力 (万百万千焦) Heat (10 billion kilo-joule)	电 力 (亿千瓦时) Electricity (100 million kwh)
0.40		4.20	1.29		0.42	791.83	49.15
0.13		0.14	0.17	0.02		2.50	1.41
1.27	0.03	0.41	0.02	0.45	0.02	12.73	4.21
1.07	0.02	0.90		0.13	0.04	56.52	4.98
0.83	0.01	0.39		0.01	0.04	45.83	3.17
1.36	0.12	1.90	0.24	0.05	0.34	132.28	8.30
0.75		0.16	0.01	0.06	0.05	46.28	2.37
0.51		0.28	0.67	0.03	0.31	175.83	12.17
0.35		0.02			0.02	20.59	0.96
0.20	0.01	0.11		0.01	0.01	10.40	0.75
0.01		0.02				2.11	0.32
0.94		1.07	35.52	0.01	1.82	527.34	74.18
0.59		0.91	35.52	0.01	1.78	497.35	69.42
0.24		0.05			0.02	14.02	0.32
0.12		0.11			0.03	15.97	4.43
8.67		15.75		0.49	0.22	99.09	14.66
48.46	189.04	56.55		0.72	3.51	550.68	13.96
1.79		0.39		0.03	0.27	125.25	11.54
13.71		4.30		0.44	0.99	248.05	29.85
1.54		4.62		5.31	3.93	427.22	29.53
2.29		0.28		0.05	0.04	153.32	4.90
4.21		3.61		0.18	5.12	743.45	37.07
7.79		3.12		0.12	0.79	282.89	16.61
3.75		1.20		0.21	1.06	371.47	11.45
2.04		1.67		0.06	0.17	19.79	2.74
2.21		1.71		0.16	0.83	49.35	5.79
3.43		2.42		0.52	2.86	472.28	14.90
0.80		0.56		0.12	1.16	128.14	5.57
1.96		0.90		0.11	0.49	203.61	6.78
7.33		1.42		0.26	0.69	375.40	10.20
103.40		**6.00**		**31.55**	**5.66**	**1991.28**	**88.92**
103.40		6.00		28.94	5.66	1991.28	70.64
				2.61			18.28

4-5 能源消费弹性系数(2002-2005年)

ELASTICITY RATIO OF ENERGY CONSUMPTION (2002-2005)

项　　目	Item	2002	2003	2004	2005
能源消费比上年增长 (%)	Growth Rate of Energy Consumption over Preceding Year	4.90	4.80	10.60	7.40
电力消费比上年增长 (%)	Growth Rate of Electricity Consumption over Preceding Year	9.50	5.70	10.60	11.16
地区生产总值比上年增长 (%)	Growth Rate of Gross Domestic Product(GDP),over Preceding Year	11.5	11.0	14.10	11.80
能源消费弹性系数	Elasticity Ratio of Energy Consumption	0.43	0.44	0.75	0.63
电力消费弹性系数	Elasticity Ratio of Electricity Consumption	0.83	0.52	0.75	0.94

4-6 平均每万元地区生产总值能源消费量(2002-2005年)

ENERGY CONSUMPTION PER 10000 YUAN GROSS DOMESTIC PRODUCT (2002-2005)

项　　目		Item		2002	2003	2004	2005
能源总消费量	**(吨标煤)**	**Total**	**(tons of SCE)**	**1.02**	**0.93**	**0.85**	**0.80**
煤　炭	(吨)	Coal	(ton)	0.60	0.55	0.49	0.45
电　力	(万千瓦时)	Electricity	(10000 kwh)	0.10	0.09	0.08	0.08
石　油	(吨)	Petroleum	(ton)	0.16	0.13	0.16	0.16

注：2005年的万元工业增加值(现价)能耗为1.52吨标煤，电耗为1471千瓦时 。

Note: In 2005,energy consumption per 10000 yuan industrial added value was 1.52t SCE, and electricity consumption, 1471 kwh.

4-7 人均生活用能源

PER CAPITA ENERGY CONSUMPTION FOR NON-PRODUCTION PURPOSE

项　　目		Item		人均生活用能源 Non-production Consumption Per Capita 2005	2004
合　计	**（千克标准煤）**	**Total**	**(kg of SCE)**	**537.4**	**509.8**
煤　炭	（千克）	Coal	(kg)	154.1	167.6
电　力	（千瓦时）	Electricity	(kwh)	586.8	546.2
液化石油气	（千克）	Liquefied Petroleum Gas	(kg)	20.8	22.2
天然气	（立方米）	Natural Gas	(cu.m)	37.4	32.9
煤　气	（立方米）	Gas	(cu.m)	2.2	2.6

注：本表人均生活用能源按常住人口年平均数计算。

Note: This table is based upon average number of permanent residents.

4-8 主要能源日均消费量

AVERAGE DAILY ENERGY CONSUMPTION BY VARIETY

项　　目		Item		平均每天能源消费量 Average Daily Energy Consumption 2005	2004
合　计	**（万吨标准煤）**	**Total**	**(10000 tons of SCE)**	**15.1**	**14.1**
煤　炭	（万吨）	Coal	(10000 tons)	8.4	8.1
焦　炭	（万吨）	Coke	(10000 tons)	1.1	1.3
原　油	（万吨）	Crude Oil	(10000 tons)	2.2	2.2
汽　油	（万吨）	Gasoline	(10000 tons)	0.6	0.5
煤　油	（万吨）	Kerosene	(10000 tons)	0.5	0.5
柴　油	（万吨）	Diesel Oil	(10000 tons)	0.4	0.4
燃料油	（万吨）	Fuel Oil	(10000 tons)	0.2	0.2
电　力	（亿千瓦时）	Electricity	(100 million kwh)	1.6	1.4
天然气	（亿立方米）	Natural Gas	(100 million cu.m)	0.1	0.1

4-9 供水用水情况(2000-2005年)

WATER USE AND WATER SUPPLY (2000-2005)

年　份 year	供水总量（亿立方米） Total Water Supply (100 million cu.m)	地表水 Surface Water	地下水 Ground Water	其　他 Other	万元GDP水耗（立方米） Water consumption per 10000 yuan GDP (cu.m)	万元GDP水耗下降率(%) Decrease rate of water consumption per 10000 yuan GDP (%)
2000	40.4	13.3	27.2		127.81	
2001	38.9	11.7	27.2		104.92	13.74
2002	34.6	10.4	24.2		79.95	20.25
2003	35.8	8.3	25.4	2.1	71.26	6.84
2004	34.6	5.7	26.8	2.0	57.01	15.41
2005	34.5	7.0	24.9	2.6	50.10	10.84

注：万元GDP水耗按现价，下降率按可比价计算。

资料来源：北京市水务局。

Note: Water consumption per 10000 yuan GDP is at current prices,and decrease rate is at comparable prices.

Sources: Beijing Water Authority.

4-10 环境卫生

MUNICIPAL ENVIRONMENT AND SANITATION

项目	Item	2005	#城近郊区 City Proper and Near Suburb	2004	#城近郊区 City Proper and Near Suburb
工作量	**Work Load**				
清扫街道面积（万平方米／日）	Area Under Cleaning Program (10000 sq.m/day)	11247.7	7555.0	11001.9	6732.9
垃圾产生量（万吨）	Output of Garbage (10000 tons)	537	383	496	357
垃圾无害化处理量（万吨）	Volume of Harmless Disposal of Garbage (10000 tons)	436	365	393	334
垃圾无害化处理率（%）	Rate of Harmless Disposal of Garbage (%)	81.2	95.2	79.3	93.7
粪便清运量（万吨）	Volume of Excrement and Urine Disposal (10000 tons)	172	149	206	154
垃圾无害化处理能力（吨／日）	Capacity of Harmless Disposal of Garbage (ton/day)	10350	4718	9850	3500
环卫机械数量（辆）	**Number of Environmental Sanitation (unit)**	**5851**	**3288**	**5942**	**4322**
环卫设施	**Environmental Sanitation Facilities**				
公共厕所（座）	Lavatories (unit)	5635	4540	5598	4761
密闭式集装箱垃圾站（座）	Airtight Container Caerbage Stations (unit)	929	713	923	755

资料来源：北京市市政管理委员会。

Sources: Beijing Municipal Administration Commission.

4-11 环境保护基本情况

BASIC STATISTICS FOR ENVIRONMENT PROTECTION

项目		Item		2005	2004
自然保护区数	(个)	Number of Nature Reserves	(unit)	20	18
自然保护区面积	(万公顷)	Are of Nature Reserves	(10000 hectares)	13.6	12.9
建成区区域环境噪声平均值	(分贝)	Average Nosies Value in Urban Area	[dB(A)]	53.2	53.9
建成区道路交通干线噪声平均值	(分贝)	Average Nosies Value Around Urban Traffic Trunks	[dB(A)]	69.5	69.6
可吸入颗粒物年日均值	(毫克/立方米)	Annual Average of Daily PM10 Concentration	(mg/cu.m)	0.142	0.149
二氧化硫年日均值	(毫克/立方米)	Annual Average of Daily SO_2 Concentration	(mg/cu.m)	0.050	0.055
二氧化氮年日均值	(毫克/立方米)	Annual Average Daily No_2 Concentration	(mg/cu.m)	0.066	0.071

资料来源：北京市环境保护局。

Sources: State Environmental Protection Administration of Beijing.

4-12 空气污染指数监测情况(2005年)

MINITORING STATISTICS FOR AIR POLLUTION INDEX (2005)

单位：天 (day)

首要污染物 First Pollutant / 污染指数 Pollution Index			合计 Total	可吸入颗粒物 Pellet can be Breathe in	二氧化氮 Nitrogen Dioxide	二氧化硫 Sulphur Dioxide
合	**计**	**Total**	**365**	**318**	**2**	**45**
一	级	First Grade	34	23	2	9
二	级	Second Grade	200	167	0	33
三	级	Third Grade	122	119	0	3
四	级	Fourth Grade	3	3	0	0
五	级	Fifth Grade	6	6	0	0

注：上表反映全年被监测的三种主要污染物成为首要污染物的天数分布。

资料来源：北京市环境保护局。

Note: The top table indicates day-distribution of the three main pollutant supervised as first one in the whole year.

Sources: State Environmental Protection Administration of Beijing.

主要统计指标解释

能源生产量 能源生产量是反映能源生产规模、构成、生产成果的重要指标。按能源的成因分为一次能源（亦称天然能源）生产量和二次能源（亦称人工能源）生产量。

能源消费总量 指报告期内社会各行业和居民生活所消费的各种能源数量，是观察本地区能源消费水平、构成和发展速度的总量指标，能源总消费量包括终端能源消费量、加工转换损失量和损失量三部分。

能源消费总量（等价值） 是电力、热力按等价热值计算的能源总量。等价热值是能源统计中经常使用的一个热值概念，是指加工转换产出的某种二次能源所投入的一次能源的量，即获得一个度量单位的某种二次能源所消耗的以热值表示的一次能源。

能源消费总量（当量值） 是电力按当量热值计算的能源总量。当量热值又称理论热值（或实际发热值），是指某种能源一个度量单位本身所含热量，每种能源的当量热值可以通过专门设备进行实测。当量热值是能源统计中经常使用的一个热值概念。

一次能源生产量 指报告期内生产一次能源的企业将自然界现存的能源资源经过开采而产出的合格产品，主要包括原煤、原油、天然气、水电等。

二次能源生产量 指报告期内将一次能源经过各种加工转换设备生产出的另一种形式的各种合格的能源产品。如火电、热力、洗煤、焦炭、各种石油制品、焦炉煤气、城市煤气等。

能源加工转换投入产出量：能源具有由一种能量形式转换为另一种能量形式及耗用过程中可用一种能源替代另一种能源的特征。为提高能源的利用价值和效率，对能源进行加工、转换，产出适合生产和生活需要的更高级的能源产品。在加工转换投入(-)产出(+)量中，“-”表示能源加工转换的投入量，“+”表示二次能源的产出量。

投入量：是指为加工转换二次能源及其它石油制品和其它焦化产品，所投入到加工转换设备的各种能源。在表中以负数表示。

产出量：是指各种能源经过加工转换后，产出的各种二次能源产品（包括不作为能源使用的副产品，联产品）。

损失量：指能源在经营管理和生产、输送、分配、储存等过程中发生的损失以及由于自然因素等原因造成的损失。不包括加工转换损失量。

终端消费量：反映作为原料、燃料和动力消费的能源及其去向，它们的消费过程体现了能源消费的终止，不会再在社会上重新作为能源投入使用。终端消费量不包括用于能源加工转换投入量、加工转换损失量和损失量。

平均每万元国内生产总值能源消费量 能源总消费量或分品种能源消费量与国内生产总值之比。

人均生活用能量 指用于生活消费的各种能源数量与人口总数之比。

垃圾无害化处理能力 指垃圾无害化处理场（厂）按工艺设计每天所能处理生活垃圾的数量。垃圾无害化处理场（厂）必须是按照有关技术、环境、卫生标准和规范进行设计、建设、运行、维护和管理的各种生活垃圾处理设施，主要包括卫生填埋场、堆肥厂和焚烧厂等。

全社会固定资产投资和房地产开发投资

TOTAL INVESTMENT IN FIXED ASSETS AND REAL ESTATE DEVELOPMENT

简要说明

一、本章资料的主要内容

本章资料包括历年全社会固定资产投资及其主要分组；2005年及同期的全市固定资产投资及其细化分组；2005年北京市主要新增生产能力(或效益)；房地产开发企业基本情况。

二、本章的资料来源

农户固定资产投资来自国家统计局北京调查总队农业调查处；其余资料均来自北京市统计局固定资产投资处。

三、本章的统计调查方法

除农户固定资产投资统计采用抽样调查方法外，其他均为全面调查。

5-1 按登记注册类型分全社会固定资产投资(1985-2005年)

TOTAL INVESTMENT IN FIXED ASSETS BY REGISTRATION STATUS (1985-2005)

单位：亿元 (100 million yuan)

年 份 Year	全社会固定资产投资 Total Investment in Fixed Assets	国 有 State-Owned	集 体 Collective-Owned	联 营 Joint Owned	股份制 Share Holding	港澳台商投资 Hongkong, Macao and Taiwan	外商投资 Foreign Funded	私营个体 Private	其 他 Others
1985	94.0	73.6	16.2					4.2	
1986-1990	**724.1**	**609.6**	**83.1**					**31.4**	
1986	106.2	88.7	13.3					4.2	
1987	136.2	115.8	15.2					5.2	
1988	163.0	133.2	21.4					8.4	
1989	139.5	117.7	15.1					6.7	
1990	179.2	154.2	18.1					6.9	
1991-1995	**2358.7**	**1764.2**	**188.7**					**24.8**	
1991	192.0	165.0	20.2					6.8	
1992	266.0	230.1	27.3					8.6	
1993	410.4	340.1	37.4					2.0	
1994	648.8	514.8	44.6					3.1	
1995	841.5	514.2	59.2					4.3	
1996-2000	**5461.7**	**3380.8**	**261.8**					**155.3**	
1996	876.9	545.7	57.6					4.8	
1997	961.2	605.7	54.7					4.0	
1998	1155.6	727.9	48.7					30.9	
1999	1170.6	735.7	55.8					36.1	
2000	1297.4	765.8	45.0					79.5	
2001-2005	**10857.4**	**3922.4**	**303.3**					**809.4**	
2001	1530.5	752.6	45.8					110.9	
2002	1814.3	771.5	53.9					150.6	
2003	2157.1	745.1	62.4					201.3	
2004	2528.3	755.5	69.5	3.1	1063.8	204.5	198.8	176.4	56.7
2005	2827.2	897.7	71.7	6.2	1211.8	164.1	274.1	170.2	31.4

注：1. 根据国家统计局有关规定，从2004年年报起，全社会固定资产投资中不包括零星购置投资。

2. 从2005年开始，私营个体投资调整计算口径，2004年数据已按同口径调整。

Note: a) National Bureau of statistics of china prescribed, From 2004, Total investment in fixed assets except building and purchase of odd fixed asset

b) From 2005,calculation method for private investment is adjusted.Data for 2004 have been adjusted with such method.

5-2 按投资方向分全社会固定资产投资及新增固定资产(1985-2005年)

INVESTMENT IN FIXED ASSETS AND ITS INCREMENTAL FIXED ASSETS BY INVESTMENT DIRECTION (1985-2005)

单位：亿元 (100 million yuan)

年份 Year	全社会固定资产投资 Total Investment in Fixed Assets	城镇固定资产投资 Urban Fixed Assets	#房地产开发投资 Real Estate Development Investment	农村投资 Rural Investment	新增固定资产投资 Incremental Fixed Assets
1985	94.0	77.8		14.6	
1986-1990	**724.1**	**634.9**	**22.5**	**76.5**	
1986	106.2	94.5		10.4	
1987	136.2	121.4		12.7	
1988	163.0	138.7		21.3	
1989	139.5	122.2		14.7	
1990	179.2	158.1	22.5	17.4	
1991-1995	**2358.7**	**2181.5**	**568.4**	**154.1**	**1229.1**
1991	192.0	168.4	24.0	21.0	139.0
1992	266.0	234.7	33.7	27.2	157.8
1993	410.4	376.6	58.4	30.0	201.6
1994	648.8	607.4	99.5	35.7	356.0
1995	841.5	794.4	352.8	40.2	374.7
1996-2000	**5461.7**	**5063.8**	**1979.5**	**322.7**	**4051.2**
1996	876.9	825.6	328.2	43.6	592.5
1997	961.2	912.4	330.3	40.6	637.9
1998	1155.6	1060.3	377.4	75.8	759.3
1999	1170.6	1072.9	421.5	78.2	949.5
2000	1297.4	1192.6	522.1	84.5	1112.0
2001-2005	**10857.4**	**10033.6**	**5974.0**	**755.4**	**6897.4**
2001	1530.5	1417.1	783.8	93.7	1177.0
2002	1814.3	1688.2	989.4	102.5	1251.0
2003	2157.1	1999.9	1202.5	132.1	1165.9
2004	2528.3	2333.0	1473.3	195.3	1455.1
2005	2827.2	2595.4	1525.0	231.8	1848.4

注：1. 根据国家统计局有关规定，从2004年年报起，全社会固定资产投资中不包括零星购置投资。
2. 2004年、2005年新增固定资产投资中包含农村投资。

Note: a) National Bureau of statistics of china prescribed,From 2004,Total investment in fixed assets except building and purchase of odd fixed assets.
b) Incremental fixed assets in 2004 and 2005 included rural investment.

5-3 按产业分全社会固定资产投资(1985-2005年)

INVESTMENT IN FIXED ASSETS BY INDUSTRY (1985-2005)

单位：亿元 (100 million yuan)

年份 Year	全社会固定资产投资 Total Investment in Fixed Assets	第一产业 Primary Industry	第二产业 Secondary Industry	#工业 Industry	#能源工业 Energy	第三产业 Tertiary Industry	#运输邮电业 Transportation, Post and Telecommunications
1985	94.0	1.6	32.4	28.8	4.4	43.8	5.3
1986-1990	**724.1**	**9.4**	**218.8**	**209.1**	**43.1**	**384.2**	**47.7**
1986	106.2	1.5	41.4	38.8	5.5	51.6	6.6
1987	136.2	1.6	46.9	44.3	10.0	72.9	9.7
1988	163.0	2.0	48.8	47.2	9.9	87.9	7.8
1989	139.5	1.9	38.4	37.0	8.5	81.9	10.0
1990	179.2	2.4	43.3	41.8	9.2	89.9	13.6
1991-1995	**2358.7**	**15.5**	**624.1**	**585.1**	**154.8**	**973.5**	**256.2**
1991	192.0	2.7	51.3	49.3	11.8	90.4	13.0
1992	266.0	3.9	82.9	80.2	22.0	114.2	28.4
1993	410.4	2.1	150.4	134.6	28.2	165.7	51.7
1994	648.8	3.7	185.8	175.9	40.2	318.4	81.2
1995	841.5	3.1	153.7	145.1	52.6	284.8	81.9
1996-2000	**5461.7**	**9.9**	**914.3**	**866.6**	**402.2**	**2160.2**	**615.3**
1996	876.9	2.8	174.9	167.3	69.8	319.7	99.5
1997	961.2	0.9	201.1	192.1	93.3	380.1	113.4
1998	1155.6	1.5	201.7	192.6	96.2	479.7	169.8
1999	1170.6	1.7	179.4	166.6	85.1	470.4	108.2
2000	1297.4	3.0	157.2	148.0	57.8	510.3	124.4
2001-2005	**10857.4**	**24.4**	**1210.8**	**1151.2**	**316.1**	**3251.5**	**1085.7**
2001	1530.5	1.8	130.7	124.9	42.1	500.8	148.3
2002	1814.3	1.9	155.4	148.5	51.8	541.5	194.1
2003	2157.1	2.3	178.5	172.3	35.3	616.6	215.7
2004	2528.3	6.5	336.5	322.1	66.0	712	218.8
2005	2827.2	11.9	409.7	383.4	120.9	880.6	308.8

注：1. 根据国家统计局有关规定，从2004年年报起，全社会固定资产投资中不包括零星购置投资。
2. 按三次产业划分的固定资产投资2004年以前不含房地产开发投资及农村投资，2004年起仅不包括房地产开发投资。

Note: a) National Bureau of statistics of china prescribed, From 2004,Total investment in fixed assets except building and purchase of odd fixed assets.
b) Data of investment grouped by three industry excluded real estate development and investment in fixed in rural assets before 2004, and just excluded real estate investment effective 2004.

5-4 按资金来源分固定资产投资(1985-2005年)

TOTAL INVESTMENT IN FIXED ASSETS BY SOURCE OF FUNDS (1985-2005)

单位：亿元 (100 million yuan)

年 份 Year	上年末结余资金 Balance of Last Year end	本年资金来源小计 Subtotal This Year	国家预算内资金 State Budgetary Funds	国内贷款 Domestic Loans	利用外资 Foreign investment	自筹资金 Self-raising Funds	其他资金 Others Funds
1985		77.8	30.4	11.5	5.1	26.4	4.4
1986-1990		**629.4**	**184.9**	**90.3**	**69.1**	**245.6**	**39.5**
1986		94.5	33.0	17.0	4.6	37.4	2.5
1987		126.2	43.1	19.5	8.8	49.1	5.7
1988		149.4	37.4	18.2	22.3	62.3	9.2
1989	25.1	123.1	35.6	12.8	18.2	44.5	12.0
1990	21.6	136.2	35.8	22.8	15.2	52.3	10.1
1991-1995		**1734.6**	**254.5**	**274.8**	**189.6**	**888.4**	**127.3**
1991	27.7	151.1	35.5	28.2	13.9	65.5	8.0
1992	29.7	216.7	42.2	40.1	14.9	109.9	9.6
1993	36.4	350.2	46.4	71.0	28.0	168.9	35.9
1994	46.8	549.7	62.5	70.9	87.8	283.7	44.8
1995	74.7	466.9	67.9	64.6	45.0	260.4	29.0
1996-2000		**3075.9**	**492.2**	**501.1**	**195.2**	**1705.0**	**182.4**
1996	79.0	503.5	73.1	71.1	53.8	265.7	39.8
1997	72.9	587.5	82.8	89.7	51.3	322.4	41.3
1998	87.0	669.4	93.9	108.4	41.2	382.9	43.0
1999	101.5	657.6	135.7	96.9	34.5	359.1	31.4
2000	156.8	657.9	106.7	135.0	14.4	374.9	26.9
2001-2005		**4344.8**	**555.5**	**1006.4**	**158.0**	**2455.9**	**169.0**
2001	132.5	645.4	135.0	89.0	15.4	372.5	33.5
2002	154.8	706.9	108.5	161.1	24.7	386.0	26.6
2003	204.5	802.6	78.4	168.4	19.4	511.9	24.5
2004	183.7	961.3	110.6	220.2	68.0	530.4	32.1
2005	235.5	1228.6	123.0	367.7	30.5	655.1	52.3

注：按资金来源划分的固定资产投资不含房地产开发投资及农村投资。

Note: Data of investment grouped by source of funds excluded real estate development and investment in fixed in rural assets.

5-5 房地产开发情况(1985-2005年)

STATISTICS ON REAL ESTATE DEVELOPMENT (1985-2005)

年 份 Year	投 资 总 额 (亿元) Total Investment (100 million yuan)	商品房施工面积 (万平方米) Floor Space of Commodity Buildings under Construction (10000 sq.m)	#本年新开工面积 New Construction of this Year	商品房竣工面积 (万平方米) Floor Space of Commodity Buildings Completed (10000 sq.m)	商品房销售面积 (万平方米) Space of Commodity Buildings Sales (10000 sq.m)	商品房销售额 (亿元) Sales of Commodity Buildings (100 million yuan)
1990	22.5	774.0	249.1	271.6	142.2	20.3
1991-1995	**568.4**		**3022.6**	**2061.7**	**855.6**	**218.7**
1991	24.0	815.1	317.6	275.2	154.0	22.0
1992	33.7	1021.1	508.6	331.4	159.1	25.5
1993	58.4	1262.0	524.8	356.4	182.0	41.0
1994	99.5	1593.2	659.4	445.7	168.6	60.4
1995	352.8	2810.2	1012.2	653.0	191.9	69.8
1996-2000	**1979.5**		**5359.2**	**4762.6**	**2416.7**	**1251.4**
1996	328.2	2824.6	578.7	663.4	215.3	94.7
1997	330.3	2869.6	848.4	682.3	290.9	164.1
1998	377.4	3499.1	1193.4	842.8	409.2	214.4
1999	421.5	3784.0	1061.8	1208.5	544.4	307.5
2000	522.1	4455.0	1676.9	1365.6	956.9	407.7
2001-2005	**5974.0**		**15449.8**	**13523.4**	**10084.3**	**5329.6**
2001	783.8	5966.7	2789.8	1707.4	1205.0	609.9
2002	989.4	7510.7	3206.0	2384.4	1708.3	813.8
2003	1202.5	9070.7	3433.8	2593.7	1895.8	898.0
2004	1473.3	9931.3	3054.3	3067.0	2472.0	1249.1
2005	1525.0	10748.5	2965.9	3770.9	2803.2	1758.8

5-6 全社会固定资产投资

TOTAL INVESTMENT IN FIXED ASSETS

单位：亿元 (100 million yuan)

项　　目	Item	2005	2004
全社会固定资产投资	**Total Investment**	**2827.2**	**2528.3**
#地方投资	Local Investment	2462.9	2247.3
#基础设施投资	Investment in Infrastructures	610.7	463.2
#住宅建设投资	Investment in Housing Construction	853.8	843.4
#建安投资	Investment in Architectural Installation	1569.5	1438.9
按统计内容分	**By the Content of Statistics**		
城镇固定资产投资	Urban Investmetn in Fixed Assets	2595.4	2333.0
#房地产开发投资	Investment in Real Estate Development	1525.0	1473.3
农村投资	Rural Investment	231.8	195.3
按经济类型分	**By the Type of Economy**		
国有经济投资	Investment by State-owned Economy	897.7	755.4
民间投资	Investment by Civilians	1491.3	1369.6
外商及港澳台投资	Investment by Foreign Businessmen and Hong Kong, Macao,and Taiwan Compatriots	438.2	403.3

注：1. 根据国家统计局有关规定，从2004年年报起，全社会固定资产投资中不包括零星购置投资。

2. 民间投资为非国有投资扣除外商及港澳台企业投资。

Note: a) National Bureau of statistics of china prescribed, From 2004, Total investment in fixed assets except building and purchase of odd fixed assets

b) Investment by civilians means non-state investment deducting investment by Foreign Businessmen and Hong Kong,Macao,and Taiwan Compatriots.

5-7 全市固定资产投资及施工项目情况

STATISTICS ON INVESTMENT IN FIXED ASSETS AND CONSTRUCTION PROJECTS IN BEIJING

单位：万元 (10000 yuan)

项 目	Item	2005			2004		
		合 计 Total	城 镇 Urban	农 村 Rural	合 计 Total	城 镇 Urban	农 村 Rural
投资额	**Total**	**12850236**	**10703998**	**2146238**	**10260806**	**8597187**	**1663619**
按构成分	**Grouped by Use of Funds**						
建筑安装工程	Construction and Installation	6876395	5491537	1384858	5667992	4529271	1138721
设备工器具购置	Purchases of Equipments and Instruments	3250238	2781335	468903	2623598	2222018	401580
其他费用	Others Expense	2723603	2431126	292477	1969216	1845898	123318
按建设性质分	**Grouped by Type of Construction**						
新 建	New Construction	4780600	3708084	1072516	4307786	3529802	777984
扩 建	Expansion	5604153	4855833	748320	4212209	3584109	628100
改建和技术改造	Rebuilding and Technical Rennovation	1367688	1243095	124593	1016890	919718	97172
住宅等生活设施	Living Facilities Such As Dwelling Houses	293297	237401	55896	245462	231462	14000
迁 建	Movement	108199	98696	9503	142407	138526	3881
恢 复	Recovery	2978	2978		9738	8771	967
单纯购置	Simple Purchase	693321	557911	135410	326314	184799	141515
按建设阶段分	**By the Stage of Construction**						
筹 建	Preparatory	401922	396078	5844	202346	155418	46928
本年正工施工	Under Construction in the Year	11727603	9734859	1992744	9728873	8256711	1472162
本年收尾	To Be Ended in the Year	12040		12040			
全部停缓建	All Suspended or Terminated	15350	15150	200	1249	259	990
单纯购置	Simple Purchase	693321	557911	135410	328338	184799	143539
按控股情况分	**By the Status of Sharing Holding**						
国有绝对控股	Absolutely Held by State-owned Enterprise	8692689	8122762	569927	7706720	6374872	1331848
国有相对控股	Relatively Held by State-owned Enterprise	567465	496639	70826	249431	123715	125716
集体绝对控股	Absolutely Held by Collective Enterprise	209772	31126	178646			
集体相对控股	Relatively Held by State-owned Enterprise	15627	1511	14116			
全市施工项目 （个）	**Total Projects under Construction (unit)**	**2999**	**1358**	**1641**	**3146**	**1609**	**1537**
#本年新开工	Started this Year	1991	584	1407	2169	784	1385
#全部竣工投产项目	Total Projects Completed and Put into Use	1655	481	1174	1998	713	1285
建设项目投产率 (%)	Rate of Projects Completed and Put into Use (%)	55.2	35.4	71.5	63.5	44.3	83.6

注：本表不含房地产开发投资，农村投资中不含农户投资（下表同）。2005年农户投资为172028万元。

Note: This Table excluded investment in real estate development. Rural investment excluded investment by farmers (the same in below tables). In 2005, investment by farmers stands at 1720.28 million yuan.

5-8 地方固定资产投资
LOCAL INVESTMENT IN FIXED ASSETS

单位：万元 (10000 yuan)

项目	Item	2005			2004		
		合计 Total	城镇 Urban	农村 Rural	合计 Total	城镇 Urban	农村 Rural
投资额	**Total**	**9799002**	**7652764**	**2146238**	**7859431**	**6195812**	**1663619**
按构成分	**Grouped by Use of Funds**						
建筑安装工程	Construction and Installation	4883500	3517319	1366181	4241392	3102671	1138721
设备工器具购置	Purchases of Equipments and Instruments	2237190	2218513	18677	2147759	1746179	401580
其他费用	Others Expense	2678312	1916932	761380	1470280	1346962	123318
按建设性质分	**Grouped by Type of Construction**						
新　建	New Construction	4190311	3117795	1072516	4028895	3250911	777984
扩　建	Expansion	3772977	3024657	748320	2487296	1859196	628100
改建和技术改造	Rebuilding and Technical Rennovation	1015265	890672	124593	772790	675618	97172
住宅等生活设施	Living Facilities Such As Dwelling Houses	149595	93699	55896	134743	120743	14000
迁　建	Movement	81291	71788	9503	117502	113621	3881
恢　复	Recovery	2978	2978		9738	8771	967
单纯购置	Simple Purchase	586585	451175	135410	308467	166952	141515
按建设阶段分	**By the Stage of Construction**						
筹　建	Preparatory	266121	260277	5844	180770	133842	46928
本年正工施工	Under Construction in the Year	8918906	6926162	1992744	7366921	5894759	1472162
本年收尾	Be Ended in the Year	12040		12040			
全部停缓建	All Suspended or Terminated	15350	15150	200	1249	259	990
单纯购置	Simple Purchase	586585	451175	135410	310491	166952	143539
按控股情况分	**By the Status of Sharing Holding**						
国有绝对控股	Absolutely Held by State-owned Enterprise	5728265	5158338	569927	5351935	4020087	1331848
国有相对控股	Relatively Held by State-owned Enterprise	567465	496639	70826	246913	121197	125716
集体绝对控股	Absolutely Held by Collective Enterprise	209772	31126	178646			
集体相对控股	Relatively Held by State-owned Enterprise	15627	1511	14116			

5-9 全社会城市基础设施投资(2005年)

TOTAL MUNICIPAL INFRASTRUCTURE INVESTMENT (2005)

项目	Item	投资额(万元) Investment (10000 yuan)		比重(%) Proportion (%)	
		全市 Total	#城镇 Town	全市 Total	#城镇 Town
合计	**Total**	**6106504**	**5662201**	**100.0**	**100.0**
能源	**Energy**	**1022513**	**982288**	**16.7**	**17.3**
电力	Electricity	699812	695702	11.5	12.3
供热	Heat	121494	120654	2.0	2.1
供气	Gas	120162	110731	2.0	2.0
供水	Water	81045	55201	1.3	1.0
公共服务业	**Public Services**	**1603338**	**1473269**	**26.3**	**26.0**
园林绿化	Parks and Green Areas	54731	50833	0.9	0.9
环境卫生	Environmental Sanitation	72526	59123	1.2	1.0
市政工程管理	Municipal Construction	1406151	1300082	23.0	23.0
其他公共服务业	Others	69930	63231	1.1	1.1
交通运输	**Transportation**	**2240985**	**2168479**	**36.7**	**38.3**
铁路	Railway	39622	39622	0.6	0.7
公路	Highway	407584	344302	6.7	6.1
城市公共交通业	Public Traffic	1131892	1122668	18.5	19.8
#公交电汽车客运	Buses and Trolleys	270900	270900	4.4	4.8
出租汽车	Taxies	125106	115882	2.0	2.0
航空	Aviation	661887	661887	10.8	11.7
邮政电信	**Posts and Telecommunications**	**698853**	**695749**	**11.4**	**12.3**
邮政	Posts	4675	4675	0.1	0.1
电信	Telecommunications	694178	691074	11.4	12.2
其他	**Others**	**540815**	**342416**	**8.9**	**6.0**
#水利	Water Conservancy	204933	156853	3.4	2.8

5-10 能源及交通邮电投资

INVESTMENT IN ENERGY, TRANSPORTATION, POST & TELECOM

单位：万元 (10000 yuan)

项目	Item	投资额 Investment 2005	投资额 Investment 2004	#城镇 Town 2005	#城镇 Town 2004
合计	**Total**	**3133723**	**2369203**	**2995450**	**2334062**
能源投资额	**Investment in Energy**	**1210035**	**679832**	**1168557**	**657791**
煤(国家统配煤矿)	Coal(State Collieries)	10162	10358	4268	3238
电(公用电厂及小水电)	Electricity(Public Power Plants and Hydropower Stations)	820619	403087	808543	401541
油品(炼油厂原油加工)	Oil Products(Crude Oil Processing of Refinery)	131160	43423	123933	39484
燃料气(液化石油气、焦炉煤气)	Fuel Gas(Liquefied Petroleum Gas,Gas)	121600	72642	111159	65605
热气(燃气集团)	Heat(Gas turbing group)	126494	150322	120654	147923
交通邮电投资额	**Investment in Transportation**	**1923688**	**1689371**	**1826893**	**1676271**
铁路	Railway	56871	75913	56871	74663
公路	Highway	281701	305067	273717	296078
航空	Aviation	97752	16044	97752	16044
邮政、电信	Posts and Telecommunications	738351	684606	735751	682706
交通运输辅助业	Transportation Subsidiary Services	749013	607741	662802	606780

5-11 固定资产投资及新增固定资产(按行业分)(2005年)

INVESTMENT IN FIXED ASSETS AND ITS INCREMENTAL FIXED ASSETS (BY SECTOR) (2005)

单位：万元 (10000 yuan)

行业	Sector	投资额 Investment			新增固定资产 Incremental Fixed Assets		
		合计 Total	中央 Central	地方 Local	合计 Total	中央 Central	地方 Local
合计	**Total**	**10703998**	**3051234**	**7652764**	**5313778**	**1165450**	**4148328**
农、林、牧、渔业	**Farming, Forestry, Animal Husbandry and Fishery**	**23780**		**23780**	**20745**		**20745**
农业	Farming	2114		2114	7823		7823
林业	Forestry	10090		10090	5113		5113
畜牧业	Animal Husbandry	5825		5825	7014		7014
渔业	Fishery				795	795	
农、林、牧、渔服务业	FFAF Services	5751		5751	48835	48040	795
采矿业	**Mining**	**32852**	**271**	**32581**	**48835**		**48835**
煤炭开采和洗选业	Mining and Washing of Coal	4268		4268	3126		3126
石油和天然气开采业	Extraction of Petroleum and Natural Gas	271	271				
黑色金属矿采选业	Mining and Processing of Ferrous Metal Ores	28313		28313	45709		45709
制造业	**Manufacturing**	**1889667**	**247506**	**1642161**	**1727569**	**209899**	**1517670**
农副食品加工业	Processing of Food from Agriculture Products	6525		6525	20000		20000
食品制造业	Manufacture of Foods	33326		33326	40083		40083
饮料制造业	Manufacture of Beverages	4252		4252	4252		4252
烟草制造业	Manufacture of Tobacco	4333	4333		14870	14870	
纺织业	Manufacture of Textile	10838		10838	19261		19261
纺织服装、鞋、帽制造业	Manufacture of Textile Wearing Apparel, Footware and Caps	2023		2023	1905		1905
木材加工及木、竹藤、棕、草制品	Processing of Timber,Manufacture of Wood, Bamboo,Rattan,Palm,and Straw Products	25037		25037	27533		27533
造纸及纸制品业	Manufacture of Paper and Paper Products	2620		2620	8087		8087
印刷业和记录媒介的复制	Printing Reproduction of Recording	37856	21911	15945	66511	54313	12198
石油加工、炼焦及核燃料加工业	Processing of Petroleum, Coking, Processing of Nuclear Fuel	123662	122452	1210	31027	23497	7530
化学原料及化学制品制造业	Manufacture of Raw Chemical Materials and Chemical Products	50221	36624	13597	51668	49861	1807
医药制造业	Manufacture of Medicines	64746	8043	56703	93002	13432	79570
橡胶制品业	Manufacture of Rubber						
塑料制品业	Manufacture of Plastics	15246	810	14436	20551	910	19641
非金属矿物制品业	Manufacture of Non-metal Mineral Products	28292	4430	23862	12131	4008	8123
黑色金属冶炼及压延加工业	Smelting and Processing of Ferrous Metals	93259		93259	89534		89534
有色金属冶炼及压延加工业	Smelting and Processing of Non-ferrous Metals	6878	1794	5084	43234	22320	20914
金属制品业	Manufacture of Metal Products	5391		5391	8355		8355
通用设备制造业	Manufacture of General Purpose Machinery	47709		47709	24035		24035

注：本表不含房地产开发及农村投资。
Note: This Table excluded investment in real estate development and rural investment.

5-11 续表1 continued

单位：万元 (10000 yuan)

行业	Sector	投资额 Investment 合计 Total	中央 Central	地方 Local	新增固定资产 Incremental Fixed Assets 合计 Total	中央 Central	地方 Local
专用设备制造业	Manufacture of Special Purpose Machinery	35505	12477	23028	31993	1599	30394
交通运输设备制造业	Manufacture of Transport Equipment	495240	28314	466926	160633	9749	150884
电气机械及器材制造业	Manufacture of Electrical Machinery and Equipment	12313		12313	14445		14445
通信设备、计算机及其他电子设备制造业	Manufacture of Communication Equipment, Computers and Other Electronic Equipment	745572	3132	742440	931241	15118	916123
仪器仪表及文化、办公用机械制造业	Manufacture of Measuring Instruments and Machinery for Culture Activity and Office Work	8993	3186	5807	11949	222	11727
工艺品及其他制造业	Manufacture of Artwork and Other Manufacturing	5342		5342			
电力、燃气及水的生产和供应业	**Production and Distribution of Electricity, Gas and Water**	**1108963**	**104039**	**1004924**	**734028**	**73684**	**660344**
电力、热力的生产和供应业	Production and Distribution of Electric Power and Heat Power	929197	103959	825238	569903	73604	496299
煤气生产和供应业	Production and Distribution of Gas	111159		111159	114974		114974
水的生产和供应业	Production and Distribution of Water	68607	80	68527	49151	80	49071
建筑业	**Construction**	**53772**	**8238**	**45534**	**31120**	**4276**	**26844**
房屋和土木工程建筑业	Construction of Buildings and Civil Engineering	45805	8238	37567	23503	4276	19227
建筑安装业	Building Installation	3977		3977	3627		3627
交通运输、仓储和邮政业	**Transport,Storage and Post**	**2262023**	**793932**	**1468091**	**730154**	**148792**	**581362**
铁路运输业	Railway Transport	56871	56367	504	27267	26763	504
道路运输业	Road Transport	347024		347024	63392		63392
城市公共交通业	Urban Public Transport	1148894	48496	1100398	483763	1220	482543
航空运输业	Air Transport	682640	682640		101785	101785	
装卸搬运和其他运输服务业	Loading and Unloading and Other Transport Services	4607	1324	3283	7434	7434	
仓储业	Storage	10024	784	9240	28960	991	27969
邮政业	Post	11963	8448	3515	17553	17553	
信息传输、计算机服务和软件业	**Information Transmission, Computer Servecis and Software**	**802944**	**362031**	**440913**	**247545**	**219023**	**28522**
电信和其他信息传输服务业	Telecommunications and Other Information Transmission	753245	360236	393009	243645	219023	24622
计算机服务业	Computer Servecis	15948	1795	14153			
软件业	Software	33751		33751	3900		3900
批发和零售业	**Wholesale and Retail Trade**	**140247**	**28948**	**111299**	**64616**	**2427**	**62189**
批发业	Wholesale Trade	72202	28334	43868	53700	2427	51273
零售业	Retail Trade	68045	614	67431	10916		10916
住宿和餐饮业	**Hotel and Restaurants**	**158479**	**65934**	**92545**	**18723**		**18723**
住宿业	Hotel	156603	65934	90669	16658		16658
餐饮业	Restaurants	1876		1876	2065		2065
金融业	**Financial Intermediation**	**16231**	**12601**	**3630**	**446**	**446**	
银行业	Banks	11672	11422	250	446	446	
其他金融活动	Other Financial Activities	4559	1179	3380			

5-11 续表2 continued

单位：万元 (10000 yuan)

行业	Sector	投资额 Investment			新增固定资产 Incremental Fixed Assets		
		合计 Total	中央 Central	地方 Local	合计 Total	中央 Central	地方 Local
房地产业	**Real Estate**	**99556**		**99556**	**23707**		**23707**
租赁和商务服务业	**Leasing and Business Services**	**277610**	**76741**	**200869**	**88100**	**892**	**87208**
商务服务业	Business Services	277610	76741	200869	88100	892	87208
科学研究、技术服务和地质勘察业	**Scientific Research,Technical Services and Geologic Prospecting**	**318112**	**255135**	**62977**	**124498**	**96448**	**28050**
研究与试验发展	Research and Experimental Development	234554	202126	32428	60909	54509	6400
专业技术服务业	Professional Technical Services	49565	29134	20431	50759	37089	13670
科技交流和推广服务业	Services of Science and Technology Exchanges and Promotion	20169	10521	9648	12830	4850	7980
地质勘察业	Geological Prospecting	13824	13354	470			
水利、环境和公共设施管理业	**Management of Water Conservanc, Environment and Public Facilities**	**1461030**	**53022**	**1408008**	**445860**	**11434**	**434426**
水利管理业	Management of Water Conservancy	183454	45312	138142	83341		83341
环境管理业	Environmental Management	78724	6810	71914	57747	10534	47213
公共设施管理业	Management of Public Facilities	1198852	900	1197952	304772	900	303872
居民服务和其他服务业	**Services to Households and Other Services**	**394**	**196**	**198**			
居民服务业	Services to Households	118		118			
其他服务业	Other Services	276	196	80			
教育	**Education**	**533344**	**371980**	**161364**	**313621**	**234689**	**78932**
卫生、社会保障和社会福利业	**Health Social Securities and Social Welfare**	**149412**	**73058**	**76354**	**48137**	**9749**	**38388**
卫生	Health	145975	72958	73017	40326	9749	30577
社会福利业	Social Welfare	399	100	299	173		173
文化、体育和娱乐业	**Culture,Sports and Entertainment**	**586476**	**318268**	**268208**	**135171**	**12714**	**122457**
新闻出版业	Journalism and Publishing Activities	14631	14631		9656	9656	
广播、电视、电影和音像业	Broadcasting, Televisions,Movies and Audiovisual Activities	154544	83663	70881	16890		16890
文化艺术业	Culture and Art Activities	103526	71076	32450	78523	2856	75667
体育	Sports Activities	306506	148898	157608	29252	202	29050
娱乐业	Entertainment	7269		7269	850		850
公共管理和社会组织	**Public Management and Social Organization**	**789106**	**279334**	**509772**	**510903**	**140977**	**369926**
中国共产党机关	Organs of Communist Party of China	63735	63735		57410	57410	
国家机关	Government Agencies	683843	197630	486213	400957	81554	319403
群众团体、社会团体和宗教组织	Non-Governmental Institutions, Social Organizations and Religion Organizations	31353	8391	22962	52386	2013	50373
基层群众自治组织	Masses Autonomous Body	597		597			

5-12 新增生产能力(或效益)(2005年)
INCREMENTAL PRODUCTION CAPACITY(OR EFFICIENCY)(2005)

能力名称		Production Capacity		2005
输电线路长度	(11万伏及以上)(公里)	Length of Transmit Electricity Line	(over 11,0000 volts,km)	467
变电设备能力	(11万伏及以上)(万千伏安)	Capacity of Transformer Equipments	(over 11,0000 volts, 10000 kilovolt-ampere)	276
化学原料药	(吨/年)	Chemical Raw Medicine	(ton/year)	150
中成药	(吨/年)	Patent Medicine	(ton/year)	2826
铁路货车制造	(辆/年)	Lorry	(unit/year)	3500
移动通信基站设备	(信道/年)	The Equipment Stands in the Mobile Communication Base	(Channel/year)	2345
程控交换机	(万线/年)	Program Control Telephone Exchange	(10000 line/year)	77
新建公路	(公里)	Newly-built Highway	(km)	66
改建公路	(公里)	Reconstructed Highways	(km)	125
#一级公路	(公里)	First-grade	(km)	21
粮食仓库	(万公斤)	Grain Storehouse	(10000kg)	5853
	(平方米)		(sq.m)	26939
高等院校：学生席位	(个)	Institutions of Higher Education: Student Seats	(unit)	7472
建筑面积	(平方米)	Floor Space	(sq.m)	43353
中等学校：学生席位	(个)	Secondary Schools: Student Seats	(unit)	4360
建筑面积	(平方米)	Floor Space	(sq.m)	10125
小学校：学生席位	(个)	Primary Schools:Student Seats	(unit)	3200
建筑面积	(平方米)	Floor Space	(sq.m)	33673
其他学校：学生席位	(个)	Other Schools: Student Seats	(unit)	1200
建筑面积	(平方米)	Floor Space	(sq.m)	15789
医院病床	(张)	Hospital Beds	(unit)	152
城市自来水供水能力	(万吨/日)	Urban Tap Water Supplying Capacity	(10000 tons/day)	7
城市自来水管道长度	(公里)	Length of Tap Water Pipeline	(km)	14
城市公共交通车辆购置	(辆)	Purchase of Public Traffic Vehicles	(unit)	4851
城市道路扩建长度	(公里)	Expanded Length of Highways	(km)	57
城市道路扩建面积	(万平方米)	Expanded Area of Highways	(10000 sq.m)	190
城市污水处理能力	(万吨/日)	Disposal Capability	(10000 tons/day)	70

5-13 房地产开发企业基本情况(2005年)
BASIC INFORMATION OF REAL ESTATE DEVELOPMENT ENTERPRISES (2005)

项目	Item	企业单位个数(个) Number of Enterprises (unit)	实收资本合计(万元) Contributed Capital (10000 yuan)	资产总计(万元) Total Assets (10000 yuan)	利润总额(万元) Total Profits (10000 yuan)	年末从业人员(人) Staff and Workers (year-end) (person)
合　计	**Total**	**3123**	**16993115**	**103056543**	**813103**	**83859**
按企业登记注册类型分	**Grouped by Registration Status**					
内资企业	Domestic Investment Enterprises	2786	11777678	75635114	512831	67818
国有企业	State-owned	180	1032009	12708019	60082	8300
集体企业	Collective-owned	26	62092	595409	-285	829
股份合作企业	Share Holding	14	49600	241620	17440	365
股份有限公司	Share Holding Corporations Ltd.	126	1432529	6194926	141098	3097
有限责任公司	Limited Liability Corporations	1570	6524611	44872411	206265	40966
其他企业	Others	870	2676837	11022729	88231	14261
港澳台商投资企业	Hongkong,Macao and Taiwan Funded Enterprises	197	3135577	16861091	71608	8982
港澳台合资经营	Joint Venture	81	900051	4487667	37387	2782
港澳台合作经营	Cooperative	104	2089369	10875165	42914	5593
港澳台商独资企业	Hongkong,Macao and Taiwan Enterprises	12	146157	1498259	-8693	607
外商投资企业	Foreign Funded Enterprises	140	2079860	10560338	228664	7059
中外合资经营	Joint Venture	55	735954	3815210	112639	2647
中外合作经营	Cooperative	73	937583	4495335	67509	3539
外资(独资)企业	Foreign Enterprises	9	86518	753688	37720	318
外商投资股份有限公司	Foreign Share Holding Corporation Ltd.	3	319805	1496105	10796	555
按隶属关系分	**Grouped by Administrative Relationship**					
中央单位	Central	110	926935	4215542	5796	3753
地方单位	Local	3013	16066180	98841001	807307	80106
按资质等级分	**Grouped by Grade**					
一　级	First-grade	38	689167	10547327	87219	5012
二　级	Second-grade	106	1292962	9703178	189833	6668
三　级	Third-grade	130	685654	4930500	121035	5645
四　级	Fourth-grade	40	86756	430191	1826	828
暂　定	Provisional	2809	14238576	77445347	413190	65706
按营业状况分	**Grouped by Business Condition**					
营　业	Going on	2411	15935077	98961585	824565	80003
停　业	Closed down	439	305960	1094477	8246	1327
筹　建	Preparatory	200	434370	1509281	-8464	1464
当年撤消	Cancel in this Year	6	9000	8032		15
其　他	Others	67	308708	1483168	-11244	1050

5-14 房地产开发企业开发情况(2005年)
REAL ESTATE DEVELOPMENT (2005)

单位：万元、平方米 (10000 yuan,sq.m)

项目	Item	全市合计 Total	#国有企业 State-Owned	#三资企业 Foreign Funded	按隶属关系分 Grouped by Administrative Relationship 中央单位 Central Unit	地方单位 Local Unit
计划总投资	Total Planned Investment	70011412	6170050	13066843	2305388	67706024
开始建设至本年度累计完成投资	Accumulative Investment Completed from Beginning to the End of this Year	45357368	3927390	9776057	1423126	43934242
本年完成投资合计	Investment Completed This Year	15250082	1318281	2204732	543606	14706476
#商品房建设投资	Commercial House	7300017	722418	1104452	275066	7024951
土地开发投资	Land Development	193855	16230	31679	250	193605
土地购置费	Purchase of Land	2397626	162053	278604	15181	2382445
本年完成投资按用途分	Grouped by Purpose of Investment Completed This Year					
住宅	Residential Buildings	7795336	598995	986077	289233	7506103
办公楼	Office	1961721	91202	554944	145651	1816070
商业营业用房	Commerce	1129007	66975	102910	20334	1108673
其他	Others	4364018	561109	560801	88388	4275630
本年完成土地开发面积	Land Space Developed This Year	3142440	108141	550345		3142440
购置土地面积	In Process of Land Space Purchased	7738675	261561	1769367		7738675

5-15 房屋建筑施工及竣工面积
FLOOR SPACE OF BUILDINGS UNDER CONSTRUCTION AND COMPLETED

单位：万平方米 (10000 sq.m)

项目	Item	2005	2004	占竣工面积(%) Proportion in Floor Space Completed (%) 2005	2004
施工总面积	**Floor Space of Buildings under Construction**	**14096.2**	**13121.9**		
竣工总面积	**Floor Space of Buildings Completed**	**4679.2**	**4203.2**	**100.0**	**100.0**
按隶属关系分	**Grouped by Administrative Relationship**				
中央	Central	256.6	301.9	5.5	7.2
地方	Local	4422.6	3901.3	94.5	92.8
#国有	State-owned	963.4	936.7	20.6	22.3
集体	Collective-owned	159.0	215.7	3.4	5.1
按功能分	**Grouped by Function**				
首都功能核心区	Core Districts of Capital Function	667.3	502.5	14.3	12.0
城市功能拓展区	Urban Function Extended Districts	2443.5	2051.6	52.2	48.8
城市发展新区	New Districts of Urban Development	1303.7	1301.7	27.9	31.0
生态涵养发展区	Ecological Preservation Development Districts	264.7	347.4	5.7	8.3

5-16 商品房施工面积及销售额

CONSTRUCTION AREA AND SALES OF COMMERCIAL HOUSES

项　　目	Item	2005	2004
施工面积　（万平方米）	**Floor Space of Buildings under Construction (10000 sq.m)**	**10748.5**	**9931.3**
#本年新开工面积	Construction of this Year	2965.9	3054.3
#住　宅	Residential Buildings	7283.4	6759.4
竣工面积　（万平方米）	**Floor Space of Buildings Completed (10000 sq.m)**	**3770.9**	**3067.0**
#住　宅	Residential Buildings	2841.4	2344.0
销售面积　（万平方米）	**Floor Space of Selling House (10000 sq.m)**	**2803.2**	**2472.0**
#住　宅	Residential Buildings	2566.0	2285.8
#个　人	to Individuals	2488.0	2248.6
销售额　（亿元）	**Sales (100 million yuan)**	**1758.8**	**1249.1**
#住　宅	Residential Buildings	1501.8	1085.1
#个　人	to Individuals	1420.7	1061.9
平均销售价格　（元／平方米）	**Selling Price (yuan/sq.m)**	**6274.0**	**5052.9**
#住　宅	Residential Buildings	5853.0	4747.1
空置面积　（万平方米）	**Floor Spacre of Untapped Commodity Buildings (10000 sq.m)**	**1374.2**	**1044.1**

5-17 经济适用房

ECONOMIC AND SUITABLE HOUSES

项　　目	Item	合　计 Total		#住　宅 Residence	
		2005	2004	2005	2004
完成投资　（万元）	Investment Completed (10000 yuan)	658204	979503	447648	725690
施工面积　（万平方米）	Floor Space of Buildings under Construction (10000 sq.m)	890.9	890.0	783.4	793.2
竣工面积　（万平方米）	Floor Space of Buildings Completed (10000 sq.m)	355.8	308.8	325.6	298.8
竣工套数　（套）	Suites of Rooms Completed (suite)	29409	27399	29409	27399
销售面积　（万平方米）	Floor Space of Buildings Sold (10000 sq.m)	304.0	306.3	304.0	306.3
销售套数　（套）	Suites of Rooms Sold (suite)	28821	28054	28821	28054

主要统计指标解释

全社会固定资产投资 包括城镇固定资产投资（含房地产开发投资）和农村固定资产投资。

全市固定资产投资 指全社会固定资产投资中扣除房地产开发投资。

固定资产投资 是指各种登记注册类型的企业、事业、行政单位及个体户进行的计划总投资在 50 万元及以上的建设项目投资。

县及县以上各级政府及主管部门直接领导、管理的建设项目和企事业单位的投资均为城镇固定资产投资。

农村固定资产投资 指发生在农村区域范围内、用于改变农村面貌的投资在 50 万元及以上的固定资产投资项目完成的投资。县以下各级政府及企事业单位完成的投资额计入农村固定资产投资。

控股情况 根据企业或单位实收资本中某种经济成分的出资人实际出资情况进行分类，并按出资人对企业的控股程度，分为绝对控股和相对控股。非法人单位投资项目按投资比重划分。

绝对控股 指在企业或者单位的全部资本中某种经济成分的出资人拥有的实收资本（股本）所占企业的全部实收资本（股本）的比例大于 50%。投资双方各占 50%，且未明确由谁绝对控股的企业，若一方为国有或集体的，一律按国有或集体绝对控股经济处理；若双方分别为国有、集体的，则按国有绝对控股经济处理。

相对控股 指在企业或者单位的全部资本中，某种经济成分的出资人拥有的实收资本（股本）所占企业的全部实收资本（股本）的比例虽未大于 50%，但根据协议规定拥有企业的实际控制权（协议控股）；或者相对大于其他任何一种经济成分的出资人所占比例（相对控股）。

基础设施 是指能够为企业提供作为中间投入用于生产的基本需求；能够为消费者提供所需的基本消费服务；能够为社区提供用于改善不利的外部环境的服务等建设的投资，包括固定资产投资中用于市政工程、电信工程、公共设施和水利环保等建设的投资。具体包括：电力、燃气和水的生产和供应业；交通运输业；邮政业；信息传输业；水利、环境和公共设施管理业等。

住宅建设投资 是指专供居住使用的房屋，包括职工家属宿舍、职工单身宿舍、学生宿舍和经济适用房等建设单位自己建造的住宅，不包括购置的商品住宅。

建安投资（建筑安装工作量） 是指各种房屋、建筑物的建造工程，各种设备、装置的安装工程。又称建筑安装工作量。建筑工程投资必须经过兴工动料，通过施工活动才能实现。在安装工程中，不包括被安装设备本身价值。

设备、工具、器具购置 是指把工业企业生产的产品转为固定资产的购置活动，包括建设单位或企、事业单位购置或自制达到固定资产标准的设备、工具、器具的价值。新建单位及扩建单位的新建车间，按照设计或计划要求购置或自制的全部设备、工具、器具，不论是否达到固定资产标准均计入“设备、工具器具购置”中。

其他费用 指在固定资产建造和购置过程中发生的，除建筑安装工程和设备、工器具购置投资完成额以外的费用，不指经营中财务上的其他费用。包括旧房屋购置，基本畜禽支出，林木支出，退耕还林还草、土壤改良、城市绿化，办公生活用家具、器具购置，建设单位管理费、土地征用、购置及迁移补偿费，政府收费，勘察设计费，研究实验费，可行性研究费，临时设施费，施工机械转移费，设备检验费，负荷联合试车费，土地占用、使用费，建设期应付利息，包干节余，企业债券发行费，合同公证费及工程质量监测费，国外借款手续费及承诺费，汇兑损益，调整器材调拨价格折价，坏帐损失，固定资产资产亏损及损失等。

本年新增固定资产 是指报告期内交付使用的固定资产价值。包括本年内建成投入生产或交付使用的工程投资和达到固定资产标准的设备、工具、器具的投资及有关应摊入的费用。属于增加固定资产价值的其他建设费用，应随同交付使用的工程一并计入新增固定资产。

上年末结余资金 是指上年资金来源中没有形成固定资产投资额而结余的资金。包括尚未用到工程上去的材料价值、未开始安装的需要安装设备价值及结存的现金和银行存款等。

本年资金来源小计 是指固定资产投资单位在报告期收到的，用于固定资产投资的各种货币资金。包括国家预算内资金、国内贷款、债券、利用外资、自筹资金和其他资金。

国家预算内资金 分为财政拨款和财政安排的贷款两部分。包括中央财政的基本建设基金(分经营性基金和非经营性基金两部分)、专项支出(如煤代油专项等)、收回再贷、贴息资金，财政安排的挖潜改造和新产品试制支出、城建支出、商业部门简易建筑支出、不发达地区发展基金等资金中用于固定资产投资的资金；地方财政中由国家统筹安排的资金等。

国内贷款 是指报告期固定资产投资单位向银行及非银行金融机构借入的用于固定资产投资的各种国内借款，包括银行利用自有资金及吸收的存款发放的贷款、上级主管部门拨入的国内贷款、国家专项贷款(包括煤代油贷款、劳改煤矿专项贷款等)，地方财政专项资金安排的贷款、国内储备贷款、周转贷款等。

利用外资 是指报告期收到的用于固定资产建造和购置投资的境外资金(包括设备、材料、技术在内)。包括外商直接投资、对外借款(外国政府贷款、国际金融组织贷款、出口信贷、外国银行商业贷款、对外发行债券和股票)及外商其他投资(包括补偿贸易和加工装配由外商提供的设备价款、国际租赁)。不包括我国自有外汇资金(包括国家外汇、地方外汇、留成外汇、调济外汇和中国银行自有资金发行的外汇贷款等)。

自筹资金 指固定资产投资单位报告期收到的，由各地区、各部门及企业、事业单位筹集用于固定资产投资的预算外资金，包括中央各部门、各级地方和企业、事业单位的自有资金。

其他资金来源 是指在报告期收到的除以上各种资金之外其他用于固定资产投资的资金。包括社会集资、个人资金、无偿捐赠的资金及其他单位拨入的资金等。

房屋施工面积 是指报告期内施工的全部房屋建筑面积。包括本期新开工的面积和上年开工跨入本期继续施工房屋面积，以及上期已停建在本期恢复施工的房屋面积。本期竣工和本期施工后又停建、缓建的房屋面积仍包括在施工面积中，多层建筑应填各层建筑面积之和。

房屋竣工面积 是指报告期内房屋建筑按照设计要求已全部完工，达到住人和使用条件，经验收鉴定合格（或达到竣工验收标准)，可正式移交使用的各栋房屋建筑面积的总和。

销售面积 是指报告期已竣工的房屋面积中已正式交付给购房者或已签订正式销售合同的商品房屋面积。不包括已签订预售合同正在建设的商品房屋面积。但包括报告期或报告期以前签订了预售合同，在报告期又竣工的商品房屋面积。

价格指数

PRICE INDEX

简要说明

一、本章资料的主要内容

本章价格指数资料，反映生产、流通、消费与投资环节的价格变动趋势和变动幅度。主要包括居民消费价格指数；商品零售价格指数；农业生产资料价格指数；农产品生产价格指数；工业品出厂价格指数（生产价格指数）；原材料、燃料、动力购进价格指数；固定资产投资价格指数；房地产销售价格指数。

二、本章的资料来源

居民消费价格指数、商品零售价格指数出自国家统计局北京调查总队消费价格调查处；农业生产资料价格指数出自国家统计局北京调查总队农村住户调查处；农产品生产价格指数出自国家统计局北京调查总队农业调查处、北京市统计局农村处；工业品出厂价格指数（生产价格指数）、原材料、燃料、动力购进价格指数、固定资产投资价格指数、房地产价格指数出自国家统计局北京调查总队生产投资价格调查处。

三、调查方法

1. 居民消费价格指数和商品零售价格指数

编制居民消费价格指数、商品零售价格指数的资料采用抽样调查和重点调查相结合的方法取得，即在全市选择不同的区域，按照布局合理的原则抽选价格调查点，由国家确定调查商品和服务项目，在此基础上按照消费量大、价格变动趋势有较强代表性的原则选择调查样本，对其市场价格进行定期调查，以样本推算总体。目前，全市共有市级调查点672个，区县级调查点485个，代表规格品数量1454种。现将指数编制过程按下列几个步骤进行说明。

抽选价格调查点。按照布局合理等原则，将不同区域各种类型的商场、农贸市场、服务网点分别按销售额、成交额和经营规模为标志，从高到低排队，依据所需调查点的数量进行等距抽样。

选择代表规格品。代表商品和服务项目由国家确定，代表规格品由各省市按照有关原则选择。选择原则：（1）消费量较大；（2）价格变动趋势和变动程度有较强的代表性，即选中规格品的价格变动特征与未选中规格品之间价格变动的相关性愈高愈好；（3）选中的规格品之间，性质相隔愈远愈好，价格变动特征的相关性愈低愈好；选中的工业消费品必须是合格产品，产品包装上有注册商标、产地、规格等级等标识。

目前，居民消费价格调查按用途划分为8大类，263个基本分类，国家规定大城市调查规格品数量应在600种左右，我市由于编制分收入层居民消费价格指数，代表规格品数量增加到1454种。商品零售价格指数划分为16个大类，229个基本分类，我市代表规格品数量为1288种。

价格资料的采集。采取定人、定点、定时直接调查的方法采集价格资料。

权数资料来源与计算。居民消费价格指数的权数根据城市居民家庭生活消费支出调查资料整理计算。商品零售价格指数的权数根据商业统计中社会消费品零售额计算。

2. 工业品出厂价格指数

工业品出厂价格是工业品第一次出售时的出厂价格。该项调查采用重点调查与典型调查相结合的调查方法。重点调查对象为全部国有企业和年销售收入500万元以上的非国有工业企业，典型调查对象为年销售收入500万元以下的非国有工业企业。

选择代表企业的原则：(1)按工业行业选择调查企业，各中类行业原则上都要有调查企业；(2)大型企业应尽量都选(或占相当大比重)；(3)选择生产正常、稳定的企业作为调查对象；(4)选择企业时要兼顾不同所有制形式。

选择代表产品的原则：(1)按工业行业选择代表产品；(2)选择对国计民生影响大的产品；(3)选择生产较为稳定的产品；(4)选择有发展前景的产品；(5)选择具有地方特色的产品。

价格调查方式。采用企业报表形式。

权数的确定。编制工业品出厂价格指数所用的权数，用工业品销售额计算。计算资料来自于经济普查的工业数据。若近期没有经济普查，采用工业统计年度资料计算。权数一般五年更换一次（但根据实际情况，每年个别行业可进行微调）。

3. 固定资产投资价格指数

固定资产投资价格调查采用重点调查与典型调查相结合的方法。固定资产投资价格调查所涉及的价格是构成固定资产投资额实体的实际购进价格（或结算价格）。调查的内容包括构成当年建筑工程实体的钢材、木材、水泥、地方建筑材料、电料、化工材料等主要建筑材料价格；作为活劳动投入的劳动力价格（单位工资）和各种施工机械使用费用；设备工器具购置和其他费用投资价格。

选择建筑安装工程调查点的原则：(1)样本单位应具有一定覆盖面；(2)投资经济活动代表性强；(3)兼顾不同经济类型；(4)选择重点工程；(5)兼顾不同工程类别。

选择其他费用调查点的原则：在选择其他费用调查点时，所遵循的原则与建筑安装工程调查点的原则基本相同，特别是要注意选择那些投资额大的工程。但由于其他费用不易取得，所以在实际操作过程中，应同时在建设单位、施工单位开展重点调查，并辅以典型调查(从有关管理部门取得资料)。

价格调查方式。采用企业报表和调查员走访相结合的方式。

权数的确定。固定资产投资价格指数的计算权数是建筑安装工程、设备工器具购置和其他费用三者前三年的平均比重。

4. 房地产价格指数

从广义上讲，房地产是房产与地产的总称。因此房地产价格调查的内容主要包括以下几个部分:

房屋销售价格。房屋销售价格指房屋所有权转移时买卖双方实际成交的价格（合同价格)。从进入房地产市场的渠道看，房屋销售价格包括商品房销售价格、二手房销售价格两部分。

房屋租赁价格。指房屋的所有人出租房屋的实际价格。房屋租赁价格包括住宅租赁、办公楼租赁、商业娱乐用房租赁和工业仓储用房租赁四部分价格。

物业管理价格。是指物业管理企业按照物业服务合同的约定，对房屋及配套的设施和相关场地进行维护、养护、管理，维护相关区域的环境卫生和秩序，向业主所收取的费用。包括住宅、办公楼、商业娱乐用房、工业仓储用房四部分物业管理价格。

土地交易价格。是指房地产开发商或其他建设单位在开发之前，为取得土地使用权而实际支付的价格，不包括土地的后续开发费用、税费、各种手续费和折迁费等。土地交易价格包括居民住宅用地、工业仓储用地、商业旅游娱乐用地和其它用地四部分的价格。

房地产价格调查采用重点调查与典型调查相结合的方法。调查方式采用报表与走访相结合的方式。

目前我国房地产价格调查在70个大中城市开展。

5. 农产品生产价格指数

农产品生产价格调查采取抽样调查和重点调查相结合的调查方法。抽样调查将有农产品生产和出售的农业生产经营单位列为调查对象，采取随机抽样的调查方法；对一些区域性比较强的农产品则会做进一步的处理。

被调查单位在辅助调查员的指导下将在报告期出售的农产品的名称、出售数量、价格、金额即时记入农产品生产价格调查台账或住户日记账，并上报，由市级超级汇总。

6. 农业生产资料价格指数

农业生产资料价格指数采用抽样调查方法，资料来自国家统计局北京调查总队农村住户处。

6-1 各种价格指数(1978-2005年)

PRICE INDICES (1978-2005)

(上年=100) (PRECEDING YEAR=100)

年份 Year	居民消费价格指数 Consumer Price Index	商品零售价格指数 Retail Price Index	农业生产资料价格指数 Price Index of Agricultural Capital Goods	农产品生产价格指数 Indices of Producers' Prices of Farm Products	工业品出厂价格指数 Ex-Factory Price Indices of Industrial Products	原材料、燃料、动力购进价格指数 Purchasing Price Indices of Raw Material, Fuel and Power	固定资产投资价格指数 Investment in Fixed Assets Price Index	房屋销售价格指数 Price Index of Real Estate Sales
1978	100.6	100.6						
1979	101.8	101.8	100.0					
1980	106.0	106.7	100.2					
1985	117.6	118.6	100.9					
1986	106.8	106.7	102.7					
1987	108.6	108.7	110.8					
1988	120.4	121.9	117.6					
1989	117.2	118.5	121.5					
1990	105.4	104.1	102.1		107.9	114.8		
1991	111.9	108.5	102.5		105.8	111.7	107.3	
1992	109.9	108.3	103.6		100.9	103.3	112.2	
1993	119.0	116.9	109.1		121.8	133.2	126.6	
1994	124.9	117.9	120.1		112.9	118.7	116.2	
1995	117.3	112.6	133.2		107.3	106.7	113.9	
1996	111.6	107.3	106.8		100.7	100.3	108.2	
1997	105.3	103.8	100.4		101.1	103.4	102.7	
1998	102.4	98.3	102.6		95.1	98.1	100.8	100.9
1999	100.6	98.8	94.2		97.7	95.8	99.9	100.1
2000	103.5	98.9	101.7		102.5	100.0	101.0	100.2
2001	103.1	98.8	100.2		99.4	100.5	100.6	101.3
2002	98.2	98.4	102.9		96.6	97.1	100.4	100.3
2003	100.2	98.2	98.5	102.5	101.5	104.7	102.2	100.3
2004	101.0	99.2	114.3	106.2	103.0	114.2	104.3	103.7
2005	101.5	99.7	101.4	102.9	101.3	111.4	100.7	106.9

6-2 各种价格定基指数(1978-2005年)

FIXED-BASE PRICE INDICES (1978-2005)

年份 Year	居民消费价格指数 Consumer Price Index (1978=100)	商品零售价格指数 Retail Price Index (1978=100)	农业生产资料价格指数 Price Index of Agricultural Capital Goods (1978=100)	工业品出厂价格指数 Ex-Factory Price Indices of Industrial Products (1990=100)	原材料、燃料、动力购进价格指数 Purchasing Price Index of Raw Material, Fuel and Power (1990=100)	固定资产投资价格指数 Investment in Fixed Assets Price Index (1990=100)
1978	100.0	100.0	100.0			
1979	101.4	101.5	100.0			
1980	107.9	108.6	100.3			
1985	134.4	136.8	112.9			
1986	143.5	145.9	115.9			
1987	155.8	158.6	128.4			
1988	187.6	193.3	151.0			
1989	219.9	229.1	183.5			
1990	231.8	238.5	187.4	100.0	100.0	100.0
1991	259.4	258.8	192.1	105.8	111.7	107.3
1992	285.1	280.3	199.0	106.8	115.4	120.4
1993	339.3	327.7	217.1	130.0	153.7	152.4
1994	423.8	386.4	260.7	146.8	182.4	177.1
1995	497.1	435.1	347.3	157.5	194.7	201.7
1996	554.8	466.9	370.9	158.6	195.2	218.3
1997	584.2	484.6	372.2	160.4	201.9	224.2
1998	598.2	476.4	381.9	152.5	198.0	226.0
1999	601.8	470.7	359.7	149.0	189.7	225.7
2000	622.9	465.5	365.8	152.7	189.7	228.0
2001	642.2	459.9	366.5	151.8	190.7	229.4
2002	630.6	452.5	377.1	146.6	185.1	230.3
2003	631.9	444.4	371.4	148.8	193.8	235.3
2004	638.2	440.8	424.5	153.3	221.4	245.5
2005	647.8	439.5	430.4	155.3	246.6	247.2

6-3 居民消费价格分类指数(2005年)

CONSUMER PRICE INDICES BY CATEGORY (2005)

项　　目	Item	2004 =100
居民消费价格指数	**Consumer Price Index**	**101.5**
#非食品价格指数	**Non-food Price Index**	**100.0**
#服务项目价格指数	**Price Index of Services**	**101.3**
#消费品价格指数	**Price Index of Consumer Goods**	**101.5**
食　品	**Food**	**104.9**
粮　食	Grain	104.6
淀粉及薯类	Starches and Tubers	107.3
干豆类及豆制品	Bean and Their Products	102.5
油　脂	Oil or Fat	98.0
肉禽及其制品	Meat, Pourtry and Their Products	103.8
蛋	Eggs	104.7
水产品	Aquatic Products	104.7
菜	Vegetables	110.8
调味品	Flavoring	100.5
糖	Carbohydrate	102.0
茶及饮料	Tea and Beverages	100.0
干鲜瓜果	Dried and Fresh Melons and Fruits	109.5
糕点饼干面包	Cake, Biscuit and Bread	101.9
奶及奶制品	Milk and Its Products	103.5
在外用膳食品	Outward Dinner	105.4
其他食品及食品加工服务	Other Foods and Manufacturing Services	102.1
烟酒及用品	**Tobacco, Liquor and Articles**	**100.0**
烟　草	Tobacco	98.8
酒	Liquor	100.7
吸烟饮酒用品	Articles for Smoking and Drinking	105.5
衣　着	**Clothing**	**100.1**
服　装	Garments	101.5
衣着材料	Clothing Material	99.5
鞋袜帽	Footgear and Hats	96.5
衣着加工服务	Clothing Manufacturing Services	100.8
家庭设备用品及维修服务	**Households Facilities, Articles and Repairing Services**	**99.7**
耐用消费品	Durable Consumer Goods	99.7
室内装饰品	Interior Decorations	98.2
床上用品	Bed Articles	97.6
家庭日用杂品	Daily Use Household Articles	99.6
家庭服务及加工维修服务	Households Service and Manufacuring Upkeep	102.5
医疗保健和个人用品	**Health Care and Personal Articles**	**98.0**
医疗保健	Health Care	96.8
#中药材及中成药	Traditional Chinese Medicine	91.1
西　药	Western Medicine	97.2
保健器具及用品	Health Care Appliances and Articles	98.0
医疗保健服务	Health Care Services	100.0
个人用品及服务	Personal Articles and Services	102.4
#化妆美容用品	Cosmetics	105.4
交通和通信	**Transportation and Communication**	**97.5**
交　通	Transportation	99.1
交通工具	Transportation Facility	95.7
车用燃料及零配件	Fuels and Parts	112.6
车辆使用及维修	Using and Upkeeping Fare	102.2
市内公共交通	Incity Traffic Fare	100.0
城市间交通	Intercity Traffic Fare	102.3
通　信	Communication	95.6
通信工具	Communication Facility	75.6
通信服务	Communication Service	100.0
娱乐教育文化用品及服务	**Recreation,Education,Culture Articles and Related Services**	**99.7**
文娱用耐用消费品及服务	Durable Consumer Goods for Cultural and Recreation Use and Services	94.9
教　育	Education	100.0
文化娱乐用品	Cultural and Recreational Articles	101.5
旅游及外出	Touring and Outgoing	101.8
居　住	**Residence**	**105.9**
建房及装修材料	Building and Building Decoration Materials	103.2
租　房	Rent	100.0
自有住房	Private Housing	107.2
水、电、燃料	Water, Electricity and Fuels	108.6

6-4 商品零售价格分类指数(2005年)

RETAIL PRICE INDICES BY CATEGORY (2005)

项目	Item	2004=100
商品零售价格指数	**Retail Price Index**	**99.7**
食品类	**Food**	**105.9**
粮　食	Grain	106.1
淀粉及薯类	Starches and Tubers	108.8
干豆类及豆制品	Bean and Their Products	105.5
油　脂	Oil or Fat	96.9
肉禽及其制品	Meat, Pourtry and Their Products	104.0
食用畜肉及副产	Meat and Sideline Product	102.1
禽	Pourtry	107.7
肉禽加工制品	Meat and Pourty Products	106.3
蛋	Eggs	105.3
水产品	Aquatic Products	107.2
鱼	Fish	103.7
其他水产品	Other Aquatic Products	111.2
菜	Vegetables	107.4
调味品	Flavoring	100.3
糖	Carbohydrate	101.7
干鲜瓜果	Dried and Fresh Melons and Fruits	104.3
糕点饼干面包	Cake, Biscuit and Bread	101.6
奶及奶制品	Milk and Its Products	103.5
在外用膳食品	Outward Dinner	109.7
其他食品	Other Foods	102.5
饮料、烟酒	**Beverages,Tobacco and Liquor**	**100.2**
茶及饮料	Tea and Beverages	100.5
茶　叶	Tea	99.3
饮　料	Beverages	101.1
烟　草	Tobacco	98.7
酒	Liquor	101.4
服装、鞋帽	**Garments,Shoes,Hats**	**101.3**
服　装	Garments	101.2
男式服装	Clothing for Men	98.4
女式服装	Clothing for Women	103.5
儿童服装	Clothing for Children	99.5
鞋袜帽	Shoes,Hose,Hats	101.8
鞋	Shoes	102.2
袜　子	Hose	97.0
帽　子	Hats	100.6
其　他	Others	92.8
纺织品	**Textiles**	**98.2**
衣着材料	Cloth	100.8
床上用品	Bedding	97.4
家用电器及音像器材	**Household Appliances,Music and Video Equipment**	**97.6**
家庭设备	Household Appliances	100.2
文娱用耐用消费品	Culture and Recreat Durable Consumable	91.7
音像器材类	Household Appliances and Hifi	99.8
文化办公用品	**Cultural and Office Appliances**	**98.2**
日用品	**Articles for Daily Use**	**100.0**
日用百货	General Merchandise for Daily Use	99.2
日用杂品	Grocery for Daily Use	101.7
洗涤用品	Washing	101.2
其他日用品	Other Daily Use Articles	99.5
体育娱乐用品	**Sports and Recreat Articles**	**97.3**
体育用品	Sports Articles	99.8
娱乐用品	Recreat Articles	94.9
交通、通信用品	**Transportation and Communication Appliances**	**88.5**
交通运输机械	Transportation Equipments	91.4
通讯器材类	Communication Equipments	76.9
家　具	**Furnitures**	**97.2**
化妆品	**Cosmetics**	**104.1**
金银珠宝	**Gold,Silver and Jewelry**	**105.1**
中西药品及医疗保健用品	**Traditional Chinese and Western Medicines and Health Care Articles**	**95.4**
医疗器具及用品	Medical Apparatus and Articles	100.3
中药材及中成药	Traditional Chinese Medicinal Materials and Medicines	90.7
西　药	Western Medicines	97.8
保健器具及用品	Health Care Apparatus and Articles	97.6
书报杂志及电子出版物	**Books,Newspapers,Magazines and Electronic Publications**	**100.2**
教材及参考书	Teaching Material and Reference Book	100.7
书报杂志	Books and Magazines	100.2
电子音像制品	Electronic Publications	98.9
燃　料	**Fuels**	**109.9**
煤炭及制品	Coal and Coal Products	141.9
石油及制品	Petroleum and Related Products	108.5
建筑材料及五金电料	**Building Materials and Hardware**	**99.6**
建筑装璜材料	Building Decoration Materials	100.7
五金电料类	Hardware	96.6

6-5 农产品生产价格指数
INDICES OF PRODUCERS' PRICES FOR FARM PRODUCTS

(上年=100) (PRECEDING YEAR=100)

项目	Item	2005	2004
总指数	**General Price Index**	**102.9**	**106.2**
农业产品	Agricultural Products	105.7	104.2
#粮食	Grain	92.0	116.6
蔬菜	Vegetables	109.0	102.8
林业产品	Forestry Products	108.3	101.5
牧业(畜产品)	Animal Husbandry Products	100.8	107.9
#肉牛	Beef Cattle	107.0	103.6
肉羊	Sheep and Goats	101.5	102.4
奶产品	Milk Products	98.2	100.7
猪	Hogs	93.6	117.6
肉禽(毛重)	Table Poultry(Gross Weight)	99.4	103.7
禽蛋	Poultry Eggs	103.8	109.7
渔业	Fishery	95.9	108.9

6-6 工业品出厂价格指数
EX-FACTORY PRICE INDICES OF INDUSTRIAL PRODUCTS

(上年=100) (PRECEDING YEAR=100)

项目	Item	2005	2004
总指数	**General Index**	**101.3**	**103.0**
轻工业	Light Industry	98.7	100.2
以农产品为原料	Using Farm Products as Raw Materials	100.6	102.4
以非农产品为原料	Using Non-farm Products as Raw Materials	98.1	99.5
重工业	Heavy Industry	103.3	105.3
采掘	Excavation	139.6	127.7
原料	Raw Material	112.2	113.8
加工	Processing	97.8	100.6
生产资料	Capital Goods	101.9	103.7
采掘	Excavation	148.0	120.5
原料	Raw Material	110.4	113.8
加工	Processing	97.9	100.2
生活资料	Living Goods	99.1	100.6
食品	Food	101.0	103.4
衣着	Clothing	101.7	101.3
一般日用品	Articles for Daily Use	101.5	99.8
耐用消费品	Durable Consumer Goods	95.0	97.1

6-7 工业品出厂价格指数(按行业分)
EX-FACTORY PRICE INDICES OF INDUSTRIAL PRODUCTS (BY SECTOR)

(上年=100) (PRECEDING YEAR=100)

项　　目	Item	2005	2004
煤炭开采和洗选业	Mining and Washing of Coal	152.4	116.9
黑色金属矿采选业	Mining and Processing of Ferrous Metal Ores	115.5	212.4
非金属矿采选业	Mining and Processing of Nonmetal Ores	97.8	93.3
农副食品加工业	Processing of Food from Agriculture Products	99.8	112.9
食品制造业	Manufacture of Foods	101.5	99.5
饮料制造业	Manufacture of Beverages	99.2	98.2
烟草制品业	Manufacture of Tobacco	100.0	99.8
纺织业	Manufacture of Textile	101.6	102.3
纺织服装、鞋、帽制造业	Manufacture of Textile Wearing Apparel, Footware and Caps	100.5	101.3
皮革、毛皮、羽毛(绒)及其制品业	Manufacture of Leather, Furs, Feather (Down) and Related Products	99.9	98.2
木材加工及木、竹、藤、棕、草制品业	Processing of Timber,Manufacture of Wood, Bamboo, Rattan, Palm and Straw Products	101.4	102.0
家具制造业	Manufacture of Furniture	101.9	100.5
造纸及纸制品业	Manufacture of Paper and Paper Products	102.3	100.6
印刷业和记录媒介的复制	Printing,Reproduction of Recording Media	99.2	98.5
文教体育用品制造业	Manufacture of Articles For Culture, Education and Sports Activity	100.4	100.2
石油加工、炼焦及核燃料加工业	Processing of Petroleum, Coking, Processing of Nuclear Fuel	118.1	113.8
化学原料及化学制品制造业	Manufacture of Raw Chemical Materials and Chemical Products	106.3	120.8
医药制造业	Manufacture of Medicines	100.7	101.7
化学纤维制造业	Manufacture of Chemical Fibers	106.5	109.0
橡胶制品业	Manufacture of Rubber	103.6	101.5
塑料制品业	Manufacture of Plastics	112.3	106.8
非金属矿物制品业	Manufacture of Non-Metallic Mineral Products	100.7	101.4
黑色金属冶炼及压延加工业	Smelting and Pressing of Ferrous Metals	92.5	125.1
有色金属冶炼及压延加工业	Smelting and Pressing of Non-Ferrous Metals	105.5	107.4
金属制品业	Manufacture of Metal Products	102.1	105.4
通用设备制造业	Manufacture of General Purpose Machinery	100.2	102.9
专用设备制造业	Manufacture of Special Purpose Machinery	100.8	99.9
交通运输设备制造业	Manufacture of Transport Equipment	100.9	98.4
电气机械及器材制造业	Manufacture of Electrical Machinery and Equipment	101.0	100.1
通信设备、计算机及其他电子设备制造业	Manufacture of Communication Equipment,Computers and Other Electronic Equipment	95.1	91.2
仪器仪表及文化、办公用机械制造业	Manufacture of Measuring Instruments and Machinery for Culture Activity and Office Work	99.5	98.6
工艺品及其他制造业	Manufacture of Artwork and Other Manufacturing	119.6	108.6
电力、热力的生产和供应业	Production and Distribution of Electric Power and Heat Power	105.4	100.1
燃气生产和供应业	Production and Distribution of Gas	100.0	102.6
水的生产和供应业	Production and Distribution of Water	110.7	129.0

6-8 原材料、燃料、动力购进价格指数

INDICES OF PURCHASING PRICES OF RAW MATERIALS, FUELS AND POWER

(上年=100) (PRECEDING YEAR=100)

项目	Item	2005	2004
总指数	**General Index**	**111.4**	**114.2**
燃料、动力类	Fuel and Power	117.1	120.0
黑色金属材料类	Ferrous Metals	108.3	124.5
#钢材	Steel Products	105.9	122.4
其他	Others	117.9	128.9
有色金属材料类	Nonferrous Metals	123.3	120.9
化工原料类	Raw Chemical Materials	114.9	111.1
木材及纸浆类	Timber and Paper Pulp	103.6	100.7
建筑材料及非金属类	Construction Materials and Nonmetals	101.8	105.8
其他工业原材料及半成品类	Other Industrial Materials and Semi-manufactured Goods	102.8	103.8
农副产品类	Agricultural Products	96.3	122.3
纺织原料类	Textile Materials	106.2	102.8

6-9 固定资产投资价格指数(2005年)

PRICE INDICES OF INVESTMENT IN FIXED ASSETS (2005)

项目	Item	1992=100	1993=100	1994=100	2000=100	2004=100
总指数	**General Index**	**205.3**	**162.2**	**139.6**	**108.4**	**100.7**
建筑安装工程	Construction and Installation	248.7	189.7	158.2	116.0	100.5
设备、工器具购置	Purchase of Equipment,Tools and Instruments	119.5	103.9	101.8	81.6	98.4
其他费用	Others	167.1	137.0	110.8	104.9	101.9

注：按国家统计局的有关规定，固定资产投资价格指数从1991年开始计算。

Note: According to rules of State Statistical Bureau, price indices of investment in fixed assets are counted from 1991.

6-10 房地产价格指数
PRICE INDICES OF REAL ESTATE

(上年=100) (PRECEDING YEAR=100)

项 目	Item	2005	2004
土地交易价格指数	**Transaction Price Indices of Land**	**103.8**	**102.5**
居住用地	Land Used for Dwelling	103.7	102.2
工业仓储用地	Land Used for Industrial Storage	105.0	104.8
商业旅游娱乐用地	Land for Business Tour and Entertainment	104.4	103.5
其他用地	Land for Other	103.2	101.3
房屋销售价格指数	**Selling Price Indices of House**	**106.9**	**103.7**
商品房	Commercial Houses	106.6	103.9
住 宅	Residential Buildings	107.1	104.3
非住宅	Non-Residential Building	102.4	101.2
二手房	Second-hand House	109.4	103.3
房屋租赁价格指数	**Renting Price Indices of House**	**102.4**	**103.4**
住 宅	Residential Buildings	103.1	106.4
办公楼	Office Building	97.8	93.8
商业娱乐用房	Commercial Entertainment House	102.7	100.8
工业仓储用房	Industrial Storage House	100.0	102.6
其 它	Other	105.5	
物业管理价格指数	**Property Management Price Index**	**100.5**	
#住 宅	Residential Buildings	100.6	
办公楼	Office Building	100.1	
商业娱乐用房	Commercial Entertainment House	100.0	

主要统计指标解释

居民消费价格指数　是度量消费商品及服务项目价格水平随着时间而变动的相对数，反映居民家庭购买的消费品及服务价格水平的变动情况。居民消费价格指数变动率通常被用来作为反映通货膨胀（或紧缩）程度的指标。

商品零售价格指数　是度量工业、商业、餐饮业和其他零售企业向城乡居民、机关团体出售生活消费品和办公用品价格水平随着时间而变动的相对数，反映市场商品零售价格的变动程度。

工业品出厂价格指数　是反映全部工业产品出厂价格总水平的变动程度的相对数。其中包括工业企业售给商业、外贸、物资部门的产品，还包括售给工业和其他部门的生产资料以及直接售给居民的生活消费品。通过工业生产价格指数能观察工业产品出厂价格变动对工业总产值的影响。

原材料、燃料、动力购进价格指数　是反映全部工业原材料、燃料、动力购进价格总水平的变动程度的相对数。用其可以观察和研究工业企业原材料价格变动对生产的影响，以及企业对原材料涨价的消化能力和承受能力，为制订价格政策提供依据。

固定资产投资价格指数　是反映固定资产投资额价格变动程度的相对数。固定资产投资额由建筑安装工程投资完成额、设备、工器具购置投资完成额和其他费用投资完成额三部分组成。编制固定资产投资价格指数应首先分别编制上述三部分投资的价格指数，然后采用加权算术平均法求出固定资产投资价格总指数。编制固定资产投资价格指数可以准确地反映固定资产投资中涉及的各类商品和取费项目价格变动幅度，消除按现价计算的固定资产投资指标中的价格变动因素，真实地反映固定资产投资的规模、速度、结构和效益，为国家科学地制定、检查固定资产投资计划，提高宏观调控水平，为完善国民经济核算体系提供科学、可靠的依据。

房地产价格指数　是反映全部房地产价格总水平的变动程度的相对数。包括土地交易价格指数、房屋销售价格指数、房屋租赁价格指数。

土地交易价格指数　是指房地产开发商或其他建设单位在进行商品房开发前为取得土地使用权而实际支付的价格的变动程度的相对数。

房屋销售价格指数　是指房地产销售价格总水平变动程度的相对数。

房屋租赁价格指数　是指房地产租赁价格总水平变动程度的相对数。

农产品生产价格指数　是指农产品生产价格总水平变动程度的相对数。农产品生产价格是指农产品生产者第一次出售其产品时实际获得的单位产品价格。

农业生产资料价格指数　是反映农村居民用于发展生产所购买的生产资料价格变动程度的综合价格指数。包括生产用种籽、化学肥料、农用薄膜、饲料、生产用电、生产用燃料，大、中、小型农机具等价格变动因素。

人民生活

PEOPLE'S LIVELIHOOD

简要说明

一、本章资料的主要内容

本章资料反映北京市人民生活现状及变化情况，分为城市居民生活和农村居民生活两部分。调查内容主要包括家庭人口及其构成、家庭现金收支、主要商品购买数量及支出金额、居住状况和耐用消费品的拥有量等。

二、城市居民生活资料来源及调查方法

城市居民生活状况的数据来源于国家统计局北京调查总队城镇住户调查处。

城镇住户调查是依据国家统计局统一制定的城镇住户调查方案，收集资料并逐级上报，城镇住户调查口径范围：是城八区及十个远郊区县县城，城市住户调查口径范围：是城八区。本章提供的是城市住户调查口径数据。

三、农村居民生活资料来源及调查方法

农村居民生活状况的数据来源于国家统计局北京调查总队农村住户调查处。

农村住户调查方法和方案由国家统计局农村司统一制定，并由国家统计局农村司统一组织实施。农村住户调查网点的抽选是以各省(区、直辖市)为总体，直接抽选调查村，在抽中村中抽选调查户，综合运用多种抽样方法确定住户调查网点。全国农村住户调查网点分布在7100多个行政村，共抽取了6.8万个样本农户。北京共有市级样本户3000户，其中包括国家级样本户750户。农村住户调查在95%的概率把握程度下要求抽样误差不得超过±3%。

四、五等分组的含义

一般情况下，住户调查公布的可支配收入、消费支出都是人口平均数，掩盖了高收入户比平均水平高，低收入户比平均水平低的矛盾。因此，要客观的反映各类家庭的收支及生活状况，必须按不同收入水平进行分组来观察和分析。国家现行的住户调查方案要求基层通过超级汇总上报的住户调查资料中，包括居民家庭五等不同收入分组情况。“五等分组”即城镇住户按人均可支配收入、农村住户按人均纯收入从低到高排队分成五等份，有低收入组、中下收入组、中等收入组、中上收入组和高收入组五部分，各组的户数均占总户数的20%。通过对调查户的分组，可以分别计算各组人均收入、消费支出的情况，以观察不同收入组之间的差距和存在的问题。

7-1 人民生活基本情况(1978-2005年)

PEOPLE'S LIFE (1978-2005)

年份 Year	城市居民家庭基本情况 Basic Information on Urban Household Lives							
	人均家庭总收入(元) Per Capita Total Income (yuan)	人均可支配收入(元) Per Capita Discretionary Income (yuan)	人均可支配收入指数 Index of Per Capita Discretionary Income (1978=100)	人均消费支出(元) Per Capita Living Expenditures (yuan)	#食品 Food	城市居民家庭恩格尔系数(%) Engel Cofficient of Urban Households (%)	每一城市就业者负担人数(人) Dependents Per Urban Employee (person)	城镇居民人均住宅使用面积(平方米) Per Capita Using Space in Urban Areas (sq.m)
1978	450.2	365.4	100.0	359.9	211.2	58.7	1.86	
1979	491.5	415.0	111.6	408.7	236.7	57.9	1.83	
1980	599.4	501.4	127.2	490.4	271.0	55.3	1.80	
1985	1158.8	907.7	134.8	923.3	466.9	50.6	1.66	
1986	1317.3	1067.5	203.5	1067.4	543.4	50.9	1.66	
1987	1413.2	1181.9	207.5	1147.6	605.0	52.7	1.65	9.75
1988	1767.7	1437.0	209.3	1455.6	743.4	51.1	1.71	10.30
1989	1899.6	1597.1	198.5	1520.4	841.3	55.3	1.52	10.74
1990	2067.3	1787.1	210.8	1646.1	892.2	54.2	1.52	11.17
1991	2359.9	2040.4	215.3	1860.2	1016.8	54.7	1.47	11.64
1992	2813.1	2363.7	226.9	2134.7	1126.3	52.8	1.43	12.09
1993	3935.4	3296.0	265.9	2939.6	1404.7	47.8	1.42	12.45
1994	5585.9	4731.2	305.5	4134.1	1919.0	46.4	1.41	12.85
1995	6748.7	5868.4	322.9	5019.8	2436.5	48.5	1.41	13.34
1996	7945.8	6885.5	378.9	5729.5	2671.5	46.6	1.41	13.82
1997	8741.7	7813.1	365.9	6531.8	2854.4	43.7	1.43	14.36
1998	10098.2	8472.0	387.6	6970.8	2865.7	41.1	1.40	14.96
1999	10654.8	9182.8	417.6	7498.5	2959.2	39.5	1.41	15.88
2000	12560.3	10349.7	454.7	8493.5	3083.4	36.3	1.41	16.75
2001	13768.8	11577.8	493.4	8922.7	3229.3	36.2	1.39	17.62
2002	13253.3	12463.9	540.9	10285.8	3472.5	33.8	1.41	18.20
2003	14959.3	13882.6	601.2	11123.8	3522.7	31.7	1.39	18.67
2004	17116.5	15637.8	670.6	12200.4	3925.5	32.2	1.44	19.09
2005	19533.3	17653.0	745.8	13244.2	4215.6	31.8	1.39	19.45

注：“城镇居民人均住宅使用面积”的统计范围为城镇口径，是由北京市统计局固定资产投资处及国家统计局北京调查总队商业和投资建筑业调查处提供的。

Note: Statistics on "urban per-capita usable area of house" covers the urban area, provided by the Fixed Assets Investment Division of Beijing Statistics Bureau, and the Business and Investment Building Investigation Division of Beijing Investigation Team under the State Statistics Bureau.

7-1 续表1 continued

年份 Year	农村居民家庭基本情况 Basic Information on Rural Household Lives 人均纯收入(元) Per Capita Net Income (yuan)	人均纯收入指数 Per Capita Index of Net Income (1978=100)	人均总支出(元) Per Capita Total Expenditures (yuan)	人均生活消费支出(元) Per Capita Living Expenditures (yuan)	#食品 Food	每一农村劳动力负担人数(人) Dependents Per Rural Labor Force (person)	农村人均住房面积(平方米) Rural Per Capita Living Space (sq.m)	城乡储蓄存款余额(亿元) Balance of Saving Deposits (100 million yuan)	城镇储蓄 Urban	农村储蓄 Rural	人均储蓄(元) Per Capita Saving Deposits (yuan)
1978	224.8	100.0	219.0	185.4	116.7	2.15	9.25	9.33	8.90	0.43	107.09
1979	250.0	110.9	235.0	204.7	131.1	2.16	9.67	11.07	10.44	0.63	123.04
1980	308.1	135.4	290.0	256.8	140.2	2.13	10.09	14.39	13.33	1.06	159.20
1985	775.1	324.0	726.0	510.0	240.5	1.64	16.37	51.70	42.24	9.45	522.70
1986	823.1	335.6	857.0	645.3	292.4	1.66	17.17	68.58	55.62	12.95	664.52
1987	916.4	357.4	943.0	705.5	340.9	1.64	18.38	92.98	75.19	17.79	871.38
1988	1062.6	368.8	1246.0	883.3	407.9	1.63	19.23	111.64	90.55	21.09	1032.98
1989	1230.7	376.8	1356.0	976.3	484.3	1.62	20.09	162.01	133.75	28.26	1597.76
1990	1297.1	384.8	1372.0	980.7	494.4	1.61	20.62	226.62	188.03	38.59	2208.73
1991	1422.3	391.3	1585.0	1100.1	537.0	1.59	21.92	298.18	249.88	48.30	2878.21
1992	1568.8	399.4	1684.0	1179.0	573.8	1.58	22.67	387.82	328.21	59.61	3721.93
1993	1854.8	419.8	1714.0	1308.9	611.7	1.51	23.70	560.66	482.48	78.18	5349.78
1994	2422.1	457.8	2175.0	1676.5	824.8	1.49	24.42	853.21	745.88	107.33	8079.62
1995	3208.5	486.3	3080.0	2433.0	1260.0	1.47	24.74	1253.95	1111.50	142.46	11757.61
1996	3562.7	509.8	3272.0	2655.5	1233.1	1.45	25.74	1706.98	1528.41	178.56	15839.09
1997	3762.4	535.8	3379.0	2795.4	1248.4	1.48	27.39	1975.23	1770.90	204.36	18196.80
1998	4028.9	571.7	3617.0	2945.5	1241.9	1.44	27.64	2287.19	2063.19	224.00	20954.54
1999	4316.4	612.9	3938.0	3132.5	1253.5	1.43	28.65	2680.67	2429.03	251.63	24374.11
2000	4687.0	657.6	4517.9	3441.4	1263.6	1.51	28.91	2923.21	2663.30	259.91	26394.64
2001	5274.3	714.8	5098.8	3871.5	1353.2	1.52	31.01	3536.32	3253.87	282.45	31509.61
2002	5880.1	802.7	5548.7	4206.0	1386.6	1.48	32.58	4389.69	4073.06	316.63	38631.43
2003	6496.3	895.0	5886.6	4655.3	1475.6	1.45	33.95	5293.53	4926.47	367.07	46078.81
2004	7172.1	977.3	6275.2	4886.4	1592.3	1.46	34.21	6122.35	5692.80	429.55	52647.25
2005	7860.0	1056.5	7201.0	5515.0	1807.0	1.45	36.94	7477.59	6968.90	508.68	49340.70

注：本表中计算“人均储蓄”使用的人口标准，2004年及以前年份使用北京市户籍人口，2005年开始使用北京市年平均常住人口。

资料来源：表中“城乡储蓄”数据来自中国人民银行营业管理部。

Note: Population figures used for "the capital saving deposits" in this table were the population for household register in Beijing before 2004, and effective 2005, are the annual permanent population in Beijing.

Sources: Savings figures in the table come from the Banking Administration Department of the People's Bank of China.

7-2 2000户城市居民家庭基本情况(按收入水平分)(2005年)

BASIC STATISTICS OF 2000 SAMPLED URBAN HOUSEHOLDS (BY INCOME LEVEL) (2005)

项目	Item	全市平均 Total	低收入户 20% Low Income	中低收入户 20% Medium-Low Income	中等收入户 20% Medium Income	中高收入户 20% Medium-High Income	高收入户 20% High Income
调查户数 (户)	Households Surveyed (household)	2000	400	400	400	400	400
平均每户家庭人口 (人)	Average Persons Per Household (person)	2.9	3.2	3.0	2.9	2.8	2.7
有收入者人数 (人)	Persons Having Income (person)	4645.2	862.4	936.0	963.8	980.5	902.5
就业人口数 (人)	Employees (person)	3253.8	592.6	668.4	661.8	694.7	636.3
平均每户就业人口数(人)	Average Employees Per Household (person)	1.6	1.5	1.6	1.6	1.7	1.6
离退休人员数 (人)	Retirees (person)	1304.8	234.9	253.4	290.2	269.8	256.5
其他有收入者人数 (人)	Others (person)	86.6	34.9	14.2	11.8	16.0	9.7
无收入者人数 (人)	Persons having no Income (person)	1189.4	400.1	298.3	198.0	155.7	137.3
平均每一就业者负担人数(人)	Dependents Per Employee (person)	1.4	1.7	1.5	1.3	1.2	1.2
平均每人年可支配收入 (元)	Annual Discretionary Income Per Capita (yuan)	17653.0	8580.9	12485.2	16062.8	20812.9	32967.7
平均每人年消费支出 (元)	Annual Living Expenditure Per Capita (yuan)	13244.2	7863.5	10939.0	11772.5	15813.8	21325.2

7-3 2000户城市居民家庭每人每年现金收入(2005年)

ANNUAL CASH INCOME PER CAPITA OF THE 2000 URBAN HOUSEHOLDS (2005)

单位：元 (yuan)

项目	Item	全市平均 Total	低收入户20% Low Income	中低收入户20% Medium-Low Income	中等收入户20% Medium Income	中高收入户20% Medium-High Income	高收入户20% High Income	2005年为2004年% 2005 as % of 2004
家庭总收入	**Familial Gross Income**	**19533.3**	**9650.6**	**13940.4**	**17818.1**	**22899.8**	**36234.1**	**114.1**
#可支配收入	Annual Discretionary Income	17653.0	8580.9	12485.2	16062.8	20812.9	32967.7	112.9
工薪收入	Emolument	13666.3	6720.5	9951.9	12496.0	16054.2	25099.3	117.9
工资及补贴收入	Laborage and Allowance Income	13162.4	6512.0	9712.8	12065.5	15386.2	24026.3	119.0
其他劳动收入	Other Income from Work	503.9	208.5	239.1	430.5	668.0	1073.0	95.8
经营性收入	Business Income	213.7	170.2	112.7	115.8	161.7	538.1	120.4
财产性收入	Property Income	190.4	29.8	66.6	128.5	174.8	606.9	130.1
利息收入	Interest Income	34.5	5.0	13.2	20.9	40.3	103.0	94.5
股息与红利收入	Capital Bonus Income	16.0		9.2	7.8	30.5	37.1	44.8
保险收益	Insurance Proceeds	3.5	1.5		3.7	3.2	10.2	62.5
其他投资收入	Other Income from Yield	1.4	…	0.5	…	6.7	0.1	155.6
出租房屋收入	Lease House Income	134.0	22.5	43.7	95.9	94.1	452.3	205.2
知识产权收入	Sciential Property Right							
其他财产性收入	Other Income from Property	1.0	0.8		0.2		4.2	47.6
转移性收入	Transfer Income	5462.9	2730.1	3809.2	5077.8	6509.1	9989.8	105.0
#养老金或离退休金	Annuities and Pension	4663.0	2398.0	3495.1	4718.2	5788.4	7523.4	101.9
社会救济收入	Receiving Special Reilief Income	9.8	19.3	17.5	3.4	5.1	1.2	111.4
辞退金	Resignation Allowances	33.5	0.2		26.4	35.7	117.4	219.2
保险收入	Insurance Income	19.6	29.3	17.3	25.6	17.1	6.6	74.2
#失业保险金	Unemployment Income	15.0	27.1	13.2	24.7	4.7	2.5	71.1
赡养收入	Maintenance Income	162.7	72.4	56.3	73.9	217.1	431.7	90.1
赠送收入	Gift Income	218.9	92.8	91.1	78.2	260.2	624.3	122.7
亲友搭伙费	Poor Funds	7.2	0.4	3.4	4.9	8.7	20.8	107.5
提取住房公积金	Draw Money of Housing Accumulation Fund	176.2	1.6		0.5	4.0	949.1	208.3
记账补贴	Subsidies of Account	118.9	105.9	114.0	121.7	123.4	132.3	124.0
出售财物收入	**Proceeds from Sales of Belongings**	**635.6**	**18.1**	**1306.9**	**7.1**	**243.4**	**1692.6**	**976.3**
借贷收入	**Credit Income**	**3889.0**	**1429.0**	**2705.7**	**2633.6**	**5045.9**	**8370.4**	**83.0**

注：人均可支配收入实际增长11.2%。

Note: Real growth of the per capita disposable income 11.2 %.

7-4 2000户城市居民家庭每人每年现金支出(2005年)

ANNUAL CASH EXPENDITURES PER CAPITA OF THE 2000 URBAN HOUSEHOLDS (2005)

单位：元 (yuan)

项目	Item	全市平均 Total	低收入户 20% Low Income	中低收入户 20% Medium-Low Income	中等收入户 20% Medium Income	中高收入户 20% Medium-High Income	高收入户 20% High Income	2005年为2004年% 2005 as % of 2004
家庭总支出	**Familial Gross Expenditures**	**17174.3**	**9226.4**	**13511.2**	**14964.9**	**20461.7**	**29957.3**	**106.3**
消费支出	Living Expenditures	13244.2	7863.5	10939.0	11772.5	15813.8	21325.2	108.6
#服务性消费支出	Service Living Expenditures	4092.9	2286.8	3236.3	3646.3	4963.6	6840.3	105.9
#通过互联网购买商品或服务支出	Expenditure of Commodities or Services by Internet	37.6	1.4	10.0	15.2	25.5	148.8	
购房与建房支出	Expenditures on Purchasing and Builking Houses	1104.8	4.0	573.6	498.6	1311.9	3475.2	69.9
购房	Purchasing House	1101.5	2.5	567.9	492.0	1311.9	3472.3	71.5
建房	Builking Houses	3.3	1.5	5.7	6.6		2.9	8.2
转移性支出	Transfer Expenditures	1331.5	444.5	788.4	1200.4	1697.6	2787.7	109.8
交纳的个人收入税	Individual Income-tax	285.1	51.2	133.6	180.8	337.3	798.0	125.2
捐赠支出	Gift Expenditures	549.0	215.0	281.0	632.7	765.3	947.2	101.8
购买彩票	Buy Lottery Expenditures	15.1	4.7	12.3	17.7	9.0	34.5	85.8
赡养支出	Support Expenditures	340.3	124.2	266.7	261.9	422.5	685.4	110.3
各种非储蓄性保险支出	Non-saving-deposits Insurance	98.4	30.7	69.4	74.0	110.0	227.4	123.5
#车辆保险支出	Automotive Insurance	26.7	5.2	7.1	1.5	33.2	95.3	143.6
其他转移性支出	Others	43.6	18.7	25.4	33.3	53.5	95.2	109.6
财产性支出	Property Insurance	17.3	1.7	2.6	40.6	12.3	33.0	126.3
社会保障支出	Social Security Insurance	1476.5	912.7	1207.6	1452.8	1626.1	2336.2	127.8
个人交纳的养老基金	Annuities	537.6	399.1	479.5	564.2	568.8	711.1	129.5
个人交纳的住房公基金	Housing Accumulation Fund	678.4	312.2	492.5	627.1	767.1	1296.6	127.0
个人交纳的医疗基金	Iatrical Accumulation Fund	209.9	167.2	193.3	205.2	234.8	260.2	131.9
个人交纳的失业基金	Disemployed a Accumulation Fund	48.5	32.5	41.9	52.1	54.2	65.8	114.4
其他社会保障支出	Others	2.1	1.7	0.4	4.2	1.2	2.5	50.0
借贷支出	**Credit Expenditures**	**5896.8**	**1298.0**	**3573.5**	**4376.1**	**6411.9**	**15192.0**	**121.5**
#存入储蓄款	Saving Deposits	4710.2	1066.9	2645.7	3766.5	5093.8	12073.7	125.7
归还借款	Returning Loans	358.3	38.4	403.0	129.6	407.9	888.6	149.3
储蓄性保险支出	Save up Premiums	197.4	98.7	96.0	169.0	284.0	374.1	67.4
购买有价证券	Purchase of Securities	142.4	4.4	270.0	86.3	137.8	229.7	88.2
归还住房贷款	Return the Housing Provide a Loan	308.5	21.7	92.3	83.4	273.5	1176.3	175.5
归还汽车贷款	Return the Automotive Provide a Loan	31.1		5.0	38.9	22.6	98.8	63.7
归还教育贷款	Return the Educational Provide a Loan	0.6			2.8			66.7

7-5 2000户城市居民家庭平均每人年消费支出(2005年)
ANNUAL LIVING EXPENDITURE PER CAPITA OF THE 2000 URBAN HOUSEHOLDS (2005)

单位：元 (yuan)

项目	Item	全市平均 Total	低收入户 20% Low Income	中低收入户 20% Medium-Low Income	中等收入户 20% Medium Income	中高收入户 20% Medium-High Income	高收入户 20% High Income	2005年为2004年% 2005 as % of 2004
消费支出	**Living Expenditures**	**13244.2**	**7863.5**	**10939.0**	**11772.5**	**15813.8**	**21325.2**	**108.6**
食　品	Food	4215.6	3218.2	3911.6	4212.5	4714.0	5263.3	107.4
衣　着	Clothing	1184.1	598.4	971.3	1137.3	1404.0	1960.5	111.4
家庭设备用品及服务	Household Appliances and Service	852.2	382.8	655.3	637.5	1059.8	1661.4	103.4
医疗保健	Health Care and Medical Services	1295.8	757.9	1165.7	1363.5	1744.6	1565.4	109.6
交通和通信	Transport and Communications	1943.5	800.7	1265.7	1288.8	2533.8	4192.9	124.4
#汽　车	Motor Vehicle	458.2	26.8	127.7		771.1	1525.6	91.0
教育文化娱乐服务	Education,Cultural and Recreation Services	2186.6	1270.7	1867.7	1940.1	2456.0	3645.0	103.3
居　住	Housing	1039.8	611.7	765.6	722.1	1294.5	1948.6	97.6
杂项商品与服务	Miscellaneous Goods and Services	526.6	223.1	336.1	470.7	607.1	1088.1	114.0
#服　务	Services	191.6	58.9	87.7	184.3	198.4	471.4	120.9

注：人均消费支出实际增长7%。
Note: Real growth of the per capita consumption expenditure 7 %.

7-6 2000户城市居民家庭消费支出构成(2005年)
MAKE UP OF ANNUAL LIVING EXPENDITURE THE 2000 URBAN HOUSEHOLDS (2005)

单位：% (%)

项目	Item	全市平均 Total	低收入户 20% Low Income	中低收入户 20% Medium-Low Income	中等收入户 20% Medium Income	中高收入户 20% Medium-High Income	高收入户 20% High Income	2005年比2004年增、减百分点 2005 Increase or Decrease than 2004%
消费支出	**Living Expenditures**	**100.0**	**100.0**	**100.0**	**100.0**	**100.0**	**100.0**	**100.0**
食　品（即恩格尔系数）	Food (Engel Confficient)	31.8	40.9	35.8	35.8	29.8	24.7	-0.4
衣　着	Clothing	8.9	7.6	8.9	9.7	8.9	9.2	0.2
家庭设备用品及服务	Household Appliances and Service	6.4	4.9	6.0	5.4	6.7	7.8	-0.4
医疗保健	Health Care and Medical Services	9.8	9.6	10.7	11.6	11.0	7.3	0.1
交通和通讯	Transport and Communications	14.7	10.2	11.6	10.9	16.0	19.7	1.9
教育文化娱乐服务	Education,Cultural and Recreation Services	16.5	16.2	17.1	16.5	15.5	17.1	-0.8
居　住	Housing	7.9	7.8	7.0	6.1	8.2	9.1	-0.8
杂项商品与服务	Miscellaneous Goods and Services	4.0	2.8	2.9	4.0	3.9	5.1	0.2

7-7 2000户城市居民家庭平均每人年购买食品支出(2005年)
ANNUAL EXPENDITURE OF FOOD PER CAPITA OF THE 2000 URBAN HOUSEHOLDS (2005)

单位：元 (yuan)

项目	Item	全市平均 Total	低收入户 20% Low Income	中低收入户 20% Medium-Low Income	中等收入户 20% Medium Income	中高收入户 20% Medium-High Income	高收入户 20% High Income	2005年为2004年% 2005 as % of 2004
食　品	**Food**	**4215.6**	**3218.2**	**3911.6**	**4212.5**	**4714.0**	**5263.3**	**107.4**
粮油类	Grain and Oil	425.6	415.5	420.0	435.4	440.3	418.8	102.8
粮　食	Grain	255.6	253.6	253.6	257.9	262.1	251.3	100.2
淀粉及薯类	Starches and Tubers	30.9	28.0	30.8	33.1	32.0	31.1	126.1
干豆类及豆制品	Bean and Their Products	46.4	39.8	46.7	47.9	49.8	49.0	109.4
油脂类	Oil or Fat	92.7	94.1	88.9	96.5	96.4	87.4	100.8
肉禽蛋及水产品类	Meat,Poultry and Related Products	906.1	793.6	886.5	947.9	953.8	971.3	105.6
肉　类	Meat Products	534.1	476.6	537.5	562.7	558.8	544.5	102.8
禽　类	Poultry Products	115.5	103.9	111.8	120.1	117.5	127.0	122.5
蛋　类	Eggs	82.4	74.5	80.1	84.5	87.4	87.3	104.8
水产品类	Aquatic Products	174.1	138.6	157.1	180.6	190.1	212.5	105.4
蔬菜类	Vegetable	294.9	269.7	285.8	303.3	315.1	306.0	102.7
鲜　菜	Fresh Vegetable	257.7	238.2	250.5	265.5	275.5	263.2	100.4
干　菜	Dried Vegetable	23.6	21.2	22.9	23.6	25.1	25.7	131.8
菜制品	Vegetable Products	13.6	10.3	12.4	14.2	14.5	17.1	107.9
调味品	Flavoring	75.0	67.3	73.9	76.9	78.9	79.6	104.0
糖烟酒饮料类	Sugar,Tabacco and Beverage	477.9	379.9	443.8	477.2	534.6	578.5	112.1
糖　类	Sugar	52.8	37.9	47.2	51.6	55.3	76.0	111.2
烟草类	Tabacco	139.1	104.7	139.4	137.8	162.2	158.5	120.9
酒　类	Liquor	109.1	97.5	94.7	107.9	123.3	126.3	113.4
饮　料	Beverage	176.9	139.8	162.5	179.9	193.8	217.7	105.7
干鲜瓜果类	Dried and Fresh Melon and Fruits	380.4	284.8	356.9	400.7	415.4	465.7	115.3
鲜　果	Fresh Fruits	216.8	161.8	198.8	229.5	239.5	267.3	114.5
鲜　瓜	Fresh Melon	60.5	48.1	57.6	62.9	66.5	70.3	141.0
干　果	Dried Fruit	16.9	12.0	15.2	19.8	17.3	21.2	105.6
瓜果制品	Melon and Fruits Products	13.6	9.3	13.0	14.9	15.2	16.3	99.3
坚果及果仁	Nuts and Kernel	72.6	53.6	72.3	73.6	76.9	90.6	107.1
糕点、奶及奶制品	Cake,Milk and Dairy Products	422.2	338.9	402.0	430.2	460.8	498.3	106.4
其他食品	Others	85.1	68.4	86.3	77.6	93.3	103.4	103.0
饮食服务	Bite and sup servese	1148.4	600.1	956.4	1063.3	1421.8	1841.7	108.4
食品加工服务费	Food Processing service	1.0	0.2	0.7	1.1	0.7	2.1	142.9
在外饮食	Dinning Out	1147.4	599.9	955.7	1062.2	1421.1	1839.6	108.4

7-8 2000户城市居民家庭平均每人年购买衣着、家庭设备用品及服务、医疗保健支出(2005年)

ANNUAL PURCHASES OF CLOTHING,HOUSEHOLDS ARTICLES AND SERVICES,MEDICINE AND MEDICAL SERVICES PER CAPITA OF THE 2000 URBAN HOUSEHOLDS (2005)

单位：元 (yuan)

项目	Item	全市平均 Total	低收入户20% Low Income	中低收入户20% Medium-Low Income	中等收入户20% Medium Income	中高收入户20% Medium-High Income	高收入户20% High Income	2005年为2004年% 2005 as % of 2004
衣着支出	**Clothing**	**1184.1**	**598.4**	**971.3**	**1137.3**	**1404.0**	**1960.5**	**111.4**
服　装	Garments	803.2	383.9	642.3	757.6	967.3	1374.7	110.8
男士服装	Clothing for Men	307.4	162.1	250.6	289.1	370.8	502.5	109.1
女士服装	Clothing for Women	460.8	201.5	364.3	435.2	560.3	809.9	112.3
童　装	Clothing for Children	35.0	20.3	27.4	33.3	36.2	62.3	107.0
衣着材料	Cloth	16.8	8.7	17.3	16.8	18.0	24.9	98.8
鞋　类	Shoes	296.2	166.8	252.9	296.5	340.3	456.4	115.7
其他衣着用品	Others	52.5	31.4	46.9	51.8	59.6	78.0	109.4
衣着加工服务费	Clothing Processing and servings	15.4	7.6	11.9	14.6	18.8	26.5	92.8
家庭设备用品及服务	**Households Articles and Services**	**852.2**	**382.8**	**655.3**	**637.5**	**1059.8**	**1661.4**	**103.4**
耐用消费品	Durable Consumer Goods	442.0	159.4	304.5	267.3	588.9	976.9	107.6
家　具	Furniture	195.3	53.4	112.6	79.6	241.8	537.0	104.7
家庭设备	Household Appliances	246.7	106.0	191.9	187.7	347.1	439.9	110.0
室内装饰品	Room Ornament	33.6	7.4	23.3	20.0	40.2	84.9	81.2
纺织装饰品	Weave Ornament	12.6	2.3	7.8	6.5	10.5	39.1	95.5
装饰灯具	Ornamental Lamps and Lanterns	8.7	1.9	5.3	5.4	10.7	22.5	90.6
其他装饰品	Others	12.3	3.2	10.2	8.1	19.0	23.3	66.1
床上用品	Bedding	53.6	20.4	38.1	48.9	76.8	92.6	90.5
家庭日用杂品	Groceries for Households Daily Use	246.9	169.4	228.1	227.3	277.5	351.7	103.6
家具材料	Furniture Materials	5.9	0.7	11.0	0.9	3.4	14.6	62.1
家庭服务	Households Services	70.2	25.5	50.3	73.1	73.0	140.7	108.5
医疗保健	**Medicine and Medical Services**	**1295.8**	**757.9**	**1165.7**	**1363.5**	**1744.6**	**1565.4**	**109.6**
医疗器具	Medical Apparatus	10.2	3.6	6.4	7.1	10.3	25.5	98.1
保健器具	Health Care Apparatus	35.5	14.3	14.2	54.7	53.4	46.7	81.8
药品费	Medicine Expenses	640.9	460.0	613.4	690.0	775.0	702.1	114.5
滋补保健品	Tonic	217.7	78.0	184.3	206.5	308.9	343.7	106.5
医疗费	Medical Services	378.5	198.8	339.7	388.0	576.1	429.2	109.2
其　他	Others	13.0	3.2	7.7	17.2	20.9	18.2	69.9

7-9 2000户城市居民家庭平均每人年交通和通信、教育文化娱乐服务支出(2005年)

ANNUAL EXPENDITURE OF TRANSPORTATION,COMMUNICATION, RECREATION,CULTURE AND EDUCATION SERVICES PER CAPITA OF THE 2000 URBAN HOUSEHOLDS (2005)

单位：元 (yuan)

项目	Item	全市平均 Total	低收入户 20% Low Income	中低收入户 20% Medium-Low Income	中等收入户 20% Medium Income	中高收入户 20% Medium-High Income	高收入户 20% High Income	2005年为2004年% 2005 as % of 2004
交通和通信	**Transportation and Communication**	**1943.5**	**800.7**	**1265.7**	**1288.8**	**2533.8**	**4192.9**	**124.4**
交　通	Transportation	1100.7	277.3	513.2	451.2	1526.6	3022.8	136.1
家庭交通工具	Means of Transport for Household	499.0	56.5	179.3	25.4	813.9	1582.3	183.0
车辆用燃料及零配件	Fuels and Parts	135.5	31.4	48.2	72.1	146.2	416.9	125.2
交通工具服务支出	Means of Transport Services Expense	127.3	27.4	33.4	47.3	150.9	416.0	119.8
交通费	Transport Fare	338.9	162.0	252.3	306.4	415.6	607.6	105.4
通　信	Communication	842.8	523.4	752.5	837.6	1007.2	1170.1	111.9
通信工具	Communication Facility	172.2	72.8	166.7	158.9	206.3	278.3	110.7
通信服务	Communication Service	670.6	450.6	585.8	678.7	800.9	891.8	112.1
教育文化娱乐服务	**Education,Culture,Recreation Services**	**2186.6**	**1270.7**	**1867.7**	**1940.1**	**2456.0**	**3645.0**	**103.3**
文化娱乐用品	Cultural and Recreational Articles	677.5	299.9	575.7	607.4	744.1	1256.0	111.7
文化娱乐服务	Cultural and Recreation Services	584.4	182.7	393.5	468.1	699.0	1294.5	109.3
教　育	Education	924.7	788.1	898.5	864.6	1012.9	1094.5	94.9
教　材	Teaching material	52.5	56.2	62.6	46.8	46.0	49.3	86.8
教育费用	Education Expense	872.2	731.9	835.9	817.8	966.9	1045.2	95.4
#非义务教育学杂费	Nonbligation Tuition	285.5	308.0	327.6	315.9	266.3	198.0	88.7
义务教育学杂费	Tuition	102.5	107.6	117.7	80.3	97.8	107.8	89.3
成人教育费	Tuition of Adult Education	168.0	117.1	117.9	144.7	251.6	226.6	94.0
家教费	Family Education Expenses	28.8	22.3	31.2	23.0	37.2	31.4	88.9
培训班	Educate	123.9	88.2	124.5	109.7	128.2	177.2	110.4
学校住宿费	Put up School	23.9	18.5	29.7	19.6	34.6	17.6	100.4
其　他	Others	83.5	38.4	22.0	64.6	97.1	214.1	109.4

7-10 2000户城市居民家庭平均每人年居住、杂项商品和服务支出(2005年)
ANNUAL EXPENDITURE OF RESIDENCE,MISCELLANEOUS COMMODITIES AND SERVICES PER CAPITA OF THE 2000 URBAN HOUSEHOLDS (2005)

单位：元 (yuan)

项　目	Item	全市平均 Total	低收入户20% Low Income	中低收入户20% Medium-Low Income	中等收入户20% Medium Income	中高收入户20% Medium-High Income	高收入户20% High Income	2005年为2004年% 2005 as % of 2004
居　住	**Residence**	**1039.8**	**611.7**	**765.6**	**722.1**	**1294.5**	**1948.6**	**97.6**
住　房	House	456.3	188.3	256.3	203.2	654.2	1076.2	91.0
租赁房房租	Construction Materials	87.8	99.4	78.0	72.8	85.6	103.1	91.0
住房装潢支出	Rent	313.2	60.6	141.3	95.7	473.5	882.9	90.6
维修用建筑材料	Repairs	53.2	27.3	35.5	34.0	89.6	87.9	102.3
其　他	Others	2.1	1.0	1.5	0.7	5.5	2.3	31.9
水电燃料及其他	Fare for Water,Electricity and Fuel	527.7	405.9	476.6	494.1	562.7	733.1	100.1
水　费	Water	92.2	73.5	87.5	85.8	102.5	116.3	106.8
电　费	Electricity	252.5	189.9	225.6	253.8	273.4	335.9	91.3
燃　料	Fuel	138.6	126.4	144.8	129.1	133.0	162.3	106.0
煤　炭	Coal	22.6	27.2	33.9	18.9	13.2	17.6	137.0
液化石油气	Liquefied Petroleum Gas	17.1	19.5	17.2	16.8	16.7	14.8	84.2
管道煤气	Pipeline Gas	98.4	79.6	92.6	93.0	102.7	129.4	105.2
其　他	Others Fuel	0.5	0.1	1.1	0.4	0.4	0.5	100.0
其　他	Others	44.4	16.1	18.7	25.4	53.8	118.6	134.4
居住服务费	Habitation Service Charge	55.8	17.5	32.7	24.8	77.6	139.3	148.4
杂项商品和服务	**Miscellaneous Commodities and Services**	**526.6**	**223.1**	**336.1**	**470.7**	**607.1**	**1088.1**	**114.0**
杂项商品	Miscellaneous Commodities	335.0	164.2	248.4	286.4	408.7	616.7	110.5
服　务	Services	191.6	58.9	87.7	184.3	198.4	471.4	120.9

7-11 2000户城市居民家庭平均每百户主要耐用消费品拥有量(1978-2005年)

PER 100 HOUSEHOLDS ANNUAL POSSESSION OF DURABLE CONSUMER GOODS OF THE 2000 URBAN HOUSEHOLDS (1978-2005)

年 份 Year	自行车 (辆) Bicycles (unit)	录放像机 (台) Videocorders (unit)	淋 浴 热水器 (台) Showers (unit)	洗衣机 (台) Washing Machines (unit)	彩 色 电视机 (台) Color TV Sets (unit)	电冰箱 (台) Refrige-rators (unit)	照相机 (架) Cameras (unit)
1978	135.8						7.5
1979	145.7			0.1			9.8
1980	150.9			1.9		0.3	11.4
1985	177.0			57.5	32.2	41.9	34.6
1986	193.9			75.9	50.9	61.5	47.4
1987	210.2			82.6	57.5	71.9	55.5
1988	193.7			86.0	69.7	81.2	59.6
1989	223.0	10.1		89.7	80.5	89.4	62.2
1990	228.3	19.9		93.2	90.9	96.4	66.5
1991	233.8	28.4		93.0	97.1	101.7	72.7
1992	229.2	41.7	17.6	96.1	101.4	101.3	77.2
1993	243.2	45.6	23.2	99.8	107.2	100.8	82.4
1994	246.8	49.8	38.8	102.8	111.8	104.4	85.4
1995	243.6	54.2	45.4	100.4	113.6	104.4	86.8
1996	249.0	57.8	52.0	101.4	119.2	105.4	87.2
1997	209.4	56.0	58.4	100.6	123.8	104.2	88.2
1998	221.0	59.8	65.4	102.2	133.2	105.4	95.2
1999	220.1	54.1	67.1	99.6	141.4	102.8	95.0
2000	230.7	56.9	74.4	102.8	145.5	107.4	95.7
2001	230.6	57.7	78.1	102.2	148.9	106.6	100.7
2002	201.1	49.4	83.5	98.6	148.4	101.6	99.6
2003	202.1	51.3	85.4	99.3	147.0	100.4	103.3
2004	191.8	45.2	94.1	102.0	150.6	102.6	100.4
2005	193.7	47.5	97.0	105.0	152.8	104.0	109.1

7-12 2000户城市居民家庭平均每百户耐用消费品拥有量(2005年)

PER 100 HOUSEHOLDS ANNUAL POSSESSION OF DURABLE CONSUMER GOODS OF THE 2000 URBAN HOUSEHOLDS (2005)

项目		Item		全市平均 Total	低收入户 20% Low Income	中低收入户 20% Medium-Low Income	中等收入户 20% Medium Income	中高收入户 20% Medium-High Income	高收入户 20% High Income	2005年为2004年% 2005 as % of 2004
成套家具	(套)	Combined Furniture	(unit)	93.7	90.1	90.5	90.7	98.1	98.6	104.9
洗衣机	(台)	Washing Machines	(unit)	105.0	99.9	103.2	102.9	107.1	111.5	102.9
电风扇	(台)	Electric Fans	(unit)	134.4	128.1	134.4	136.7	136.0	136.5	102.7
电冰箱	(台)	Refrigerators	(unit)	104.0	101.7	103.2	101.7	106.3	107.1	101.4
冰 柜	(台)	Freezers	(unit)	10.1	7.2	7.5	11.6	10.3	13.7	100.0
微波炉	(台)	Microwave Stove	(unit)	89.1	84.0	84.5	86.3	91.3	99.3	102.5
空调器	(台)	Air-Conditioners	(unit)	146.5	114.6	132.2	145.2	158.7	179.9	108.0
电炊具	(台)	Electric Cooking Appliances	(unit)	132.7	98.0	127.5	129.7	145.8	160.9	110.2
淋浴热水器	(台)	Showers	(unit)	97.0	89.7	94.2	95.3	98.8	106.6	103.1
脱排油烟机	(台)	Range Hoods	(unit)	93.4	85.6	89.6	93.1	97.1	101.0	102.8
吸尘器	(台)	Dust Catcher	(unit)	40.1	18.1	35.4	38.5	48.4	59.1	109.3
消毒碗柜	(台)	Disinfector	(unit)	8.7	5.3	6.0	7.2	11.4	13.6	114.5
洗碗机	(台)	Dishwasher	(unit)	1.0	0.9	0.6	0.9	1.0	1.5	90.9
饮水机	(台)	Water Fountain	(unit)	57.1	45.7	56.0	54.8	61.2	67.2	107.9
取暖器	(台)	Radiator	(unit)	36.1	25.3	32.3	30.9	44.3	47.2	113.2
自行车	(辆)	Bicycles	(unit)	193.7	195.5	192.8	193.7	209.5	178.1	101.0
摩托车	(辆)	Motorcyles	(unit)	6.3	5.8	6.4	7.3	6.2	5.9	110.5
助力车	(辆)	Dynamical Bicycle	(unit)	5.1	2.7	6.8	4.3	6.5	5.1	127.5
移动电话	(部)	Mobile telephone	(unit)	190.0	157.6	185.5	188.7	204.7	212.3	115.5
接入互联网移动电话	(部)	Mobile Phones Accessed to Internet	(unit)	8.3	5.0	6.5	8.1	9.3	12.4	
传真机	(部)	Electrograph	(unit)	2.7	0.7	1.7	0.5	4.0	6.1	112.5
彩色电视机	(台)	Color TV Sets	(unit)	152.8	136.0	148.0	148.4	161.5	169.4	101.5
接入有线电视电视机	(台)	TV Sets Accessed to CATV	(unit)	132.2	120.2	129.5	126.8	137.9	146.0	
影碟机	(台)	Video CD	(unit)	71.4	53.9	67.0	66.2	80.0	89.0	106.6
录放像机	(台)	Videorecorders	(unit)	47.5	37.6	43.0	49.3	50.8	56.3	105.1
计算机	(台)	Computers	(unit)	89.2	74.6	88.2	86.5	92.2	103.6	112.3
接入互联网计算机	(台)	Computers Accessed to Internet	(unit)	68.2	52.0	61.4	69.5	76.7	80.6	
组合音响	(套)	Hi-Fi Systems	(unit)	37.3	20.5	32.5	36.5	44.3	51.8	103.6
录音机	(台)	Recorders	(unit)	68.9	61.7	65.3	64.2	75.2	77.6	103.6
摄像机	(架)	Pickup Camera	(unit)	16.3	4.7	13.1	11.9	19.0	31.7	119.9
照相机	(架)	Camera	(unit)	109.1	82.5	97.3	107.5	118.6	138.3	108.7
钢 琴	(架)	Piano	(unit)	4.1	2.0	2.8	2.7	4.5	8.3	97.6
其他中高档乐器	(件)	Secondary and Top Grade Musical Instrument	(unit)	11.3	7.8	11.7	11.4	11.8	13.8	115.3
健身器材	(套)	Exercise Equipment	(unit)	11.9	3.6	11.0	9.0	12.5	22.7	100.0

7-13 2000户城市居民家庭居住情况

HOUSING CONDITIONS OF THE 2000 URBAN HOUSEHOLDS

单位：户 (household)

项 目	Item	2005	2004	2005年为2004年% 2005 as % of 2004
调查户数	**Households Surveyed**	**2000**	**2000**	**100.0**
房屋产权	**Building Property Right**			
租赁公房	Rent Public House	442	452	97.8
租赁私房	Rent Private House	15	15	100.0
原有私房	Intrinsic Private House	58	61	95.1
房改私房	House reconstruct Private House	1346	1359	99.0
商品房	Commercial House	91	51	178.4
其 他	Others	48	62	77.4
住宅建筑式样	**Style of House Construction**			
家庭单栋住宅	Individual Storied Building of a Family	17	22	77.3
四居室	Four-room	41	57	71.9
三居室	Three-room	389	401	97.0
二居室	Two-room	1180	1132	104.2
一居室	One-room	166	150	110.7
普通楼房	Ordinary Storied Building	31	47	66.0
平房及其他	Single-story Building and Others	176	191	92.1

7-13 续表1 continued

单位：户 (household)

项　目	Item	2005	2004	2005年为2004年% 2005 as % of 2004
饮水情况	**Using of Tap Water**			
自来水	Tap Water	1487	1471	101.1
矿泉水	Table-Water	318	320	99.4
纯净水	Pure-Water	195	209	93.3
井、河水	Well-Water and River-Water			
其　他	Others			
用水情况	**Using of Tap Water**			
独用自来水	Using by oneself	1852	1816	102.0
公用自来水	Public Tap Water	148	184	80.4
井、河水	Well-Water and River-Water			
其　他	Others			
卫生设备拥有情况	**Grouped by Possession of Sanitary Equipment**			
无卫生设备	No Sanitary Equipment	72	73	98.6
有厕所浴室	Having Bathroom and Lavatory	1503	1508	99.7
有厕所无浴室	Having Lavatory and No Bathroom	321	291	110.3
公用卫生设备	Public Sanitary Equipment	104	128	81.3
取暖设备拥有情况	**Grouped by Possession of Heating Equipment**			
无取暖设备	No Heating Equipment	3	3	100.0
空调设备	Air Conditioner	19	18	105.6
暖　气	Central Heating	1825	1813	100.7
其　他	Others	153	166	92.2
燃料使用情况	**Grouped by Using of Fuel**			
管道煤气	Pipeline Gas	1595	1554	102.6
液化石油气	Liquefied Petroleum Gas	390	427	92.1
煤	Coal	9	13	69.2
其　他	Others	6	6	100.0

7-14 3000户农民家庭基本情况(2005年)

SAMPLING STATISTICS FOR 3000 RURAL HOUSEHOLDS (2005)

项　　目		Item		全市平均 Total	低收入户20% Low Income	中低收入户20% Low-Medium Income	中等收入户20% Medium Income	中高收入户20% Medium-High Income	高收入户20% High Income	2005年为2004年% 2005 as % of 2004
调查户数	(户)	Households Surveyed	(household)	3000	600	600	600	600	600	112.4
常住人口	(人)	Permanent Residents	(person)	10062	2217	2101	1999	1933	1812	110.3
平均每户	(人)	Average Per Household	(person)	3.35	3.7	3.5	3.33	3.22	3.02	98.0
整半劳动力	(个)	Full-time and Part-time Labors	(person)	6938	1433	1439	1354	1390	1322	111.3
平均每户	(个)	Average Per Household	(person)	2.31	2.39	2.4	2.26	2.32	2.2	99.0
平均每一劳动力负担人口	(人)	Dependents Per Labor Force	(person)	1.45	1.55	1.46	1.48	1.39	1.37	99.0
学龄前儿童人数	(人)	Number of Preschool Children	(person)	263	71	61	49	51	31	130.8
家庭经营耕地面积	(公顷)	Cultivated Land Area Runned by Households	(hectare)	540.8	151.5	109.9	113.3	84.7	81.4	132.9
家庭经营山地面积	(公顷)	Mountain Land Area Runned by Households	(hectare)	20.9	5.9	9	2.1	3.3	0.6	177.1
人均生产性固定资产原值	(元)	Original Value of Productive Fixed Assets Per Capita	(yuan)	2294	2890	1482	1569	1514	4139	108.7
人均住房面积	(平方米)	Per Capita Living Space	(sq.m)	36.94	28.11	32.94	35.49	41.73	48.85	108.0
人均总收入	(元)	Per Capita Total Revenue	(yuan)	9161	4512	6282	7715	10543	18479	110.6
#现金收入	(元)	Cash Income	(yuan)	8985	4372	6127	7527	10382	18228	110.7
人均纯收入	(元)	Per Capita Net Income	(yuan)	7860	3052	5233	6990	9471	16206	109.6
人均生活消费支出	(元)	Per Capita Annual Living Expenditures	(yuan)	5515	3296	4022	5062	6349	9573	112.9
#现金支出	(元)	Cash Expenditures	(yuan)	5473	3242	3983	5015	6312	9544	113.4
平均每个劳动力创造纯收入	(元)	Average Net Income Per Labor Force	(yuan)	9769	4148	6688	9037	11217	18441	108.7
农村居民家庭恩格尔系数	(%)	Engel Confficient of Rural Households	(%)	32.8	36	36.7	34.5	33.6	27.9	100.6

注：1. 人均纯收入实际增长8.1%。

2. 人均生活消费支出实际增长11.3%。

Note: a) Real growth of the per capita net income 8.1%.

b) Real growth of the per capita personal consumption expenditure 11.3 %.

7-15 3000户农民家庭平均每人年纯收入(2005年)

ANNUAL NET INCOME PER CAPITA OF THE 3000 RURAL HOUSEHOLDS (2005)

单位：元 (yuan)

项目	Item	全市平均 Total	低收入户20% Low Income	中低收入户20% Low-Medium Income	中等收入户20% Medium Income	中高收入户20% Medium-High Income	高收入户20% High Income	2005年为2004年% 2005 as % of 2004
合计	**Total**	**7860**	**3052**	**5233**	**6990**	**9471**	**16206**	**109.6**
生产性收入	**Productbility Net Income**	**6735**	**2681**	**4581**	**6121**	**8067**	**13455**	**109.7**
工资性收入	Wages	4774	1920	3335	4308	5995	9149	109.5
在非企业组织中劳动的报酬	from Non-enterprise Organizations	1149	339	603	1052	1366	2649	100.3
在企业劳动得到的报酬	from Enterprises	2214	839	1635	1875	2898	4210	113.2
在其他单位劳动得到的报酬	from Other Units	1411	742	1097	1381	1731	2290	112.3
家庭经营纯收入	Net Income from Family Business	1961	761	1246	1813	2072	4306	110
从第一产业得到	from Primary Industry	899	379	690	978	902	1687	116.5
#牧业收入	from Animal Husbandry	260	25	116	166	199	883	125.6
从第二产业得到	from Secondary Industry	168	19	57	72	87	670	87.5
从第三产业得到	from Tertiary Industry	894	363	499	763	1083	1949	109.2
#交通运输业收入	from Transportation	510	206	288	387	660	1118	107.6
非生产性收入	**Nonproductbility Income**	**1125**	**371**	**652**	**869**	**1404**	**2751**	**109.1**
#转移性收入	Transfers Income	508	184	377	495	612	962	118.1
财产性收入	Property Income	617	187	275	374	792	1789	102.7

7-16 3000 户农民家庭平均每人年生活费支出(2005年)

ANNUAL LIVING EXPENDITURES PER CAPITA OF THE 3000 RURAL HOUSEHOLDS (2005)

单位：元 (yuan)

项目	Item	全市平均 Total	低收入户20% Low Income	中低收入户20% Low-Medium Income	中等收入户20% Medium Income	中高收入户20% Medium-High Income	高收入户20% High Income	2005年为2004年% 2005 as % of 2004
合计	**Total**	**5515**	**3296**	**4022**	**5062**	**6349**	**9573**	**112.9**
食品支出	**Food Expenditure**	**1807**	**1186**	**1477**	**1746**	**2133**	**2667**	**113.5**
#主食	Staple Food	219	203	196	213	221	268	108.4
副食	Non-Staple Food	716	482	613	700	868	978	114.0
其他食品	Other	532	313	423	507	653	823	112.5
衣着支出	**Clothing Expenditure**	**428**	**191**	**289**	**379**	**547**	**809**	**117.6**
#服装支出	Garments	265	104	168	229	347	526	122.7
居住支出	**Residence**	**894**	**553**	**540**	**789**	**1044**	**1677**	**106.9**
#住房	Housing	388	244	145	317	436	876	95.8
燃料	Fuels	300	202	262	297	369	393	121.0
家庭设备用品及服务支出	**Household Facilities,Articles and Services**	**341**	**175**	**230**	**279**	**395**	**681**	**130.2**
#耐用消费品	Durable Consumer Goods	205	97	91	110	135	217	138.3
家庭日用杂品	Daily Use Household Articles	122	71	129	150	246	443	122.0
医疗保健支出	**Medicines and Medical Services**	**499**	**335**	**388**	**456**	**571**	**801**	**116.9**
交通和通讯支出	**Transportation and Communications**	**606**	**282**	**387**	**486**	**712**	**1273**	**110.8**
#交通工具	Transportation Means	93	26	37	65	98	267	72.7
交通费	Transportation	72	26	58	56	81	152	118.0
邮电费	Posts and Telecommunications	250	130	169	229	299	462	115.0
文教娱乐用品及服务支出	**Cultural,Education and Recreation Articles and Services**	**835**	**524**	**638**	**840**	**829**	**1446**	**108.3**
#文娱用机电消费品	Mechanical and Electric Consumer Goods of Culture and Recreation	131	60	70	91	126	335	140.9
书报杂志	Books,Newspapers and Magazines	17	10	15	18	18	27	100.0
学杂费	Tuition and Incidentals	479	357	435	566	453	609	104.8
文娱费	Recreation	74	26	34	57	83	190	108.8
其他商品及服务支出	**Other Commodity and Services**	**105**	**50**	**73**	**87**	**118**	**219**	**120.7**
#商品性支出	Commodity Expenditures	44	22	33	38	39	97	104.8

7-17 3000户农民家庭平均每人年粮食收支情况(2005年)

BROUGHT IN, SENT OUT OF GRAIN PER CAPITA OF THE 3000 HOUSEHOLDS (2005)

单位：公斤 (kg)

项目	Item	全市平均 Total	低收入户20% Low Income	中低收入户20% Low-Medium Income	中等收入户20% Medium Income	中高收入户20% Medium-High Income	高收入户20% High Income	2005年为2004年% 2005 as % of 2004
年内粮食收入实物量	**Grain Reaped in kind in this Year**	**454.5**	**406.3**	**425.2**	**491.8**	**378.2**	**587.7**	**114.8**
家庭经营生产	Household Production	283.5	251.4	263.3	360.3	251.7	295.7	110.3
购买	Purchasing	164.1	149.2	153.6	125.5	118.3	286.1	120.4
其他	Other	6.9	5.7	8.3	6.0	8.2	5.9	248.2
年内粮食消费及出售量	**Grain Consumption and sold in this Year**	**365.0**	**342.1**	**338.6**	**386.4**	**315.7**	**452.7**	**115.0**
生活用粮	Living Consumption	126.7	125.6	113.4	121.4	122.8	153.4	102.9
#稻谷	Rice	54.3	55.4	53.7	55.9	57.0	49.1	87.5
小麦	Wheat	41.0	39.1	38.8	41.4	41.2	45.4	99.6
出售粮食	Sold	168.1	141.3	155.7	231.9	167.8	145.4	117.9
其他	Other	70.2	75.2	69.5	33.1	25.1	153.9	135.9

7-18 3000户农民家庭主要生活消费品平均每人消费量(2005年)

PER CAPITA CONSUMPTION OF MAJOR LIVING CONSUMER GOODS OF THE 3000 RURAL HOUSEHOLDS (2005)

项目	Item	全市平均 Total	低收入户20% Low Income	中低收入户20% Low-Medium Income	中等收入户20% Medium Income	中高收入户20% Medium-High Income	高收入户20% High Income	2005年为2004年% 2005 as % of 2004
粮食 (公斤)	Grains (kg)	126.7	125.6	113.4	121.4	122.8	153.4	102.9
豆制品 (公斤)	Bean Products (kg)	3.2	2.5	2.7	3.3	3.4	4.3	117.7
蔬菜 (公斤)	Vegetables (kg)	151.1	77.3	92.5	102.6	103.6	413.7	170.4
植物油 (公斤)	Vegetable Oil (kg)	8.9	7.6	8.1	9.3	9.6	10.5	109.4
动物油 (公斤)	Animal Oil (kg)	13.2	10.2	12.0	13.0	15.4	15.9	115.9
猪牛羊肉 (公斤)	Pork,Beef,Mutton (kg)	4.6	2.4	3.7	4.6	5.9	6.8	110.9
家禽 (公斤)	Poultry (kg)	3.0	1.9	2.3	2.9	4.0	4.4	132.8
蛋类 (公斤)	Eggs (kg)	9.4	7.1	9.0	9.8	10.5	11.0	100.2
奶及奶制品 (公斤)	Milk and Diary Products (kg)	14.5	8.0	11.5	12.9	19.9	21.9	110.0
水产品 (公斤)	Aquatic Products (kg)	5.0	3.1	3.8	5.2	6.4	6.9	121.3
食糖 (公斤)	Sugar (kg)	1.5	0.9	1.3	1.5	1.9	1.9	158.1
酒类 (公斤)	Liquor (kg)	18.8	14.0	16.2	19.5	22.2	23.4	114.2
茶叶 (公斤)	Tea (kg)	0.6	0.4	0.5	0.5	0.7	0.8	88.7
干鲜瓜果 (公斤)	Melons and Fruits (kg)	34.4	22.7	29.7	35.5	40.4	47.0	100.0
服装 (件)	Cotton Cloth and Related Clothing (unit)	3.6	2.1	2.7	3.5	4.7	5.4	127.4

7-19 3000户农民家庭平均每百户耐用消费品拥有量(2005年)
DURABLE CONSUMER GOODS POSSESSION PER 100 HOUSEHOLDS OF THE 3000 HOUSEHOLDS (2005)

项　　目		Item		全市平均 Total	低收入户 20% Low Income	中低收入户 20% Low-Medium Income	中等收入户 20% Medium Income	中高收入户 20% Medium-High Income	高收入户 20% High Income	2005年为2004年% 2005 as % of 2004
自行车	(辆)	Bicycles	(unit)	189	171	194	195	196	188	91.7
电风扇	(台)	Electric Fans	(unit)	143	137	142	146	146	143	97.3
洗衣机	(台)	Washing Machines	(unit)	97	89	95	98	100	103	101.0
电冰箱	(台)	Refrigerators	(unit)	100	89	97	97	104	112	104.2
摩托车	(辆)	Motorcycles	(unit)	40	39	40	43	36	39	102.6
黑白电视机	(台)	Black and White TV Sets	(unit)	4	4	3	4	4	4	50.0
彩色电视机	(台)	Color TV Sets	(unit)	129	122	123	126	134	140	108.4
收录机	(台)	Recorders	(unit)	24	18	20	26	25	29	82.8
照相机	(架)	Cameras	(unit)	37	21	27	35	43	59	105.7
录相机	(台)	Videorecorders	(unit)	13	12	9	10	12	21	81.2
抽油烟机	(台)	Range Hoods	(unit)	51	27	41	50	61	75	121.4
吸尘器	(台)	Vacuum Cleaners	(unit)	8	1	4	7	10	19	100.0
微波炉	(台)	Microwave Oven	(unit)	34	20	21	31	43	55	130.8
热水器	(台)	Showers	(unit)	47	28	39	47	56	68	114.6
电话机	(部)	Telephone	(unit)	104	100	101	103	107	110	100.0
移动电话	(部)	Mobilphone	(unit)	139	108	123	130	153	183	136.3
影碟机	(台)	Video CD	(unit)	49	43	44	45	52	60	125.6
组合音响	(台)	Hi-Fi	(unit)	37	28	32	40	38	46	97.4
家用计算机	(台)	Person Computer	(unit)	36	19	26	35	43	59	133.3
空调机	(台)	Air Conditioners	(unit)	63	28	43	55	78	108	134.0

7-20 3000户农民家庭平均每百户耐用消费品拥有量(1978-2005年)

DURABLE CONSUMER GOODS POSSESSION PER 100 HOUSEHOLDS OF THE 3000 HOUSEHOLDS (1978-2005)

年 份 Year	自行车(辆) Bicycles (unit)	移动电话(部) Mobile telephone (unit)	空调机(台) house air conditioner (unit)	影碟机(台) Video CD (unit)	彩 色 电视机(台) Color TV Sets (unit)	家 用 计算机(台) person computer (unit)	照相机(架) Cameras (unit)	电风扇(台) Electric Fans (unit)	洗衣机(台) Washing Machines (unit)	电冰箱(台) Refrigerators (unit)
1978	109									
1979	98									
1980	123									
1985	182				7		2	32	23	2
1986	191				12		4	42	39	5
1987	204				15		5	52	48	9
1988	218				20		7	61	56	14
1989	224				25		8	67	61	19
1990	235				29		8	73	63	23
1991	232				42		11	84	69	36
1992	245				46		14	92	73	40
1993	249				56		15	98	76	47
1994	254		1		65		17	109	80	53
1995	251		2		74		21	115	81	63
1996	250		2		79		21	117	83	67
1997	248		3		85		25	127	84	72
1998	249		5		92		26	133	85	75
1999	241		9		101		29	143	86	81
2000	220	14	20	23	107	7	26	143	85	84
2001	220	30	27	27	112	12	29	150	91	86
2002	214	52	35	30	116	16	32	152	94	91
2003	210	77	39	34	116	22	32	150	94	94
2004	206	102	47	39	119	27	35	147	96	96
2005	189	139	63	49	129	36	37	143	97	100

主要统计指标解释

家庭总收入 指调查户中生活在一起的所有家庭成员在调查期得到的工薪收入、经营净收入、财产性收入、转移性收入的总和，不包括出售财物和借贷收入。收入的统计标准以实际发生的数额为准，无论收入是补发还是预发，只要是调查期得到的都应如实计算，不作分摊。

可支配收入 指调查户可用于最终消费支出和其他非义务性支出以及储蓄的总和，即居民家庭可以用来自由支配的收入。它是家庭总收入扣除交纳的所得税、个人交纳的社会保障费以及调查户的记账补贴后的收入。计算公式为:

可支配收入=家庭总收入-交纳所得税-个人交纳的社会保障支出-记账补贴

工薪收入 指就业人员通过各种途径得到的全部劳动报酬，包括所从事的主要职业的工资以及从事第二职业、其他兼职和零星劳动得到的其他劳动收入。

经营净收入 指家庭成员从事生产经营活动所获得的净收入。是全部生产经营收入中扣除生产成本和税金后所得的收入。如当期收入小于生产费用的开支，其差额记入“其他借贷支出”中。

财产性收入 指家庭拥有的动产(如银行存款、有价证券)、不动产(如房屋、车辆、土地、收藏品等)所获得的收入。包括出让财产使用权所得的利息、租金、专利收入；财产营运所获得的红利收入、财产增值收益等。

转移性收入 指国家、单位、社会团体对居民家庭的各种转移支付和居民家庭间的收入转移。包括政府对个人收入转移的离退休金、失业救济金、赔偿等；单位对个人收入转移的辞退金、保险索赔、住房公积金、家庭间的赠送和赡养等。

出售财物收入 指调查户出售家庭财物所得到的收入。由于出售财物是家庭财产从实物形态转为货币形态，家庭财产总量不变，因此不计入可支配收入中。

家庭总支出 指家庭除借贷支出以外的全部实际支出。包括消费支出、购房建房支出、转移性支出、财产性支出、社会保障支出。支出统计是以实际购得的商品或服务的总价值填报，不论其付款方式是一次付清、分期付款、还是赊购，只要商品或服务已被消费就要按其总价值计算。如果采用分期付款或赊购形式，则要在借贷收入类相应的项目填入实付款与总的应付款的差额。

消费支出 指调查户用于本家庭日常生活的全部支出，包括食品、衣着、家庭设备用品及服务、医疗保健、交通和通信、娱乐教育文化服务、居住、杂项商品和服务八大类等。包括用于赠送的商品或服务的支出。消费支出按商品(服务)的用途分类，详细解释见消费支出表。

服务性消费支出 指调查户用于本家庭支付社会提供的各种文化和生活方面的非商品性服务费用。不包括为别人付款的服务。

购房与建房支出 指包括居民家庭购买住房、建房时的全部支出。

转移性支出 指居民家庭对国家、单位、住户、个人的转移支付。包括交纳的税款、捐赠和赡养支出等。

财产性支出 指家庭购买或维护财产所支付的利息等有关费用。

社会保障支出 指调查户成员参加国家法律、法规规定的社会保障项目中由个人交纳的保障支出。不包括职工所在单位交纳的那部分社会保障金。

平均每一就业者负担系数 是由家庭人口数与退休人口数之差，再除以就业人口数计算得到的。计算公式为:

平均每一就业者负担系数=（家庭人口数-退休人口数）/就业人口数

农村居民家庭生活消费支出 指农村住户用于物质生活和精神生活方面的支出。包括食品、衣着、居住、家庭设备用品及服务、医疗保健、交通和通讯、文化教育娱乐用品及服务、其他商品和服务等消费支出。

农民人均总收入 是指调查期内每个农村住户成员从各种来源渠道得到的收入总和。按收入的性质划分为工资性收入、家庭经营收入、财产性收入和转移性收入。

农民人均现金收入 是指每个农村住户成员在调查期内得到以现金形态表现的收入。按来源分成工资性收入、家庭经营现金收入、财产性收入、转移性收入。

农民人均纯收入 是指农村住户当年从各个来源得到的总收入相应地扣除所发生的费用后的收入总和。纯收入主要用于再生产投入和当年生活消费支出，也可用于储蓄和各种非义务性支出。计算公式:

农民人均纯收入=农民人均总收入-家庭经营费用支出-税费支出-生产性固定资产折旧-赠送农村内部亲友

公用事业

PUBLIC UTILITIES

简要说明

一、本章资料的主要内容

本章资料反映北京市城市公用事业的综合水平，主要内容有五部分：

1、城市居民居住水平；

2、水、气、热等供应及消费情况；

3、城市公交出租车情况；

4、市政主要设施情况；

5、城市绿化、排水、环境卫生及保护、空气质量等情况。

二、本章资料的统计范围

本章资料的统计范围除农村改水资料外，均为北京市行政区域，包括市区、郊区以及规划卫星城、中心镇、县城和县级以上开发区的城市建设内容。

1、卫星城：是指门城镇、房山镇（含燕山）、良乡、昌平镇（含南口、埝头）、沙河、顺义镇（含牛栏山、马坡）、通州镇、长辛店、亦庄、黄村、平谷镇、怀柔镇（含桥梓、庙城）、密云镇、延庆镇。

2、中心镇：是指规划确定的33个中心镇，分别包括：海淀区温泉镇，丰台区王佐乡，门头沟区斋堂镇、潭柘寺镇，房山区窦店镇、长沟镇、琉璃河镇、韩村河镇，通州区宋庄镇、马驹桥镇、永乐店镇、漷县镇，昌平区小汤山镇、北七家镇、阳坊镇，顺义区杨镇、后沙峪镇、北小营镇、高丽营镇，大兴区榆垡镇、西红门镇、庞各庄镇、采育镇，平谷区峪口镇、马坊镇，怀柔区杨宋镇、汤河口镇，密云县太师屯镇、溪翁庄镇、十里堡镇，延庆县永宁镇、康庄镇、旧县镇。

三、本章的资料来源

本章由北京市统计局固定资产投资处负责整理，其中城市供热由北京市市政管理委员会提供；节水情况由北京市节约用水管理中心提供；客运出租汽车情况由北京市交通委员会运输局提供；道路及主要市政设施由北京市交通委员会路政局提供；园林绿化由北京市园林局提供；农村改水情况由北京市卫生局提供。

8-1 居民居住水平

RESIDENTIAL CONDITIONS OF URBAN RESIDENTS

项目	Item		2005	#城近郊区 City Proper and Near Suburbs	2004	#城近郊区 City Proper and Near Suburbs
年末实有房屋建筑面积（万平方米）	Floor Space of Houses(year-end)	(10000 sq.m)	50507.0	38877.2	46522.6	36017.3
年末实有住宅建筑面积（万平方米）	Floor Space of Residential Buildings(year-end)	(10000 sq.m)	28922.3	21563.6	26199.8	19659.5
人均住宅使用面积（平方米）	Per Capita Using Space	(sq.m)	19.45	18.65	19.09	18.22
人均住宅建筑面积（平方米）	Per Capita Floor Space	(sq.m)	25.94	24.87	25.12	23.98

8-2 供热

HEAT SUPPLY

项目		Item		2005	2004	2005年为2004年% 2005 as % of 2004
全市集中采暖面积合计	**（万平方米）**	**Total Heating Area**	**(10000 sq.m)**	**31736**	**28150**	**112.7**
管网集中供热		**Central Heat Supply**				
热力供应能力	（兆瓦/小时）	Supply Capacity	(megawatt/hour)	6013	4718	127.4
采暖面积	（万平方米）	Heating Area	(10000 sq.m)	9145	8777	104.2
#住宅	（万平方米）	Dwelling House	(10000 sq.m)	4654	3669	126.8
管道长度	（公里）	Length of Pipeline	(km)	372	351	106.0
小区集中供热		**Central Heat Supply in Residential Districts**				
热力供应能力	（兆瓦/小时）	Supply Capacity	(megawatt/hour)	24102	18988	126.9
采暖面积	（万平方米）	Heating Area	(10000 sq.m)	22591	19373	116.6
#住宅	（万平方米）	Dwelling House	(10000 sq.m)	17564	15293	114.8
管道长度	（公里）	Length of Pipeline	(km)	5900	4756	124.1

注：小区集中供热指10万平米以上的供热面积。

资料来源：北京市市政管理委员会供热办。

Note: Figures for central heat supply in residential districts and joint heat supply only include those who heating areas are more than 100000 sq.m.

Sources: Beijing Municipal Administration Committee (Heating Department).

8-3 煤气、液化石油气及天然气

GAS,LIQUEFIED PETROLEUM GAS AND NATURAL GAS

项目		Item		2005	2004	2005年为2004年% 2005 as % of 2004
煤气		**Gas**				
供应量	(万立方米)	Gas Supply	(10000 cu.m)	20211	20617	98.0
销售量	(万立方米)	Gas Sale	(10000 cu.m)	16776	17714	94.7
#生产用量	(万立方米)	for Produce Use	(10000 cu.m)	3870	4301	90.0
家庭用量	(万立方米)	for Households	(10000 cu.m)	3395	3239	104.8
采暖制冷	(万立方米)	Heating and Refrigeration	(10000 cu.m)	5025	4119	122.0
家庭用户	(万户)	Household	(10000 households)	7.5	11.6	64.7
液化石油气		**Liquefied Petroleum Gas**				
销售量	(吨)	Gas Sales	(ton)	356551	431660	82.6
#生产用量	(吨)	for Produce Use	(ton)	41029	29697	138.2
家庭用量	(吨)	for Households	(ton)	315522	401214	78.6
家庭用户	(万户)	Household	(10000 households)	147.5	172.0	85.8
天然气		**Natural Gas**				
供应量	(万立方米)	Gas Supply	(10000 cu.m)	317397	270213	117.5
销售量	(万立方米)	Gas Sales	(10000 cu.m)	294279	250326	117.6
#生产用量	(万立方米)	for Produce Use	(10000 cu.m)	11714	15115	77.5
家庭用量	(万立方米)	for Households	(10000 cu.m)	56596	48582	116.5
采暖制冷	(万立方米)	Heating and Refrigeration	(10000 cu.m)	174520	148505	117.5
家庭用户	(万户)	Household	(10000 households)	303.5	255.0	119.0
居民燃气用户	**(万户)**	**Household with Access to Gas**	**(10000 households)**	**458.5**	**438.6**	**104.5**

资料来源：北京市市政管理委员会供热办。

Sources: Beijing Municipal Administration Committee (Heating Department).

8-4 自来水及自备水源

TAP WATER AND SELF-PROVIDED SOURCE OF WATER

项目		Item		2005	#城近郊区 City Propers and Near Suburbs	2004	#城近郊区 City Propers and Near Suburbs
自来水		**Tap Water**					
生产能力	(万立方米/日)	Production Capacity	(10000cu.m/day)	347.5	274.5	399.0	247.0
管线长度	(公里)	Length of Pipelines	(km)	9831	7539	9981	7272
供水面积	(平方公里)	Area of Water Supply	(sq.km)	1414	762	1073	575
售水量	(万立方米)	Sales in Volume	(10000 cu.m)	71600	59957	82986	59628
#生产运营用	(万立方米)	for Production Use	(10000 cu.m)	11774	9248	14440	8855
公共服务用	(万立方米)	for Public Service Use	(10000 cu.m)	27189	23723	27506	23723
居民家庭用	(万立方米)	for Households Use	(10000 cu.m)	32174	26986	40506	27050
自备井水		**Self-provided Well Water**					
用水量	(万立方米)	Consumption	(10000 cu.m)	58054	32850	55563	33582
#生产运营用	(万立方米)	for Production Use	(10000 cu.m)	24491	12788	23912	13819
公共服务用	(万立方米)	for Public Service Use	(10000 cu.m)	13716	9920	13921	11179
居民家庭用	(万立方米)	for Households Use	(10000 cu.m)	19274	10111	16319	8005

资料来源：北京市水务局。

Sources: Beijing Water Authority.

8-5 节水
WATER SAVING

项目	Item	2005	2004	2005年为2004年% 2005 as % of 2004
节水量 (万立方米)	Volume Saved (10000 cu.m)	10435	5171	201.8
#自来水 (万立方米)	Tap Water (10000 cu.m)	1421	2971	47.8
完成节水措施 (项)	Save Measures Completed (item)	216	157	137.6

注：2005年节水量数据中包含农村自备井节水量。
资料来源：北京市节约用水管理中心。
Note: Figure of water saved in 2005 included well water saved by rural self-provided wells.
Sources: Beijing Municipal Water Conservation Office.

8-6 公共交通
PUBLIC TRAFFIC

项目	Item	2005	2004
年末营运车辆 (辆)	**Operating Vehicles (year-end) (unit)**	**20840**	**21711**
公共汽车 (辆)	Buses (unit)	18801	18612
小公共汽车 (辆)	Mini-Buses (unit)	598	1652
无轨电车 (辆)	Trolley Buses (unit)	473	555
地铁机车 (辆)	Subways (unit)	968	892
营运线路	**Operating Routes**		
条　数 (条)	Number (line)	626	621
公共汽车 (条)	Buses (line)	578	539
小公共汽车 (条)	Mini-Buses (line)	29	63
无轨电车 (条)	Trolley Buses (line)	15	15
地　铁 (条)	Subways (line)	4	4
长　度 (公里)	Length (km)	19135	19110
公共汽车 (公里)	Buses (km)	17924	17116
小公共汽车 (公里)	Mini-Buses (km)	907	1690
无轨电车 (公里)	Trolley Buses (km)	190	190
地　铁 (公里)	Subways (km)	114	114
客运量 (万人次)	**Passengers Carried (10000 person-times)**	**525606**	**513876**
按车种分	By Type of Vehicles		
公共汽车及无轨电车 (万人次)	Buses and Trolley Buses (10000 person-times)	450845	442691
小公共汽车 (万人次)	Mini- Buses (10000 person-times)	6785	10532
地　铁 (万人次)	Subways (10000 person-times)	67976	60653
按购票方式分	By Ways of Payment		
普　票 (万人次)	Common (10000 person-times)	257198	238693
月　票 (万人次)	Monthly (10000 person-times)	259968	266839
包　车 (万人次)	Hire (10000 person-times)	3409	3357
旅　游 (万人次)	Tourism (10000 person-times)	1072	1032
免　费 (万人次)	Free of Charge (10000 person-times)	3959	3955
售出月票 (万张)	**Monthly Ticket Sales (10000 pieces)**	**1818**	**1862**

资料来源：北京市交通管理委员会、北京公共交通控股（集团）有限公司、北京市地铁运营有限公司。
Sources: Beijing Municipal Committee of Communication, Beijing Bus Corporation, Beijing Subway Corporation.

8-7 客运出租汽车

TAXIS SERVICE

项目	Item	2005	2004	2005年为2004年% 2005 as % of 2004
出租车企业 (个)	Operating Units (unit)	277	277	100.0
#有限公司	Company limited	109	109	100.0
出租车个体户 (户)	Self-employed taxi driver (Nos.)	1157	1157	100.0
营运车辆 (辆)	Operating Vehicles (unit)	70217	55463	126.6
小轿车	Cars	66000	51561	128.0
大客车	Coaches	4217	3902	108.1
客运量 (万人次)	Passengers Carried (10000 person-times)	71072	64378	110.4
小轿车	Cars	65000	58758	110.6
大客车	Coaches	6072	5620	108.0

资料来源：北京市交通管理委员会运输局。

Sources: Beijing Municipul Committee of Communication Transportation Bureau.

8-8 市政设施情况

BASIC STATISTICS ON MUNICIPAL ENGINEERING

项目	Item	2005	2004
全市道路总里程 (公里)	Roads Length (km)	19015	19010
城八区道路长度 (公里)	Length (km)	4073	4064
城八区道路面积 (万平方米)	Areas of Roads (10000 sq.m)	7443	7287
#铺装步道 (万平方米)	Paved Roads (10000 sq.m)	1087	857
路口电视监视器 (台)	Surveillance Intersection by TV (unit)	440	390
地下通道 (座)	Underpass (unit)	188	176
照明线路长度 (公里)	Length of Lines (km)	8415	7843

资料来源：北京市交通管理委员会路政局、北京市公安交通管理局、北京市路灯管理处。

Sources: Beijing Committee of Communications Road Affair Bureau, Beijing Administration for Public Security & Traffic, Beijing Street Lamp Administration Office.

8-9 园林绿化
GARDENS AND PLANTED AREAS

项目	Item	2005	#城近郊区 City Proper and Near Suburb	2004	#城近郊区 City Proper and Near Suburb
年末公共绿地面积 (公顷)	Public Green Areas(year-end) (hectare)	11365	7803	10446	6647
平均每人占有公共绿地面积 (包括水面) (平方米)	Per Capita Public Green Areas (including water surface) (sq.m)	12.66	11.11	11.45	10.03
城市绿化覆盖率 (%)	Coverage of City Green Areas (%)	42.50	42.50	41.91	41.79
年末实有树木 (万株)	Trees (year-end) (10000 unit)	6901	4300	7373	4710
#本年新植 (万株)	Newly Planted (10000 unit)	512	231	578	387
草坪面积 (万平方米)	Areas of Lawn (10000 sq.m)	10563	7129	8337	5797
#本年新植 (万平方米)	Newly Planted (10000 sq.m)	479	150	473	313
公园面积 (公顷)	Areas of Parks (hectare)	6922	5264	6060	4639

资料来源：北京市园林局。
Sources: Beijing Municipal Bureau of Parks.

8-10 排水
DRAINAGE

项目	Item	2005	#城近郊区 City Proper and Near Suburb	2004	#城近郊区 City Proper and Near Suburb
下水道长度 (公里)	**Length of Sewer (km)**	**6475**	**4441**	**6790**	**4822**
污水管 (公里)	Sewage Pipes (km)	2521	1844	2909	2044
污水处理	**Dispose of Sewage**				
处理能力 (万立方米/日)	Disposal Capability (10000 sq.m/day)	324	248	255	190
年处理量 (万立方米)	Disposed Volume (10000 sq.m)	70158	56226	55019	46526
处理率 (%)	Disposal Rate (%)	62.4	70.1	53.9	57.7
平均每日污水量 (万立方米/日)	Daily Sewage (10000 sq.m/day)	308	220	280	221
再生水利用量 (万立方米)	**Volume of Recycled Water Utilized (10000 cu.m)**	**25981**	**10987**	**9353**	**8158**

注：污水处理能力为二级以上污水处理厂设计能力。
Note: Ability to Dispose of Sewage was second grade and better disposal plants design disposal capability.

8-11 农村改水情况
STATISTICS FOR WATER-CHANG IN RURAL AREA

项目	Item	2005	2004
农村总人口 (万人)	Total Rural Population (10000 persons)	346.8	346.8
已改水累计受益人口 (万人)	Accumulative Population Benefited from Water-changing (10000 persons)	346.8	346.8
饮用自来水	Using Tap Water		
现有水厂 (座)	Water Plants (unit)	3575	3661
累计受益人口 (万人)	Accumulative Benefited Population (10000 persons)	339	338.6
饮用水压机井水	Using Motor-pumped Water		
现有机井 (万台)	Motor-pumped Wells (10000 units)	1.8	1.9
累计受益人口 (万人)	Accumulative Benefited Population (10000 persons)	5.4	5.8
其他形式	Others		
累计受益人口 (万人)	Accumulative Benefited Population (10000 persons)	2.5	2.5

资料来源：北京市卫生局。
Sources: Beijing Municipal Health Bureau.

主要统计指标解释

自来水生产能力　指按供水设施取水、净化、送水、出厂输水干管等环节实际测定计算的综合生产能力。不包括供水高峰阶段，超负荷增加的生产能力。计算时，以四个环节中最薄弱的环节为主确定能力。

自来水管道长度　指供水设施的取水管道和供水管道长度之和。

取水管道长度指水源地至地表水水厂净化设施（或地下水水厂清水池）之间所有管道的长度，包括水源井之间的井群联络管道长度。

供水管道长度指从送水泵至用户水表之间所有管道的长度。不包括新安装尚未使用的管道。

生产运营用水　指在城市范围内生产、运营的农、林、牧、渔业、工业、建筑业、交通运输业等单位在生产、运营过程中的用水。

公共服务用水　指为城市社会公共生活服务的用水。包括行政事业单位、部队营区和公共设施服务、社会服务业、批发零售贸易业、旅馆饮食业以及社会服务业等单位的用水。

居民家庭用水　指城市范围内所有居民家庭的日常生活用水。包括城市居民、农民家庭、公共供水站用水。

年末营运车数　指公交企业（单位）用于运营业务的全部车辆数。

运营线路总长度　指全部运营线路长度之和。计算公式:

运营线路长度=Σ各条运营线路长度

=Σ〔(上行起点至终点里程+下行起点至终点里程+上下行终点掉头里程)〕

道路长度　指道路长度和与道路相通的桥梁、隧道的长度，按车行道中心线计算。城市道路由车行道和人行道两部分组成。在统计时只统计路面宽度在3.5米（含3.5米）以上的各种铺装道路，包括开放型工业区和住宅区道路在内。

公共绿地　指向公众开放的市级、区级、居住区级各类公园、街旁游园，包括其范围内的水域。其中居住区级公园应不小于1万平方米，街旁游园的宽度不小于8米，面积不小于400平方米。

绿化覆盖率　指报告期末区域内绿化覆盖面积与区域面积的比率。

计算公式:

$$\text{绿化覆盖率}=\frac{\text{区域内绿化覆盖面积}}{\text{区域面积}}\times 100\%$$

下水道长度　指所有排水总管、干管、支管、检查井及连接井进出口等长度之和。计算时应按单管计算，即在同一条街道上如有两条或两条以上并排的排水管道时，应按每条排水管道的长度相加计算。

污水日处理能力　指污水处理厂（或处理装置）每昼夜处理污水量的设计能力。

按污水处理的程度，一般可分为一级处理、二级处理和三级处理。

一级处理是以沉淀为主体的处理工艺。指去除污水中的漂浮物和悬浮物的净化过程，主要为沉淀。

二级处理是以生物处理为主体的处理工艺。指污水经一级处理后，用生物处理方法继续除去污水中胶体和溶解性有机物的净化过程。

三级处理也称高级处理或深度处理。指进一步去除二级处理不能完全去除的污水中的污染物的处理工艺。

农业及农村经济

AGRICULTURE AND RURAL ECONOMY

简要说明

一、本章资料的主要内容及统计范围

本章资料反映北京市农业生产和农村经济基本情况，主要内容包括农村基层组织情况、农村地区人口、从业人员及劳动生产率、主要农业生产条件、耕地、农林牧渔业产值及主要农副产品生产情况、设施农业、乡镇企业情况、农村经济收入与分配情况、小城镇建设情况等。

农林牧渔业统计范围包括全社会除军马生产及农业科研机构进行的试验型农业生产以外的所有农林牧渔业生产活动。即农村各种经济组织和农户经营的农林牧渔业生产活动；各种专业性农、林、牧、渔场的生产活动；国家各级机关、团体、学校、部队进行的农业生产活动；集体所有制的乡、镇、村办农场的农林牧渔业生产活动；以及工矿企业经营的农、林、牧、渔业生产活动。

1、农业：指对各种农作物的种植活动。包括谷物、豆类、薯类、棉花、油料、糖料、麻类、烟叶、蔬菜、园艺作物、水果、坚果、饲料和香料作物、药材及其它作物的种植。

2、林业：包括林木的栽培(不包括茶园、桑园和果园的栽培、管理和收获等活动)、木材和竹材的采运、林产品的采集。

3、畜牧业：包括牲畜饲养和放牧、家禽饲养以及野生动物的捕猎和饲养。

4、渔业：分为淡水养殖和海水养殖，包括水生动物和海藻类植物的养殖和捕捞。

农村社会经济统计范围包括所有乡镇辖区内的社会经济活动。

二、本章资料来源及调查方法

1、灌溉、水利设施等数据，由水务局提供。乡镇企业数据由北京市乡镇企业局提供。农村经济收入分配数据由北京市农村经济研究中心农村合作经济经营管理站提供。小城镇建设情况由国家统计局北京调查总队统计监测处提供，其余资料均由国家统计局北京调查总队农业调查处及北京市统计局农村处提供。

2、粮食产量数据通过抽样调查方法取得。其中夏粮调查网点共有 80 个村，秋粮调查网点共有 100 个村；农村基层组织、乡镇及行政村人口、从业人员、农林牧渔业生产统计采取全面调查方法，村级起报。

9-1 农村基本情况(1978-2005年)

BASIC STATISTICS FOR RURAL (1978-2005)

年 份 Year	乡政府 (个) Township Governments (Nos.)	镇政府 (个) Town Governments (Nos.)	村 民 委员会 (个) Villagers Committees (Nos.)	乡镇及行政村 户 数 (万户) Number of Towns and Administrative Villages (10000 households)	乡镇及 行政村人口 (万人) Towns and Administrative Population (10000 persons)	乡镇及行政村 从业人员 (万人) Number of Persons Employed in Towns and Administrative Villages (10000 persons)
1978				91.9	382.1	165.3
1979				92.9	374.7	165.1
1980				95.0	374.3	167.4
1985	350	15	4394	111.8	387.2	190.0
1986	327	15	4400	113.1	386.9	189.5
1987	324	14	4326	115.7	388.9	189.8
1988	321	13	4111	118.6	389.6	189.2
1989	322	14	4483	121.5	390.0	186.1
1990	252	77	4481	124.5	392.0	184.3
1991	209	77	4480	125.5	390.7	182.1
1992	209	77	4229	126.2	387.6	178.7
1993	192	81	4476	126.5	382.4	176.0
1994	174	92	4464	124.9	376.0	171.6
1995	166	100	4355	125.0	371.5	163.6
1996	166	100	4357	124.6	368.9	164.2
1997	132	108	4348	124.6	365.3	161.2
1998	126	105	4032	125.9	364.4	161.0
1999	125	103	4040	125.9	363.9	165.3
2000	70	142	4039	126.8	363.7	165.8
2001	52	139	4010	127.6	361.6	165.3
2002	51	141	4005	128.0	357.6	165.6
2003	45	142	3985	131.1	360.6	169.6
2004	42	142	3985	132.8	359.9	171.4
2005	43	142	3953	142.2	381.8	184.0

注：1. 从业人员指标1998年以前为乡村劳动力。
2. 乡政府个数、镇政府个数、村民委员会个数由北京市民政局提供。
3. 乡镇及行政村户数、人口、从业人员数据来源为北京市统计局农村处及国家统计局北京调查总队农业调查处。

Note: a) Figures on Employed Persons before 1998 were rural labor force.
b) Nunber of Township Governments, Town Governments, Villagers Committees provided by Beijing Civil Affairs Bureau.
c) Data of households, population and employed persons in towns and administrative villages are from the Rural Division of Beijing Statistic Bureau and the Agriculture Investigation Division,Beijing Investigation Team, State Statistic Bureau.

9-2 农业生产条件(1978-2005年)
PRODUCTIVE CONDITIONS OF AGRICULTURE(1978-2005)

年 份 Year	年末实有耕地面积(万公顷) Cultivated Area (year-end) (10000 hectares)	有效灌溉面积(千公顷) Irrigated Area (1000 hectares)	农业机械总动力(万千瓦) Total Power of Agricultural Machinery (10000 kw)	农村用电量(万千瓦小时) Rural Electricity Consumption (10000 kwh)	化肥施用量(万吨) Consumption of Chemical Fertilizers (10000 tons)
1978	42.9	341.7	189.4	58802	1.2
1979	42.7	340.8	212.2	59531	1.1
1980	42.6	340.3	234.6	76753	1.2
1985	42.1	338.4	320.4	126830	8.2
1986	41.9	337.9	345.5	180640	9.1
1987	41.8	337.9	388.4	159450	10.0
1988	41.6	338.1	399.7	163986	10.6
1989	41.4	338.4	423.9	128414	11.8
1990	41.3	335.1	416.2	122711	14.4
1991	41.1	328.7	384.8	111347	14.4
1992	40.9	331.1	399.8	143963	14.4
1993	40.6	314.7	450.5	169911	14.9
1994	40.2	323.4	459.2	172042	19.8
1995	39.9	292.4	468.1	201731	18.8
1996	39.9	301.9	468.4	275871	18.9
1997	34.2	323.3	433.2	301655	19.7
1998	34.1	323.7	415.5	290859	19.3
1999	33.8	322.1	410.4	330069	19.0
2000	32.9	322.7	399.2	572257	17.9
2001	30.1	322.7	394.9	619806	15.7
2002	24.9	219.7	381.8	414248	14.9
2003	26.0	178.9	366.9	427266	14.3
2004	23.6	186.7	340.3	383954	14.5
2005	23.3	181.5	337.7	421680	14.8

注：1. 1995、1996、1997、2003年及以后耕地面积数据由北京市国土资源局提供。
2. 化肥施用量为折纯量。
3. 2003年以前农村用电量为北京市供电局提供。

Note: a) Cultivated Area in 1995,1996,1997,2003 and beyond were provided by Beijing Land Resource Administration.
b) Consumption of chemical fertilizers means that converted into pure.
c) Figures of rural electricity consumption before 2003 were provided by Beijing Electric Power Supply Bureau.

9-3 农作物播种面积及造林面积(1978-2005年)
SOWN AND AFFORESTATION AREA OF FARM CROPS (1978-2005)

年 份 Year	播种面积(万公顷) Sown Area (10000 hectares)	#粮食作物 Grain Crops	#玉米 Corn	#小麦 Wheat	#棉花 Cotton	#油料 Oil-bearing Crops	#蔬菜 Vegetable	#瓜类 Melon	#饲料 Forage	造林面积(万公顷) Afforestation Area (10000 hectares)
1978	69.1	56.1	16.9	19.2	1.3	3.3	5.6	0.2		1.4
1979	67.7	56.0	18.2	19.7	0.2	3.0	5.4	0.3		1.6
1980	65.7	54.9	19.7	18.8	0.2	2.8	5.1	0.4		2.4
1985	61.8	51.1	21.7	19.1	0.5	2.0	5.4	0.8	1.3	3.0
1986	60.5	49.9	21.6	18.5	0.3	2.0	5.8	1.1	1.0	1.4
1987	59.8	49.5	22.3	18.3	0.3	1.6	6.0	0.9	1.1	2.0
1988	59.5	48.8	22.2	18.6	0.3	1.5	6.3	1.0	1.2	1.6
1989	58.9	48.3	21.9	18.5	0.3	1.3	6.8	0.8	1.1	0.8
1990	59.0	48.4	22.4	18.8	0.3	1.2	7.0	0.6	1.1	4.1
1991	59.0	48.3	22.3	19.2	0.4	1.2	7.30	0.5	1.0	1.5
1992	58.6	47.7	22.4	19.2	0.5	1.2	7.5	0.5	0.8	1.5
1993	56.5	45.6	21.8	17.8	0.4	1.3	7.8	0.5	0.7	4.8
1994	55.1	43.0	20.6	16.4	0.4	1.2	9.1	0.6	0.6	5.5
1995	55.3	43.4	20.8	17.2	0.3	1.2	9.1	0.5		4.7
1996	53.8	42.7	20.8	17.1	0.3	1.1	8.8	0.5	0.5	4.0
1997	53.6	42.5	20.6	17.1	0.2	1.0	8.9	0.5	0.5	3.8
1998	53.5	42.3	20.8	17.1	0.2	1.0	9.0	0.5	0.5	3.7
1999	52.7	41.0	19.8	16.8	1.3	1.0	9.4	0.5	0.5	3.0
2000	45.6	30.8	13.6	12.2	0.2	1.5	10.8	0.8	1.2	2.6
2001	37.9	21.4	10.0	7.3	2.0	1.4	12.0	0.9	1.9	3.2
2002	34.2	16.9	8.7	4.7	0.3	1.6	12.2	0.9	1.8	4.8
2003	30.1	14.1	7.5	3.6	0.3	1.4	11.6	0.9	1.9	4.7
2004	31.3	15.4	9.4	3.9	0.7	1.1	10.0	0.8	2.8	3.2
2005	31.8	19.2	12.0	5.3	0.2	0.9	8.9	0.8	1.5	1.2

9-4 农林牧渔业总产值(1978-2005年)

GROSS OUTPUT VALUE OF FARMING, FORESTRY, ANIMAL HUSBANDRY AND FISHERY (1978-2005)

年 份 Year	农林牧渔业总产值(亿元) Gross Output Value of Farming, Forestry, Animal Husbandry and Fishery (100 million yuan)	农 业 Farming	林 业 Forestry	牧 业 Animal Husbandry	渔 业 Fishery	服务业 Services
1978	11.5	8.9	0.2	2.4	0.01	
1979	12.3	8.8	0.2	3.3	0.02	
1980	14.2	9.7	0.5	3.9	0.05	
1981-1985	**98.2**	**63.0**	**4.2**	**30.1**	**0.80**	
1986-1990	**242.4**	**138.8**	**4.1**	**91.6**	**7.9**	
1986	28.1	17.2	0.8	9.4	0.7	
1987	34.4	20.3	0.8	12.3	1.0	
1988	52.6	31.4	0.9	18.6	1.7	
1989	60.4	34.2	0.7	23.3	2.2	
1990	70.2	39.0	0.9	28.0	2.3	
1991-1995	**567.9**	**291.0**	**11.2**	**244.6**	**21.1**	
1991	76.4	39.5	1.5	32.8	2.6	
1992	84.5	43.2	1.6	36.3	3.4	
1993	100.4	51.1	2.3	42.7	4.3	
1994	144.3	72.5	3.1	64.0	4.7	
1995	164.4	86.8	2.7	68.8	6.1	
1996-2000	**895.9**	**447.7**	**18.5**	**394.2**	**35.5**	
1996	168.9	89.2	2.8	71.1	5.8	
1997	170.9	87.0	2.9	74.8	6.2	
1998	176.6	89.2	3.2	76.6	7.6	
1999	184.3	91.2	4.2	81.1	7.8	
2000	195.2	91.1	5.4	90.6	8.1	
2001-2005	**1222.1**	**461.9**	**61.8**	**622.3**	**49.8**	
2001	214.1	89.7	9.5	105.2	9.7	
2002	230.4	90.1	12.8	117.2	10.3	
2003	246.8	88.8	13.5	125.5	10.2	8.8
2004	262.0	92.7	12.7	138.7	9.9	8.0
2005	268.8	100.6	13.3	135.7	9.7	9.5

注：1. 绝对数按现价计算，从2003年起执行新《国民经济行业分类标准》，农林牧渔业总产值中含农林牧渔服务业产值。
2. 2003年以后，计算农林牧渔业总产值使用的价格从农产品综合平均价调整为农产品生产价格。

Note: a) Figures in value terms are at current prices. Effective 2003,new Classification Standards of National Economy Industries are implemented. Gross output value of farming, forestry, animal husbandry and fishery includes the output value of services of farming forestry, animal husbandry and fishery.

b) After 2003, the prices used for calculating the output value of farming, forestry, animal husbandry and fishery was changed from comprehensive average price of farming products to production price of farming products.

9-5 主要农业产品产量(1978-2005年)

OUTPUT OF MAJOR AGRICULTURAL PRODUCTS (1978-2005)

年 份 Year	粮 食 (万吨) Grain (10000 tons)	棉 花 (万吨) Cotton (10000 tons)	油 料 (万吨) Oilbearing Crops (10000 tons)	蔬 菜 (万吨) Vegetable (10000 tons)	干鲜果品 (万吨) Dry and Fresh Fruit (10000 tons)	猪牛羊肉 (万吨) Pork, Beef and Mutton (10000 tons)	鲜蛋产量 (万吨) Fresh Eggs (10000 tons)	淡水鱼 (万吨) Fresh-Water Fish (10000 tons)
1978	186.0	0.3	2.6	164.5	17.5	11.9	0.5	0.2
1979	172.8	0.1	2.6	181.3	15.8	13.2	1.0	0.3
1980	186.0	0.1	3.1	175.9	15.9	15.1	3.4	0.4
1981-1985	**1004.8**	**1.4**	**13.1**	**1002.1**	**86.6**	**70.7**	**44.3**	**4.0**
1986-1990	**1181.9**	**1.4**	**15.2**	**1422.2**	**119.3**	**77.3**	**103.8**	**18.8**
1986	216.5	0.2	3.0	222.7	18.7	13.3	14.7	2.2
1987	227.0	0.3	3.3	241.1	22.5	13.0	16.8	3.0
1988	234.6	0.3	3.0	271.3	23.8	13.4	21.8	3.9
1989	239.2	0.3	2.8	331	26.7	17.2	24.7	4.6
1990	264.6	0.3	3.1	356.1	27.6	20.4	25.8	5.1
1991-1995	**1381.6**	**1.9**	**17.6**	**1915.9**	**198.5**	**138.0**	**139.3**	**34.7**
1991	279.7	0.3	3.3	368.4	29.3	24.8	25.0	5.6
1992	281.9	0.5	3.4	381.4	34.0	27.3	26.5	6.4
1993	284.1	0.4	3.8	418.8	39.6	28.2	28.1	7.0
1994	249.2	0.4	3.8	350	48.8	30.7	31.2	7.6
1995	259.8	0.3	3.3	397.3	46.8	27.0	28.5	8.1
1996-2000	**1059.3**	**1.1**	**15.1**	**2135.5**	**277.5**	**153.0**	**98.2**	**38.2**
1996	237.4	0.3	3.0	403.2	51.3	27.6	24.7	7.8
1997	237.5	0.2	2.7	410.3	52.6	27.9	23.8	7.7
1998	239.2	0.2	2.8	406.1	56.2	31.2	17.9	7.6
1999	201.0	0.2	2.8	426.8	56.4	32.3	15.8	7.6
2000	144.2	0.2	3.8	489.1	61.0	34.0	16.0	7.5
2001-2005	**410.3**	**1.9**	**18.5**	**2508.9**	**367.4**	**205**	**78.9**	**35.0**
2001	104.9	0.3	4.3	522.9	64.9	38.2	15.6	7.4
2002	82.3	0.3	4.6	545.6	70.0	42.6	15.2	7.4
2003	58.0	0.3	3.3	527.3	73.7	42.7	16.2	7.1
2004	70.2	0.8	2.9	489.2	78.4	41.8	15.9	6.7
2005	94.9	0.2	2.5	423.9	80.4	39.7	16.0	6.4

9-6 乡镇及行政村从业人员

NUMBER OF PERSONS EMPLOYED IN TOWNS AND ADMINISTRATIVE VILLAGES

单位：万人 (10000 persons)

项目	Item	2005	2004	构成(%) Composition (%)	
				2005	2004
乡镇及行政村从业人员	**Number of Persons Employed in Towns and Administrative Villages**	**184.0**	**171.4**	**100.0**	**100.0**
男	Male	95.8	89.2	52.1	52.1
女	Female	88.2	82.2	47.9	47.9
#农业	Farming	40.1	39.7	21.8	23.1
林业	Forestry	9.9	9.2	5.4	5.3
牧业	Animal Husbandry	7.7	8.2	4.2	4.8
渔业	Fishery	0.9	0.9	0.5	0.5
农村工业	Industry	33.3	32.2	18.1	18.8
农村建筑业	Construction	17.8	16.9	9.7	9.9
交通运输、仓储和邮政业	Transportation，Storage and Post	18.0	16.2	9.8	9.5
农村商业、饮食业	Commerce and Catering	22.5	19.3	12.2	11.3

9-7 分区县乡镇及行政村从业人员

PERSONS EMPLOYED IN TOWNS AND ADMINISTRATIVE VILLAGES BY DISTRICT

单位：万人 (10000 persons)

项目	Item	从业人员 Employed Persons		#农林牧渔业从业人员 Employed Persons of Farming, Forestry, Animal Husbandry and Fishery	
		2005	2004	2005	2004
全　市	**Total**	**184.0**	**171.4**	**58.6**	**57.9**
朝阳区	Chaoyang	11.0	10.8	1.5	1.9
丰台区	Fengtai	7.6	7.4	1.6	1.8
海淀区	Haidian	7.1	7.4	1.9	1.7
门头沟区	Mentougou	4.5	4.0	1.1	1.0
房山区	Fangshan	23.7	22.6	6.5	6.4
通州区	Tongzhou	23.6	21.2	6.8	6.9
顺义区	Shunyi	20.6	19.6	5.0	5.2
昌平区	Changping	14.3	12.7	4.3	4.5
大兴区	Daxing	23.0	19.4	7.4	7.5
怀柔区	Huairou	8.7	8.0	3.3	3.2
平谷区	Pinggu	14.7	14.1	6.9	6.3
密云县	Miyun	15.2	14.4	7.4	6.8
延庆县	Yanqing	10.1	9.6	4.9	4.6

9-8 农业劳动生产率

AGRICULTURAL PRODUCTIVITY

项目	Item	2005	2004	2005年为2004年% 2005 as % of 2004
每一从业人员创造农林牧渔业总产值 (元)	**Gross output value of farming forestry,animal husbandry and fishery created per rural employed persor (yuan)**	**45892**	**45247**	**101.4**
每一从业人员生产的农产品产量（按农林牧渔从业人员合计计算）	**Yield of Farm Products Per Person Employed (calculated by total persons employed of farming, forestry,animal husbandry and fishery)**			
粮　食 (公斤)	Grain (kg)	1620.5	1212.0	133.7
油　料 (公斤)	Oil-bearing Crops (kg)	42.5	50.0	85.0
蔬　菜 (公斤)	Vegetable (kg)	7236.0	8448.0	85.7
水　果 (公斤)	Fruit (kg)	1299.4	1285.0	101.1
猪牛羊肉 (公斤)	Pork,Beef and Mutton (kg)	677.0	722.0	93.8
牛　奶 (公斤)	Cow Milk (kg)	1095.9	1210.0	90.6
鲜　蛋 (公斤)	Fresh Eggs (kg)	272.6	274.0	99.5
淡水鱼 (公斤)	Fresh-water Fish (kg)	109.7	115.0	95.4

注：此表中的从业人员为农林牧渔业从业人员。

Note: Employed persons in this table are employed persons in farming, forestry, animal husbandry and fishery.

9-9 农业生产条件

PRODUCTIVE CONDITIONS OF AGRICULTURE

项目		Item		2005	2004	2005年为2004年% 2005 as % of 2004
主要农业机械拥有量		**Possession of Major Machinery**				
农业机械总动力	(万千瓦)	Total Power of Machinery	(10000 kw)	337.7	340.3	99.2
大中型拖拉机	(混合台)	Large and Medium Tractors	(unit)	9487	9652	98.3
小型拖拉机	(台)	Mini-Tractors	(unit)	32472	25346	128.1
机引农具	(台)	Towing Farm Machinery	(unit)	32108	28702	111.9
机动喷雾器	(部)	Motorized Sprayer	(unit)	16577	16719	99.2
机动插秧机	(台)	Motorized Rice Transplanter	(unit)	19	19	100.0
联合收割机	(台)	Combine Harvester	(unit)	2820	3163	89.2
机动脱粒机	(台)	Motorized Sheller	(unit)	6995	6939	100.8
米面加工机	(台)	Processing Machine of Rice and Flour	(unit)	7286	7432	98.0
机动挤奶器	(套)	Motorized Milker	(unit)	750	770	97.4
饲料粉碎机	(台)	Fodder Grinder	(unit)	5090	4232	120.3
载重汽车	(辆)	Truck	(unit)	11728	12642	92.8
农业机械作业面积		**Operation Area with Machinery**				
机耕面积	(公顷)	Cultivated Area by Machine	(hectare)	145546	149862	97.1
占全部耕地面积比重	(%)	as Percentage of Total	(%)	58	61	95.1
机播面积	(公顷)	Sown Area by Machine	(hectare)	197046	180311	109.3
占播种面积比重	(%)	as Percentage of Sown Area	(%)	94.6	87.1	108.6
机收面积	(公顷)	Harvest Area by Machine	(hectare)	95958	78063	122.9
占收获面积比重	(%)	as Percentage of Harvest Area	(%)	47	45	104.2
农村用电量及小水电		**Rural Electricity Consumption and Small Hydropower Station**				
农村用电量	(万千瓦小时)	Rural Electricity Consumption	(10000 kwh)	421680	383954	109.8
农村小水电站	(处)	Rural Small Hydropower Station	(unit)	28	34	82.4
发电量	(万千瓦小时)	Generated Energy	(10000 kwh)	821.2	821.5	100.0
农田水利		**Irrigation and Water Conservancy**				
排灌用动力机械	(台)	Power-driven Irrigation Machinery	(unit)	53385	53405	100.0
	(万千瓦)		(10000 kwh)	56.2	55.9	100.5
机(电)井	(眼)	Motor-pumped Well	(unit)	26461	24654	107.3
#已配套	(眼)	Completed Set	(unit)			
扬水站(固定机电排灌站)	(处)	Pumping Station	(unit)			
有效灌溉面积	(公顷)	Irrigated Areas	(hectare)	181469	186669	97.2
化肥施用量(折纯)		**Consumption of Chemical Fertilizer (converted into pure)**				
化肥施用量	(吨)	Consumption of Chemical Fertilizers	(ton)	148362	144626	102.6
氮　肥	(吨)	Nitrogenous Fertilizer	(ton)	77996	78830	98.9
磷　肥	(吨)	Phosphate Fertilizer	(ton)	12061	12327	97.8
钾　肥	(吨)	Potash Fertilizer	(ton)	6221	6090	102.2

注：农村小水电站是指乡村两级小水电实有数。由北京市水务局提供；2005年农村用电量为基层汇总数据，上年同期数作相应调整。

Note: Data of rural small hydropower station refers to actual number of small hydropower at township and Village level. Data come from Beijing Water Authority. Rural electricity consumption in 2005 was a consolidated figure from grass roots.The figure in the same period of the previous year was adjusted accordingly.

9-10 耕地面积(2005年)

CULTIVATED AREAS (2005)

单位：公顷 (hectare)

项　　目	Item	2005
年初耕地总资源	**Year-beginning total cultivated land resources**	**236437.2**
年内增加	**Increased in the year**	**2485.9**
#新开荒地	Wasteland newly opened up	659.0
园地改为耕地	Gardening land converted into cultivated land	601.4
年内减少	**Decreased in the year**	**5522.2**
#国家基建占地	Occupied by national capital construction	1618.7
其它基建占地	Occupied by other capital construction	207.1
退耕还林还草占地	Occupied by restoration of forest and grassland from cultivated land	440.9
耕地改为园地	Cultivated land converted into gardening land	1524.2
年末耕地总资源	**Year-end total cultivated land resources**	**233400.9**
常用耕地面积	**Common cultivated land area**	**232982.6**
#水　田	Paddy field	7688.8
水浇地	Irrigable land	161165.3
临时性耕地	Provisional cultivated land	418.3
#25度以上陡坡耕地	Cultivated land with slope of 25°	136.3
人均年末实有耕地面积	**Year-end Cultivated Area Per Person**	
平均每个乡镇及行政村人口占有耕地	Cultivated Area Per Towns and Administrative Population	0.06

资料来源：北京市国土资源局。

Sources: Territory Resources Bureau of Beijing.

9-11 农村固定资产投资情况(2005年)
INVESTMENT IN FIXED ASSETS PER CAPITA IN RURAL AREAS (2005)

单位：万元，万平方米 (10000 yuan, 10000 sq.m)

项目	Item	合计 Total	非农户 Non-Agricultural	农户 Agricultural
本年固定资产投资完成额	**Investment in Fixed Assets Completed in this year**	**2318266**	**2146238**	**172028**
按投资方向分完成投资额	**Investment Completed Grouped by Use of Funds**			
农、林、牧、渔业	Farming,Animal Husbandry and Fishery	118512	94886	23626
采矿业	Mining	10718	10718	
制造业	Manufacturing	729761	729682	79
电力、煤气及水的生产和供应业	Electricity, Gas and Water Production and Supply	62328	62328	
建筑业	Construction	210364	209175	1189
交通运输、仓储和邮政业	Transportation, Storage, Posts and Telecommunications	147236	136138	11098
信息传输、计算机服务和软件业	Telecommunications,Computer Servecis and Software	3174	3174	
批发和零售业	Wholesale Trade and Retail Trade	136813	136813	
住宿和餐饮业	Hotel and Restaurants	89934	89934	
金融业	Financial Intermediation			
房地产业	Real Estate	148657	12624	136033
租赁和商务服务业	Leasing and Business Services	70763	70763	
科学研究、技术服务与地质勘探业	Scientific Rearch,Professional Technical Servecis and Geological Prospecting	8080	8080	
水利、环境和公共设施管理业	Water,Environment and Municipal Engineering Conservancy	228876	228876	
居民服务和其他服务业	Services to Households and Other Services	16761	16758	3
教育	Education	98750	98750	
卫生、社会保障和社会福利业	Health,Social Security and Social Welfare	23343	23343	
文化、体育和娱乐业	Culture,Arts,Sports and Recreation	64629	64629	
公共管理和社会组织	Public Management and Society Organization	149567	149567	
国际组织	International Organization			
本年资金来源合计	**Total Source of Funds in this year**			
国家资金	State Funds	57407	57407	
国内贷款	Domestic Loan	112347	112347	
利用外资	Foreign Funds	18573	18573	
自筹资金	Self-raising Funds	2107428	1935400	172028
其他资金	Other Funds	108446	108446	
本年施工房屋面积	**Floor Space of Buildings under Construction in this Year**	**1109.8**	**815.0**	**294.8**
#住宅	Residential Buildings	378.7	105.7	273.0
本年竣工房屋面积	**Floor Space of Buildings Completed in this Year**	**547.2**	**334.3**	**212.9**
#住宅	Residential Buildings	235.5	36.6	198.9
本年竣工房屋投资完成额	**Investment of Buildings Completed in this Year**	**589464**	**476573**	**112891**
#住宅	Residential Buildings	155883	49332	106551
本年新增固定资产	**Original Value of Incremental Fixed Assets**	**1576911**	**1445607**	**131304**

注：本表非农户固定资产投资为全面调查；农户固定资产投资为抽样调查。

Note: It is investigated in an all-round way that this form Non-Agricultural household's investment in fixed assets; Agricultural household's investment in fixed assets is from sample survey.

9-12 农林牧渔业总产值

GROSS OUTPUT VALUE OF FARMING,FORESTRY,ANIMAL HUSBANDRY AND FISHERY

单位：万元 (10000 yuan)

项 目	Item	总产值 Gross Output Value		2005年为2004年% 2005 as % of 2004
		2005	2004	
合 计	**Total**	**2688456.6**	**2619956.9**	**102.6**
农 业	**Farming**	**1005873.0**	**926818.1**	**108.5**
谷 物	Cereal	128743.2	98854.8	130.2
豆 类	Beans	8484.1	11094.4	76.5
经济作物	Cash Crops	21849.7	33509.2	65.2
蔬菜、瓜类	Vegetable and Melon	500108.0	495538.7	100.9
桑、水果	Mulberry and Fruit	211215.9	178707.4	118.2
其 他	Others	135472.1	109113.6	124.2
林 业	**Forestry**	**133378.1**	**127351.4**	**104.7**
牧 业	**Animal Husbandry**	**1357454.9**	**1386894.9**	**97.9**
牲畜饲养	Animals Breeding	381341.4	419503.2	90.9
养 猪	Hogs	433807.5	440205.1	98.5
家禽饲养	Poultry Raising	441573.8	418265.7	105.6
#鲜 蛋	Fresh Eggs	93065.2	87436.0	106.4
其 他	Others	100732.2	108920.9	92.5
渔 业	**Fishery**	**97257.8**	**98612.6**	**98.6**
农林牧渔服务业	**Services for Agriculture**	**94492.8**	**80279.9**	**117.7**

9-13 主要农作物播种面积及产量

SOWN AREAS AND YIELD OF MAJOR FARM CROPS

项目	Item	2005			2004		
		播种面积 (公顷) Sown Areas (hectare)	单产 (公斤/公顷) Unit Yield (kg/hectare)	总产量 (吨) Total Yield (ton)	播种面积 (公顷) Sown Areas (hectare)	单产 (公斤/公顷) Unit Yield (kg/hectare)	总产量 (吨) Total Yield (ton)
粮食	**Grain**	**192184.3**	**4939.4**	**949267.0**	**154491.0**	**4542.6**	**701789.0**
按季节分	Grouped by Season						
夏粮	Summer Grain	53418.1	5009.5	267596.0	39162.1	5173.9	202621.0
秋粮	Autumn Grain	138766.2	4912.4	681671.0	115329.9	4328.2	499168.0
按品种分	Grouped by Variety						
稻谷	Rice	760.3	5988.4	4553.0	821.5	6126.6	5033.0
冬小麦	Winter Wheat	53339.7	5012.6	267368.0	39136.4	5175.8	202562.0
玉米	Corn	119710.1	5227.8	625824.0	93534.9	4652.0	435120.0
薯类	Tubers	3312.0	6339.4	20996.0	3702.0	5960.8	22067.0
大豆	Soybean	10945.3	2085.5	22826.0	13625.3	2187.5	29805.0
棉花	**Cotton**	**1832.5**	**1129.1**	**2069.0**	**6540.1**	**1187.7**	**7768.0**
油料	**Oil-bearing Crops**	**8596.0**	**2899.4**	**24923.0**	**10816.1**	**2676.2**	**28946.0**
#花生	Peanuts	8347.5	2947.6	24605.0	10516.9	2717.0	28574.0
药材	**Drug**	**1532.9**	**5999.1**	**9196.0**	**1166.7**	**2373.4**	**2769.0**
蔬菜	**Vegetable**	**88556.3**	**47867.0**	**4238928.0**	**100072.2**	**48880.0**	**4891525.0**
#特菜	Special Vegetable						
瓜类	**Melon**	**7737.1**	**46219.4**	**357604.0**	**8415.9**	**46280.0**	**389488.0**
#西瓜	Watermelon	7157.7	47220.2	337988.0	7622.9	47420.3	361480.0
饲料	**Forage**	**14572.7**			**27947.7**		
#牧草	Grazing	4353.4			8768.6		
花卉	**Flower**	**1058.9**			**1251.3**		

9-14 林业及干鲜果品生产

FORESTRY, DRY AND FRESH FRUIT PRODUCTION

项　　目		Item		2005	2004	2005年为2004年% 2005 as % of 2004
林业生产		**Forestry**				
本年造林面积	(公顷)	Afforestation Area this Year	(hectare)	12180	31526	38.6
育苗面积	(公顷)	Nursery Garden Area	(hectare)	15390	19860	77.5
#本年新育	(公顷)	New Growing this Year	(hectare)	830	1497	55.5
果类生产		**Fruit**				
干鲜果总产量	(吨)	Output of Dry and Fresh Fruit	(ton)	804029	784011	102.6
干　果	(吨)	Dry Fruit	(ton)	42841	39943	107.3
#核　桃	(吨)	Walnut	(ton)	13787	12442	110.8
板　栗	(吨)	Chinese Chestnut	(ton)	21853	19474	112.2
鲜　果	(吨)	Fresh Fruit	(ton)	761188	744068	102.3
#苹　果	(吨)	Apple	(ton)	138447	134753	102.7
梨	(吨)	Pear	(ton)	145759	137563	106.0
葡　萄	(吨)	Grape	(ton)	50559	57700	87.6
柿　子	(吨)	Persimmon	(ton)	56871	66579	85.4
桃	(吨)	Peach	(ton)	306210	296409	103.3
年末实有果园面积	**(公顷)**	**Orchard Area(year-end)**	**(hectare)**	**75688**	**81401**	**93.0**

资料来源：林业生产资料由北京市林业局提供。

Sources: Data of Forestry will be offered by Beijing Forestry Administration Bureau.

9-15 牲畜饲养及畜产品产量

NUMBER OF LIVESTOCK AND OUTPUT OF LIVESTOCK PRODUCTS

项目		Item		2005	2004	2005年为2004年% 2005 as % of 2004
牲畜饲养		**Number of Livestock**				
大牲畜年末存栏	(万头)	Large Animals on hand (year-end)	(10000 heads)	26.6	31.7	83.9
牛		Cattle and Buffaloes		24.4	29.2	83.6
马		Horses		0.2	0.3	66.7
骡		Mules		0.6	0.6	100.0
驴		Donkeys		1.4	1.5	93.3
#役畜		Draught Animals		1.3	1.6	81.3
肉牛全年出栏	(万头)	Beef Cattle Slaughtered in the Whole Year	(10000 heads)	24.5	29.0	84.5
肉猪全年出栏	(万头)	Pork Pigs Slaughtered in the Whole Year	(10000 heads)	448.7	460.5	97.4
肉猪年末存栏	(万头)	Year-end Pork Pigs on Hand	(10000 heads)	218.8	243.2	90.0
羊全年出栏	(万只)	Sheep Slaughtered in the Whole Year	(10000 heads)	256.1	315.9	81.1
羊年末存栏	(万只)	Year-end Sheep on Hand	(10000 heads)	126.0	158.5	79.5
山羊		Goats		28.0	37.6	74.5
绵羊		Sheep		98.1	120.9	81.1
家禽年末存栏	(万只)	Livestock on Hand (year-end)	(10000 heads)	3125.1	3253.3	96.1
鸭		Ducks		552.9	569.0	97.2
肉鸡		Chickens		1204.2	1347.5	89.4
产蛋鸡		Hens		1282.6	1331.1	96.4
年末养兔	(万只)	Rabbits(year-end)	(10000 heads)	26.9	38.9	69.2
畜产品产量		**Output of Livestock Products**				
肉类产量	(万吨)	Output of Meat	(10000 tons)	66.7	70.8	94.2
#猪肉		Pork		31.3	31.8	98.4
牛肉		Beef		4.4	5.1	86.3
羊肉		Mutton		4.0	4.9	81.6
牛奶总产量	(万吨)	Cow Milk	(10000 tons)	64.2	70.0	91.7
禽蛋	(万吨)	Poultry Eggs	(10000 tons)	16.0	15.9	100.6
#鸡蛋		Eggs		15.6	15.6	100.0
蜂蜜	(吨)	Honey	(ton)	3282.0	3036.0	108.1

9-16 水产品生产

AQUATIC PRODUCTS

项目		Item		2005	2004	2005年为2004年% 2005 as % of 2004
现有水面面积	**(公顷)**	**Area of Water Surface**	**(hectare)**	**19983.1**	**20352.4**	**98.2**
#已利用水面面积	(公顷)	Utilized Area	(hectare)	19672.9	20049.5	98.1
#大水库	(公顷)	Large Reservoir	(hectare)	12320.0	12320.0	100.0
中、小水库	(公顷)	Medium and Small Reservoirs	(hectare)	1766.5	1733.6	101.9
坑　塘	(公顷)	Puddle and Pond	(hectare)	5483.5	5900.3	92.9
#育种池	(公顷)	Fish Fry Pond	(hectare)	606.6	635.5	95.5
鱼种生产量	**(万尾)**	**Output of Fish Fry**	**(10000 pieces)**	**11820.5**	**12060.4**	**98.0**
放养鱼种	**(万尾)**	**Fish Fry Breed**	**(10000 pieces)**	**18777.3**	**17685.0**	**106.2**
淡水鱼产量	**(吨)**	**Output of Freshwater Fish**	**(ton)**	**64258**	**66753.0**	**96.3**
#大水库	(吨)	Large Reservoirs	(ton)	1623.0	3280.0	49.5
中、小水库	(吨)	Medium and Small Reservoirs	(ton)	1865.0	1431.0	130.3
坑　塘	(吨)	Puddle and Pond	(ton)	54990.0	57330.0	95.9
#鱼类商品量	(吨)	Commodity Fish	(ton)	56946.0	60012.9	94.9

资料来源：北京市水产总公司。

Sources: Beijing Fisheries Corporation.

9-17 设施农业面积及产量(2005年)

AREAS AND OUTPUT OF FACILITY-AGRICULTURE (2005)

项目	Item	设施农业面积(亩) Areas of Facility-agriculture (mu)	设施农业产量(吨) Output of Facility-agriculture (ton)
合计	**Total**	**234668**	
温室	Hothouse	53815	
蔬菜	Vegetable	40619	202492
花卉	Flowers	4543	
#切花	Cut Flowers		2306
盆花	Potted Flowers		7894
瓜类	Melons	4815	14338
果类	Fruits	2878	3623
其它	Others	960	
大棚	Large Shed	89476	
蔬菜	Vegetable	48008	259028
花卉	Flowers	2295	
#切花	Cut Flowers		508
盆花	Potted Flowers		2262
瓜类	Melons	27211	84393
果类	Fruits	2298	3053
其它	Others	9664	
中小棚	Medium and Small Shed	91377	
蔬菜	Vegetable	52570	214852
花卉	Flowers	912	
#切花	Cut Flowers		1265
盆花	Potted Flowers		1300
瓜类	Melons	36681	118378
果类	Fruits	510	545
其它	Others	704	

注：切花产量的计量单位是百枝，盆花产量的计量单位是百盆。

Note: Unitage of Output of cut flowers was 100 branch, Unitage of Output of potted flowers was 100 basin.

9-18 乡镇企业各业基本情况(2005年)

BASIC STATISTICS ON SECTORS OF TOWN AND TOWNSHIP ENTERPRISES (2005)

项目 Item	企业个数（个） Number of Enterprises (Nos.)		从业人员（人） Persons Employed (person)		总收入（万元） Total Revenue (10000 yuan)		利润总额（万元） Total Profits (10000 yuan)		增加值（万元） Add Value (10000 yuan)	
	数量 Number	构成% Composition	数量 Number	构成% Composition	数量 Number	构成% Composition	数量 Number	构成% Composition	数量 Number	构成% Composition
合计 Total	**156416**	**100.0**	**1362274**	**100.0**	**24694044**	**100.0**	**1523105**	**100.0**	**4991200**	**100.0**
农业 Agriculture	3173	2.0	23747	1.7	200090	0.8	24177	1.6	44095	0.9
工业 Industry	24025	15.4	673463	49.4	11587941	46.9	633281	41.6	2398883	48.1
施工建筑业 Construction	4480	2.9	181337	13.3	2893204	11.7	184354	12.1	575501	11.5
交通运输业 Transportation	47104	30.1	110829	8.1	1738236	7.0	172577	11.3	405512	8.1
批发零售贸易业 Wholesale	43598	27.9	142086	10.4	4620402	18.7	218638	14.4	684940	13.7
住宿及餐饮业 Retail and Catering	13520	8.6	76639	5.6	803907	3.3	59560	3.9	188930	3.8
社会服务业 Social Services	19292	12.3	136632	10.0	1638148	6.6	151979	9.9	465938	9.3
其他 Others	1224	0.8	17541	1.3	1212116	4.9	78539	5.2	227401	4.6

资料来源：北京市乡镇企业局。

Sources: Beijing Bureau for Township Enterprises.

9-19 乡镇企业出口供货情况

GOODS SUPPLIES FOR EXPORT OF TOWN AND TOWNSHIP ENTERPRISES

单位：万元 (10000 yuan)

项目	Item	出口产品交货总额 Total Amount on Delivery of Exports		2005年为2004年% 2005 as % of 2004
		2005	2004	
合计	**Total**	**1339448**	**1112979**	**120.3**
化工	Chemical Products	31073	16511	188.2
机械	Machinery	172235	75617	227.8
矿产	Mineral Products	14226	45012	31.6
轻工	Light Industry	193146	189878	101.7
食品	Food	182458	139316	131.0
土产畜产	Local Products	22368	18782	119.1
纺织服装	Garment	535441	473417	113.1
工艺品	Handicraft	36487	28205	129.4
其他	Others	152014	126241	120.4

资料来源：北京市乡镇企业局。
Sources: Beijing Bureau for Township Enterprises.

9-20 郊区县乡镇企业主要经济指标(2005年)

MAIN ECONOMIC INDICATORS FOR TOWN ENTERPRISES IN SUBURBAN DISTRICTS AND COUNTIES IN SUBURBS AND COUNTIES (2005)

地区	District	企业个数(个) Number of Enterprises (Nos.)	从业人员(人) Persons Employed (person)	总收入(万元) Total Revenue (10000 yuan)	利润总额(万元) Total Profits (10000 yuan)	增加值(万元) Add Value (10000 yuan)	税金(万元) Taxes (10000 yuan)
全市	**Total**	**156416**	**1362274**	**24694044**	**1523015**	**4991200**	**885282**
朝阳区	Chaoyang	873	64937	1969056	58655	253880	52035
丰台区	Fengtai	972	67341	972256	51523	232419	45636
海淀区	Haidian	3423	64232	996055	72191	228859	38084
门头沟区	Mentougou	8288	36594	578249	30382	123427	17962
房山区	Fangshan	47223	254352	5193878	431471	972579	85373
通州区	Tongzhou	19306	184254	2358520	134200	612022	120877
顺义区	Shunyi	22677	191707	4216885	258403	773338	163312
昌平区	Changping	3296	76860	1560320	93225	380410	62080
大兴区	Daxing	21239	175206	3564636	198893	683853	188489
怀柔区	Huairou	7012	51726	1200530	103457	260931	40602
平谷区	Pinggu	4565	76321	962059	42731	216467	30665
密云县	Miyun	10295	79270	662497	26910	164032	24576
延庆县	Yanqing	7247	39474	459103	20974	88983	15591

资料来源：北京市乡镇企业局。
Sources: Beijing Bureau for Township Enterprises.

9-21 郊区县乡镇个体、私营企业主要经济指标(2005年)

MAIN ECONOMIC INDICATORS FOR RURAL INDIVIDUAL AND PRIVATE ENTERPRISES IN SUBURBS AND COUNTIES (2005)

地区	District	企业个数(个) Number of Enterprises (Nos.)	从业人员(人) Persons Employed (person)	总收入(万元) Total Revenue (10000 yuan)	利润总额(万元) Total Profits (10000 yuan)	增加值(万元) Add Value (10000 yuan)	税金(万元) Taxes (10000 yuan)
全市	**Total**	**146177**	**700811**	**10895436**	**815172**	**2224380**	**341981**
朝阳区	Chaoyang	138	7060	215051	9529	25434	6348
丰台区	Fengtai	17	2397	42268	710	5816	604
海淀区	Haidian	2747	30471	495711	26645	75704	12301
门头沟区	Mentougou	7842	19061	247720	3042	48876	4211
房山区	Fangshan	46593	196460	4050988	360770	786553	58517
通州区	Tongzhou	16654	79190	999740	69555	262325	48439
顺义区	Shunyi	21929	99034	1146453	104129	275945	47741
昌平区	Changping	2485	22604	584891	34842	138713	14253
大兴区	Daxing	20013	104138	1858321	115685	327021	109138
怀柔区	Huairou	6555	20683	448389	58909	109687	11007
平谷区	Pinggu	3925	30842	178602	6111	36511	7932
密云县	Miyun	10224	64446	472722	19412	105299	15745
延庆县	Yanqing	7055	24425	154580	5833	26496	5745

资料来源：北京市乡镇企业局。

Sources: Beijing Bureau for Township Enterprises.

9-22 农村经济收入与分配
INCOME AND DISTRIBUTION OF RURAL ECONOMY

单位：万元 (10000 yuan)

项目	Item	2005	2004	2005年为2004年% 2005 as % of 2004
营业收入	**Operation Income**	**28065759.8**	**24576390.5**	**114.2**
农业	Agriculture	740330.6	723878.4	102.3
#粮食	Grain	186749.2	175274.1	106.5
林业	Forestry	117106.9	92192.8	127.0
牧业	Animal Husbandry	957353.7	940725.6	101.8
渔业	Fishery	81347.1	75566.2	107.7
工业	Industry	9454612.4	8179721.6	115.6
建筑业	Construction	3334879.7	3150488.4	105.9
交通运输业	Transportation	2077700.2	1917099.9	108.4
商业、饮食业	Commerce and Catering	6249781	4969731.5	125.8
服务业	Services	3776076.1	3449009.2	109.5
其他	Others	1276572.1	1077976.9	118.4
营业成本	**Operation Cost**	**23279117.3**	**20070725.1**	**116.0**
农业	Agriculture	480255.7	481481.5	99.7
#粮食	Grain	109147.8	99697.0	109.5
林业	Forestry	68302.3	60075.7	113.7
牧业	Animal Husbandry	734750.8	725682.2	101.2
渔业	Fishery	59513.3	54288.1	109.6
工业	Industry	8126917.1	6870127.7	118.3
建筑业	Construction	2806274.4	2653247.6	105.8
交通运输业	Transportation	1675908.3	1524575.5	109.9
商业、饮食业	Commerce and Catering	5590269.4	4384449.8	127.5
服务业	Services	2760066.1	2504936.5	110.2
其他	Others	976859.9	811860.5	120.3
营业利润	**Operation Profits**	**3006614.3**	**2780920.9**	**108.1**
利润总额	**Total Profits**	**3167363.1**	**2918542.8**	**108.5**
税后利润	**Net Profits**	**3041322.5**	**2811914**	**108.2**
可供分配的利润	**Profit to be Divided**	**3164858**	**2798776.8**	**113.1**
未分配利润	**Retained Profits**	**660923.8**	**426724.5**	**154.9**

资料来源：北京市农村经济研究中心农村合作经济经营管理站。
Sources: Beijing Rural Economy Research Center Management Station for Rural Cooperative Economy.

9-23 小城镇建设基本情况

BASIC STATISTICS FOR OUTSKIRT A WIDE PLACE IN THE ROAD

项目	Item	2005	2004	2005年为2004年% 2005 as % of 2004
乡镇常住人口 (人)	Total Population of Villages and Town (person)	5081570	4999575	101.6
乡镇从业人员数 (人)	Employed Persons by Villages and Town (person)	2286172	2061893	110.9
乡镇行政区域土地面积 (公顷)	The Land Area of Administrative Divisions By Villages and Town (hectare)	1354134	1324197	102.3
企业总收入 (万元)	The Retail sales (10000 yuan)	18973769	17248432	110.0
企业年净利润总额 (万元)	Net Profits (10000 yuan)	1141254	1118089	102.1
企业实交税金总额 (万元)	Taxes turned over Completed (10000 yuan)	695418	612472	113.5
财政收入 (万元)	Revenue (10000 yuan)	482388	398032	121.2
#预算内收入 (万元)	General Budgetary Financial Revenue (10000 yuan)	393148	325792	120.7
财政支出 (万元)	Expenditures (10000 yuan)	696298	530431	131.3
电话安装机数量 (部)	The Number of Build in Telephone (unit)	1480589	1342030	110.3
乡镇公路里程 (公里)	Calzada Mileage of Villages and Town (km)	15138	13254	114.2
镇区常住人口 (人)	Total Population of Township (person)	1409247	1159120	121.6
镇区从业人员数 (人)	Empolyed Persons by Township (person)	705616	546992	129.0
镇区占地面积 (公顷)	The Land Area of Township (hectare)	67658	59877	113.0

注："小城镇"统计范围为郊区县全部建制镇。

Note: "Small Towns" include all organic towns in suburb counties.

主要统计指标解释

农林牧渔业总产值 是以货币表现的农林牧渔业的全部产品总量和对农林牧渔业生产活动进行的各种支持性服务活动的价值。

农林牧渔业总产值的统计范围 是辖区内各种经济组织类型、各个系统的全部农林牧渔业生产单位和非农行业单位附属的农林牧渔业生产活动单位。军委系统的农林牧渔业生产(除军马饲养外)也应包括在内，但不包括农业科学试验机构进行的农业生产。

农林牧渔业总产值的核算方法 根据农业生产特点，农林牧渔业总产值的核算采用“产品法”计算，即用产品产量乘以价格求出各种产品的产值，按产品产值类别分别汇总，计算出农林牧渔各业的产值，各业相加求出农林牧渔业总产值。

(1)农业：包括谷物和其他作物；蔬菜及园艺作物；水果、坚果、饮料、香料；中药材。

(2)林业：包括林木的培育和种植；木材、竹材采运；林产品的采集。

(3)牧业：包括除渔业养殖以外的一切动物饲养和放牧以及野生动物的捕猎和饲养。

(4)渔业：包括水生动物和海藻类植物的养殖和捕捞。

(5)服务业：产值等于农林牧渔服务业营业收入。

1957 年以前的农业总产值中包括了厩肥和农民自给性手工业（如农民自制衣服、鞋、袜，自己从事粮食初步加工等）。1958 年及以后的农业总产值、林业中增加了村及村以下竹木采伐产值；牧业中取消了厩肥产值；副业中取消了农民自给性手工业产值；渔业中增加了海洋捕捞水产品产值。1980 年及以后的农业总产值，在副业中增加了农民家庭兼营工业商品部分的产值。从 1984 年起村及村以下办工业产值划归工业。从 1993 年起，取消副业。将野生动物的捕猎划入牧业，野生植物采集和农民家庭兼营商品性工业划归农业。从 2003 年起按照新的《国民经济济行业分类》标准取消了“其它农业”；将农林牧渔服务业产值纳入农林牧渔业总产值中；从农林牧渔业总产值中取消了“家庭兼营商品性工业”；将村以上木材和竹材的采运划入了林业；产值计算采用生产者价格，即生产者第一手出售农产品的价格。

年末耕地总资源 指能够种植农作物的田地。包括当年实际耕种的熟地；新开荒且已种植的地；“沿海”、“沿湖”地区已围垦利用三年以上的“海涂”、“湖田”；弃耕、休闲不满三年，随时可以复耕的地；因灾害或其他因素，虽然当年内未种植农作物但仍可复耕的地；以种植农作物为主，附带种植桑树、果树和其他林的地；年年进行耕耘种草的地；南方小于 1 米、北方小于 2 米宽的沟、渠、路、田埂。不包括：因灾害或其他因素，已不能复耕的地；弃耕、休闲满三年的地，或者虽不满三年，但已经成为荒地的土地；不进行耕耘，种植牧草已成为永久性草地的土地；专业性的桑园、茶园、果园、果木苗圃地、芦苇地、天然草场等；以混凝土等铺设的温室、玻璃室，导致栽培的植物体与地面隔绝的基地。

农作物播种面积 指实际播种或移植有农作物的面积。凡是实际种植有农作物的面积，不论种植在耕地上还是种植在非耕地上，均包括在农作物播种面积中。在播种季节基本结束后，因遭灾而重新改种和补种的农作物面积，也包括在内。

有效灌溉面积 指具有一定的水源，地块比较平整，灌溉工程或设备已经配套，在一般年景下当年能够进行正常灌溉的耕地面积。

设施农业 指利用人造设施改变气候条件、改良生物特色，使生物在一般情况下不能生产的地域或季节，能够正常生产的农业。设施农业主要指种植业。

农业机械总动力 指主要用于农、林、牧、渔业的各种动力机械的动力总和。包括耕作机械、排灌机械、收获机械、农用运输机械、植物保护机械、牧业机械、渔业机械和其他农用机械[内燃机按引擎马力折成瓦（特）计算，电动机按功率折成瓦（特）计算]。不包括专门用于乡、镇、村、组办工业、基本建设、非农业运输、科学实验和教学等非农业生产方面用的动力机械与作业机械。

乡镇及行政村从业人员 指全部乡镇及行政村人口中 16 岁以上实际参加生产经营活动并取得实物或货币收入的人员，既包括劳动年龄内经常参加劳动的人员，也包括超过劳动年龄但经常参加劳动的人员。但不包括户口在家的在外学生、现役军人和丧失劳动能力的人，也不包括待业人员和家务劳动者。从业人员年龄为 16 岁以上。从业人员按从事主业时间最长（时间相同按收入）分为农业从业人员、工业从业人员、建筑业从业人员、交运仓储及邮电通讯业从业人员、批零贸易及餐饮业从业人员、其它从业人员。

工业

INDUSTRY

简要说明

一、本章资料的主要内容

本章资料反映北京市工业经济方面的基本情况，主要包括：全部国有及规模以上非国有工业企业按登记注册类型、轻重工业、企业规模、工业行业大类等分组的主要经济指标和经济效益指标。指标包括：单位数、工业总产值、工业增加值、资产总计、负债合计、产品销售收入、产品销售成本、产品销售税金及附加、利润总额、本年应交增值税、总资产贡献率、资产负债率、成本费用利润率等。

本章还对国有及国有控股工业企业、股份制工业企业、“港澳台及外商投资”工业企业、大中型工业企业的主要经济指标和经济效益指标，按工业行业大类、轻重工业、企业规模等主要分组进行了登载。

此外，本章还包括了规模以下工业企业、高新技术产业主要指标及主要工业产品产量。

二、本章的统计范围

工业统计调查范围为北京市全部工业企业。1999 年以前，工业的统计范围按隶属关系划分为乡及乡以上独立核算工业企业和非独立核算生产单位、村办工业、城镇合作工业、农村合作工业、城镇个体工业、农村个体工业六大部分。(1984 年以前村办工业不在工业统计范围内)

1999 年及以后年份，工业统计调查范围由按隶属关系划分，改变为按企业规模划分，分为全部国有及年产品销售收入在 500 万元及以上非国有工业企业（简称“规模以上”）和年产品销售收入在 500 万元以下非国有工业企业（简称“规模以下”）两部分。

本章资料除 10-15 表是年产品销售收入在 500 万元以下非国有工业企业数据外，其余均为全部国有及年产品销售收入在 500 万元及以上的非国有工业企业。

本章资料中工业行业分类按 2002 年《国民经济行业分类标准》划分；企业大中小型划分按 2003 年《统计上大中小型企业划分办法（暂行)》标准执行。

三、数据来源和调查方法

本章工业企业统计数据是由北京市统计局、国家统计局北京调查总队工业调查处，根据工业统计年度报表中有关资料整理汇总的。

四、本章中关于历史数据调整的问题

按照国家统计局统一要求和统一方法，对规模以上工业总产值及增加值历史资料要根据“北京市第一次全国经济普查”的数据结果进行修正，调整采用“ 趋势离差法”，调整历史区间为 1993 年至 2003 年。2004 年使用经济普查数据。

10-1 规模以上工业总产值(1984-2005年)

GROSS OUTPUT VALUE OF INDUSTRY ABOVE DESIGNATED (1984-2005)

单位：亿元 (100 million yuan)

年 份 Year	合 计 Total	轻 工 业 Light Industry	重 工 业 Heavy Industry	#大中型工业 Medium- and Large-sized Industry
1984	276.2	118.0	158.2	178.7
1985	324.2	135.8	188.4	213.7
1986-1990	**2448.3**	**1039.7**	**1408.6**	**1691.2**
1986	336.5	140.8	195.7	231.6
1987	387.6	160.1	227.5	272.1
1988	495.6	212.5	283.1	345.4
1989	602.7	264.1	338.6	408.3
1990	625.9	262.2	363.7	433.8
1991-1995	**5826.7**	**1936.6**	**3890.1**	**3770.8**
1991	730.2	298.1	432.1	507.4
1992	860.0	306.5	553.5	587.4
1993	1166.6	361.9	804.7	747.6
1994	1576.6	497.9	1078.7	990.7
1995	1493.3	472.2	1021.1	937.7
1996-2000	**10382.8**	**3026.2**	**7356.6**	**5765.7**
1996	1590.6	509.1	1081.5	962.3
1997	1819.7	577.8	1241.9	999.6
1998	1947.0	598.2	1348.8	1059.8
1999	2183.5	621.8	1561.7	1090.9
2000	2842.0	719.3	2122.7	1653.1
2001-2005	**23980.6**	**4911.1**	**19069.5**	**16858.4**
2001	3270.1	842.4	2427.7	2298.4
2002	3620.2	882.4	2737.8	2434.7
2003	4410.8	936.7	3474.1	3183.9
2004	5733.3	1084.7	4648.6	3699.3
2005	6946.2	1164.9	5781.3	5242.1

注：工业总产值按现价计算。规模以上工业：1999年以前各年为乡及乡以上工业口径；1999年起调整为全部国有及年销售收入在500万元及以上非国有工业口径，简称规模以上工业。

Note: Gross output value is calculated at current prices. Data in the column "Industry above designated size" covered enterprises at and above the towhship level before 1999, and after 1999, all State-owned enterprises and non-State-owned enterprises with annual sales of more than 5 million.

10-2 规模以上工业企业主要指标(1978-2005年)

MAIN INDICATORS FOR INDUSTRIAL ENTERPRISES ABOVE DESIGNATED SIZE (1978-2005)

年份 Year	职工平均人数(万人) Average Number of Staff and Workers (10000 persons)	工业总产值(万元) Gross Output Value (10000 yuan)	固定资产原值(万元) Original Value of Fixed Assets (10000 yuan)	产品销售收入(万元) Sales Revenue of Industrial Products (10000 yuan)	利税总额(万元) Total Pre-tax Profits (10000 yuan)	国有工业 State-owned Industry Enterprises: 职工平均人数(万人) Average Number of Staff and Workers(10000 persons)	工业总产值(万元) Gross Output Value (10000 yuan)	固定资产原价(万元) Original Value of Fixed Assets (10000 yuan)	产品销售收入(万元) Sales Revenue of Industrial Products (10000 yuan)	利税总额(万元) Total Pre-tax Profits (10000 yuan)
1978	114.79	1654593	1305271	1098279		89.0	1397086	1211739	919313	435095
1979	116.79	1843056	1371335	1186497		92.3	1543621	1262408	984888	
1980	140.91	2061664	1495083	1987967	604241	95.3	1694298	1366890	1647908	520978
1981-1985		**12511777**		**12561630**	**3383077**		**9940322**		**10117128**	**2852798**
1986-1990		**24483553**		**24054442**	**4825016**		**18108076**		**18384654**	**3925489**
1986	169.85	3365481	2627346	3385055	813979	111.5	2601751	2281006	2659067	676895
1987	170.52	3875977	3008917	3935004	885303	112.6	2970928	2604582	3065446	732447
1988	170.54	4956478	3412765	5032042	1081370	112.8	3695388	2949027	3835082	882479
1989		6026646	3890267	5597829	1087017		4352862	3294245	4258859	885038
1990	173.46	6258971	4382462	6104512	957347	115.4	4487147	3669945	4566200	748630
1991-1995		**58267378**		**57731437**	**8051832**		**35924382**		**37861701**	**5876833**
1991	172.39	7302060	5052285	7271529	1106009	112.2	5080426	4210383	5274088	837566
1992	175.48	8600195	5754181	8526860	1347058	116.3	5834134	4757957	6054470	1027279
1993	167.90	11666047	9986886	12822058	1811556	114.6	7598865	8471018	8977254	1379167
1994	179.50	15765620	9648050	13207344	1857476	109.9	8726133	7493956	7815491	1224709
1995	176.16	14933456	13900296	15903646	1929733	107.3	8684825	10667286	9740398	1408112
1996-2000		**103828304**		**103617473**	**8655552**		**41402866**		**46027770**	**4130797**
1996	166.63	15906057	16319878	15801389	1225314	97.7	8742213	12273744	9303959	762024
1997	157.52	18196531	18503218	17070867	1405499	91.2	9919482	14106270	9570024	878170
1998	167.11	19470288	22213387	20345380	1617338	70.3	8435188	13621321	9532486	823114
1999	161.10	21835168	23121446	22186280	1846310	62.4	6028015	13276604	8423097	873620
2000	145.60	28420259	25316408	28213557	2561091	56.8	8277967	13275784	9198204	793869
2001-2005		**239807216**		**224652949**	**22261261**		**29551006**		**32344461**	**3749326**
2001	108.02	32700925	25036546	30068965	2795203	42.5	9131027	12830279	7669005	610688
2002	107.56	36202173	26554117	31827790	3219863	29.8	6833749	10123398	6291856	668559
2003	100.81	44108392	27559571	38856527	4189859	23.7	5933909	8803903	5848154	538880
2004	113.60	57333611	39221838	59926564	6475770	17.1	3710442	6276052	4181562	932342
2005	117.06	69462115	44340413	72791229	6831326	14.7	3941879	6891027	4023112	1326445

注：1999年以前，该表统计范围为独立核算工业企业。1999年及以后为规模以上口径。

Note: Statistics in this form covers industrial enterprises with independent accounting system before 1999. Figures after 1999 are for those above designated size.

10-3 规模以上工业企业效益指标(1978-2005年)

BENEFIT INDICATORS FOR INDUSTRIAL ENTERPRISES ABOVE DESIGNATED SIZE (1978-2005)

年 份 Year	百元固定资产实现利税(元) Pre-tax Profits/100-yuan Fixed Assets (yuan)	资金利税率(%) Pre-tax Profits/Total Assets (%)	产值利税率(%) Pre-tax Profits/Gross Output Value (%)	百元销售收入实现利润(元) After-tax Profits/100-yuan Sales Revenue (yuan)	劳动生产率(元/人) Labor Productivity at Value Added (yuan/person)	国有工业 State-owned Industry Enterprises: 百元固定资产实现利税(元) Pre-tax Profits/100-yuan Fixed Assets (yuan)	资金利税率(%) Pre-tax Profits/Total Assets (%)	产值利税率(%) Pre-tax Profits/Gross Output Value(%)	百元销售收入实现利润(元) After-tax Profits/100-yuan Sales Revenue (yuan)	劳动生产率(元/人) Labor Productivity at Value Added (yuan/person)
1978				33.76		35.91		31.14	34.71	
1979				34.92					36.24	
1980	40.42	38.50	29.31	22.79		38.11	38.00	20.75	23.65	
1985	35.49	35.47	26.68	17.30		33.05	35.34	28.31	17.68	
1986	30.98	28.13	24.19	15.48		29.68	30.79	26.02	16.11	
1987	29.42	29.98	22.84	14.50		28.12	28.85	24.65	15.21	
1988	31.69		21.82	13.94		29.92	30.38	23.88	14.64	
1989	27.94	25.03	18.04	11.40		26.87	25.95	20.33	11.79	
1990	21.84	19.21	15.30	8.02		20.40	19.33	16.68	7.72	
1991	21.89	19.50	15.15	8.02		19.89	19.07	16.49	7.70	
1992	23.41	16.46	15.66	8.77		21.59	16.98	17.61	8.92	
1993	18.14	12.37	15.53	8.54	18110	16.28	12.10	18.15	9.26	27171
1994	19.25	13.05	11.79	7.28	20868	16.34	12.78	14.03	7.73	37706
1995	13.89	9.92	12.93	5.36	26854	13.20	10.95	16.22	6.32	26443
1996	9.30	5.41	7.70	2.09	30016	7.88	5.19	8.72	1.82	18718
1997	9.36	5.44	7.72	2.37	35421	7.80	5.39	8.86	2.40	25945
1998	9.15	4.99	8.30	2.38	35197	7.69	5.10	9.75	2.31	37997
1999	10.15	5.65	8.46	3.15	39510	8.49	5.57	11.15	3.11	30704
2000	13.29	7.03	9.01	4.50	53295	8.04	5.02	9.58	2.25	39854
2001	15.20	7.77	7.72	4.56	80194	6.62	4.47	6.69	1.28	47754
2002	17.02	8.69	7.30	5.20	89317	9.33	6.10	9.78	3.17	55186
2003	21.60	10.67	7.30	6.06	116531	8.43	5.38	9.08	2.16	58171
2004	16.51	11.40	11.30	6.63	130560	14.86	10.32	25.13	14.7	74121
2005	20.61	10.62	9.83	5.68	138998	22.4	14.53	33.65	24.83	88775

注：1. 劳动生产率按工业增加值计算。

2. 1999年前，该表统计范围为独立核算工业企业。1999年及以后为规模以上口径。

Note: a) Labor productivity is calculated by value added of industry.

b) Statistics in this from covers industrial enterprises with independent accounting system before 1999.Figures after 1999 are for those above designated size.

10-4 工业企业主要经济指标(2005年)

单位：万元

项目	Item	企业单位个数(个) Number of Enterprises (Nos.)	#亏损企业 Loss-Suffering Enterprises	工业总产值(当年价格) Gross Output Value of Industry (at current prices)	#新产品产值 Output Value of New Products	工业增加值 Added Value of Industry
合计	**Total**	**6301**	**1664**	**69462115**	**17657181**	**16270417**
在合计中:	**Of the Total:**					
中央企业	Central Enterprises	592	180	16501736	2911217	3852791
地方企业	Local Enterprises	5709	1484	52960379	14745964	12417626
在合计中:	**Of the Total:**					
内资企业	Domestic Funded Enterprises	4982	1280	38649718	8755244	10154776
国有企业	State-Owned Enterprises	920	418	3941879	279652	1304715
集体企业	Collective Owned Enterprises	424	96	921232	43305	258987
股份合作企业	Cooperative Enterprises	281	46	630632	99796	150467
联营企业	Joint Owned Enterprises	39	19	54202	4901	17072
有限责任公司	Limited-Liability Corporations	1632	363	21510039	4310357	6282288
股份有限公司	Share Holding Corporations Ltd.	175	36	8269665	3435282	1335497
私营企业	Private Enterprises	1504	302	3311362	581951	803822
其他企业	Other	7		10706		1928
港澳台商投资企业	Enterprises With Funds from Hongkong,Macao and Taiwan	357	112	4848699	2275029	1105700
港澳台合资经营	Joint Venture	231	77	1915487	259915	485170
港澳台合作经营	Cooperative	7		24514		5149
港澳台商独资企业	Hongkong,Macao and Taiwan Enterprises	116	35	2765307	1971726	581092
港澳台商投资股份有限公司	Hongkong,Macao and Taiwan Funded Share Holding Corporations	3		143390	43387	34289
外商投资企业	Foreign Funded Enterprises	962	272	25963699	6626909	5009941
中外合资经营	Joint Venture	510	138	18151171	5543434	3153813
中外合作经营	Cooperative	44	11	390264	34831	105378
外资(独资)企业	Foreign Enterprises	397	121	6803493	916184	1555153
外商投资股份有限公司	Foreign Funded Share Holding Corporations	11	2	618771	132460	195597
在合计中:	**Of the Total:**					
农村企业	Rural Enterprises	547	135	1369679	36970	332195
在合计中:	**Of the Total:**					
国有绝对控股企业	State Absolute Controlling Share Hold Industry	1493	561	29248620	6163822	7985990
国有相对控股企业	State Relative Controlling Share Hold Industry	253	59	6134654	845860	1249819
在合计中:	**Of the Total:**					
轻工业	Light Industry	2413	760	11649059	1523713	3401852
重工业	Heavy Industry	3888	904	57813056	16133469	12868565
在合计中:	**Of the Total:**					
大型企业	Large Enterprises	46	9	35234181	10421081	7682171
中型企业	Medium Enterprises	494	98	17187016	3154161	4666978
小型企业	Small Enterprises	5761	1557	17040918	4081940	3921269

注：本资料统计范围均为全部国有及年销售收入在500万元及以上非国有工业企业。

MAIN ECONOMIC INDICATORS OF INDUSTRIAL ENTERPRISES (2005)

(10000 yuan)

工 业		全部从业	资 产 负 债 Assets and Liabilities						
销售产值 (当年价格) Sales Value of Industry (at current price)	#出口交货值 Delivery Value of Exports	人员年平均人数 (人) Average Number of Persons Employed (person)	资产总计 Total Assets	流动资产合计 Total Curent Assets	流动资产平均余额 Average Value of Current Assets Capitals	长期投资 Longterm Investment	固定资产合计 Total Fixed Assets	固定资产原价合计 Total Original Value of Fixed Assets	固定资产净值年平均余额 Annual Average Balance of Net Value of Fixed Assets
68000151	**11360886**	**1170553**	**128298350**	**39298181**	**37015806**	**50415988**	**33246571**	**44340413**	**25904420**
16448915	352574	174481	69945893	7983829	7856059	44515990	13952563	18613214	10928711
51551236	11008313	996072	58352457	31314352	29159746	5899998	19294008	25727199	14975709
38184142	1724655	860398	105272792	25118463	24144527	49877477	25703932	33898852	20066308
3869651	96267	146968	56288308	4756148	4556651	42364069	5988757	6891027	4450373
897355	33872	55091	1014637	654424	640924	51326	287253	410491	233574
613232	66404	36342	669212	415639	375213	29398	188735	260468	157995
51631	6169	7828	289063	121142	121989	48535	113814	145540	102604
21340911	775787	355011	34456907	12362432	12101858	5332945	15787842	21645510	12411850
8191892	509238	111682	8816559	4465004	4170433	1866161	2302804	3340281	1847311
3208700	236737	147042	3725846	2335181	2171194	185043	1030964	1201726	860003
10770	182	434	12260	8494	6267		3765	3811	2598
4503143	567792	81551	4472517	2907385	2745410	182836	1241181	2010464	1169880
1851781	367847	50491	2119560	1128087	1049418	33235	893719	1498407	860015
24436	69	1057	38185	22401	20690	11	12108	15019	11571
2486745	180471	23516	1830410	1486383	1408106	25492	284343	392794	247193
140181	19405	6487	484362	270514	267197	124098	51011	104245	51100
25312866	9068440	228604	18553041	11272333	10125868	355676	6301459	8431096	4668233
17642465	7052300	121517	11078200	7279818	6572853	85079	3331066	4730419	2476262
377324	67190	7993	352508	229157	203363	5286	103551	165975	87331
6644828	1871482	86884	5965639	3366104	2944988	35919	2376522	2841033	1675089
648250	77468	12210	1156693	397255	404663	229392	490320	693669	429550
1333157	178478	94642	1444818	926107	876786	38261	449239	624448	367312
29032946	1088507	463159	93739479	17731863	17018684	48398663	23567305	31582814	18392371
5992695	1040359	67952	7320727	3755595	3539014	1066690	2260375	2903105	1597863
11299981	1603745	422895	15365708	7693215	7305773	1599347	5332898	7409222	4566780
56700170	9757142	747658	112932642	31604966	29710032	48816642	27913674	36931191	21337641
34561985	6825683	258787	34680244	12747946	12061247	4916711	16318505	23282530	12782261
16674558	3078520	359574	71213309	12736211	12052304	43762983	11010576	13496547	8280490
16763609	1456684	552192	22404797	13814024	12902255	1736294	5917490	7561336	4841669

Note: Statistics in this form covers all state-owned etnerpries and non-state-owned enterprises with annual sales of 5 million over.

10-4 续表1 continued

单位：万元

项目	Item	资产负债 Assets and Liabilities			所有者权益 Owner's Equity	#实收资本 Paid-up Capital
		负债总计 Total Liabilities	#流动负债合计 Total Current Liabilities	#长期负债合计 Total Longterm Liabilities		
合计	**Total**	**47067350**	**34231127**	**12836198**	**81231000**	**45631258**
在合计中：	**Of the Total:**					
中央企业	Central Enterprises	15402757	7573221	7829536	54543137	28171363
地方企业	Local Enterprises	31664594	26657907	5006663	26687863	17459895
在合计中：	**Of the Total:**					
内资企业	Domestic Funded Enterprises	34057809	23169186	10888599	71214984	37695439
国有企业	State-Owned Enterprises	9529364	4153113	5376251	46758944	21808798
集体企业	Collective Owned Enterprises	654440	593452	60988	360197	157081
股份合作企业	Cooperative Enterprises	415905	376145	39760	253307	155948
联营企业	Joint Owned Enterprises	176703	141975	34728	112361	89785
有限责任公司	Limited-Liability Corporations	16670689	12080909	4589781	17786217	12883683
股份有限公司	Share Holding Corporations Ltd.	4432459	3787983	644452	4384100	1715796
私营企业	Private Enterprises	2168502	2026769	141732	1557345	882932
其他企业	Others	9747	8840	907	2513	1417
港澳台商投资企业	Enterprises with Funds from Hongkong,Macao and Taiwan	2638663	2188526	450138	1833854	1227406
港澳台合资经营	Joint Venture	1276511	877785	398726	843050	846051
港澳台合作经营	Cooperative	20679	18859	1819	17506	15693
港澳台商独资企业	Hongkong,Macao and Taiwan Enterprises	1134848	1094933	39915	695562	301169
港澳台商投资股份有限公司	Hongkong,Macao and Taiwan Funded Share Holding Corporations	206626	196949	9677	277736	64493
外商投资企业	Foreign Funded Enterprises	10370879	8873416	1497462	8182162	6708413
中外合资经营	Joint Venture	6547205	5657029	890177	4530995	3622073
中外合作经营	Cooperative	173768	167907	5861	178740	130532
外资(独资)企业	Foreign Enterprises	3102013	2643071	458942	2863626	2539406
外商投资股份有限公司	Foreign Funded Share Holding Corporations	547893	405410	142482	608801	416402
在合计中：	**Of the Total:**					
农村企业	Rural Enterprises	929219	847502	81717	515599	331795
在合计中：	**Of the Total:**					
国有绝对控股企业	State Absolute Controlling Share Hold Industry	27598722	16921188	10677510	66140756	35270401
国有相对控股企业	State Relative Controlling Share Hold Industry	3872802	2915363	957440	3447924	2242841
在合计中：	**Of the Total:**					
轻工业	Light Industry	7686909	6726662	960248	7678799	5366954
重工业	Heavy Industry	39380441	27504466	11875951	73552201	40264303
在合计中：	**Of the Total:**					
大型企业	Large Enterprises	17467458	12606297	4861137	17212786	11444304
中型企业	Medium Enterprises	16631583	10044348	6587234	54581727	27462663
小型企业	Small Enterprises	12968310	11580483	1387827	9436487	6724291

10-4 续表2 continued

(10000 yuan)

利润及分配 Profits, Loss and Distribution						
产品销售收入 Sales Revenue of Industrial Products	产品销售成本 Cost of Industrial Products Sold	产品销售费用 Expenses of Industrial Products Sold	产品销售税金及附加 Tax and Extra Charges on Sales of Products	营业利润 Operating Profits	利润总额 Total Profits	本年应交增值税 Value Added Tax Payable
72791229	**63096034**	**2754068**	**544840**	**2426953**	**4134988**	**1999843**
19503060	17597054	214239	209470	573703	1884029	594511
53288169	45498980	2539829	335370	1853251	2250959	1405332
42256841	37086987	1214392	370374	899542	2456837	1321451
4023112	3295919	130350	109627	-56210	998975	200111
905609	752498	26556	4897	57663	66463	41826
617863	532216	25617	1781	10501	18890	20130
76115	65890	2471	280	-7987	-9556	3030
24438070	21746909	498839	115299	813977	1147038	771816
8810684	7882159	323036	125891	-27185	99532	185973
3375218	2803159	207161	12539	108473	135090	98021
10171	8238	364	60	310	404	545
5319885	4442452	420695	6859	192530	226518	152895
1941626	1608640	104646	5597	91869	97661	60172
24370	19579	2155	17	320	634	467
3015825	2503610	307539	935	96123	111945	83959
338064	310623	6355	310	4218	16278	8298
25214503	21566595	1118982	167608	1334881	1451633	525497
17666470	15441655	605665	163951	859655	922588	344527
386890	251154	78132	17	23091	23814	22780
6452464	5309629	392644	2366	414731	428797	112099
708679	564156	42542	1274	37405	76433	46090
1353091	1152405	54153	5130	53675	64586	49522
32508501	28990345	678373	340147	481373	2139537	1037507
6172499	5075464	246743	134642	355898	261719	186068
11569104	8774869	1208586	172956	443128	626614	485428
61222125	54321164	1545483	371884	1983825	3508374	1514415
37571751	34338871	653279	341551	1117016	1469123	822103
17207517	13745013	1115225	152978	755109	1843972	620551
18011962	15012150	985565	50311	554829	821893	557189

10-5 工业企业主要经济指标(按行业分)(2005年)

单位：万元

项目	Item	企业单位个数(个) Number of Enterprises (Nos.)	#亏损企业 Loss-Suffering Enterprises	工业总产值(当年价格) Gross Output Value of Industry (at current prices)	#新产品产值 Output Value of New Products
合计	**Total**	**6301**	**1664**	**69462115**	**17657181**
煤炭开采和洗选业	Mining and Washing of Coal	30	3	1173423	297458
石油和天然气开采业	Extraction of Petroleum and Natural Gas	1		83945	83945
黑色金属矿采选业	Mining and Processing of Ferrous Metal Ores	9	1	118294	
有色金属矿采选业	Mining and Processing of Non-Ferrous Metal Ores				
非金属矿采选业	Mining and Processing of Nonmetal Ores	15	1	20292	
其他采矿业	Mining of Other Ores				
农副食品加工业	Processing of Food from Agriculture Products	215	61	1357247	94142
食品制造业	Manufacture of Foods	209	74	1386592	56373
饮料制造业	Manufacture of Beverages	70	25	1039547	5317
烟草制造业	Manufacture of Tobacco	1		168144	1655
纺织业	Manufacture of Textile	164	49	692043	162904
纺织服装、鞋、帽制造业	Manufacture of Textile Wearing Apparel,Footware and Caps	266	108	803978	31627
皮革、毛皮、羽毛(绒)及其制品业	Manufacture of Leather,Furs,Feather(Down) and Related Products	42	8	83890	3785
木材加工及竹、藤、棕、草制品业	Processing of Timber,Manufacture of Wood,Bamboo, Rattan,Palmand Straw Products	32	11	103158	802
家具制造业	Manufacture of Furniture	100	32	283658	9931
造纸及纸制品业	Manufacture of Paper and Paper Products	113	36	412535	52
印刷业和记录媒介的复制	Printing,Reproduction of Recording Media	379	144	806768	44380
文教体育用品制造业	Manufacture of Articles For Culture,Education and Sports Activity	46	11	132164	10753
石油加工、炼焦及核燃料加工业	Processing of Petroleum, Coking,Processing of Nuclear Fuel	52	14	5925059	1470059
化学原料及化学制品制造业	Manufacture of Raw Chemical Materials and Chemical Products	430	91	2369305	315748
医药制造业	Manufacture of Medicines	181	45	1310658	378502
化学纤维制造业	Manufacture of Chemical Fibers	15	2	69762	49545
橡胶制品业	Manufacture of Rubber	38	5	194831	22268
塑料制品业	Manufacture of Plastics	269	78	593513	40365
非金属矿物制品业	Manufacture of Non-Metallic Mineral Products	411	101	1938169	206697
黑色金属冶炼及压延加工业	Smelting and Pressing of Ferrous Metals	59	14	5468818	1063190
有色金属冶炼及压延加工业	Smelting and Pressing of Non-Ferrous Metals	81	13	473006	152226
金属制品业	Manufacture of Metal Products	385	99	1197893	213034
通用设备制造业	Manufacture of General Purpose Machinery	436	110	2371145	464854
专用设备制造业	Manufacture of Special Purpose Machinery	469	81	2320484	762835
交通运输设备制造业	Manufacture of Transport Equipment	384	112	8176842	1227550
电气机械及器材制造业	Manufacture of Electrical Machinery and Equipment	368	82	2222787	733561
通信设备、计算机及其他电子设备制造业	Manufacture of Communication Equipment,Computers and Other Electronic Equipment	493	124	17755071	9067504
仪器仪表及文化、办公用机械制造业	Manufacture of Measuring Instruments and Machinery for Culture Activity and Office Work	334	57	1582116	642292
工艺品及其他制造业	Manufacture of Artwork and Other Manufacturing	91	20	331606	40997
废弃资源和废旧材料回收加工业	Recycling and Disposal of Waste	10	3	22024	
电力、热力的生产和供应业	Production and Distribution of Electric Power and Heat Power	67	33	6000321	
燃气生产和供应业	Production and Distribution of Gas	14	7	191301	2832
水的生产和供应业	Production and Distribution of Water	22	9	281726	

MAIN INDICATORS FOR INDUSTRIAL ENTERPRISES(BY SECTOR) (2005)

(10000 yuan)

工业增加值 Added Value of Industry	工业销售产值(当年价格) Sales Value of Industry (at current price)	#出口交货值 Delivery Value of Exports	全部从业人员年平均人数(人) Average Number of Employed Persons (person)	资产负债 Assets and Liabilities 资产总计 Total Assets	流动资产合计 Total Current Assets	流动资产平均余额 Average Value of Current Assets	长期投资 Longterm Investment	固定资产合计 Total Fixed Assets	固定资产原价合计 Total Original Value of Fixed Assets	固定资产净值年平均余额 Annual Average Balance of Net Value of Fixed Assets
16270417	**68000151**	**11360886**	**1170553**	**128298350**	**39298181**	**37015806**	**50415988**	**33246571**	**44340413**	**25904420**
251009	1123049	120773	21646	360155	226418	218279	27349	92544	147512	68504
47083	83945	3704	1063	176116	80244	76431	384	95436	162412	87397
57007	120529		3235	108915	74221	72173	543	32659	57634	26281
5722	19849		1366	23408	12158	12522	32	11018	19900	10586
217752	1298679	105711	32935	834345	464264	445381	31510	303235	383186	247643
465781	1358078	88836	41675	1406014	703533	666395	75543	526183	768542	464922
362619	1016643	15094	25223	1769371	681139	660869	460130	534541	810477	502391
116717	166912	8219	782	137893	104603	93060	4217	27033	56530	29917
178892	647460	180596	35903	921047	582218	557902	82234	237698	375060	203522
228012	766865	388056	81786	718353	464714	441217	21821	202285	254630	160654
11986	84129	54107	4691	58755	41374	39322	1038	14395	19790	12824
13760	102577	13015	3136	208306	85233	84263	133	104438	134983	93997
60288	275928	73961	16518	320990	196315	186279	4647	108055	132123	79200
113343	400259	7057	11228	408619	228198	204503	10010	147040	186460	130358
283320	802040	3369	46953	1460999	622932	577951	63866	743853	1140951	645897
40897	133179	63362	9170	187626	113857	104003	5145	60940	65247	46170
765808	5977308	80796	24040	2630823	1101040	996152	87348	1238471	2542856	1121772
636850	2325126	99097	44164	2793558	1370035	1279536	201628	1037370	1821706	941938
493414	1275259	45950	37126	2509095	1121128	1075795	524355	700188	845639	582677
14888	65943	3031	911	96450	50247	52906	8977	22402	26770	21515
36815	195320	82432	8726	268722	146113	135256	3513	102209	141817	74471
128199	588136	45805	23790	750793	424583	395544	27661	266167	400188	242371
479826	1905048	100909	68212	3314297	1803377	1688199	206378	1154614	1609160	983302
2281884	5435713	285946	65495	6208850	3020716	2797548	934952	2141152	3574665	1635642
66699	469025	31242	9284	415762	295315	233713	19341	90923	114027	75112
253420	1150290	119502	43571	1658614	912310	876973	117089	552089	664949	432994
564565	2327999	438085	65830	3454080	2225877	2120295	223184	907006	1143317	673043
607109	2212681	313262	66323	4361720	2779294	2585562	615916	783240	1011342	654101
1414020	8140230	131494	107965	6373958	3828703	3411379	225234	2166822	2573057	1595623
625782	2150621	191336	47471	2550605	1808529	1711271	137621	514283	681502	364194
2714832	17023225	8014843	117024	13775484	8602323	7876497	1517616	3364721	4450047	2350667
464180	1538384	207715	31458	1982572	1457379	1350924	173719	300109	405589	240334
82146	325270	43582	12861	386819	227089	224450	4333	144105	179731	120008
7324	22840		674	27913	16750	13470	624	10481	12477	10336
1925381	6001452		45263	61795613	2819407	3148104	43844053	12041735	14652817	9209155
168048	190444		6945	1650967	272672	249027	409605	966976	1268836	760241
85040	279719		6110	2190744	333874	352659	344241	1500156	1504484	1004662

10-5 续表1 continued

单位：万元

项目	Item	负债总计 Total Liabilities	#流动负债合计 Total Current Liabilities	#长期负债合计 Total Longterm Liabilities
		资产负债 Assets and Liabilities		
合计	**Total**	**47067350**	**34231127**	**12836198**
煤炭开采和洗选业	Mining and Washing of Coal	160912	149839	11073
石油和天然气开采业	Extraction of Petroleum and Natural Gas	47043	47038	5
黑色金属矿采选业	Mining and Processing of Ferrous Metal Ores	49687	39345	10342
有色金属矿采选业	Mining and Processing of Non-Ferrous Metal Ores			
非金属矿采选业	Mining and Processing of Nonmetal Ores	12747	12747	
其他采矿业	Mining of Other Ores			
农副食品加工业	Processing of Food from Agriculture Products	489132	428244	60888
食品制造业	Manufacture of Foods	896914	748545	148370
饮料制造业	Manufacture of Beverages	857355	750998	106357
烟草制造业	Manufacture of Tobacco	7698	7419	279
纺织业	Manufacture of Textile	564197	512327	51870
纺织服装、鞋、帽制造业	Manufacture of Textile Wearing Apparel,Footware and Caps	472366	432181	40185
皮革、毛皮、羽毛(绒)及其制品业	Manufacture of Leather,Furs,Feather(Down) and Related Products	38657	35832	2826
木材加工及竹、藤、棕、草制品业	Processing of Timber,Manufacture of Wood,Bamboo, Rattan,Palm and Straw Products	106621	73380	33241
家具制造业	Manufacture of Furniture	208833	202404	6430
造纸及纸制品业	Manufacture of Paper and Paper Products	265217	245235	19983
印刷业和记录媒介的复制	Printing,Reproduction of Recording Media	717797	570380	147417
文教体育用品制造业	Manufacture of Articles For Culture,Education and Sports Activity	122889	115083	7806
石油加工、炼焦及核燃料加工业	Processing of Petroleum, Coking, Processing of Nuclear Fuel	1370230	1142911	227319
化学原料及化学制品制造业	Manufacture of Raw Chemical Materials and Chemical Products	1146013	1023030	122983
医药制造业	Manufacture of Medicines	934664	844704	89960
化学纤维制造业	Manufacture of Chemical Fibers	58213	48463	9750
橡胶制品业	Manufacture of Rubber	192434	138929	53505
塑料制品业	Manufacture of Plastics	456576	411423	45153
非金属矿物制品业	Manufacture of Non-Metallic Mineral Products	1997121	1771406	225714
黑色金属冶炼及压延加工业	Smelting and Pressing of Ferrous Metals	3661441	2830010	831430
有色金属冶炼及压延加工业	Smelting and Pressing of Non-Ferrous Metals	241244	229609	11635
金属制品业	Manufacture of Metal Products	932429	856611	75818
通用设备制造业	Manufacture of General Purpose Machinery	1998505	1816865	181640
专用设备制造业	Manufacture of Special Purpose Machinery	2329908	2135235	194648
交通运输设备制造业	Manufacture of Transport Equipment	3971871	3583260	388611
电气机械及器材制造业	Manufacture of Electrical Machinery and Equipment	1491492	1377201	114291
通信设备、计算机及其他电子设备制造业	Manufacture of Communication Equipment,Computers and Other Electronic Equipment	7887020	6591198	1295822
仪器仪表及文化、办公用机械制造业	Manufacture of Measuring Instruments and Machinery for Culture Activity and Office Work	1072928	1008673	64255
工艺品及其他制造业	Manufacture of Artwork and Other Manufacturing	220505	173232	47273
废弃资源和废旧材料回收加工业	Recycling and Disposal of Waste	16059	16059	
电力、热力的生产和供应业	Production and Distribution of Electric Power and Heat Power	10938074	3379812	7558262
燃气生产和供应业	Production and Distribution of Gas	293702	224075	69628
水的生产和供应业	Production and Distribution of Water	838859	257429	581430

10-5 续表2 continued

(10000 yuan)

所有者权益 Owner's Equity	#实收资本 Paid-up Capital	利润及分配 Profits, Loss and Distribution 产品销售收入 Sales Revenue of Industrial Products	产品销售成本 Cost of Industrial Products Sold	产品销售费用 Expenses of Industrial Products Sold	产品销售税金及附加 Tax and Extra Charges on Sales of Products	营业利润 Operating Profits	利润总额 Total Profits	本年应交增值税 Value Added Tax Payable
81231000	**45631258**	**72791229**	**63096034**	**2754068**	**544840**	**2426953**	**4134988**	**1999843**
199243	75368	1165651	944130	49411	4506	127721	127165	34462
129074	85000	83945	60750		1144	13870	13986	
59229	12669	121486	71894	8376	2484	28986	28378	9219
10661	10023	19653	17026	620	175	543	1136	760
345213	237895	1375356	1222154	77371	1079	21924	36476	-346
509100	704005	1329552	863909	312352	2018	24491	24766	82886
912016	591008	1045439	717998	131363	67896	54214	82993	61425
130195	92088	168512	68063	5527	64448	14657	16363	18613
356850	317362	665925	571881	35949	1338	-6507	22003	15840
245987	207602	772618	646001	54065	1909	4469	4390	17693
20098	21939	86878	77592	3391	44	587	1091	384
101685	67393	110060	103781	6078	92	-5784	-4692	2368
112157	93314	295800	239576	28289	519	4238	5230	8677
143401	115360	409983	336896	13900	523	38607	39682	22724
743202	517324	822329	657530	21343	3909	27255	33580	46832
64737	40943	138344	115095	6866	188	974	3367	3180
1260593	550034	5981064	5541015	54786	90147	148758	205919	102675
1647545	1177366	2463016	1942366	166095	24116	128523	110295	114616
1574431	674510	1282910	683431	297791	6348	146375	209285	102721
38238	19306	123275	117778	2101	85	866	813	1425
76289	64154	203421	176299	6350	1508	5696	4597	3248
294217	250604	629460	551944	17995	1036	17476	18406	18693
1317177	1128419	1904704	1610865	80549	5275	30358	88541	72978
2547410	1172259	4671179	4223722	46894	21335	110498	131027	157063
174518	144354	552281	516756	7543	1310	7283	8979	4195
726185	540153	1238441	1069256	45935	3263	36588	43368	25722
1455576	1117326	2389443	1963821	111467	4915	107765	121939	64197
2031812	981109	2618737	2075809	120318	9324	131330	201602	78892
2402086	1715601	8232667	7121388	268472	158956	221665	269965	223038
1059113	669255	2243308	1781865	123915	4380	179479	195491	79649
5888464	3538637	18060346	16412669	533845	14548	427732	484227	178819
909644	443125	1613213	1215999	92978	5344	165445	182213	68079
166314	114054	333290	272117	7874	950	20774	15142	10273
11854	8249	22679	17004	939	38	3358	3631	1441
50857539	26037760	8811518	8322135	6927	35879	215186	1359542	331687
1357265	1017599	543542	493130	4542	2738	13516	59548	25119
1351885	1078093	261206	272390	1853	1074	-41965	-15457	10597

10–6 工业企业主要经济分析指标(2005年)

单位: %

项目	Item	工业经济效益综合指数 Aggregate index of industrial economic efficiency	企业亏损面 Loss-making Enterprises as % of Total	总资产贡献率 Ratio of Profits,Taxes and Interest to Average assets	资产保值增值率 Changing Rate of Net Assets
合计	**Total(exclude individual industry)**	**171.02**	**26.41**	**5.81**	**102.74**
在合计中:	**Of the Total:**				
中央企业	Central Enterprises	235.58	30.41	4.21	101.90
地方企业	Local Enterprises	156.03	26.00	7.77	104.50
在合计中:	**Of the Total:**				
内资企业	Domestic Funded Enterprises	152.70	25.69	4.40	100.24
国有企业	State-Owned Enterprises	190.16	45.43	2.54	105.45
集体企业	Collective Owned Enterprises	254.57	22.64	10.97	87.52
股份合作企业	Cooperative Enterprises	159.76	16.37	7.41	110.15
联营企业	Joint Owned Enterprises	30.00	48.72	-1.80	78.08
有限责任公司	Limited Liability Corporations	193.72	22.24	6.72	93.97
股份有限公司	Share Holding Corporations Ltd.	141.92	20.57	5.30	82.00
私营企业	Private Enterprises	114.77	20.08	7.13	94.75
其他企业	Others	106.11		17.67	
港澳台商投资企业	Enterprises with Funds from Hongkong,Macao and Taiwan	174.71	31.37	9.46	110.40
港澳台合资经营	Joint Venture	199.53	33.33	8.74	110.75
港澳台合作经营	Cooperative	84.47		1.93	40.94
港澳台商独资企业	Hongkong,Macao and Taiwan Enterprises	115.67	30.17	12.04	119.17
港澳台商投资股份有限公司	Hongkong,Macao and Taiwan Funded Share Holding Corporations	107.42		4.97	101.55
外商投资企业	Foreign Funded Enterprises	247.69	28.27	13.77	128.66
中外合资经营	Joint Venture	271.98	27.06	14.85	109.14
中外合作经营	Cooperative	185.48	25.00	13.41	107.74
外资(独资)企业	Foreign Enterprises	227.10	30.48	11.58	188.17
外商投资股份有限公司	Foreign Funded Share Holding Corporations	222.42	18.18	13.88	117.05
在合计中:	**Of the Total:**				
农村企业	Rural Enterprises	272.43	24.68	8.96	91.47
在合计中:	**Of the Total:**				
国有绝对控股企业	State Absolute Controlling Share Hold Industry	189.22	37.58	4.21	100.15
国有相对控股企业	State Relative Controlling Share Hold Industry	200.29	23.32	9.14	100.48
在合计中:	**Of the Total:**				
轻工业	Light Industry	139.03	31.50	8.97	100.03
重工业	Heavy Industry	191.06	23.25	5.37	103.03
在合计中:	**Of the Total:**				
大型企业	Large Enterprises	278.03	19.57	8.68	93.62
中型企业	Medium Enterprises	175.18	19.84	4.11	109.41
小型企业	Small Enterprises	123.56	27.03	6.72	87.45

MAIN INDICATORS ON ECONOMIC BENEFIT OF INDUSTRIAL ENTERPRISES (2005)

(%)

资产负债率 Ratio of Debts to Assets	流动资产周转率(次) Turnover of Working Capital (time)	成本费用利润率 Ratio of Profits to Industrial Cost	全员劳动生产率(元/人) Overall Labor Productivity (yuan/person)	产品销售率 Proportion of Products Sold	增加值率 Rate of Value Added to Gross Output Value	人均销售收入(元) Sales Revenue Per Capita (yuan)	流动比率(倍) Circulating Assets/ Liquid Liabilities (time)	速动比率(倍) Quick-circulating Assets/Liquid Liabilities (time)
36.69	**1.97**	**5.89**	**138998**	**97.90**	**23.42**	**621853**	**1.15**	**0.83**
22.02	2.48	10.04	220814	99.68	23.35	1117776	1.05	0.80
54.26	1.83	4.38	124666	97.33	23.45	534983	1.07	0.84
32.35	1.75	5.95	118024	98.80	26.27	491131	1.08	0.79
16.93	0.88	24.42	88775	98.17	33.10	273741	1.15	0.85
64.50	1.41	7.81	47011	97.41	28.11	164384	1.10	0.71
62.15	1.65	3.10	41403	97.24	23.86	170014	1.11	0.65
61.13	0.62	-10.71	21809	95.26	31.50	97234	0.85	0.66
48.38	2.02	4.86	176960	99.21	29.21	688375	1.02	0.79
50.27	2.11	1.14	119580	99.06	16.15	788908	1.18	0.79
58.20	1.55	4.13	54666	96.90	24.27	229541	1.15	0.76
79.50	1.62	4.13	44417	100.60	18.01	234343	0.96	0.54
59.00	1.94	4.41	135584	92.87	22.80	652338	1.33	1.02
60.23	1.85	5.27	96090	96.67	25.33	384549	1.29	0.86
54.15	1.18	2.63	48712	99.68	21.00	230560	1.19	0.94
62.00	2.14	3.83	247105	89.93	21.01	1282457	1.36	1.14
42.66	1.27	4.85	52858	97.76	23.91	521140	1.37	1.04
55.90	2.49	6.10	219154	97.49	19.30	1102977	1.27	0.90
59.10	2.69	5.53	259537	97.20	17.38	1453827	1.29	0.90
49.29	1.90	6.47	131837	96.68	27.00	484036	1.36	0.95
52.00	2.19	7.06	178992	97.67	22.86	742653	1.27	0.90
47.37	1.75	11.35	160195	104.76	31.61	580409	0.98	0.71
64.31	1.54	4.96	35100	97.33	24.25	142969	1.09	0.64
29.44	1.91	6.71	172424	99.26	27.30	701886	1.05	0.78
52.90	1.74	4.59	183927	97.69	20.37	908362	1.29	0.92
50.03	1.58	5.67	80442	97.00	29.20	273569	1.14	0.77
34.87	2.06	5.93	172118	98.08	22.26	818852	1.15	0.85
50.37	3.12	4.06	296853	98.09	21.80	1451841	1.01	0.75
23.35	1.43	11.22	129792	97.02	27.15	478553	1.27	0.92
57.88	1.40	4.67	71013	98.37	23.01	326190	1.19	0.85

10-7 国有及国有控股工业企业主要经济指标(2005年)

单位：万元

项目	Item	企业单位个数(个) Number of Enterprises (Nos.)	#亏损企业 Loss-Suffering Enterprises	工业总产值(当年价格) Gross Output Value of Industry (at current prices)	#新产品产值 Value of New Products	工业增加值 Added Value of Industry
合　计	**Total**	**1746**	**620**	**35383274**	**7009682**	**9235809**
在合计中：	**Of the Total:**					
中央企业	Central Enterprises	540	170	15924127	2550390	3755760
地方企业	Local Enterprises	1206	450	19459147	4459291	5480050
在合计中：	**Of theTotal:**					
轻工业	Light Industry	627	266	3770606	646798	1253987
重工业	Heavy Industry	1119	354	31612668	6362884	7981823
在合计中：	**Of the Total:**					
大型企业	Large Enterprises	36	7	23787444	4073233	6075880
中型企业	Medium Enterprises	223	52	7230941	1638800	2245065
小型企业	Small Enterprises	1487	561	4364890	1297649	914864

10-7 续表1 continued

单位：万元

项目	Item	资产负债 Assets and Liabilities			所有者权益 Owner's Equity	#实收资本 Paid-up Capital
		负债总计 Total Liabilities	#流动负债合计 Total Current Liabilities	#长期负债合计 Total Longterm Liabilities		
合　计	**Total**	**31471525**	**19836551**	**11634950**	**69588681**	**37513242**
在合计中：	**Of the Total:**					
中央企业	Central Enterprises	15243270	7433745	7809525	54304556	28030398
地方企业	Local Enterprises	16228255	12402806	3825425	15284125	9482844
在合计中：	**Of the Total:**					
轻工业	Light Industry	3042474	2540421	502053	4548906	2679929
重工业	Heavy Industry	28429050	17296130	11132896	65039775	34833313
在合计中：	**Of the Total:**					
大型企业	Large Enterprises	15040500	10218180	4822296	15785036	10916238
中型企业	Medium Enterprises	11388945	5408428	5980517	50185213	24023790
小型企业	Small Enterprises	5042079	4209943	832136	3618432	2573214

MAIN INDICATORS ON ECONOMIC OF STATE-OWNED AND STATE-CONTROLLED INDUSTRIAL ENTERPRISES (2005)

(10000 yuan)

工业销售产值(当年价格) Sales Value of Industry (at current price)	#出口交货值 Delivery Value of Exports	全部从业人员年平均人数(人) Average Number of Employed Persons (person)	资产负债 Assets and Liabilities						
			资产总计 Total Assets	流动资产合计 Total Current Assets	流动资产平均余额 Average Value of Current Assets	长期投资 Longterm Investment	固定资产合计 Total Fixed Assets	固定资产原价合计 Total Original Value of Fixed Assets	固定资产净值年平均余额 Annual Average Balance of Net Value of Fixed Assets
35025640	**2128866**	**531111**	**101060205**	**21487458**	**20557698**	**49465353**	**25827680**	**34485919**	**19990234**
15871968	347054	167072	69547826	7785967	7645257	44490251	13786286	18366399	10823993
19153672	1781812	364039	31512379	13701492	12912441	4975102	12041393	16119520	9166240
3692132	222288	132445	7591380	3150851	3040872	1329979	2850665	4094131	2418266
31333508	1906578	398666	93468825	18336607	17516826	48135374	22977015	30391789	17571967
23683922	1122128	222566	30825536	9658454	9319477	4872620	15656275	22175812	12233158
7035979	687941	171425	61574158	7064980	6821325	43478689	7696380	9169420	5800460
4305739	318797	137120	8660512	4764024	4416896	1114044	2475025	3140687	1956616

10-7 续表2 continued

(10000 yuan)

利润及分配 Profits,Loss and Distribution						本年应交增值税 Value Added Tax Payable
产品销售收入 Sales Revenue of Industrial Products	产品销售成本 Cost of Industrial Products Sold	产品销售费用 Expenses of Industrial Products Sold	产品销售税金及附加 Tax and Extra Charges on Sales of Products	营业利润 Operating Profits	利润总额 Total Profits	
38680999	**34065809**	**925116**	**474789**	**837271**	**2401255**	**1223575**
18903116	17074988	205544	207001	529504	1839776	570990
19777884	16990820	719572	267788	307767	561479	652585
3880675	2968887	260296	140728	108323	248831	175577
34800324	31096921	664820	334061	728948	2152424	1047998
26264421	23891929	380059	325814	616177	967116	736225
7523298	5993311	290013	131005	299791	1322518	334582
4893280	4180568	255043	17971	-78697	111622	152768

10-8 国有及国有控股工业企业主要经济指标(按行业分)(2005年)

单位：万元

项目	Item	企业单位个数(个) Number of Enterprises (Nos.)	#亏损企业 Loss-Suffering Enterprises	工业总产值(当年价格) Gross Output Value of Industry (at current prices)	#新产品产值 Output Value of New Products
合计	**Total**	**1746**	**620**	**35383274**	**7009682**
煤炭开采和洗选业	Mining and Washing of Coal	2		734975	
石油和天然气开采业	Extraction of Petroleum and Natural Gas	1		83945	83945
黑色金属矿采选业	Mining and Processing of Ferrous Metal Ores	2		51672	
有色金属矿采选业	Mining and Processing of Non-Ferrous Metal Ores				
非金属矿采选业	Mining and Processing of Nonmetal Ores	4	1	5829	
其他采矿业	Mining of Other Ores				
农副食品加工业	Processing of Food from Agriculture Products	40	12	602521	15682
食品制造业	Manufacture of Foods	43	18	66748	247
饮料制造业	Manufacture of Beverages	22	7	580520	5317
烟草制造业	Manufacture of Tobacco	1		168144	1655
纺织业	Manufacture of Textile	36	13	211972	39841
纺织服装、鞋、帽制造业	Manufacture of Textile Wearing Apparel,Footware and Caps	24	8	43105	3189
皮革、毛皮、羽毛(绒)及其制品业	Manufacture of Leather,Furs,Feather(Down) and Related Products	4	1	12725	
木材加工及竹、藤、棕、草制品业	Processing of Timber,Manufacture of Wood,Bamboo, Rattan,Palm and Straw Products	8	4	76459	721
家具制造业	Manufacture of Furniture	15	6	43649	6699
造纸及纸制品业	Manufacture of Paper and Paper Products	23	10	52385	
印刷业和记录媒介的复制	Printing,Reproduction of Recording Media	180	103	406607	32139
文教体育用品制造业	Manufacture of Articles For Culture,Education and Sports Activity	9	3	36333	1778
石油加工、炼焦及核燃料加工业	Processing of Petroleum, Coking,Processing of Nuclear Fuel	17	6	5651204	1400185
化学原料及化学制品制造业	Manufacture of Raw Chemical Materials and Chemical Products	100	34	1273318	195569
医药制造业	Manufacture of Medicines	61	17	615428	270985
化学纤维制造业	Manufacture of Chemical Fibers	4		52662	47696
橡胶制品业	Manufacture of Rubber	11	2	124881	10843
塑料制品业	Manufacture of Plastics	47	24	91214	16679
非金属矿物制品业	Manufacture of Non-Metallic Mineral Products	100	27	709752	87282
黑色金属冶炼及压延加工业	Smelting and Pressing of Ferrous Metals	13	3	5184073	1042650
有色金属冶炼及压延加工业	Smelting and Pressing of Non-Ferrous Metals	20	2	231786	133118
金属制品业	Manufacture of Metal Products	78	32	327572	139215
通用设备制造业	Manufacture of General Purpose Machinery	117	49	798841	210293
专用设备制造业	Manufacture of Special Purpose Machinery	167	41	1366447	537374
交通运输设备制造业	Manufacture of Transport Equipment	147	49	5556890	994385
电气机械及器材制造业	Manufacture of Electrical Machinery and Equipment	77	33	644536	229631
通信设备、计算机及其他电子设备制造业	Manufacture of Communication Equipment,Computers and Other Electronic Equipment	147	45	2555554	1203296
仪器仪表及文化、办公用机械制造业	Manufacture of Measuring Instruments and Machinery for Culture Activity and Office Work	113	24	535399	264297
工艺品及其他制造业	Manufacture of Artwork and Other Manufacturing	32	10	179040	32139
废弃资源和废旧材料回收加工业	Recycling and Disposal of Waste	4		13227	
电力、热力的生产和供应业	Production and Distribution of Electric Power and Heat Power	50	24	5833441	
燃气生产和供应业	Production and Distribution of Gas	7	3	181937	2832
水的生产和供应业	Production and Distribution of Water	20	9	278486	

MAIN ECONOMIC INDICATORS OF STATE-OWNED AND STATE-OWNED HOLDING INDUSTIRAL ENTERPRISES (BY SECTOR) (2005)

(10000 yuan)

工业增加值 Added Value of Industry	工业销售产值(当年价格) Sales Value of Industry (at current price)	#出口交货值 Delivery Value of Exports	全部从业人员年平均人数(人) Average Number of Employed Persons (person)	资产负债 Assets and Liabilities						
				资产总计 Total Assets	流动资产合计 Total Current Assets	流动资产平均余额 Average Value of Current Assets	长期投资 Longterm Investment	固定资产合计 Total Fixed Assets	固定资产原价合计 Total Original Value of Fixed Assets	固定资产净值年平均余额 Annual Average Balance of Net Value of Fixed Assets
9235809	**35025640**	**2128866**	**531111**	**101060205**	**21487458**	**20557698**	**49465353**	**25827680**	**34485919**	**19990234**
192020	681108	97248	11589	236618	155167	143705	7157	60788	108402	51325
47083	83945	3704	1063	176116	80244	76431	384	95436	162412	87397
29177	53768		1096	51319	38419	40234	295	12605	27054	9140
1714	5829		712	11511	4917	4723		6454	14334	6639
103390	564381	59078	13798	300449	152653	148492	9001	124322	188176	107266
22464	66969	4650	5435	135499	73924	68862	5255	53727	77138	44443
206506	581814	11007	15130	1117104	364825	361890	412041	316568	514668	304950
116717	166912	8219	782	137893	104603	93060	4217	27033	56530	29917
57888	207119	50608	15068	489223	277665	279207	59588	145246	240258	120618
13766	40534	24413	5982	73183	42517	38866	3792	23119	30926	20901
1025	13332	8416	662	21060	12211	12590	583	7160	10631	7292
9519	76678	9843	1162	128870	46231	44870	133	80175	101407	71429
11170	43545	5856	2318	72526	39910	46685	2372	29581	39699	16452
11742	53188		2158	119645	67293	59889	8733	29176	37837	19288
162417	410808	1161	25175	906627	374187	348377	48622	469418	767433	397908
9036	35437	10510	2648	84345	36571	36215	3273	40064	37772	28173
717692	5702928	80796	21066	2482459	993259	907340	77386	1209058	2511749	1100116
360361	1251331	24952	20583	1719581	714431	675275	155192	714928	1357544	646945
268169	601551	19286	18166	1654903	661347	623886	502367	402062	505756	336989
12127	49348		305	49744	32048	36091	7907	3734	5492	3640
20944	124574	70262	5379	193791	103468	91773	3238	73334	108607	56431
15126	92152	775	5376	195747	102324	101036	15265	67661	103350	66469
192494	696126	51079	22023	1527225	678314	645264	156522	615679	850809	509954
2249632	5154226	278355	60462	6023238	2897026	2691715	930092	2087165	3501502	1594183
34113	230116	16528	2405	230630	172527	117344	12055	41926	50532	32396
67751	314890	81133	11394	692645	320816	313182	72360	281292	302091	195151
129702	770262	106164	24608	1652757	1011599	969422	179897	430051	517693	307160
341966	1284214	140021	42605	3169807	1882996	1752399	589553	582418	767605	480053
934914	5578769	62393	70237	4460240	2653510	2387825	152002	1561869	1847776	1117755
229260	610744	18955	13432	873062	607514	624559	56333	194318	237880	105270
319616	2460377	874847	34949	5616863	2707487	2457713	1294722	1468666	1936429	1061188
185818	533948	6909	13867	809784	561024	520078	96890	141111	185881	109163
37363	178294	1700	4837	253606	140890	144024	3266	102863	127216	85750
6441	13527		409	20258	10779	8286		9455	10938	9339
1867768	5834627		41693	61577538	2770895	3096979	43843936	11879838	14395178	9106500
166092	181795		6640	1617928	261990	238375	406710	948443	1253648	746223
82826	276479		5897	2176410	331880	351038	344216	1490940	1493570	996420

10-8 续表1 continued

单位：万元

项目	Item	资产负债 Assets and Liabilities 负债总计 Total Liabilities	#流动负债合计 Total Current Liabilities	#长期负债合计 Total Longterm Liabilities
合计	**Total**	**31471525**	**19836551**	**11634950**
煤炭开采和洗选业	Mining and Washing of Coal	112956	105528	7427
石油和天然气开采业	Extraction of Petroleum and Natural Gas	47043	47038	5
黑色金属矿采选业	Mining and Processing of Ferrous Metal Ores	16241	13309	2932
有色金属矿采选业	Mining and Processing of Non-Ferrous Metal Ores			
非金属矿采选业	Mining and Processing of Nonmetal Ores	5407	5407	
其他采矿业	Mining of Other Ores			
农副食品加工业	Processing of Food from Agriculture Products	182269	173969	8300
食品制造业	Manufacture of Foods	71469	65424	6045
饮料制造业	Manufacture of Beverages	410071	326684	83387
烟草制造业	Manufacture of Tobacco	7698	7419	279
纺织业	Manufacture of Textile	293911	255728	38183
纺织服装、鞋、帽制造业	Manufacture of Textile Wearing Apparel,Footware and Caps	41551	28269	13282
皮革、毛皮、羽毛(绒)及其制品业	Manufacture of Leather,Furs,Feather(Down) and Related Products	15722	14039	1683
木材加工及竹、藤、棕、草制品业	Processing of Timber,Manufacture of Wood,Bamboo, Rattan,Palm and Straw Products	50959	34738	16221
家具制造业	Manufacture of Furniture	50159	48659	1500
造纸及纸制品业	Manufacture of Paper and Paper Products	100815	85958	14857
印刷业和记录媒介的复制	Printing,Reproduction of Recording Media	391697	297399	94299
文教体育用品制造业	Manufacture of Articles For Culture,Education and Sports Activity	58298	55443	2855
石油加工、炼焦及核燃料加工业	Processing of Petroleum, Coking,Processing of Nuclear Fuel	1283838	1064261	219577
化学原料及化学制品制造业	Manufacture of Raw Chemical Materials and Chemical Products	633863	546536	87327
医药制造业	Manufacture of Medicines	462750	419881	42869
化学纤维制造业	Manufacture of Chemical Fibers	31648	31648	
橡胶制品业	Manufacture of Rubber	152966	100784	52183
塑料制品业	Manufacture of Plastics	135685	116297	19388
非金属矿物制品业	Manufacture of Non-Metallic Mineral Products	891255	754059	137197
黑色金属冶炼及压延加工业	Smelting and Pressing of Ferrous Metals	3531536	2716280	815256
有色金属冶炼及压延加工业	Smelting and Pressing of Non-Ferrous Metals	127162	120289	6873
金属制品业	Manufacture of Metal Products	387091	343384	43707
通用设备制造业	Manufacture of General Purpose Machinery	1204564	1057436	147128
专用设备制造业	Manufacture of Special Purpose Machinery	1647006	1481717	165264
交通运输设备制造业	Manufacture of Transport Equipment	2846577	2579410	267168
电气机械及器材制造业	Manufacture of Electrical Machinery and Equipment	550844	478081	72764
通信设备、计算机及其他电子设备制造业	Manufacture of Communication Equipment,Computers and Other Electronic Equipment	3171413	2169300	1002114
仪器仪表及文化、办公用机械制造业	Manufacture of Measuring Instruments and Machinery for Culture Activity and Office Work	419051	383321	35730
工艺品及其他制造业	Manufacture of Artwork and Other Manufacturing	144681	107958	36723
废弃资源和废旧材料回收加工业	Recycling and Disposal of Waste	10846	10846	
电力、热力的生产和供应业	Production and Distribution of Electric Power and Heat Power	10872618	3331236	7541382
燃气生产和供应业	Production and Distribution of Gas	273077	203449	69628
水的生产和供应业	Production and Distribution of Water	836790	255373	581417

10-8 续表2 continued

(10000 yuan)

所有者权益 Owner's Equity	#实收资本 Paid-up Capital	利润及分配 Profits,Loss and Distribution						本年应交增值税 Value Added Tax Payable
		产品销售收入 Sales Revenue of Industrial Products	产品销售成本 Selling Cost of Industrial Products	产品销售费用 Selling Expenses of Industrial Products	产品销售税金及附加 Tax and Surtax on Product Sales	营业利润 Operating Profits	利润总额 Total Profits	
69588681	**37513242**	**38680999**	**34065809**	**925116**	**474789**	**837271**	**2401255**	**1223575**
123662	43791	715730	549814	42678	3252	90590	92737	26201
129074	85000	83945	60750		1144	13870	13986	
35078	7956	55788	33245	872	1287	15444	15046	4617
6105	7846	5633	5625	49	20	-609	-409	174
118180	95542	618224	567621	22714	348	8315	6825	-7508
64031	66200	73820	53411	7180	359	1127	1936	4270
707034	324998	632976	457200	48517	57832	26862	46016	35675
130195	92088	168512	68063	5527	64448	14657	16363	18613
195312	175685	215399	199748	4033	643	-25793	252	6873
31632	28077	44312	39102	1570	128	-110	149	1285
5338	8301	12861	12069	382	1	-691	-347	-13
77910	56565	83328	77025	5083	59	-2878	-1891	1976
22367	15528	60573	47761	6038	214	709	1073	2183
18830	32243	52188	47210	1394	76	-893	-1528	1691
514930	354194	419877	321354	9020	2523	11012	15747	28840
26047	18362	40466	33758	2955	85	-2328	-409	1244
1198621	530043	5705441	5315987	30615	90058	129356	186159	95895
1085718	848294	1261067	1020660	53097	10830	48633	26560	63483
1192153	352270	597121	306316	102765	5184	98794	162045	51428
18097	11200	107006	103522	1711	30	664	618	876
40825	39299	129552	114927	4183	1400	2083	1125	1014
60062	59818	99857	89972	3471	234	-4346	-5807	2268
635970	505986	703298	583027	33088	2132	4335	38830	35525
2491702	1138451	4394840	3966783	43956	20884	104515	124118	153952
103468	91181	307747	287714	4956	418	5160	4918	-1358
305554	208563	346518	303156	11381	1012	-1258	716	4078
448193	383306	825005	702886	23268	1759	-4901	-162	16685
1522801	690385	1633433	1354584	55178	6881	33785	101354	46173
1613663	1162761	5625458	4805019	224832	149970	94816	126608	166792
322218	227212	622008	480191	36231	1480	55013	49326	30054
2445450	1594225	2849472	2572937	103381	8391	-150676	-108506	44196
390733	156865	564140	399018	19433	2742	89974	94882	26696
108926	83067	176919	140339	2415	606	11535	5591	4597
9413	6379	13882	8689	832	28	3398	3599	1336
50704920	25939878	8643693	8182627	6546	34598	195091	1339401	318530
1344852	1004879	532947	483818	3916	2671	14182	60389	24788
1339620	1066808	257966	269881	1853	1062	-42166	-16050	10449

10-9 股份制工业企业主要经济指标(2005年)

单位：万元

项目	Item	企业单位个数(个) Number of Enterprises (Nos.)	#亏损企业 Loss-Suffering Enterprises	工业总产值(当年价格) Gross Output Value of Industry (at current prices)	#新产品产值 Output Value of New Products	工业增加值 Added Value of Industry
合　计	**Total**	**1807**	**399**	**29779704**	**7745639**	**7617785**
在合计中：	**Of the Total:**					
中央企业	Central Enterprises	153	28	12821420	2503385	2493222
地方企业	Local Enterprises	1654	371	16958284	5242254	5124563
在合计中：	**Of the Total:**					
轻工业	Light Industry	609	157	3795797	947113	1038349
重工业	Heavy Industry	1198	242	25983907	6798526	6579436
在合计中：	**Of the Total:**					
大型企业	Large Enterprises	22	6	18778230	3868332	5043456
中型企业	Medium Enterprises	184	35	5070910	1672400	1364309
小型企业	Small Enterprises	1601	358	5930564	2204907	1210020

10-9 续表1 continued

单位：万元

项目	Item	资产负债 Assets and Liabilities			所有者权益 Owner's Equity	#实收资本 Paid-up Capital
		负债总计 Total Liabilities	#流动负债合计 Total Current Liabilities	#长期负债合计 Total Longterm Liabilities		
合　计	**Total**	**21103148**	**15868892**	**5234232**	**22170318**	**14599479**
在合计中：	**Of theTotal:**					
中央企业	Central Enterprises	7512830	5036631	2476199	8851408	6767930
地方企业	Local Enterprises	13590318	10832260	2758033	13318910	7831548
在合计中：	**Of the Total:**					
轻工业	Light Industry	2716533	2351927	364606	3322892	2002066
重工业	Heavy Industry	18386615	13516965	4869626	18847426	12597413
在合计中：	**Of the Total:**					
大型企业	Large Enterprises	11682269	8029870	3652375	13440672	9255911
中型企业	Medium Enterprises	4918421	3714898	1203523	5032239	2852602
小型企业	Small Enterprises	4502458	4124123	378335	3697407	2490966

MAIN INDICATORS FOR SHARE-HOLDING INDUSTRIAL ENTERPRISES (2005年)

(10000 yuan)

工业销售产值(当年价格) Sales Value of Industry (at current price)	#出口交货值 Delivery Value of Exports	全部从业人员年平均人数(人) Average Number of Employed Persons (person)	资产负债 Assets and Liabilities						
			资产总计 Total Assets	流动资产合计 Total Current Assets	流动资产平均余额 Average Value of Working Capitals	长期投资 Longterm Investment	固定资产合计 Total Fixed Assets	固定资产原价合计 Total Original Value of Fixed Assets	固定资产净值年平均余额 Annual Average Balance of Net Value of Fixed Assets
29532803	**1285025**	**466693**	**43273466**	**16827435**	**16272291**	**7199105**	**18090646**	**24985791**	**14259161**
12807349	191052	84227	16364239	4520072	4575985	2988260	8477423	12208329	6777772
16725454	1093973	382466	26909227	12307363	11696305	4210845	9613223	12777462	7481389
3680330	269126	128541	6039425	2829954	2692802	731604	2164571	2864206	1789398
25852473	1015899	338152	37234041	13997482	13579488	6467501	15926075	22121584	12469763
18790010	529599	167200	25122940	7079541	7072242	4353576	13197084	18897968	10502781
4932967	401042	139339	9950660	4619215	4417668	1887621	3145090	3933395	2363512
5809827	354384	160154	8199865	5128679	4782381	957908	1748472	2154428	1392868

10–9 续表2 continued

(10000 yuan)

利润及分配 Profits,Loss and Distribution						本年应交增值税 Value Added Tax Payable
产品销售收入 Sales Revenue of Industrial Products	产品销售成本 Cost of Industrial Products Sold	产品销售费用 Expenses of Industrial Products Sold	产品销售税金及附加 Tax and Extra Charges on Sales of Products	营业利润 Operating Profits	利润总额 Total Profits	
33248754	**29629068**	**821875**	**241191**	**786792**	**1246570**	**957789**
15764630	14658134	124604	126881	393113	692665	384243
17484124	14970933	697270	114310	393678	553905	573545
3833681	3072685	307927	48647	93097	208679	142198
29415073	26556383	513948	192544	693695	1037891	815590
21248367	19653213	194608	156200	495335	750943	573613
5440032	4387768	296692	59635	172861	200441	199832
6560356	5588087	330574	25356	118595	295186	184344

10-10 股份制工业企业主要经济指标(按行业分)(2005年)

单位：万元

项目	Item	企业单位个数(个) Number of Enterprises (Nos.)	#亏损企业 Loss-Suffering Enterprises	工业总产值(当年价格) Gross Output Value of Industry (at current prices)	#新产品产值 Value of New Products
合计	**Total**	**1807**	**399**	**29779704**	**7745639**
煤炭开采和洗选业	Mining and Washing of Coal	7	2	1066515	297458
石油和天然气开采业	Extraction of Petroleum and Natural Gas	1		83945	83945
黑色金属矿采选业	Mining and Processing of Ferrous Metal Ores	2		40200	
有色金属矿采选业	Mining and Processing of Non-Ferrous Metal Ores				
非金属矿采选业	Mining and Processing of Nonmetal Ores	3		5769	
其他采矿业	Mining of Other Ores				
农副食品加工业	Processing of Food from Agriculture Products	70	15	663523	62763
食品制造业	Manufacture of Foods	51	19	350526	38126
饮料制造业	Manufacture of Beverages	19	4	212568	4906
烟草制造业	Manufacture of Tobacco				
纺织业	Manufacture of Textile	51	14	353740	134353
纺织服装、鞋、帽制造业	Manufacture of Textile Wearing Apparel,Footware and Caps	43	17	148994	3189
皮革、毛皮、羽毛(绒)及其制品业	Manufacture of Leather,Furs,Feather(Down) and Related Products	11	1	27912	
木材加工及竹、藤、棕、草制品业	Processing of Timber,Manufacture of Wood,Bamboo, Rattan,Palm and Straw Products	6	1	25661	
家具制造业	Manufacture of Furniture	14	5	69798	4831
造纸及纸制品业	Manufacture of Paper and Paper Products	18	4	46955	
印刷业和记录媒介的复制	Printing,Reproduction of Recording Media	64	15	179988	9469
文教体育用品制造业	Manufacture of Articles For Culture,Education and Sports Activity	7	2	39716	3843
石油加工、炼焦及核燃料加工业	Processing of Petroleum, Coking,Processing of Nuclear Fuel	8	4	5260599	1394370
化学原料及化学制品制造业	Manufacture of Raw Chemical Materials and Chemical Products	139	28	1430807	266723
医药制造业	Manufacture of Medicines	79	16	704988	303232
化学纤维制造业	Manufacture of Chemical Fibers	5		53443	47696
橡胶制品业	Manufacture of Rubber	12	2	126100	10843
塑料制品业	Manufacture of Plastics	68	24	157121	3611
非金属矿物制品业	Manufacture of Non-Metallic Mineral Products	128	28	863006	109185
黑色金属冶炼及压延加工业	Smelting and Pressing of Ferrous Metals	16	4	5103276	1044924
有色金属冶炼及压延加工业	Smelting and Pressing of Non-Ferrous Metals	28	4	242755	134569
金属制品业	Manufacture of Metal Products	86	21	292045	118289
通用设备制造业	Manufacture of General Purpose Machinery	102	19	523949	243386
专用设备制造业	Manufacture of Special Purpose Machinery	159	26	924027	504527
交通运输设备制造业	Manufacture of Transport Equipment	93	25	2150575	801834
电气机械及器材制造业	Manufacture of Electrical Machinery and Equipment	129	23	906626	495727
通信设备、计算机及其他电子设备制造业	Manufacture of Communication Equipment,Computers and Other Electronic Equipment	201	43	1716133	1322636
仪器仪表及文化、办公用机械制造业	Manufacture of Measuring Instruments and Machinery for Culture Activity and Office Work	115	14	524824	259370
工艺品及其他制造业	Manufacture of Artwork and Other Manufacturing	26	4	89691	39003
废弃资源和废旧材料回收加工业	Recycling and Disposal of Waste	1		2893	
电力、热力的生产和供应业	Production and Distribution of Electric Power and Heat Power	30	10	4977063	
燃气生产和供应业	Production and Distribution of Gas	4		159029	2832
水的生产和供应业	Production and Distribution of Water	11	5	254943	

MAIN INDICATORS FOR SHARE-HOLDING INDUSTRIAL ENTERPRISES(BY SECTOR) (2005)

(10000 yuan)

工业增加值 Added Value of Industry	工业销售产值(当年价格) Sales Value of Industry (at current price)	#出口交货值 Delivery Value of Exports	全部从业人员年平均人数(人) Average Number of Employed Persons (person)	资产负债 Assets and Liabilities						
				资产总计 Total Assets	流动资产合计 Total Current Assets	流动资产平均余额 Average Vlue of Assets	长期投资 Longterm Investment	固定资产合计 Total Fixed Assets	固定资产原价合计 Total Original Value of Fixed Assets	固定资产净值年平均余额 Annual Average Balance of Net Value of Fixed Assets
7617785	**29532803**	**1285024**	**466693**	**43273466**	**16827435**	**16272291**	**7199105**	**18090646**	**24985791**	**14259161**
206459	1016617	120723	11753	291424	195678	190991	20001	62022	110168	52550
47083	83945	3704	1063	176116	80244	76431	384	95436	162412	87397
16208	40333		1194	38927	24483	21541		14397	22152	11509
1818	5769		397	6098	3506	3647		2593	3183	2186
97986	637512	4195	11630	370801	202556	193890	13934	142346	160742	115136
84881	355217	20622	13073	427802	214212	201906	35097	119323	149009	108108
77167	198779	11000	5902	292094	171319	164137	35661	76246	104408	62252
85618	326292	57889	16894	457759	297872	278944	48269	100908	167635	88666
31029	145582	97299	13581	127122	69696	60411	2755	47774	38798	27557
4291	28358	15739	1567	30110	18665	18733	625	9575	12754	8978
2069	24761		488	25537	12491	12280		12103	14683	11358
15514	69891	4655	3273	88217	48212	53651	878	36287	40802	18469
12553	45433		2251	50225	31787	26915		15311	24340	16521
51373	173509		10002	324565	132566	122244	15143	168616	243387	153103
10664	38341	11518	3032	89717	41350	40255	3270	40665	37733	28653
680913	5310852	49278	15998	2192382	853293	740800	36220	1101250	2238777	980452
389665	1402143	46440	23011	1757494	778180	727421	140956	688290	1326499	620755
283548	685542	20200	20725	1570104	680620	644428	371540	427453	521386	343395
12338	50220		330	50909	32851	36831	7907	4095	5914	3996
20845	125973	66394	5203	202796	106897	96868	3152	76054	110018	57901
24465	154487	973	7003	200554	123249	118657	10213	59113	91179	56958
193275	850081	11420	25260	1517880	824534	746000	132542	488154	671667	398386
2253022	5077216	276487	60868	5892626	2808896	2590213	927669	2059810	3452889	1574936
38548	246179	26490	3236	231426	159035	128396	17475	47587	58016	39467
73363	280540	53965	13037	485853	297092	289129	40601	132857	134265	94891
128519	503278	97419	17830	830141	482175	467302	109804	213182	280909	167871
261318	884939	105672	27270	2027412	1202537	1114875	345639	395404	472046	314071
212374	2195672	38525	38771	1477409	803337	810681	76205	528382	688558	466312
235356	882511	25413	21286	1230711	894178	858658	107012	184391	252876	136287
287933	1682627	102267	29161	4337617	2363025	2212430	1358774	528371	608900	419299
192255	523121	10476	13248	828750	587159	549087	87227	132557	167237	95987
16707	91935	6263	3364	153839	93310	89485	1339	55011	74229	51024
534	3017		251	1842	569	313		1253	1362	791
1344038	4978305		35437	11863794	1659464	2055898	2501104	7693123	9961440	6001674
152689	158887		4837	1549284	238822	214634	404239	905434	1171065	703259
71368	254943		4467	2074129	293578	314211	343475	1425274	1404352	939007

10-10 续表1 continued

单位：万元

项目	Item	资产负债 Assets and Liabilities 负债总计 Total Liabilities	#流动负债合计 Total Current Liabilities	#长期负债合计 Total Longterm Liabilities
合计	**Total**	**21103148**	**15868892**	**5234232**
煤炭开采和洗选业	Mining and Washing of Coal	135869	128442	7427
石油和天然气开采业	Extraction of Petroleum and Natural Gas	47043	47038	5
黑色金属矿采选业	Mining and Processing of Ferrous Metal Ores	21214	14893	6321
有色金属矿采选业	Mining and Processing of Non-Ferrous Metal Ores			
非金属矿采选业	Mining and Processing of Nonmetal Ores	4979	4979	
其他采矿业	Mining of Other Ores			
农副食品加工业	Processing of Food from Agriculture Products	223322	185738	37584
食品制造业	Manufacture of Foods	275362	210273	65089
饮料制造业	Manufacture of Beverages	151733	144667	7065
烟草制造业	Manufacture of Tobacco			
纺织业	Manufacture of Textile	282701	265751	16950
纺织服装、鞋、帽制造业	Manufacture of Textile Wearing Apparel,Footware and Caps	93640	87722	5918
皮革、毛皮、羽毛(绒)及其制品业	Manufacture of Leather,Furs,Feather(Down) and Related Products	20158	18473	1686
木材加工及竹、藤、棕、草制品业	Processing of Timber,Manufacture of Wood,Bamboo, Rattan,Palm and Straw Products	7621	7602	19
家具制造业	Manufacture of Furniture	54388	52872	1516
造纸及纸制品业	Manufacture of Paper and Paper Products	35125	32006	3119
印刷业和记录媒介的复制	Printing,Reproduction of Recording Media	179766	145250	34516
文教体育用品制造业	Manufacture of Articles For Culture,Education and Sports Activity	61592	57997	3595
石油加工、炼焦及核燃料加工业	Processing of Petroleum, Coking,Processing of Nuclear Fuel	1142517	973000	169517
化学原料及化学制品制造业	Manufacture of Raw Chemical Materials and Chemical Products	648028	559955	88074
医药制造业	Manufacture of Medicines	498231	454494	43738
化学纤维制造业	Manufacture of Chemical Fibers	31882	31882	
橡胶制品业	Manufacture of Rubber	156929	104738	52191
塑料制品业	Manufacture of Plastics	124595	121747	2847
非金属矿物制品业	Manufacture of Non-Metallic Mineral Products	877301	776756	100545
黑色金属冶炼及压延加工业	Smelting and Pressing of Ferrous Metals	3454357	2649409	804948
有色金属冶炼及压延加工业	Smelting and Pressing of Non-Ferrous Metals	111356	106047	5309
金属制品业	Manufacture of Metal Products	268254	245351	22903
通用设备制造业	Manufacture of General Purpose Machinery	434269	370576	63692
专用设备制造业	Manufacture of Special Purpose Machinery	991744	855797	135923
交通运输设备制造业	Manufacture of Transport Equipment	998814	887157	111656
电气机械及器材制造业	Manufacture of Electrical Machinery and Equipment	766552	741980	24572
通信设备、计算机及其他电子设备制造业	Manufacture of Communication Equipment,Computers and Other Electronic Equipment	2227146	1936479	290667
仪器仪表及文化、办公用机械制造业	Manufacture of Measuring Instruments and Machinery for Culture Activity and Office Work	430454	393575	36879
工艺品及其他制造业	Manufacture of Artwork and Other Manufacturing	70077	65566	4511
废弃资源和废旧材料回收加工业	Recycling and Disposal of Waste	1258	1258	
电力、热力的生产和供应业	Production and Distribution of Electric Power and Heat Power	5208080	2765745	2442334
燃气生产和供应业	Production and Distribution of Gas	265263	196036	69227
水的生产和供应业	Production and Distribution of Water	801531	227641	573890

10-10 续表2 continued

(10000 yuan)

所有者权益 Owner's Equity	#实收资本 Paid-up Capital	利润及分配 Profits,Loss and Distribution 产品销售收入 Sales Revenue of Industrial Products	产品销售成本 Cost of Industrial Products Sold	产品销售费用 Expenses of Industrial Products Sold	产品销售税金及附加 Tax and Extra Charges on Sales of Products	营业利润 Operating Profits	利润总额 Total Profits	应交增值税 Value Added Tax Payable
22170318	**14599479**	**33248754**	**29629068**	**821875**	**241191**	**786792**	**1246570**	**957789**
155555	65436	1059128	871025	47260	3944	103738	106485	**31102**
129074	85000	83945	60750		1144	13870	13986	
17713	3903	40143	24728	1722	714	9760	9718	2761
1119	1086	5779	4836	325	43	167	322	243
147478	81349	681055	620697	34578	446	6108	14333	1805
152440	81024	347905	280327	40439	1020	5375	153	10673
140362	65480	211366	137303	20098	29263	6331	12327	12026
175058	146657	331789	287597	19406	812	-3735	11401	8709
33481	31715	149576	133746	4392	1067	-493	-566	3226
9951	11979	28907	26175	915	27	-207	168	303
17916	688	26045	24387	656	32	77	90	361
33829	22370	83099	67221	8275	261	1537	2220	2771
15101	26594	45437	42496	1120	114	-611	-345	1099
144799	118434	181932	156338	4383	776	-1639	1537	8579
28125	17436	45200	37417	3029	117	-1566	484	1375
1049865	423902	5311118	4953827	13212	89005	141307	183203	84487
1109465	851433	1469481	1213835	60097	11101	55184	34763	64803
1071873	393476	691114	381310	109101	5456	103112	152890	52545
19027	12088	107878	104302	1711	31	671	626	891
45868	40603	133150	118033	3951	1429	2027	1083	1152
75960	64414	175711	160368	4788	433	-1150	-2217	4010
640579	445113	832747	719934	32002	2560	7369	47027	26671
2438269	1089820	4308782	3881743	44145	20979	105976	127862	154816
120070	104165	325467	306728	2794	414	5241	5410	1750
217599	103494	317636	274145	10139	1179	9547	11829	4997
395872	280292	536932	432872	26914	2753	24034	22584	17961
1035668	562473	932308	710436	44594	5986	43990	98826	33986
478595	290067	2218970	2007427	77082	9943	-17924	-21064	38476
464159	335561	942409	789273	55776	3184	21705	35521	30292
2110471	1101761	2402503	2127918	117037	11067	-91534	-77076	58453
398296	171139	581172	419221	23251	3419	79548	91683	28569
83763	67437	107968	87356	3279	591	5237	5815	5259
584	500	3343	2564	394	23	166	165	223
6655714	5540164	7791274	7483721	433	28235	147478	310651	227021
1284021	933468	503067	425048	3916	2670	48398	60664	27031
1272599	1028959	234419	253967	665	952	-42300	-15986	9364

10-11 港澳台及外商投资工业企业主要经济指标(2005年)

单位：万元

项目	Item	企业单位个数(个) Number of Enterprises (Nos.)	#亏损企业 LosSuffering Enterprises	工业总产值(当年价格) Gross Output Value of Industry (at current prices)	#新产品产值 Value of New Products	工业增加值 Added Value of Industry
合　计	**Total**	**1319**	**384**	**30812398**	**8901938**	**6115641**
在合计中:	**Of the Total:**					
中央企业	Central Enterprises	54	13	1134240	178542	394236
地方企业	Local Enterprises	1265	371	29678158	8723396	5721405
在合计中:	**Of the Total:**					
轻工业	Light Industry	556	189	4957864	361003	1502397
重工业	Heavy Industry	763	195	25854534	8540934	4613244
在合计中:	**Of the Total:**					
大型企业	Large Enterprises	17	3	15580239	6545363	2400398
中型企业	Medium Enterprises	172	39	8999691	1179196	2142998
小型企业	Small Enterprises	1130	342	6232467	1177379	1572246

10-11 续表1 continued

单位：万元

项目	Item	资产负债 Assets and Liabilities			所有者权益 Owner's Equity	#实收资本 Paid-up Capital
		负债总计 Total Liabilities	#流动负债合计 Total Current Liabilities	长期负债合计 Total Longterm Liabilities		
合　计	**Total**	**13009542**	**11061942**	**1947600**	**10016016**	**7935819**
在合计中:	**Of the Total:**					
中央企业	Central Enterprises	1018190	537089	481101	930392	650179
地方企业	Local Enterprises	11991352	10524853	1466499	9085624	7285640
在合计中:	**Of the Total:**					
轻工业	Light Industry	2561655	2341633	220022	2029894	2170179
重工业	Heavy Industry	10447887	8720309	1727578	7986122	5765640
在合计中:	**Of the Total:**					
大型企业	Large Enterprises	5042386	4025897	1016490	2962901	1821799
中型企业	Medium Enterprises	4329225	3684007	645219	4051352	3612427
小型企业	Small Enterprises	3637930	3352039	285892	3001763	2501593

MAIN INDICATORS FOR INDUSTRIAL ENTERPRISES FROM HONGKONG, MACAO, TAIWAN AND FOREIGN FUNDED (2005)

(10000 yuan)

工业销售产值(当年价格) Sales Value of Industry (at current price)	#出口交货值 Delivery Value of Exports	全部从业人员年平均人数(人) Average Number of Employed Persons (person)	资产负债 Assets and Liabilities						
			资产总计 Total Assets	流动资产合计 Total Current Assets	流动资产平均余额 Average Value of Current Assets	长期投资 Longterm Investment	固定资产合计 Total Fixed Assets	固定资产原价合计 Total Original Value of Fixed Assets	固定资产净值年平均余额 Annual Average Balance of Net Value of Fixed Assets
29816009	**9636231**	**310155**	**23025558**	**14179718**	**12871278**	**538512**	**7542639**	**10441561**	**5838112**
1132053	122990	14871	1948581	732871	702170	206328	973574	1608096	909982
28683956	9513241	295284	21076976	13446847	12169108	332184	6569065	8833465	4928130
4773843	1109467	134380	4591549	2671537	2524124	93898	1554410	2365648	1427910
25042166	8526764	175775	18434009	11508180	10347155	444614	5988229	8075913	4410202
14919938	6254645	61294	8005287	5055911	4408555	146940	2604679	3477375	1830299
8694700	2521904	124511	8380577	4668029	4328278	312647	3122194	4414849	2422774
6201371	859683	124350	6639693	4455778	4134446	78924	1815767	2549336	1585040

10-11 续表2 continued

(10000 yuan)

利润及分配 Profits,Loss and Distribution						本年应交增值税 Value Added Tax Payable
产品销售收入 Sales Revenue of Industrial Products	产品销售成本 Cost of Industrial Products Sold	产品销售费用 Expenses of Industrial Products Sold	产品销售税金及附加 Tax and Extra Charges on Sales of Products	营业利润 Operating Profits	利润总额 Total Profits	
30534388	**26009047**	**1539676**	**174466**	**1527411**	**1678151**	**678392**
1205398	936973	21872	4680	119423	174417	69647
29328990	25072075	1517804	169786	1407989	1503734	608745
4791297	3367326	736323	23216	287081	299311	221587
25743091	22641721	803353	151250	1240330	1378840	456804
15428748	13957983	435090	157538	606594	671137	210130
8631110	6864786	693456	12751	484394	556797	256501
6474530	5186279	411131	4177	436424	450218	211760

10-12 港澳台及外商投资工业企业主要经济指标(按行业分)(2005年)

单位：万元

项目	Item	企业单位个数(个) Number of Enterprises (Nos.)	#亏损企业 Loss-Suffering Enterprises	工业总产值(当年价格) Gross Output Value of Industry (at current prices)	#新产品产值 Value of New Products
合　计	**Total**	**1319**	**384**	**30812398**	**8901938**
煤炭开采和洗选业	Mining and Washing of Coal				
石油和天然气开采业	Extraction of Petroleum and Natural Gas				
黑色金属矿采选业	Mining and Processing of Ferrous Metal Ores				
有色金属矿采选业	Mining and Processing of Non-Ferrous Metal Ores				
非金属矿采选业	Mining and Processing of Nonmetal Ores				
其他采矿业	Mining of Other Ores				
农副食品加工业	Processing of Food from Agriculture Products	40	9	355220	16
食品制造业	Manufacture of Foods	62	23	868473	9194
饮料制造业	Manufacture of Beverages	28	13	526146	411
烟草制造业	Manufacture of Tobacco				
纺织业	Manufacture of Textile	46	13	211171	13738
纺织服装、鞋、帽制造业	Manufacture of Textile Wearing Apparel,Footware and Caps	76	36	329673	3390
皮革、毛皮、羽毛(绒)及其制品业	Manufacture of Leather,Furs,Feather(Down) and Related Products	14	4	20592	402
木材加工及竹、藤、棕、草制品业	Processing of Timber,Manufacture of Wood,Bamboo, Rattan,Palm and Straw Products	5	3	58082	
家具制造业	Manufacture of Furniture	35	8	129139	3454
造纸及纸制品业	Manufacture of Paper and Paper Products	19	8	252318	52
印刷业和记录媒介的复制	Printing,Reproduction of Recording Media	35	18	164995	17736
文教体育用品制造业	Manufacture of Articles For Culture,Education and Sports Activity	22	5	74461	4929
石油加工、炼焦及核燃料加工业	Processing of Petroleum, Coking,Processing of Nuclear Fuel	8	3	233389	69067
化学原料及化学制品制造业	Manufacture of Raw Chemical Materials and Chemical Products	70	18	499950	11667
医药制造业	Manufacture of Medicines	32	11	465355	53122
化学纤维制造业	Manufacture of Chemical Fibers	2		5996	
橡胶制品业	Manufacture of Rubber	8		49763	8985
塑料制品业	Manufacture of Plastics	49	15	208640	20080
非金属矿物制品业	Manufacture of Non-Metallic Mineral Products	69	18	414554	42836
黑色金属冶炼及压延加工业	Smelting and Pressing of Ferrous Metals	6	1	187817	1457
有色金属冶炼及压延加工业	Smelting and Pressing of Non-Ferrous Metals	8	1	65335	10309
金属制品业	Manufacture of Metal Products	60	22	522560	63660
通用设备制造业	Manufacture of General Purpose Machinery	98	24	1270888	99967
专用设备制造业	Manufacture of Special Purpose Machinery	108	15	734009	142625
交通运输设备制造业	Manufacture of Transport Equipment	89	24	5206795	322606
电气机械及器材制造业	Manufacture of Electrical Machinery and Equipment	62	19	996280	181986
通信设备、计算机及其他电子设备制造业	Manufacture of Communication Equipment,Computers and Other Electronic Equipment	154	51	15617754	7569922
仪器仪表及文化、办公用机械制造业	Manufacture of Measuring Instruments and Machinery for Culture Activity and Office Work	76	13	791340	249584
工艺品及其他制造业	Manufacture of Artwork and Other Manufacturing	25	4	73214	744
废弃资源和废旧材料回收加工业	Recycling and Disposal of Waste	3		11028	
电力、热力的生产和供应业	Production and Distribution of Electric Power and Heat Power	4		460207	
燃气生产和供应业	Production and Distribution of Gas	5	5	6370	
水的生产和供应业	Production and Distribution of Water	1		882	

MAIN INDICATORS FOR INDUSTRIAL ENTERPRISES FROM HONGKONG, MACAO, TAIWAN AND FOREIGN FUNDED(BY SECTOR) (2005)

(10000 yuan)

工 业 增加值 Added Value of Industry	工 业 销售产值 (当年价格) Sales Value of Industry (at current price)	#出 口 交货值 Delivery Value of Exports	全部从业人员年平均人数 (人) Average Number of Employed Persons (person)	资产负债 Assets and Liabilities: 资 产 总 计 Total Assets	流动资产合 计 Total Current Assets	流动资产平均余额 Average Value of Current Assets	长 期 投 资 Longterm Investment	固 定 资 产 合 计 Total Fixed Assets	固定资产原价合计 Total Original Value of Fixed Assets	固定资产净 值 年平均余额 Annual Average Balance of Net Value of Fixed Assets
6115641	**29816009**	**9636231**	**310155**	**23025558**	**14179718**	**12871278**	**538512**	**7542639**	**10441561**	**5838112**
71101	334014	93681	11905	217006	117063	113752	577	83114	138876	72069
329719	843042	60349	17361	772659	363990	345939	36235	340123	543604	305616
182556	508070	2998	9695	656809	303495	293079	37210	243151	364282	235132
57754	199396	102489	8581	192037	122263	119136	2649	62619	101399	57355
97691	312225	189660	32737	258996	172417	169523	3761	72617	110619	66215
3237	21162	12538	1220	13638	11570	11223	28	1744	3498	1267
7498	58662	12820	1106	142354	50745	49838		75228	98975	67116
26886	124848	64220	7027	108876	76364	63380	132	29436	43607	26594
79088	241291	5452	3055	183133	99230	84907	495	76879	93440	74318
59184	168306	1854	4521	286132	150827	137603	4723	120943	196950	116576
25292	76017	48594	4273	65372	52677	44095		10403	13160	7319
43336	233762		1931	120410	91758	75523	9962	17759	18817	13651
161290	490420	29206	8503	507254	305651	283755	2832	177607	273184	170988
161978	452760	16434	8278	470675	291161	271049	996	140992	194983	134276
1009	5346	2303	78	2913	2456	2553		456	758	395
9964	49424	16016	2049	48952	24510	24248		24279	28297	14786
60854	209856	34684	5553	264688	130628	120201	1852	119169	184624	106477
128709	409653	81390	11205	638747	325838	300782	4911	277292	398555	245254
7871	185396	3168	1119	163640	111176	99556		44600	53312	26614
9070	60603	2231	3112	60110	41089	39233		17714	30068	16652
95906	510152	60314	8645	546031	287415	278260	8840	221476	310458	172391
274372	1262642	279288	18116	1432636	1049273	975136	2792	333511	433381	240410
193376	714562	182236	15589	1258516	863141	807931	133012	174896	264945	163491
950830	5144429	69654	27467	3290350	2058428	1690524	25312	1149552	1190653	731800
317598	960233	152597	11733	823974	625164	590337	1115	170008	264293	143216
2298833	14945559	7903562	71389	8666705	5764923	5236291	67594	2645292	3606443	1779052
204406	750666	189771	7213	597769	517424	472130	6734	59586	108976	55561
26831	65747	18722	2635	68222	46806	42559		18182	24121	16224
5773	11189		127	18392	10273	7855		8117	9458	8499
222725	460207		3743	1111351	102752	111881	183855	801666	1315853	748982
292	6370		164	31100	8151	8118	2895	19235	16239	15660
614			25	6110	1061	884		4992	5733	4160

10-12 续表1 continued

单位：万元

项 目	Item	资产负债 Assets and Liabilities 负债总计 Total Liabilities	#流动负债合计 Total Current Liabilities	#长期负债合计 Total Longterm Liabilities
合 计	**Total**	**13009542**	**11061942**	**1947600**
煤炭开采和洗选业	Mining and Washing of Coal			
石油和天然气开采业	Extraction of Petroleum and Natural Gas			
黑色金属矿采选业	Mining and Processing of Ferrous Metal Ores			
有色金属矿采选业	Mining and Processing of Non-Ferrous Metal Ores			
非金属矿采选业	Mining and Processing of Nonmetal Ores			
其他采矿业	Mining of Other Ores			
农副食品加工业	Processing of Food from Agriculture Products	116048	106519	9529
食品制造业	Manufacture of Foods	472319	408569	63750
饮料制造业	Manufacture of Beverages	457464	438595	18869
烟草制造业	Manufacture of Tobacco			
纺织业	Manufacture of Textile	107722	99502	8220
纺织服装、鞋、帽制造业	Manufacture of Textile Wearing Apparel,Footware and Caps	162402	150024	12378
皮革、毛皮、羽毛(绒)及其制品业	Manufacture of Leather,Furs,Feather(Down) and Related Products	9734	8994	740
木材加工及竹、藤、棕、草制品业	Processing of Timber,Manufacture of Wood,Bamboo, Rattan,Palm and Straw Products	73776	40555	33221
家具制造业	Manufacture of Furniture	73627	72614	1013
造纸及纸制品业	Manufacture of Paper and Paper Products	96010	92979	3031
印刷业和记录媒介的复制	Printing,Reproduction of Recording Media	112798	80010	32787
文教体育用品制造业	Manufacture of Articles For Culture,Education and Sports Activity	39272	37065	2207
石油加工、炼焦及核燃料加工业	Processing of Petroleum, Coking,Processing of Nuclear Fuel	66143	60493	5650
化学原料及化学制品制造业	Manufacture of Raw Chemical Materials and Chemical Products	211946	203104	8842
医药制造业	Manufacture of Medicines	253020	232018	21003
化学纤维制造业	Manufacture of Chemical Fibers	2212	2212	
橡胶制品业	Manufacture of Rubber	21444	20244	1200
塑料制品业	Manufacture of Plastics	136335	117973	18362
非金属矿物制品业	Manufacture of Non-Metallic Mineral Products	344520	310077	34443
黑色金属冶炼及压延加工业	Smelting and Pressing of Ferrous Metals	126408	91197	35211
有色金属冶炼及压延加工业	Smelting and Pressing of Non-Ferrous Metals	36398	32290	4108
金属制品业	Manufacture of Metal Products	280819	246293	34526
通用设备制造业	Manufacture of General Purpose Machinery	699935	690454	9481
专用设备制造业	Manufacture of Special Purpose Machinery	655854	627950	27904
交通运输设备制造业	Manufacture of Transport Equipment	1898138	1766356	131783
电气机械及器材制造业	Manufacture of Electrical Machinery and Equipment	393071	375368	17702
通信设备、计算机及其他电子设备制造业	Manufacture of Communication Equipment,Computers and Other Electronic Equipment	5217160	4269439	947722
仪器仪表及文化、办公用机械制造业	Manufacture of Measuring Instruments and Machinery for Culture Activity and Office Work	308375	304621	3753
工艺品及其他制造业	Manufacture of Artwork and Other Manufacturing	35268	30498	4769
废弃资源和废旧材料回收加工业	Recycling and Disposal of Waste	9475	9475	
电力、热力的生产和供应业	Production and Distribution of Electric Power and Heat Powe	570761	115363	455398
燃气生产和供应业	Production and Distribution of Gas	20642	20642	
水的生产和供应业	Production and Distribution of Water	449	449	

10-12 续表2 continued

(10000 yuan)

所有者权益 Owner's Equity	#实收资本 Paid-up Capital	利润及分配 Profits,Loss and Distribution 产品销售收入 Sales Revenue of Industrial Products	产品销售成本 Cost of Industrial Products Sold	产品销售费用 Expenses of Industrial Products Sold	产品销售税金及附加 Tax and Extra Charges on Sales of Products	营业利润 Operating Profits	利润总额 Total Profits	本年应交增值税 Value Added Tax Payable
10016016	**7935819**	**30534388**	**26009047**	**1539676**	**174466**	**1527411**	**1678151**	**678392**
100959	118094	346873	301506	18293	33	8964	8824	
300340	585764	819653	464962	244734	159	19080	22525	65885
199345	344491	484202	313250	93747	11683	31058	38433	29461
84316	111282	199628	167320	12453	1	5192	5721	1738
96594	88107	320219	251091	30823	35	5494	5263	4835
3905	4886	22873	19454	941	1	565	545	328
68577	56733	59605	57328	4420		-5539	-4621	1375
35249	35063	124828	100224	11613	30	2447	2525	3542
87123	58796	251996	190560	10675	3	39165	38859	17249
173335	134544	175985	132642	6542		17732	17490	10637
26100	15512	73664	61603	2892	1	2936	2918	1018
54267	14098	234929	189606	21197	42	18742	19152	6179
295309	216089	542996	352188	81863	11164	59625	60996	35168
217655	194618	451213	212094	170034	15	36508	35632	40999
700	770	5327	4939	120		10	10	103
27508	19709	49810	41273	1447		2851	2846	1270
128353	123120	213111	173204	7929	5	16682	17018	8127
294228	384327	406438	322930	19533	10	19996	24547	19150
37232	52575	185442	176410	604	41	2089	2623	
23712	15864	64064	57897	724	648	1104	1120	1098
265212	249324	545390	464654	25951	172	25103	27582	12119
732701	612468	1279236	1061871	50569	-11	96475	102362	24624
602662	248179	1021728	818729	45528	1327	74461	89011	26994
1392211	1101162	5169021	4444024	173628	145735	205596	259199	149605
430904	244169	982037	724871	56026	240	152224	152290	39389
3449545	2299464	15208845	13916456	395071	1657	525150	552273	107504
289395	152564	746266	581294	48715	234	77051	75109	27118
32954	18277	69218	52179	2695	70	8647	8520	1393
8917	6177	11218	6930	438		3194	3390	1098
540590	413649	460588	340604		1173	75562	106847	46703
10458	10970	6936	6412	472	3	-1194	-1298	189
5661	4975	1049	546			442	439	

10-13 大中型工业企业主要经济指标

单位：万元

项目	Item	企业单位个数(个) Number of Enterprises (Nos.)	#亏损企业 Loss-Suffering Enterprises	工业总产值(当年价格) Gross Output Value of Industry (at current prices)	#新产品产值 Value of New Products	工业增加值 Added Value of Industry
合　计	**Total**	**540**	**107**	**52421197**	**13575241**	**12349148**
在合计中:	**Of the Total:**					
中央工业	Central Industry	92	13	14683100	2121350	3586289
地方工业	Local Industry	448	94	37738097	11453891	8762859
在合计中:	**Of the Total:**					
内资企业	Domestic Funded Enterprises	351	65	27841267	5850683	7805753
国有企业	State-Owned Enterprises	81	16	3138962	121633	1119946
集体企业	Collective Owned Enterprises	12		140927		62104
股份合作企业	Cooperative Enterprises	10	2	121995	34409	29314
联营企业	Joint Owned Enterprises	3	1	9184		4013
有限责任公司	Limited Liability Corporations	144	32	16192988	2437525	5136093
股份有限公司	Share Holding Corporations Ltd.	62	9	7656152	3103207	1271672
私营企业	Private Enterprises	39	5	581059	153908	182610
港澳台商投资企业	Enterprises with Funds from Hongkong,Macao and Taiwan	41	10	3464945	2053302	783330
港澳台合资经营	Joint Venture	25	6	1089078	79055	321357
港澳台合作经营	Cooperative					
港澳台商独资企业	Hongkong,Macao and Taiwan Enterprises	15	4	2240860	1930860	430396
港澳台商投资股份有限公司	Hongkong,Macao and Taiwan Funded Share Holding Corporations	1		135007	43387	31577
外商投资企业	Foreign Funded Enterprises	148	32	21114985	5671257	3760065
中外合资经营	Joint Venture	76	15	15323639	4909391	2442408
中外合作经营	Cooperative	6	1	239895	20772	60274
外资(独资)企业	Foreign Enterprises	59	14	5036134	707992	1101482
外商投资股份有限公司	Foreign Funded Share Holding Corporations	7	2	515318	33102	155901
在合计中:	**Of the Total:**					
农村企业	Rural Enterprises	27	4	361705	21608	94987
在合计中:	**Of the Total:**					
轻工业	Light Industry	204	42	6308934	745229	1985202
重工业	Heavy Industry	336	65	46112263	12830012	10363946
在合计中:	**Of the Total:**					
大型企业	Large Enterprises	46	9	35234181	10421081	7682171
中型企业	Medium Enterprises	494	98	17187016	3154161	4666978

MAIN INDICATORS FOR LOCAL LARGE AND MEDIUM INDUSTRIAL ENTERPRISES

(10000 yuan)

工业销售产值(当年价格) Sales Value of Industry (at current price)	#出口交货值 Delivery Value of Exports	全部从业人员年平均人数(人) Average Number of Employed Persons (person)	资产负债 Assets and Liabilities						
			资产总计 Total Assets	流动资产合计 Total Current Assets	流动资产平均余额 Average Value of Current Assets	长期投资 Total Longterm Investment	固定资产合计 Total Fixed Assets	固定资产原价合计 Total Original Value of Fixed Assets	固定资产净值年平均余额 Annual Average Balance of Net Value of Fixed Assets
51236543	**9904202**	**618361**	**105893553**	**25484157**	**24113551**	**48679695**	**27329081**	**36779077**	**21062751**
14642602	305087	133525	67212938	6278816	6320576	44117620	13367203	17874001	10479049
36593941	9599116	484836	38680615	19205341	17792975	4562074	13961878	18905076	10583702
27621905	1127654	432556	89507689	15760217	15376719	48220107	21602209	28886853	16809679
3074845	85374	85392	53168759	3338060	3209035	41892003	4853470	5541292	3611581
136620	3387	8124	159562	95991	90450	9197	50631	81025	35158
121531	36054	7493	145131	88078	79177	5053	46009	57719	35934
9262	4003	3267	73249	35471	35370	12615	22287	35571	21425
16143163	536607	208615	27823009	8176766	8087802	4758576	14218216	19722114	11161394
7579813	394034	97924	7250592	3521990	3402108	1482622	2123958	3109249	1704899
556670	68196	21741	887387	503860	472779	60043	287638	339884	239289
3141733	376064	46436	2852763	1803397	1727556	154082	810165	1366274	775025
1027599	213380	25562	1042132	424757	394189	6195	579528	1026454	573926
1979748	144166	14690	1343045	1115172	1074329	25133	184794	243151	154604
134386	18518	6184	467586	263469	259039	122753	45843	96668	46495
20472905	8400485	139369	13533101	7920543	7009276	305506	4916708	6525950	3478047
14849520	6736875	72790	8106270	5246138	4686208	58452	2536378	3601499	1776655
232112	47225	4662	181689	118224	107123	4841	47769	88921	40834
4861635	1543155	50283	4183558	2247455	1909902	13094	1847496	2152754	1236156
529638	73230	11634	1061585	308726	306044	229118	485065	682776	424402
339678	103507	26456	373495	235922	226168	15397	112170	156182	83661
6105700	919639	176794	7994883	3673110	3507890	916421	3098166	4487816	2657247
45130843	8984564	441567	97898670	21811047	20605661	47763274	24230915	32291261	18405504
34561985	6825683	258787	34680244	12747946	12061247	4916711	16318505	23282530	12782261
16674558	3078520	359574	71213309	12736211	12052304	43762983	11010576	13496547	8280490

10-13 续表1 continued

单位：万元

项目	Item	资产负债 Assets and Liabilities 负债总计 Total Liabilities	#流动负债合计 Total Current Liabilities	#长期负债合计 Total Longterm Liabilities	所有者权益 Owner's Equity	#实收资本 Paid-up Capital
合计	**Total**	**34099041**	**22650645**	**11448371**	**71794512**	**38906967**
在合计中:	**Of the Total:**					
中央工业	Central Industry	13868227	6244844	7623383	53344710	27506764
地方工业	Local Industry	20230813	16405801	3824988	18449802	11400203
在合计中:	**Of the Total:**					
内资企业	Domestic Funded Enterprises	24727429	14940742	9786663	64780260	33472741
国有企业	State-Owned Enterprises	7446219	2585552	4860667	45722541	21142187
集体企业	Collective Owned Enterprises	81214	72742	8472	78349	18882
股份合作企业	Cooperative Enterprises	98958	83187	15772	46173	21640
联营企业	Joint Owned Enterprises	58803	41203	17600	14446	9215
有限责任公司	Limited Liability Corporations	12878792	8630441	4248351	14944217	10837621
股份有限公司	Share Holding Corporations Ltd.	3721898	3114327	607547	3528694	1270893
私营企业	Private Enterprises	441546	413290	28256	445841	172305
港澳台商投资企业	Enterprises with Funds from Hongkong,Macao and Taiwan	1733005	1351308	381697	1119758	626430
港澳台合资经营	Joint Venture	680173	331004	349169	361959	398289
港澳台合作经营	Cooperative					
港澳台商独资企业	Hongkong,Macao and Taiwan Enterprises	852184	828362	23822	490861	167761
港澳台商投资股份有限公司	Hongkong,Macao and Taiwan Funded Share Holding Corporations	200648	191942	8706	266938	60380
外商投资企业	Foreign Funded Enterprises	7638607	6358595	1280011	5894494	4807796
中外合资经营	Joint Venture	4920233	4149381	770853	3186036	2492941
中外合作经营	Cooperative	90693	88293	2400	90996	67758
外资(独资)企业	Foreign Enterprises	2108575	1744298	364276	2074983	1846541
外商投资股份有限公司	Foreign Funded Share Holding Corporations	519106	376624	142482	542479	400555
在合计中:	**Of the Total:**					
农村企业	Rural Enterprises	250199	216873	33326	123296	62326
在合计中:	**Of the Total:**					
轻工业	Light Industry	3751084	3173695	577389	4243799	2900733
重工业	Heavy Industry	30347957	19476950	10870982	67550713	36006234
在合计中:	**Of the Total:**					
大型企业	Large Enterprises	17467458	12606297	4861137	17212786	11444304
中型企业	Medium Enterprises	16631583	10044348	6587234	54581727	27462663

10-13 续表2 continued

(10000 yuan)

利润及分配 Profits,Loss and Distribution						本年应交增值税 Value Added Tax Payable
产品销售收入 Sales Revenue of Industrial Products	产品销售成本 Cost of Industrial Products Sold	产品销售费用 Expenses of Industrial Products Sold	产品销售税金及附加 Tax and Extra Charges on Sales of Products	营业利润 Operating Profits	利润总额 Total Profits	
54779267	**48083884**	**1768503**	**494529**	**1872125**	**3313095**	**1442654**
17454127	15796252	109520	201687	616181	1785292	525302
37325140	32287632	1658983	292842	1255944	1527803	917352
30719409	27261115	639958	324239	781137	2085162	976022
3180459	2567228	79692	104733	65596	1079646	169441
140581	100078	6362	925	20714	21822	7725
110355	93499	5233	282	2479	3783	3624
27065	24668	791	83	-3831	-5202	956
18569158	16791866	217147	92148	610144	897549	601617
8119241	7249115	274153	123687	58053	53835	171828
572552	434661	56579	2381	27983	33729	20832
3822900	3226895	295671	4660	144391	173564	100995
1007728	816746	48108	3674	77192	80990	30847
2487434	2107465	241655	676	63705	77038	62288
327739	302684	5908	310	3493	15536	7861
20236958	17595873	832875	165629	946597	1054369	365637
14786288	13139797	453432	162589	621096	680096	237017
233516	135943	66447		9085	8291	15456
4627183	3845705	274047	1766	301928	312837	73274
589971	474428	38948	1274	14489	53145	39890
350930	282159	21464	1449	19920	23167	7961
6088630	4354233	794990	156048	274194	387128	296635
48690637	43729651	973513	338480	1597931	2925967	1146019
37571751	34338871	653279	341551	1117016	1469123	822103
17207517	13745013	1115225	152978	755109	1843972	620551

10-14 大中型工业企业主要经济指标(按行业分)(2005年)

单位：万元

项目	Item	企业单位个数(个) Number of Enterprises (Nos.)	#亏损企业 Loss-Suffering Enterprises	工业总产值(当年价格) Gross Output Value of Industry (at current prices)	#新产品产值 Value of New Products
合　计	**Total**	**540**	**107**	**52421197**	**13575241**
煤炭开采和洗选业	Mining and Washing of Coal	3		226695	
石油和天然气开采业	Extraction of Petroleum and Natural Gas	1		83945	83945
黑色金属矿采选业	Mining and Processing of Ferrous Metal Ores	4		96620	
有色金属矿采选业	Mining and Processing of Non-Ferrous Metal Ores				
非金属矿采选业	Mining and Processing of Nonmetal Ores				
其他采矿业	Mining of Other Ores				
农副食品加工业	Processing of Food from Agriculture Products	18		688558	1292
食品制造业	Manufacture of Foods	28	9	911578	1357
饮料制造业	Manufacture of Beverages	15	4	912914	3919
烟草制造业	Manufacture of Tobacco	1		168144	1655
纺织业	Manufacture of Textile	18	7	343345	138429
纺织服装、鞋、帽制造业	Manufacture of Textile Wearing Apparel,Footware and Caps	32	8	368837	20918
皮革、毛皮、羽毛(绒)及其制品业	Manufacture of Leather,Furs,Feather(Down) and Related Products	1		8720	
木材加工及竹、藤、棕、草制品业	Processing of Timber,Manufacture of Wood,Bamboo, Rattan,Palm and Straw Products	2		22932	
家具制造业	Manufacture of Furniture	9	2	126856	4831
造纸及纸制品业	Manufacture of Paper and Paper Products	3	1	33589	
印刷业和记录媒介的复制	Printing,Reproduction of Recording Media	25	4	309507	
文教体育用品制造业	Manufacture of Articles For Culture,Education and Sports Activity	3	1	53831	6527
石油加工、炼焦及核燃料加工业	Processing of Petroleum, Coking, Processing of Nuclear Fuel	7	2	5848628	1459219
化学原料及化学制品制造业	Manufacture of Raw Chemical Materials and Chemical Products	14	2	1246531	152388
医药制造业	Manufacture of Medicines	22	2	800619	227831
化学纤维制造业	Manufacture of Chemical Fibers				
橡胶制品业	Manufacture of Rubber	3	1	111324	8985
塑料制品业	Manufacture of Plastics	6	2	69813	
非金属矿物制品业	Manufacture of Non-Metallic Mineral Products	40	5	671037	123659
黑色金属冶炼及压延加工业	Smelting and Pressing of Ferrous Metals	8	1	5136329	1017378
有色金属冶炼及压延加工业	Smelting and Pressing of Non-Ferrous Metals	3		83697	12216
金属制品业	Manufacture of Metal Products	14	2	325686	143591
通用设备制造业	Manufacture of General Purpose Machinery	41	9	1404322	244762
专用设备制造业	Manufacture of Special Purpose Machinery	27	4	1293794	390595
交通运输设备制造业	Manufacture of Transport Equipment	46	14	7114619	1087201
电气机械及器材制造业	Manufacture of Electrical Machinery and Equipment	28	7	1062403	358688
通信设备、计算机及其他电子设备制造业	Manufacture of Communication Equipment,Computers and Other Electronic Equipment	76	13	15858824	7935181
仪器仪表及文化、办公用机械制造业	Manufacture of Measuring Instruments and Machinery for Culture Activity and Office Work	17	3	567217	140258
工艺品及其他制造业	Manufacture of Artwork and Other Manufacturing	4		154250	10416
废弃资源和废旧材料回收加工业	Recycling and Disposal of Waste				
电力、热力的生产和供应业	Production and Distribution of Electric Power and Heat Power	15	3	5896039	
燃气生产和供应业	Production and Distribution of Gas	2		171148	
水的生产和供应业	Production and Distribution of Water	4	1	248850	

MAIN INDICATORS FOR LOCAL LARGE AND MEDIUM INDUSTRIAL ENTERPRISES(BY SECTOR) (2005年)

(10000 yuan)

工业增加值 Added Value of Industry	工业销售产值(当年价格) Sales Value of Industry (at current price)	#出口交货值 Delivery Value of Exports	全部从业人员年平均人数(人) Average Number of Employed Persons (person)	资产负债 Assets and Liabilities 资产总计 Total Assets	流动资产合计 Total Current Assets	流动资产平均余额 Average Value of Current Assets	长期投资 Longterm Investment	固定资产合计 Total Fixed Assets	固定资产原价合计 Total Original Value of Fixed Assets	固定资产净值年平均余额 Annual Average Balance of Net Value of Fixed Assets
12349148	**51236543**	**9904202**	**618361**	**105893553**	**25484157**	**24113551**	**48679695**	**27329081**	**36779077**	**21062751**
145703	214257	97248	14169	165647	76963	71988	9767	65412	117192	46888
47083	83945	3704	1063	176116	80244	76431	384	95436	162412	87397
49445	98354		2608	92661	64168	62387	295	28198	51399	22217
120340	647544	67269	17944	397375	180879	170398	21841	173337	209256	135408
307903	897844	54173	22403	772249	325597	319302	38046	341697	518212	308196
334755	894447	3036	19377	1454096	518401	497275	416663	449348	684354	427711
116717	166912	8219	782	137893	104603	93060	4217	27033	56530	29917
78788	303482	98979	15469	472560	292825	278671	46407	122619	203936	110400
118140	342294	202663	28683	328913	199365	185020	8123	108848	125550	78989
1174	8720	8416	403	4737	4628	4836		108	147	63
2152	22113	2703	822	26961	13712	13325		12479	15242	11609
23716	124492	39448	6136	142747	89613	85467	1773	44387	57807	26821
12005	27981	4017	1058	35593	20322	17665		14981	24079	14574
127436	309781	806	16291	622664	227991	212441	30349	358025	565637	303347
21576	52653	27817	2949	99799	47175	41375	3270	43730	41083	30226
752705	5899203	80796	21880	2545914	1049878	947031	79869	1213043	2509330	1102993
391995	1231154	38149	19278	1696793	690733	643980	139515	728667	1373010	654162
309020	805262	29859	18232	1240686	644041	609077	176771	370175	512886	317090
20106	109880	56952	4833	190884	93799	84634	1535	81961	126444	65052
17078	68439	7071	2939	110896	58341	52253	6662	40585	62400	37554
194243	650728	28868	23956	1330721	584288	550121	135641	530282	762658	444493
2258483	5101736	281821	61186	5935921	2826522	2619492	933542	2076233	3497257	1592015
9882	78101	5350	3601	100114	65341	48418	3042	29392	43426	26823
64421	296027	89131	9931	515374	286195	273606	46734	152355	164448	106489
325313	1370405	247780	29335	2067459	1331228	1262775	122086	565588	706731	382516
280898	1223080	232660	34221	2608190	1509888	1412227	543679	485411	696665	420887
1171160	7079061	92640	75330	5069444	3002674	2611347	185149	1777584	2074886	1261301
309191	1025744	126920	18558	1108113	832155	812194	41334	206274	315446	149123
2354929	15100590	7878227	83603	10751228	6446890	5908777	1116095	2984706	4018709	2082053
203691	527997	76623	8704	774716	554529	519882	70494	140183	177696	109424
33907	156289	12855	3421	185034	104147	106411	1820	77261	93420	66247
1908805	5897593		38371	61068068	2598940	2967877	43746398	11635501	14176880	8949859
167116	171148		6385	1603415	255695	232189	406623	940317	1244097	739124
69271	249284		4440	2060574	302388	321621	341571	1407924	1389855	921783

10-14 续表1 continued

单位：万元

项　目	Item	资产负债 Assets and Liabilities 负债总计 Total Liabilities	#流动负债合计 Total Current Liabilities	#长期负债合计 Total Longterm Liabilities
合　计	**Total**	**34099041**	**22650645**	**11448371**
煤炭开采和洗选业	Mining and Washing of Coal	72835	62311	10524
石油和天然气开采业	Extraction of Petroleum and Natural Gas	47043	47038	5
黑色金属矿采选业	Mining and Processing of Ferrous Metal Ores	38191	29589	8602
有色金属矿采选业	Mining and Processing of Non-Ferrous Metal Ores			
非金属矿采选业	Mining and Processing of Nonmetal Ores			
其他采矿业	Mining of Other Ores			
农副食品加工业	Processing of Food from Agriculture Products	239815	210802	29013
食品制造业	Manufacture of Foods	534297	424544	109753
饮料制造业	Manufacture of Beverages	717280	616101	101179
烟草制造业	Manufacture of Tobacco	7698	7419	279
纺织业	Manufacture of Textile	283052	264337	18716
纺织服装、鞋、帽制造业	Manufacture of Textile Wearing Apparel,Footware and Caps	206251	181848	24404
皮革、毛皮、羽毛(绒)及其制品业	Manufacture of Leather,Furs,Feather(Down) and Related Products	3939	3939	
木材加工及竹、藤、棕、草制品业	Processing of Timber,Manufacture of Wood,Bamboo, Rattan,Palm and Straw Products	8775	8775	
家具制造业	Manufacture of Furniture	98915	96292	2623
造纸及纸制品业	Manufacture of Paper and Paper Products	19292	19292	
印刷业和记录媒介的复制	Printing,Reproduction of Recording Media	286783	212279	74504
文教体育用品制造业	Manufacture of Articles For Culture,Education and Sports Activity	68760	63802	4957
石油加工、炼焦及核燃料加工业	Processing of Petroleum, Coking,Processing of Nuclear Fuel	1317991	1093025	224966
化学原料及化学制品制造业	Manufacture of Raw Chemical Materials and Chemical Products	586206	508016	78191
医药制造业	Manufacture of Medicines	348865	312829	36037
化学纤维制造业	Manufacture of Chemical Fibers			
橡胶制品业	Manufacture of Rubber	140638	88458	52180
塑料制品业	Manufacture of Plastics	63540	49439	14101
非金属矿物制品业	Manufacture of Non-Metallic Mineral Products	698480	573842	124639
黑色金属冶炼及压延加工业	Smelting and Pressing of Ferrous Metals	3457358	2665954	791404
有色金属冶炼及压延加工业	Smelting and Pressing of Non-Ferrous Metals	45837	39780	6056
金属制品业	Manufacture of Metal Products	280648	248152	32496
通用设备制造业	Manufacture of General Purpose Machinery	997765	940778	56988
专用设备制造业	Manufacture of Special Purpose Machinery	1380083	1232527	147531
交通运输设备制造业	Manufacture of Transport Equipment	3219024	2907648	311376
电气机械及器材制造业	Manufacture of Electrical Machinery and Equipment	685803	662377	23426
通信设备、计算机及其他电子设备制造业	Manufacture of Communication Equipment,Computers and Other Electronic Equipment	6201493	5001753	1199740
仪器仪表及文化、办公用机械制造业	Manufacture of Measuring Instruments and Machinery for Culture Activity and Office Work	413589	379585	34003
工艺品及其他制造业	Manufacture of Artwork and Other Manufacturing	102604	67153	35451
废弃资源和废旧材料回收加工业	Recycling and Disposal of Waste			
电力、热力的生产和供应业	Production and Distribution of Electric Power and Heat Power	10455903	3202376	7253527
燃气生产和供应业	Production and Distribution of Gas	266175	196949	69227
水的生产和供应业	Production and Distribution of Water	804112	231637	572475

10-14 续表2 continued

(10000 yuan)

所有者权益 Owner's Equity	#实收资本 Paid-up Capital	利润及分配 Profits,Loss and Distribution 产品销售收入 Sales Revenue of Industrial Products	产品销售成本 Cost of Industrial Products Sold	产品销售费用 Expenses of Industrial Products Sold	产品销售税金及附加 Tax and Extra Charges On Sales of Products	营业利润 Operating Profits	利润总额 Total Profits	本年应交增值税 Value Added Tax Payable
71794512	**38906967**	**54779267**	**48083884**	**1768503**	**494529**	**1872125**	**3313095**	**1442654**
92811	25892	232319	134165	11940	1808	54432	55399	**11765**
129074	85000	83945	60750		1144	13870	13986	
54470	10754	99311	60311	2389	2139	26095	25450	8108
157560	96681	646622	580422	33212	459	13009	19180	
237952	430903	863642	556862	219460	954	9712	14186	54468
736816	454836	895125	602978	114171	63961	55368	80384	55128
130195	92088	168512	68063	5527	64448	14657	16363	18613
189508	195906	303890	263132	22204	593	-11452	5076	7244
122661	86858	337579	264019	29689	341	9430	9533	7392
798	300	8720	7728	292		544	544	
18186	883	23188	21479	564	23	187	200	249
43832	33651	142554	110045	17369	286	3727	4671	4596
16301	14181	32321	27583	669	8	2860	2920	2760
335880	198070	324154	243265	5781	2277	16038	18351	22150
31040	21379	55411	46624	3406	76	-1808	267	892
1227924	526849	5900355	5472941	49164	89918	146328	203204	100945
1110586	784188	1294113	957302	104354	20612	82226	61803	76834
891821	361767	812889	390510	213544	4305	127517	154785	75788
50247	44847	113620	98022	3993	1346	2650	1686	1627
47356	28955	74787	63672	1256	84	4039	3981	2093
632241	569440	652217	530467	25009	2055	24965	53662	35988
2478563	1117346	4336320	3910978	43526	20851	103039	125538	153587
54278	49343	83172	76181	770	660	982	1018	1107
234727	110128	336339	277248	12652	1279	18751	22509	4437
1069694	719238	1403000	1161866	59775	2283	84401	94589	33738
1228107	503890	1461952	1211452	46925	3983	28490	96086	32217
1850420	1312638	7121640	6216155	235117	156574	141151	193493	182341
422309	298019	1073080	854584	63321	1918	77174	81787	38529
4549735	2622379	15794791	14433459	401663	8812	500698	424781	122276
361128	136034	516321	362414	34568	2057	72227	81332	26023
82429	61029	139164	109969	1122	358	10969	4735	3267
50612165	25902831	8701381	8191612	310	35364	268487	1398165	329184
1337240	1000493	517693	470375	3720	2616	13334	59515	24228
1256462	1010172	229141	247254	1042	936	-41972	-16083	9274

10-15 规模以下工业企业主要指标(2005年)
MAJOR INDICATORS FOR INDUSTRIAL ENTERPRISES BELOW DESIGNED SIZE (2005)

项目	Item	企业个数(个) Number of Enterorises (Nos.)	从业人员(人) Employed Persons(person)	工业总产值(当年价格，万元) Gross Output Value (at current prices, 10000 yuan)
合计	**Total**	**25000**	**375600**	**2452000**
法人工业企业	Corporation Unit	15700	314600	2170100
个体经营工业单位	Individual Unit	9300	61000	281900

注：规模以下工业企业指年产品销售收入500万元以下的非国有工业企业和全部个体经营工业单位。

Note: Industrial enterprises below designed size refers to non-state-owned enterprises with annual sales below 5 million yuan and all individual industrial units.

10-16 现代制造业情况(2005年)
STATISTICS ON MODERN MANUFACTURING (2005)

单位：万元 (10000 yuan)

项目	Item	工业增加值(当年价格) Added Value of Industry (at current prices)
合计	**Total**	**5666542**
电子信息产业	Electronics and Information	2500500
机电产业	Electromechanic	1209260
交通运输设备产业	Traffic and Transport Equipment	1191017
医药产业	Medicines	535501
其他产业	Others	230263

10-17 高新技术产业情况
STATISTICS ON HIGH-TECH INDUSTRY

单位：亿元 (100 million yuan)

项目	Item	工业总产值(现价) Gross Output Value of Industry (at constant prices)		2005年为2004年% 2005 as % of 2004
		2005	2004	
合计	**Total**	**2407.1**	**1750.1**	**137.5**
按登记注册类型分	**Grouped by Registration Status**			
国有	State-owned	59.5	55.4	107.4
集体	Collective-owned	13.6	24.1	56.4
外资及港澳台	Foreign, Hongkong, Macao and Taiwan-funded	1791.0	1122.9	159.5
股份制及其他	Share Holding and Others	543.1	547.6	99.2
按高新技术领域分	**Grouped by the High-tech Field Technology**			
电子与信息	Electronics and Information	1818.3	1131.5	160.7
生物及医药制品	Biological and Pharmaceutical Products	173.1	153.8	112.5
新材料	New Materials	58.5	186.9	31.3
光机电一体化	Mechanical, electrical and optical integration Electricity	263.5	220.3	119.6
新能源	New Energy	18.8	13.9	135.3
环保设备	Equipment for Environmental Protection	15.5	5.5	281.8
航空航天及地球空间技术	Technology on Aerospace and Earth Space	59.3	38.1	155.6

10-18 工业产品产量(1978-2005年)

OUTPUT OF INDUSTRIAL PRODUCTS (1978-2005)

年 份 Year	布 (万米) Cloth (10000 m)	纱 (万吨) Yarn (10000 tons)	机制纸及纸板 (万吨) Machine-made Paper and Paperboard (10000 tons)	合成洗涤剂 (万吨) Synthetic Detergents (10000 tons)	饮料酒 (万吨) Soft Drink (10000 tons)	家用电冰箱 (万台) Household Refrigerators (10000 units)	照相机 (万台) Camera (10000 units)	家具 (万件) Furniture (10000 units)
1978	25436	5.4	12.1	2.1	8.4		0.5	137.8
1979	27297	5.78	13.9	2.2	9.9	2.0	0.7	171.3
1980	28940	6.45	14.0	2.4	11.6	2.6	1.0	200.2
1981-1985	**142080**	**34.54**	**86.9**	**18.9**	**87.3**	**41.6**	**25.7**	**1348.4**
1986-1990	**153032**	**38.75**	**120.5**	**29.6**	**131.4**	**96.4**	**74.6**	**2096.6**
1986	27503	7.37	21.9	5.8	21.5	18.1	15.9	303.8
1987	29738	7.71	24.1	5.4	22.7	19.4	16.5	283.0
1988	32262	8.13	23.3	5.7	23.9	23.6	15.8	347.1
1989	32271	7.87	25.8	6.4	28.7	24.7	13.5	572.1
1990	31258	7.67	25.4	6.4	34.6	10.7	12.9	590.6
1991-1995	**133994**	**38.61**	**116.5**	**38.1**	**347.3**	**27.0**	**450.8**	**3261**
1991	31497	7.66	27.2	5.7	43.8	7.1	5.4	602.0
1992	29717	8.01	22.6	6.6	56.6	9.1	4.2	570.0
1993	26816	8.72	19.1	7.9	72.6	4.2	39.3	729.0
1994	21440	6.87	21.0	7.3	83.1	6.6	158.8	605.0
1995	24524	7.35	26.6	10.7	91.2		243.1	755.0
1996-2000	**96005**	**28.1**	**70.0**	**34.5**	**436.6**	**15.9**	**706.5**	**1986.8**
1996	22585	6.75	15.3	9.3	102.2	6.3	234.3	510.6
1997	25185	6.42	18.1	9.5	...	...	157.7	469.4
1998	21299	6.13	13.1	6.3		0.3	177.7	348.5
1999	14753	4.7	13.0	5.8	148.8	5.8	81.6	386.2
2000	12183	4.1	10.6	3.7	185.6	3.6	55.2	272.1
2001-2005	**38411**	**16.7**	**59.5**	**22.5**	**700.9**	**189.7**	**685.0**	**2036.9**
2001	11353	4.3	8.8	6.4	135.8	5.9	61.3	370.6
2002	10314	4.2	6.2	2.5	138.7	16.2	220.7	368.3
2003	8393	3.5	7.9	2.9	132.8	22.8	238.3	323.8
2004	4081	2.5	19.6	5.5	148.0	63.1	116.8	567.7
2005	4270	2.2	17.0	5.2	145.6	81.7	47.9	406.5

10-18 续表1 continued

年份 Year	原煤 (万吨) Coal (10000 tons)	发电量 (万千瓦时) Electricity (10000 kwh)	粗钢 (万吨) Crude Steel (10000 tons)	钢材 (万吨) Rolled-steel (10000 tons)	水泥 (万吨) Cement (10000 tons)	交流电动机 (万千瓦) Alternator (10000 kw)	汽车 (万辆) Motor Vehicle (10000 units)	移动通信手持机 (万部) mobile telephone (10000 units)	微型电子计算机 (万部) Micro-computer (10000 units)
1978	818.7	990750	191.0	116.8	191.5	152.5	1.8		
1979	711.1	1042870	196.5	137.5	196.9	179.7	2.4		
1980	791.0	1065060	200.9	152.1	217.4	142.7	2.8		
1981-1985	**4269.1**	**5101356**	**1114.2**	**907.9**	**1355.7**	**713**	**17.2**		**2**
1986-1990	**4745.3**	**5656282**	**1837.8**	**1556.7**	**1649.3**	**889.7**	**39.5**		**6.9**
1986	917.2	1043208	303.6	255.5	310.5	178.4	5.8		0.5
1987	899.8	1057493	335.5	283.4	319.6	196.4	7.4		0.9
1988	906.0	1110758	369.0	314.9	334.3	199.5	9.0		3.0
1989	1016.8	1191269	386.0	327.9	345.9	163.8	8.5		1.3
1990	1005.5	1253554	443.7	375.0	339.0	151.6	8.8		1.2
1991-1995	**4851.0**	**6772732**	**3411.0**	**2613.9**	**2364.7**	**824.3**	**70.8**		**32.3**
1991	996.5	1318000	499.7	402.9	377.6	156.7	11.0		1.7
1992	1015.2	1423000	575.0	438.3	403.0	174.9	13.8		3.0
1993	835.4	1410900	702.7	525.3	477.9	162.3	13.4		4.1
1994	1008.5	1298718	828.7	617.6	531.7	165.0	14.7		4.3
1995	995.4	1322114	804.9	629.8	574.2	165.4	17.9		19.2
1996-2000	**4360.0**	**7330814**	**3937.5**	**3343.3**	**3758.9**	**753.3**	**57.7**		**686.6**
1996	1013.7	1415555	794.7	654.3	666.0	151.9	13.4		28.1
1997	1011.7	1464302	801.7	652.4	700.9	148.7	11.0		59.8
1998	989.5	1566621	803.2	676.1	762.0	149.7	8.5		160.9
1999	792.1	1431772	734.5	663.8	803.0	142.0	12.3		180.0
2000	553.0	1452564	803.4	696.7	827.0	161.0	12.5	1549.6	257.8
2001-2005	**4359.5**	**8369923**	**4113.3**	**4096.9**	**4963.3**	**1169.8**	**179.6**	**21081.2**	**2407.0**
2001	690.2	1326588	824.9	727.3	809.0	175.1	14.3	2163.4	339.7
2002	880.9	1419754	816.9	750.0	884.0	199.3	18.1	2280.1	415.7
2003	822.6	1451197	816.4	785.0	882.0	253.1	34.7	3334.5	469.3
2004	1067.9	2038933	827.5	868.3	1204.5	279.4	53.9	4172.1	532.7
2005	897.9	2133451	827.6	966.3	1183.8	262.9	58.6	9131.1	649.6

10-19 工业企业主要工业产品生产能力(2005年)
CAPACITY OF MAIN INDUSTRIAL PRODUCTS IN INDUSTRIAL ENTERPRISES (2005)

主要工业产品名称		Name of Main Industrial Product		年末生产能力 Year-end Capacity
原　煤	(吨)	Raw Coal	(ton)	11329200
卷　烟	(万支)	Cigarette	(10000 units)	1680696
化学纤维	(吨)	Chemical Fiber	(ton)	41901
棉纺锭(环锭纺)	(锭)	Cotton Spindle (Ring Spindle Spinning)	(unit)	155040
气流纺锭(转杯纺)	(头)	Air Spinning Spindle (Rotating-cup Spinning)	(unit)	6736
棉布织机	(台)	Cotton Cloth Weaver	(unit)	1659
焦　炭	(吨)	Coke	(ton)	3720500
农用氮、磷、钾化学肥料总计	(吨)	Total of Chemical Fertilizer	(ton)	83882
(折有效成分100%)		(100% Effeictive Ingredients Equivalent)		
水　泥	(吨)	Cement	(ton)	13984102
平板玻璃	(重量箱)	Plate Glass	(case)	4257709
生　铁	(吨)	Pig Iron	(ton)	7380395
粗　钢	(吨)	Crude Steel	(ton)	7051070
钢　材	(吨)	Rolled Steel	(ton)	8342876
金属切削机床	(台)	Metal-Cutting Machine Tools	(unit)	11780
汽　车	(辆)	Motor Vehicle	(unit)	1028300
轿　车	(辆)	Cars	(unit)	240934
家用电冰箱	(台)	Household Refrigerators	(unit)	850000
房间空气调节器	(台)	Air Conditioner	(unit)	9000
移动通信手持机(手机)	(台)	Mobile Telephone	(unit)	142804496
微型电子计算机	(台)	Micro-computer	(unit)	7605824

主要统计指标解释

工业 指从事自然资源的开采，对采掘品和农产品进行加工和再加工的物质生产部门。具体包括：（1）对自然资源的开采，如采矿、晒盐、森林采伐等（但不包括禽兽捕猎和水产捕捞）；（2）对农副产品的加工、再加工，如粮油加工、食品加工、扎花、纺织、制革等；（3）对采掘品的加工、再加工，如炼铁、炼钢、化工生产、石油加工、机器制造、木材加工等，以及电力、自来水、煤气的生产和供应等；（4）对工业品的修理、翻新，如机器设备的修理、交通运输工具（包括小卧车）的修理等。

1984 年以前农村的村及村以下办工业归属农业，1984 年以后划归工业。

轻工业 指主要提供生活消费品和制作手工工具的工业。按其所使用的原料不同，可分为两大类：（1）以农业为原料的轻工业，是指直接或间接以农产品为基本原料的轻工业。主要包括食品制造、饮料制造、烟草加工、纺织、缝纫、皮革和毛皮制作、造纸以及印刷等工业；（2）以非农产品为原料的轻工业，是指以工业品为原料的轻工业。主要包括文教体育用品、化学药品制造、合成纤维制造、日用化学制品、日用玻璃制品、日用金属制品、手工工具制造、医疗器械制造、文化和办公用机械制造等工业。

重工业 是指为国民经济各部门提供物质技术基础的主要生产资料的工业。按其生产性质和产品用途，可以分为下列三类：（1）采掘（伐）工业，是指对自然资源的开采，包括石油开采、煤炭开采、金属矿开采、非金属矿开采和木材采伐等工业；（2）原材料工业，指向国民经济各部门提供基本材料、动力和燃料的工业。包括金属冶炼及加工、炼焦及焦炭化学、化工原料、水泥、人造板以及电力、石油和煤炭加工等工业；（3）加工工业，是指对工业原材料进行再加工制造的工业。包括装备国民经济各部门的机械设备制造工业、金属结构、水泥制品等工业，以及为农业提供的生产资料如化肥、农药等工业。

根据上述划分原则，修理业中以重工业产品为修理作业对象的划为重工业，反之划为轻工业。

工业总产值 是以货币表现的工业在一定时期内生产的已出售或可供出售工业产品总量，它反映一定时期内工业生产的总规模和总水平。它包括：在本企业内不再进行加工，经检验、包装入库（规定不需包装的产品除外）的成品价值，工业性作业价值，自制半成品、在产品期末初差额价值。工业总产值采用“工厂法”计算，即以工业作为一个整体，按企业生产活动的最终成果来计算，企业内部不允许重复计算，不能把企业内部各个车间（分厂）生产的成果相加。但在企业之间、行业之间、地区之间存在着重复计算。

轻重工业总产值的划分也是按“工厂法”计算的，即一个工业企业在正常情况下生产的主要产品的性质属于轻工业，则该企业的全部总产值作为轻工业总产值；一个工业企业生产的主要产品的性质属于重工业，则该企业的全部总产值作为重工业总产值。

工业增加值 是指工业行业在报告期内以货币表现的工业生产活动的最终成果。

工业销售产值 是以货币表现的工业企业在一定时期内销售的本企业生产的工业产品产量。包括已销售的成品、半成品价值，对外提供的工业性作业价值和对本单位基本建设部门、生活福利部门等提供的产品和工业性作业及自制设备的价值。已销售的成品、半成品不论是本期生产的、还是上期生产的，只要是本期销售出去的均包括在内。对外提供的工业性作业是指企业按合同对外提供的工业性劳务。企业为本单位基本建设部门、生活福利部门等提供的产品和工业性作业及自制设备也应视同销售，这部分也应作为销售统计。

工业销售产值的计算范围、计算价格和计算方法与工业总产值一致，但两者计算的基础不同，工业销售产值计算的基础是产品销售总量，工业总产值计算的基础是工业产品生产总量。

国有及国有控股：国有即企业登记注册类型为国有的企业。国有控股是指在企业的全部资本中，国家资本(股本)占较多比例，并且由国家实际控制的企业。分为“国有绝对控股企业”和“国有相对控股企业(含协议控制)”。国有绝对控股：是指国家资本所占比例大于 50%(含 50%)的企业。国有相对控股企业(含协议控制)：是指国家资本比例不足 50%，但相对大于企业中的其他经济成分所占比例的企业(相对控股)，或者虽不大于其他经济成分、但根据协议规定由国家拥有实际控制权的企业(协议控制)。

资产合计 指企业拥有或控制的全部资产。包括流动资产、长期投资、固定资产、无形及递延资产、其他长期资产、递延税项等，即为企业资产负债表的资产总计项。

（1）流动资产 指企业可以在一年内或者超过一年的一个生产周期内变现或耗用的资产合计。包括现金及各种存款、短期投资、应收及预付款项、存货等。

（2）固定资产 指企业固定资产净值、固定资产清理、在建工程、待处理固定资产损失所占用的资金合计。

负债合计 指企业承担并需要偿还的全部债务。包括流动负债和长期负债、递延税项等，即为企业资产负债表的负债合计项。

（1）流动负债 指企业在一年内或者超过一年的营业周期内需要偿还的债务合计，其中包括短期借款、应付及预收款项、应付工资、应交税金和应交利润等。

（2）长期负债 指企业在一年以上或者超过一年的生产周期以上需要偿还的债务合计，其中包括长期借款、应付债务、长期应付款项等。

固定资产原价 指企业在建造、购置、安装、改建、扩建、技术改造某项固定资产时所支出的全部货币总额。它一般包括买价、包装费、运杂费和安装费。

固定资产净值 是指固定资产原价减去历年已提折旧额后的净值。

所有者权益 指企业投资人对企业净资产的所有权。企业净资产等于企业全部资产减去全部负债后余额，其中包括投资者对企业的最初投入，以及资本公积金、盈余公积金和未分配利润，对股份制企业即为股东权益。

实收资本 指企业实际收到的投资人投入的资本总额。

产品销售收入 指企业销售产品的销售收入和提供劳务等主要经营业务取得的业务总额。

产品销售成本 指企业销售产品和提供劳务等主要经营业务的实际成本。

产品销售税金及附加 指企业销售产品和提供工业性劳务等主要经营业务应负担的城市维护建设税、消费税、资源税和教育费附加。

产品销售利润 指企业销售产品和提供工业性劳务等主要经营业务收入扣除其成本、费用、税金后的利润。

利润总额 指企业实现的全部利润。反映企业最终的财务成果。

本年应交增值税 指当期销项税额抵扣当期进项税额后的余额。

工业产品销售率 指报告期工业销售产值与同期全部工业总产值之比。计算公式：

$$工业产品销售率(\%)=\frac{报告期现价工业销售产值}{报告期现价工业总产值}\times100\%$$

工业增加值率 指报告期工业增加值占工业总产值的比重，反映降低中间消耗的经济效益。计算公式：

$$工业增加率(\%)=\frac{报告期现价工业增加值}{报告期现价工业总产值}\times100\%$$

工业成本费用利润率 指在一定时期内实现的利润与成本费用之比，是反映工业生产成本及费用投入的经济效益指标，同时也是反映降低成本的经济效益的指标。计算公式：

$$工业成本费用利润率(\%)=\frac{利润总额}{成本费用总额}\times100\%$$

工业全员劳动生产率 指根据产品的价值量指标计算的平均每一个职工在单位时间内创造的工业生产最终成果。是考核企业经济活动的重要指标，是企业生产技术水平、经济管理水平、职工技术熟练程度和劳动积极性的综合表现。目前我国的全员劳动生产率是将工业企业的工业增加值除以同一时期全部职工的平均人数来计算的。计算公式：

$$工业全员劳动生产率(元/人)=\frac{工业增加值(现价)}{全部职工平均人数}$$

流动资产周转次数 指在一定时期内流动资产完成的周转次数，反映流动资产的周转速度。计算公式：

$$流动资产周转次数(次)=\frac{产品销售收入}{流动资产平均余额}$$

流动比率 是反映企业每百元流动负债中，有多少元流动资产作后盾。计算公式：

$$流动比率(倍)=\frac{流动资产总额}{流动负债总额}$$

速动比率 是衡量企业流动资产中可以立即用于偿付流动负债的能力。计算公式：

$$速动比率(倍)=\frac{流动资产总额-存货}{流动负债总额}$$

资产负债率 反映在企业资产总额中有多少资产是通过借债而得的，也可以用于衡量企业利用债权人提供资金进行经营活动的能力以及企业在清算时保护债权人利益的程度。计算公式：

$$资产负债率=\frac{负债总额}{资产总额}\times100\%$$

总资产贡献率 反映企业全部资产的获利能力，是企业经营业绩和管理水平的集中体现，是评价和考核企业盈利能力的核心指标。计算公式为：

总资产贡献率 =（利润总额+税金总额+利息支出）÷平均资产总额 × 100%

其中：税金总额为产品销售税金及附加与应交增值税之和；平均资产总额为期初期末资产总计的算术平均值。

资本保值增值率 反映企业净资产的变动状况，是企业发展能力的集中体现。计算公式为：

资本保值增值率 = 报告期期末所有者权益/上年同期期末所有者权益 × 100%

建筑业

CONSTRUCTION

简要说明

一、本章资料的主要内容

本章资料反映北京市建筑业概况和发展情况。包括建筑业企业基本情况和生产经营情况。主要指标有企业个数、从业人员和建筑业总产值、房屋建筑面积、利润、税金、劳动生产率等。

二、本章的统计范围

根据建筑业发展的实际情况，建筑业统计范围从 2004 年年报起，由原具有建筑业资质等级四级及四级以上的独立核算的建筑业企业调整为具有施工总承包、专业承包序列的法人建筑业企业。

三、本章的资料来源及调查方法

本章建筑业企业统计数据是根据国家统计局制定的《建筑业统计报表制度》整理汇总的。建筑业统计数据采取全面调查的方法。资料由北京市统计局、国家统计局北京调查总队投资处负责提供。

四、本章中关于历史数据调整的问题

由于 2004 年开展了“北京市第一次全国经济普查”，按照国家统计局统一要求和统一方法，历史资料要根据普查结果进行修正。本章中 1993 至 2003 年的建筑业总产值数据采用“趋势离差法”进行了调整，2004 年为经济普查数据。

11-1 建筑业企业基本情况(1978-2005年)

BASIC STATISTICS ON CONSTRUCTION ENTERPRISES WITH INDEPENDENT ACCOUNTING SYSTEM (1978-2005)

年份 Year	建筑施工企业 单位数 (个) Construction Enterprises (Nos.)	建筑施工企业 从业人员 (万人) Employed Persons (10000 persons)	建筑施工企业 总产值 (亿元) Gross Output Value (100 million yuan)	建筑施工企业 全员劳动生产率 (元/人) Overall Labor Productivity (yuan/person)	建筑施工企业 利润总额 (万元) Total Profits (10000 yuan)
1978	64	25.4	10.5	4397	7017
1979	70	26.4	12.7	4680	9256
1980	71	27.8	14.7	5249	14543
1985	**2549**	**63.9**	**43.9**	**7197**	**39277**
1986	2361	61.3	51.3	8702	33084
1987	2292	64.4	67.0	10832	41202
1988	1659	64.2	81.6	12992	38679
1989	1545	60.0	89.0	14539	38189
1990	994	60.2	94.7	16340	33762
1991	922	60.3	99.6	17031	27690
1992	976	62.7	122.6	19786	30984
1993	1098	75.9	215.5	27739	61432
1994	1259	73.4	336.0	41099	94385
1995	1332	82.6	426.6	44852	77857
1996	1292	82.5	494.7	56750	88896
1997	1297	80.3	556.4	64633	104320
1998	1482	75.6	678.6	73644	123744
1999	1588	62.0	750.6	82465	135595
2000	1697	56.6	812.5	88132	163561
2001	1811	57.8	1055.4	105924	187424
2002	2122	57.0	1211.3	117482	246599
2003	2419	59.1	1521.2	130075	314555
2004	2418	53.6	1776.0	147996	223009
2005	2752	67.2	2025.4	158082	673034

注：1. 1996-2003年全部指标为四级及四级以上的法人建筑施工企业。
2. 1993-2003年总产值按经济普查口径进行了调整，2004年为经济普查数据。

Note: a) All figures from 1996 to 2003 covered the construction enterprises as legal persons at Grade IV and above.
b) Gross output value for 1993-2003 were adjusted according to the economic cencus statistics, figures for 2004 were from economic census.

11-2 建筑业施工企业主要财务指标(2005年)

单位：万元

项目	Item	企业单位个数(个) Number of Enterprises (unit)	资产总计 Total Assets	流动资产合计 Total Current Assets	长期投资 Longterm Investment	固定资产合计 Total Fixed Assets	固定资产原价合计 Original Value of Fixed Assets
合计	**Total**	**2746**	**34447468**	**22793606**	**8603543**	**2613386**	**3739588**
按企业登记注册类型分	**Grouped by Registration Status of Enterprises**						
内资企业	Domestic Funded Enterprises	2640	33892241	22301392	8595397	2573563	3676722
国有企业	State-Owned Enterprises	225	14555605	7063507	6474652	863050	1296566
集体企业	Collective Owned Enterprises	210	1167597	1011648	30604	116827	161921
私营企业	Private Enterprises	1215	1880487	1472038	93630	290721	371212
联营企业	Joint Owned Enterprises	5	80259	64488	12678	2582	3179
股份有限公司	Share Holding Corporations Ltd.	35	1107230	854354	140318	101509	137249
有限责任公司	Limited-Liability Corporations	851	14680704	11491123	1830696	1141996	1623120
股份合作企业	Cooperative Enterprises	94	393575	323880	10839	52429	78273
其他企业	Others	5	26784	20354	1980	4449	5202
外商投资企业	Foreign Funded Enterprises	47	292402	265310	3702	22561	36692
港、澳、台商投资企业	Enterprises with Funds from Hongkong,Macao and Taiwan	59	262825	226904	4444	17262	26174
按隶属关系分	**Grouped by Administrative Relationship**						
中央	Central	207	17204271	9080024	6959448	991665	1513065
地方	Local	2539	17243197	13713582	1644095	1621721	2226523
按行业分	**Grouped by Sector**						
房屋和土木工程建筑业	House and Civil Work Construction	877	29871857	19123382	8357643	2034967	2951580
建筑安装业	Building Installation	587	2841730	2362342	141154	290601	396453
建筑装饰业	Building Decoration	1091	1372877	1078364	66107	204025	272292
其他建筑业	Other Building Sector	191	361004	229518	38639	83793	119263

MAIN FINANCIAL INDICATORS ON CONSTRUCTION ENTERPRISES (2005)

(10000 yuan)

负 债 合 计 Total Liabilities	流动负债 合 计 Total Current Liability	长期负债 合 计 Total Longterm Liability	所有者权益 合 计 Total Owner's Interest	实 收 资 本 Paid-up Capital	工程结算 收 入 Revenue of Settlement of Projects	工程结算 成 本 Cost of Settlement of Projects	工 程 结 算 税金及附加 Tax and Extra Charges of Settlement of Projects	工程结算 利 润 Profits of Settlement of Projects	利 润 总 额 Total Profits	应 交 所得税 Income Tax Payable	本年应交 增 值 税 VAT Payable in the Year
21965587	**19704030**	**2261557**	**12481882**	**8518072**	**22068992**	**19792455**	**636134**	**1533428**	**673034**	**123977**	**17626**
21626570	19372463	2254107	12265671	8332125	21344834	19142141	616570	1482238	665481	120362	17501
7708729	5956025	1752704	6846876	4641623	6913443	6274665	187272	429988	380207	31292	2807
898200	889772	8428	269397	173398	946690	822239	30082	83082	37501	12183	116
982505	971196	11309	897982	758983	1591993	1326173	47838	187681	38855	17323	2551
66146	64482	1665	14110	11210	65822	61217	2198	2406	1248	212	
730828	689366	41462	376405	182737	766593	661792	24121	77809	44519	7959	503
10975810	10538091	437718	3704894	2445462	10698970	9681708	313503	669310	149498	47200	11469
247592	247009	583	145983	114343	339918	296521	10856	29112	12247	3836	55
16760	16522	238	10024	4369	21405	17826	700	2850	1406	357	
192800	187408	5392	99603	84220	444878	396530	11758	35569	6775	3096	10
146217	144159	2058	116608	101727	279280	253784	7806	15621	778	519	115
9687127	7760641	1926486	7517145	5080810	9515241	8671890	256500	553385	442846	42185	4364
12278460	11943389	335071	4964737	3437262	12553751	11120565	379634	980043	230188	81792	13262
19023455	16861294	2162160	10848403	7092060	18008213	16305668	533764	1111156	564231	83521	11338
1976965	1907327	69638	864765	667854	2453562	2102113	54745	272431	94700	28137	4343
783609	760346	23263	589268	596568	1380362	1197333	40459	124351	8228	10203	1387
181558	175063	6496	179446	161590	226855	187341	7166	25490	5875	2116	558

11-2 续表1 continued

项目	Item	流动比率 Circulating Assets/ Liquid Liabilities	速动比率 Quickcirculating Assets/ Liquid Liabilities	资产负债率(%) Liabilities/ Total Assets (%)	资本金利润率(%) Profits/ Capital (%)
合计	**Total**	**1.16**	**0.89**	**63.8**	**2.6**
按企业登记注册类型分	**Grouped by Registration Status of Enterprises**				
内资企业	Domestic Funded Enterprises	1.15	0.89	63.8	2.7
国有企业	State-Owned Enterprises	1.19	0.97	53.0	4.8
集体企业	Collective Owned Enterprises	1.14	0.57	76.9	3.3
私营企业	Private Enterprises	1.52	1.11	52.2	2.2
联营企业	Joint Owned Enterprises	1.00	0.99	82.4	1.9
股份有限公司	Share Holding Corporations Ltd.	1.24	1.09	66.0	4.7
有限责任公司	Limited-Liability Corporations	1.09	0.83	74.8	1.2
股份合作企业	Cooperative Enterprises	1.31	0.90	62.9	3.3
其他企业	Others	1.23	0.94	62.6	5.7
外商投资企业	Foreign Funded Enterprises	1.42	1.02	65.9	2.4
港、澳、台商投资企业	Enterprises with Funds from Hongkong,Macao and Taiwan	1.57	1.20	55.6	
按隶属关系分	**Grouped by Administrative Relationship**				
中央	Central	1.17	0.98	56.3	4.4
地方	Local	1.15	0.83	71.2	1.5
按行业分	**Grouped by Sector**				
房屋和土木工程建筑业	House and Civil Work Construction	1.13	0.88	63.7	2.7
建筑安装业	Building Installation	1.24	0.90	69.6	3.6
建筑装饰业	Building Decoration	1.42	1.00	57.1	0.6
其他建筑业	Other Building Sector	1.31	1.03	50.3	1.9

11-3 建筑业施工企业基本情况(2005年)

BASIC INFORMATION ON PROFESSIONAL CONTRACTING BUILDING CONSTRUCTION ENTERPRISES (2005)

项目	Item	建筑施工企业单位数(个) Construction Enterprises (unit)	年末从业人员(人) Employment (year-end) (person)	年末自有机械设备 Machines and Equipment Owned (year-end)		
				净值(万元) Net Value (10000 yuan)	总台数(台) Total Number (set)	总功率(千瓦) Total Power (kw)
合　计	**Total**	**2752**	**671661**	**801329**	**257737**	**4529144**
按企业登记	**Grouped by Registration**					
注册类型分	**Status of Enterprises**					
内资企业	Domestic Funded Enterprises	2646	648240	792001	242139	4481028
国有企业	State-Owned Enterprises	227	160863	195572	35692	1116314
集体企业	Collective Owned Enterprises	211	42573	28786	16710	267998
私营企业	Private Enterprises	1215	98272	108420	50699	546847
联营企业	Joint Owned Enterprises	5	443	198	24	1460
股份有限公司	Share Holding Corporations Ltd.	35	19475	42726	12178	180142
有限责任公司	Limited-Liability Corporations	854	307411	397736	115775	2255275
股份合作企业	Cooperative Enterprises	94	18628	17908	10771	108394
其他企业	Others	5	575	655	290	4598
外商投资企业	Foreign Funded Enterprises	47	11098	7076	9712	23514
港、澳、台商投资企业	Enterprises with Funds from Hongkong,Macao and Taiwan	59	12323	2252	5886	24602
按隶属关系分	**Grouped by Administrative Relationship**					
中　央	Central	207	179895	261989	44213	1355004
地　方	Local	2545	491766	539340	213524	3174140
按行业分	**Grouped by Sector**					
房屋和土木工程建筑业	House and Civil Work Construction	881	507195	653355	166596	3743593
建筑安装业	Building Installation	587	75668	62042	28621	417155
建筑装饰业	Building Decoration	1093	73089	34570	56026	197251
其他建筑业	Other Building Sector	191	15709	51362	6494	171145

注：统计范围为施工总承包、专业承包的法人建筑业企业（下表同）。

Note: Statistics covers general contracting and specialized contracting construction enterprises as legal persons (same to the below table).

11-4 建筑业施工企业总产值和劳动生产率
GROSS OUTPUT VALUE AND LABOR PRODUCTIVITY OF CONSTRUCTION ENTERPRISES

项目	Item	总产值(万元) Gross Output Value (10000 yuan)		劳动生产率(元/人) Overall Labor Productivity (yuan/person)	
		2005	2004	2005	2004
合计	**Total**	**18940436**	**16598294**	**158082**	**147996**
按企业登记注册类型分	**Grouped by Registration Status of Enterprises**				
内资企业	Domestic Funded Enterprises	18387188	16166074	158360	147526
国有企业	State-Owned Enterprises	5184474	4628545	176994	163804
集体企业	Collective Owned Enterprises	896373	858361	142458	125060
私营企业	Private Enterprises	1548000	1236760	111078	103661
联营企业	Joint Owned Enterprises	4596	9756	101898	148047
股份有限公司	Share Holding Corporations Ltd.	661292	717201	168869	165486
有限责任公司	Limited-Liability Corporations	9734087	8347526	163938	151061
股份合作企业	Cooperative Enterprises	343368	367925	126962	128165
其他企业	Others	14998		27380	
外商投资企业	Foreign Funded Enterprises	323632	280075	150828	194578
港、澳、台商投资企业	Enterprises with Funds from Hongkong,Macao and Taiwan	229616	152145	147378	134261
按隶属关系分	**Grouped by Administrative Relationship**				
中央	Central	7079175	5884359	195701	178401
地方	Local	11861261	10713935	141812	135329
按行业分	**Grouped by Sector**				
房屋和土木工程建筑业	House and Civil Work Construction	15594965	13188811	163465	148045
建筑安装业	Building Installation	1821646	1940180	156972	174535
建筑装饰业	Building Decoration	1284602	1122498	119823	119406
其他建筑业	Other Building Sector	239223	346805	114686	135996

11-5 建筑业施工企业竣工率

RATIO OF COMPLETED OF CONSTRUCTION ENTERPRISES

单位：% (%)

项目	Item	产值竣工率 Ratio of Output Value Completed to Total		面积竣工率 Ratio of Floor Space of Building Completed	
		2005	2004	2005	2004
合计	**Total**	**61.3**	**64.7**	**31.5**	**36.5**
按企业登记注册类型分	**Grouped by Registration Status of Enterprises**				
内资企业	Domestic Funded Enterprises	61.5	64.6	31.5	36.5
国有企业	State-Owned Enterprises	64.7	56.4	26.5	31.6
集体企业	Collective Owned Enterprises	77.0	85.8	38.8	51.6
私营企业	Private Enterprises	61.3	68.0	49.7	42.6
联营企业	Joint Owned Enterprises	26.7	67.4		
股份有限公司	Share Holding Corporations Ltd.	55.1	56.4	29.0	36.4
有限责任公司	Limited-Liability Corporations	58.2	66.4	32.0	36.0
股份合作企业	Cooperative Enterprises	76.2	84.6	44.8	56.5
其他企业	Others	87.5		87.4	
外商投资企业	Foreign Funded Enterprises	58.5	60.3	49.6	35.9
港、澳、台商投资企业	Enterprises with Funds from Hongkong,Macao and Taiwan	53.6	75.6	13.9	34.3
按隶属关系分	**Grouped by Administrative Relationship**				
中　央	Central	57.2	51.2	25.7	27.9
地　方	Local	63.8	72.1	35.2	40.9
按行业分	**Grouped by Sector**				
房屋和土木工程建筑业	House and Civil Work Construction	61.8	65.1	31.4	36.4
建筑安装业	Building Installation	63.4	66.2	52.9	33.5
建筑装饰业	Building Decoration	51.8	59.3	58.5	11.5
其他建筑业	Other Building Sector	64.8	58.4	97.3	67.8

主要统计指标解释

建筑业总产值 指建筑业企业自行完成的以工程预(概)算为依据，按工程进度计算的建筑安装总价值。它包括建筑工程产值、设备安装工程产值、其他产值三部分内容。

(1)建筑工程产值:指列入建筑工程预算内的各种工程价值;

(2)安装工程产值:指设备安装工程价值,包括：生产、动力、起重、运输、传动和医疗、实验等各种需要安装设备的装配和安装与设备相连的工作台、梯子、栏杆等装设工程，附属于被安装设备的管线敷设工程、被安装设备的绝缘、防腐、保温、油漆等工作，以及为测定安装工作质量，对单个设备、系统设备进行单机试运和系统联动无负荷试运工作。在设备安装产值中，不得包括被安装设备本身价值。

(3)其他产值:指建筑业总产值中除建筑工程、安装工程以外的产值。包括房屋构筑物修理产值、非标准设备制造产值、总包企业向分包企业收取的管理费、以及不能明确划分的施工活动所完成的产值。

装修装饰产值 指为了使建筑物、构筑物的室内空间和外表达到一定的标准和环境质量，使用建筑材料对建筑物或构筑物的室内和外表进行修饰的一系列建筑施工活动所完成的产值。可分为装修和装饰两部分产值。

装修产值：指对新建房屋及构筑物经施工活动后，达到设计文件所规定的全部内容，且完全具备使用条件，其施工活动中的地面、天棚、内外墙面、门窗、非承重的隔墙、隔断和保温等。

装饰产值：指对新建房屋及构筑物经施工活动后主体工程已完，尚未达到使用条件交付给建设单位，需二次施工后才能达到使用条件所完成的产值；对原有房屋经使用若干年后，在不改变原有建筑物主体结构的情况下而进行施工活动所完成的产值。

建筑装饰工程的范围，包括抹灰、门窗、玻璃、吊顶、隔断、饰面板(砖)、涂料、裱糊、刷浆、花饰等十项工程。

年末自有机械设备净值 指本企业自有机械设备经过使用、磨损后实际存在的价值，既原值减去累计折旧后的净额。

年末自有机械设备年末总台数 指年末本企业(或单位)自有的直接用于工程施工的各种机械设备的台数。不包括附属辅助生产机械设备、运输机械设备、生产试验机械设备的台数。

年末自有机械设备年末总功率 指年末本企业(或单位)自有的直接用于工程施工的各种机械设备年末总功率，按设定能力或查定能力计算。包括施工机械本身的动力和为该机械服务的单独动力设备，如电动机等。但不包括附属辅助生产机械设备、运输机械设备、生产试验机械设备的功率。计量单位用千瓦，动力换算可按 1 马力 = 0.735 千瓦折合成千瓦数。电焊机、变压器、锅炉不计算动力。

工程结算收入 指企业经营主要业务所取得的收入总额，这里指建筑企业承包工程实现的工程价款结算收入以及向发包单位收取的除工程价款以外按规定列作营业收入的各种款项，如临时设施费、劳动保险费、施工机构调迁费等，以及向发包单位收取的各种索赔款。

工程结算成本 指企业从事主要业务活动而发生的成本，这里指建筑企业在报告期内与发包单位办理工程价款结算的已完工程实际成本。

工程结算税金及附加 指企业因销售产品或提供劳务等主要业务活动而取得的收入，按税法规定交纳营业税、消费税、资源税、城市维护建设税等以及随同营业税金一并计算交纳的教育费附加等。这里指建筑企业因从事建筑业生产活动，取得工程价款结算收入而按规定应该交纳的各项税金及附加等。

工程结算利润 指企业从事主要业务活动取得的利润，这里指建筑企业从事建筑业生产活动取得的利润。

交通运输和邮电业

TRANSPORT, POST AND TELECOMMUNICATON SERVICES

简要说明

一、本章资料的主要内容

本章资料反映北京市交通运输业和邮政、电信业发展的基本状况。

交通运输业资料主要包括：铁路、公路、民航、管道四种运输方式的线路条数、里程、总运量及周转量、主要技术经济指标（不含管道）；民用机动车辆情况。

邮政电信业资料主要包括：邮电业务完成情况，邮政电信发展水平等资料。

二、各部分资料的调查范围、统计单位及数据来源

1、铁路资料：主要是国家铁路运营情况，不含地方铁路、合资铁路和军用铁路及由厂矿企事业单位自建的铁路专用线和专用铁道，资料来源于北京铁路局。

2、公路资料：(1)公路里程为年末通车里程数，不含在建和未正式投入使用的公路里程；(2)民用机动车拥有量，根据北京市公安交通管理局和北京市农业局提供的资料整理，不含军用车辆；(3)公路客货运输量资料，按照交通部和国家统计局1992年联合发布的《公路、水路运输全行业统计工作规定》的要求，由北京市运输管理局和北京市统计局分工负责收集整理；(4)公路运输全行业统计以全面调查和非全面调查两种方式进行，统计范围包括在北京市注册从事公路货运的全部企事业单位和私人(包括个体联户)，资料来源于北京市运输管理局。

3、管道运输资料：包括输送原油、成品油、天然气以及其他气体的管线长度、输送能力及完成的运输量。具体包括：油气田企业直接通向炼油厂、化工厂、电站等用户及装车站、油码头的管道，炼油厂通向用户(包括商业石油公司油库)的成品油气管道，独立核算的管道运输企业通向用户及装车(站)栈桥、油码头的管道。管道运输统计数据主要来源于北京华油天然气有限责任公司和中国石油化工股份有限公司北京燕山分公司所属的管道运输企业，由两家集团公司分别负责收集审核本部门统计数据。

4、民航运输资料：不包括在京运输飞行的外国航空公司。统计范围为各航空公司从事国内运输、港澳台运输、国际运输的定期航班航线条数及里程、运输量等。数据主要来源于中国国际航空股份有限公司和中国新华航空有限责任公司。

5、邮政电信资料：包括全社会邮政和电信运营企业为社会公众提供的各类邮政和电信服务，不含专用网业务资料。邮电业务量按业务种类分为邮政业务量和电信业务量。数据主要来源于北京市邮政管理局、北京铁路局（2005 年)、北京铁路分局（2005 年以前)、北京市公安交通管理局、北京市运输管理局、北京市路政局、中国网通（集团）有限公司北京市分公司、北京移动通信有限责任公司、中国联通北京分公司、中国铁通集团有限公司北京分公司、中国卫星通信集团公司北京市分公司、中国电信集团北京市电信有限公司、中国国际航空有限公司、中国新华航空有限责任公司、北京华油天然气有限责任公司、中国石油化工股份有限公司北京燕山分公司。

12-1 交通运输邮电业基本情况(1978-2005年)

TRANSPORTATION, POSTS AND TELECOMMUNICATIONS (1978-2005)

年份 Year	铁路里程(公里) Railway Operating Length (km)	公路里程(公里) Highway Operating Length (km)	客运量(万人) Passenger Traffic (10000 persons)				货运量(万吨) Freight Traffic (10000 tons)				
				铁路 Railway	公路 Highway	民航 Civil Aviation		铁路 Railway	公路 Highway	民航 Civil Aviation	管道 Pipeline
1978	699	6562		2264		47	7394	3370	4023	1	
1979	700	7278		2504		53	7764	3485	4277	2	
1980	707	7339		2762		58	7571	3356	4213	2	
1981-1985				**17688**		**544**	**37500**	**15425**	**22061**	**14**	
1986-1990			**38506**	**21290**	**16160**	**1056**	**123241**	**15518**	**104929**	**41**	**2753**
1986	876	8849	7337	4106	3059	172	22641	3030	18794	6	811
1987	876	8956	7763	4418	3117	228	23548	3125	19734	8	681
1988	876	9124	8491	4782	3460	249	25219	3168	21308	9	734
1989	876	9218	7434	4214	3034	186	25184	3144	21767	8	265
1990	876	9648	7480	3770	3490	220	26648	3051	23326	10	262
1991-1995			**40919**	**20615**	**18010**	**2292**	**149566**	**14923**	**134137**	**79**	**357**
1991	876	10259	7704	4036	3378	289	26804	2983	23739	11	71
1992	875	10827	8158	4196	3593	369	29888	2912	26881	14	80
1993	875	11242	7608	4374	2781	452	29865	3048	26730	17	
1994	875	11532	8537	3992	4008	537	30825	3006	27700	19	99
1995	875	11811	8913	4017	4250	646	32185	2974	29087	17	106
1996-2000			**62554**	**19683**	**38888**	**3983**	**154376**	**13491**	**140455**	**125**	**304**
1996	922	12084	8801	3650	4395	756	32907	2851	29960	18	78
1997	924	12306	9263	3613	4902	748	32351	2883	29360	20	87
1998	924	12498	11228	3762	6704	762	30127	2563	27490	22	52
1999	997	12825	14866	4201	9878	788	28275	2583	25635	30	27
2000	997	13597	18396	4458	13009	929	30717	2612	28010	35	60
2001-2005			**191964**	**25350**	**157061**	**9554**	**156702**	**11053**	**144049**	**277**	**1323**
2001	987	13891	22469	4750	16630	1090	30607	2505	28007	38	57
2002	987	14359	28384	5032	22103	1249	30961	2348	28375	44	194
2003	964	14453	30520	4352	24940	1228	30925	2265	28361	45	254
2004	964	14630	49750	5437	41463	2850	31700	1959	29256	73	412
2005	966	14696	60840	5779	51925	3137	32509	1976	30050	77	406

注：1. 表中电信资料包括全社会民用电信数据，从2000年起新增中国联通有限公司北京分公司数据；从2001年起新增中国网络通讯有限公司北京分公司、中国铁通集团有限公司北京分公司数据；从2004年起新增中国电信集团北京市电信有限公司数据，不含中国网络通讯有限公司北京分公司数据；从2005年开始新增中国卫星通信集团公司北京市分公司数据。

2. 铁路数据为北京市市辖范围，2005年取自北京铁路局，2005年以前取自北京铁路分局。

Note: a) Telecom data in the table include all data of civilian telecom. From 2000, the data of China Unicom Beijing Branch were added. From 2001, the data of China Netcom Beijing Branch and China Tietong Beijing Branch were added. From 2004, the data of China Telecom Beijing Telecom were added, excluding that of China Netcom Beijing Branch; from 2005, the data of China Satcom Beijing Branch are added.

b) Railway figures for 2005 were from Beijing Railway Bureau, those for previous years were from Beijing Railway Branch.

12-1 续表1 continued

年 份 Year	旅客周转量(万人公里) Total Passenger-Kilometers (10000 passengers-km)	铁 路 Railway	公 路 Highway	民 航 Civil Aviation	货物周转量(万吨公里) Total Freight Ton-Kilometers (10000 tons-km)	铁 路 Railway	公 路 Highway	民 航 Civil Aviation	管 道 Pipeline
1994	1906718	547488	180030	1179199	3107722	2303265	725740	78142	575
1995	2076879	508995	234540	1333343	3231034	2393403	762027	74940	663
1996-2000	**12752549**	**2649587**	**1744526**	**8358436**	**14987254**	**10458031**	**3918017**	**609517**	**1688**
1996	2219196	459514	250488	1509194	3176234	2311011	784888	79983	352
1997	2272177	477538	261204	1533435	3129097	2263274	769190	96202	431
1998	2419787	505554	304592	1609641	2846652	1952602	783237	110470	343
1999	2701471	579759	400597	1721115	2838857	1929269	754264	155171	153
2000	3139918	627222	527645	1985051	2996414	2001875	826438	167691	410
2001-2005	**27318106**	**3454437**	**5282581**	**18581088**	**19093511**	**12470145**	**4130198**	**1121536**	**1371632**
2001	3462571	677146	529776	2255649	3159847	2167201	826437	165832	378
2002	3961623	642676	603510	2715437	3405498	2213728	835873	195792	160105
2003	3933077	619631	693100	2620346	3620777	2409620	789952	208058	213147
2004	7580057	738956	1582441	5258660	4022791	2571459	822992	270182	358158
2005	8380778	776028	1873754	5730996	4884598	3108137	854944	281672	639845

12-1 续表2 continued

年 份 Year	民用机动车拥有量(辆) Possession of Civil Vehicles (unit)	#私 人 Individuals	邮电业务总量(万元) Business Volum of Post and Telecommunications Service (10000 yuan)	市话交换机容量(万门) City Switchboards Capacity (10000 units)	电话机拥有量(万部) Possession of Telephones (10000 units)
1978	77059		9050.6	26.2	8.7
1979	89447		9986.8	31.5	9.3
1980	103826		11403.7	35.0	9.9
1985	224272		22413.3	62.1	15.2
1986-1990					
1986	266706		25347.7	69.6	17.9
1987	272290	7148	29282.3	83.8	20.9
1988	312174		35478.5	101.6	23.8
1989	353315	24029	43922.3	119.9	27.8
1990	384451		77205.6	136.2	33.3
1991-1995					
1991			157417.7	165.0	39.5
1992	341015	48643	215768.9	193.9	48.0
1993	563690	66883	311251.3	226.2	66.5
1994	664355	85474	418773.9	303.5	189.0
1995	804229	127568	561296.4	369.3	241.7
1996-2000					
1996	798392	351835	729022.4	442.0	292.3
1997	1019042	540564	930136.7	546.4	357.8
1998	1163338	697707	1290966.5	686.8	522.5
1999	1241719	762361	1659132.7	748.3	654.5
2000	1364718	855321	2147495.5	803.7	909.5
2001-2005					
2001	1565434	1004830	2182782.0	903.8	1264.2
2002	1765380	1195060	2540454.0	989.4	1618.4
2003	1991104	1389569	3040327.0	1038.3	1932.5
2004	2167179	1546865	3438375.5	1108.0	2345.5
2005	2460998	1798407	4129613.5	1381.0	2605.3

注： 铁路是北京市辖范围。

Note: Railway refers to that within the jurisdiction of Beijing.

12-2 社会客货运总量(换算周转量)

PASSENGER AND FREIGHT TRAFFIC (CONVERTED INTO TURNOVER VOLUME)

单位：万吨公里 (10000 tn-km)

项目	Item	2005	2004	2005年为2004年% 2005 as % of 2004	构成(%) Composition(%)	
					2005	2004
运输总量	**Total**	**6266322.0**	**5303834.9**	**118.1**	**100.0**	**100.0**
铁路	Railway	3884165.0	3310415.0	117.3	62.0	62.4
公路	Highway	1042319.4	981236.1	106.2	16.6	18.5
民航	Civil Aviation	699992.9	654025.8	107.0	11.2	12.3
管道	Petroleum and Gas Pipelines	639844.7	358158.0	178.6	10.2	6.8

注：民航包括中国国际航空公司和新华航空有限责任公司(下同)。

Note: Data of civil aviation include those of Air China and China Xinhua Airlines (the same below).

12-3 运输线路

TRANSPORTATION ROUTES

项目	Item	条数(条) Number (line)		长度(公里) Length (km)	
		2005	2004	2005	2004
铁路	Railway		26	965.6	964.4
公路	Highway	3316	3268	14696	14630
民航	Civil Aviation				
#中国国际航空公司	Air China	316	306		
中国新华航空有限责任公司	China Xinhua Airlines	284	262		
管道	Petroleum and Gas Pipelines	10	9	2039.8	1118.8

12-4 公路、铁路、民航主要技术经济指标

MAIN TECHNICAL AND ECONOMIC INDICATORS OF HIGHWAY, RAILWAY AND CIVIL AVIATION

项目	Item	2005	2004	2005年为2004年% 2005 as % of 2004
公路货运	**Highway Freight Traffic**			
货车百吨公里耗汽油 (升)	Petroleum Consumption of Trucks Per 100 Ton-km (liter)	7.76	7.77	99.9
货车百吨公里耗柴油 (升)	Diesel Consumption of Trucks Per 100 Ton-km (liter)	4.72	4.68	100.9
铁　路	**Railway**			
内燃机车每万吨公里耗柴油 (公斤)	Diesel Consumption of internal-combustion Engine Per 10000 (kg)	25	27	92.6
电力机车每万吨公里耗电 (千瓦小时)	Electricity Consumption of electric power Engine Per 10000 (kwh)	93.4	104.2	89.6
民　航	**Civil Aviation**			
每吨公里耗航空油 (公斤)	Aviation-oil Consumption Per Kilometer (kg)	0.35	0.32	109.4

12-5 民用机动车拥有量

POSSESSION OF CIVIL VEHICLES

单位：万辆 (10000 units)

项目	Item	2005	2004	2005年为2004年% 2005 as % of 2004
机动车	**Motor Vehicles**	**246.1**	**216.7**	**113.6**
#汽　车	Automobiles	214.6	187.1	114.7
#载货汽车	Trucks	17.7	17.7	100.2
载客汽车	Passanger Vehicles	188.3	161.4	116.7
#私人汽车	Private Vehicles	154.0	129.8	118.7
#小轿车	Cars	99.2	80.3	123.5
摩托车	Motorcycles	26.5	25.4	104.3

资料来源：北京市公安交通管理局。

Sources: Beijing Traffic Management Bureau.

12-6 邮电业务总量

BUSINESS VOLUME OF POSTS AND TELECOMMUNICATIONS SERVICES

项目		Item		2005	2004	2005年为2004年% 2005 as % of 2004
邮电业务量(2000年不变价)	**(万元)**	**Sales Revenue of Posts and Telecommunications (at 2000 constant prices)**	**(10000 yuan)**	**4129614**	**3438376**	**120.1**
邮　政		Post		335242	311226	107.7
电　信		Telecommunications		3794372	3127149	121.3
邮电业务总量		**Business Volume of Posts and Telecommunications Service**				
函　件	(万件)	Number of Letters	(10000 pcs)	62319	77208	80.7
包　件	(万件)	Parcels	(10000 pcs)	811	810	100.1
汇　票	(万件)	Postal Money Order	(10000 pcs)	839	951	88.2
订销报纸累计	(万份)	Newspaper	(10000 copies)	101161	100544	100.6
订销杂志累计	(万份)	Magazines	(10000 copies)	3695	3881	95.2
邮政储蓄期末余额	(万元)	Post Savings Deposit Balance	(10000 yuan)	3802882	3185637	119.4
长途电话通话量(固定)	(万次)	Long-Distance Calls(Stationary)	(10000 times)	83308.1	78349.2	106.3
本地电话通话量(固定)	(万次)	Local Calls(Stationary)	(10000 times)	4054739	4160486	97.5
移动电话通话量	(万次)	Mobil Telephone Calls	(10000 times)	1513559	1310066	115.5
移动电话用户	(万户)	Subscribers	(10000 subscribers)	1459.8	1340.7	108.9
固定电话用户	(万户)	Stationary Telephone Subscribers	(10000 subscribers)	943.5	847.4	111.3
#住宅电话用户	(万户)	Household Telephone Subscribers	(10000 subscribers)	719.4	644.9	111.6
长途光缆纤芯长度	(芯公里)	Fiber Length of Long Distance Optic Cables	(core-km)	177752	147837	120.2
长途电话交换机容量	(万路端)	Capacity of Long Distance Telephone Exchanges	(10000 roadheads)	27.5	21.5	127.9
局用交换机容量	(万门)	Capacity of Office Telephone Exchange	(10000 units)	1381	1109	124.5
移动电话电话交换机容量	(万户)	Capacitance of Mobil Telephone Exchange	(10000 subscribers)	1782	1597	111.6
百人拥有电话	(部)	Telephone of per 100 persons	(unit)	171.9	159	108.1
百人拥有固定电话主线	(线)	Telephone Main Line of per 100 persons	(line)	62.3	57.5	108.3
百人拥有移动电话	(部)	Mobil Telephone of per 100 persons	(unit)	96.3	90.9	105.9

注：固定电话用户包括市内电话用户和农村电话用户，以后农村电话指标不再单独反映。

Note: Data of fixed telephone subscribers included urban and rural areas,and rural telephones won't be reported separately any more.

主要统计指标解释

铁路营业里程 又称营业长度，指办理客货运输业务的铁路正线总长度。凡是全线或部分建成双线及以上的线路，以第一线的实际长度计算；复线、站线、段管线、岔线和特殊用途线以及不计算运费的联络线都不计算营业里程。铁路营业里程是反映铁路运输业基础设施发展水平的重要指标，也是计算客货周转量、运输密度和机车车辆运用效率等指标的基础资料。

铁路电气化里程 指在全部铁路营业里程中已经安装了供电线路及设备，可以供电力机车牵引列车运行的区段的总里程。

货（客）运量 指在一定时期内，各种运输工具实际运送的货物（旅客）数量。是反映运输业为国民经济和人民生活服务的数量指标，也是制定和检查运输生产计划，研究运输发展规模和速度的重要指标。货运按吨计算，客运按人计算。货物不论运输距离长短，货物类别，均按实际重量统计；旅客不论行程远近或票价多少，均按一人一次作为客运量统计。半价票、小孩票也按一人统计。

货物（旅客）周转量 指在一定时期内，由各种运输工具运送的货物（旅客）数量与其相应运输距离的乘积之总和，是反映运输业生产总成果的重要指标，也是编制和检查运输生产计划，计算运输效率、劳动生产率以及核算运输单位主要基础资料。计算货物周转量通常按发出站与到达站之间的最短距离，也就是计费距离计算。

邮电业务总量 是以货币形式表示的邮政电信企业为社会提供各类邮政通信服务的总数量。计算公式为：邮电业务总量=Σ（各类邮政通信业务量*不变单价）+出租代维及其他业务收入。

固定电话用户 指接入国家公众固定电话网的全部电话用户。

住宅电话用户 指私人付费或安装在居民住宅并按照私人或住宅电话用户登记注册和收费的各类电话用户。

移动电话用户 指通过移动电话交换机进入移动电话网，占用移动电话号码的各类电话用户。

长途光缆纤芯长度 指长途光缆纤芯数与长途光缆长度的乘积。

电话普及率 指报告期行政区域常住人口中，平均每百人拥有的话机数（包括移动电话）。

计算公式为：电话普及率=电话机总数（部）/ 行政区域常住人口数

主线普及率 指报告期行政区域常住人口中，平均每百人拥有的固定电话主线数。计算公式为：主线普及率=电话主线数（本地电话用户）/ 行政区域常住人口数

移动电话普及率 指报告期行政区域常住人口中，平均每百人拥有的移动电话的用户数。计算公式为：移动电话普及率=移动电话用户总数 / 行政区域常住人口数

市话交换机容量 指局用交换机容量与接入网设备容量（或局用交换机容量）之和。

电话机拥有量 指固定电话机总数与移动电话用户之和。

北京统计年鉴——2006　　BEIJING STATISTICAL YEARBOOK

批发零售贸易业和餐饮业

WHOLESALE, RETAIL AND RESTAURANT

简要说明

一、本章资料的主要内容

本章资料反映北京市商品流通市场发展及批发和零售业、餐饮业商品经营情况。主要内容有社会消费品零售额；限额以上批发和零售业商品购销存及商品分类销售情况；批发和零售业、餐饮业财务主要指标；商品交易市场主要情况等。

二、本章的统计范围

社会消费品零售额指标在1993年、1997年和2003年做了较大调整。1993年至1996年不包括农业生产资料；1997年至2002年不包括居民购买住房；2003年及以后不包括由各种经济类型的制造业法人企业、产业活动单位，直接售给城乡居民（包括本企业职工）和社会集团的商品以及农民在田间地头出售的农产品。

限额以上批发和零售业、餐饮业统计限额标准：批发业年销售额2000万元及以上；零售业年销售额500万元及以上；餐饮业年营业额200万元及以上。

三、本章的资料来源

本章资料由北京市统计局商调队、国家统计局北京调查总队商业和投资建筑业调查处提供。

四、本章的统计调查方法

限额以上批发和零售业法人企业、餐饮业法人企业基本情况报表采用全面调查的方法，逐级汇总上报。限额以下企业及个体户采用抽样调查方法推算。

五、本章中关于历史数据调整的问题

由于2004年开展了“北京市第一次全国经济普查”，按照国家统计局统一要求和统一方法，历史资料要根据普查结果进行修正。本章中1993年至2003年的社会消费品零售额数据采用了“速度推算法”进行调整。2004年使用的是经济普查数据。

13-1 社会消费品零售额(1978-2005年)

TOTAL RETAIL SALES OF CONSUMER GOODS (1978-2005)

单位：亿元 (100 million yuan)

年份 Year	社会消费品零售额 Retail Sales of Consumer Goods	按地区分 By Region			按经济类型分 By Ownership			
		市 City	县 County	县以下 Below County Level	国有经济 State-Owned Units	集体经济 Collective-Owned Units	个体经济 Individual	其他经济 Others
1978	44.2	34.5	5.3	4.4	37.2	7.0		
1979	52.2	41.6	5.8	4.8	44.2	7.9	0.1	
1980	61.3	49.3	6.6	5.4	49.1	11.8	0.4	
1981-1985	**455.3**	**364.0**	**48.3**	**43.0**	**301.7**	**143.5**	**9.1**	**1.0**
1986-1990	**1131.8**	**943.0**	**103.4**	**85.4**	**617.7**	**401.1**	**106.7**	**6.3**
1986	146.5	121.7	12.1	12.7	84.5	51.0	10.6	0.4
1987	176.6	145.7	16.2	14.7	97.1	64.5	14.5	0.5
1988	234.3	195.0	21.2	18.1	129.4	84.5	19.7	0.7
1989	266.7	221.5	25.0	20.2	143.8	92.2	28.2	2.5
1990	307.7	259.1	28.9	19.7	162.9	108.9	33.7	2.2
1991-1995	**3116.0**	**2448.0**	**418.2**	**249.8**	**1468.5**	**871.8**	**595.1**	**180.6**
1991	357.8	301.2	33.4	23.2	191.8	122.9	40.5	2.6
1992	430.0	360.2	41.1	28.7	230.6	139.6	56.5	3.3
1993	611.2	495.3	69.6	46.3	313.7	186.8	101.4	9.3
1994	766.6	603.5	104.1	59.0	344.0	196.8	175.1	50.7
1995	950.4	687.8	170.0	92.6	388.4	225.7	221.6	114.7
1996-2000	**6811.7**	**5288.4**	**502.7**	**1020.6**	**2207.3**	**1277.5**	**1453.8**	**1873.1**
1996	1061.6	763.7	109.9	188.0	361.8	249.7	277.8	172.3
1997	1208.5	929.0	101.4	178.1	423.9	284.9	271.7	228.0
1998	1373.6	1094.7	88.5	190.4	396.2	266.0	279.3	432.1
1999	1509.3	1192.6	96.5	220.2	501.2	230.8	296.5	480.8
2000	1658.7	1308.4	106.4	243.9	524.2	246.1	328.5	559.9
2001-2005	**11662.9**	**9590.3**	**432.8**	**1639.8**	**2017.3**	**898.5**	**2178.0**	**6569.1**
2001	1831.4	1438.8	117.2	275.4	517.1	190.0	385.5	738.8
2002	2005.2	1564.7	127.6	312.9	491.4	179.7	397.3	936.8
2003	2296.9	1840.3	106.4	350.2	538.7	242.1	408.0	1108.1
2004	2626.6	2286.8	22.2	317.6	236.6	142.8	459.4	1787.8
2005	2902.8	2459.7	59.4	383.7	233.5	143.9	527.8	1997.6

注：1. 1993-2003年社会消费品零售额按经济普查口径进行了调整,2004年使用经济普查数据。
2. 国有经济包括国有、国有联营、国有独资公司。
3. 集体经济包括集体、集体联营、股份合作。

Note: a) Total retail sales of consumer goods for 1993-2003 were adjusted according to the economic cencus statistics.Figures for 2004 were from economic cencus.
b) State-owned units include state-owned companies,state-owned affilates and wholly state-owned companies.
c) Collective-owned units include collective companies, collective affilates and joint-stock companies.

13-1 续表1 continued

单位：亿元 (100 million yuan)

年 份 Year	按行业分 By Sector			按类别分 By Category			
	批发零售贸易业 Wholesale and Retail Trade	餐饮业 Restaurants	其他行业 Others	食品类 Food	衣着类 Clothing	日用品类 Daily Use Articles	燃料类 Fuels
1978	40.7	1.7	1.8	18.0	8.9	16.0	1.3
1979	47.3	2.1	2.8	20.4	11.1	19.2	1.5
1980	53.5	2.7	5.1	24.4	12.9	22.4	1.6
1981-1985	**381.7**	**21.9**	**51.7**	**174.3**	**82.0**	**188.7**	**10.3**
1986-1990	**906.7**	**70.7**	**154.4**	**451.8**	**152.4**	**503.5**	**24.1**
1986	119.3	8.1	19.1	57.4	21.6	64.2	3.3
1987	140.2	10.7	25.7	72.4	25.6	74.9	3.7
1988	186.4	16.1	31.8	92.0	33.0	105.2	4.1
1989	213.1	16.5	37.1	108.0	31.6	121.3	5.8
1990	247.7	19.3	40.7	122.0	40.6	137.9	7.2
1991-1995	**2297.2**	**239.7**	**579.1**	**1213.7**	**465.0**	**1365.5**	**71.8**
1991	286.2	22.9	48.7	138.6	47.1	164.4	7.7
1992	333.7	30.8	65.5	165.5	57.2	197.0	10.3
1993	451.7	51.3	108.2	220.7	96.5	277.6	16.4
1994	553.4	62.3	150.9	283.2	125.3	338.6	19.5
1995	672.2	72.4	205.8	405.7	138.9	387.9	17.9
1996-2000	**4808.5**	**448.6**	**1554.6**	**2177.0**	**858.9**	**3576.5**	**199.3**
1996	755.2	78.6	227.8	427.5	152.5	461.8	19.8
1997	815.3	83.3	309.9	447.9	161.6	565.6	33.4
1998	994.9	94.0	284.7	399.8	167.2	764.2	42.4
1999	1064.5	93.4	351.4	430.4	178.8	852.9	47.2
2000	1178.6	99.3	380.8	471.4	198.8	932.0	56.5
2001-2005	**9430.7**	**903.9**	**1328.3**	**3058.9**	**1217.7**	**6717.7**	**668.6**
2001	1296.7	111.0	423.7	528.7	221.9	1016.9	63.9
2002	1446.8	129.2	429.2	540.2	219.9	1167.4	77.7
2003	1930.8	145.5	220.6	596.4	252.3	1356.4	91.8
2004	2227.0	250.2	149.4	644.9	242.1	1538.3	201.3
2005	2529.4	268.0	105.4	748.7	281.5	1638.7	233.9

13-2 按登记注册类型分限额以上批发和零售企业商品零售额
RETAIL SALES OF GOODS IN WHOLESALE AND RETAIL ENTERPRISES ABOVE DESIGNATED SIZE BY REGISTRATION STATUS

单位：万元 (10000 yuan)

项　目	Item	2005	2004	2005年为2004年% 2005 as % of 2004
总　计	**Total**	**17668893**	**16216034**	**109.0**
内资企业	Domestic Funded Enterprises	15396494	14494522	106.2
#国有企业	State-owned Enterprises	1494639	1596778	93.6
集体企业	Collective-owned Enterprises	513175	515472	99.6
股份有限公司	Share Holding Corporations Ltd.	2989701	2574597	116.1
港澳台商投资企业	Enterprises with Funds from Hongkong, Macao and Taiwan	261868	167907	156.0
外商投资企业	Foreign Funded Enterprises	2010531	1553605	129.4

注：2004年为经济普查数据。
Note: Figures for 2004 were from economic cencus.

13-3 社会商品购进、销售、库存总值
TOTAL PURCHASES, SALES AND INVENTORY OF GOODS

单位：万元 (10000 yuan)

项　目	Item	2005	2004	2005年为2004年% 2005 as % of 2004
商品购进总额	**Total Purchases of Goods**	**120746902**	**102606468**	**117.7**
市内购进	In the City	40786837	33575893	121.5
市外购进	From Outside Beijing	64372067	53236971	120.9
进　口	Imported	15587998	15793604	98.7
商品销售总额	**Total Sales**	**130448741**	**112799598**	**115.6**
批发额	**Wholesale**	**103967544**	**89035491**	**116.8**
市内批发	In the City	31340565	28332523	110.6
市外批发	To Outside	65282402	53819892	121.3
出　口	Exported	7344577	6883076	106.7
零售额	**Retail**	**26481198**	**23764107**	**111.4**
年末库存	**Inventory (year-end)**	**13783302**	**12768686**	**107.9**

注：2004年为经济普查数据。
Note: Figures for 2004 were from economic cencus.

13-4 批发和零售企业商品购进、销售、库存总值
TOTAL PURCHASES,SALES AND INVENTORY OF WHOLESALE AND RETAIL SALE ENTERPRISES

单位：万元 (10000 yuan)

项　目	Item	2005	2004	2005年为2004年% 2005 as % of 2004
商品购进总额	**Total Purchases of Goods**	**107642176**	**97724619**	**110.1**
市内购进	In the City	32644507	30474686	107.1
市外购进	From Outside Beijing	59409671	51456329	115.5
进　口	Imported	15587998	15793605	98.7
商品销售总额	**Total Sales**	**117426984**	**107225699**	**109.5**
批发额	**Wholesale**	**96990598**	**89196504**	**108.7**
市内批发	In the City	27834991	28804822	96.6
市外批发	To Outside	61811030	53508605	115.5
出　口	Exported	7344577	6883076	106.7
零售额	**Retail**	**20436388**	**18029195**	**113.4**
年末库存	**Inventory (year-end)**	**13620410**	**12768686**	**106.7**

注：2004年为经济普查数据。
Note: Figures for 2004 were from economic cencus.

13-5 批发和零售企业商品分类销售库存(2005年)
SALES AND INVENTORY BY CATEGORY IN WHOLESALE AND RETAIL ENTERPRISES (2005)

单位：万元 (10000 yuan)

项目	Item	合计 Total 商品总销售 Total Sales	#零售额 Retail	年末库存 Inventory (year-end)	大型企业 Large Enterprises 商品总销售 Total Sales	#零售额 Retail	年末库存 Inventory (year-end)
合计	**Total**	**117426984**	**20436388**	**13620410**	**38952858**	**7118193**	**5802534**
食品、饮料、烟酒类	Food,Beverages,Tobacco and Liquor	9017491	2503428	2700200	2912811	1523529	1883136
粮油类	Grain and Oil	3117027	279698	2229451	343767	171950	1686307
肉禽蛋类	Meat,Poultry and Eggs	462491	297035	38534	192658	188040	5391
其他食品类	Other Food	2614647	1320715	196196	1172509	825487	82874
饮料类	Beverages	450006	259157	47758	189106	139906	19617
烟酒类	Tobacco and Liquor	2373320	346823	188261	1014771	198146	88947
服装鞋帽、针、纺织品类	Clothing,Shoes,Hats and Textiles	4260675	2170107	357629	1743600	1275545	51110
服装类	Clothing	2493172	1502240	191272	1238481	906931	33051
鞋帽类	Shoes and Hats	685844	386182	48541	355400	226229	9822
针、纺织品类	Knitwear and Textiles	1081659	281685	117816	149719	142385	8237
化妆品类	Cosmetics	601257	395609	59594	339502	277775	33629
金银珠宝类	Gold, Silver and Jewelry	529191	344373	83463	134464	134464	4768
日用品类	Articles for Daily Use	1638354	868714	184495	651293	494887	44966
#洗涤用品类	Washing Articles	381315	214424	40691	213973	149118	23656
儿童玩具类	Children Toys	46689	34640	4217	18049	17953	1470
五金、电料类	Hardware and Electrical Materials	787331	201786	99105	90905	20143	16666
体育、娱乐用品类	Sports and Recreation Articles	1042841	237550	66307	714608	118220	33876
书报、杂志类	Newspapers and Magazines	935187	395467	216261	362567	164447	99645
电子出版物及音像制品类	E-Journal and Video Products	211582	102646	47399	29267	27586	8298
家用电器和音像器材类	Household Appliances and Video Appliances	4630927	1463127	430045	3258676	746688	258247
中西药品类	Traditional Chinese and Western Medicines	3202350	1133151	388246	1201937	354176	151139
#西药类	Western Medicines	2074027	743260	192533	863881	292940	71525
中草药及中成药类	Traditional Chinese Medicines	766384	299680	126333	265424	55860	65791
文化、办公用品类	Cultural and Official Goods	4972773	1109073	406802	826423	86202	92135
家具类	Furniture	184960	161066	32321	18157	17953	729
通讯器材类	Communication Appliances	7061364	667124	351476	4261208	326256	130690
煤炭及制品类	Coal and Related Products	7142112	48520	244325	142660		501
木材及制品类	Wood and Wooden Products	216049	18119	56205	46813	1078	3279
石油及制品类	Petroleum and Related Products	15896149	2217344	376507	3924453	1414356	82187
化工材料及制品类	Raw Chemical Materials	8475616	102878	1443017	1856478		393130
#化肥类	Fertilizer	2944472		1079527	1812568		385246
金属材料类	Metal Materials	20252995	209466	1872039	8147612		1015310
建筑及装潢材料类	Building and Decoration Materials	1664179	272166	198821	556241	25376	82372
机电产品及设备类	Electlomechanic Products and Equipments	7767656	680024	1931674	2596649	18003	816718
#农机类	Agricultural Machinery	79966		7655			
汽车类	Automobile	9194863	4287134	583733	3334339	558	49977
种子饲料类	Seed and Feedstuff	305736		60995			
棉麻类	Cotton, Hemp	846894		499350	64276		240135
其他类	Others	6588452	847516	930401	1737919	90951	309891

13-5 续表1 continued

单位：万元 (10000 yuan)

项目	Item	中型企业 Medium Enterprises			小型企业 Small Enterprises		
		商品总销售 Total Sales	#零售额 Retail	年末库存 Inventory (year-end)	商品总销售 Total Sales	#零售额 Retail	年末库存 Inventory (year-end)
合　计	**Total**	**2128290**	**1018976**	**333535**	**76345836**	**12299219**	**7484341**
食品、饮料、烟酒类	Food,Beverages,Tobacco and Liquor	438642	240669	44366	5666038	739230	772698
粮油类	Grain and Oil	46783	22593	6539	2726477	85155	536605
肉禽蛋类	Meat,Poultry and Eggs	40366	28149	1937	229467	80846	31206
其他食品类	Other Food	224261	118273	21497	1217877	376955	91825
饮料类	Beverages	55747	38663	4181	205153	80588	23960
烟酒类	Tobacco and Liquor	71485	32991	10212	1287064	115686	89102
服装鞋帽、针、纺织品类	Clothing,Shoes,Hats and Textiles	294257	203133	53176	2222818	691429	253343
服装类	Clothing	202008	131001	38793	1052683	464308	119428
鞋帽类	Shoes and Hats	63617	49602	8649	266827	110351	30070
针、纺织品类	Knitwear and Textiles	28632	22530	5734	903308	116770	103845
化妆品类	Cosmetics	19024	16624	1658	242731	101210	24307
金银珠宝类	Gold, Silver and Jewelry	63607	33816	25261	331120	176093	53434
日用品类	Articles for Daily Use	102980	71480	23295	884081	302347	116234
#洗涤用品类	Washing Articles	19086	16674	1630	148256	48632	15405
儿童玩具类	Children Toys	1615	1253	117	27025	15434	2630
五金、电料类	Hardware and Electrical Materials	15334	6225	3424	681092	175418	79015
体育、娱乐用品类	Sports and Recreation Articles	5980	5345	1804	322253	113985	30627
书报、杂志类	Newspapers and Magazines	33016	32629	13130	539604	198391	103486
电子出版物及音像制品类	E-Journal and Video Products	8704	6222	4031	173611	68838	35070
家用电器和音像器材类	Household Appliances and Video Appliances	79014	18250	8213	1293237	698189	163585
中西药品类	Traditional Chinese and Western Medicines	219083	96207	27550	1781330	682768	209557
#西药类	Western Medicines	119266	49431	13666	1090880	400889	107342
中草药及中成药类	Traditional Chinese Medicines	85715	35873	9412	415245	207947	51130
文化、办公用品类	Cultural and Official Goods	83950	26342	14505	4062400	996529	300162
家具类	Furniture	16894	16814	9248	149909	126299	22344
通讯器材类	Communication Appliances	142445	30483	19645	2657711	310385	201141
煤炭及制品类	Coal and Related Products	48575	7402	4365	6950877	41118	239459
木材及制品类	Wood and Wooden Products	12030		1877	157206	17041	51049
石油及制品类	Petroleum and Related Products	53730	14486	2060	11917966	788502	292260
化工材料及制品类	Raw Chemical Materials	70203	114	8566	6548935	102764	1041321
#化肥类	Fertilizer	28924		6154	1102980		688127
金属材料类	Metal Materials	54799	19	6070	12050584	209447	850659
建筑及装潢材料类	Building and Decoration Materials	63012	46511	11149	1044926	200279	105300
机电产品及设备类	Electlomechanic Products and Equipments	100032	12074	10693	5070975	649947	1104263
#农机类	Agricultural Machinery	11012		749	68954		6906
汽车类	Automobile	82291	70095	9678	5778233	4216481	524078
种子饲料类	Seed and Feedstuff	12273		5251	293463		55744
棉麻类	Cotton, Hemp	762		348	781856		258867
其他类	Others	107653	64036	24172	4742880	692529	596338

13-6 限额以上批发和零售企业商品购进、销售、库存数量(2005年)

PURCHASES, SALES AND INVENTORY VOLUME OF ENTERPRISES ABOVE DESIGNATED SIZE IN WHOLESALE AND RETAIL SALE TRADES (2005)

项目		Item		商品总销售 Total Sales	批发 Wholesale Trade	零售 Retail Trade
粮食	(百公斤)	Grain	(100 kg)	83975826	81882393	2093433
食用植物油	(百公斤)	Edible Vegetable Oil	(100 kg)	16096459	14954757	1141702
猪和猪肉	(百公斤)	Pigs and Pork	(100 kg)	1289706	659356	630350
牛和牛肉	(百公斤)	Cattle and Beef	(100 kg)	190263	35801	154462
羊和羊肉	(百公斤)	Goat,Sheep and Mutton	(100 kg)	190658	35775	154883
家禽	(百公斤)	Poultry	(100 kg)	357710	85517	272193
鲜蛋	(百公斤)	Fresh Eggs	(100 kg)	238796	3813	234983
鲜菜	(百公斤)	Fresh Vegetable	(100 kg)	539119	6839	532280
鲜瓜果	(百公斤)	Fresh Melons and Fruits	(100 kg)	780134	143659	636475
水产品	(百公斤)	Aquatic Products	(100 kg)	273130	62402	210728
食糖	(百公斤)	Sugar	(100 kg)	8773492	8596179	177313
卷烟	(箱)	Cigarettes	(case)	6715570	6445603	269967
酒	(百公斤)	Liquor Wine	(100 kg)	6682405	5844228	838177
#白酒	(百公斤)	Distilled Spirit	(100 kg)	1241542	908486	333056
啤酒	(百公斤)	Beer	(100 kg)	5123955	4746081	377874
茶叶	(百公斤)	Tea	(100 kg)	150062	93419	56643
各种服装	(百件)	Clothing	(100 units)	2298312	1446225	852087
#童装	(百件)	Children Clothing	(100 units)	121013	24485	96528
鞋	(百双)	Shoe	(100 pairs)	464852	186789	278063
照相机	(台)	Cameras	(unit)	2504024	2141824	362200
#数码照相机	(台)	Digital Camera	(unit)	2314800	2062912	251888
自行车	(辆)	Bicycle	(unit)	224753	49054	175699
彩色电视机	(台)	Color TV Set	(unit)	1996775	1055498	941277
#74厘米及以上	(台)	74 centimeter and above	(unit)	821844	534484	287360
组合音响	(台)	Stereo Component System	(unit)	266680	146481	120199
摄像机	(架)	Pickup Camera	(unit)	1117400	942811	174589
影碟机	(台)	Video Disc Player	(unit)	1136439	508806	627633
家用电风扇	(台)	Electrical Fans	(unit)	435867	105699	330168
家用电冰箱	(台)	Household Refrigerators	(unit)	1188201	690880	497321
家用洗衣机	(台)	Household Washing Machin	(unit)	1834009	1325720	508289
房间空调器	(台)	Room Air Conditioners	(unit)	3578259	2552562	1025697
微波炉	(台)	Microwave Oven	(unit)	1389207	1019763	369444
热水淋浴器	(台)	Showers	(unit)	605302	90141	515161
吸尘器	(台)	Dust Catcher	(unit)	254341	114415	139926
抽油烟机	(台)	Exhauster	(unit)	427886	99857	328029
电饭锅(煲)	(个)	Electric Rice Cooker	(unit)	877264	414233	463031
微型计算机	(台)	Micro Computers	(unit)	2924329	2299614	624715
普通电话机	(部)	Telephones	(unit)	1952141	1282821	669320
移动电话机	(部)	Mobile phone	(unit)	51207423	47839573	3367850
煤炭	(吨)	Coal	(ton)	172208165	171399036	809129
汽油	(吨)	Gasoline	(ton)	11034009	8209537	2824472
煤油	(吨)	Kerosene	(ton)	3335140	3334655	485
柴油	(吨)	Diesel Oil	(ton)	22137633	20491436	1646197
钢材	(吨)	Steel Products	(ton)	32275837	32010383	265454
水泥	(吨)	Cement	(ton)	940103	931018	9085
汽车	(辆)	Motor Vehicles	(unit)	549465	246630	302835
#轿车	(辆)	Cars	(unit)	373065	165660	207405
摩托车	(辆)	Motorcycle	(unit)	33628	28606	5022

13-7 限额以上批发和零售企业财务状况(2005年)

FINANCIAL INDICATORS OF ENTERPRISES ABOVE DESIGNATED SIZE IN WHOLESALE AND RETAIL SALE TRADES (2005)

单位：万元 (10000 yuan)

项目	Item	企业单位个数(个) Number of Enterprises (Nos.)	资产合计 Total Assets	流动资产合计 Total Circulating Assets	长期投资 Long-term Investment	固定资产合计 Total Fixed Assets	固定资产原价合计 Original Value of Fixed Assets
合计	**Total**	**5354**	**61061396**	**43037832**	**11613680**	**4616296**	**5511053**
按企业登记注册类型分	**Grouped by Registration Status of Enterprises**						
内资企业	Domestic Funded Enterprises	5249	52343713	37157150	9400348	4140056	4823419
国有企业	State-Owned Enterprises	534	18137003	11766962	4185440	1316081	1654434
集体企业	Collective Owned Enterprises	184	1339764	1058761	99905	173918	215762
股份合作企业	Cooperative Enterprises	167	417088	339369	10622	62565	70291
联营企业	Joint Owned Enterprises	27	105095	49118	2717	37965	60409
有限责任公司	Limited-Liability Corporation	1406	21386725	16122771	3468931	1366505	1491003
股份有限公司	Share Holding Corporations Ltd.	106	5064746	2737931	1288026	813205	920415
私营企业	Private Enterprises	2815	5879411	5071315	344447	368370	408787
其他企业	Others	10	13881	10923	261	1449	2318
港澳台商投资企业	Enterprises with Funds from Hongkong, Macao and Taiwan	26	323666	260025	16185	30274	104158
外商投资企业	Foreign Funded Enterprises	79	8394017	5620658	2197147	445966	583476
按国民经济行业分	**Grouped by Sectors**						
批发业	Wholesale Trade	2768	50716533	36335523	10562725	2476132	2958308
农畜产品批发	Agricultural and Animal Products	52	6777230	4827534	1027705	234727	272921
食品、饮料及烟草制品批发	Food,Beverage and Tobacoo Products	184	2492831	1379290	751964	303473	324329
纺织、服装及日用品批发	Textile Garments and Daily Use goods	176	1459890	1071491	264052	103365	103003
文化、体育用品及器材批发	Products and Equipment of Culture or Sports	153	1075635	812122	173679	81222	79328
医药及医疗器材批发	Medicine and Medical Appliance	165	1395792	1080125	201091	74659	91752
矿产品、建材及化工产品批发	Mineral,Construction Material, Chemical Products	1064	19699425	14585643	3985370	858739	1002629
机械设备、五金交电及电子产品批发	Machinery,Hardware,Electrical Appliance and Electronic product	854	13456869	9762418	2858943	627455	795423
贸易经纪与代理	Trade and Deputy	9	394831	280817	110345	3561	5018
其他批发	Others	111	3964030	2536083	1189577	188932	283905
零售业	Retail	2586	10344862	6702309	1050955	2140165	2552745
综合零售	Total Retail	235	3990718	2239929	446163	1085164	1405559
食品、饮料及烟草制品专门零售	Food,Beverage and Tobacoo	85	173644	92711	15254	50157	56471
纺织、服装及日用品专门零售	Textile,Garments and Daily Use Goods	186	271772	218873	4813	41061	52944
文化、体育用品及器材专门零售	Products and Equipment of Culture or Sports	206	642101	448680	74574	112309	110296
医药及医疗器材专门零售	Medicine and Medical Appliance	210	462882	374200	30532	43220	58096
汽车、摩托车、燃料及零配件专门零售	Automobile,Motorcycle, Elding and Spares or Fittings	645	2619450	1639491	275078	583458	608681
家用电器及电子产品专门零售	Household Appliances and Electronic product	761	1575490	1335065	159122	45523	67509
五金、家具及室内装修材料专门零售	Hardware,Electrical Appliance Furniture and Interior Decoration Material	140	432187	235691	21251	149000	152919
无店铺及其他零售	No Area of Business and Others	118	176618	117669	24169	30272	40271
按规模划分	**Grouped by Size**						
#大型企业	Large Enterprises	119	24766068	16966972	4736476	2039745	2604905
中型企业	Medium Enterprises	275	2302858	1336328	417016	465796	579009

13-7 续表1 continued

单位：万元 (10000 yuan)

项目	Item	负债合计 Total Liabilities	流动负债合计 Total Current Liability	长期负债合计 Total Long-term Liability	所有者权益合计 Owner-ship Interest	#实收资本 Proceeds of Capital	营业收入 Business Revenue
合计	**Total**	**43507470**	**39602567**	**3808196**	**17553926**	**11152278**	**99241616**
按企业登记注册类型分	**Grouped by Registration Status of Enterprises**						
内资企业	Domestic Funded Enterprises	38024620	34253429	3674484	14319093	9187073	82268842
国有企业	State-Owned Enterprises	12882017	10916595	1965401	5254986	3330469	18232083
集体企业	Collective Owned Enterprises	1086307	930858	155449	253458	82636	3323614
股份合作企业	Cooperative Enterprises	326741	321481	5260	90347	90759	853663
联营企业	Joint Owned Enterprises	60131	59889	242	44964	39160	201494
有限责任公司	Limited-Liability Corporation	16120245	14924679	1195449	5266481	3664099	32716511
股份有限公司	Share Holding Corporations Ltd.	2914331	2506707	311055	2150415	805368	12449931
私营企业	Private Enterprises	4626812	4585184	41628	1252600	1172377	14431129
其他企业	Others	8038	8037		5843	2207	60418
港澳台商投资企业	Enterprises with Funds from Hongkong, Macao and Taiwan	239455	221531	17924	84211	66816	577725
外商投资企业	Foreign Funded Enterprises	5243395	5127607	115788	3150621	1898390	16395050
按国民经济行业分	**Grouped by Sectors**						
批发业	Wholesale Trade	36162461	32724024	3438422	14554072	8704959	81571802
农畜产品批发	Agricultural and Animal Products	5711036	5046645	664392	1066194	514318	3362157
食品、饮料及烟草制品批发	Food,Beverage and Tobacoo Products	1258125	1149177	108948	1234706	530837	3293655
纺织、服装及日用品批发	Textile Garments and Daily Use goods	986048	968119	17929	473842	290599	2841117
文化、体育用品及器材批发	Products and Equipment of Culture or Sports	587763	576251	11513	487872	256483	1403179
医药及医疗器材批发	Medicine and Medical Appliance	1017450	949537	67914	378342	286001	2457818
矿产品、建材及化工产品批发	Mineral,Construction Material, Chemical Products	14208871	13203719	1005153	5490554	3376719	43711671
机械设备、五金交电及电子产品批发	Machinery,Hardware,Electrical Appliance and Electronic product	9161418	8630013	531390	4295451	2910176	21403351
贸易经纪与代理	Trade and Deputy	187663	187663		207168	57606	196186
其他批发	Others	3044087	2012902	1031185	919943	482219	2902669
零售业	Retail	7345009	6878543	369774	2999854	2447319	17669815
综合零售	Total Retail	2656504	2475288	181211	1334214	913181	5447801
食品、饮料及烟草制品专门零售	Food,Beverage and Tobacoo	98189	95758	2432	75455	55827	235979
纺织、服装及日用品专门零售	Textile,Garments and Daily Use Goods	209321	195762	13559	62451	69463	468911
文化、体育用品及器材专门零售	Products and Equipment of Culture or Sports	449164	416010	33154	192937	99369	614240
医药及医疗器材专门零售	Medicine and Medical Appliance	324198	321130	2952	138684	116665	689552
汽车、摩托车、燃料及零配件专门零售	Automobile,Motorcycle, Elding and Spares or Fittings	1836712	1700191	39951	782738	711692	6637619
家用电器及电子产品专门零售	Household Appliances and Electronic product	1277151	1215110	62041	298339	282754	3015676
五金、家具及室内装修材料专门零售	Hardware,Electrical Appliance Furniture and Interior Decoration Material	403221	371380	31841	28966	108840	366174
无店铺及其他零售	No Area of Business and Others	90550	87916	2634	86069	89530	193863
按规模划分	**Grouped by Size**						
#大型企业	Large Enterprises	17677766	15582737	1998455	7088301	3634273	33701418
中型企业	Medium Enterprises	1585356	1524677	60664	717501	599025	2077637

13-7 续表2 continued

单位：万元 (10000 yuan)

项　目	Item	主营业务收入 Operating Income	主营业务成本 Operating Cost	主营业务税金及附加 Operating Tax and Extra Charges	营业利润 Operating Profits	利润总额 Total Profits	应交所得税 Income Tax Payable
合　计	**Total**	**98085351**	**90217727**	**117897**	**1657094**	**2770281**	**685907**
按企业登记注册类型分	**Grouped by Registration Status of Enterprises**						
内资企业	Domestic Funded Enterprises	81481137	76630978	98109	975608	1663053	421387
国有企业	State-Owned Enterprises	18045031	16664735	33597	375898	755077	145052
集体企业	Collective Owned Enterprises	3311812	3220266	1898	-2134	23687	4365
股份合作企业	Cooperative Enterprises	843412	795893	814	-1608	-327	2064
联营企业	Joint Owned Enterprises	200638	182226	501	-678	66	570
有限责任公司	Limited-Liability Corporation	32405810	30618737	29153	379371	578483	187471
股份有限公司	Share Holding Corporations Ltd.	12279760	11558301	17418	226025	268316	54835
私营企业	Private Enterprises	14337991	13537898	14598	-3173	35878	26947
其他企业	Others	56684	52924	131	1907	1873	82
港澳台商投资企业	Enterprises with Funds from Hongkong, Macao and Taiwan	568640	403924	1967	23501	23965	10058
外商投资企业	Foreign Funded Enterprises	16035574	13182825	17821	657985	1083264	254463
按国民经济行业分	**Grouped by Sectors**						
批发业	Wholesale Trade	80891520	74792145	81722	1523643	2588831	587679
农畜产品批发	Agricultural and Animal Products	3329973	3226412	1028	-30536	23412	10277
食品、饮料及烟草制品批发	Food,Beverage and Tobacoo Products	3263315	2930100	5358	133758	143496	55932
纺织、服装及日用品批发	Textile Garments and Daily Use goods	2754156	2479876	2536	15622	28050	11243
文化、体育用品及器材批发	Products and Equipment of Culture or Sports	1388949	1225086	3274	57054	65528	26150
医药及医疗器材批发	Medicine and Medical Appliance	2447606	2253792	2632	14600	36858	9403
矿产品、建材及化工产品批发	Mineral,Construction Material, Chemical Products	43592873	41727572	39481	588589	1085321	202784
机械设备、五金交电及电子产品批发	Machinery,Hardware,Electrical Appliance and Electronic product	21036410	18166782	23541	684651	1089837	258881
贸易经纪与代理	Trade and Deputy	189369	152007	2230	29700.3	42414	10125
其他批发	Others	2888868	2630519	1644	30206	73915	2884
零售业	Retail	17193831	15425582	36174	133451	181450	98228
综合零售	Total Retail	5163272	4359849	20018	75991	100982	49723
食品、饮料及烟草制品专门零售	Food,Beverage and Tobacoo	219862	178435	864	5458	10487	3759
纺织、服装及日用品专门零售	Textile,Garments and Daily Use Goods	464898	348530	2016	2224	2857	3729
文化、体育用品及器材专门零售	Products and Equipment of Culture or Sports	605199	482195	1755	4827	6872	7431
医药及医疗器材专门零售	Medicine and Medical Appliance	678262	587938	1319	5318	6575	2200
汽车、摩托车、燃料及零配件专门零售	Automobile,Motorcycle, Elding and Spares or Fittings	6584687	6258640	5844	29704	39243	21134
家用电器及电子产品专门零售	Household Appliances and Electronic product	2931537	2745439	3373	26459	30324	8354
五金、家具及室内装修材料专门零售	Hardware,Electrical Appliance Furniture and Interior Decoration Material	359280	301889	508	-15151	-14840	1320
无店铺及其他零售	No Area of Business and Others	186834	162668	477	-1379	-1049	579
按规模划分	**Grouped by Size**						
#大型企业	Large Enterprises	33065462	28918969	40349	950492	1443604	348268
中型企业	Medium Enterprises	1995152	1699388	5834	-40300	-30652	11183

13-8 限额以上餐饮企业财务状况(2005年)

单位：万元

项目	Item	企业单位个数(个) Number of Enterprises (Nos.)	资产合计 Total Assets	流动资产合计 Total Current Assets	长期投资 Longterm Investment	固定资产合计 Total Fixed Assets	固定资产原价合计 Total Original Value of Fixed Assets	负债合计 Total Liabilities
合计	**Total**	**1255**	**1060339**	**442574**	**48948**	**362496**	**504801**	**815489**
按登记注册类型分	**Grouped By Registration Status of Enterprises**							
内资企业	Domestic Investment Enterprises	1149	763649	335197	21578	255983	310062	586568
国有企业	State-Owned Enterprises	52	30918	14720	639	12854	17643	17106
集体企业	Collective-Owned Enterprises	62	27297	16017	3528	6480	10710	19113
股份合作企业	Private Enterprises	111	22977	10421	463	9520	11292	19667
联营企业	Joint-Owned Enterprises	3	2760	1005		1265	1991	1016
有限责任公司	Limited-Liabilities Corporations	212	277566	110125	6070	112637	117571	198914
股份有限公司	Share Holding Corporations Ltd.	21	64421	22344	2608	35374	49917	35006
私营企业	Private Enterprises	682	336301	159764	8170	77490	100276	294854
其他企业	Others	6	1409	801	100	363	662	892
港澳台商投资企业	Enterprises with Funds from Hongkong, Macao and Taiwan	49	107363	49965	14612	24621	34636	112352
外商投资企业	Foreign Funded Enterprises	57	189328	57410	12759	81892	160104	116570
按行业划分	**By Sectors**							
正餐	Restaurant	1120	852319	373864	33797	279594	352542	684378
快餐	Snack Counter	85	178192	50032	15119	75853	140316	113319
饮料及冷饮	Beverage and Cold Drink	13	12961	7688	23	3366	6579	4845
其他餐饮业	Others	37	16867	10989	10	3683	5363	12947
按规模划分	**By Size**							
#大型企业	Large	5	179753	33464	14964	102386	178253	98670
中型企业	Medium	14	69770	39216	1505	12798	17886	32393

FINANCIAL INDICATORS OF BUSINESS REVENUE ABOVE DESIGNATED SIZE IN CATERING TRADE (2005)

(10000 yuan)

流动负债合计 Total Current Liabilities	长期负债合计 Total Long-term Liabilities	所有者权益合计 Total Owner's Equity	#实收资本 Paid-up Capital	营业收入 Business Revenue	主营业务成本 Business Cost	主营业务税金及附加 Business Tax and Extra Charges	营业费用 Business Expenses	利润总额 Total Profits	应交所得税 Income Tax Payable
706633	**108857**	**244849**	**335152**	**1540001**	**715298**	**79738**	**549113**	**17482**	**16813**
510463	76105	177080	214213	1045705	522708	55430	347456	-835	9189
15857	1249	13812	7525	36078	16363	1722	12455	1520	583
18110	1004	8183	8228	30136	17012	1574	8060	-48	133
18097	1570	3310	7606	53256	28776	2925	16929	-570	189
755	262	1743	1311	4038	1604	205	1258	335	93
161935	36979	78652	81335	264267	125499	14192	89753	-409	3184
29039	5966	29415	18181	71017	31196	3288	21116	6180	2140
265778	29076	41447	89166	583752	300689	31353	196752	-7768	2856
892		517	860	3160	1570	171	1133	-74	11
84104	28248	-4988	54308	132424	55305	6441	47689	2286	1778
112066	4504	72758	66632	361871	137285	17867	153969	16030	5847
582472	101906	167940	270032	1173461	568038	61776	395587	3939	11419
107425	5895	64872	46873	318364	127200	15685	136903	12268	5206
4010	835	8117	9962	21166	5481	962	10065	1302	116
12726	221	3920	8285	27011	14579	1315	6558	-28	72
89089	9582	81082	32310	324428	121467	15926	138407	23007	7598
31582	811	37377	31153	99836	50588	4815	29687	2953	1569

13-9 连锁企业基本情况(2005年)

STATISTICS FOR CHAIN ENTERPRISES (2005)

项目	Item	连锁总店(个) Number of Head Offices of Chain Stores (Nos.)	所属门店(个) Number of Chain Stores (Nos.)	从业人员(人) Employed Persons (person)	营业面积(平方米) Operational Area (sq.m)	商品销售总额(营业收入)(万元) Total Revenue of sales (10000 yuan)	#零售额 Retail Sales
合计	**Total**	**188**	**5973**	**166598**	**4376383**	**10612658**	**9507168**
按登记注册类型分	**Grouped by Registration Status of Enterprises**						
内资企业	Domestic Funded Enterprises	159	5140	117728	3640950	8974360	7886226
国有企业	State-Owned Enterprises	11	291	6075	157619	171093	148865
集体企业	Collective Owned Enterprises	5	148	3709	103287	108544	105300
股份合作企业	Cooperative Enterprises	5	24	507	9908	234062	102962
有限责任公司	Limited-Liability Corporations	71	2548	48190	1388301	2937056	2864255
股份有限公司	Share Holding Corporations Ltd.	10	972	34291	999054	3120292	2342521
私营企业	Private Enterprises	56	1148	24506	975681	2400110	2322120
其他	Others	1	9	450	7100	3203	203
港澳台商投资企业	Enterprises with Funds from Hongkong,Macao and Taiwan	3	78	2590	31568	47163	47163
外商投资企业	Foreign Funded Enterprises	26	755	46280	703865	1591135	1573779
连锁零售业	**Chain Retail**	**132**	**4875**	**117585**	**3858602**	**10066900**	**8964490**
按零售业态分	Grouped by Business						
百货商店	Department Store	3	29	11111	450485	764617	764228
超级市场	Supermarket	31	1157	50472	1711819	3629972	3566145
专业店	Professional Shop	51	2508	38862	1421585	4901135	4050605
专卖店	Regie Shop	30	502	7437	69124	525579	343697
便利店	Neighbourhood Market	13	494	6301	91576	129856	126497
仓储式商场	Storage Store	1	3	1584	58751	60302	60303
其他	Others	3	182	1818	55262	55439	53015
连锁餐饮业	**Chain Catering Services**	**56**	**1098**	**49013**	**517781**	**545758**	**542678**
按餐饮活动分	Grouped by Business						
正餐	Restaurant	31	303	22511	310963	253321	250265
快餐	Snack Counter	22	682	24792	180893	275162	275139
茶馆	Tea shop	1	6	37	1330	695	695
咖啡馆	Cafe	2	107	1673	24595	16580	16580

13-10 各类商品交易市场基本情况(2005年)

STATISTICS FOR COMMODITY TRANSACTION MARKETS (2005)

单位：个 (Nos.)

项目	Item	全市 Total	各区 Districts	各县 Counties
各类商品交易市场总数	**Total Number of Commodity Transaction Markets**	**815**	**765**	**50**
#亿元市场	Million-yuan Markets	97	95	2
综合市场	**Comprehensive Markets**	**387**	**357**	**30**
工业品综合市场	Industrial Products Comprehensive Markets	19	17	2
农产品综合市场	Farmer Produces Comprehensive Markets	368	340	28
专业市场	**Special Markets**	**329**	**320**	**9**
纺织品服装鞋帽市场	Textiles, Garments, Footgear and Hats Markets	78	78	
食品饮料烟酒市场	Food, Beverags, Tobacco and Liquor Markets	12	12	
家具市场	Furniture Markets	25	25	
小商品市场	Merchandise Markets	35	35	
文化、音像、书报杂志市场	Culture, Video,Books, Newspapers and Magazines Markets	6	6	
旧货市场	Second Hand Markets	12	11	1
机动车市场	Motor Vehicle Markets	10	10	
金属材料市场	Metal Materials Markets	3	3	
煤炭市场	Coal and Charcoal Markets	1	1	
木材市场	Wood Markets	5	5	
建材装饰材料市场	Building and Decoration Materials Markets	76	71	5
粮油市场	Grain and Oil Markets	4	4	
干鲜果品市场	Dried and Fresh Melons and Fruits Markets	3	2	1
水产品市场	Aquatic Products Markets	5	4	1
蔬菜市场	Vegetables Markets	18	17	1
肉食禽蛋市场	Meat, Poultry and Eggs Markets	1	1	
农业生产资料市场	Agricultural Productions Goods	1	1	
计算机市场	of Computer	15	15	
通讯器材市场	of Communication Apparatus	7	7	
花卉市场	of Flowers	12	12	
其他市场	**Other**	**99**	**88**	**11**

13-11 各类商品交易市场成交额(2005年)

TRANSACTION VALUE OF COMMODITY TRANSACTION MARKETS (2005)

单位：万元 (10000 yuan)

项目	Item	全市 Total	各区 Districts	各县 Counties
各类商品交易市场总计	**Total Number of Commodity Transaction Markets**	**10052580**	**9922757**	**129823**
#亿元市场	Million-yuan Markets	8844017	8783523	60494
综合市场	**Comprehensive Markets**	**4546385**	**4488388**	**57997**
工业品综合市场	Industrial Products Comprehensive Markets	80474	75264	5210
农产品综合市场	Farmer Produces Comprehensive Markets	4465911	4413124	52787
专业市场	**Special Markets**	**5264553**	**5218441**	**46112**
纺织品服装鞋帽市场	Textiles, Garments, Footgear and Hats Markets	486266	486266	
食品饮料烟酒市场	Food, Beverags, Tobacco and Liquor Markets	16403	16403	
家具市场	Furniture Markets	301962	301962	
小商品市场	Merchandise Markets	269999	269999	
文化、音像、书报杂志市场	Culture, Video,Books, Newspapers and Magazines Markets	30333	30333	
旧货市场	Second Hand Markets	26522	25322	1200
机动车市场	Motor Vehicle Markets	1185014	1185014	
金属材料市场	Metal Materials Markets	289262	289262	
煤炭市场	Coal and Charcoal Markets	513	513	
木材市场	Wood Markets	15269	15269	
建材装饰材料市场	Building and Decoration Materials Markets	684002	670288	13714
粮油市场	Grain and Oil Markets	556285	556285	
干鲜果品市场	Dried and Fresh Melons and Fruits Markets	14402	14202	200
水产品市场	Aquatic Products Markets	161399	160967	432
蔬菜市场	Vegetables Markets	53739	23173	30566
肉食禽蛋市场	Meat, Poultry and Eggs Markets	5169	5169	
农业生产资料市场	Agricultural Productions Goods	580	580	
计算机市场	of Computer	1116787	1116787	
通讯器材市场	of Communication Apparatus	12244	12244	
花卉市场	of Flowers	38403	38403	
其他市场	**Other**	**241642**	**215928**	**25714**

13-12 各类商品交易市场主要商品成交量

TRANSACTION VOLUME OF COMMODITY TRANSACTION MARKETS

项目		Item		2005	2004	2005年为2004年% 2005 as % of 2004
粮食	(吨)	Grain	(ton)	1434517	1280488	112.0
食用植物油	(吨)	Edible Vegetable Oil	(ton)	347341	367599	94.5
猪肉	(吨)	Hog and Pork	(ton)	258273	213192	121.1
牛肉	(吨)	Oxes and Beef	(ton)	62946	59047	106.6
羊肉	(吨)	Goat, Sheep and Mutton	(ton)	84009	82110	102.3
家禽	(吨)	Poultry	(ton)	44517	33119	134.4
鲜蛋	(吨)	Fresh Eggs	(ton)	204531	118886	172.0
鲜菜	(吨)	Fresh Vegetable	(ton)	8742964	7942145	110.1
鲜瓜果	(吨)	Fresh Melon and Fruit	(ton)	4062102	3844656	105.7
水产品	(吨)	Aquatic Products	(ton)	400996	320847	125.0
新、旧汽车	(辆)	New and Old Automobiles	(unit)	229911	175774	130.8
钢材	(吨)	Rolled Steel	(ton)	815866	592996	137.6
煤炭	(吨)	Coal	(ton)	144061	105921	136.0

13-13 消费者投诉与处理
CONSUMER'S LAWSUITS AND HANDLING

单位：件 (case)

项　　目	Item	2005		2004	
		受理投诉件数 Cases Accepted	构　成 (%) Composition(%)	受理投诉件数 Cases Accepted	构　成 (%) Composition(%)
合　　计	**Total**	**24649**	**100.0**	**21732**	**100.0**
按行业分	**By Sector**				
家用电器类	Household Appliances	7906	32.1	5759	26.5
#电视机	TV Sets	473	1.9	428	2.0
空调类	Air Conditioners	777	3.2	496	2.3
洗衣机类	Washing Machines	256	1.0	208	0.9
电冰箱(柜)	Refrigerators	226	0.9	214	1.0
厨房电器及设备	Cookroom Appliances	418	1.7	312	1.4
通讯类	Communication Product	4116	16.7	2563	11.8
计算机类	Computer	947	3.8	988	4.5
家用机械类	Household Machines	969	3.9	1132	5.2
#汽车	Automobile	396	1.6	417	1.9
热水器	Showers	315	1.3	452	2.1
百货类	General Merchandise	6875	27.9	5474	25.2
#家具类	Furniture	1081	4.4	929	4.3
服装鞋帽	Garments,Shoes and Hats	2243	9.1	2058	9.5
日用杂品	Articles of Daily Use	456	1.8	325	1.5
食品	Food	1076	4.4	906	4.2
房屋及装修建材	Tenement and Fitment	1533	6.2	1420	6.5
#房屋	Tenement	603	2.4	561	2.6
装饰材料	Fitment	807	3.3	726	3.3
农用生产资料	Materials for Agricultural Use	56	0.2	100	0.5
服务类	Service	6842	27.8	7260	33.4
美容美发	Hairdressing	778	3.2	724	3.3
食宿娱乐庆典	Room,Board and	596	2.4	446	2.1
洗衣业	Wash Clothers	552	2.2	631	2.9
装修物业	Fitment and	749	3	615	2.8
教育或培训	Education and Training	224	0.9	295	1.4
咨询中介	Consultation Agency	2035	8.3	2703	9.5
其他商品类	Others	468	1.9	587	2.7
按内容分	**By Content**				
质　量	Quality	16634	67.5	14708	67.7
安　全	Safety	170	0.7	171	0.8
价　格	Price	584	2.4	664	3.1
计　量	Measure	70	0.3	58	0.3
广　告	False Advertisements	423	1.7	225	1.0
假　冒	Counterfeit Goods	222	0.9	128	0.6
虚假品质表示	Inveracious Quality	910	3.7	799	3.7
营销合同	Manage and Sell Contract	1987	8.1	1613	7.4
人格尊严	Personality and Dignity	84	0.3	27	0.1
其　他	Other	3565	14.5	3339	15.3

注：总解决率为98.8%。
资料来源：北京市工商行政管理局。
Note: Total rate of settlement is 98.8 %.
Sources: Beijing Administration For Industry & Commerce.

主要统计指标解释

社会消费品零售额 指各种经济类型的批发和零售业、餐饮业及其他行业对城乡居民、社会集团的消费品零售额。这个指标反映通过各种商品流通渠道向居民和社会集团供应的生活消费品总额，是研究人民生活、社会消费品购买力、货币流通等问题的重要指标。

商品购进总额 指从企业（单位）以外的单位和个人购进（包括从国外直接进口）作为转卖或加工后转卖的商品金额。这个指标反映批发零售贸易企业从国内、国外市场上购进商品的总量。

商品销售总额 指对企业以外的单位和个人出售（包括对国（境）外直接出口）的商品金额（包括售给本单位消费的商品）。这个指标反映批发零售贸易企业在国内市场上销售商品以及出口商品的总量。

批发零售贸易业期末库存 指批发零售贸易企业已取得所有权的全部商品。这个指标反映批发零售贸易企业的商品库存情况及对市场商品供应的保证程度。

连锁企业（或称连锁店、连锁公司） 指在核心企业或总店的领导下，由分散的、经营同类商品或服务的企业或产业活动单位，采取共同方针，实行集中采购和分散销售的有机结合，通过规范化经营，实现规模效益的经济联合组织形式。一般连锁店应由若干个分店组成。其经营特征：（1）经营同类商品；（2）使用统一商号；（3）统一采购配送，采购与销售相分离（部分商品可根据物流合理和保质保鲜原则由供应商直接送货到门店，其余均由总部统一配送）。

连锁经营的本质是采购与销售相分离，集中采购，分散销售，通过规范化经营，实现规模效益。

连锁门店包括下列两种形式：

（1）直营（控股）店也叫正规连锁。连锁门店均由总部全资或控股（绝对控股和相对控股）开设，在总部的直接领导下统一经营。

（2）加盟店也叫特许连锁。各连锁门店（被特许人）通过合同形式，取得使用总部（特许人）商标、商号、经营技术和销售总部开发的商品的特许权，各连锁门店均为独立法人，但无自主经营权，统一接受总部指导。

批发业、零售业、餐饮业“限额以上”的划分标准

批发业：年销售额在2000万元及以上的单位

零售业：年销售额在500万元及以上的单位

餐饮业：年营业额在200万元及以上的单位

批发业、零售业、餐饮业大型、中型、小型企业的划分标准(本标准自2003年起执行)

批发业：

大型企业：年销售额30000万元及以上，从业人员200人及以上；

中型企业：年销售额3000-30000万元，从业人员100-200人；

小型企业：年销售额3000万元以下，从业人员100人以下。

零售业：

大型企业：指年销售额15000万元及以上，从业人员500人及以上；

中型企业：指年销售额1000-15000万元，从业人员100-500人；

小型企业：指年销售额1000万元以下，从业人员100人以下。

餐饮业：

大型企业：指年营业额15000万元及以上，从业人员800人及以上；

中型企业：指年营业额3000-15000万元，从业人员400-800人；

小型企业：指年营业额3000万元以下，从业人员400人以下。

对外经济贸易

FOREIGN ECONOMY AND TRADE

简要说明

本章资料综合反映北京市对外贸易、利用外资、对外经济合作的历年概况，重点反映对外经济贸易的近期发展状况。

一、对外贸易部分

对外贸易统计的主要内容包括：进出口总额；主要产品的进出口数量；进出口商品检验情况；分国别(地区)的利用外资情况；对外经济合作的主要情况等。

对外贸易统计的范围是：凡能引起北京市海关境内物质资源存量增加或减少的进出口货物，除制度另有规定者外，均列入该项统计。

对外贸易统计的资料来源于中华人民共和国北京海关，调查方法是全面调查。

特殊说明：1985 年及以前为外贸业务统计数字，来源于北京市商务局（原北京市对外贸易经济合作局）；1986 年及以后为海关进出口统计数字，来源于中华人民共和国北京海关。

二、利用外资统计部分

利用外资统计的主要内容包括：外商直接投资，外商投资企业登记注册情况，外商投资企业经营情况。

统计范围是:凡经工商行政管理机关核准登记，在中华人民共和国北京地域内所有利用外资的单位和部门，经批准设立的中外合资经营企业、合作经营企业、外资企业、外商投资股份制企业、合作开发项目等具有法人资格的独立核算企业(包括港澳台地区投资企业)，在华从事经营活动的外国及港澳台地区企业及外国公司在中国境内设立的分支机构。

利用外资统计的资料主要来源于北京市商务局、北京市工商行政管理局，调查方法是全面调查，外商投资企业投产开发及经营情况来源于北京市统计局商业调查队与国家统计局北京调查总队商业和投资建筑业调查处，调查方法是对限额以上企业进行全面调查。

三、对外经济合作部分

对外经济合作统计的主要内容包括：对外承包工程和劳务合作。

统计范围是对外承包工程、对外劳务合作、对外设计咨询。

该制度统计单位是经各级商务部门批准的从事对外承包和劳务合作业务并具有法人资格的对外承包劳务企业。

资料来源是北京市商务局、北京市统计局商业调查队、国家统计局北京调查总队商业和投资建筑业调查处，调查方法是全面调查。

14-1 北京市对外经济贸易(1978-2005年)

FOREIGN TRADE (1978-2005)

年 份 Year	进出口总额(万美元) Total Value of Imports and Exports (USD 10000)	#出口 Exports	进出口总额(地方)(万美元) Total Value of Imports and Exports (Local) (USD 10000)	#出口 Exports	签订利用外资协议项目(个) Contracts Signed for Foreign Capital Utilization (unit)	#对外借款 Foreign Loans	#外商直接投资 Foreign Direct Investment	签订利用外资协议金额(万美元) Contracted Foreign Capital (USD10000)	对外借款 Foreign Loans
1978			29751	28524					
1979			45036	41757					
1980			66280	59277					
1981-1985			**382296**	**308276**					
1986-1990			**940420**	**457112**	**853**	**58**	**709**	**171046**	**26952**
1986			166847	65252	85	2	63	55888	9700
1987			154470	78239	97	6	72	66515	3322
1988			198846	99121	193	21	148	18533	4144
1989			205162	102336	209	10	185	14252	5731
1990			215095	112164	269	19	241	15859	4055
1991-1995			**1999096**	**836561**	**10987**	**67**	**10911**	**1699801**	**168840**
1991			258632	123987	735	8	724	47995	19431
1992			320171	152555	2231	23	2208	177274	30079
1993			420029	137056	3765	13	3752	664911	36987
1994			469339	195936	2688	13	2675	505300	52000
1995	3703378	1024993	530925	227027	1568	10	1552	304321	30344
1996-2000	**17418627**	**5011372**	**3756584**	**1526807**	**4118**	**18**	**4100**	**1377471**	**5893**
1996	2933018	813118	539201	208624	868		868	179029	
1997	3037848	960059	557576	246503	798	8	790	171532	3429
1998	3051739	1052335	650536	282896	656	5	651	410567	890
1999	3433845	989059	844212	326101	647	2	645	182649	964
2000	4962177	1196801	1165059	462683	1149	3	1146	433694	610
2001-2005	**39273899**	**9269879**	**11476294**	**4584277**	**7828**	**9**	**7819**	**2489198**	**316404**
2001	5154131	1178687	1340274	487262	1149	2	1147	331169	43875
2002	5250870	1261464	1404171	589901	1377	7	1370	553353	272530
2003	6846262	1685173	1893214	736595	1360		1360	327132	
2004	9465509	2057493	2806896	1060916	1806		1806	625796	
2005	12557127	3087062	4031739	1709603	2136		2136	651749	

注：1. 进出口总额1986年以前为外贸部门口径，从1986年开始为海关口径。

2. 自2003年起签订利用外资协议金额和实际利用外资金额均不包括对外借款。

资料来源：北京市商务局、中华人民共和国北京海关。

Note: a) Data of total value of imports and exports was provided by the foreign trade department before 1986, and after 1986, from the customs.

b) Contracted Foreign Capital and Foreign Capital Actually Used included no foreign loans from 2003.

Sources: Beijing Municipal Bureau of Commerce , Beijing Customs District People's Republic of China.

14-1 续表1 continued

年份 Year	签订利用外资协议金额 Contracted Foreign Capital		实际利用外资金额(万美元) Foreign Capital Actually Used (USD10000)				对外承包工程和劳务合作 Contracting Projects and Labor Services Cooperation with Foreign Countries		
	外商直接投资 Foreign Direct Investment	外商其他投资 Other Foreign Investment		对外借款 Foreign Loans	外商直接投资 Foreign Direct Investment	外商其他投资 Other Foreign Investment	合同数(份) Number of Contracts (Nos.)	合同金额(万美元) Contracted Value (USD 10000)	完成营业额(万美元) Fulfiled Value (USD 10000)
1978									
1979									
1980									
1981-1985									
1986-1990	**138628**	**5467**					**331**	**7734**	**5109**
1986	41952	4236					30	445	1536
1987	62414	779	17725	7147	9534	1045	37	549	698
1988	14202	187	61944	11524	50278	142	46	885	802
1989	8372	149	49507	17491	31846	170	113	2099	1018
1990	11688	116	40641	12744	27696	202	105	3756	1056
1991-1995	**1530412**	**549**	**579524**	**168401**	**410896**	**227**	**586**	**80078**	**48099**
1991	28488	76	36798	12304	24482	13	114	3202	1897
1992	147195		52712	17711	34984	17	130	8888	3300
1993	627924		97620	30729	66693	198	117	36854	11442
1994	453300		194740	50280	144460		109	15521	18671
1995	273505	472	197654	57377	140277		116	15613	12789
1996-2000	**1371578**		**1366754**	**266219**	**989964**	**110571**	**601**	**173362**	**164461**
1996	179029		225842	70552	155290		116	67688	43057
1997	168103		259162	73330	159286	26545	107	35640	29629
1998	409677		286973	57195	206415	23364	184	28520	45812
1999	181685		293682	43946	223124	26612	90	25229	26165
2000	433084		301095	21196	245849	34050	104	16285	19798
2001-2005	**2172794**		**1786577**	**491458**	**1231740**	**63379**	**695**	**272576**	**207625**
2001	287294		400997	160803	176816	63379	105	21439	18628
2002	280823		509912	330655	179257		73	27949	23160
2003	327132		214675		214675		117	48271	34926
2004	625796		308354		308354		128	81185	59630
2005	651749		352638		352638		272	93732	71281

14-2 海关进出口贸易总额(地方)

TOTAL VALUE OF IMPORTS AND EXPORTS AT CUSTOMS (LOCAL)

项目	Item	金额(万美元) Value (USD 10000) 2005	2004	2005年为2004年% 2005 as % of 2004	构成(%) Composition(%) 2005	2004
地方出口	**Local Exports**	**1709603**	**1060916**	**161.1**	**100.0**	**100.0**
按登记注册类型分	Grouped by registration status					
#内资企业	Domestic Funded Enterprises	514048	323808	158.7	30.1	30.5
国有企业	State-owned Enterprises	379814	265383	143.1	22.2	25.0
集体企业	Collective-owned Enterprises	12156	10009	121.5	0.7	0.9
其　他	Others	122078	48416	252.1	7.2	4.6
外商投资企业	Foreign Funded Enterprises	1195555	737108	162.2	69.9	69.5
#中外合资	Joint Venture	911445	513484	177.5	53.3	48.4
中外合作	Cooperative	9654	8758	110.2	0.6	0.8
外商独资	Foreign Enterprises	274456	214866	127.7	16.0	20.3
按构成分	Grouped by Composition					
一般贸易	General Trade	715689	422958	169.2	41.9	39.9
来料加工装配贸易	Trade of Processing & Assembling Supplied Materials	51469	45183	113.9	3.0	4.3
进料加工贸易	Trade of Processing Imported Materials	904126	567602	159.3	52.9	53.5
对外承包工程货物	Goods for Contracted Foreign Projects	20519	15357	133.6	1.2	1.4
出料加工贸易	Trade of Processing Exported Materials	56	9	622.2		
地方进口	**Local Imports**	**2322136**	**1745980**	**133.0**	**100.0**	**100.0**
按登记注册类型分	Grouped By Registration Status					
#内资企业	Domestic Funded Enterprises	804477	632339	**127.2**	34.6	36.2
国有企业	State-owned Enterprises	632443	525612	120.3	27.2	30.1
集体企业	Collective-owned Enterprises	14864	10547	140.9	0.6	0.6
其　他	Others	157170	96180	163.4	6.8	5.5
外商投资企业	Foreign Funded Enterprises	1517659	1113641	136.3	65.4	63.8
中外合资	Joint Venture	883498	691791	127.7	38.0	39.6
中外合作	Cooperative	24366	15033	162.1	1.1	0.9
外商独资	Foreign Enterprises	609795	406817	149.9	26.3	23.3
按构成分	Grouped by Composition					
一般贸易	General Trade	1520106	1156600	131.4	65.5	66.2
来料加工装配贸易	Trade of Processing & Assembling Supplied Materials	39585	36103	109.6	1.7	2.1
进料加工贸易	Trade of Processing Imported Materials	527106	357413	147.5	22.7	20.5
外商投资企业进口设备	Equipment Imported by Foreign-funded Enterprises	168751	164475	102.6	7.3	9.4
租赁贸易	Leasing Trade	1733	1187	146.0	0.1	0.1

资料来源：中华人民共和国北京海关。

Sources: Beijing Customs District People's Republic of China.

14-3 海关进出口贸易总额(按国别、地区分)

TOTAL VALUE OF IMPORTS AND EXPORTS AT CUSTOMS (GROUPED BY COUNTRY AND REGION)

项目	Item	金额(万美元) Value (USD 10000) 2005	2004	2005年为2004年% 2005 as % of 2004	构成(%) Composition(%) 2005	2004
地方出口按国别(地区)分	**Local Exports Grouped by Country (Region)**	**1709603**	**1060916**	**161.1**	**100.0**	**100.0**
#中国香港	Hongkong,China	248575	94338	263.5	14.5	8.9
中国澳门	Macao,China	887	403	220.1	…	…
日本	Japan	203414	179234	113.5	11.9	16.9
新加坡	Singapore	39271	24380	161.1	2.3	2.3
英国	United Kingdom	54115	26050	207.7	3.2	2.5
德国	Germany	104043	54755	190.0	6.1	5.2
法国	France	29672	15848	187.2	1.7	1.5
意大利	Italy	18876	18388	102.7	1.1	1.7
瑞士	Switzerland	9024	5114	176.5	0.5	0.5
波兰	Poland	5948	1908	311.7	0.3	0.2
俄罗斯联邦	Russia Union	55958	11209	499.2	3.3	1.1
埃及	Egypt	1757	2568	68.4	0.1	0.2
加拿大	Canada	14243	13167	108.2	0.8	1.2
美国	United States	195259	150342	129.9	11.4	14.2
澳大利亚	Australia	34604	24236	142.8	2.0	2.3
地方进口按国别(地区)分	**Local Imports Grouped by Country (Region)**	**2322136**	**1745980**	**133.0**	**100.0**	**100.0**
#中国香港	Hongkong,China	42788	48068	89.0	1.8	2.8
日本	Japan	426898	345514	123.6	18.4	19.8
新加坡	Singapore	57807	46239	125.0	2.5	2.6
英国	United Kingdom	34360	26560	129.4	1.5	1.5
德国	Germany	179575	130057	138.1	7.7	7.4
法国	France	38171	28559	133.7	1.6	1.6
意大利	Italy	27219	20713	131.4	1.2	1.2
瑞士	Switzerland	23903	18735	127.6	1.0	1.1
比利时	Belgium	10306	8386	122.9	0.4	0.5
俄罗斯联邦	Russia Union	15325	7548	203.0	0.7	0.4
加拿大	Canada	16144	14805	109.0	0.7	0.8
美国	United States	244073	184750	132.1	10.5	10.6
澳大利亚	Australia	67807	43099	157.3	2.9	2.5

资料来源：中华人民共和国北京海关。

Sources: Beijing Customs District People's Republic of China.

14-4 海关进出口商品类别及构成(地方)

VALUE AND COMPOSITION OF IMPORTS AND EXPORTS AT CUSTOMS BY CATEGORY OF COMMODITIES (LOCAL)

项目	Item	金额(万美元) Value (USD 10000)		构成(%) Composition(%)	
		2005	2004	2005	2004
地方出口	**Local Exports**	**1709603**	**1060916**	**100.0**	**100.0**
初级产品	Primary Goods	85386	75847	5.0	7.2
食品及主要供食用的活动物	Food and Live Animals Used Chiefly for Food	59310	46661	3.5	4.4
饮料及烟草	Beverages and Tabacco	458	540	…	0.1
非食用原料（燃料除外）	Non-edible Raw Materials(excluding Fuel)	14488	11211	0.9	1.1
矿物燃料、润滑油及有关原料	Mineral Fuels,Lubricants and Related Materials	10923	17347	0.6	1.6
动植物油、脂及蜡	Animal and Vegetable Oils,Fats and Waxes	207	88	…	…
工业制成品	Manufactured Goods	1589171	963408	93.0	90.8
化学品及有关产品	Chemicals and Related Products	51357	36686	3.0	3.5
按原料分类的制成品	Finished Products Grouped by Materials	168092	94882	9.8	8.9
机械及运输设备	Machinery and Transport Equipment	1097027	652342	64.2	61.5
杂项制品	Miscellaneous Products	272695	179498	16.0	16.9
未分类商品	Products not Classified	35046	21661	2.0	2.0
地方进口	**Local Imports**	**2322136**	**1745980**	**100.0**	**100.0**
初级产品	Primary Goods	297341	213726	12.8	12.3
食品及主要供食用的活动物	Food and Live Animals Used Chiefly for Food	34890	33967	1.5	1.9
饮料及烟草	Beverages and Tabacco	2073	2031	0.1	0.1
非食用原料（燃料除外）	Non-edible Raw Materials(excluding Fuel)	211752	112843	9.1	6.5
矿物燃料、润滑油及有关原料	Mineral Fuels,Lubricants and Related Materials	37608	44954	1.6	2.6
动植物油、脂及蜡	Animal and Vegetable Oils,Fats and Waxes	11018	19931	0.5	1.2
工业制成品	Manufactured Goods	2024201	1531623	87.2	87.7
化学品及有关产品	Chemicals and Related Products	158112	117159	6.8	6.7
按原料分类的制成品	Finished Products Grouped by Materials	239377	167440	10.3	9.6
机械及运输设备	Machinery and Transport Equipment	1380181	1053524	59.4	60.3
杂项制品	Miscellaneous Products	246531	193500	10.7	11.1
未分类商品	Products not Classified	594	631	…	…

资料来源：中华人民共和国北京海关。
Sources: Beijing Customs District People's Republic of China.

14-5 进出口商品检验

INSPECTION OF IMPORTED AND EXPORTED COMMODITIES

项目		Item		2005	2004	2005年为2004年% 2005 as % of 2004
进口商品检验		**Imports Test**				
批　数	(批)	Number of Batches	(batche)	64202	62776	102.3
金　额	(万美元)	Value	(USD 10000)	442554	397138	111.4
#不合格商品		Substandard				
批　数	(批)	Number of Batches	(batche)	1270	556	228.4
金　额	(万美元)	Value	(USD 10000)	5307	1467	361.8
出口商品检验		**Exports Test**				
批　数	(批)	Number of Batches	(batche)	96717	68547	141.1
金　额	(万美元)	Value	(USD 10000)	787380	466104	168.9
#不合格商品		Substandard				
批　数	(批)	Number of Batches	(batche)	121	71	170.4
金　额	(万美元)	Value	(USD 10000)	216	213	101.4

资料来源：北京出入境检验检疫局。

Sources: Beijing Entry-Exit Inspection and Quarantine.

14-6 海关主要商品进口量(地方)

IMPORT VOLUME OF MAJOR COMMODITIES AT CUSTOMS (LOCAL)

品名	Item	2005	2004	品名	Item	2005	2004
食　糖 (万吨)	Sugar (10000 tons)	1	1	聚乙烯 (吨)	Polyethylene (tons)	69284	64755
谷物及谷物粉 (万吨)	Cereals and Cereals Flour (10000 tons)	28	20	聚丙烯 (吨)	Polypropylene (tons)	14579	10211
纺织用合成纤维(万吨)	Synthetic Fibers Suitable for Spinning (10000 tons)	3	3	聚苯乙烯及共聚物 (吨)	Polystyrene and Copolymer (tons)	11533	14204
合成纤维纱线(吨)	Synthetic Fibers, Continuous Filament and Yarn (ton)	4285	10225	机电产品(万美元)	Mechanical and Electronical Products (USD 10000)	1640694	1255589
羊毛及羊毛条(吨)	Wool and Wool Tops (ton)	8828	12589	金属制品(万美元)	Metal Products (USD 10000)	42731	28738
纸及纸板 (万吨)	Paper and Paperboard (10000 tons)	7	8	仪器仪表(万美元)	Aluminum Products (USD 10000)	212399	154528
空气调节器 (台)	Air Conditioners (set)	4876	3170	运输工具(万美元)	Conveyance (USD 10000)	95517	100656
彩色电视机 (台)	Color TV Set (set)	14527	10368	汽　车 (辆)	Motor Vehicle (Nos.)	4783	7677
电视摄像机(万台)	Television Camera(10000 sets)	413	2163	高新技术产品 (万美元)	High-tech Products (USD 10000)	1057488	773631
复印机 (台)	Duplicators (units)	53578	10103	计算机集成制造技术 (万美元)	Compupter Integration Manufacturing Technology (USD 10000)	124785	112332

资料来源：中华人民共和国北京海关。

Sources: Beijing Customs District People's Republic of China.

14-7 海关主要商品出口量(地方)

EXPORT VOLUME OF MAIN COMMODITIES AT CUSTOMS (LOCAL)

品名		Item		2005	2004
冻鸡	(吨)	Frozen Chicken	(ton)	2437	3294
稻谷和大米	(万吨)	Paddy and rice	(10000 tons)	44	38
食用植物油	(吨)	Edible Vegetable Oil	(ton)	2181	997
栗子	(吨)	Chestnuts	(ton)	1461	2232
天然蜂蜜	(吨)	Natural Honey	(ton)	527	120
啤酒	(万升)	Beer	(10000 liters)	284	325
中成药	(万美元)	Chinese Medicines	(USD 10000)	2315	2151
服装及衣着附件	(万美元)	Garments	(USD 10000)	149012	104741
皮鞋	(万双)	Leather Shoes	(10000 pairs)	362	328
橡胶或塑料底布鞋	(万双)	Cloth Shoes with Outer Soles of Rubber or Artificial Plastic	(10000 pairs)	1623	1382
录音机及收录(放)音组合机	(万台)	Recorders	(10000 sets)	305	225
照相机	(万架)	Cameras	(10000 units)	33	67
印刷电路	(吨)	Printed Curcuit	(tons)	32211	31579
首饰	(万美元)	Jewelry	(USD 10000)	255	331
玻璃制品	(万美元)	Glass Ware	(USD 10000)	3812	3231
机电产品	(万美元)	Mechanical and Electronical Products	(USD 10000)	1205382	712339
金属制品	(万美元)	Metal Products	(USD 10000)	37776	26969
机械及设备	(万美元)	Machine and Equipment	(USD 10000)	141701	103113
电器及电子产品	(万美元)	Household Wiring and Electron Products	(USD 10000)	896253	506028
仪器仪表	(万美元)	Aluminum Products	(USD 10000)	83068	41000
高新技术产品	(万美元)	High-tech Products	(USD 10000)	898999	517319
计算机与通信技术	(万美元)	Computer and Communication Technology	(USD 10000)	750176	393567
电子技术	(万美元)	Electronic Technology	(USD 10000)	93201	77720
生命科学技术	(万美元)	Technology of Life Science	(USD 10000)	22901	21203

资料来源：中华人民共和国北京海关。
Sources: Beijing Customs District People's Republic of China.

14-8 外商投资企业签约情况
STATISTICS ON CONTRACTS OF FOREIGN FUNDED ENTERPRISES

项目	Item	项目数（个）Number of Contracts (Nos.)		合同外资金额（万美元）Foreign Capital of Contracts (USD 10000)	
		2005	2004	2005	2004
合计	**Total**	**2136**	**1806**	**651749**	**625796**
按登记注册类型分	**Grouped by Investment Manner**				
合资经营	Joint Venture	565	569	112381	133700
合作经营	Cooperative Operation	63	77	53467	51639
独资经营	Foreign Funded Enterprises	1505	1160	462687	433304
外商投资股份制	Foreign Funded Joint-Stock	3		23214	7153
按三次产业分	**Grouped by Three Industry**				
第一产业	Primary Industry	17	12	11620	3818
第二产业	Secondary Industry	491	572	186940	234601
第三产业	Tertiary Industry	1628	1222	453189	387377
按行业分	**Grouped by Sector**				
农、林、牧、渔业	Farming,Forestry,Animal Husbandry and Fishery	17	12	11620	3818
制造业	Manufacturing	481	558	185286	227835
建筑业	Construction	17	15	3519	6908
信息传输、计算机服务和软件业	Information Transmission,Computer Services and Software	352	370	67436	48337
批发和零售业	Wholesale and Retail Trade	139	19	34527	6087
住宿和餐饮业	Hotel and Restaurants	88	61	2059	3180
房地产业	Real Estate	42	69	67407	46079
租赁和商务服务业	Leasing and Business Services	613	414	211552	215393
其他行业	Other Sectors	387	288	68343	68159
按客商国别(地区)分	**Grouped by Country(Region) of Foreign Partner**				
#日本	Japan	176	158	97873	124420
美国	United States	300	269	13577	54188
中国香港	Hongkong,China	426	373	134720	114297
澳大利亚	Australia	32	36	2579	1245
法国	France	34	23	6090	15728
新加坡	Singapore	86	68	26095	11110
加拿大	Canada	88	63	3221	3217
德国	Germany	48	53	71167	20798
西班牙	Spain	10	4	1738	536
中国台湾	Taiwan,China	76	76	3834	7506
瑞典	Sweden	4	10	3069	713
泰国	Thailand	6	5	4495	5216
比利时	Belgium	4	4	471	2832
丹麦	Denmark	12	1	5231	1030
韩国	Korea	313	277	36015	63974
俄罗斯	Russia	7	3	81	177

资料来源：北京市商务局。
Sources: Beijing Municipal Bureau of Commerce.

14-9 外商投资企业实际利用外资情况

FOREIGN CAPITAL ACTURLLY USED OF FOREIGN FUNDED ENTERPRISES

单位：万美元 (USD 10000)

项　　目	Item	2005	2004	2005年为2004年% 2005 as % of 2004
实际利用外资	**Amount of Foreign Capital Actually Used**	**352638**	**308354**	**114.4**
按登记注册类型分	**Grouped by Investment Manner**			
合资经营	Joint Venture	69447	79418	87.4
合作经营	Cooperative Operation	23609	27804	84.9
独资经营	Foreign Funded Enterprises	259463	201132	129.0
外商投资股份制	Foreign Funded Joint-Stock	119		
按行业分	**Grouped by Sector**			
农、林、牧、渔业	Farming,Forestry,Animal Husbandry and Fishery	354	1022	34.6
制造业	Manufacturing	113246	112681	100.5
建筑业	Construction	870	1300	66.9
信息传输、计算机服务和软件业	Information Transmission,Computer Services and Software	24250	27166	89.3
批发和零售业	Wholesale and Retail Trade	2560	6373	40.2
住宿和餐饮业	Hotel and Restaurants	647	1038	62.3
房地产业	Real Estate	46326	36370	127.4
租赁和商务服务业	Leasing and Business Services	124272	103005	120.6
其他行业	Other Sectors	40113	19399	206.8
按客商国别(地区)分	**Grouped by Country(Region) of Foreign Partner**			
中国香港	Hongkong,China	57170	43606	131.1
中国台湾	Taiwan,China	1108	1780	62.2
日　本	Japan	79877	78666	101.5
新加坡	Singapore	15899	4826	329.4
法　国	France	9511	6433	147.8
美　国	United States	15753	11596	135.8
德　国	Germany	24896	8602	289.4
韩　国	Korea	25790	33583	76.8
英　国	United Kingdom	905	1644	55.0
奥地利	Austria	227	82	276.8
加拿大	Canada	333	1197	27.8
其　他	Other	121169	116339	104.2

资料来源：北京市商务局。
Sources: Beijing Municipal Bureau of Commerce.

14-10 外商投资企业投产开业情况

STATISTICS FOR OPENING OF FOREIGN FUNDED ENTERPRISES

项　　目	Item	企业单位数（个）Number of Enterprises (Nos.)		企业职工人数(人) Number of Staff and Workers (person)	
		2005	2004	2005	2004
合　　计	**Total**	**3110**	**5755**	**704657**	**577697**
按登记注册类型分	**Grouped by Registration Status**				
港澳台商投资企业	Enterprises with Funds from Hongkong,Macao and Taiwan	1052	2258	217827	206509
与港澳台商合资	Joint Venture	592	1344	120690	134965
与港澳台商合作	Cooperative	170	251	18509	16813
港澳台商独资	Hongkong,Macao and Taiwan Enterprises	283	660	60858	46318
港澳台商投资股份有限公司	Hongkong,Macao and Taiwan Funded Share Holding Company	7	3	17770	8413
外商投资企业	Foreign Funded Enterprises	2058	3497	486830	371188
中外合资	Joint Venture	981	1782	246602	217563
中外合作	Cooperative	185	264	23689	23230
外商独资	Foreign Enterprises	867	1444	194194	120227
外商投资股份有限公司	Foreign Funded Share Holding Company	25	7	22345	10168
按行业分	**Grouped by Sector**				
农、林、牧、渔业	Agriculture,Forestry,Animal Husbandry and Fishery	2	49	59	2084
制造业	Manufacturing	1309	2699	306223	296460
建筑业	Construction	106	157	37327	9384
信息传输、计算机服务和软件业	Information Transmission,Computer Services and Software	368	816	72798	49374
批发和零售业	Wholesale and Retail Trade	102	168	54587	20430
住宿和餐饮业	Hotel and Restaurants	168	220	63601	65663
房地产业	Real Estate	434	423	39022	40072
租赁和商务服务业	Leasing and Business Services	217	524	34963	38114
其他行业	Other Sectors	404	699	96077	56116

注：2005年为限额以上单位。

Note: Figures of 2005 were for enterprises above designated size.

14-11 外商投资企业生产经营情况
STATISTICS ON PRODUCTION AND BUSINESS OF FOREIGN ENTERPRISES

单位：万元 (10000 yuan)

项目	Item	主营业务收入 Operating Income		利润总额 Total Profits		交纳税金总额 Total Taxes Paid	
		2005	2004	2005	2004	2005	2004
合计	**Total**	**69833862**	**41282403**	**6832725**	**4328524**	**2393768**	**3185129**
按登记注册类型分	**Grouped by Registration Status**						
港澳台商投资企业	Enterprises with Funds from Hongkong,Macao and Taiwan	14137739	9602303	2385663	1323925	816123	771376
与港澳台商合资	Joint Venture	5442708	4719180	296318	239021	193051	305953
与港澳台商合作	Cooperative	1377026	895174	280593	-61795	121773	129849
港澳台商独资	Hongkong,Macao and Taiwan Enterprises	6443793	3508760	1636966	1121167	426255	295920
港澳台商投资股份有限公司	Hongkong,Macao and Taiwan Funded Share Holding Company	874212	479189	171786	25532	75044	39656
外商投资企业	Foreign Funded Enterprises	55696123	31680100	4447062	3004599	1577645	2413753
中外合资	Joint Venture	28033726	15250355	1421006	1202323	634017	1107825
中外合作	Cooperative	1473180	942656	214371	33657	111163	94512
外商独资	Foreign Enterprises	25261231	15279880	2711713	1724221	805853	1194274
外商投资股份有限公司	Foreign Funded Share Holding Company	927986	207209	99972	44398	26612	17142
按行业分	**Grouped by Sector**						
农、林、牧、渔业	Agriculture,Forestry,Animal Husbandry and Fishery	446	35528	-148	-8269	4	625
制造业	Manufacturing	30065815	21888480	1572163	1337683	416798	1217943
建筑业	Construction	724158	369566	7553	-9541	24375	11656
信息传输、计算机服务和软件业	Information Transmission,Computer Services and Software	6946145	3907908	1482693	657145	729527	600445
批发和零售业	Wholesale and Retail Trade	16599582	2561426	1107405	81639	293661	124202
住宿和餐饮业	Hotel and Restaurants	1193990	1054091	158201	99148	127980	115302
房地产业	Real Estate	3679883	2321843	347739	79651	349140	340297
租赁和商务服务业	Leasing and Business Services	3803373	6574141	1464083	1836205	175575	578737
其他行业	Other Sectors	6820470	2569422	693036	254862	276708	195922

注：2005年为限额以上单位。
Note: Figures of 2005 were for enterprises above designated size.

14-12 对外承包工程和劳务合作

CONTRACTED PROJECTS AND LABOR SERVICES COOPERATION WITH FOREIGN COUNTRIES

地　区	Region	签定合同份数(份) Number of Contracts Signed (Nos.)		签定合同金额(万美元) Amount of Contracts Signed (USD 10000)		营业额(万美元) Business Turnover (USD 10000)	
		2005	2004	2005	2004	2005	2004
合　计	**Total**	**272**	**128**	**93732**	**81185**	**71281**	**59630**
对外承包工程	**Constructed Projects**	**237**	**109**	**56596**	**50788**	**35526**	**29134**
#新加坡	Singapore	3	1	4935	3380	2405	3082
卡塔尔	Cartel	6		5147		245	
蒙　古	Mongolia	3		1743		120	
马来西亚	Malaysia	1	4	643	3487	1618	576
斯里兰卡	Sri Lanka	1		400		166	708
伊　朗	Iran	3	2	4110	1630	1226	200
印　度	India	5	2	7079	224	39	66
安哥拉	Angora	4		2032		122	
刚　果(布)	Congo	6	4	494	1119	1199	482
毛里求斯	Mauritius	5	5	1030	3113	877	1447
尼日利亚	Nigeria	11	12	10160	8861	10174	6075
塞拉利昂	Sierra leone	17		153		398	
哈萨克斯坦	Kazakstan	3	1	6276	220	938	220
古　巴	Cuba	10	2	287	3002	1228	2871
对外劳务合作	**Labor Services**	**34**	**12**	**37023**	**30049**	**35727**	**30389**
#日　本	Japan	23	3	853	13	316	280
中国台湾	Taiwan,China	2	2	191	140	192	192
新加坡	Singapore	1		40		14	
韩　国	Korea	4		794		176	
塞拉利昂	Sierra leone	2		12		3	
美　国	United States	2	6	112	26	2	26
设计咨询	**Consulting & Design Services**	**1**	**7**	**113**	**348**	**28**	**107**

资料来源：北京市商务局。

Sources: Beijing Municipal Bureau of Commerce.

14-13 外国及港澳地区企业驻京代表机构
REPRESENTATIVE OFFICES IN BEIJING OF FOREIGN, HONGKONG AND MACAO ENTERPRISES

项　目	Item	数　量(个) Number(Nos.)		构　成 (%) Composition(%)	
		2005	2004	2005	2004
合　计	**Total**	**10132**	**9180**	**100.0**	**100.0**
#日　本	Japan	784	736	7.7	8.0
中国香港	Hongkong, China	2358	2196	23.3	23.9
中国澳门	Macao, China	23	24	0.2	0.3
美　国	United States	1937	1745	19.1	19.0
德　国	Germany	594	529	5.9	5.8
法　国	France	260	235	2.6	2.6
英　国	United Kingdom	305	274	3.0	3.0
意大利	Italy	222	199	2.2	2.2
瑞　士	Switzerland	130	129	1.3	1.4
瑞　典	Sweden	84	77	0.8	0.8
加拿大	Canada	330	301	3.3	3.3
澳大利亚	Australia	229	211	2.3	2.3
比利时	Belgium	51	46	0.5	0.5
新加坡	Singapore	360	343	3.6	3.7
荷　兰	The Holland	130	117	1.3	1.3
奥地利	Austria	71	64	0.7	0.7

资料来源：北京市工商行政管理局。

Sources: Beijing Administration for Industry & Commerce.

14-14 区县对外经济基本情况(2005年)
FOREIGN ECONOMY IN DISTRICTS AND COUNTIES(2005)

项　目	Item	合计 Total	首都功能核心区 Core Districts of Capital Function	城市功能拓展区 Urban Function Extended Districts	城市发展新区 New Districts of Urban Development	生态涵养发展区 Ecological Preservation Development Districts
利用外资	**Utilization of Foreign Capital**					
签约项目　(个)	Projects Signed　(Nos.)	2136	271	1428	360	77
合同外资金额(万美元)	Contracted Foreign Capital　(USD 10000)	651749	105580	378567	132136	35466
外商实际投资额(万美元)	Foreign Actual Investment(USD 10000)	352638	41160	194140	104053	13285

资料来源：北京市商务局。

Sources: Beijing Municipal Bureau of Commerce.

主要统计指标解释

进出口总额 海关进出口总额指实际进、出我国关境并能引起我国境内物质资源增加或减少的进出口货物总金额。包括我国境内法人和其他组织以一般贸易、易货贸易、加工贸易、补偿贸易、寄售代销贸易等方式进出口的货物、租赁期一年及以上的租赁进出口货物、边境小额贸易货物、国际援助物资或捐赠品、保税区和保税仓库进出口货物等的金额合计。进出口总额用以观察一个国家在对外贸易方面的总规模。我国规定出口货物按离岸价格统计，进口货物按到岸价格统计。

利用外资 指我国各级政府、部门、企业和其他经济组织通过对外借款、吸收外商直接投资以及用其他方式筹措的境外现汇、设备、技术等。

对外借款 是我国利用外资的主要部分。包括我国通过外国政府贷款，国际金融组织贷款，外国银行商业贷款，出口信贷以及对外发行债券，股票等方式，从境外筹措的资金。

实际利用外资 为批准的合同外资金额的实际执行数。

外商直接投资 是指外国企业和经济组织或个人（包括华侨、港澳台同胞以及我国在境外注册的企业）按我国有关政策、法规，用现汇、实物、技术等在我国境内开办外商独资企业、与我国境内的企业或经济组织共同举办中外合资经营企业、合作经营企业或合作开发资源的投资（包括外商投资收益的再投资）以及经政府有关部门批准的项目投资总额内，企业从境外借入的资金。

对外承包工程 指企业按照国际通行做法，在国（境）外承揽和实施各类工程项目的经济活动。企业承揽的我国对外经济援助项目、我国驻外使（领）馆等建设项目视同对外承包工程项目。

对外劳务合作 指企业按照与国（境）外政府有关机构、团体、企业、私人雇主所签合同规定，向国（境）外派遣各类劳务人员的经济活动。企业自带设备以提供技术服务的形式在国（境）外承揽的项目视同对外劳务合作项目。

旅游业

TOURISM

简要说明

一、本章资料的主要内容

旅游统计的主要内容包括：来京旅游者人数及其在京花费情况、星级饭店经营及接待住宿者情况、国际旅行社经营及主要工作情况、A级以上重点旅游景区活动情况等。

二、本章资料的统计范围

包括国际旅游和国内旅游。

三、本章的资料来源

本章资料中的旅游外汇收入、国内旅游者人数、国内旅游收入、在京旅游花费情况资料来源于北京市旅游局，入境旅游者人数根据北京市统计局星级饭店、非星级饭店调查结果及市旅游局非住宿设施接待入境住宿者人数汇总得出。星级饭店、国际旅行社、A级以上及重点旅游景区有关数据由北京市统计局全面调查取得。

四、本章的统计调查方法

国内旅游数据、旅游外汇收入等指标采取抽样调查方法，其余指标采取全面调查或重点调查。

15-1 国际、国内旅游情况(1978-2005年)

STATISTICS ON INTERNATIONAL AND DOMESTIC TOURISM (1978-2005)

年 份 Year	入境旅游者人数 (万人次) International Tourists (10000 person-times)	旅游外汇收入总额 (万美元) Tourism Foreign Exchange Earnings (USD 10000)	国内旅游者人数 (万人次) Domestic Tourists (10000 person-times)	国内旅游收入 (万元) Earnings Created by Domestic Tourists (10000 yuan)
1978	19	10000		
1979	25	9000		
1980	29	12000		
1981-1985	**295**	**94000**		
1986-1990	**492**	**280901**		
1986	99	46000		
1987	108	55000		
1988	120	67000		
1989	65	47195		
1990	100	65706		
1991-1995	**920**	**735519**		
1991	132	85001		
1992	175	107286		
1993	203	124128		
1994	203	200904	6710	2980000
1995	207	218200	6320	3526100
1996-2000	**1203**	**1214800**	**44081**	**23884300**
1996	219	225200	7683	3596200
1997	230	224800	8221	3913100
1998	220	238400	8731	4245000
1999	252	249600	9260	5300000
2000	282	276800	10186	6830000
2001-2005	**1460**	**1475000**	**55657**	**49687000**
2001	286	295000	11007	8877000
2002	310	311000	11500	9300000
2003	185	190000	8700	7060000
2004	316	317000	11950	11450000
2005	363	362000	12500	13000000

资料来源：旅游外汇收入总额、国内旅游者人数、国内旅游收入来源于北京市旅游局。

Sources: Data of "Tourism Foreign Exchange Earnings, Domestic Tourists, Earnings Created by Domestic Tourists " were provided by Beijing Municipal Bureau of Tourism.

15-2 在京旅游花费构成情况(2005年)

COMPOSITION OF EXPENDITURES FOR TOURISM IN BEIJING (2005)

单位：% (%)

项 目	Item	入境旅游者 International Tourists	外省市来京游客 Tourists to Beijing from Outside Beijing
合 计	**Total**	**100.0**	**100.0**
长途交通费	Long-distance Transportation Expenses	35.3	12.8
#民 航	Air	30.9	
铁 路	Railway	1.1	
汽 车	Highway	3.3	
市内交通费	Local Transportation Expenses	1.1	5.7
住 宿	Accommodation	17.3	17.2
餐 饮	Food and Beverage	9.2	19.8
购 物	Shopping	19.9	24.1
邮电通讯	Posts and Telecommunications	3.4	1.0
景点门票	Tickets of Tourism Spots	4.7	9.1
文化娱乐	Culture and Entertainment	4.6	3.1
其 他	Other	4.5	7.1

资料来源：北京市旅游局。

Sources: Beijing Municipal Bureau of Tourism.

15-3 来京旅游者人数
NUMBER OF TOURISTS TO BEIJING

单位：人次 (person-time)

项目	Item	2005	2004	2005年为2004年% 2005 as % of 2004
合计	**Total**	**128629177**	**122654950**	**104.9**
国内旅游人数	**Number of Domestic Tourists**	**125000000**	**119500000**	**104.6**
外地来京旅游者人数	Number of Tourists to Beijing from Outside Beijing	84000000	80500000	104.3
市民在京游人数	Number of Beijing Citizen Touring in Beijing	41000000	39000000	105.1
入境旅游者人数	**Number of International Tourists**	**3629177**	**3154950**	**115.0**
港澳台同胞	Hongkong,Macao and Taiwan Chinese	513021	473960	108.2
中国香港	Hongkong,China	313878	277463	113.1
中国澳门	Macao,China	13072	13037	100.3
中国台湾	Taiwan,China	186071	183460	101.4
外国人	Foreigner	3116156	2680990	116.2
亚洲	Asia	1360094	1322603	102.8
#日本	Japan	450020	523059	86.0
韩国	Korea	453479	423636	107.0
菲律宾	Philippines	14660	11137	131.6
印度尼西亚	Indonesia	29040	35721	81.3
马来西亚	Malaysia	88597	78346	113.1
新加坡	Singapore	69295	68168	101.7
泰国	Thailand	52560	45010	116.8
印度	India	27947	20697	135.0
蒙古	Mongolia	28748	24838	115.7
美洲	America	581944	464982	125.2
#美国	United States	465301	374458	124.3
加拿大	Canada	78019	63672	122.5
欧洲	Europe	913646	713683	128.0
#英国	United Kingdom	138858	118040	117.6
法国	France	135919	110542	123.0
德国	Germany	146145	114541	127.6
意大利	Italy	52170	33150	157.4
西班牙	Spain	50269	25434	197.6
瑞典	Sweden	48698	45533	107.0
瑞士	Switzerland	18050	15212	118.7
俄罗斯	Russia	97318	81971	118.7
大洋洲	Oceania	104707	81744	128.1
#澳大利亚	Australia	83417	64237	129.9
新西兰	New Zealand	11700	7880	148.5
非洲	Africa	23268	17402	133.7
国别（地区）不详	Others	132497	80576	164.4

资料来源：表中“国内旅游人数”的相关资料来自北京市旅游局。
Sources: Data related to "Number of Domestic Tourists" in the table were provided by Beijing Municipal Bureau of Tourism.

15-4 星级饭店经营情况

STATISTICS FOR STAR HOTELS

项　目	Item	企业个数(个) Number of Enterprises(Nos.)		出租率(%) Renting Rate(%)		平均房价(元/间天) Average Price(yuan/room.day)	
		2005	2004	2005	2004	2005	2004
合　计	**Total**	**594**	**464**	**62**	**65**	**425**	**409**
四星、五星合计	**Hotels of 4 and 5 Star Grade**	**104**	**91**	**70**	**70**	**634**	**566**
五　星	5 Star	35	29	69	69	886	758
四　星	4 Star	69	62	71	71	451	436
一星至三星合计	**Hotels of 1 to 3 Star Grade**	**490**	**473**	**57**	**60**	**258**	**254**
三　星	3 Star	209	159	61	62	295	279
二　星	2 Star	243	184	51	59	192	206
一　星	1 Star	38	30	44	44	158	167

15-4 续表1 continued

项　目	Item	营业收入(亿元) Business Revenue (100 million yuan)		利润总额(亿元) Total Profits (100 million yuan)		年末从业人员(人) Persons Employed (person)		工资总额(亿元) Total Wages (100 million yuan)	
		2005	2004	2005	2004	2005	2004	2005	2004
合　计	**Total**	**1851166**	**1654198**	**154283**	**117541**	**126817**	**107386**	**296610**	**330232**
四星、五星合计	**Hotels of 4 and 5 Star Grade**	**1243520**	**1147797**	**189511**	**136395**	**61988**	**55734**	**185674**	**169846**
五　星	5 Star	701532	573488	151076	85426	26428	23308	96345	83987
四　星	4 Star	541988	574309	38435	50969	35560	32426	89329	85859
一星至三星合计	**Hotels of 1 to 3 Star Grade**	**607646**	**506401**	**-35228**	**-18854**	**64829**	**51650**	**110936**	**160386**
三　星	3 Star	463135	373537	-19757	-13732	44831	35749	82026	77920
二　星	2 Star	134041	118731	-14816	-3469	18556	14222	26933	79913
一　星	1 Star	10470	14133	-655	-1653	1442	1679	1977	2553

15-5 星级饭店接待住宿者情况(按住宿者类别分)
STATISTICS FOR RECEPTION OF STAR GRADE HOTELS (GROUP BY TOURISTS)

项　目	Item	2005 接待量 Reception	2005 构成(%) Composition (%)	2004 接待量 Reception	2004 构成(%) Composition (%)	2005年为2004年% 2005 as % of 2004
接待住宿人数（人次）	**Tourists Received (person-time)**	**15435918**	**100.0**	**12707636**	**100.0**	**121.5**
国内住宿者	Domestic Tourists	12130223	78.6	9931942	78.2	122.1
外国人	Foreigners	2843622	18.4	2375386	18.7	119.7
香港同胞	Compatriots from Hongkong, China	287918	1.9	236324	1.9	121.8
澳门同胞	Compatriots from Macao, China	8906	0.1	9125	0.1	97.6
台湾同胞	Compatriots from Taiwan, China	165249	1.1	154859	1.2	106.7
接待住宿人天数（人天）	**Person-day Received (person-day)**	**32274557**	**100.0**	**27988669**	**100.0**	**115.3**
国内住宿者	Domestic Tourists	23415227	72.6	20535795	73.4	114.0
外国人	Foreigners	7740769	24.0	6451662	23.1	120.0
香港同胞	Compatriots from Hongkong, China	719408	2.2	599874	2.1	119.9
澳门同胞	Compatriots from Macao, China	24871	0.1	35701	0.1	69.7
台湾同胞	Compatriots from Taiwan, China	374282	1.2	365637	1.3	102.4

15-6 星级饭店接待住宿者情况(按饭店星级分)
STATISTICS FOR RECEPTION OF STAR GRADE HOTELS (GROUP BY STAR GRADE)

项　目	Item	2005 接待量 Reception	2005 构成(%) Composition (%)	2004 接待量 Reception	2004 构成(%) Composition (%)	2005年为2004年% 2005 as % of 2004
接待住宿人次（人次）	**Tourists Received (person-time)**	**15435918**	**100.0**	**12707636**	**100.0**	**121.5**
五星级	5 Star	2286912	14.8	1797161	14.1	127.3
四星级	4 Star	3610362	23.4	3466287	27.3	104.2
三星级	3 Star	5884727	38.1	4810129	37.9	122.3
二星级	2 Star	3337537	21.6	2370341	18.7	140.8
一星级	1 Star	316380	2.0	263718	2.1	120.0
接待入境住宿人（人天）	**Person-day Received (person-day)**	**32274557**	**100.0**	**27988669**	**100.0**	**115.3**
五星级	5 Star	5383700	16.7	4282668	15.3	125.7
四星级	4 Star	7814281	24.2	7560446	27.0	103.4
三星级	3 Star	12137830	37.6	10546825	37.7	115.1
二星级	2 Star	6395621	19.8	4992379	17.8	128.1
一星级	1 Star	543125	1.7	606351	2.2	89.6

15-7 国际旅行社外联(组团)及接待情况

STATISTICS ON OVERSEAS TOURISTS CONTACTED (ORGANIZED) AND RECEIVED BY INTERNATIONAL TRAVEL SERVICES

项目	Item	2005	2004	2005年为2004年% 2005 as % of 2004
外联(组团)人数 (人次)	**Overseas Persons Contacted(Organized) (person-time)**	**3083877**	**2748432**	**112.2**
国内旅游者	Domestic Tourists	1301103	1129898	115.2
港澳同胞	Compatriots from Hongkong and Macao, China	102640	117134	87.6
台湾同胞	Compatriots from Taiwan, China	46842	46630	100.5
外国人	Foreigners	1633292	1454770	112.3
接待人数 (人次)	**Tourists Received (person-time)**	**2782317**	**2526212**	**110.1**
国内旅游者	Domestic Tourists	1037533	960828	108.0
港澳同胞	Compatriots from Hongkong and Macao, China	97265	120839	80.5
台湾同胞	Compatriots from Taiwan, China	66139	54535	121.3
外国人	Foreigners	1581380	1390010	113.8
外联(组团)人天数 (人天)	**Person-days Contacted(Organized) (person-day)**	**14508486**	**12424732**	**116.8**
国内旅游者	Domestic Tourists	5334635	5015209	106.4
港澳同胞	Compatriots from Hongkong and Macao, China	402615	511909	78.6
台湾同胞	Compatriots from Taiwan, China	300501	254079	118.3
外国人	Foreigners	8470735	6643535	127.5
接待人天数 (人天)	**Person-day Received (person-day)**	**11239982**	**10309147**	**109.0**
国内旅游者	Domestic Tourists	3985787	3698396	107.8
港澳同胞	Compatriots from Hongkong and Macao, China	413647	547243	75.6
台湾同胞	Compatriots from Taiwan, China	330341	265999	124.2
外国人	Foreigners	6510207	5797509	112.3

15-8 国际旅行社组织国内居民出境旅游情况

STATISTICS FOR DOMESTIC TOURISTS TRAVELLING ABROAD ORGANIZED BY INTERNATIONAL TRAVEL SERVICES

项目	Item	2005	2004	2005年为2004年% 2005 as % of 2004
总人数 （人）	**Total Tourists (person)**	**517144**	**513766**	**100.7**
出国游	Travel abroad	383431	407172	94.2
港澳游	Travel to Hongkong and Macao, China	133713	106594	125.4
前往国别及地区 （人次）	**Country or Region Travel to (person-times)**			
#中国香港	Hongkong, China	113879	90811	125.4
中国澳门	Macao, China	19834	15783	125.7
泰　国	Thailand	92731	90817	102.1
新加坡	Singapore	42926	70452	60.9
马来西亚	Malaysia	38659	60359	64.0
菲律宾	the Philippines	4250	2021	210.3
韩　国	Republic of Korea	67116	65228	102.9
日　本	Japan	41199	33679	122.3
澳大利亚	Australia	45125	45665	98.8
新西兰	New Zealand	19869	20596	96.5

注：目前有特许经营出境旅游业务权的国际旅行社有69家。

Note: Now, there are 69 international services specially permitted to operate overseas travelling business.

15-9 国际旅行社经营情况

BUSINESS OF INTERNATIONAL TRAVEL SERVICES

单位：万元 (10000 yuan)

项目	Item	2005	2004	2005年为2004年% 2005 as % of 2004
企业个数 (个)	Number of Enterprises (Nos.)	147	147	100.0
营业收入	Business Revenue	1316063	1059989	124.2
主营业务成本	Operating Costs	1228491	989620	124.1
营业费用	Business Expenses	39340	34289	114.7
主营业务税金及附加	Operating Tax and Extra Charges	4683	3822	122.5
主营业务利润	Operating Profits	40603	32259	125.9
管理费用	Overhead Expenses	34957	26830	130.3
营业利润	Business Profits	8980	4964	180.9
利润总额	Total Profits	10240	11444	89.5
平均从业人员 (人)	Average Employed Persons (person)	8752	7760	112.8
工资总额	Total Wages	25037	21327	117.4

15-10 A级以上及重点旅游景区活动情况

STATISTICS ON KEY SIGHT SPOTS ABOVE GRADE A

项目	Item	2005	2004	2005年为2004年% 2005 as % of 2004
收入合计 (万元)	Total Revenue (10000 yuan)	273126	248320	110.0
门票收入	Ticket Revenue	184161	168062	109.6
商品销售收入	Commodity Sales	8189	6273	130.5
其他收入	Other Revenue	80776	73985	109.2
接待人数 (万人次)	Tourists Received (10000 person-times)	8853	8759	101.1
#入境旅游者人数	International Tourists	650	551	118.0

主要统计指标解释

旅行社外联人数 指报告期内旅行社自组外联的海外游客人数，反映旅行社对外招徕的能力。旅行社按以下要求统计外联人数：（1）海外游客入境后不论其停留时间多少、旅游线路长短，只统计一次。（2）旅行社只统计本社自组外联团的实到人数，非本社外联，仅由本社接受委托办理签证的人数不包括在内。

入境旅游者 指来华入境的海外游客中，在旅游住宿设施内至少停留一夜的外国人、港澳台同胞。海外旅游者不包括以下人员：（1）应邀来华访问的政府部长以上官员及其随行人员；（2）外国驻华使领馆官员、外交人员以及随行的家庭服务人员和受赡养者；（3）常住我国一年以上的外国专家、留学生、记者、商务机构人员等；（4）乘坐国际航班过境不需要通过护照检查进入我国口岸的中转旅客；（5）边境地区往来的边民；（6）回大陆定居的港澳台同胞；（7）已在我国定居的外国人和原已出境又返回在我国定居的外国侨民；（8）归国的我国出国人员。

国际旅游（外汇）收入 指海外旅游者在中国（大陆）境内旅行、游览过程中用于交通、参观游览、住宿、餐饮、购物、娱乐等全部花费。

金融和保险

BANKING AND INSURANCE

简要说明

一、本章资料的主要内容

本章反映北京地区金融、证券和保险业发展情况。有以下四个部分：一是金融机构存贷及现金收支等活动情况，二是城乡居民人民币储蓄存款余额，三是金融市场交易情况，四是保险业务情况。

二、本章各部分资料来源

本章数据由北京市统计局核算处负责整理。

1. 金融数据统计范围包括中国人民银行、国家政策性银行、国有商业银行、其他商业银行、城市信用合作社、农村信用合作社、外资银行、财务公司、信托投资公司、金融租赁公司、邮政储蓄机构。资料来源于中国人民银行营业管理部。

2.反映直接融资情况的“16-7 金融市场交易量”,资料取自北京市统计局核算处。

3.反映保险业务情况的“16-6 保险业务情况”，资料取自中国保险监督管理委员会北京监管局编制的保险统计资料。

16-1 主要年份金融机构存贷款余额
SAVING DEPOSIT AND LOAN BALANCE OF FINANCIAL INSTITUTIONS IN MAIN YEARS

单位：亿元 (100 million yuan)

项目	Item		2000	2001	2002	2003	2004	2005
金融机构存款余额	**Saving Deposit Balance of Financial Institutions**		**11526.0**	**14109.2**	**17438.4**	**20476.0**	**23781.3**	**28970.0**
中资金融机构	Chinese Financial Institutions							
人民币	RMB		9759.8	12223.4	15392.7	18321.9	21625.9	26731.3
外汇（亿美元）	Foreign Exchange	(USD 100 million)	205.6	219.8	238.9	250.9	248.1	256.4
外资金融机构	Foreign-funded Financial Institutions							
人民币	RMB							54.6
外汇（亿美元）	Foreign Exchange	(USD 100 million)	…	7.3	8.3	9.4	12.3	14.2
金融机构贷款余额	**Loan Balance of Financial Institutions**		**6407.9**	**7612.2**	**9704.3**	**12057.8**	**13577.4**	**15335.5**
中资金融机构	Chinese Financial Institutions							
人民币	RMB		6013.2	7206.0	9230.8	11314.7	12600.2	13792.2
外汇（亿美元）	Foreign Exchange	(USD 100 million)	27.7	37.4	44.9	68.8	86.0	149.2
外资金融机构	Foreign-funded Financial Institutions							
人民币	RMB							42.3
外汇（亿美元）	Foreign Exchange	(USD 100 million)	9.0	10.8	12.1	20.9	32.0	36.8

资料来源：中国人民银行营业管理部。

Sources: Business Management Department of People's Bank of China.

16-2 北京市金融机构(含外资)本外币信贷收支表

DEPOSITS AND LOANS OF FINANCIAL INSTITUTIONS (INCLUDE FOREIGN BANKS)

单位：万元，汇率：8.2767 (10000 yuan , exchange rate 8.2767)

项目	Item	余额 Balance 2005	余额 Balance 2004	2005年为2004年% 2005 as % of 2004	比年初增减额(+、-) Increase or Decrease than Year-beginning 2005	比年初增减额(+、-) Increase or Decrease than Year-beginning 2004	2005年为2004年% 2005 as % of 2004
各项存款	**Total Deposits**	**289700120**	**237813488**	**121.8**	**50935632**	**33286928**	**153.0**
企事业单位存款	Deposits by Enterprises	163399613	132430979	123.4	30466113	21128051	144.2
活期存款	Current Deposits	81308810	73079610	111.3	8229782	10373650	79.3
定期存款	Fixed Deposits	82090803	59351369	138.3	22236331	10754401	206.8
储蓄存款	Savings Deposit	83158298	71543045	116.2	11615166	7127705	163.0
活期存款	Current Deposits	27290146	23959292	113.9	3331042	3163200	105.3
定期存款	Fixed Deposits	55868151	47583753	117.4	8284125	3964505	209.0
信托存款	Trusted Deposits	99879	41432	241.1	58447	41432	141.1
委托存款	Entrusted Deposits	120865	230652	52.4	-109593	304843	
其他存款	Other Deposits	42921466	33567380	127.9	8905499	4684898	190.1
各项贷款	**Total Loans**	**153354632**	**135774452**	**112.9**	**17835955**	**16909444**	**105.5**
短期贷款	Short-term Loans	51671600	50124010	103.1	2361336	4823654	49.0
中长期贷款	Medium-term&Long-term Loans	86323536	75064194	115.0	10692767	11461114	93.3
信托贷款	Trusted Loans	181982	95689	190.2	86292	17937	481.1
委托贷款	Entrusted Loans	36120	128489	28.1	-92369	116766	
其他贷款	Other Loans	3661721	2449212	149.5	1212493	684126	177.2
票据融资	Notes Financing	11399681	7861597	145.0	3546707	-82720	
各项垫款	Advances	79991	51262	156.0	28729	-111434	

资料来源：中国人民银行营业管理部。

Sources: Business Management Department of People's Bank of China.

16-3 金融机构人民币现金收支

CASH INCOME AND EXPENDITURES OF FINANCIAL INSTITUTIONS

单位：万元 (10000 yuan)

项目	Item	2005	2004	2005年为2004年% 2005 as % of 2004
收入合计	**Total Income**	**206341668**	**190647055**	**108.2**
商品销售收入	Income from Commodity Sales	25695152	24864483	103.3
服务业收入	Income from Service Trade	9558569	9198567	103.9
税款收入	Income from Taxes	425908	565541	75.3
城乡个体经营收入	Income from Urban and Rural Individual Business	2003405	2366951	84.6
储蓄存款收入	Income from Savings Deposit	145825323	133669510	109.1
其他金融机构收入	Income from Other Financial Institutions	1065181	803947	132.5
居民归还贷款收入	Income from Repayment of Loans by Residents	429871	477852	90.0
汇兑收入	Income from Remittances	2376502	2427769	97.9
有价证券收入	Income from Securities	629934	1113038	56.6
其他收入	Other Income	18331823	15159397	120.9
#兑换外币收入	Income from Foreign Currency Exchange	203959	172432	118.3
支出合计	**Total Expenditures**	**204555938**	**188608704**	**108.5**
工资性支出	Wages	10772391	11054551	97.4
农副产品采购支出	Purchases of Agricultural and Sideline Products	2369747	2036054	116.4
工矿及其他产品采购支出	Expenditure for Purchases of Industrial and Mineral Products	1726576	1414489	122.1
行政企事业管理费支出	Management Expenditure for Government and Enterprises	18320532	17838830	102.7
城乡个体经营支出	Expenditure for Urban and Rural Individual Business	4973907	5210194	95.5
储蓄存款支出	Expenditure for Savings Deposit	143880218	133029229	108.2
其他金融机构支出	Expenditure for Other Financial Institutions	1484717	991784	149.7
居民提取贷款支出	Expenditure for Loans by Residents	278632	303191	91.9
汇兑支出	Expenditure for Remittances	654306	976518	67.0
有价证券支出	Expenditure for Securities	395242	596166	66.3
其他支出	Other Expenditures	19699670	15157698	130.0

资料来源：中国人民银行营业管理部。
Sources: Business Management Department of People's Bank of China.

16-4 城乡居民人民币储蓄存款余额

SAVINGS DEPOSIT BALANCE IN URBAN AND RURAL AREAS

项目	Item	绝对数(万元) Amount (10000 yuan) 2005	2004	2005年为2004年% 2005 as % of 2004	构成(%) Composition (%) 2005	2004
年末储蓄存款余额	**Savings Deposit Balance**	**74775889**	**61223488**	**122.1**	**100.0**	**100.0**
定　期	Fixed Deposits	49570471	39661573	125.0	66.3	64.8
活　期	Current Deposits	25205418	21561915	116.9	33.7	35.2
城镇居民存款	Urban Savings Deposit	69689047	56927966	122.4	93.2	93.0
农民存款	Rural Savings Deposit	5086842	4295522	118.4	6.8	7.0

资料来源：中国人民银行营业管理部。

Sources: Business Management Department of People's Bank of China.

16-5 银行、保险系统机构及人员(2005年)

INSTITUTIONS AND PERSONNEL OF BANK AND INSURANCE SYSTEM (2005)

项目	Item	银行系统 Bank System 机构(个) Institution(Nos.)	人员(人) Personnel(person)	保险系统 Insurance System 机构(个) Institution(Nos.)	人员(人) Personnel(person)
全　市	**Total**	**2673**	**80095**	**282**	**39302**
城　区	Urban Districts	561	38974	95	18682
郊　区	Suburban Districts	1990	39170	176	19912
各　县	Counties	122	1951	11	708

注：1. 本表口径为北京地区中资及外资银行保险公司的总行(总公司)、分行(分公司)及所属分支机构，银行系统不含邮政储蓄。

2. 保险系统人员构成中含营销员。

资料来源：中国人民银行营业管理部。

Note: a) Figures in this table cover the head offices(parent companies), branches (branch companies) and subsidiaries of Sino-funded and foreign-funded banking and insurance corporations. Postal savings institutions excluded in the bank system.

b) Insurance System Personnel of included marketing personnel.

Sources: Business Management Department of People's Bank of China.

16-6 保险业务情况
STATISTICS FOR INSURANCE

单位：亿元 (100 million yuan)

项目	Item	保费收入 Premiums Income		赔款支出 Indemnity Payment	
		2005	2004	2005	2004
合计	**Total**	**498.2**	**279.3**	**75.4**	**55.3**
人身险业务小计	**Subtotal of Personal Insurance**	**430.7**	**213.1**	**40.1**	**21.0**
人寿保险	Life Insurance	389.4	179.0	29.0	12.9
非分红产品	Non-melon-cutting Products	33.8	33.3	9.1	9.3
分红产品	Melon-Cutting Products	315.2	126.9	19.1	2.7
投资连接产品	Investment Products	6.6	13.5	0.4	0.2
万能产品	Omnipotence Products	33.7	5.3	0.5	0.6
意外伤害保险	Accidental Injury Insurance	6.5	5.0	1.3	0.9
健康保险	Health Insurance	34.8	29.1	9.9	7.3
财产险业务小计	**Subtotal of Property Insurance**	**67.6**	**66.2**	**35.2**	**34.3**
#企业财产保险	Enterprise Property Insurance	5.5	5.3	0.9	1.1
家庭财产保险	Family Property Insurance	0.8	1.1	…	…
机动车辆及第三者责任保险	Motor Vehicle and Third-Party Responsibility	48.0	46.4	30.1	29.3
货物运输保险	Freight Transport Insurance	4.4	4.5	1.5	1.4
责任保险	Liability Insurance	2.2	1.4	0.4	0.2
工程险	Engineering Insurance	1.8	1.2	0.1	0.1

数据来源：中国保监会北京监管局。

Source: Beijing Regulatory Bureau of China Insurance Regulatory Commission.

16-7 金融市场交易量
FINANCIAL MARKET TRANSACTIONS

单位：万元 (10000 yuan)

项目	Item	2005	2004	2005年为2004年% 2005 as % of 2004
合计	**Total**	**93224933**	**185129182**	**50.4**
国家债券	Treasury Bonds	3053550	6717030	45.5
股票交易	Stock Transactions	43436512	72477234	59.9
国债回购	Repurchase of Treasury Bonds	42619230	102572135	41.6
基金	Funds	913003	789439	115.7
其他	Other	3202638	2573343	124.5

主要统计指标解释

信贷资金 国家银行用于发放贷款的资金叫信贷资金。中国人民银行信贷资金的来源有各项存款、对国际金融机构负债、流通中货币、银行自有资金及当年结益等。信贷资金的运用有各项贷款、黄金占款、外汇占款、财政借款及在国际金融机构中的资产等。

存款 企业、机关、团体或居民根据可以收回的原则，把货币资金存入银行或其他信用机构保管并取得一定利息的一种信用活动形式。根据存款对象的不同可划分为企业存款、财政存款、机关团体存款、城镇储蓄存款、农村存款等科目。它是银行信贷资金的主要来源。

贷款 银行或其他信用机构根据必须归还的原则，按一定利率，为企业、个人等提供资金的一种信用活动形式。我国银行贷款分为流动资金贷款、固定资产贷款、城乡个体工商户贷款以及农业贷款等科目。

保费 又叫保险费。是投保人根据保险合同的有关规定，为被保险人取得因约定危险事故发生所造成的经济损失补偿（或给付）权利，付给保险人的代价。包括财产险和人身险收入。

教育和文化

EDUCATION AND CULTURE

简要说明

一、教育部分的主要内容和资料来源

教育统计资料包括研究生教育（高等学校研究生教育、科研机构研究生教育）；普通高等学校本专科教育；普通中等教育(中等专业教育、技工学校、普通中学、职业高中、工读学校)；初等教育(小学)、学前教育、特殊教育(盲聋哑和弱智儿童学校等)以及教育经费等资料。主要指标包括学校数、在校学生数、招生数、毕业生数、教职工数和专任教师数、教育经费总额及财政性教育经费等。

教育统计资料由北京市教育委员会提供；其中技工学校的资料由北京市劳动和社会保障局提供。

如要取得更为详细的资料，请参见《北京市教育事业统计资料》（北京市教委发展规划处编）和《北京教育经费执行情况统计公告》（北京市教委、北京市统计局和北京市财政局联合发文）。

二、文化部分的主要内容和资料来源

文化部分主要包括艺术表演团体、艺术表演场所、公共图书馆、博物馆、文化馆、档案馆、文化站、广播、电影、电视以及文物等文化单位的机构、人员、经费和业务活动情况。

文化部分数据是根据部门统计报表制度加工整理而成。艺术事业、图书馆事业、群众文化事业的资料主要来自北京市文化局、中华人民共和国文化部；档案馆资料来自北京市档案局；文物资料来自北京市文物局；广播、电影、电视资料来自北京市广播电视局及国家广播电影电视总局。

如希望取得更为详细资料可分别见《北京市文化产业统计资料》（北京市文化局编）、《中国新闻出版统计资料汇编》（新闻出版署计财司编）、《广播电影电视资料汇编》（广电总局计财司编）。

17-1 教育基本情况(1978-2005年)

BASIC STATISTICS ON EDUCATION (1978-2005)

年 份 Year	在校学生数(人) Students Enrollment (person)			升学率(%) Rate of Entering Higher Grade Schools(%)		学龄儿童入学率(%) Enrollment Rate of Children at School-Age (%)	平均每一专任教师负担学生数(人) Average Number of Students Instructed by a Full-time Teacher(person)		
	高等学校 Institutions of Higher Education	普通中学 Regular Secondary Schools	小 学 Primary Schools	初中毕业生 Graduates from Junior Middle Schools	小学毕业生 Graduates from Primary Schools		高等学校 Institutions of Higher Education	普通中学 Regular Secondary Schools	小 学 Primary Schools
1978	48618	1094721	937336	79.70	102.60	99.00	2.4	19.9	20.7
1979	55073	837146	968723	63.00	99.60	98.40	2.3	16.1	21.3
1980	83032	718766	951763	80.30	99.50	98.70	2.6	14.5	21.7
1985	122791	542332	733605	72.60	98.30	99.10	3.6	13.9	17.4
1986	129647	565180	749101	77.10	97.80	99.49	3.6	13.9	17.4
1987	136694	522728	777982	65.10	98.60	99.46	3.7	12.8	16.8
1988	145134	469297	850577	64.30	98.50	99.50	4.0	11.4	17.6
1989	141625	433335	934696	80.50	99.10	98.97	3.8	11.0	19.1
1990	139646	409092	995831	81.80	99.30	99.47	3.9	10.1	18.6
1991	136940	432208	1013268	86.40	98.80	99.72	3.1	10.2	18.0
1992	139978	476543	1001762	88.50	99.60	99.65	4.0	11.3	17.4
1993	158906	532195	1022166	93.50	98.70	99.88	4.6	12.1	17.4
1994	175203	583758	1024503	86.70	99.40	99.92	4.9	13.1	16.9
1995	182173	628246	1007301	87.30	99.50	99.93	5.0	13.6	16.5
1996	189953	649330	999740	88.10	99.30	99.93	5.2	13.7	16.1
1997	195842	626208	977323	92.30	98.60	99.95	5.4	13.2	15.7
1998	212984	609903	919531	92.20	98.70	99.96	5.8	12.8	14.9
1999	234033	634895	836655	94.70	98.30	99.95	6.7	13.2	13.7
2000	282585	691353	743109	93.92	98.99	99.95			12.8
2001	340284	720127	664443	97.84	99.46	99.62			12.1
2002	390995	730722	594241	98.90	99.60	99.63	19.0	14.0	12.0
2003	450789	704405	546530	99.79	100.00	99.95	19.0	14.0	11.0
2004	500245	661314	516042	99.80	100.35	99.92	17.1	12.9	11.0
2005	536724	599943	494482	99.23	99.53	99.90	17.0	12.0	10.0

注：高等学校专任教师负担学生数2002年按当量折算。
资料来源：北京市教育委员会。
Note: Average Number of Students Instructed by a Full-time Teacher in Institutions of Higher Education in 2002 was a converted figure.
Sources: Beijing Municipal Commission of Education.

17-2 各类学校基本情况

BASIC STATISTICS FOR SCHOOLS

单位：人 (person)

项目	Item	校数(所) Number of Schools (Nos.)		教职工数 Teachers and Staff		#专任教师 Full-time Teachers	
		2005	2004	2005	2004	2005	2004
合　计	**Total**	**3782**	**3971**	**301069**	**299245**	**174589**	**172055**
研究生	**Graduate Students**	**166**	**163**			**27494**	**26442**
高等学校	Institutions of Higher Education	51	48			8192	
科研机构	Research Institutions	115	115			19302	
普通高等学校本专科	**Regular Higher Schools Undergraduate Course and Technological Academy**	**79**	**77**	**112514**	**108191**	**47936**	**44095**
#市属市管	Municipal	33	33	28875	27688	13889	12728
民　办	Civilian-run	10	11	6913	5260	3283	2441
普通中等学校	**Regular Secondary Schools**	**917**	**945**	**98177**	**99562**	**63154**	**64265**
中等专业学校	Specialized Secondary Schools	52	56	7234	7940	3568	3785
中等技术学校	Technic Secondary Schools	51	55	7120	7823	3515	3731
中等师范学校	Abnormal Secondary Schools	1	1	114	117	53	54
技工学校	Technical Schools	45	46	3876	3957	2086	2678
普通中学	Regular Secondary Schools	739	760	75837	76347	50970	51114
高　中	Senior Secondary Schools	335	338			19875	18672
初　中	Junior Secondary Schools	404	422			31095	32442
职业高中	Vocational Secondary Schools	75	77	10804	10981	6302	6523
工读学校	Schools for Juvenile Delinquents	6	6	426	337	228	165
小　学	**Primary Schools**	**1403**	**1504**	**61352**	**62191**	**47948**	**48767**
特殊教育学校	**Special Education Schools**	**25**	**23**	**1000**	**975**	**738**	**720**
幼儿园	**Kindergartens**	**1358**	**1422**	**28026**	**28326**	**14813**	**14208**

注：研究生的专任教师数为研究生指导教师数。

资料来源：北京市教育委员会。

Note: Full-time Teachers of Graduate Students refered to graduate students mentors.

Sources: Beijing Municipal Commission of Education.

17-2 续表1 continued

单位：人 (person)

项　目	Item	毕业生数 Graduates		招生数 New Enrollment		在校学生数 Total Enrollment	
		2005	2004	2005	2004	2005	2004
合　计	**Total**	**622974**	**614137**	**630515**	**635842**	**2264004**	**2291594**
研究生	**Graduate Students**	**35151**	**29549**	**60118**	**56103**	**165012**	**144185**
高等学校	Institutions of Higher Education	30789	25995	51705	48013	141647	123801
科研机构	Research Institutions	4362	3554	8413	8090	23365	20384
普通高等学校本专科	**Regular Higher Schools Undergraduate Course and Technological Academy**	**117367**	**99637**	**156124**	**147298**	**536724**	**500245**
#市属市管	Municipal	47773	40694	57761	57200	204871	193415
民　办	Civilian-run	5902	4336	24416	16534	51440	32773
普通中等学校	**Regular Secondary Schools**	**304001**	**311859**	**259133**	**271396**	**859132**	**919178**
中等专业学校	Specialized Secondary Schools	28609	34339	32807	33475	115734	113689
中等技术学校	Technic Secondary Schools	28450	34188	32543	33262	114979	113039
中等师范学校	Abnormal Secondary Schools	159	151	264	213	755	650
技工学校	Technical Schools	18100	19035	17000	18101	61000	62500
普通中学	Regular Secondary Schools	229648	232973	181653	194009	599943	661314
高　中	Senior Secondary Schools	73260	66556	88605	93519	278358	274803
初　中	Junior Secondary Schools	156388	166417	93048	100490	321585	386511
职业高中	Vocational Secondary Schools	27223	25092	27100	25604	81266	80824
工读学校	Schools for Juvenile Delinquents	421	420	573	207	1189	851
小　学	**Primary Schools**	**93486**	**100139**	**71020**	**73577**	**494482**	**516042**
特殊教育学校	**Special Education Schools**	**1043**	**1276**	**635**	**796**	**6353**	**6412**
幼儿园	**Kindergartens**	**71926**	**71677**	**83485**	**86672**	**202301**	**205532**

17-3 高等学校基本情况(2005年)

BASIC STATISTICS FOR INSTITUTION OF HIGHER EDUCATION (2005)

单位：人 (person)

项目	Item	校数(所) Number of Schools (Nos.)	毕业生数 Graduates	招生数 New Enrollment	在校学生数 Total Enrollment	教职工数 Teachers and Staff	#专任教师 Full-time Teachers
合计	**Total**	**79**	**117367**	**156124**	**536724**	**112514**	**47936**
#女性	Female		56602	77348	262733	54263	22040
综合大学	Comprehensive Universities	4	16512	21031	73298	15507	6878
理工院校	Science and Engineering	29	49765	61949	223133	43512	19477
农业院校	Agriculture	3	5951	7293	26529	4259	2077
林业院校	Forestry	1	3602	3465	13344	1483	889
医药院校	Medicine	3	2901	3378	13631	14088	2231
师范院校	Abnormal	2	4638	4889	19497	5527	2710
语文院校	Literature	9	8045	13357	38867	7364	3731
财经院校	Economics and Finance	12	12041	21927	66278	10032	4688
政法院校	Politics and Law	5	5603	6822	22372	4283	1847
体育院校	Physical Culture	2	1362	2317	8126	1324	707
艺术院校	Art	8	3197	4134	13837	3497	1842
民族院校	Minorities Colleges	1	1746	2825	10766	1638	859
#高职院校	Higher Vocational Education	19	7738	24050	54768	9040	4243

资料来源：北京市教育委员会。

Sources: Beijing Municipal Commission of Education.

17-4 全市高等教育学生情况(2005年)
PUPILLARY STATISTICS FOR INSTITUTION OF HIGHER EDUCATION (2005)

单位：人 (person)

项 目	Item	毕(结)业生人数 Graduates	招生数 New Enrollment	在校学生数 Total Enrollment
研究生	Postgraduates	35151	60118	165012
博 士	Doctor's Degree	7770	13333	46041
硕 士	Master's Degree	27381	46785	118971
研究生班研究生数	Postgraduate in Class			
普通本科、专科生	Regular Undergraduates and College Students	117367	156124	536724
本 科	Enrolled in Full Undergraduate Courses	85109	108805	409613
专 科（高职）	Enrolled in Specialized Courses Education and Occupational of Higher Education	32258	47319	127111
成人本科、专科生	Adult Undergraduates and College Students	96337	113803	261955
本 科	Enrolled in Full Undergraduate Courses	41551	54077	121705
专 科	Enrolled in Specialized Courses	54786	59726	140250
网络本科、专科生	Students Enrolled in Internet-based Courses	73363	97780	296197
本 科	Enrolled in Full Undergraduate Courses	58427	58453	198706
专 科	Enrolled in Specialized Courses	14936	39327	97491
在职人员攻读博士、硕士学位	Employees Enrolled in Graduate Programes Leading to Doctor or Master Degrees		12281	39136
学历文凭考试	Students Taking Exam Leading to Diploma	18883	1263	53919
电大注册试听生	Students Enrolled in Radio and Television Programs	134		1497
自考助学班	Classes for Self-Learning Programs	31689	58313	188122
研究生课程进修班	Postgraduate Courses for Advanced Study	14081		24826
普通预科生	College Preparatory Courses			152
证书教育	Certificate Education	44613		19086
岗位培训	Occupational Training	36090		8964
进修及培训	In-Service Training Courses	289989		128071
外国留学生	Overseas Students	17361	22637	26309

资料来源：北京市教育委员会。
Sources: Beijing Municipal Commission of Education.

17-5 全市分学科研究生数(2005年)

NUMBER OF POST GRADUATE BY FIELD OF STUDY (2005)

单位：人 (person)

学科	Item	毕业生 Graduates			招生数 New Enrollment			在校学生数 Total Enrollment		
		合计 Total	博士 Doctor's Degree	硕士 Master's Degree	合计 Total	博士 Doctor's Degree	硕士 Master's Degree	合计 Total	博士 Doctor's Degree	硕士 Master's Degree
合　计	**Total**	**35151**	**7770**	**27381**	**60118**	**13333**	**46785**	**165012**	**46041**	**118971**
#女　性	Female	14383	2515	11868	26784	4845	21939	70686	15432	55254
哲　学	Philosophy	439	162	277	692	234	458	1783	693	1090
经济学	Economics	2689	511	2178	3788	657	3131	9616	2431	7185
法　学	Law	3929	676	3253	5229	908	4321	14673	2984	11689
教育学	Education	894	165	729	1756	303	1453	4636	983	3653
文　学	Literature	2762	373	2389	5161	731	4430	13899	2396	11503
历史学	History	383	104	279	628	207	421	1787	650	1137
理　学	Science	3550	1593	1957	7168	2606	4562	19841	8743	11098
工　学	Engineering	13227	2608	10619	22976	4951	18025	65933	18728	47205
农　学	Agriculture	673	268	405	1778	540	1238	4700	1675	3025
医　学	Medicine	1911	886	1025	3381	1103	2278	8793	3001	5792
军事学	Military	32	12	20	41	16	25	109	43	66
管理学	Management	4662	412	4250	7520	1077	6443	19242	3714	15528

资料来源：北京市教育委员会。

Sources: Beijing Municipal Commission of Education.

17-6 外国留学生情况(2005年)

STATISTICS FOR FOREIGN STUDENTS STUDYING IN BEIJING (2005)

单位：人 (person)

项目	Item	毕(结)业生数 Graduates	授予学位人数 Number of students conferred with degree	招生数 New Enrollment	在校学生数 Total Enrollment
合计	**Total**	**17361**	**1296**	**22637**	**26309**
#女性	Female	9329	632	11240	12516
按学历划分	**Educational Background**				
博士	Doctor's Degree	103	90	202	714
硕士	Master's Degree	343	319	482	1193
本科	Enrolled in Full Undergraduate Courses	1038	887	3202	8389
专科	Enrolled in Specialized Courses	255		22	39
培训	Training	15622		18729	15974
按地区划分	**Area**				
亚洲	Asia	12259	1131	16620	20189
非洲	Africa	305	87	383	540
欧洲	Europe	2545	49	2927	2969
北美洲	North America	1878	14	2238	2098
南美洲	South America	107	10	174	203
澳洲	Australia	267	5	295	310
按经费来源	**Sources of Funds**				
国际组织资助	From International Organizations	14	7	16	34
中国政府资助	From Chinese Government	785	171	1189	1765
本国政府资助	From the Government of the Student's Own Country	198	95	208	489
学校间交换	Interscholastic Exchange	489		498	717
自费	Self Funding	15875	1023	20726	23304

资料来源：北京市教育委员会。
Sources: Beijing Municipal Commission of Education.

17-7 普通中专分科类学生数(2005年)

NUMBER OF STUDENTS IN SPECIALIZED SECONDARY SCHOOLS BY MAJOR (2005)

单位：人 (person)

项目	Item	毕业生数 Graduates	招生数 New Enrollment	在校学生数 Total Enrollment
合计	**Total**	**28609**	**32807**	**115734**
#女生	Female	15752	17369	61900
农林类	Agriculture and Forestry	1131	905	3258
资源与环境类	Resources and Environment	110	298	1003
能源类	Energy	121	122	373
土木水利工程类	Civil and Hydraulic Engineering	1546	1150	4246
加工制造类	Manufacturing	4294	7355	21513
交通运输类	Transportation	1438	2523	7547
信息技术类	Information Technologies	5940	5010	22685
医药卫生类	Medicine and Health	2917	5385	15764
商贸与旅游类	Trade and Tourism	4338	3740	16178
财经类	Finance and Economics	1686	2443	7344
文化艺术与体育类	Culture, Arts and Physical Education	3795	2444	10936
社会公共事务类	Public Affairs	880	903	3423
师范类	Abnormal	159	264	755
其他	Other	254	265	709

资料来源：北京市教育委员会。
Sources: Beijing Municipal Commission of Education.

17-8 职业高中分科类学生数(2005年)

NUMBER OF STUDENTS IN VOCATIONAL SCHOOLS BY MAJOR (2005)

单位：人 (person)

项目	Item	毕业生数 Graduates	招生数 New Enrollment	在校学生数 Total Enrollment
合计	**Total**	**27223**	**27100**	**81266**
#女生	Female	13603	13141	39471
农林类	Agriculture and Forestry	714	450	1790
资源与环境类	Resources and Environment	16	164	406
能源类	Energy		30	60
土木水利工程类	Civil and Hydraulic Engineering	441	294	924
加工制造类	Manufacturing	795	1279	2910
交通运输类	Transportation	1667	3566	9047
信息技术类	Information Technologies	5743	5205	16445
医药卫生类	Medicine and Health	327	1181	3194
商贸与旅游类	Trade and Tourism	9831	6588	20954
财经类	Finance and Economics	2145	2167	6897
文化艺术与体育类	Culture, Arts and Physical Education	3296	3304	10357
社会公共事务类	Public Affairs	1193	969	3194
师范类	Abnormal	831	1488	3808
其他	Other	224	415	1280

资料来源：北京市教育委员会。
Sources: Beijing Municipal Commission of Education.

17-9 中、小学校外教育(2005年)

AFTER-SCHOOL EDUCATION OF SECONDARY AND PRIMARY SCHOOLS (2005)

单位：人 (person)

项目	Item	单位数(个) Number of Organizations(Nos.)	活动小组数(个) Activity Groups(Nos.)	参加小组学生数 Participating Students	教职工人数 Teachers and Staff	#辅导员 Coaches	兼职辅导员 Part-time Coaches
合计	**Total**	**1118**	**7199**	**148157**	**2701**	**1997**	**3084**
少年宫	Children's Palace	17	3603	72045	1070	629	337
少年科技馆(站)	Children's Scientific Museums (Centers)	8	486	11343	298	169	11
少年之家	Children's Home	26	1960	25626	327	193	65
少年活动站	Children's Club	1067	1150	39143	1006	1006	2671

资料来源：北京市教育委员会。
Sources: Beijing Municipal Commission of Education.

17-10 平均每万人口在校学生数

AVERAGE NUMBER OF STUDENT ENROLLMENT PER 10000 POPULATION

单位：人 (person)

项目	Item	2005	2004
高等教育	Higher Education	658	620
高中阶段	Senior High Schools	373	332
初中	Junior Second Schools	215	267
小学	Primary Schools	331	357
幼儿园	Kindergarten	136	141

注：按教育部门口径对2004年分组数据进行了调整。
资料来源：北京市教育委员会。
Note: Grouped data for 2004 were adjusted according to the statistic standards of the Ministry of Education.
Sources: Beijing Municipal Commission of Education.

17-11 幼儿园基本情况(2005年)

STATISTICS FOR KINDERGARTENS (2005)

单位：人 (person)

项目	Item	总计 Total	#女 Female	城市 Urban	县镇 Towns	农村 Rural
园数 (所)	Number of Kindergartens (Nos.)	1358		517	315	526
班数 (个)	Number of Classes (Nos.)	8148		4538	1991	1619
#学前班	Preschool Classes	1250		388	333	529
在园幼儿数	Children Enrollment	202301	93994	117888	52895	31518
#学前班	Preschool Classes	31822	14339	11152	10116	10554
教职工数	Teachers,Staff and Workers	28026	26033	19657	5944	2425
#园长	Headmaster	1513	1440	926	367	220
教师	Teachers	14813	14597	9935	3486	1392
保健员	Health Workers	1337	1311	922	311	104

资料来源：北京市教育委员会。
Sources: Beijing Municipal Commission of Education.

17-12 高等教育自学考试情况(2005年)
STATISTICS FOR HIGHER EDUCATION SELF-STUDY EXAMINATION (2005)

项目		Item		高等职业技术教育 Higher Vocational Education	高等教育学历文凭 Higher Education Take a Diploma	高等教育自学考试 Higher Education Self-Study Examination
报考人数	(人)	Number of Persons Registered	(person)	24612	139907	445780
报考科次	(科次)	Number of Major-times Registered	(subject-times)	95004	318151	1343622
单科合格	(人)	Number of Persons Passing One Major	(person)	16031	83354	377742
发出专科毕业证书	(个)	Number of Junior College Diploma Issued	(Nos.)	1395	4071	9098
发出本科毕业证书	(个)	Number of Regular College Diploma Issued	(Nos.)			5360
开考专业	(个)	Number of Majors Examined	(Nos.)	12	25	85

资料来源：北京市教育委员会。
Sources: Beijing Municipal Commission of Education.

17-13 各级成人学校基本情况
BASIC STATISTICS FOR ADULT EDUCATION

单位：人 (person)

项目	Item	校数(所) Number of Schools (Nos.)		教职工数 Teachers and Staff		#专任教师 Full-time Teachers	
		2005	2004	2005	2004	2005	2004
成人高等学校	**Adult Higher Schools**	**33**	**30**	**7207**	**7455**	**3127**	**3261**
成人中等学校	**Adult Secondary Schools**	**3259**	**3550**	**45867**	**43979**	**15219**	**17678**
成人中等专业学校	Adult Specialized Secondary Schools	14	15	850	1068	385	461
职业技术培训学校	Adult Occupational Training Schools	3245	3535	45017	42911	14834	17217

17-13 续表1 continued

单位：人 (person)

项目	Item	毕业生数 Graduates		招生数 New Enrollment		在校学生数 Total Enrollment	
		2005	2004	2005	2004	2005	2004
成人高等学校	**Adult Higher Schools**	**96337**	**122540**	**113803**	**124028**	**261955**	**262871**
#广播电视大学	Boardcast & TV University	1262		515		1737	
职工高等学校	Higher Schools for Workers & Staff	5503		6806		15092	
管理干部学院	Management Colleges	1212		2558		5502	
教育学院	Educational Colleges	4434		3012		7651	
成人中等学校	**Adult Secondary Schools**	**2345502**	**2157939**	**3730**	**3952**	**2180766**	**1993547**
成人中等专业学校	Adult Specialized Secondary Schools	6005	5666	3730	3952	11554	13506
职业技术培训学校	Adult Occupational Training Schools	2339497	2152273			2169212	1980041

资料来源：北京市教育委员会。
Sources: Beijing Municipal Commission of Education.

17-14 特殊教育情况(2005年)

STATISTICS FOR SPECIAL EDUCATION (2005)

单位：人 (person)

项目	Item	毕业生 Graduates	招生数 New Enrollment	在校学生数 Total Enrollment	专任教师数 Full-time Teachers
合计	**Total**	**1043**	**635**	**6353**	**738**
#女性	Female	404	213	2459	602
特殊教育学校	Special Education Schools	216	282	2539	
小学附设特教班	Primary Schools Adnascent Special Classes	8	13	107	
小学随班就读	Study In Primary Schools	463	107	2661	
普通(职业)初中随班就读	Study In Reguar Junior Secondary (Vocational) Classes	356	233	1046	

资料来源：北京市教育委员会。

Sources: Beijing Municipal Commission of Education.

17-15 民办学校基本情况(2005年)

STATSTICS FOR NON-STATE EDUCATION (2005)

单位：人 (person)

项目	Item	校数(所) Number of Schools (unit)	毕(结)业生数 Graduates	招生数 New Enrollment	在校学生数 Total Enrollment	教职工数 Teachers and Staff	#专任教师 Full-time Teachers	代课兼任教师 Substitutive and Part-time Teachers
高等教育机构	Institutions of Higher Education	60	28310	59425	228899	13710	6044	16795
其他高等教育机构	Other Institutions of Higher Education	50	22408	35009	177459	6797	2761	13627
普通中学	Regular Secondary	92	8803	12144	36683	3243	2153	39
高中	Senior Secondary Schools	78	3174	8173	23730			
初中	Junior Secondary Schools	14	5629	3971	12953			
职业中学	Vocational Secondary Schools	16	1428	1818	5508	1246	608	130
小学	Primary Schools	16	773	1324	6796	1112	709	15
幼儿园	Kindergartens	333	10959	12849	35835	7110	3825	69

注：普通中学教职工数、专任教师及代课兼任教师数为初中高中合计数。

资料来源：北京市教育委员会。

Note: Number of teachers,staff,full-time teachers,substitutive and part-time teachers in regular secondary schools includes those in junior and senior middle schools.

Sources: Beijing Municipal Commission of Education.

17-16 外省市、外籍学生情况(2005年)

STATISTICS ON STUDENTS FROM OTHER PROVINCES,MUNICIPALITIES AND AUTONOMOUS REGIONS ALONG WITH OTHER COUNTRIES (2005)

单位：人 (person)

项目	Item	外省市借读生 Students from Other Provinces, Municipalities and Autonomous Regions		外国籍学生 Foreign Students	
		合计 Total	#民办学校 Non-state Education	合计 Total	#民办学校 Non-state Education
合计	**Total**	**281434**	**22131**	**5979**	**1753**
普通中学	Regular Secondary Schools	60103	7052	2595	696
初中	Junior Secondary Schools	52140	4735	1096	337
高中	Senior Secondary Schools	7963	2317	1499	359
小学	Primary Schools	190553	8279	2190	435
特教	Special Education	343	54	2	
幼儿园	Kindergartens	30435	6746	1192	622

资料来源：北京市教育委员会。
Sources: Beijing Municipal Commission of Education.

17-17 高校办学条件(2005年)

RUNNING CONDITIONS OF INSTITUTIONS OF HIGHER EDUCATION (2005)

项目		Item		总计 Total	中央 Central	市属市管 Municipal
普通高校		**Institutions of Regular Higher Education**				
校舍建筑面积	(平方米)	Floor Space of Schoolhouses	(sq.m)	25984502	17985680	7998822
占地面积	(平方米)	Land Area	(sq.m)	35676299	22786753	12889546
图书	(万册)	Books	(10000 volumes)	6466	4270	2196
电子图书	(万册)	E-books	(10000 pieces)	1588	757	831
拥有教学用计算机	(台)	Computers for Teaching	(unit)	190466	104315	86151
语言实验室座位数	(个)	Language Laboratory Seating	(Nos.)	43181	20879	22302
多媒体教室座位数	(个)	Multimedia Laboratory Seating	(Nos.)	505320	295781	209539
网上教学课程数	(种)	Number of Online Courses	(sort)	6510	5492	1018
成人高校		**Institutions of Adult Higher Education**				
校舍建筑面积	(平方米)	Floor Space of Schoolhouses	(sq.m)	1592366	174378	1417988
占地面积	(平方米)	Areas of Schools	(sq.m)	3253018	177682	3075336
图书	(万册)	Books	(10000 volumes)	379	38	341
电子图书	(万册)	Electro-books	(10000 pieces)	111	8	103
拥有教学用计算机	(台)	Computer	(unit)	15097	1075	14022
语言实验室座位数	(个)	Language Laboratory Seating	(Nos.)	4378	330	4048
多媒体教室座位数	(个)	Multimedia Laboratory Seating	(Nos.)	41032	1144	39888
网上教学课程数	(种)	Number of Online Courses	(sort)	1283	464	819

资料来源：北京市教育委员会。
Sources: Beijing Municipal Commission of Education.

17–18 基础教育办学条件(2005年)
SCHOOL CONDITIONS OF BASIC EDUCATION (2005)

单位：平方米 (sq.m)

项目		Item		普通中学 Regular Secondary Schools	小学 Primary Schools
学校占地面积		Areas of Schools		22811937	16158421
行政办公用房		Administrative Houses		1068146	673988
校舍面积		Floor Space of Schoolhouses		9174245	5128862
当年新增		New adding In those Years		18979	7784
危房面积		Areas of Dangerous Building		194241	77459
教学及辅助用房		Teaching and Auxiliary Houses		3527965	2541951
普通教室		Senior Room		1894927	1824391
实验室		Laboratory		579365	128694
图书室		Library		251245	106307
微机室		Comper Room		162562	106756
语音室		Language Laboratory Seating		59746	23769
生活用房		Houses for Life		2162567	710956
体育运动场(馆)面积		Areas of Stadiums and Gymnasiums		7398498	6524450
计算机	(台)	Books Computers	(unit)	109714	77126
图书藏量	(册)	Books Collections	(volume)	24131296	21240816
电子图书藏量	(册)	Electronics Collections	(piece)	886373	399233

资料来源：北京市教育委员会。
Sources: Beijing Municipal Commission of Education.

17–19 农村义务教育基本情况(2005年)
BASIC STATISTICS ON RURAL COMPULSORY EDUCAITON (2005)

项目		Item		全市初中 Junior Middle School	#农村 Country	全市小学 Primary Schools	#农村 Country
校数	(所)	Number of Schools	(Nos.)	404	151	1403	749
毕业生数	(人)	Graduates	(person)	156388	35660	93486	24428
招生数	(人)	New Students Enrollment	(person)	93048	15502	71020	14722
在校学生数	(人)	Students Enrollment	(persons)	321585	62812	494482	118923
教职工数	(人)	Number of Teachers and Staff	(person)	75837	11327	61352	18820
#专任教师	(人)	Full-time Teachers	(person)	50970	7337	47948	14986
代课、兼任教师	(人)	Substitutive and Part-time Teachers	(person)	1200	33	372	70
体育运动场馆面积达标校数	(所)	Schools With Playground/Gym in an Area Complying with Standard	(Nos.)	310	132	974	555
体育运动场馆面积	(平方米)	Area of Playground/Gym	(sq.m)	3606702	1526825	6524450	3703570
建立校园网校数	(所)	Schools With Campus Network	(Nos.)	331	119	970	429
计算机	(台)	Computers	(unit)	32971	8619	77126	21696
图书藏量	(册)	Collections	(volume)	9195895	3052746	21240816	6468899
电子图书藏量	(册)	E-book Collections	(volume)	92596	27958	399233	26812
固定资产总值	(册)	Total Fixed Assets	(10000 yuan)	248827.42	53719.03	536542.89	100432.56

注：初中教职工数、专任教师及代课兼任教师数为初中高中合计数。
资料来源：北京市教育委员会。
Note: Teacher and staff , full-time teachers, substitutive and part-time teachers in general middles schools are total for junior and high middle schools.
Sources: Beijing Municipal Commission of Education.

17-20 教育及其他部门各级各类学校教育经费收入情况表(2005年)

STATISTICS FOR EDUCATION REVENUE OF TOTAL EDUCATIVE MACHINE (2005)

单位：千元 (1000 yuan)

学校类型	Type of Schools	合计 Total	预算内教育经费拨款 Budgetary Government Appropriation for Education	教育附加拨款 Additional Appropriation for Education	事业收入 Didactical and Scientific Research Income
合计	**Total**	**51110272**	**28812626**	**1790501**	**13570247**
高等学校	Institutions of Higher Education	27876514	13067887	34796	10181062
普通高等学校	Regular Institutions of Higher Education	26420225	12512626		9437659
成人高等学校	Institutions of Higher Education for Adults	824919	213416	24641	492249
高职高专学校	Higher Vocational & Professional Schools	631370	341845	10155	251154
中等专业学校	Specialized Secondary Schools	1269049	888083	19792	271669
中等技术学校	Technical Schools	1191184	845169	13302	251841
中等师范学校	Abnormal Schools	15805	11489	1	2710
成人中专学校	Specialized Secondary Schools for Adults	62060	31425	6489	17118
技工学校	Technical Schools	589166	427500	1920	131280
中学	Secondary Schools	7558124	4683738	723683	1295108
普通中学	Regular Secondary Schools	7555903	4683126	723679	1293938
高级中学	Senior Secondary Schools	1553091	815129	191126	350902
完全中学	Whole Secondary Schools	3255137	1921867	283441	544331
初级中学	Junior Secondary Schools	2747675	1946130	249112	398705
#农村	Rural	880080	726392	98255	26644
成人中学	Secondary Schools for Adults	2221	612	4	1170
职业中学	Vocational Schools	965208	562299	150595	186661
小学	Primary Schools	4654015	3604593	337070	349174
#普通小学	Regular Primary Schools	4654015	3604593	337070	349174
#农村	Rural	1487992	1274973	112847	54337
特殊教育学校	Special Education Schools	140080	111991	12412	8655
幼儿园	Kindergartens	567676	290320	31835	170484
其他	Others	7490440	5176215	478398	976154

资料来源：北京市教育委员会。
Sources: Beijing Municipal Commission of Education.

17-20 续表1 continued

单位：千元 (1000 yuan)

学校类型	Type of Schools	校办产业和经营收益用于教育事业 Operating Income from Enterprises run by Schools	其他收入 小计 Others Subtotal	#捐赠收入 Donative Income	基建拨款 Appropriation for Capital Construction
合　计	**Total**	**740992**	**3267190**	**715494**	**2213222**
高等学校	Institutions of Higher Education	638269	2076424	418757	1459319
普通高等学校	Regular Institutions of Higher Education	629145	1972115	418357	1450323
成人高等学校	Institutions of Higher Education for Adults	8347	83270		2996
高职高专学校	Higher Vocational & Professional Schools	777	21039	400	6000
中等专业学校	Specialized Secondary Schools	1174	65831		22500
中等技术学校	Technical Schools	1174	59698		20000
中等师范学校	Abnormal Schools		1605		
成人中专学校	Specialized Secondary Schools for Adults		4528		2500
技工学校	Technical Schools	4101	7125		17240
中　学	Secondary Schools	29484	356214	156442	313455
普通中学	Regular Secondary Schools	29484	355779	156442	313455
高级中学	Senior Secondary Schools	7514	53314	6041	129065
完全中学	Whole Secondary Schools	15555	237372	98381	154190
初级中学	Junior Secondary Schools	6415	65093	52020	30200
#农　村	Rural	592	12080	4217	11900
成人中学	Secondary Schools for Adults		435		
职业中学	Vocational Schools	7886	45678	789	11300
小　学	Primary Schools	7229	142041	92512	121396
#普通小学	Regular Primary Schools	7229	142041	92515	121396
#农　村	Rural	45	18233	7202	20355
特殊教育学校	Special Education Schools	779	2898	1345	2000
幼儿园	Kindergartens	463	15889	39993	18692
其　他	Others	51607	555090	5656	247320

17-21 教育经费支出明细表(2005年)

LIST OF EDUCATION EXPENDITURE (2005)

单位：千元 (1000 yuan)

学校类型	Type of Schools	合计 Total	个人部分 Part of Individual		
			工资 Wage	职工福利费及社会保障费 Welfares and Social Blanket Insurance	助学金 Stipend
合计	**Total**	**49195346**	**12154673**	**6456155**	**1121319**
高等学校	Institutions of Higher Education	27842170	5763638	3211676	1042480
普通高等学校	Regular Institutions of Higher Education	26458894	5444589	3073685	1017796
成人高等学校	Institutions of Higher Education for Adults	759626	155544	91201	450
高职高专学校	Higher Vocational & Professional Schools	623650	163505	46790	24234
中等专业学校	Specialized Secondary Schools	1163848	331044	139371	51019
中等技术学校	Technical Schools	1085675	302035	124750	50618
中等师范学校	Abnormal Schools	17605	6230	5596	
成人中专学校	Specialized Secondary Schools for Adults	59377	22779	9025	401
技工学校	Technical Schools	467367	107638	35603	5847
中学	Secondary Schools	7327065	2826459	1354013	13343
普通中学	Regular Secondary Schools	7324845	2825934	1353830	13343
高级中学	Senior Secondary Schools	1595044	466473	231022	1282
完全中学	Whole Secondary Schools	3182191	1239540	645463	5893
初级中学	Junior Secondary Schools	2547610	1119921	477345	6168
#农村	Rural	846310	414440	128168	4024
成人中学	Secondary Schools for Adults	2220	525	183	
职业中学	Vocational Schools	941306	344039	205832	2345
小学	Primary Schools	4573397	1989436	1095365	5722
#普通小学	Regular Primary Schools	4573397	1989436	1095365	5722
#农村	Rural	1453691	717017	298816	3657
特殊教育学校	Special Education Schools	138024	49910	28560	563
幼儿园	Kindergartens	546552	238580	90626	
其他	Others	6195617	503929	295109	

资料来源：北京市教育委员会。
Sources: Beijing Municipal Commission of Education.

17-21 续表1 continued

单位：千元 (1000 yuan)

学校类型	Type of Schools	公用部分 Part of Public 公务费及业务费 Fees of Line of Duty and Activity	设备购置费 Fees of Purchase of Equipment	修缮费 Fees of Remedy	其他费用 Others	基建支出 Capital Construction Expenditure
合计	**Total**	**7644076**	**5411782**	**4294011**	**8093426**	**4019904**
高等学校	Institutions of Higher Education	5102126	2749217	1745125	5228959	2998949
普通高等学校	Regular Institutions of Higher Education	4913608	2599616	1640391	4793393	2975816
成人高等学校	Institutions of Higher Education for Adults	110879	55645	18984	323927	2996
高职高专学校	Higher Vocational & Professional Schools	77639	93956	85750	111639	20137
中等专业学校	Specialized Secondary Schools	177174	164910	134665	133165	32500
中等技术学校	Technical Schools	167603	155201	127153	128315	30000
中等师范学校	Abnormal Schools		10	5279	490	
成人中专学校	Specialized Secondary Schools for Adults	8380	9699	2233	4360	2500
技工学校	Technical Schools	104892	118656	37549	39942	17240
中学	Secondary Schools	805040	638430	912811	287965	489004
普通中学	Regular Secondary Schools	805013	638430	912809	286482	489004
高级中学	Senior Secondary Schools	171811	108078	234387	79314	302677
完全中学	Whole Secondary Schools	347571	281364	416383	89850	156127
初级中学	Junior Secondary Schools	285631	248988	262039	117318	30200
#农村	Rural	95060	68793	91395	32530	11900
成人中学	Secondary Schools for Adults	27		2	1483	
职业中学	Vocational Schools	118063	99840	109639	50248	11300
小学	Primary Schools	454517	343359	378280	177472	129246
#普通小学	Regular Primary Schools	454517	343359	378280	177472	129246
#农村	Rural	147762	92119	123302	49663	21355
特殊教育学校	Special Education Schools	16007	20882	14634	5468	2000
幼儿园	Kindergartens	71055	29493	68812	29294	18692
其他	Others	795202	1246995	892496	2140913	320973

17-22 博物馆及其他文物保护管理机构情况(2005年)

STATISTICS ON MUSEUMS AND OTHER CULTURAL RELIC PROTECTION & ADMINISTRATION ORGANIZATIONS (2005)

项　目		Item		合 计 Total	市 属 Municipal	区县属 District and County
个　数	(个)	Number	(Nos.)	73	29	44
#博物馆	(个)	Museum	(Nos.)	34	16	18
按类别分		**Grouped by Category**				
综合性	(个)	Comprehensive	(Nos.)	5	1	4
历史性	(个)	Historic	(Nos.)	14	7	7
艺术性	(个)	Art	(Nos.)	7	5	2
自然科技类	(个)	Natural,Science & Technology	(Nos.)	3	1	2
其他类	(个)	Other	(Nos.)	5	2	3
从业人员	(人)	Employment	(person)	5087	1049	4038
文物藏品数	(件)	Cultural Relic Collections	(unit)	1150898	1120800	30098
#一级品	(件)	Grade-I Collections	(unit)	620	523	97
参观人次	(人次)	Visitors	(person-time)	13709000	1086000	12623000
#外　宾	(人次)	Foreign Visitors	(person-time)	2696000	110000	2586000
本年收入	(万元)	Revenues in the Year	(10000 yuan)	91765	30866	60899
#财政收入	(万元)	Fiscal Revenue	(10000 yuan)	27140	23146	3994
门票收入	(万元)	Ticket Revenue	(10000 yuan)	35495	717	34778
本年支出	(万元)	Expenditure in the Year	(10000 yuan)	80308	22662	57646

资料来源：北京市文物局。

Sources: Beijing Municipal Administration of Cultural Heritage.

17-23 公共图书馆(2005年)

PUBLIC LIBRARIES (2005)

项目		Item		总计 Total	中央属 Central	市属 Municipal	区县属 District and County
个数	(个)	Number	(Nos.)	26	1	2	23
从业人员	(人)	Employment	(person)	2591	1372	374	845
总藏数	(万册、件)	Total Collections	(10000 volumes)	3626.3	2504.9	466.4	655.0
#图书	(万册、件)	Books	(10000 volumes)	1970.4	947.7	413.6	609.1
建筑面积	(万平方米)	Floor Space of Building	(10000 sq.m)	31.7	16.4	4.0	11.3
阅览座席	(个)	Seating Capacity of Reading Rooms	(Nos.)	13931	3000	1896	9035
外借人次	(万人次)	Person-times of Lending	(10000 person-times)	480.0	156.2	82.5	241.3
外借册次	(万册次)	Copy-times Lending	(10000 copy-times)	1106.6	428.2	238.8	439.6

资料来源：北京市文化局、中华人民共和国文化部。

Sources: Beijing Municipal Bureau of Culture, Ministry Culture of the People's Republic of China.

17-24 群众艺术馆、文化馆情况(2005年)

STATISTICS ON MASS ART STATIONS AND CULTURAL CENTERS (2005)

项目		Item		合计 Total	群众艺术馆 Mass Art Stations	文化馆 Cultural Centers	文化站 Cultural Stations
个数	(个)	Number	(Nos.)	328	1	21	306
从业人员	(人)	Employment	(person)	1998	57	771	1170
藏书量	(万册)	Book Collections	(10000 copies)	200.8		1	199.8
举办展览个数	(个)	Exhibitions Held	(Nos.)	2470	8	498	1964
组织文艺活动	(次)	Art Activities Organized	(times)	11378	111	3586	7681
建筑面积	(万平方米)	Floor Space of Building	(10000 sq.m)	34.5	0.3	8.3	25.9

资料来源：北京市文化局。

Sources: Beijing Municipal Bureau of Culture.

17−25 艺术剧团(2005年)

ART TROUPES (2005)

项目	Item	个数(个) Number (Nos.)	从业人员(人) Perons Employed (person)	演出场次(场) Perfor-mances (times)	#国内演出场次 Domestic Performances	#农村演出场次 Rural Per-formances	国内观众人数(万人次) Domestic Spectator (10000 person-times)	总收入(万元) Total Revenue (10000 yuan)
合计	**Total**	**36**	**6986**	**11059**	**8934**	**1147**	**758.7**	**83494.9**
按隶属关系分组	**Grouped by Administrative Relationship**							
中央属	Central	16	4756	2654	2527	630	435.4	52846.7
市属	Municipal	11	2038	6905	4907	517	303.3	29247
区县属	District and County	9	192	1500	1500		19.9	1401.2
按剧种分	**Grouped by Art Troupes**							
话剧、儿童剧团	Drama,Children's Play	4	1057	1072	1064	102	59.4	13095.2
歌剧、舞剧、歌舞剧团	Opera, Ballet and Dance Troupes	2	526	152	142	5	28	5856.1
歌舞团、轻音乐团	Song and Dance Troupes and Light Music Troupes	5	1448	1276	1231	48	178.8	15054.9
乐团	Philharmonic Troupes	3	589	239	235		33.2	6956.9
文工团	Cultural Troupes							
戏曲剧团	Local Opera Troupes	11	1437	2902	2800	267	180.9	18744.3
#京剧团	Local Beijing Opera Troupes	3	778	1603	1511	15	93.2	10507.2
曲、杂、木、皮影剧团	Recitation and Ballad Troupes,Acrobatics and Circus Troupes,Puppet Show Troupes and Shadow Play Troupes	6	366	4267	2353	134	71.9	5806.9
综合艺术表演团体	General Art Performance Groups	5	1563	1151	1109	591	206.5	17980.5

资料来源：北京市文化局、中华人民共和国文化部。

Sources: Beijing Municipal Bureau of Culture, Ministry Culture of the People's Republic of China.

17-26 电影放映单位情况(2005年)

STATISTICS ON MOVIE SHOW ORGANIZATIONS (2005)

项 目	Item	放映单位数 (个) Number of Show Organizations (Nos.)	放映场次 (场次) Show Times (Times)	观众人次 (千人次) Spectators (1000 Person-times)	票款收入 (万元) Ticket Revenue (10000 yuan)
合 计	**Total**	**160**	**225652**	**8738**	**22949.3**
新影联院线	New Movie Linking Line	151	177790	6885	15919.0
#电影院	Cinemas	49	176482	5631	15552.6
其他放映单位	Other Show Organization	102	1308	1254	366.4
#电影院	Cinemas	9	47862	1853	7030.3

资料来源：北京市文化局。

Sources: Beijing Municipal Bureau of Culture.

17-27 电视台情况

BASIC STATISTICS ON TELEVISION STATIONS

项 目		Item		2005 中 央 Central	2005 地 方 Local	2004 中 央 Central	2004 地 方 Local
基本情况		**Basic Statistics**					
电视台	(座)	Television Stations	(unit)	1	1	1	1
公共节目套数	(套)	Programs	(Nos.)	19	25	19	24
全年公共节目播出时间	(时：分)	Program Hours Per Year	(hour:minute)	132428:16	120052:30	126952:18	89123:04
播放节目情况		**Shows of TV Programs**					
新闻咨询类节目	(时：分)	News Consulting Programs	(hour:minute)	37809:48	13431:36	35552:24	10599:15
专题服务类节目	(时：分)	Special Service Programs	(hour:minute)	39046:26	41708:25	36877:08	39611:58
综艺类节目	(时：分)	General Art Programs	(hour:minute)	19895:52	9993:11	21479:22	7886:30
广播剧类节目	(时：分)	Broadcast Plays	(hour:minute)	27861:34	24939:27	27479:49	16424:16
广告类节目	(时：分)	Advertisement Programs	(hour:minute)	6486:36	11466:45	5563:35	8998:14
其他类节目	(时：分)	Other Programs	(hour:minute)	1328:00	18513:06		5602:51

注：电视台数不包括区县电视台。

资料来源：北京市广播电视局、国家广播电影电视总局。

Note: Number of television stations excludes TV stations in districts and counties.

Sources: Beijing Municipal Bureau of Radio & Television, The State Administration of Radio Film and Televison.

17-28 广播电台情况

BASIC STATISTICS ON BROADCASTING STATIONS

项目		Item		2005 中央 Central	2005 地方 Local	2004 中央 Central	2004 地方 Local
基本情况		**Basic Statistics**					
电台数	（座）	Number of Broadcasting Stations	(Nos.)	2	1	2	1
公共节目套数	（套）	Programs	(Nos.)	63	18	60	16
全年公共节目播出时间	（时：分）	Program Hours Per Year	(hour:minute)	450489:40	102889:20	327055:07	83784:20
播放节目情况		**Shows of TV Programs**					
新闻咨询类节目	（时：分）	News Consulting Programs	(hour:minute)	178597:29	16750:50	88258:39	10289:40
专题服务类节目	（时：分）	Special Service Programs	(hour:minute)	185209:35	38132:10	102627:55	40639:51
综艺类节目	（时：分）	General Art Programs	(hour:minute)	72241:53	22091:55	117417:22	18066:35
广播剧类节目	（时：分）	Broadcast Plays	(hour:minute)	263:25	2830:30	439:05	982:30
广告类节目	（时：分）	Commercial Programs	(hour:minute)	7820:05	9768:35	11954:53	8815:57
其他类节目	（时：分）	Other Programs	(hour:minute)	6357:13	13315:20	6357:13	4989:47

注：1. 广播电台数不包括区县电台。

2. 公共节目套数中含县级广播电视台的广播节目套数。

3. 广播覆盖率北京地区100%。

资料来源：北京市广播电视局、国家广播电影电视总局。

Note: a) Number of broadcasting stations excluded those of districts and counties.

b) Programs included broadcast programs of radio stations at county levels.

c) Broadcast coverage rate in Beijing is 100%.

Sources: Beijing Municipal Bureau of Radio & Television, The State Administration of Radio Film and Televison.

17–29 档案事业基本情况(2005年)

BASIC STATISTICS ON ARCHIVING INSTITUTION (2005)

项目		Item		合计 Total	市属 Municipal	区县属 District and County	其他 Other
档案馆个数	**（个）**	**Number of Archives**	**(Nos.)**	**20**	**1**	**18**	**1**
建筑面积	**（平方米）**	**Floor Space of Building**	**(sq.m)**	**74316**	**18300**	**46257**	**9759**
从业人员	**（人）**	**Persons Employed**	**(person)**	**623**	**192**	**337**	**94**
馆藏档案情况		**Files Colllected in Archives**					
案卷	（千卷件）	Records	(1000 rolls)	3899.2	1614.5	1940.1	344.6
建国前档案	（千卷件）	Files prior to founding of PRC	(1000 rolls)	984.7	967.8	16.9	
建国后档案	（千卷件）	Files after founding of PRC	(1000 rolls)	2914.5	646.7	1923.2	344.6
录音、录像、影片档案	（盘）	Tape,Video,and Film Files	(piece)	8141	3476	3716	949
照片档案	（张）	Photo Files	(disc)	329978	54911	203285	71782
电子档案	（张）	Electronic Files	(disc)	6485	4058	1293	1134
微缩胶片		Microfiche					
平片、开窗卡	（张）	Flat and window-open microfiche	(disc)	287868	231		287637
卷片	（千米）	Rolled Microfiche	(kilometer)	560.1	286.8	0.4	272.9
开放档案情况	（千卷件）	Records Available for Visitors	(1000 rolls)	966.4	789.2	159.3	17.8
档案利用情况		**File Utilization**					
本年利用档案人次	（千人次）	Persons using files in the year	(1000 person-times)	66.1	4.4	60.2	1.5
本年利用档案	（千卷件次）	Files used in the year	(1000 roll.times)	212	28.3	178.7	5
本年复制档案、资料	（千页）	Files and data copied in the year	(1000 pages)	218.9	25.7	164.6	28.5
本年编研档案、资料	（千字）	Files and data prepared and studied	(1000 Chinese characters)	10480	3020	7350	110
展览参观人数	（千人次）	Number of Visitors	(1000 person-times)	1082.2	468.5	609.2	4.5
档案馆网站访问量	**（万次）**	**Archive website visiting times**	**(10000 times)**	**109.7**	**71.0**	**38.1**	**0.6**

资料来源：北京市档案局。

Sources: Beijing Municipal Bureau of Archives.

17-30 文化产业活动单位基本情况(2005年)

BASIC STATISTICS OF CULTURAL INDUSTRIAL UNITS (2005)

单位：亿元 (100 million yuan)

项目	Item	从业人员(万人) Persons Employed (10000 persons)	资产总计 Total Assets	增加值 Added Value	业务收入 Business Income	利润总额 Total Profits	税金总额 Total Pretax Profits
合计	**Total**	**55.2**	**3004.5**	**388.4**	**1867.6**	**56.0**	**72.1**
文化服务	Cultural Serivce	43.0	2459.2	344.4	1329.5	57.3	59.2
新闻服务	News Service	0.6	62.8	8.2	21.4		
出版发行和版权服务	Publication and Copyright Service	14.9	633.6	107.5	379.1	24.2	27.4
广播、电视、电影服务	Broadcast, TV and Film Service	3.5	589.3	77.9	230.5	12.1	5.5
文化艺术服务	Cultural and Artistic Service	4.9	186.8	31.4	62.5	-0.5	0.4
网络文化服务	Network Culture Service	3.0	207.0	36.3	94.7	9.4	5.3
文化休闲娱乐服务	Cultural, Relaxation, and Amusement Service	6.5	335.1	28.7	212.0	-1.9	3.6
其他文化服务	Other Cultural Service	9.6	444.5	54.4	329.3	14.0	17.0
相关文化服务	Related Cultural Service	12.2	545.3	44.1	538.1	-1.3	13.0
文化用品、设备及相关文化产品的生产	Production of Cultural Supplies, Devices and Related Cultural Products	6.1	204.4	24.2	98.2	-1.2	2.4
文化用品、设备及相关文化产品的销售	Sale of Cultural Supplies, Devices and Related Cultural Products	6.1	340.9	19.8	439.9	-0.1	10.5

主要统计指标解释

研究生培养机构　指经国家批准设立的具有培养博士研究生、硕士研究生资格的普通高等学校和科研机构。

普通高等学校　指按国家规定的设置标准和审批程序批准举办的，通过全国普通高等教育统一招生考试，招收高中毕业生为主要培养对象，实施高等学历教育的全日制大学、独立设置的学院和高等专科学校、高等职业学校和其他机构。

成人高等学校　指按国家规定的设置标准和审批程序批准举办的，通过全国成人高等教育统一招生考试，招收具有高中毕业或同等学历的人员为主要培养对象，利用函授、业余、脱产的多种形式对其实施高等学历教育的学校。包括:职工高等学校、农民高等学校、管理干部学院、教育学院、独立函授学院、广播电视大学和其他机构。

高等教育机构　指经省、自治区、直辖市教育行政部门审批并颁发办学许可证，不具有颁发学历文凭资格的实施高等教育的单位。

社会力量办即民办学校　指经有关主管部门批准，公民个人、社会团体及其他社会组织等利用非国家财政性教育经费，面向社会举办的学校及其他教育机构。

学历文凭考试机构　经教育行政部门专门批准，进行全日制高等教育的民办的其他高等教育机构。

专科教育　应当使学生掌握本专业必备的基础理论、专门应用技术知识，具有从事本专业实际工作的基本技能和技术应用能力。全日制专科教育的基本修业年限为二至三年。

本科教育　应当使学生比较系统地掌握本学科、专业必需的基础理论、基本知识，掌握本专业必要的基本技能、方法和相关知识，具有从事本专业实际工作和研究工作的初步能力。全日制本科教育的基本修业年限为四至五年。

硕士研究生教育　应当使学生掌握本学科坚实的基础理论、系统的专业知识，掌握相应的技能，方法和相关知识，具有从事本专业实际工作和科学研究工作的能力。硕士研究生教育的基本修业年限为二至三年。

博士研究生教育　应当使学生掌握本学科坚实宽广的基础理论、系统深入的专业知识、相应的技能和方法，具有独立从事本学科创造性科学研究工作和实际工作的能力。博士研究生教育的基本修业年限为三至四年。

函授学生　指通过全国成人高等教育统一招生考试，招收具有高中毕业文化程度的人员，按照国家成人高等学历教育计划，以函授为主要教学方式培养的学生。本科学制五或六年，专科学制三或四年。

业余学生　指通过全国成人高等教育统一招生考试招收具有高中毕业文化程度的人员，按照国家成人高等学历教育计划，以业余时间授课为主要教学方式培养的学生，业余学生包括夜大学学生。本科学制五或六年，专科学制三或四年。

脱产学生　指通过全国成人高等教育统一招生考试，招收具有高中毕业文化程度的人员，按照国家成人高等学历教育计划，以全日制授课为主要教学方式培养的学生。本科学制四或五年，专科学制二或三年。

网络学生　指经教育部批准的现代远程教育试点学校设立的网络教育学院，基于互联网上实施高等学历教育所招收的普通和成人本科、专科学生。

在职人员攻读博士、硕士学位学生　指经国务院学位委员会批准的，为提高在职人员业务水平，通过攻读博士、硕士学位入学全国联考所招收的学生。培养的学生只有学位没有学历。

自考助学班学生　指为参加高等教育自学考试的学生举办的全日制教学班。

学历文凭考试学生　指民办的其他高等教育机构中学历文凭考试机构所招收参加高等教育学历文凭考试的全日制专科学生。

普通预科生　指经教育部和国家民委批准下达预科招生计划，招收的少数民族和港澳、华侨、台籍学生，经过一年的文化补习，合格者升入普通高等学校有关专业学习。

证书教育　指由各类高等教育机构举办的，招收具有高中毕业文化程度，从事专业技术工作或专业性较强的管理工作人员，经过学校学习及考试合格，取得达到岗位要求的专业知识水平证明的非学历教育。证书教育形式包括单科班和专业证书班。

单科班　指学生在学校只学一个科目中的一门或几门课程，考试合格可获得单科结业证书。

专业证书班　学生在学校学习8至10门课程，考试合格可获得岗位要求的大专层次专业知识水平的证书。

岗位培训　指由各类高等教育机构举办的，以提高本职工作能力为目的的非学历教育和培训活动。接受培训的各类人员按要求经考核合格，颁发岗位合格证书和上岗任职聘任书。岗位培训形式包括资格性培训和适应性培训。

资格性培训　指学生按照岗位规范要求取得上岗(在岗)、转岗、晋升等资格的培训。

适应性培训　指学生根据本岗位工作的发展需要而进行各种适应性的培训。

进修及培训　指对具有大学专科以上学历和中级以上职称的专业人员和管理人员进行扩展知识，提高技能的非学历教育。

外国留学生　指接受来中国学习的外籍学生。

毕业生数　指上学年，具有学籍的学生学完教学计划规定的全部课程，考试及格，取得毕业证书，实际毕业的学生数

招生数　指通过国家统一招生考试，按照国家招生计划实际招收入学的新生数。包括春、秋两季招收的学生。

在校学生数 指本学年初，具有学籍的注册学生数。

结业生数 指具有学籍的学生学习期满，有一门以上主要课程(包括毕业论文或毕业设计)不及格或其他方面不合格，未予毕业而发给结业证书的学生数。不包括短训班和单科结业学生。

教职工数 指在学校(机构)工作并由学校(机构)支付工资的教职工人数。教职工数包括校本部教职工、科研机构人员、校办企业职工、其他附设机构人员。

教师 指专职从事教学工作的人员，包括临时调去帮助做其他工作的人员，不包括调离教学岗位担负行政领导工作的原教学人员。

专任教师 指具有教师资格，专门从事教学工作的人员。

特殊教育学校 指招收盲聋哑青少年进行初中等教育的学校。

校舍建筑面积 指产权归学校所有，已经使用的各种用房的建筑面积。不包括尚未竣工的在建工程和借用、租用的房舍或临时搭用的棚舍。

危房面积 指年久失修、结构构件受到严重损坏，有倒塌危险，经房管部门鉴定属于危房的面积。

学校占地面积 指学校校园内的土地面积，不包括校园外学校拥有的农场、林场及校办工厂等的土地面积。

预算内教育经费拨款 指学校从中央和地方财政取得的教育事业费，即列入国家预算支出科目第13类的“教育事业费”拨款数（包括经常性经费、专项经费、科研经费拨款）。

科研经费拨款 指高等学校从中央和地方取得的属于财政性拨款的科学研究经费，通常指纵向科研经费，包括国家（地方）教委、国家（地方）计委、国家（地方）科委和各行业主管部门（如纺织工业总会、省工业厅等）下达的科学事业费和科技三项费用等。属于财政教育事业费安排的科研经费拨款，应在教育经费拨款中填列。

其他经费拨款 指除教育经费拨款、科研经费拨款以外的其他属于财政性的经费拨款，包括专项拨款和非专项拨款，如:公费医疗经费、 住房改革经费等。

教育附加费 指学校从中央和地方取得的教育附加费拨款。

事业收入 指学校开展教学、科研及其辅助活动取得的收入，包括教学收入和科研收入。其中学费填列学校核准留用和财政专户已核拨数，不包括上缴财政专户但尚未返还的部分。

校办产业和经营收益用于教育事业 指学校兴办校办产业取得收益用于补充教育经费的部分和在教学、科研及其辅助活动之外，开展非独立核算经营活动取得的收益用于补充教育经费的部分，即经营收入的结余和其他收入中对校办产业投资收益之和。

其他收入 除上述各项收入以外的其他各项收入，即附属单位交款和其他收入中扣除对校办产业投资收益之和。

捐赠收入 指城镇、农村、厂矿、 企事业单位和个人根据自愿、量力的原则捐(集)资助学，以及海外侨胞、港澳台胞、外籍团体、友好人士等对教育的资助和捐赠。捐赠收入中港、澳、台及海外捐集资经费指海外侨胞、港澳台胞、外籍团体、友好人士等对教育的资助和捐赠。

基建拨款 指学校从中央和地方取得的列国家预算支出科目第一类“基本建设支出”中第147款的“教育基建支出”拨款和各部门基建支出中用于高校的基建拨款。

教育经费支出 分为事业性支出和基建支出两部分。

事业性支出分为人员经费支出和公用部分支出。

人员经费支出（个人部分）指一般预算支出科目中人员支出、对个人和家庭的补助支出两部分。由基本工资、补助工资、其他工资、职工福利费、社会保障费、奖贷助学金六部分构成。

公用部分支出按照国家一般预算支出科目中公用支出部分填列。有以下五部分组成: 公务费、业务费、设备购置费、修缮费、其他费用。

基建支出中自筹基建支出指基本建设支出用自筹资金安排的部分。

艺术剧团 指从事戏曲、音乐、舞蹈、杂技等专业艺术表演，有独立帐户、实行独立核算的团体。不包括半工半艺和民间职业剧团。

艺术表演观众人数（人次） 指售票、包场演出或民族地区免费演出的艺术表演观众人次数。不包括彩排审查和内部观摩演出的观众人次数。

北京统计年鉴——2006　BEIJING STATISTICAL YEARBOOK

科技

SCIENCE AND TECHNOLOGY

简要说明

一、本章的主要内容

本章主要包括：科技活动人员情况、科技活动经费筹集情况、科技活动经费支出情况、研究与试验发展（R&D）情况、高等学校科技活动情况、科学研究机构及人员、专利申请及授权情况等。

二、本章的统计范围

包括北京地区有科技活动的企事业单位，具体涵盖规模以上工业企业（标准见工业篇）、各级各部门所属国有独立核算的科学研究与技术开发机构及科技情报与文献机构、普通高等学校等。

三、本章的资料来源

本章由市统计局、市科学技术委员会、市教育委员会、市工业促进局、市人事局、市知识产权局、市质量技术监督局、市科学技术协会、市技术市场管理办公室等部门负责提供，市统计局社会科技处负责整理。

18-1 科技活动人员情况(2005年)

STATISTICS FOR PERSONNEL ENGAGED IN SCIENCE AND TECHNOLOGY (2005)

项目	Item	单位数（个）Number of Enterprises (Nos.)	#有科技活动的单位数 Number of Science and Technology-oriented Activity Enterprises	科技活动人员（人）Personnel Engaged in Science and Technology (person)	#科学家和工程师 Scientist and Engineer
合计	**Total**	**16147**	**7110**	**383153**	**303764**
按执行部门分组	**Group by Administer Department**				
科研机构	Scientific Research Institutions	350	349	100583	81605
高等院校	Institutions of Higher Education	89	76	45295	38310
企业	Enterprise	15207	6481	224217	173475
#大中型工业企业	Medium- and Large-sized Industrial Enterprises	540	254	37347	27906
其他	Others	501	204	13058	10374
按隶属关系分组	**Group by Administrative Relationship**				
中央	Central	1832	1096	197547	160687
地方	Local	14315	6014	185606	143077

资料来源：北京市科学技术委员会、北京市教育委员会、北京市工业促进局。

Sources: Beijing Municipal Science & Technology Commission, Beijing Municipal Commission of Education, Beijing Municipal Bureau of Industrial Development.

18-2 国民经济各行业专业技术人员
NUMBER OF PROFESSIONAL TECHNICAL PERSONNEL BY SECTORS OF NATIONAL ECONOMY

单位：人 (person)

项目	Item	2005 全市 Total	#中央 Central	#地方 Local	2004
合计	**Total**	**1434601**	**494443**	**546124**	**1431852**
农、林、牧、渔业	Farming, Forestry, Animal Husbandry and Fishery	5562	241	3726	6270
采矿业	Mining	2353	908	1228	1534
制造业	Manufacturing	182309	32876	73085	195935
电力、燃气及水的生产和供应业	Production and Distribution of Electricity,Gas and Water	13313	5942	6569	16199
建筑业	Construction	128577	40710	54693	125710
交通运输、仓储和邮电业	Transport,Storage and Post	38336	16221	10531	34698
信息传输、计算机服务和软件业	Information Transmission,Computer Services and Software	99727	17630	6525	95105
批发和零售业	Wholesale and Retail Trade	82064	21376	19421	92142
住宿和餐饮业	Hotel and Restaurants	27133	5554	8609	30902
金融业	Financial Intermediation	71251	52037	4603	65282
房地产业	Real Estate	51440	5965	16677	52215
租赁和商务服务业	Leasing and Business Services	89867	36431	21618	74796
科学研究、技术服务和地质勘查业	Scientific Research,Technical Service and Geologic Prospecting	161958	104406	22137	159421
水利、环境和公共设施管理业	Management of Water Conservancy, Environment and Public Facilities	9777	830	7509	10292
居民服务和其他服务业	Services to Households and Other Services	16786	2289	4966	20398
教育	Education	236315	58558	169947	234774
学前教育	Preschool Education	9975	1301	7641	9287
高等教育	Higher Education	76225	51447	24095	52205
中等教育	Secondary Education	82038	1537	78887	82542
初等教育	Primary Education	51340	376	49906	73376
其他教育	Other Education	16737	3897	9418	17364
卫生、社会保障和社会福利业	Health,Social Securities and Social Welfare	115214	32371	77157	109692
卫生	Health	113193	32237	75392	107728
社会保障业	Social Securities	687	5	679	581
社会福利业	Social Welfare	1334	129	1086	1383
文化、体育和娱乐业	Culture,Sports and Entertainment	64079	48068	11253	62014
公共管理和社会组织	Public Management and Social Organization	38540	12030	25870	44473

注：按劳动工资年报口径，专业技术人员调整为在岗职工的其中项（下表同）。

Note: Professional technical personnel has been adjusted to that included in the on-the-job staff and workers according to the standards of annual report on labor force and wages(the same below).

18-3 国民经济各行业每万从业人员拥有专业技术人员 NUMBER OF SCIENTIFIC AND TECHNICAL PERSONNEL PER 10000 EMPLOYMENT BY SECTORS OF NATIONAL ECONOMY

单位：人 (person)

项 目	Item	2005 全市 Total	#中央 Central	#地方 Local	2004
合 计	**Total**	**2837**	**3817**	**2691**	**2848**
农、林、牧、渔业	Farming,Forestry,Animal Husbandry and Fishery	1963	4414	2538	2106
采矿业	Mining	1061	7715	641	710
制造业	Manufacturing	1781	2520	1757	1865
电力、燃气及水的生产和供应业	Production and Distribution of Electricity,Gas and Water	2309	2143	2413	2579
建筑业	Construction	3130	3776	3234	3047
交通运输、仓储和邮电业	Transport,Storage and Post	1035	1092	713	961
信息传输、计算机服务和软件业	Information Transmission,Computer Services and Software	5140	5307	4385	5268
批发和零售业	Wholesale and Retail Trade	2116	3893	1664	2183
住宿和餐饮业	Hotel and Restaurants	1103	1230	1144	1218
金融业	Financial Intermediation	4509	5824	1841	4228
房地产业	Real Estate	2203	2183	2243	2285
租赁和商务服务业	Leasing and Business Services	1926	2564	1159	1753
科学研究、技术服务和地质勘查业	Scientific Research,Technical Service and Geologic Prospecting	5119	5735	5191	5400
水利、环境和公共设施管理业	Management of Water Conservancy, Environment and Public Facilities	1389	4403	1285	1505
居民服务和其他服务业	Services to Households and Other Services	1634	2551	1328	1865
教 育	Education	6426	5959	7034	6331
学前教育	Preschool Education	5255	5206	5555	4836
高等教育	Higher Education	6074	6253	5970	8576
中等教育	Secondary Education	7465	6622	7619	7397
初等教育	Primary Education	8613	9126	8748	5947
其他教育	Other Education	3114	3622	3501	3112
卫生、社会保障和社会福利业	Health,Social Securities and Social Welfare	7098	7504	7253	7061
卫 生	Health	7394	7561	7680	7355
社会保障业	Social Securities	2329	273	2469	2044
社会福利业	Social Welfare	2118	4044	1988	2293
文化、体育和娱乐业	Culture,Sports and Entertainment	4559	5700	3765	4595
公共管理和社会组织	Public Management and Social Organization	1298	1760	1141	1535

18-4 市属国有企事业单位专业技术人员(2005年) NUMBER OF POREFESSIONAL TECHNICAL PERSONNEL IN LOCAL STATE-OWNED ENTERPRISES AND INSTITUTIONS (2005)

单位：人 (person)

项 目	Item	合 计 Total	#高 级 Senior	#中 级 Middle	#初 级 Junior
合 计	**Total**	**444797**	**47842**	**155484**	**200357**
#工程技术人员	Engineering Technicians	95517	9918	26563	44065
农业技术人员	Agricultural Technicians	5323	405	1402	3024
科研实验人员	R&D Experiment Personnel	4832	1488	2057	958
卫生技术人员	Medical Technicians	73343	7048	23200	39729
教学人员	Teaching Personnel	160194	22259	73798	58011

资料来源：北京市人事局。

Sources: Beijing Ministry of Personnel.

18-5 科学研究机构及人员(2005年)

SCIENTIFIC RESEARCH INSTITUTIONS AND PERSONNEL (2005)

项目	Item	机构(个) Institution (Nos.)	职工人数(人) Staff and Workers (person)	从事科技活动人员(人) Personnel Engaged in Scientific and Technological Activity (person)	科技经费筹集(万元) Scientific Research-oriented Expenditure Financing (10000 yuan)	科技经费支出(万元) Appropriation Expenditure for Science and Technology (10000 yuan)
合计	**Total**	**267**	**56739**	**62167**	**1392214**	**1372382**
自然科学	**Natural Science**	**182**	**46987**	**53346**	**1221377**	**1216436**
中央	Central	145	41775	49462	1137242	1137803
地方	Local	37	5212	3884	84135	78633
自然科学研究机构:	**Natural Scientific Research Institutions**					
农、林、牧、渔业	Farming,Forestry,Animal Hus-bandry and Fishery	21	3548	3987	118376	117787
制造业	Manufacturing	14	2781	2909	47363	50830
电力、燃气及水的生产和供应业	Production and Distribution of Electricity, Gas and Water	2	1142	925	24149	23702
建筑业	Construction	3	271	225	5528	4319
交通运输、仓储和邮政业	Transport,Storage,Post	5	1341	1287	44296	44409
信息传输、计算机服务和软件业	Information Transmission,Computer Services and Software	5	885	860	45386	30676
金融业	Financial Intermediation					
租赁与商务服务业	Leasing and Business Services					
科学研究、技术服务与地质勘查业	Scientific Research,Technical Service and Geologic Prospecting	69	18819	30105	724944	729244
水利、环境和公共设施管理业	Management of Water Conservancy, Environment and Public Facilities	11	2018	2208	60709	53412
居民服务和其他服务业	Services to Households and Other Services	1	23	18	878	449
教育	Education	1	90	87	544	669
卫生、社会保障和社会福利业	Health,Social Securities and Social Welfare	32	13548	8756	100312	120614
文化、体育与娱乐业	Culture,Sports and Entertainment	8	484	450	14506	12234
公共管理与社会组织	Public Management and Social Organization	10	2037	1529	34386	28092
社会科学	**Social Science**	**69**	**6099**	**6426**	**95584**	**84941**
中央	Central	62	5369	5837	81619	72293
地方	Local	7	730	589	13966	12648
社会科学研究机构:	**Social Scientific Research Institutions**					
管理学	Mangment	2	122	179	7672	4516
马克思主义	Marxism	1	56	73	635	621
哲学	Philosophy	1	129	185	1287	1486
宗教学	Religion	1	81	111	936	842
语言学	Language	1	88	84	918	1018
文学	Literature	3	259	371	2840	2672
艺术学	Art	3	675	556	11996	7864
历史学	History	5	481	493	6690	5709
考古学	Archeology	3	227	225	3178	2893
经济学	Economics	24	1871	2087	30195	28305
政治学	Politics	6	349	419	3697	3152
法学	Law	4	218	256	2017	2019
社会学	Sociology	7	471	482	7802	6516
民族学	Ethnology	1	169	182	1725	1613
新闻学与传播学	News and Media	2	145	132	1389	2771
教育学	Education	4	723	554	12359	12698
统计学	Statistics	1	35	37	249	247
情报科学	**Intelligence Science**	**16**	**3653**	**2395**	**75252**	**71005**

资料来源：北京市科学技术委员会。
Sources: Beijing Municipal Science & Technology Commission.

18-6 科学技术协会及所属学会工作情况(2005年)

BASIC STATISTICS OF SCIENCE AND TECHNOLOGY ASSOCIATION AND SUBORDINATE INSTITUTES (2005)

项目		Item		合计 Total	市科协 Municipal Science and Technology Association	市级学会 Institutes at Municipal Level
机构与人员		**Institutions and Personnel**				
机构	(个)	Institutions	(Nos.)	138	1	137
人员	(人)	Personnel	(person)	226810	44	226766
学术交流		**Academic Exchange**				
国内学术会议	(次)	Domestic Academic Meeting	(times)	1206	7	1199
参加人数	(人)	Participants	(person)	208847	690	208157
交流论文	(篇)	Papers Presented	(Nos.)	21127	253	20874
中外学术会议	(次)	China and Foreign Countries Learned Meeting	(times)	163	3	160
参加人数	(人)	Participants	(person)	16798	274	16524
交流论文	(篇)	Papers Presented	(Nos.)	2958	22	2936
港澳台学术会议	(次)	International Academic Meeting	(times)	14	3	11
参加人数	(人)	Participants	(person)	1506	200	1306
交流论文	(篇)	Papers Presented	(Nos.)	154	35	119
民间科技交流		**Non-governmental Scientific and Technological Exchange**				
派往国外科技团组	(个)	Technological Group of Accredit Overseas	(Nos.)	29	16	13
派出人数	(人)	Accredit person.time	(person)	194	67	127
派往港澳台地区科技团组	(个)	Technological Group of Hongkong, Macao and Taiwan Enterprises Accredit	(Nos.)	21	11	10
派出人数	(人)	Accredit person.time	(person)	219	91	128
接待国外科技团组	(个)	Technological Group of overseas Reception	(Nos.)	138	38	100
接待人数	(人)	Accredit person.time	(person)	899	254	645
接待港澳台地区科技团组	(个)	Technological Group of Hongking,Macao and Taiwan Enterprises Reception	(Nos.)	18	4	14
接待人数	(人)	Accredit person.time	(person)	201	130	71
科学普及	(次)	**Scientific Promoting**				
科普讲座		Lectures	(times)	1004	63	941
参加人数	(人)	Participants	(person)	274730	19970	254760
科普展览	(次)	Exhibitions	(times)	187	40	147
参观人数	(人)	Participants	(person)	2776451	1788000	988451
科技培训		**Training Program**				
举办科技培训班	(个)	Classes	(Nos.)	636	225	411
培训人数	(人)	Participants	(person)	174453	18510	155943
科技咨询服务		**Consultative Services**				
科技咨询合同项目	(项)	Contracts Completed	(Nos.)	552	380	172
咨询合同实现金额	(万元)	Contracts Revenue	(10000 yuan)	17890	16720	1170
科技出版物		**Technological Publication**				
科技期刊	(种)	Magazine	(sort)	42	1	41
科技图书	(种)	Books	(sort)	53	16	37
科技论文集	(种)	Collection of Technological Papers	(sort)	114	14	100
科技光盘	(套)	Technology Disc	(Nos.)	43	15	28

资料来源：北京市科学技术协会。
Sources: Beijing Association for Science & Technology Commission.

18-7 科技活动经费筹集情况(2005年)

STATISTICS FOR SCIENTIFIC RESEARCH-ORIENTED EXPENDITURE FINANCING (2005)

单位：万元 (10000 yuan)

项目	Item	科技经费筹集额合计 Total Funds Raised for Scientific Research	政府资金 Government Contribution	企业资金 Corporate Funds	事业单位资金 Funds from Institutions	金融机构贷款 Loans by Financial Institutions	国外资金 Foreign Funds	其他资金 Other
合计	**Total**	**7509599**	**3069422**	**3340619**	**316715**	**113376**	**474932**	**194535**
按执行部门分组	**Group by Execution Body**							
科研机构	Scientific Research Institutions	2700376	2206889	127829	232965	9500	12490	110703
高等院校	Institutions of Higher Education	786411	455532	280066	20244	600	20814	9155
企业	Enterprise	3852349	309919	2919366	7881	103256	441060	70867
#大中型工业企业	Medium- and Large-sized Industrial Enterprises	837138	40138	774183		8940	156	13721
其他	Others	170463	97082	13358	55625	20	568	3810
按隶属关系分组	**Group by Administrative Relationship**							
中央	Central	4610168	2784116	1308054	285066	46104	32701	154127
地方	Local	2899431	285306	2032565	31649	67272	442231	40408

资料来源：北京市科学技术委员会、北京市教育委员会、北京市工业促进局。

Sources: Beijing Municipal Science & Technology Commission, Beijing Municipal Commission of Education, Beijing Municipal Bureau of Industrial Development.

18-8 科技活动经费支出情况(2005年)

STATISTICS FOR APPROPRIATION EXPENDITURE FOR SCIENCE AND TECHNOLOGY (2005)

单位：万元 (10000 yuan)

项目	Item	科技活动经费支出 Appropriation Expenditure for Science and Technology	内部支出 Internal Expen-diture	经常费支出 Expen-diture of Regular Expenses	#人员劳务费 Labor Cost	科研基建支出 R&D Capital Construction Expenditure	#固定资产购建 Purchase of Fixed Assents	#设备购置 Purchase of Equipment	外部支出 External Expen-diture
合计	**Total**	**7056283**	**6402922**	**5844461**	**1613481**	**558461**	**1210263**	**941424**	**653361**
按执行部门分组	**Group by Execution Body**								
科研机构	Scientific Research Institutions	2532187	2402007	2056242	418566	345765	522290	399022	130180
高等院校	Institutions of Higher Education	706396	583381	524212	99484	59169	165543	68242	123015
企业	Enterprise	3671424	3285646	3141560	1064067	144086	493883	449793	385778
#大中型工业企业	Medium- and Large-sized Industrial Enterprises	849689	759778	734548	202487	25230	91545	80133	89911
其他	Others	146276	131888	122447	31364	9441	28547	24367	14388
按隶属关系分组	**Group by Administrative Relationship**								
中央	Central	4315138	3879493	3415628	746616	463865	838343	614943	435645
地方	Local	2741145	2523429	2428833	866865	94596	371920	326481	217716

资料来源：北京市科学技术委员会、北京市教育委员会、北京市工业促进局。

Sources: Beijing Municipal Science & Technology Commission, Beijing Municipal Commission of Education, Beijing Municipal Bureau of Industrial Development.

18-9 研究与试验发展(R&D)情况(2005年)
RESEARCH AND EXPERIMENTAL DEVELOPMENT (2005)

项目	Item	有R&D活动的单位数(个) Number of (R&D) Enterprises (Nos.)	R&D人员折合全时人员(人年) Full-time Personnel Equivalent R&D Personnel (person-years)	#科学家和工程师 Scientist and Engineers	#全时人员 Full-time Persons	基础研究 Basic Research	应用研究 Applied Research	试验发展 Experimental Development
合计	**Total**	**4887**	**177765**	**153079**	**142972**	**22983**	**52992**	**101790**
按执行部门分组	**Group by Execution Body**							
科研机构	Scientific Research Institutions	311	53623	46665	47921	11760	20338	21525
高等院校	Institutions of Higher Education	76	24082	23763	8401	7728	11723	4631
企业	Enterprises	4356	96685	79610	84120	3211	19516	73958
#大中型工业企业	Medium- and Large-sized Industrial Enterprises	205	21781	17583	20802	1049	7033	13699
其他	Other	144	3375	3041	2530	284	1415	1676
按隶属关系分组	**Group by Administrative Relationship**							
中央	Central	878	95125	84430	73726	19183	33916	42026
地方	Local	4009	82640	68649	69246	3800	19076	59764

18-9 续表1 continued

单位：万元 (10000 yuan)

项目	Item	R&D经费内部支出 Internal R&D Expenditure	经常费支出 Expenditure of Regular Expenses	#人员劳务费 Labor Cost	基础研究 Basic Research	应用研究 Applied Research	试验发展 Expenditure Development
合计	**Total**	**3795450**	**3455909**	**944695**	**383525**	**1056722**	**2015662**
按执行部门分组	**Group by Execution Body**						
科研机构	Scientific Research Institutions	1639660	1376517	289340	207701	407939	760877
高等院校	Institutions of Higher Education	357606	324360	62840	74653	160670	89037
企业	Enterprise	1754657	1712766	583343	97189	473525	1142052
#大中型工业企业	Medium and Large Industrial Enterprises	401228	399732	125774	19113	129314	251305
其他	Others	43527	42266	9172	3982	14588	23696
按隶属关系分组	**Group by Administrative Relationship**						
中央	Central	2374152	2059162	456644	291279	655826	1112057
地方	Local	1421298	1396747	488051	92246	400896	903605
按资金来源分	**Group by Fund Source**						
政府资金	From Government	1763267					
企业资金	From Enterprises	1605953					
国外资金	From Foreign Countries	95921					
其他资金	Other	330309					

18-9 续表2 continued

项　　目	Item	R&D经费内部支出 Internal R&D Expenditure	科研基建支出 R&D Capital Construction Expenditure	#固定资产购建 Purchase of Fixed Assets	#设备购置 Purchase of Equipment	R&D经费外部支出 External R&D Expenditure
合　计	**Total**	**3795450**	**339541**	**700654**	**554391**	**276654**
按执行部门分组	**Group by Execution Body**					
科研机构	Scientific Research Institutions	1639660	263143	383113	302966	69961
高等院校	Institutions of Higher Education	357606	33246	91169	38302	60142
企　业	Enterprise	1754657	41891	217636	204698	145924
#大中型工业企业	Medium- and Large-sized Industrial Enterprises	401228	1496	46811	45898	30292
其　他	Others	43527	1261	8736	8425	627
按隶属关系分组	**Group by Administrative Relationship**					
中　央	Central	2374152	314990	524433	394141	167105
地　方	Local	1421298	24551	176221	160250	109549
按资金来源分	**Group by Bankroll Source**					
政府资金	Governmental	1763267				
企业资金	Enterprises	1605953				
国外资金	Foreign	95921				
其他资金	Others	330309				

资料来源：北京市科学技术委员会、北京市教育委员会、北京市工业促进局。

Sources: Beijing Municipal Science & Technology Commission, Beijing Municipal Commission of Education, Beijing Municipal Bureau of Industrial Development.

18-10 高等学校科技活动情况
STATISTICS ON SCIENCE AND TECHNOLOGY ACTIVITIES IN COLLEGES AND UNIVERSITIES

项 目	Item	2005	2004
科技活动人员 (人)	Personnel Engaged in Science and Technology (person)	45295	45093
#科学家和工程师	Scientist and Engineer	38310	37617
研究与试验发展机构 (个)	Scientific Research Institutions (Nos.)	407	394
研究与试验发展全时人员 (人年)	Full-time Scientific Research Persons (person.year)	24082	23603
#科学家和工程师	Scientist and Engineer	23763	23005
#基础研究	Basic Research	7728	8485
应用研究	Applied Research	11722	11647
试验发展	Experimental Development	4632	3471
科技经费筹集额 (万元)	Scientific Research-oriented Expenditure Financing (10000 yuan)	786411	612870
#政府拨款	Government Appropriate Funds	455531	360240
企业资金	Corporation	300310	199111
银行贷款	Loads of Banks	600	
科技经费内部支出 (万元)	Appropriation Intramural Expenditure for Science and Technology (10000 yuan)	583381	419142
#劳务费	Labor Rate	99484	74402
固定资产购建费	Purchase of Investment in Fixed Assents	165543	73655
#研究与试验发展经费支出 (万元)	The Approprlation Expendlture for Research and Experimental Development (10000 yuan)	357607	282867
基础研究	Basic Research	74653	87642
应用研究	Applied Research	160669	144357
试验发展	Experimental Development	89037	44947

资料来源：北京市教育委员会。
Sources: Beijing Municipal Commission of Education.

18-11 大中型工业企业科技活动基本情况
STATISTICS ON SCIENCE AND TECHNOLOGY-ORIENTED ACTIVITIES OF MEDIUM AND LARGE-SIZED INDUSTRIAL ENTRPRISES

项目		Item		2005	2004
企业数	(个)	Number of Enterprises	(Nos.)	540	496
#有R&D活动的企业数	(个)	Enterprises with R&D Activities	(Nos.)	205	204
#有科技机构的企业数	(个)	Enterprises with Science & Technology Activities	(Nos.)	98	110
#有新产品开发的企业数	(个)	Enterprises with New Product Development	(Nos.)	169	154
科技活动人员	(人)	Personnel Engaged in Science and Technology	(person)	37347	33800
#科学家和工程师		Scientist and Engineer		27906	24479
研究与试验发展人员	(人)	Scientific Research Persons	(person)	24288	21922
科技活动经费筹集总额	(万元)	Science Research-oriented and expenditure Financing	(10000 yuan)	837138	697366
#企业资金		Corporation		774183	610579
#政府资金		Government Appropriate Funds		40138	34123
#银行贷款		Loans from Bank		8940	33934
科技活动经费支出总额	(万元)	Total Appropriation Expenditure on Science & Technology Activities	(10000 yuan)	849689	641970
#研究与试验发展经费支出		Appropriation Expenditure on R&D		401228	412199
#新产品开发经费支出		Appropriation Expenditure on New Product Development		330341	277785
科技经费支出占产品销售收入比重	(%)	Science & Technology Appropriation Expenditure as % of Product Sales	(%)	1.56	1.49
科技项目数	(项)	Science & Technology Projects	(Nos.)	1869	1739
#新产品开发项目		New Product Development Projects		826	749
#研究与试验发展项目		R&D Projects		1467	1438
技术引进经费支出	(万元)	Appropriation Expenditure on Technology Introduction	(10000 yuan)	368140	314287
消化吸收经费支出	(万元)	Appropriation Expenditure on Application of New Technology	(10000 yuan)	455	2872
新产品产值	(万元)	New Product Value	(10000 yuan)	8800617	8956388
专利申请量	(件)	Patents Applied For	(Nos.)	1431	1377
#发明专利		Invention Patents		616	544

18-12 地方产品质量监督检查情况(2005年)

LOCAL SUPERVISE AND CHECK UP PRODUCT QUALITY(2005)

产品名称	Name of Product	监督检查企业数(个) Number of Enterpirses Inspected (Nos.)	查出生产不合格产品企业数(个) Number of Enterprises with Produce Unqualified Products (Nos.)	不合格产品企业所占比例(%) Enterprises with Unqualified Products as % of Total (%)	检查批次(批次) Batch Number Inspected (batches)	合格批次(批次) Up-to-grade Batches (batches)	批次合格率(%) Rate of Up-to-grade Batches (%)
合　计	**Total**	**562**	**127**	**23.0**	**718**	**582**	**81.0**
加工食品和饮料	Processible Food and Beverage	184	36	20.0	209	166	80.0
#酱腌菜	Pickles	39	11	28.2	41	30	73.0
白酒	Distilled Spirit	73	11	1.5	85	73	86.0
啤酒、葡萄酒、黄酒、果酒、自制鲜酿	Beer,Wine,Yellow Wine, Ratafee, Self-Brewed Wine	47	9	19.1	50	35	70.0
糕点、糖果	Pastry and Candy	25	5	20.0	33	28	85.0
家用电器	Daily Use Electrical Appliances,	22	9	41.0	23	20	87.0
轻工产品	Light Industry Product	40	2	5.0	63	61	97.0
纺织、鞋类产品	Textile Industry and Leather Making	130	38	29.0	197	153	78.0
化工产品	Chemical Materials	16	4	25.0	30	26	87.0
建材产品	Building Materials	121	31	26.0	128	96	75.0
机电产品	Machine and Electron Product	49	7	14.0	68	60	88.0

资料来源：北京市质量技术监督局。
Sources: Beijing Bureau of Quality and Technical Supervision.

18-13 专利申请及授权情况

APPLICATIONS AND GRANTS FOR PATENTS

单位：件　　(Nos.)

项　目	Item	申请量 Applications for Patents 2005	申请量 Applications for Patents 2004	授权量 Grants for Patents 2005	授权量 Grants for Patents 2004
合　计	**Total**	**22572**	**18402**	**10100**	**9005**
按种类分	**Grouped by Type**				
发　明	Invention	12102	8608	3476	3216
实用新型	Utility Model	6940	6321	4498	3956
外观设计	Design	3530	3473	2126	1833
按对象分	**Grouped by Applicator**				
工矿企业	Industrial Enterprises	8050	6153	3641	3135
大专院校	Universities and Colleges	2535	1847	1112	938
科研单位	Scientific Research Institutes	2764	1917	1116	1058
机关团体	Organizationgs	158	196	77	59
个　人	Individuals	9065	8289	4154	3815

资料来源：北京市知识产权局。
Sources: Beijing Intellectual Property Office of Bureau.

18-14 技术合同签定情况
CONCLUSION OF TECHNICAL CONTRACTS

项目	Item	签定合同数(项) Contracts Concluded (Nos.)		合同金额(万元) Amount of Contracts (10000 yuan)	
		2005	2004	2005	2004
合计	**Total**	**37625**	**35549**	**4895920.1**	**4250007.6**
按合同类别分类	**Grouped by Type of Contract**				
技术开发合同	Technological Development	8175	7740	1047153.5	896282.6
技术转让合同	Technology Transfer	1920	2392	827867.6	1250104.8
技术咨询合同	Technical Consultation	6607	5046	261997.1	215097.1
技术服务合同	Technical Service	20923	20371	2758901.9	1888523.1
按合同卖方类别分类	**Grouped by Type of Seller**				
科研机构	Scientific Research Institutions	11284	10466	636566.5	455741.0
高等院校	Institutions of Higher Education	2630	2401	91650.6	94167.2
企业	Enterprises	22628	21571	4044222.8	3381065.9
技术贸易机构	Technology Trade Institutions	531	653	37829.4	59747.3
个体经营	Individual	14	10	1469.4	275.9
其他	Others	538	448	84181.4	259010.3
按合同买方类别分类	**Grouped by Type of Buyer**				
企业	Enterprises	29023	27377	3670486.3	3239691.8
科研机构	Scientific Research Institutions	2932	2852	186932.4	171844.3
各级管理部门	Management Departments	3177	2915	482089.5	473310.5
技术贸易机构	Technology Trade Institutions	47	74	6890.3	3260.3
个体经营	Individuals	91	107	2718.4	99462.5
其他	Others	2355	2224	546803.1	262438.2
按服务社会经济目标分类	**Grouped by Social and Economic Service Objective**				
陆地、海洋和大气的开发与估价	Development and Appraisal of Lands,Seas and Atmosphere	528	465	42576.0	26257.0
民用宇宙空间	Civil Universal Space	349	336	30186.1	24595.9
农业、林业和渔业的发展	Development of Farming, Forestry and Fishery	672	521	159124.2	27323.5
促进工业的发展	Promoting Industrial Development	6136	7233	868613.4	777612.3
能源的生产、储存和分配	Production,Stockpile and Distribution of Energy	5119	3924	558571.2	521887.8
交通、通讯事业的发展	Development of Transportation and Telecommunication	6362	5823	1185479.9	743345.5
教育事业的发展	Development of Education	490	703	55253.9	57563.9
卫生事业的发展	Development of Health Care	2694	2113	121388.2	388300.1
社会发展和社会经济服务	Social Development and Economic Service	7473	6456	761274.8	1081367.6
环境保护	Environmental Protextion	2211	2114	377847.6	118220.1
知识的全面发展	All-round Development of Knowledge	427	338	36763.9	29629.0
其他目标	Others	3608	4015	536822.6	328230.6
国防	National Defence	1556	1508	162018.2	125674.3
按技术流向分类	**Grouped by Spread Area of Technology**				
北京	Beijing	16974	16706	1979934.2	2201896.6
外地	Outside Beijing	20651	18843	2915985.9	2048110.9

资料来源：北京市技术市场管理办公室。
Sources: Beijing Technical Market Management Office.

主要统计指标解释

科技活动人员 指直接从事科技活动、以及专门从事科技活动管理和为科技活动提供直接服务的人员。累计从事科技活动的实际工作时间占全年制度工作时间10%及以上的人员中（1）直接从事科技活动的人员包括:在独立核算的科学研究与技术开发机构、高等学校、各类企业及其他事业单位内设的研究室、实验室、技术开发中心及中试车间(基地)等机构中从事科技活动的研究人员、工程技术人员、技术工人及其它人员；虽不在上述机构工作，但编入科技活动项目(课题)组的人员；科技信息与文献机构中的专业技术人员；从事论文设计的研究生等。(2）专门从事科技活动管理和为科技活动提供直接服务的人员包括：独立核算的科学研究与技术开发机构、科技信息与文献机构、高等学校、各类企业及其他事业单位主管科技工作的负责人，专门从事科技活动的计划、行政、人事、财务、物资供应、设备维护、图书资料管理等工作的各类人员，但不包括保卫、医疗保健人员、司机、食堂人员、茶炉工、水暖工、清洁工等为科技活动提供间接服务的人员。

科学家和工程师 指科技活动人员中具有高、中级技术职称(职务)的人员和不具有高、中级技术职称(职务)的大学本科及以上学历人员。

专业技术人员 指从事专业技术工作和专业技术管理工作的人员，即企事业单位中已经聘任专业技术职务从事专业技术工作和专业技术管理工作的人员，以及未聘任专业技术职务，现在专业技术岗位上工作的人员。包括工程技术人员，农业技术人员，科学研究人员，卫生技术人员，教学人员，经济人员，会计人员，统计人员，翻译人员，图书资料、档案、文博人员，新闻出版人员，律师、公证人员，广播电视播音人员，工艺美术人员，体育人员，艺术人员及企业政治思想工作人员，共十七个专业技术职务类别。

研究与试验发展（R&D） 指在科学技术领域，为增加知识总量、以及运用这些知识去创造新的应用而进行的系统的创造性的活动，包括基础研究、应用研究、试验发展三类活动。

科技活动经费筹集 指从各种渠道筹集到的计划用于科技活动的经费，包括政府资金、企业资金、事业单位资金、金融机构贷款、国外资金和其他资金等。

专利 是专利权的简称，是对发明人的发明创造经审查合格后，由专利局依据专利法授予发明人和设计人对该项发明创造享有的专有权。包括发明、实用新型和外观设计。

发明 指专利法及其实施细则所称的发明，指对产品、方法或者改进所提出的新的技术方案。

实用新型 指专利法及其实施细则所称的实用新型，指对产品的形状、构造或者其结合所提出的适于实用的新的技术方案。

外观设计 指专利法及其实施细则所称的外观设计，指对产品的形状、图案、色彩或者其结合所作出的富有美感并适于工业上应用的新设计。

北京统计年鉴——2006　BEIJING STATISTICAL YEARBOOK

卫生和体育

HEALTH AND SPORTS

简要说明

一、本章资料的主要内容

本章主要反映卫生、体育的发展情况。

卫生部分主要内容有卫生机构、人员、床位数，医院诊疗人次及入院人数，主要疾病死亡原因及构成，传染病的发病及死亡以及卫生事业费用测算等情况。体育部分主要包括群众体育和竞技体育，主要内容有体育系统职工情况，体育场地数，竞技体育成绩等情况。

二、本章的资料来源

卫生部分的资料来自北京市卫生局，详细资料分别见《北京市卫生工作统计资料（汇编）》（卫生局信息中心编）；体育部分的资料来自北京市体育局。

19-1 卫生情况(1978-2005年)
STATISTICS ON HEALTH (1978-2005)

年份 Year	医院个数(个) Hospitals (Nos.)	执业医师(人) Certified Doctors (person)	注册护士(人) Registered Nurses (person)	床位数(张) Beds (Nos.)	每千人拥有执业医师数(人) Certified Doctors Per 1000 Persons (person)	每千人拥有注册护士数(人) Registered Nurses Per 1000 Persons (person)	每千人拥有医院床位数(张) Beds Per 1000 Persons (Nos.)
1978	389	28435	16085	29767	3.35	1.89	3.11
1979	387	31842	17398	30231	3.66	1.87	3.08
1980	393	34365	17492	32453	3.88	1.97	3.22
1981-1985	1654	203097	107663	184410	4.36	1.85	3.56
1986	371	43403	25362	43786	4.47	3.72	4.21
1987	398	46007	27497	47538	4.66	2.81	4.49
1988	445	48216	30250	53078	4.82	3.02	4.87
1989	470	49361	32056	55623	4.83	3.14	5.08
1990	512	50934	34565	59036	4.93	3.35	5.37
1991	525	52309	35714	61744	5.03	3.44	5.65
1992	535	53254	36768	63230	5.10	3.52	5.73
1993	548	53906	36687	65621	5.13	3.49	5.93
1994	629	53865	36608	67112	5.07	3.45	6.07
1995	629	54114	36719	66925	5.06	3.43	6.00
1996	645	54091	37712	66760	5.02	3.50	6.02
1997	673	54909	38630	67946	5.06	3.56	6.06
1998	676	51902	38883	69095	4.76	3.56	6.13
1999	686	52646	39625	69465	4.79	3.60	6.15
2000	674	51570	39900	71245	4.66	3.60	6.25
2001	673	52100	40537	73053	4.64	3.61	6.31
2002	647	47236	38879	75188	4.18	3.44	6.46
2003	646	47887	39912	74298	4.21	3.51	5.89
2004	657	49091	41557	77155	4.25	3.60	6.54
2005	692	50642	42897	79077	4.32	3.66	6.65

注：本表医院数包括县及县以上医院、其他医院和乡镇卫生院。
资料来源：北京市卫生局。
Note: Data of “Hospitals" in this table include hospitals at county level and above,other hospitals and township health centers.
Source: Beijing Municipal Health Bureau.

19-2 医疗卫生机构基本情况

BASIC STATISTICS ON INSTITUTIONS OF PUBLIC HEALTH

项 目	Item	2005	2004	构 成 (%) Composition(%) 2005	构 成 (%) Composition(%) 2004
卫生机构 （个）	**Health Care Institutions (Nos.)**	**4818**	**4835**	**100.0**	**100.0**
#医 院	Hospitals	519	503	10.8	10.4
社区卫生服务中心	Health Service Center for Community	8	29	0.2	0.6
卫生院	Township Hospitals	173	154	3.6	3.2
门诊部	Clinics	423	351	8.8	7.3
妇幼保健院	Maternity and Child Care Hospitals	18	19	0.4	0.4
疾病预防控制中心	Prevent a Disease Control Center	28	29	0.6	0.6
专科疾病防治院	Specialized Disease Prevention & Treatment Institution	27	28	0.6	0.6
诊所、卫生所、医务室	Clinics,Township Hospitals and Infirmary	3501	3604	72.7	74.5
床 位 （张）	**Beds (Nos.)**	**79077**	**77155**	**100.0**	**100.0**
#医 院	Hospitals	72329	69850	91.5	90.5
社区卫生服务中心	Health Service Center for Community	51	351	0.1	0.5
卫生院	Township Hospitals	3702	3743	4.7	4.9
妇幼保健院	Maternity and Child Care Hospitals	1199	1161	1.5	1.5
专科疾病防治院	Specialized Disease Prevention & Treatment Institution	697	732	0.9	0.9
卫生技术人员 （人）	**Medical Technical Personnel (person)**	**119943**	**116638**		

注：从2003年起医院数中不包括疗养院。

资料来源：北京市卫生局。

Note: From 2003, Hospitals exclude sanatoriums.

Source: Beijing Municipal Health Bureau.

19-3 村卫生室基本情况(2005年)

INFIRMARY IN RURAL AREA (2005)

项目	Item	合计 Total	村办 Country Infirmary	乡卫生院设点 Under the Township Hospital	联合办 Jointly Run	私人办 Privately Run	其他 Other
机构数（个）	Number of Infirmary (Nos.)	2718	2155	27	10	515	11
执业医师（人）	Certified Doctors (person)	296	246	26	5	18	1
乡村医生（人）	Country Doctors (person)	3792	3041	151	21	561	18
卫生员（人）	Health Officer (person)	211	199		5	6	1
诊疗人次数（千人次）	Person-times of Diagnosis and Treatment (1000 person-times)	7493	6009	291	178	978	37
孕产妇检查人次数（人次）	Person-times of Pregnant and Lying-in Women Checked (person-time)	8388	7369	925	16	78	
接生人数（人次）	Number of Newborn Babies Delivered (person-time)	4198	4198				
儿童疫苗接种人次数（千人次）	Person-times of Children Vaccinated (1000 person-times)	342	263	72	6	1	

资料来源：北京市卫生局。

Source: Beijing Municipal Health Bureau.

19-4 全市医院基本情况(2005年)

BASIC STATISTICS ON HOSPITALS (2005)

项目	Item	医院数 (个) Hospitals (Nos.)	床位数 (张) Beds (Nos.)	职工人数 (人) Staff and Workers (person)	#卫生技术人员 Medical Technical Personnel	执业医师 Certified Doctors	#中医 Doctors of Chinese Medicine
合计	**Total**	**519**	**72329**	**121043**	**93067**	**35951**	**5037**
#市	District	23	15896	28321	21964	7646	697
区县	County	133	20365	34683	27535	10679	1789
#综合医院	General Hospitals	352	50245	89030	69465	26808	1886
中医医院	Hospital Specialized in Traditional Chinese Medicine	67	7349	12424	9552	4402	2874
中西医结合医院	Hospitals Which Integrate Traditional Chinese Therapeutics with Western Therapeutics in Practice	3	309	575	471	210	59
民族医院	Ethnologic Hospitals	3	97	147	98	33	21
口腔医院	Stomatology Hospitals	7	187	1611	1217	636	
眼科医院	Ophthalmology Hospitals	8	245	319	177	56	
肿瘤医院	Tumor Hospitals	7	2012	2848	1949	665	19
心血管病医院	Hospitals for Cardiovascular Diseases	2	788	1580	1151	415	4
胸科医院	Thorax Hospitals						
妇(产)科医院	Hospitals for Gynecology and Obstetrics	4	614	1261	952	339	11
儿童医院	Children's Hospitals	2	1122	2514	1867	547	33
精神病医院	Mental Hospitals	18	5574	3990	2911	803	52
传染病医院	Infectious Disease Hospitals	3	981	1623	1215	424	18
骨科医院	Hospitals of Orthopedics	6	330	458	302	106	10
康复医院	Recovery Hospitals	3	20	25	18	6	2
整形外科医院	Orthopaedics Hospitals	1	328	492	323	90	
美容医院	Beauty Hospitals	5	79	107	73	34	3
其他专科医院	Other Specialized Hospitals	22	1314	1171	692	230	28
护理院	Nursing Hospitals	3	108	49	35	1	16

资料来源：北京市卫生局。
Source: Beijing Municipal Health Bureau.

19-4 续表1 continued

项　目	Item	执　业助理医师 Certified Assistant Doctors	#中　医 Doctors of Chinese Medicine	注册护士 Registered Nurses	药　剂人　员 Druggist	#药　师 Pharmacists	#中药师 Pharmacists of Chinese Medicine	检验人员 Laboratory Technicians
合　计	**Total**	**2698**	**171**	**41156**	**7376**	**1804**	**758**	**5351**
#市	District	12	1	9705	1247	427	172	795
区　县	County	812	63	10850	2153	497	229	1244
#综合医院	General Hospitals	1207	89	28515	4456	1422	507	3039
中医医院	Hospital Specialized in Traditional Chinese Medicine	157	59	2875	1107	149	196	380
中西医结合医院	Hospitals Which Integrate Traditional Chinese Therapeutics with Western Therapeutics in Practice	7	4	199	36	10	4	17
民族医院	Ethnologic Hospitals	1	1	22	12	1	1	4
口腔医院	Stomatology Hospitals	10		329	26	17		12
眼科医院	Ophthalmology Hospitals	4		87	12	8		9
肿瘤医院	Tumor Hospitals	20	5	788	93	33	7	55
心血管病医院	Hospitals for Cardiovascular Diseases			458	38	10	2	33
胸科医院	Thorax Hospitals							
妇(产)科医院	Hospitals for Gynecology and Obstetrics	2		453	44	32	10	40
儿童医院	Children's Hospitals			845	126	1	3	89
精神病医院	Mental Hospitals	70		1535	128	40	2	96
传染病医院	Infectious Disease Hospitals	2		573	65	10	5	69
骨科医院	Hospitals of Orthopedics	12	2	117	23	4		12
康复医院	Recovery Hospitals	1		4	2	1	1	2
整形外科医院	Orthopaedics Hospitals			185	9	9		4
美容医院	Beauty Hospitals	2	1	24	2	2		3
其他专科医院	Other Specialized Hospitals	28	6	269	44	23	12	38
护理院	Nursing Hospitals	4		115	24	9		14

19-5 医院、卫生院工作情况(2005年)

WORKS OF HOSPITALS (2005)

项　目	Item	诊疗人次数(千人次) Patients Treated (1000 person.times)	#门诊 Out-patients	健康检查人数(千人) Health Check (1000 persons)	平均开放病床数(张) Beds in Use (Nos.)	入院人数(千人) In-patients (1000 persons)	出院人数(千人) Leaving Hospital (1000 persons)
合　计	**Total**	**69344**	**61664**	**3335**	**71764**	**1161**	**1157**
医　院	**Hospitals**	**61755**	**54519**	**2852**	**68364**	**1099**	**1094**
#综合医院	General Hospitals	45635	39515	2354	47008	821	820
中医医院	Hospital Specialized in Traditional Chinese Medicine Medicine	8648	8027	325	6905	105	101
中西医结合医院	Hospitals Which Integrate Traditional Chinese Therapeutics with Western Therapeutics in Practice	375	357	15	274	5	5
民族医院	Ethnologic Hospitals	92	30	2	43		
口腔医院	Stomatology Hospitals	1307	1229		188	4	4
眼科医院	Ophthalmology Hospitals	63	63		215	4	4
肿瘤医院	Tumor Hospitals	516	507	16	2300	32	32
心血管病医院	Hospitals for Cardiovascular Diseases	316	270		637	18	18
胸科医院	Thorax Hospitals						
妇(产)科医院	Hospitals for Gynecology and Obstetrics and Obstetrics	656	641	13	588	22	22
儿童医院	Children's Hospitals	2846	2620		1080	42	42
精神病医院	Mental Hospitals	667	647	64	4952	9	10
传染病医院	Infectious Disease Hospitals	294	286		981	13	13
骨科医院	Hospitals of Orthopedics	64	61		310	2	2
康复医院	Recovery Hospitals	2	2		20		
整形外科医院	Orthopaedics Hospitals	49	49		328	7	7
美容医院	Beauty Hospitals	2	2	2	79		
其他专科医院	Other Specialized Hospitals	93	89	42	1134	5	5
护理院	Tend and Protect Hospitals	14	14	2	108		
卫生院	**Township Hospitals**	**7589**	**7145**	**482**	**3400**	**62**	**63**

资料来源：北京市卫生局。
Source: Beijing Municipal Health Bureau.

19-5 续表1 continued

项目	Item	治愈率 (%) Recovering Rate (%)	好转率 (%) Mending Rate (%)	病死率 (%) Rate of Death of Illness (%)	病床周转次数 (次) Turnover Beds (times)	病床使用率 (%) Utilization Rate (%)	出院者平均住院日 (日) Average Hospitalization Period (day)
合　计	**Total**	**59.0**	**35.4**	**2.1**	**16.4**	**75.5**	**15.7**
医　院	**Hospitals**	**56.9**	**37.2**	**2.3**	**16.1**	**77.7**	**16.5**
#综合医院	General Hospitals	58.2	36.0	2.4	17.4	75.5	15.2
中医医院	Hospital Specialized in Traditional	37.5	55.8	2.7	14.6	78.9	19.3
	Chinese Medicine Medicine	50.5	44.0	3.0	18.6	83.4	16.5
中西医结合医院	Hospitals Which Integrate	50.5	44.0	3.0	18.6	83.4	16.5
	Traditional Chinese						
	Therapeutics with						
	Western Therapeutics						
	in Practice						
民族医院	Ethnologic Hospitals	9.1	88.2	0.9	2.6	30.0	40.2
口腔医院	Stomatology Hospitals	94.1	2.5		20.4	67.8	12.2
眼科医院	Ophthalmology Hospitals	99.9	0.1		17.8	33.8	5.8
肿瘤医院	Tumor Hospitals	66.1	25.5	1.9	13.8	85.6	23.5
心血管病医院	Hospitals for Cardiovascular Diseases	42.6	54.5	1.1	28.6	88.7	11.5
胸科医院	Thorax Hospitals						
妇(产)科医院	Hospitals for Gynecology and Obstetrics	88.2	10.6	0.1	36.7	88.3	8.8
	and Obstetrics						
儿童医院	Children's Hospitals	58.2	35.9	0.3	39.1	112.4	11.1
精神病医院	Mental Hospitals	36.0	58.3	1.3	2.1	90.4	107.1
传染病医院	Infectious Disease Hospitals	55.2	33.8	4.1	13.6	75.8	20.5
骨科医院	Hospitals of Orthopedics	82.6	15.3	0.1	8.1	44.3	18.4
康复医院	Recovery Hospitals		96.2	3.9	1.3	20.1	19.7
整形外科医院	Orthopaedics Hospitals	94.5	5.1		21.0	79.2	11.3
美容医院	Beauty Hospitals	99.5	0.5		5.0	8.1	5.7
其他专科医院	Other Specialized Hospitals	40.2	51.1	5.1	4.6	70.7	37.8
护理院	Tend and Protect Hospitals	5.9	85.1	8.2	2.4	14.7	16.3
卫生院	**Township Hospitals**	**71.9**	**26.3**	**0.3**	**18.5**	**39.3**	**6.6**

19-6 全市居民前十位死因顺位、死亡率及构成(2005年)

DEATH RATE AND COMPOSITION OF 10 MAJOR DISEASE (2005)

顺位 No.	死因名称	Cause of Death	死亡率(1/10万) Death Rate (1/100 thousand)	构成(%) Composition(%)
	全市	**Total**		
1	心脏病	Heart Trouble	133.68	24.62
2	脑血管病	Cerebrovasular Disease	132.92	24.48
3	恶性肿瘤	Malignant Tumour	112.50	20.72
4	呼吸系统疾病	Disease of the Respiratory System	53.07	9.77
5	损伤和中毒	Trauma and Toxicosis	25.91	4.77
6	内分泌、营养、代谢及免疫疾病	Endocrine, Nutrition, Metabolite and Immunity Disease	18.23	3.36
7	消化系统疾病	Disease of the Gigestive System	12.81	2.36
8	泌尿生殖系统疾病	Disease of the Genitourinary System	7.94	1.46
9	神经系统病	Neuropathy	3.94	0.73
10	传染病	Infection Disease	3.84	0.71
	区	**Districts**		
1	心脏病	Heart Trouble	128.59	25.23
2	恶性肿瘤	Malignant Tumour	119.68	23.49
3	脑血管病	Cerebrovasular Disease	102.93	20.20
4	呼吸系统疾病	Disease of the Respiratory System	52.35	10.27
5	内分泌、营养、代谢及免疫疾病	Endocrine, Nutrition, Metabolite and Immunity Disease	20.67	4.06
6	损伤和中毒	Trauma and Toxicosis	19.61	3.85
7	消化系统疾病	Disease of the Gigestive System	14.11	2.77
8	泌尿生殖系统疾病	Disease of the Genitourinary System	7.61	1.49
9	神经系统病	Neuropathy	4.35	0.85
10	传染病	Infection Disease	4.19	0.82
	县	**Counties**		
1	脑血管病	Cerebrovasular Disease	200.97	32.48
2	心脏病	Heart Trouble	145.25	23.47
3	恶性肿瘤	Malignant Tumour	96.19	15.55
4	呼吸系统疾病	Disease of the Respiratory System	54.72	8.84
5	损伤和中毒	Trauma and Toxicosis	40.19	6.50
6	内分泌、营养、代谢及免疫疾病	Endocrine, Nutrition, Metabolite and Immunity Disease	12.68	2.05
7	消化系统疾病	Disease of the Gigestive System	9.87	1.59
8	泌尿生殖系统疾病	Disease of the Genitourinary System	8.67	1.40
9	神经系统病	Neuropathy	3.01	0.49
10	传染病	Infection Disease	3.07	0.50

资料来源：北京市卫生局。
Source: Beijing Municipal Health Bureau.

19-7 全市婴儿、新生儿死亡率

DEATH RATE OF INFANT AND NEWBORN BABY

单位：‰ (‰)

地区	District	婴儿死亡率 Death Rate of Infant		新生儿死亡率 Death Rate of Newborn Baby	
		2005	2004	2005	2004
全市	**Total**	**4.35**	**4.61**	**3.29**	**3.49**
城郊	District	4.08	4.51	3.03	3.42
远县	Country	4.84	4.79	3.79	3.62

资料来源：北京市卫生局。
Source: Beijing Municipal Health Bureau.

19-8 全市7岁以下儿童系统管理情况

STATISTICS FOR SYSTEMATIC CARE OF CHILDREN AT 7 AND BELOW

项目	Item	2005	2004
7岁以下儿童数 (人)	Children at 7 and below (person)	421192	422043
系统管理人数 (人)	Children under Systematic Care (person)	409908	407626
体检人数 (人)	Children Having Health Check (person)	417529	395406
0-2岁儿童佝偻病患病率 (%)	Suffering Rate from Rickets of Children at Age 0-2 (%)	0.18	0.19
0-2岁儿童贫血患病率 (%)	Suffering Rate from Amenia of Children at Age 0-2 (%)	4.95	4.12
3-6岁儿童贫血患病率 (%)	Suffering Rate from Amenia of Children at Age 3-6 (%)	1.12	1.15
7岁以下儿童系统管理覆盖率 (%)	Covering Rate of Systematic Care of Children at Age 7 and Below (%)	97.32	96.58

资料来源：北京市卫生局。
Source: Beijing Municipal Health Bureau.

19-9 全市食品卫生监督及药品检查合格情况

STATISTICS FOR FOOD SANITATION AND DRUG SAMPLING BACK-CHECK QUALIFIED RATE

单位：% (%)

项目	Item	2005	2004
全市食品卫生监督检查合格率	**Food sanitation supervision and drug check qualified rate**	**87.7**	**91.2**
#生产加工业	Production and Processing	85.9	90.9
批发零售业	Wholesale and Retail	89.4	93.0
饮食服务业	Catering Services	83.8	87.5
集体食堂	Canteen	88.5	92.0
食品摊贩	Food Stalls	93.6	93.0
药品抽检合格率	**Drug sampling check qualified rate**	**98.3**	**99.1**

资料来源：北京市卫生局、北京市药品监督管理局。
Source: Beijing Municipal Health Bureau, Beijing Drug Administration.

19-10 主要年份体育场馆情况(1950-2005年)
SITUATION OF THE GYMNASIUMS AND STADIUMS IN MAIN YEAR (1950-2005)

单位：个 (Nos.)

年份 Year	总计 Total	#体育场 Palaestra	#体育馆 Gymnasium	#游泳场馆 Natatorium	#室内 Swimming Bath	#各种训练房 Exercise Room
1950	19	1				2
1955	61	1			2	10
1960	124	2		4	3	19
1970	188	2	2	8	3	24
1975	234	3	2	11	4	28
1980	293	3	2	12	4	32
1985	405	4	2	20	8	54
1990	780	12	12	49	26	153
1995	1381	18	18	88	56	291
2000	2815	35	24	214	161	863
2001	3500	42	27	283	216	1101
2002	4176	57	33	334	263	1358
2003	6100	93	36	443	371	1729
2004	6104	93	36	443	371	1729
2005	6112	93	36	446	374	1731

资料来源：北京市体育局。
Sources: Beijing Municipal Sports Bureau.

19-11 群众体育活动情况
ACTIVITIES OF MASS SPORTS

项目		Item		2005	2004
晨晚练辅导站	(个)	Instruction Stations of Morning and Evening Exercise	(Nos.)	4905	4447
晨晚练活动人数	(万人)	Number of People Having Morning and Evening Exercise	(10000 persons)	15695	14600
青少年体育俱乐部数	(个)	Number of Teenager Sport Clubs	(Nos.)	111	98
社会体育指导员	(人)	Social Sport Instructors	(person)	24265	21861
全民健身工程	(个)	National Fitness Project	(Nos.)	260	1229
#万米工程		Large-scale Projects			
标准工程		Standard Projects			25
居家工程		Home Projects		260	1200
其他		Others			4
全民健身工程面积	(万平方米)	Acreage of Civil Exercise Projects	(10000 sq.m)	10.4	82.6
#万米工程		Large-scale Projects			
标准工程		Standard Projects			5.0
居家工程		Home Projects		10.4	76.8
其 他		Others			0.8

资料来源：北京市体育局。
Sources: Beijing Municipal Sports Bureau.

19-12 运动员、教练员、裁判员情况

ATHLETES,TRAINERS AND UMPIRE

单位：人 (person)

项目	Item	2005	#女性 Female	2004	#女性 Female
分等级运动员发展人数情况	Number of Certified Athletes Admitted	3370	1211	3035	1178
国际级运动健将	International Master	6	5	17	13
国家级运动健将	National Master	91	54	106	52
一级	First Grade Athletes	311	113	343	140
二级	Second Grade Athletes	2962	1039	2569	973
专职教练员获职称人数情况	Number of Professional Trainers Gained Title	667		666	
高级职称	Senior	127		124	
中级职称	Middle	229		248	
初级职称	Junior	311		294	
分等级裁判员发展人数情况	Number of Certified Referees Admitted	1076	269	1128	340
国家级	National Referees	51	18	66	22
一级	First Grade Referees	156	50	338	112
二级	Second Grade Referees	869	201	724	206

资料来源：北京市体育局。

Sources: Beijing Municipal Sports Bureau.

19-13 运动员获奖牌情况(2005年)

STATISTICS ON MEDALS WON (2005)

单位：块 (Nos.)

项目	Item	金牌 Gold	银牌 Silver	铜牌 Bronze
合计	**Total**	**118**	**94.5**	**95**
国际比赛	International Competitions	22	12	9
国内比赛	Domestic Competitions	96	82.5	86

资料来源：北京市体育局。

Sources: Beijing Municipal Sports Bureau.

19-14 北京市运动员获全国冠军名单(2005年) OF NATIONAL CHAMPIONSHIPS WON BY ATHLETES OF BEIJING(2005)

比赛名称	Name of Matche	大项名称 General Game	小项名称 Sub-Game	姓名 Name
全国棒球冠军赛暨十运会预选赛	National Baseball Championship & 10th National Games Primary	棒　球 Baseball	男子棒球	李晨浩、王楠、张建旺、徐铮、周静、李韦良、魏峥、王伟、李斌、罗卫军、李磊、李庆庆、谢静、马克、孙炜、张伟、陈哲、李清华、孙岭峰、江晓宇、贾昱冰、杨硕
中国棒球联赛	China Baseball League		男子棒球	李晨浩、王楠、张建旺、徐铮、周静、李韦良、臧东伟、魏峥、王伟、李斌、罗卫军、李磊、李庆庆、谢静、马克、孙炜、张伟、陈哲、江晓宇、李清华、孙岭峰、孙博、贾昱冰、杨硕、马志远、李秉彦、潘聪、李想
全国射箭冠军赛	National Archery Championship	射　箭 Archery	女子个人单轮全能	钟华
全国射箭冠军赛	National Archery Championship		女子个人70米单轮	赵玲
全国场地自行车冠军赛(第四站)	National Field Bicycle Championship (4th Station)	自行车 Cycling	女子500米计时赛	田芳
"崇明岛杯"全国公路自行车冠军赛	"Chongming Island Cup"National Highway Bicycle Championship		女子城市绕圈赛	苏曼
全国锦标赛	The National Championships	跆拳道 Teekwondo	女子67公斤级	罗微
第十届全国运动会	The 10th National Games		男子58公斤级	刘华胜
第十届全国运动会	The 10th National Games		男子80公斤级	刘哮波
全国武术冠军赛	National Martial Art Championship	武术队 Martial Art Team	男子通臂	刘伟超
全国武术冠军赛	National Martial Art Championship		男子八卦	于龙
第十届全国运动会	The 10th National Games		男子长拳	赵庆建
第十届全国运动会预赛暨全国锦标赛	The 10th National Games Primary & Tournament	拳　击 Boxing	男子69公斤级	哈那提、斯拉木
第十届全国运动会预赛暨全国锦标赛	The 10th National Games Primary & Tournament		男子57公斤级	卢皞
第十届全国运动会	The 10th National Games		男子57公斤级	李洋
第十届全国运动会	The 10th National Games		男子69公斤级	哈那提
第十届全国运动会	The 10th National Games	散　手 Free Style	男子58公斤级	于飞彪
第十届全国运动会预赛	The 10th National Games Primary	跆拳道 Teekwondo	女子67公斤级	罗微
第十届全国运动会预赛	The 10th National Games Primary		女子58公斤级	袁赏

资料来源：北京市体育局。
Sources: Beijing Municipal Sports Bureau.

19-14 续表1 continued

比赛名称	Name of Matche	大项名称 General Game	小项名称 Sub-Game	姓 名 Name
第十届全国运动会预赛	The 10th National Games Primary	散 手 Free Style	女子77.5公斤级	宝力高
冠军赛暨第十届全国运动会预赛	Championship & The 10th National Games Primary	游 泳 Swimming	1500米自由泳	张琳
冠军赛暨第十届全国运动会预赛	Championship & The 10th National Games Primary	游 泳 Swimming	200米自由泳	张琳
冠军赛暨第十届全国运动会预赛	Championship & The 10th National Games Primary	游 泳 Swimming	400米自由泳	张琳
冠军赛暨第十届全国运动会预赛	Championship & The 10th National Games Primary	游 泳 Swimming	100米自由泳	陈祚
冠军赛暨第十届全国运动会预赛	Championship & The 10th National Games Primary	跳 水 Diving	男子十米跳台	林跃
冠军赛暨第十届全国运动会预赛	Championship & The 10th National Games Primary	花样游泳 Figure Swimming	双 人	张晓欢、顾贝贝
第十届全国运动会决赛	The 10th National Games Final	手 球 Handball	男 子	吴健等
第十届全国运动会决赛	The 10th National Games Final	手 球 Handball	男 子	吴健等
第十届全国运动会决赛	The 10th National Games Final	柔 道 Judo	男子66公斤级	康凯
第十届全国运动会决赛	The 10th National Games Final	柔 道 Judo	女子57公斤级	刘玉香
第十届全国运动会决赛	The 10th National Games Final	摔 跤 Wrestling	男子60公斤级	谢振
第十届全国运动会决赛	The 10th National Games Final	花样游泳 Figure Swimming	双 人	张晓欢、顾贝贝
第十届全国运动会决赛	The 10th National Games Final	游 泳 Swimming	男100米自由泳	陈祚
第十届全国运动会决赛	The 10th National Games Final	游 泳 Swimming	男200米自由泳	张琳
第十届全国运动会决赛	The 10th National Games Final	游 泳 Swimming	男400米自由泳	张琳
第十届全国运动会决赛	The 10th National Games Final	游 泳 Swimming	男1500米自由泳	张琳
全国冠军赛	The National Tournament	摔 跤 Wrestling	男子66公斤级	张崇瑶
全国冠军赛	The National Tournament	摔 跤 Wrestling	女子59公斤级	刘斌
全国冠军赛	The National Tournament	摔 跤 Wrestling	女子63公斤级	张新欣
第十届全国运动会	The 10th National Games	体 操 Gymnastics	男子单杠	崇玮
第十届全国运动会	The 10th National Games		女子自由操	张楠
第十届全国运动会预赛暨锦标赛	The 10th National Games Primary & Tournament		女子全能	张楠
第十届全国运动会预赛暨锦标赛	The 10th National Games Primary & Tournament		女子跳马	杨亚红

19-14 续表2 continued

比赛名称	Name of Matche	大项名称	General Game	小项名称 Sub-Game	姓　名 Name
第十届全国运动会	The 10th National Games	女　足	Women's Football		陈建欣、陈艳红、顾盈 郭琳、李洁、李静 刘英、刘卅、任立萍 施萌雨、王丹丹、王立明 王玉婷、张雯、张彤 郑玮、周艳萍、高颖 吴瑶、马冰
第十届全国运动会	The 10th National Games	乒　乓	Table Tennis	女子单打	张怡宁
第十届全国运动会	The 10th National Games			女子团体	张怡宁、郭焱、丁宁 朱虹、贾贝贝
全国春季赛艇锦标赛(冠军赛)	National Spring Rowing Tournament (Championship)	赛　艇	Rowing	女子赛艇公开级双人单桨2000米	王秋、闫娜
全国春季赛艇锦标赛(冠军赛)	National Spring Rowing Tournament(Championship)			男子赛艇轻量级双人单桨2000米	罗艳冶、邱超
全国赛艇锦标赛	National Rowing Tournament			女子赛艇公开级四人单桨2000米	闫娜、叶秀梅 禹飞、王秋
全国赛艇锦标赛	National Rowing Tournament			女子赛艇公开级双人单桨2000米	李彤、李萌
全国赛艇锦标赛	National Rowing Tournament			女子赛艇轻量级双人双桨2000米	傅凤珺、余华
全国皮划艇锦标赛	National Kayak Rowing Tournament	皮划艇	Boat	男子划艇	杨森
全国皮划艇锦标赛	National Kayak Rowing Tournament			单人2000米	
第十届全国运动会	The 10th National Games	田　径	Track and Field	女子跳高	景雪竹
第十届全国运动会预赛暨锦标赛	The 10th National Games Primary & Tournament			女子跳高	景雪竹
全国国际象棋联赛	National Chess League	国际象棋	Chess	团　体	叶江川、谢军、吴少彬 卡什申维利、赵雪 李超、王瑜、徐媛媛
全国国际象棋锦标赛	National Chess Tournament	国际象棋	Chess	女子个人	王瑜
全国锦标赛	The National Championships	围　棋	Weichi	个　人	陈耀烨
全国锦标赛	The National Championships	跳　伞	Parachute Jump	男子集体定点	何继怀、商好学、王建明 葛斌、刘新雷
全国锦标赛	The National Championships	跳　伞	Parachute Jump	女子集体定点	曹彦、魏宁、张杨 潘蕊、张媛媛
全国锦标赛	The National Championships	跳　伞	Parachute Jump	男子个人全能	王建明
全国锦标赛	The National Championships	跳　伞	Parachute Jump	女子个人特技	曹彦
全国锦标赛	The National Championships	跳　伞	Parachute Jump	女子个人全能	曹彦
全国锦标赛	The National Championships	跳　伞	Parachute Jump	男子造型跳伞	何继怀、商好学、王建明 魏宁、张杨
首届航空运动会	The 1st Aviation Games	跳　伞	Parachute Jump	男子集体定点	何继怀、商好学、王建明 葛斌、刘新雷
首届航空运动会	The 1st Aviation Games	跳　伞	Parachute Jump	女子集体定点	曹彦、魏宁、张杨 潘蕊、张媛媛
首届航空运动会	The 1st Aviation Games	跳　伞	Parachute Jump	男子个人全能	王建明
首届航空运动会	The 1st Aviation Games	跳　伞	Parachute Jump	女子个人特技	曹彦
首届航空运动会	The 1st Aviation Games	跳　伞	Parachute Jump	女子个人全能	曹彦
首届航空运动会	The 1st Aviation Games	跳　伞	Parachute Jump	男子造型跳伞	何继怀、商好学、王建明 魏宁、张杨

19-15 体育彩票及体育报刊

GYMNASTIC LOTTERY AND GYMNASTIC NEWSPAPERS AND PERIODICALS

项　　目		Item		2005	2004
体育彩票发行额	(万元)	Circulation of Sport Lottery	(10000 yuan)	89452	73326
#足　彩	(万元)	Football Lottery	(10000 yuan)	34312	42766
体育彩票公益金提取额	(万元)	Public Welfare Funds Drawn from Sport Lottery	(10000 yuan)	29155	25664
#足　彩	(万元)	Football Lottery	(10000 yuan)	9856	14968
电脑体育彩票销售个数	(个)	Number of Computer Sport Lottery Outlets	(Nos.)	1829	1874
体育报刊发行种类和数量		Number and Type of Gymnastic Newspapers amd Periodicals			
#报	(种/万份)	Newspaper	(sorts/10000copies)		
刊	(种/万册)	Books and Periodicals	(sorts/10000copies)	5/174.7	5/73.8
职业俱乐部个数	(个)	Number of Professional Clubs	(Nos.)	1	2

资料来源：北京市体育局。

Sources: Beijing Municipal Sports Bureau.

主要统计指标解释

卫生机构 指从卫生行政部门取得《医疗机构执业许可证》，或从民政、工商行政、机构编制管理部门取得法人单位登记证书，为社会提供医疗保健、疾病控制、卫生监督服务或从事医学科研和教育等工作的单位。

卫生技术人员 指由卫生机构支付工资的全部固定职工和合同制职工中现任职务为卫生技术工作的专业人员，不包括从事管理工作的人员。

执业医师和注册护士 指领取医师执业证书和注册护士证书的人员，不包括从事管理工作的医师和护士。与 2002 年以前年鉴中的医生和护（师）士口径基本相同。

死亡率（死因死亡率）是指某种原因（如疾病）所致的死亡人数占户籍人口比重。计算公式为

死因死亡率=同年内某种原因死亡人数/某年户籍平均人口数*100000/10 万

晨晚练辅导站 是指本市公民自愿参加，在本市体育场馆、公园、街道、街心花园等公共场所设立的，利用早晚时间，以开展健身活动为目的的群众体育健身场所。

等级运动员人数 指经考核正式批准授予等级运动员称号的人数。运动员等级分为国际级运动健将、国家级运动健将、一级运动员、二级运动员、三级运动员、少年级运动员。

等级裁判员人数 指经考核正式批准授予等级裁判员称号的人数。裁判员等级分为国际级裁判、国家级裁判、一级裁判、二级裁判、三级裁判。

（三）体育

1. 全民健身工程个数及工程总面积：全民健身工程是指由国家体育总局统一组织，将各级体育行政部门的体育彩票公益金作为引导资金，捐赠给城市社区和农村乡镇的受赠单位，由受赠单位兴建、旨在开展全民健身活动的公益性体育场地设施。北京市全民健身工程的形式分为三种：一是“居家工程”，主要建在居（家）委会，配建面积在 1000 平方米以下；二是“标准工程”，主要建在街道和乡镇，要求配建面积在 1000 平方米以上；三是“市级工程”，要求配建面积在 1 万平方米以上。全面健身工程个数是指截止到年底上述体育场地设施的累计个数。全民健身工程总面积是指截止到年底上述体育场地设施的累计配建总面积。

社会福利、政法和其他

SOCIAL WELFARE, POLITICS AND LAW AND OTHERS

简要说明

本章的主要内容和资料来源

本章主要包括社会活动参与、公检法司、民政事业、劳动保障、残疾人事业、妇女及儿童发展规划监测情况等内容。

1、社会活动参与的内容主要包括历届北京市人大代表和政协委员人数及议案情况、妇联组织工会组织情况等。资料分别由北京市人民代表大会常务委员会、中国人民政治协商会议北京市委员会、北京市妇女联合会、北京市总工会依据统计报表制度整理提供。

2、公检法司的资料主要包括公安机关的刑事案件立案情况和治安案件查处情况，交通、火灾事故情况，检察机关的办案情况，人民法院审理案件和收结案情况，以及司法局提供的律师、公证、调解工作等情况。资料分别由北京市公安局、北京市高级人民法院、北京市人民检察院、北京市司法局依据统计报表制度整理提供。

3、民政事业和劳动保障统计资料主要包括社会福利企事业机构、人员、优抚和社会救济情况、婚姻登记等情况。资料分别由北京市民政局与北京市劳动和社会保障局依据统计报表制度整理提供。

如希望取得更多民政事业统计资料请详见《北京市民政事业统计年鉴》(北京市民政局编)。

4、残疾人资料主要包括残疾人康复、教育、就业、扶贫和残联组织建设等情况。资料由北京市残疾人联合会提供。

5、妇女与儿童发展规划监测资料主要包括妇女参与决策和管理、就业、教育、健康、法律保护等情况；儿童的健康、教育、法律保护社会生活环境等情况。资料由北京市统计局社会科技处提供。

6、安全生产情况由北京市安全生产监督管理局提供。

20-1 优抚及主要救济对象情况
STATISTICS FOR PERSONS RECEIVING SPECIAL PENSIONS AND RELIEF

单位：人 (person)

项目	Item	人数 Number of Persons 2005	2004	2005年为2004年% 2005 as % of 2004
优抚对象合计	**Persons Receiving Special Pensions**	**23220**	**23907**	**97.1**
烈属	Members of A Revolutionary Martyr's Family	1208	1371	88.1
牺牲、病故军人家属	Families of Soldiers Sacrificed or Died of Illness	1158	953	121.5
革命伤残人员	Revolutionary Disabled	10559	10756	98.2
在乡复员军人	Demobilized Soldiers in Hometown	9064	9608	94.3
在乡退伍军人	Veterans in Hometown	552	446	123.8
在乡退伍红军老战士	Demobilized Old Red Army Men in Hometown	3	4	75.0
社会救济对象总人数	**Total Persons Receiving Special Relief**	**233107**	**235688**	**98.9**
城镇居民最低生活保障人数	Number of Persons Receiving Lowest Cost-of-Living in Urban Area	155012	160774	96.4
#在职人员	Fully Employed Staffand Workers	13100	13409	97.7
下岗人员	Laid Off	4170	5211	80.0
退休人员	Retired	2582	3098	83.3
失业人员	Unemployed	28905	29341	98.5
"三无"人员	Urban Households With No Three-Guarantee	4269	4554	93.7
其他人员	Other	101986	105161	97.0
农村居民最低生活保障人数	Number of Persons Receiving Lowest Cost-of-Living in Rural Area	78095	74914	104.2
#困难户	Needy Households	31960	27974	114.2
五保户	Five Aspects	4199	4382	95.8

资料来源：北京市民政局。
Sources: Beijing Civil Affairs Bureau.

20-2 社会福利事业情况
STATISTICS ON SOCIAL WELFARE

项目		Item		2005	2004	2005年为2004年% 2005 as % of 2004
城镇社区服务设施数	(个)	Number of Service Facilities in Urban Communities	(unit)	1897	1970	96.3
#星光老年之家	(个)	Starlight Home of Elders	(unit)	1535	1524	100.7
从业人员数	(人)	Employed Persons	(person)	18759	34165	54.9
#安置下岗人员数	(人)	Laid-off Workers Employed	(person)	6870	8751	78.5
社区服务志愿者组织数	(个)	Number of Community Service Volunteer Organizations	(unit)	10015	8578	116.8
社区服务志愿者人数	(人)	Number of Community Service Volunteers	(person)	294329	253001	116.3
城镇便民利民服务网点数	(个)	Number of Urban Convenient Service Outlets	(unit)	6354	6500	97.8
社会福利企业单位数	(个)	Number of Social Welfare Enterprises	(unit)	1496	1561	95.8
年末职工人数	(人)	Year-end Employees	(person)	38368	42018	91.3
#残疾职工	(人)	Disabled Employees	(person)	17618	18430	95.6

资料来源：北京市民政局。
Sources: Beijing Civil Affairs Bureau.

20-3 收养性社会福利单位情况(2005年)

STATISTICS FOR ADOPTING SOCIAL WELFARE UNIT (2005)

项目	Item	合计 Total	光荣院 Honor Institution	社会福利院 Social Welfare Institution	儿童福利院 Children's Welfare Institution	社会福利医院 Social Welfare Hospital	城镇老年福利机构 Urban Welfare Institution for Elders	农村老年福利机构 Rural Welfare Institution for Elders	其他收养性福利机构 Other Adoption Welfare Instituion
收养性社会福利单位数 (个)	Adoption social welfare institutions (unit)	327	10	9	4	2	151	147	4
职工人数 (人)	Employees (person)	5748	250	976	326	183	2069	1887	57
床位数 (张)	Beds (bed)	32504	778	2751	757	348	14131	13349	390
收养人数 (人)	Persons adopted (person)	18795	409	2272	747	318	7771	7074	204
#自费 (人)	Self-supported (person)	13671	79	1596	14	280	6666	4862	174
国家拨款(万元)	State financed (10000 yuan)	13480	1610	7055	2960	377	464	868	146

资料来源：北京市民政局。

Sources: Beijing Civil Affairs Bureau.

20-4 婚姻登记情况

BASIC STATISTICS ON MARRIAGE REGISTRATIONS

项目	Item	2005	2004	2005年为2004年% 2005 as % of 2004
登记结婚人数 (人)	**Total Number of Registered Marriages (person)**	**193192**	**252872**	**76.4**
初婚人数 (人)	First Marriages (person)	158736		
再婚人数 (人)	Remarriages (person)	34456		
#女性 (人)	Female (person)	16671		
内地居民登记结婚人数 (人)	Registered Marriages of Mainland (person)	191318	250924	76.2
涉外及华侨、港澳台居民登记结婚 (人)	Registered Marriages with foreigner and the Citzen of Hongkong, Macao and Taiwan (person)	1874	1948	96.2
内地居民 (人)	Inland residents (person)	892	958	93.1
#女性 (人)	Female (person)	681	702	97.0
香港居民 (人)	Hongkong compatriots (person)	48	71	67.6
澳门居民 (人)	Macao compatriots (person)	3	4	75.0
台湾居民 (人)	Taiwan compatriots (person)	71	81	87.7
华侨 (人)	Overseas Chinese (person)	190	238	79.8
外国人 (人)	Foreigner (person)	670	596	112.4
离婚登记 (对)	**Registered Divorces (couples)**	**23991**	**21013**	**114.2**
内地居民登记离婚 (对)	Inland residents (couples)	23930	20973	114.1
华侨、港澳台居民登记离婚 (对)	Overseas Chinese,Hongkong,Macao,Taiwan compatriots (couples)	61	40	152.5

注：由于北京市民政局调整指标口径,本表中部分指标没有2004年相应口径的数据。

资料来源：北京市民政局。

Note: As Beijing Bureau of Civil Affairs adjusted the statistical standards of some indicators, there were no figures for 2004 for part of such indicators.

Sources: Beijing Civil Affairs Bureau.

20-5 残疾人事业基本情况
BASIC INFORMATION ON UNDERTAKING FOR DISABLED PERSONS

项　目		Item		2005	2004
康　复		**Rehabilitation**			
白内障复明手术		Sight-restoring Cataract Surgery			
白内障复明手术	(例)	Sight-Rrestoring Cataract Surgeries	(Cases)	12000	17028
人工晶体植入率	(%)	Artificial Intra-ocular Lens Implantation Rate	(%)	75	72
低视力配用助视器	(人)	Vision-aids Provided for Individuals with Low-vision	(person)	506	456
聋儿康复		Rehabilitation of Children with Hearing Disability			
年收训聋儿	(人)	Hearing and Speech Training	(person)	143	184
聋儿入普幼普小率	(%)	Enrollment Rate of Trained Children to Ordinary Kindergartens and Primary Schools	(%)	70	67
培训家长	(人)	Parents Trained	(person)	150	200
精神病防治康复		Prevention and Treatment of Psychiatric Diseases			
开展精神病防治康复工作市县数	(个)	Counties Carried on the Works of Prevention and Treatment of Psychiatric Diseases	(Nos.)	18	18
综合防治康复精神病人数	(人)	Prevention and Treatment Provided for Patients with Severe Psychiatric Diseases	(person)	66717	66694
监护率	(%)	Guardianship Rate	(%)	94.8	96.5
显好率	(%)	Significant Improvement Rate	(%)	81.8	77.6
社会参与率	(%)	Social Involvement Rate	(%)	70.5	69.6
肇事率	(%)	Violent Events Rate	(%)	0.069	0.037
康复训练与服务	(人)	Rehabilitation Training and Service	(person)		
肢体残疾康复训练数		Function Training Provided to Persons with Physical Disability		3903	3212
智残儿童康复训练数		Rehabilitation Training Provided to Children with Intellectual Disability		336	406
脑瘫儿童康复训练数		Rehabilitation Training Provided to Children with Cerebral Palsy		202	213
教　育		**Education**			
未入学适龄残疾儿童少年	(人)	School-age Disabled Children Without Schooling	(person)	152	180
职业教育与培训机构数	(个)	Vocational Education and Training Facilities	(Nos.)	86	80
教育与培训人数	(人)	Number of Educated and Trained	(person)	4761	5734
就　业		**Employment**			
城镇残疾人就业状况		Employment of Urban Handicappeds			
当年安排就业	(人)	Persons Employed in the Year	(person)	3835	3515
#按比例就业		Employed by Quota Scheme		1095	1413
集中就业		Employed at Welfare Enterprises		925	414
个体就业		Self-employed		261	239
未安排就业		Unemployed		7261	9532
农村残疾人就业状况		Employment of Rural Handicapped			
就　业	(人)	Employed	(person)	52481	52444
未就业	(人)	Unemployed	(person)	7072	6638
残疾人就业服务机构	(个)	Employment Placement Service Facilities for Disabled Jobseekers	(Nos.)	19	19
盲人按摩		**Massage by Persons with Visual Disability**			
保健按摩员培训	(人)	Massage Therapists Training	(person)	180	253
医疗按摩员培训	(人)	Keep-fit Massager Training	(person)	37	35
扶　贫		**Poverty Alleviation**			
享受城乡低保的残疾人数	(人)	Number of disabled granted mininum living guarantee for Urban & Rural residents	(person)	40460	36241
享受生活补助的重残人数	(人)	Number of severely disabled persons receving living subsidy	(person)	2528	1891
享受专项补助的残疾人数	(人)	Number of disabled persons receiving special subsidies	(person)	11588	11228
享受城镇廉租住房的残疾人户数	(户)	Number of disabled families granted low-cost Urban house leasing	(household)	173	568
农村可扶持残疾人数	(人)	Number of Disabled Persons that can be supported in rural area	(person)	3362	3561
残联组织建设		**Organization Building of Disabled Persons'Federation**			
残疾人工作者数	(人)	Workers for Handicappeds	(person)	844	1072

资料来源：北京市残疾人联合会。
Sources: Beijing Disabled Persons Federation.

20-6 北京市历年社会保障相关待遇标准(1997-2005年)

HISTORICAL SOCIAL WELFARE TREATMENT STANDARD IN BEIJING (1997-2005)

单位：元/月 (yuan/month)

标准 Standard / 年份 Year	职工最低工资 Lowest Wage of Staff and Workers	失业保险金标准 Cost of Unemployment Insurance	城镇居民最低生活保障标准 Urban Lowest Cost-of-living	基本养老金平均增加水平 Average Increased Standard of Basic Old-age Pension	最低退休金 Lowest Pensions of Retired Persons	最低退职金 Lowest Pensions of Persons Withdraw	最低退养金 Lowest Pensions of Persons Withdraw
1997	290	203-247	190	55	293	232	200
1998	310	217-264	200	50	336	265	233
1999年第一次 First-time in 1999	320	224-272	210	40			
1999年第二次 Second-time in 1999	400	291-374	273	80	396	335	288
2000	412	300-385	280	30	421	360	308
2001	435	305-392	285	40	441	380	317
2002	465	326-419	290	70	466	405	367
2003	465	326-419	290	62	466	405	367
2004	545	347-446	290	70	510	443	402
2005	580	382-491	300	120	563	488	443

资料来源：城镇居民最低生活保障标准由北京市民政局提供，本表其他资料由北京市劳动和社会保障局提供。

Soures: Data of Urban Lowest Cost-of-living was provided by Beijing Civil Affairs Bureau,others were provided by Beijing Lrabour and Social Security Bureau.

20-7 社会保险基金统筹情况(2005年)

GENERAL SOCIAL SECURITY INSURANCE PROGRAM (2005)

项目	Item	退休(养老)基金统筹 General Retirement(Endowment) Funds			失业保险基金统筹 General Unemployment Insurance Funds		
		单位个数(个) Number of Units (Nos.)	人数(人) Number of Persons (person)	应缴金额(万元) Amount Payable (10000 yuan)	单位个数(个) Number of Units (Nos.)	人数(人) Number of Persons (person)	应缴金额(万元) Amount Payable (10000 yuan)
合计	**Total**	**73909**	**3647453**	**2037671**	**75911**	**3946412**	**171496**
按登记注册类型分	**Grouped by Registration Status**						
国有	State-Owned	6780	1075023	761213	6702	983553	51100
集体	Collective-Owned	3758	135523	47620	3766	129419	3275
其他	Other	63371	2436907	1228838	65443	2833440	117121
按隶属关系划分	**Grouped by Administrative Relationship**						
中央单位	Central Units	5412	827620	737594	5822	947318	60360
地方单位	Local Units	68497	2819833	1300077	70089	2999094	111136

资料来源：北京市劳动和社会保障局。

Soures: Beijing Lrabour and Social Security Bureau.

20-8 律师工作

STATISTICS ON LAWYERS

项　　目		Item		2005	2004	2005年为 2004年% 2005 as % of 2004
律师事务所	(个)	Law Offices	(Nos.)	865	778	111.2
律师人数	(人)	Number of Lawyers	(person)	11373	9355	121.6
专职律师	(人)	Full-time Lawyers	(person)	10634	8694	122.3
兼职律师	(人)	Part-time Lawyers	(person)	739	661	111.8
聘请法律顾问	(家)	Legal Advisors Engaged	(Nos.)	12916	12299	105.0
民事代理	(件)	Agent of Civil Case	(cases)	45841	26736	171.5
经济案件	(件)	Economic Case	(cases)	19001	16558	114.8
行政案件	(件)	Administrative Case	(cases)	1366	2666	51.2
刑事辩护	(件)	Criminal Defense	(cases)	11663	10849	107.5
非诉讼法律事务	(件)	Off-court Case	(cases)	73838	82756	89.2

资料来源：北京市司法局。
Sources: Beijing Justice Bureau.

20-9 历届律师资格考试情况(1988-2005年)

HISTORICAL STATISTICS ON LAWYER QUALIFICATION EXAMINATION (1988-2005)

单位：人 (person)

年　份 Year	报考人数 Number of Applicants	实考人数 Number of Candidates	录取人数 Number of Persons Admitted	录取人数占实考人数比例(%) Persons Admitted as Percentage of Candidates (%)
1988	4280	2782	1329	47.8
1990	3735	2549	46	1.8
1992	2732	1882	510	27.1
1993	4769	3400	1068	31.4
1994	5653	4480	533	11.9
1995	5842	4661	1204	25.8
1996	5873	4445	317	7.1
1997	6350	4760	1126	23.7
1998	7946	6188	1436	23.2
1999	9736	7911	1727	21.8
2000	10649	8594	1637	19.0
2001				
2002	17488	15162	2130	14.0
2003	15367	12828	2087	16.3
2004	16229	14417	2490	17.3
2005	21264	18349	3389	18.5

资料来源：北京市司法局。
Sources: Beijing Justice Bureau.

20-10 乡镇(街道)法律服务情况

STATISTICS ON TOWNSHIP (URBAN SUBDISTRICT) LAW SERVICES

项 目		Item		2005	2004	2005年为2004年% 2005 as % of 2004
法律服务所	(个)	Law Service Offices	(Nos.)	222	232	95.7
法律工作者	(人)	Law Personnel	(person)	1166	1223	95.3
调解纠纷	(件)	Disputes Mediated	(cases)	3807	3432	110.9
协办公证	(件)	Deal Notarization Jointly	(cases)	637	335	190.1
担任法律顾问	(家)	Act as Legal Advisers	(Nos.)	4117	4592	89.7
民事代理	(件)	Civil Cases	(cases)	6259	6928	90.3

资料来源：北京市司法局。
Sources: Beijing Justice Bureau.

20-11 调解工作

MEDIATION

项 目		Item		2005	2004	2005年为2004年% 2005 as % of 2004
专职司法助理员	(人)	Full-time Judicial Assistants	(person)	943	911	103.5
人民调解委员会	(个)	People's Mediation Committees	(unit)	7602	7229	105.2
调解委员	(万人)	Members of the Mediation Institution	(10000 persons)	3.9	4.1	95.1
调解各类纠纷	(万件)	Disputes Mediated	(10000 cases)	8.7	6.2	140.3
防止民间纠纷激化	(件)	Prevent Intensification of Civil Disputes	(cases)	1668	894	186.6

资料来源：北京市司法局。
Sources: Beijing Justice Bureau.

20-12 公证工作

NOTARIZATIONS

项 目		Item		2005	2004	2005年为2004年% 2005 as % of 2004
公证处	(个)	Notary Offices	(Nos.)	24	24	100.0
公证人员	(人)	Notarial Personnel	(person)	163	165	98.8
办理国内民事公证	(件)	Notarized Domestic Civil Affairs	(cases)	294603	206346	142.8
办理国内经济公证	(件)	Notarized Domestic Economic Affairs	(cases)	28513	20070	142.1
办理涉外公证	(件)	Notarized Foreign Affairs	(cases)	172179	165795	103.9

资料来源：北京市司法局。
Sources: Beijing Justice Bureau.

20-13 国内公证文书分类(2005年)

CLASSIFIED STATISTICS ON DOMESTIC NOTARY DOCUMENTS (2005)

单位：件 (cases)

项 目	Item	民事公证数 Civil Notarization	项 目	Item	经济公证数 Economic Notarization
合 计	**Total**	**294603**	**合 计**	**Total**	**28513**
收 养	Child Adoption	645	购 销	Purchases and Sales of Products	33
解除收养	Adoption Renouncements	3	联 营	Joint Business	
继承权	Rights of Inheritance	10193	拍 卖	Actions	6
遗 嘱	Testaments	4425	贷 款	Loans	608
产 权	Property Rights	93	担 保	Guarantees	332
亲属关系	Kinship Confirmation	1823	招标投标	Bidding	521
死 亡	Death Certificates	31	科技协作	Scientific and Technological Contracts	1
房屋买卖	Purchases and Sales of Houses	137	供用电	Supply and Use of Electric Power	
房屋租赁	House Leases	21	劳务合同	Labor Contracts	193
留学协议	Foreign Study Contracts	418	建筑工程承包	Construction Projects Contracts	3
遗赠扶养协议	Donations and Family Fostering	67	工商服务业承包	Industrial and Commercial Service Contracts	
委托书	Trust Deeds	35460	农林牧副渔业承包	Farming,Forestry,Animal Husbandry Sideline production and Fishery Contracts	2
赠与书	Presentation Documents	2566	乡镇企业承包	Township Enterprises Contracts	
声明书	Declarations	7614	财产租赁	Property Leases	8
现场监督	Field Supervision	2669	企业租赁	Leases of Enterprise	1
签名印鉴属实	Confirmation of Signatures and Seals	465	资产经营责任制	Asset Business Contracts	4
文本相符	Confirmation of Copies to the Original	6801	还款协议	Payment Contracts	62
宅基地使用权	Rights to Housing Site		土地使用权出让转让	Selling and Transfer of Right of Land Utilization	19
证据保全	Evidence Preservation	36141	其他经济合同	Other Business Contracts	1670
拆迁协议	Housing Demolition Agreement	1517	法人(代表人)资格	Legal Person(agent) identification	372
计划生育	Family Planning	4	法人委托书	Legal Person Trust Deeds	7486
赡养协议	Agreements on Supporting Parents	125	公司章程	Corporation Constitutions	52
合伙协议	Partnership Agreements	46	执行许可证明	Operating Permits	62
夫妻财产协议	Property Agreements Between Spouses	817	提 存	Consignation	156
其他民事协议	Other Civil Agreements	7519	抵押登记	Mortgage Registration	121
其 他	Other	175003	公司会议记录	Minutes of Corporation Meetings	25
			其 他	Other	16776

资料来源：北京市司法局。
Sources: Beijing Justice Bureau.

20-14 法律援助工作

STATISTICS ON LEGAL AID

项目		Item		2005	2004	2005年为2004年% 2005 as % of 2004
法律援助机构	(个)	Number of Legal Aid Bodies	(Nos.)	19	19	100.0
法律援助人员	(人)	Number of Persons Receiving Legal Aid Person	(person)	114	103	110.7
民事案件	(件)	Civil Cases	(Nos.)	2866	1718	166.8
刑事案件	(件)	Penal Cases	(Nos.)	2425	2181	111.2
行政案件	(件)	Administrative Cases	(Nos.)	10	10	100.0
法律咨询	(万件)	Lagal Consultation	(10000 cases)	19.9	18.3	108.6

资料来源：北京市司法局。

Sources: Beijing Justice Bureau.

20-15 司法鉴定工作情况

STATISTICS FOR JUDICIAL APPRAISAL

项目		Item		2005	2004
司法鉴定机构	(个)	Judicial Appraisal Organization	(unit)	13	103
司法鉴定人员	(人)	Judicial Appraisal Personnel	(person)	109	1527
司法鉴定业务量	(件)	Judicial Appraisal Proceeding	(unit)	4867	23780

注：2005年按司法部新的指标口径不含个人开办,2004年数据是包含个人开办。

资料来源：北京市司法局。

Note: Accordign to the new standards, figures of justice organizations in 2005 do not include those launched by individuals,but figures in 2004 included those launched by individuals.

Sources: Beijing Justice Bureau.

20-16 社区矫正工作情况

STATISTICS FOR COMMUNITY CORRECTS

项目		Item		2005	2004	2005年为2004年% 2005 as % of 2004
社区矫正专职工作人员	(人)	The Community Corrects Full-time Staff Members	(person)	1216	1079	112.7
社区矫正志愿者	(人)	The Community Corrects Volunteers	(person)	8810	4770	184.7
接受矫正对象	(人)	Receive the Target of Correcting	(person)	4031	3724	108.2
解除矫正对象	(人)	Unchain the Target of Correcting	(person)	2998	942	318.3

资料来源：北京市司法局。

Sources: Beijing Justice Bureau.

20-17 法院行政案件收、结案情况(2005年)

STATISTICS FOR ADMINISTRATIVE CASES ACCEPTED AND CLOSED BY COURT (2005)

单位：件 (cases)

项 目	Item	收 案 Cases Accepted	结 案 Cases Settled	判 决 Judgment	裁 定 Mediation
合 计	**Total**	**2952**	**2932**	**1464**	**1468**
公 安	Public Security	254	248	132	116
资 源	Resource	149	150	72	78
城 建	City Construction	700	681	334	347
工 商	Industry and Commerce	94	87	43	44
专 利	Patent	279	286	247	39
劳动和社会保障	Labor and Social Security	226	218	135	83
教 育	Education	38	38	19	19
其 他	Other	1212	1224	482	742

资料来源：北京市高级人民法院。
Sources: The Supreme Count of the People's Republic of Beijing.

20-18 法院刑事案件收、结案情况(2005年)

STATISTICS FOR CRIMINAL CASES ACCEPTED AND CLOSED BY COURT (2005)

项 目	Item	收 案 (件) Cases Accepted (cases)	结 案 (件) Cases Settled (cases)	判决发生法律效力 Judgment with Legal Force	
				件 数 (件) Number of Cases (cases)	人 数 (人) Number of Persons (person)
合 计	**Total**	**17488**	**17624**	**14225**	**20373**
危害国家安全罪	Offences against State Security	7	6	6	8
危害公共安全罪	Offences against Public Security	1003	1016	844	926
破坏社会主义市场经济秩序罪	Offences against the Socialist Market Economic Order	892	897	668	966
侵犯公民人身权利、民主权利罪	Offences against Civil Personal Rights and Democratic Rights	4133	4168	3267	4101
侵犯财产罪	Offences against Property	7634	7697	6431	9914
妨害社会管理秩序罪	Offences against Social Management of Order	3551	3578	2807	4211
危害国防利益罪	Offences against National Defense Interest	11	11	6	7
贪污贿赂罪	Offences on Corruption and Bribery Crime	243	235	182	219
渎职罪	Offences on Abuse and Dereliction of Duty	14	16	14	21
其 他	Other				

资料来源：北京市高级人民法院。
Sources: The Supreme Count of the People's Republic of Beijing.

20-19 法院婚姻家庭、继承纠纷案件收、结案情况(2005年)

STATISTICS FOR MARRIAGE AND FAMILY AND INHERITABLE DISPUTE CASE (2005)

单位：件 (cases)

项目		Item	收案 Cases Accepted	结案 Cases Settled	#判决 Judgment	#调解 Mediation
合计		**Total**	**26739**	**27002**	**8294**	**9973**
婚姻家庭纠纷 Marriage and Family Dispute	离婚	Divorce	19506	19689	5338	7794
	解除非法同居关系	Relieving the Relation of Lawless Cohabitation	71	70	26	12
	抚养、扶养关系纠纷	Upbringing Disputes	1216	1226	274	613
	抚育费纠纷	Upbinging Fee Disputes	1266	1274	493	399
	赡养纠纷	Support Disputes	1438	1448	631	425
	分家析产	Family property division	539	550	262	86
	其他	Other	1261	1278	552	332
继承纠纷 Inheritance Dispute	法定继承	Legal Inheritance	797	816	361	199
	遗嘱继承	Testament Inheritance	111	106	60	21
	继承权确认纠纷	Inherited Dispute	60	61	37	9
	其他	Other	474	484	260	83

资料来源：北京市高级人民法院。

Sources: The Supreme Count of the People's Republic of Beijing.

20-20 法院合同纠纷案件收、结案情况(2005年)
STATISTICS ON CONTRACT CASES ACCEPTED AND CLOSED BY COURT (2005)

单位：件 (cases)

项 目	Item	收案 Cases Accepted	结案 Cases Settled	#判决 Judgment	#调解 Mediation
合 计	**Total**	**133534**	**135612**	**52022**	**24869**
买卖合同纠纷	Trade Contracts	26380	26975	9534	6844
房地产开发经营合同纠纷	Real Estate Development & Operation Contracts	7126	7278	4705	715
供用电、水、气、热力合同纠纷	Electricity,water,gas, heating supply contracts	22759	23019	5215	5318
借款合同纠纷	Loan Contracts	18281	18479	7677	3282
租赁合同纠纷	Lease Contracts	11131	11303	5077	1954
建设工程合同纠纷	Construction Contracts	3449	3486	1603	694
承揽合同纠纷	Contracts for work	5211	5295	1910	1154
运输合同纠纷	Transportation Contracts	854	865	315	221
经营合同纠纷	Management Contracts	1496	1533	693	183
农村承包合同纠纷	Rural Contract	1122	1137	460	205
劳动争议	Work Disputes	6652	6917	3886	598
其 他	Other	29073	29325	10947	3701

资料来源：北京市高级人民法院。
Sources: The Supreme Count of the People's Republic of Beijing.

20-21 法院权属、侵权纠纷及其他民事案件收、结案情况(2005年)
STATISTICS ON OWNERSHIP AND TORTIOUS DISPUTE CASES ACCEPTED AND CLOSED BY COURT (2005)

单位：件 (cases)

项 目	Item	收案 Cases Accepted	结案 Cases Closed	#判决 Judgment	#调解 Mediation
合 计	**Total**	**42690**	**43166**	**20316**	**6486**
所有权及与所有权相关权利纠纷	Ownership and Related Rights	17594	17818	7821	2849
票据、证券权益纠纷	Disputes of Bill & Securities	384	386	158	
股东权纠纷	Shareholder's right	860	864	337	42
不正当竞争纠纷	Unfair Competition	124	131	59	5
人身权纠纷	Personal Rights	17575	17802	10032	3299
特殊侵权纠纷	Disputes of Special Infringement of Right	433	433	213	62
适用特别程序案件	Special Proceedings	3780	3820	897	
其 他	Other	1940	1912	799	229

资料来源：北京市高级人民法院。
Sources: The Supreme Count of the People's Republic of Beijing.

20-22 检察机关办理各类案件情况(2005年)

STATISTICS ON CASES HANDLED BY PROCURATORIAL ORGAN (2005)

项　目	Item	受案(受理) Cases Accepted		审结案合计 Cases Closed	
		件 Cases	人 Person	件 Cases	人 Person
审查批捕	**Examine for Arrest**	**17441**	**26058**	**16398**	**24228**
#批准逮捕	Approved			14863	21595
不批准逮捕	Disapproved			1535	2633
审查起诉	**Examine Law Suits**	**19672**	**28669**	**17899**	**25574**
#起　诉	Sue			17579	25108
不起诉	Immunity from Suit			320	466
举报案件	**Reported Law Cases**	**4077**		**3973**	
控告申诉案件	**Complaints**	**4998**		**4909**	
民事、行政检察	**Civil and Administrative Procuratorial Work**	**1754**		**1427**	
民事案件	Civil Cases	1579		1274	
行政案件	Administrative Cases	175		153	

资料来源：北京市人民检察院。

Sources: The People's Procurtorate of Beijing.

20-23 反贪污贿赂、渎职侵权案件情况(2005年)

STATISTICS FOR CASE THAT COMBAT CORRUPTION TO BRIBE AND MALFEASANCE ENCROACHES RIGHT (2005)

项目		Item		反贪污贿赂案件 Anti-curruption and bribe cases	#贪污案 Corruption cases	#贿赂案 Bribe cases	#挪用公款案 Misappropriation of Public Funds	#其他 Other	渎职侵权案件 Malpractice and Infringement Cases
受案	**(件)**	**Cases Accepted**	**(cases)**	**1202**	**590**	**429**	**156**	**27**	**218**
立案		**Cases Registered**							
件数	(件)	Cases Registered	(cases)	292	124	117	50	1	37
人数	(人)	Persons involved	(person)	356	160	132	62	2	38
重特大案件		**Heavy and Extraordinarily Serious Case**							
5至不满10万元	(件)	50000-100000 Yuan	(cases)	46	25	20	1		
10至不满50万元	(件)	100000-500000 Yuan	(cases)	91	33	44	14		
50至不满100万元	(件)	500000-1000000 Yuan	(cases)	22	6	9	7		
100万元以上	(件)	Over 1000000 Yuan	(cases)	48	15	8	24	1	
侦结		**Cases Closed**	(cases)						
件数	(件)	Number of Cases	(cases)	286	128	108	47	3	32
人数	(人)	Number of Persons	(person)	336	167	111	54	4	42
#移送起诉		Hand over to Law Suit							
件数	(件)	Number of Cases	(cases)	269	123	96	47	3	22
人数	(人)	Number of Persons	(person)	318	162	99	53	4	28
#移送不起诉		Hand over yet Immunity from Suit							
件数	(件)	Number of Cases	(cases)	7	2	5			4
人数	(人)	Number of Persons	(person)	7	2	5			7
挽回经济损失	**(万元)**	**Retrieved Economic Losses Losses**	**(10000 yuan)**	**30701**	**11574**	**6260**	**12858**	**9**	**1320**

资料来源：北京市人民检察院。

Sources: The People's Procurtorate of Beijing.

20-24 刑事案件情况

STATISTICS ON CRIMINAL CASES

单位：起 (cases)

项目	Item	2005	2004	2005年为2004年% 2005 as % of 2004
刑事案件	**Criminal Cases**			
立案	Cases Registered	107988	93394	115.6
破案	Cases Solved	47973	44785	107.1

资料来源：北京市公安局。
Sources: Beijing Municipal Public Security Bureau.

20-25 消防建设情况(1996-2005年)

STATISTICS ON FIRE CONTROL (1996-2005)

项目		Item		2005	2004	2003	2002	2001	2000	1999	1998	1997	1996
公安消防队数	(队)	Number of Public Security Fire Station:	(Nos.)	57	57	56	52	50	47	77	41	38	36
公安消防车辆	(辆)	Number of Public Security Fire Engine:	(Nos.)	381	381	303	296	266	259	236	210	190	180
企业专职消防队		Full-time Fire Stations in Enterprises											
队数	(个)	Fire Stations	(Nos.)	120	120	112	112						
人数	(人)	Persons	(person)	2477	2447	2147	2228						

资料来源：北京市公安局。
Sources: Beijing Municipal Public Security Bureau.

20-26 火灾及损失

FIRE ACCIDENTS AND LOSSES

项目		Item		数量 Number		直接经济损失(万元) Direct Pecuniary Loss (10000 yuan)	
				2005	2004	2005	2004
合计	**(起)**	**Total**	**(Nos.)**	**8498**	**4718**	**1028.0**	**1226.0**
#特大火灾		Extraordinarily Serious			1		81.9
重大火灾		Heavy			1		0.2
起火原因		**Cause of Fire**					
#电器		Electric Appliances		1920	1318	327.8	353.1
违反安全规定		Violation of Safety Regulation		221	177	56.3	136.5
吸烟		Smoking		1218	422	27.6	23.8
生活用火不慎		Carelessness in fire use		1800	1112	110.9	110.9
玩火		Fire playing		417	351	12.0	17.5
伤人	**(人)**	**Injured**	**(person)**	**114**	**127**		
死人	**(人)**	**Killed**	**(person)**	**50**	**59**		

资料来源：北京市公安局。
Sources: Beijing Municipal Public Security Bureau.

20-27 交通事故及损失

STATISTICS ON TRAFFIC ACCIDENTS AND LOSSES

项目		Item		2005	2004	2005年为2004年% 2005 as % of 2004
合计	**（起）**	**Total**	**(cases)**	**6364**	**8536**	**74.6**
伤人	（人）	Injured	(person)	6888	8284	83.1
死亡	（人）	Killed	(person)	1515	1631	92.9
在合计中：机动车事故	**（起）**	**Of Total:Motor Vehicle Accidents**	**(cases)**	**5112**	**7008**	**72.9**
伤人	（人）	Injured	(person)	5708	6914	82.6
死亡	（人）	Killed	(person)	1289	1332	96.8
直接经济损失	**（万元）**	**Direct Pecuniary Losses**	**(10000 yuan)**	**2609.49**	**4058.0**	**64.3**
每万辆机动车死亡	（人）	Killed by Per 10000 Motor Vehicles	(person)	5.9	7.1	82.7

资料来源：北京市公安局。

Sources: Beijing Municipal Public Security Bureau.

20-28 安全生产情况

STATISTICS ON SAFE PRODUCTION

项目		Item		2005	2004	2005年为2004年% 2005 as % of 2004
生产安全事故数	（起）	Production Safety Accidents	(cases)	145	150	96.7
生产安全死亡人数	（人）	Production Safety Death	(person)	175	177	98.9

资料来源：北京市安全生产监督管理局。

Sources: Beijing Administration of Work Safety.

20-29 查处治安案件情况(2005年)

STATISTICS ON INVESTIGATING AND HANDLING PUBLIC ORDER CASES (2005)

项目	Item	查处(起) Investigating and Handling (cases)	构成(%) Composition (%)
合计	**Total**	**571237**	**100.00**
扰乱工作、公共秩序	Disturbing Work or Public Order	156430	27.38
结伙斗殴、寻衅滋事	Gang Fighting or Picking Quarrels and Making Troubles	8865	1.55
侮辱妇女及其他流氓活动	Acting Indecently Towards Women	846	0.15
阻碍国家工作人员执行公务	Obstructing the Government Workers to Perform Their Duty	2054	0.36
违反枪支管理规定	Violating Regulations on Management of Firearms	115	0.02
违反爆炸物品管理规定	Violating Regulations on Management of Explosives	645	0.11
殴打他人	Beating Other Body	95280	16.68
偷窃少量财物	Robbing Other People of Their small quantity Valueables	52916	9.26
骗取、抢夺、敲诈勒索财物	Defauding, Snatching or Extorting and Rackteering Valueables	5787	1.01
哄抢公私财物	Making Stirs and Then Robbing Public or Private Valueables	450	0.08
故意损坏公私财物	Intentionally Damaging Public or Private Valueables	5407	0.95
伪造倒卖票券、证件	Forging and Fraudulently Selling Bills or Certificates	1831	0.32
利用迷信扰乱秩序或骗财	Disturbing Public Order or Defrauding People of Their Valueables by making use of Their Superstitions	199	0.03
卖淫、嫖娼	Prostitution or going Prostitution	3681	0.64
赌博	Gambling	4683	0.82
违反户口、居民身份证管理	Violating Regulations on Management of Residence or Identity Cards	9832	1.72
其他	Other	222216	38.92

资料来源：北京市公安局。
Sources: Beijing Municipal Public Security Bureau.

20-30 妇联组织状况

STATISTICS FOR WOMAN FEDERATION ORGANIZATIONS

单位：个，人 (unit,person)

项目	Item	2005	2004	2005年为2004年% 2005 as % of 2004
区妇联数	Number of Women's Federations in Districts	16	16	100.0
区妇联干部数	Cadres in Women's Federations in Districts	185	171	108.2
县妇联数	Number of Women's Federations in Counties	2	2	100.0
县妇联干部数	Cadres in Women's Federations in Counties	20	19	105.3
乡妇联组织数	Number of Women's Federations in Townships	185	189	97.9
街妇联组织数	Number of Women's Federations in Subdistricts	130	129	100.8
乡、街妇联干部数	Cadres in Women's Federations in Townships and Subdistricts	319	344	92.7
城市基层妇代会组织数	Number of Urban Grass-root Women's Congress	2318	2307	100.5
农村基层妇代会组织数	Number of Rural Grass-root Women's Congress	3943	3943	100.0
各类妇女联谊组织数	Women's Sodalities	16	16	100.0

资料来源：北京市妇女联合会。
Sources: Beijing Women's Federation.

20–31 工会组织建设情况(2005年)

STATISTICS ON TRADE UNIONS (2005)

项　　目	Item	基层工会组织(个) Grass-root Trade Unions (Nos.)	职工人数(人) Number of Staff and Workers (person)	会员人数(人) Number of Members (person)
合　　计	**Total**	**13469**	**3249710**	**2984195**
按单位类别划分	**Grouped by Registration Status of Enterprises**			
国有企业	State-owned	2134	786487	715201
集体企业	Collective-owned	1593	166463	138461
股份合作企业	Share Holding Cooperative	545	74024	63390
联营企业	Joint-owned	51	7874	7621
国有独资公司	Enterprises with exclusively State Investment	86	39265	33836
其他有限责任公司	Limited-Liability Company	1337	257445	224682
国有控股公司	State-owned Holding Company	279	234192	218086
其他股份有限公司	Other Share Holding Coporations	289	85020	67959
私营企业	Private Owned	1337	214700	194130
其他内资企业	Other Domestic Investment Enterprises	1117	600663	592543
港澳台商投资企业	Hongkong,Macao and Taiwan Funded	132	25411	21761
外商投资企业	Foreign Funded Enterprises	252	114816	104100
事业单位	Institutions	3158	482482	447753
机　关	Governmental Agencies and Organizations	1049	158581	152786
其　他	Other	110	2287	1886
按产业划分	**Grouped by sector**			
工交系统	Industry and Transportation System	796	506485	481005
城建系统	Urban Construction System	1671	1051725	987098
商贸系统	Business & Trade System	452	151065	131412
区县系统	District and County System	9935	1212491	1080325
农林系统	Agriculture and Forestry System	161	35805	33246
卫文系统	Health and Culture System	263	92878	87375
产业工会系统	Labour Union	83	112450	107472
其他系统	Other System	108	86811	76262

资料来源：北京市总工会。
Sources: Beijing Federation of Trade Unions.

20-32 北京市妇女发展规划监测统计资料
SUPERVISORY STATISTICS FOR WOMEN DEVELOPMENT PROGRAM OF BEIJING

项目		Item		2005	2004
育龄妇女人口(15-49岁)数	(万人)	Women of Child-bearing Age	(10000 persons)	466.9	451.5
城镇单位就业人员数	(万人)	Employed Persons in Urban Units	(10000 persons)	505.6	502.8
#女　性	(万人)	Female	(10000 persons)	194.3	194.9
城镇登记失业人员数	(万人)	Urban Registeration Unemployment	(10000 persons)	32.1	25.4
#女　性	(万人)	Female	(10000 persons)	13.4	10.6
城镇登记失业人员就业人数	(万人)	Unemployed people's Employment volume	(10000 persons)	19.9	17.4
#女　性	(万人)	Female	(10000 persons)	8.8	7.2
女性接受再就业技能培训后就业率	(%)	Women recommend the employment rate after accepting training	(%)	66.6	67.9
各类专业技术人员数	(万人)	National Economy	(10000 persons)	143.5	143.2
#女　性	(万人)	Female	(10000 persons)	62.7	64.7
参加基本养老保险人数	(万人)	Endowment Funds	(10000 persons)	520	460
#女　性	(万人)	Female	(10000 persons)	252.3	207
参加基本医疗保险人数	(万人)	Number of Participants in Basic Medical Insurance	(10000 persons)	574.8	484
#女　性	(万人)	Female	(10000 persons)	257.1	218
参加失业保险人数	(万人)	Unemployment Insurance Funds	(10000 persons)	394.6	308
#女　性	(万人)	Female	(10000 persons)	187.5	139
参加工伤保险人数	(万人)	Number of Participants in Compo Insurance	(10000 persons)	328.9	259
#女　性	(万人)	Female	(10000 persons)	148.6	117
农村社会养老保险参保人数	(万人)	Number of Participants in Rural Society Endowment Insurance	(10000 persons)	40.6	36.8
#女　性	(万人)	Female	(10000 persons)	20.3	18.6
有关女职工劳动保护信访电案件数	(件)	Number of The Telephone and Letters Cases by Female Employee's Labour Protection	(unit)	79	127
市人大女代表领衔提出的议案数	(件)	Number of Heads the Proposal to Put Forward with The Women Deputy of Beijing Municipal People's Congress(BMPC)	(unit)	28	26
市政协女委员提出的提案数	(件)	Number of Heads the Porposal to Put Forward with the Women Deputy of Beijing Committee, Chinese People's Political Consultative Conference	(unit)	393	461

20-32 续表1 continued

项目		Item		2005	2004
人大、政协、市委、政府领导班子女性比例	(%)	Proportion of Woman Among Beijing Municipal People's Congress(BMPC),Beijing Committee,Chinese People's Political Consultative Conference,Beijingmunicipal Committee and People's Government of Beijing Municipal	(%)	13.33	14.89
市委委员、候补委员中女性比例	(%)	Proportions of Women Among the Member of CPC Beijing Municipal Committee , Alternate Committee Member	(%)	16.9	16.9
局级女干部比例	(%)	Proportion of Woman Cadre in Bureau Level	(%)	20	20
处级女干部比例	(%)	Proportion of Woman Cadre in Department Level	(%)	21.21	20
各级后备干部中女性比例	(%)	Proportions of Women Among the Reserve Cadres at All Levels	(%)	39.73	33.74
干部人员中女性比例	(%)	Proportions of Women Among the Cadre	(%)	48.54	48.67
大学本科及以上学历的干部人员中女性比例	(%)	Proportions of Women Among the Undergraduate Course of the University and the Cadres of the Above Academic Credentials Personne	(%)		
街道、乡镇党委领导班子中女性比例	(%)	Proportions of Women in Urban Subdistrict Office, Townshipand Town leading group of Party Committee	(%)	18.63	18.43
街道、乡镇政府领导班子中女性比例	(%)	Proportions of Women in Urban Subdistrict Office, Townshipand Town Government's Leading Group	(%)	20.08	19.95
村民委员会成员中女性比例	(%)	Proportions of Women Among the Members of Village Committee	(%)	4.2	23.23
居民委员会成员中女性比例	(%)	Proportions of Women Among the Members of Residents Committee	(%)	59.4	77
普通高校在校学生人数	(万人)	Number of Institutions of Higher Education	(10000 persons)	53.67	50.02
#女　生	(万人)	Female	(10000 persons)	26.27	23.7
在读研究生人数	(万人)	Number of People that Pursueing the Master Degree	(10000 persons)	16.5	14.42
#女　生	(万人)	Female	(10000 persons)	5.5	5.95
成人高等学校在校生人数	(万人)	Students Enrollment of Adult Higher Education	(10000 persons)	26.2	26.29
#女　生	(万人)	Female	(10000 persons)	13.63	13.62
成人中等学校在校生人数	(万人)	Students Enrollment of Adult Middling Education	(10000 persons)	1.16	1.35
#女　生	(万人)	Female	(10000 persons)	0.64	0.76
妇科病普查率	(%)	Gynaopathy General Survey Rate	(%)	72.27	77.17
妇科病检出率	(%)	Examining Out Rate of Gynaopathy	(%)	40.75	40.76
妇科病治疗率	(%)	Treating Rate of Gynaopathy	(%)	86.04	87.19
患妇科病人数	(人)	Suffer From the Number of People of Gynaopathy	(person)	174546	149852
#农村妇女患妇科病人数	(人)	Rural Women	(person)	91584	66030
高危孕产妇住院分娩率	(%)	Endanger Pregnant and Lying-in Women's Rate of Giving Birth in Hospital High	(%)	100	99.98
已婚育龄妇女综合避孕率	(%)	Practising Contraception Rate Synthetically of Married Women of ChildBearing Age	(%)	88.06	87.46
刑事犯罪嫌疑人中女性所占比重	(%)	Share of Females in Criminal Suspects	(%)	13.4	13.2
得到法律援助机构援助的妇女人数	(人)	Get the Number of Woman of Aid of Law Aid Institution	(person)	51326	32101
查处吸食、注射毒品人员中女性比例	(%)	Share of Females in Punished Persons Sucking or Injecting Drugs	(%)	22.27	28.53

20-33 北京市儿童发展规划监测统计资料

SUPERVISORY STATISTICS FOR CHILDREN DEVELOPMENT IN BEIJING

项目		Item		2005	2004
婚前医学检查率	(%)	Rate of Premarital Medical Check	(%)	4.3	5.03
婚前卫生指导率	(%)	Rate of Premarital Medical Direction	(%)	84.7	82.14
对影响婚育疾病人群咨询率	(%)	Consulting Rate of Ill Peopele Influencing Marriage and Bearing	(%)	93.94	100.0
出生缺陷监测率	(%)	Monitoring Rate of Birth Deficiency	(%)	100.0	100.0
新生儿疾病筛查率	(%)	Screen Check Rate of Illness for Newborn Babies	(%)	98.03	96.98
出生缺陷发生率	(‰)	Outbreak Rate of Birth Deficiency	(‰)	13.15	13.49
新生儿破伤风发病率	(‰)	Rate of Outbreak of Tetanus on Newborn Babies	(‰)	0	0
围产儿死亡率	(‰)	Death Rate of Neonatus in Wardship	(‰)	6.78	6.95
婴儿死亡率	(‰)	Death Rate of Infant	(‰)	4.35	4.61
5岁以下儿童死亡率	(‰)	Death Rate of Children below 5-year-old	(‰)	5.11	5.2
四苗全程接种率	(%)	Rate of Inoculation of Four Vaccines	(%)	97.11	95.95
卡介苗疫苗接种率	(%)	Rate of Inoculation of BCG Vaccine	(%)	98.26	98.5
脊灰疫苗接种率	(%)	Rate of Inoculation of Poliomyelities Polio Vaccine	(%)	99.23	98.59
百白破疫苗接种率	(%)	Rate of Inoculation of Pertussis,Diphtheria and Tetanus Vaccine	(%)	99.05	99.97
麻疹疫苗接种率	(%)	Rate of Inoculation of Measles Vaccine	(%)	98.65	99.9
脊髓灰质炎野毒株病例发生数	(例)	Outbreak Cases of Poliomyelities Polio from Wild Poison Vert	(case)	0	0
托幼机构甲、乙类传染病爆发疫情次数	(次)	Outbraek Rate of Epidemic A and B in Kindergarten	(case)	0	0
孕产妇系统管理率	(%)	Rate of Gravida and Puerpera in Systematic Management	(%)	94.82	90.12
城市		Urban		95.97	90.14
农村		Rural		92.79	90.07
孕产妇健康教育普及率	(%)	Widespreading Rate of Health Education for Gravida and Puerpera	(%)	99.33	98.57
孕产妇住院分娩率	(%)	Rate of Parturition in Hospital	(%)	99.99	99.95
孕产妇死亡率	(1/10万)	Death Rate of Gravida and Puerpera	(1/100000)	15.91	15.19

20-33 续表1 continued

项目		Item		2005	2004
儿童系统管理率	(%)	Up-to-grade Rate of Children in Systematic Management	(%)	99.13	96.58
儿童系统管理合格率	(%)	Qualified Rate of Children in Systematic Management	(%)	97.32	97.03
5岁以下儿童中重度营养不良患病率	(%)	Rate of Outbreak of Serious Innutrition on Children below 5-year-old	(%)	0.28	0.3
0-4个月婴儿母乳喂养率	(%)	Rate of Breast-feeding to Infant of 0-4-month-old	(%)	92.36	91.6
城镇地区3岁以下儿童入园率	(%)	Enrollment Rate of Children below 3-year-old to Kindergarten in Urban Area	(%)		
山区儿童学前一年受教育率	(%)	Rate of Children in Mountain Area Received One-year Preschool Education	(%)	96.1	96.0
3岁及以上儿童入园率	(%)	Enrollment Rate of Children over 3- years-old to Kindergarten	(%)	87.9	87.9
市级示范幼儿园数	(个)	Number of Demonstration Kindergartens at Municipal Level	(Nos.)	39	24
一级一类幼儿园数	(个)	Number of Kindergartens of First Grade, First Class	(Nos.)	223	206
学龄儿童净入学率	(%)	Net Enrollment Rate of Children at School-age	(%)	99.91	99.92
小学在校生年辍学率	(%)	Rate of Primary School Students Discontinuing Their Study	(%)		0.09
初中在校生年辍学率	(%)	Rate ofJunior Middle School Students Discontinuing Their Study	(%)	0.74	0.63
中小学特殊教育示范学校数	(个)	Number of Demonstration Schools of Special Education in Primary and Middle Schools	(Nos.)	0	0
普通中小学残疾儿童在校学生数	(人)	Number of Diable Students Enrolled in Regular Primary Schools and Junior Middle Schools	(person)	6353	6412
农村自来水普及率	(%)	Widespreading Rate of Tap Water in Rural Areas	(%)	97.7	97.6

20-34 北京市历届人代会代表人数性别构成及议案、批评建议数

NUMBER AND SEX COMPOSITION OF DEPUTIES AT HISTORICAL PEOPLE'S CONGRESS OF BEIJING ALONG WITH NUMBER OF PROPOSALS AND SUGGESTIONS

单位：人、%、件　　(person,%,Nos.)

项目 Item	代表人数 Number of Deputies			性别比例 Sex Percentage		议案立案数 Number of Cases Registered of Proposal	批评建议数 Suggestions
	合计 Total	女性 Female	男性 Male	女性 Female	男性 Male		
第一届 1st	564	104	460	18.4	81.6		
第二届 2nd	619	141	478	22.8	77.2		
第三届 3rd	618	161	457	26.1	73.9		
第四届 4th	745	201	544	27.0	73.0		
第五届 5th	751	203	548	27.0	73.0		
第七届 7th	1195	330	865	27.6	72.4		
第八届 8th	972	221	751	22.7	77.3	55	6644
第九届 9th	880	217	663	24.7	75.3	86	7921
第十届 10th	885	224	661	25.3	74.7	156	7281
第十一届 11th	763	197	566	25.8	74.2	166	9717
第十二届 12th	770	235	535	30.5	69.5	175	6119

注：1. 北京市人大常委会是经北京市七届三次人民代表大会选举成立的，故一至六届人代会无议案及建议数。
2. 第十二届议案及建议数是截止到2005年12月的数据。
3. 其他各届议案及建议数均是本届五年会上及平时议案及建议数。

资料来源：北京市人民代表大会常务委员会。

Note: a) Standing Committee of Beijing People's Congress was established upon election at the 3rd Session of Beijing 7th People's Congress. As a result, there were no proposals and suggestions at the 1st-6th People's Congresses. council,therefore the data of suggest from the first till sixth conference was empty.
b) Proposals and suggestions at the 12 th Congress were figures by May 2005.
c) Proposals and suggestions at other terms of Congress included those at the meeting of the said term and/or at ordinary times.

Sources: Beijing Municipal People's Congress(BMPC).

20-35 北京市历届政协会委员人数及提案立案数

NUMBER OF MEMBERS AND PROPOSALS AT HISTORICAL BEIJING CPPCC

单位：人、件　　(person,Nos.)

届别 Term	起止年月 Beginning-ending month	委员人数 Number of Commissary			提案立案数 Number of Proposals Put on Record
		合计 Total	女性 Female	男性 Male	
第一届 1st	1955.04-1959.09	235	32	203	
第二届 2nd	1959.09-1962.12	463	84	379	
第三届 3rd	1962.12-1965.09	519	92	427	
第四届 4th	1965.09-1977.11	529	88	441	
第五届 5th	1977.11-1983.03	648	135	513	1393
第六届 6th	1983.03-1988.01	676	142	534	3012
第七届 7th	1988.01-1993.01	686	177	509	4295
第八届 8th	1993.01-1998.01	686	175	511	5017
第九届 9th	1998.01-2003.01	745	198	547	6212
第十届 10th	2003.01-2005.12	727	209	518	4105

注：以上统计数据截止到2005年年底。

资料来源：中国人民政治协商会议北京市委员会。

Note: The deadline of data was 2005.

Sources: The Chinese People's Political Consultative Conference Beijing Committe.

主要统计指标解释

优抚对象 依照法律和政策的规定，享受国家、社会和群众抚恤优待的人员，包括中国人民解放军（包括中国人民武装警察部队）现役军人、革命伤残人员、复员退伍军人、革命烈士家属、因公牺牲军人家属、病故军人家属、现役军人家属。

城镇居民最低生活保障人数 指在开展居民最低生活保障制度的地区，领取最低生活保障费的城镇居民人数。包括"三无"对象、失业人员和在职、下岗、退休人员等。

农村居民最低生活保障人数 指报告期末在建立农村最低生活保障制度的地区，得到当地政府或集体给予最低生活保障的农业人口。

社会救济对象总人数 指在报告期末生活在当地规定的最低生活保障线以下的家庭数及国家规定由民政部门救济的特殊人员和60年代精简退职老职工救济人员等。

律师 指受聘参加律师事务所工作，提任法律顾问、刑（民）事代理人、刑事辩护人，办理非诉讼事件、解答法律询问，代写法律事务文书等主要从事律师业务的专职法律工作者和兼职律师。

公证人员 指在国家公证机关依法办理公证事务的司法人员。包括公证员、助理公证员和在公证处工作的其他人员。

办理公证文书 指公证处在一定时期内办结的公证文书件数。公证文书系按司法部规定或批准的格式制作。包括国内公证和涉外公证两部分。其中国内公证分为经济公证和民事法律关系公证两大类。

调解人员 指人民调解委员会担负调解民间一般民事纠纷和轻微违法行为所引起的纠纷的工作人员。包括调解委员会的委员和调解小组调解员。

调解民间纠纷 指调解委员会依照法律规定，根据自愿原则，用说服教育的方法调解民间发生的有关民事权利和义务的争执，促成当事双方达到协议和谅解，解决纠纷。包括婚姻家庭纠纷，财产权益纠纷等。不包括法院受理调解的民事案件数。

保险福利费用 指企业、事业、机关单位在工作以外实际支付给职工和离休、退休、退职人员个人以及用于集体的劳动保险和福利费用。

1、职工保险福利费用具体包括:

（1）医疗卫生费 指实行公费医疗企业的职工及其供养的直系亲属的医疗费、医务经费、职工因工伤就医路费以及住院伙食补助费等；卫生部门开支的事业及机关单位职工的公费医疗经费；未参加公费医疗的企业、事业和机关单位职工的医疗费。

（2）丧葬抚恤救济费 指因职工死亡而支付的丧葬费、丧葬补助费和所遗供养直系亲属的抚恤费、救济费、生活补助费以及职工供养直系亲属死亡时的丧葬补助费等。

（3）生活困难补助 指对生活困难的职工实际支付的定期补助和临时性补助。

（4）文体宣传费 指企业、事业和机关单位实际支付的文体宣传费。不包括学习费。

（5）集体福利事业补贴费 指对职工浴室、理发室、洗衣房、哺乳室、托儿所等集体福利设施各项支出与收入相抵后的差额补助费。

（6）集体福利设施费 指按照国家规定开支的集体福利设施费用。如职工食堂炊事用具的购置费、修理费、职工宿舍的修缮费用。不包括由企业、事业和机关单位自筹经费开支的职工福利设施的基本建设费用。

（7）计划生育补贴 指发给职工独生子女的补贴费和保健营养费。

（8）其他 指上述费用以外，单位支付给职工的保险福利费。

2、离休、退休、退职人员保险福利费用具体包括:

（1）离休金 指发给离休人员的工资和按1982年国务院发布的"关于老干部离职休养制度的几项规定"发给符合规定的离休干部相当于1—2个月标准工资的生活补贴和按有关文件规定提高离休人员的待遇所增加的费用及粮油价格补贴等。

（2）退休金 指按照国家有关规定发给退休人员的退休费和按有关文件规定提高退休人员的待遇所增加的费用及粮油价格补贴等。

（3）职工生活费 指按照1978年国务院《关于工人退休、退职的暂行办法》规定定期发给退职人员的生活费用和按有关文件规定提高退职人员的待遇所增加的费用及粮油价格补贴等。

（4）医疗卫生费 指离休、退休、退职人员的医疗费、住院费以及住院伙食补助等费用。

（5）护理费 指因工致残、饮食起居需人扶助的离休、退休人员的护理费以及因病不能自理的离休人员的护理费。

（6）生活补贴 指按照1985年国务院《关于发给离退休人员生活补贴费的通知》规定，发给离休、退休人员的生活补贴费。

（7）交通费补贴 指按月发给离休人员的交通费补贴。

（8）丧葬抚恤救济费 指离休、退休、退职人员死亡的丧葬费、丧葬补助费和所遗供养直系亲属的抚养费、救济费、生活补助费以及供养直系亲属死亡时的丧葬补助费等。

（9）其他 包括易地安置的离休、退休、退职人员的安家补助费；离休、退休、退职人员的生活困难补助费、书报费、洗理费、副食品价格补贴、房租价格补贴、水电补贴、少数民族补贴以及老干部活动经费开支的旅游费用等。

婴儿死亡率 指某地区一年内每1000名活产婴儿中未

满1岁的婴儿死亡人数之比。婴儿死亡率可以衡量一个国家或地区经济文化、居民健康状况和卫生保健事业发展情况，同时也是人口平均期望寿命研究的重要内容。

5岁以下儿童死亡率　指某地区一年内每1000名活产婴儿与未满5岁儿童死亡人数之比。5岁以下儿童死亡率是目前国际上公认的反映儿童生存状况的重要指标。

孕产妇死亡率　指某年某地每十万活产中的孕产妇死亡比例。同婴儿死亡率一样，孕产妇死亡率是评价某一地区社会发展状况的重要指标，它的高低与社会经济状况、孕产妇社会环境及卫生保健服务有直接的联系。

第三产业

TERTIARY INDUSTRY

简要说明

一、本章资料的主要内容和统计范围

按照国家统计局《三次产业划分规定》，第三产业包括：交通运输、仓储和邮政业，信息传输、计算机服务和软件业，批发和零售业，住宿和餐饮业，金融业，房地产业，租赁和商务服务业，科学研究、技术服务和地质勘查业，水利、环境和公共设施管理业，居民服务和其他服务业，教育，卫生、社会保障和社会福利业，文化、体育和娱乐业，公共管理和社会组织，国际组织。本章限额以上第三产业企业财务状况包括除公共管理和社会组织、国际组织以外，其余各行业限额以上的企业法人单位。具体为交通运输、仓储和邮政业（除装卸搬运及其他运输服务业和仓储业）、电信业、金融业、房地产开发业的全部企业；批发业年销售额2000万元及以上的企业；零售业年销售额500万元及以上的企业；餐饮业年营业额200万元及以上的企业；其余行业年营业收入500万元及以上的企业。

会议及展览活动情况反映北京市会展业发展的现状，包括会展业的从业人员、收入、设施情况，以及住宿业招待会议、展览场馆接待展览和会展单位举办展览的主要情况。

二、本章资料的来源

本章限额以上第三产业企业财务状况数据根据北京市统计局服务业、房地产业、金融业、住宿和餐饮业、批发零售贸易业2005年统计调查资料汇总得出。会议及展览活动情况根据北京市统计局开展的“2005年北京市会展活动调查”数据整理汇总得出。此次调查的对象涉及会展活动的主办单位和接待单位。具体包括星级以上宾馆饭店及年销售收入500万元及以上的宾馆饭店；经行业协会认定，专门从事各种展览活动的大型展览场馆；各类会展活动的主办单位以及为会议及展览提供各类专业服务的企业。

21-1 限额以上第三产业企业财务状况(2005年)
FINANCIAL STATUS OF TERTIARY INDUSTRY ENTERPRISES ABOVE DESIGNATED SIZE (2005)

单位：万元 (10000 yuan)

项目	Item	单位数(个) Enterprises (Nos.)	资产合计 Total Assets	流动资产合计 Total Circulating Assets	长期投资 Long-term Investment
合计	**Total**	**19802**	**2212845150**	**1024605019**	**637802727**
按登记注册类型分	**Grouped by Registation Status of Enterprises**				
内资企业	Domestic Funded Enterprises	18113	2132599328	975699339	625141716
国有企业	State-Owned Enterprises	2373	471088940	226225684	158256065
集体企业	Collective Owned Enterprises	751	5485090	3189878	825366
股份合作企业	Share Holding Enterprises	567	1510148	924820	130533
联营企业	Joint Owned Enterprises	62	402729	210014	20994
有限责任公司	Limited-Liability Corporations	6228	480889378	228593599	118223022
股份有限公司	Share Holding Corporations Ltd.	549	1138383631	487053357	344816400
私营企业	Private Enterprises	7524	34693223	29392115	2867910
其他企业	Others	59	146188	109871	1426
港澳台商投资企业	Enterprises with Funds from Hongkong, Macao and Taiwan	637	34555733	18756762	4316938
外商投资企业	Foreign Funded Enterprises	1052	45690090	30148918	8344073
按国民经济行业分	**Grouped by Sector**				
交通运输、仓储和邮政业	**Transportation,Storage and Post**	**2009**	**32266310**	**5630131**	**3829589**
铁路运输业	Railway Transport	23	10695254	1085485	2042600
道路运输业	Road Transport	1326	5093362	758242	347577
城市公共交通业	Urban Public Traffic	270	2760930	627405	359464
水上运输业	Water Transport	1	33766	5138	
航空运输业	Air Transport	18	8642248	1154488	123651
管道运输业	Transport Via Pipelines	1	1197682	59214	1897
装卸搬运和其他运输服务业	Loading,Unloading and Other Transport Services	143	2042594	1170267	679160
仓储业	Storage	71	954412	446855	211547
邮政业	Posts	156	846062	323038	63693
信息传输、计算机服务和软件业	**Information Transmission,Computer Servecis and Software**	**1702**	**91711620**	**31232219**	**42842620**
电信和其他信息传输服务业	Telecommunications and Other Information Transmission Services	317	79844263	23232826	40909855
计算机服务业	Computer Services	544	5841816	4119213	1030312
软件业	Software	841	6025540	3880180	902454
批发和零售业	**Wholesale Trade and Retail Trade**	**5304**	**61061396**	**43037832**	**11613680**
批发业	Wholesale Trade	2739	50718009	36336973	10562725
零售业	Retail Trade	2565	10343387	6700859	1050955
住宿和餐饮业	**Hotel and Restaurants**	**1788**	**7225212**	**1613763**	**555594**
住宿业	Hotels	551	6164873	1171189	506645
餐饮业	Restaurants	1237	1060339	442574	48948

21-1 续表1 continued

单位：万元 (10000 yuan)

项目	Item	单位数(个) Enterprises (Nos.)	资产合计 Total Assets	流动资产合计 Total Circulating Assets	长期投资 Long-term Investment
金融业	**Finance Intermediation**	**639**	**1731119332**	**800937574**	**484039647**
银行业	Banks	55	1343549531	638249874	363556289
证券业	Security Activities	221	9358811	8212060	485174
保险业	Insurance	180	97588574	44841920	50332748
其他金融活动	Other Financial Activities	183	280622417	109633721	69665436
房地产业	**Real Estate**	**3709**	**111044936**	**92003609**	**5809654**
租赁与商务服务业	**Leasing and Business Servecis**	**2001**	**139863928**	**28658641**	**79751315**
租赁业	Leasing	64	454802	147028	35732
商务服务业	Business Services	1937	139409126	28511613	79715583
科学研究、技术服务和地质勘查业	**Scientific Studies,Technical Servecis and Geological Prospecting**	**1481**	**23796929**	**14030043**	**6606868**
研究与试验发展	Research and Experimental Development	126	2791114	1137296	678068
专业技术服务业	Professional Technical Services	935	10308914	7286708	1830520
科技交流和推广服务业	Services of Science and Technology Exchanges and Promotion	393	4500402	2462658	1182679
地质勘查业	Geologic Prospecting	27	6196499	3143381	2915600
水利、环境和公共设施管理业	**Water, Engineering Conservancy**	**148**	**3605223**	**718879**	**642835**
水利管理业	Management of Water Conservancy	10	474112	49986	294567
环境管理业	Environmental Management	43	660838	242462	231968
公共设施管理业	Management of Public Facilities	95	2470273	426431	116300
居民服务和其他服务业	**Resident Services and Other Services**	**376**	**5471530**	**3490206**	**1407305**
居民服务业	Services to Households	77	187487	114299	6774
其他服务业	Other Services	299	5284042	3375907	1400531
教　育	**Education**	**69**	**302878**	**122306**	**16573**
卫生、社会保障和社会福利业	**Health Care,Social Security and Social Welfare**	**61**	**246977**	**97520**	**1652**
卫　生	Health	58	208575	90436	1652
社会保障业	Social Securities				
社会福利业	Social Welfare	3	38402	7084	
文化、体育和娱乐业	**Culture,Sports and Entertainment**	**515**	**5128881**	**3032297**	**685396**
新闻出版业	Journalism and Publishing Activites	309	3430986	2246083	427118
广播、电视、电影和音像业	Broadcasting,Televisions,Movies and Audiovisual Activities	74	820215	486981	180840
文化艺术业	Cultural and Art Activities	34	297741	116348	63422
体　育	Sports Activities	17	83833	41242	8167
娱乐业	Entertainment	81	496106	141643	5850

21-1 续表2 continued

单位：万元 (10000 yuan)

项目	Item	固定资产合计 Total Fixed Assets	固定资产原价合计 Total Original Value of Fixed Assets	负债合计 Total Liabilities	流动负债合计 Total Current Liabilities
合计	**Total**	**77644547**	**85942551**	**1820853882**	**1093579204**
按登记注册类型分	**Grouped by Registation Status of Enterprises**				
内资企业	Domestic Funded Enterprises	65461020	68639004	1770803316	1052791600
国有企业	State-Owned Enterprises	17743160	20752058	337992065	289428122
集体企业	Collective Owned Enterprises	1295798	1285030	3485401	2875524
股份合作企业	Share Holding Enterprises	387037	464350	1001120	954392
联营企业	Joint Owned Enterprises	129122	173501	254580	206839
有限责任公司	Limited-Liability Corporations	30179899	29947912	387305522	148108304
股份有限公司	Share Holding Corporations Ltd.	13824880	13952283	1016402405	588155750
私营企业	Private Enterprises	1870789	2023194	24284884	22989558
其他企业	Others	30335	40677	77340	73111
港澳台商投资企业	Enterprises with Funds from Hongkong, Macao and Taiwan	7319715	10499276	19348355	15954698
外商投资企业	Foreign Funded Enterprises	4863811	6804271	30702212	24832906
按国民经济行业分	**Grouped by Sector**				
交通运输、仓储和邮政业	**Transportation,Storage and Post**	**21694215**	**25176146**	**13458512**	**6884570**
铁路运输业	Railway Transport	7496760	9646367	2069582	1054902
道路运输业	Road Transport	3864600	4047508	2409075	806410
城市公共交通业	Urban Public Traffic	1616927	2282401	1565794	967547
水上运输业	Water Transport	28628	42521	21113	5763
航空运输业	Air Transport	6771151	6746822	5270285	2516754
管道运输业	Transport Via Pipelines	1135986	1335589	682625	191116
装卸搬运和其他运输服务业	Loading,Unloading and Other Transport Services	124350	183206	666910	655414
仓储业	Storage	247230	266589	503841	426435
邮政业	Posts	408584	625142	269287	260228
信息传输、计算机服务和软件业	**Information Transmission,Computer Servecis and Software**	**16284272**	**19353937**	**20716266**	**16144560**
电信和其他信息传输服务业	Telecommunications and Other Information Transmission Services	15170155	17798399	14306310	10616895
计算机服务业	Computer Services	545287	812985	3146720	3001129
软件业	Software	568831	742553	3263236	2526536
批发和零售业	**Wholesale Trade and Retail Trade**	**4616296**	**5511053**	**43507470**	**39602567**
批发业	Wholesale Trade	2476136	2958319	36163877	32725415
零售业	Retail Trade	2140160	2552734	7343592	6877152
住宿和餐饮业	**Hotel and Restaurants**	**4102848**	**5640215**	**4880717**	**3252157**
住宿业	Hotels	3740351	5135414	4065228	2545525
餐饮业	Restaurants	362496	504801	815489	706633

21-1 续表3 continued

单位：万元 (10000 yuan)

项目	Item	固定资产合计 Total Fixed Assets	固定资产原价合计 Total Original Value of Fixed Assets	负债合计 Total Liabilities	流动负债合计 Total Current Liabilities
金融业	**Finance Intermediation**	**7406650**	**7965138**	**1580361991**	**915034383**
银行业	Banks	5478656	5903206	1242048495	789349039
证券业	Security Activities	442795	754881	8057401	7882896
保险业	Insurance	1124439	898004	94163118	53165932
其他金融活动	Other Financial Activities	360761	409046	236092978	64636515
房地产业	**Real Estate**	**9566896**	**8961937**	**86951013**	**68453871**
租赁与商务服务业	**Leasing and Business Servecis**	**7282152**	**6472254**	**49182311**	**25777907**
租赁业	Leasing	142784	222320	289464	198014
商务服务业	Business Services	7139368	6249934	48892848	25579893
科学研究、技术服务和地质勘查业	**Scientific Studies,Technical Servecis and Geological Prospecting**	**2497183**	**3090846**	**15027229**	**13565388**
研究与试验发展	Research and Experimental Development	631068	739752	1070279	775653
专业技术服务业	Professional Technical Services	1078981	1290530	6876666	6190216
科技交流和推广服务业	Services of Science and Technology Exchanges and Promotion	656817	819031	1863227	1653089
地质勘查业	Geologic Prospecting	130317	241532	5217057	4946429
水利、环境和公共设施管理业	**Water，Environment and Municipal Engineering Conservancy**	**2171580**	**1566560**	**2022715**	**625470**
水利管理业	Management of Water Conservancy	127979	204591	79073	43577
环境管理业	Environmental Management	175347	249625	394661	376554
公共设施管理业	Management of Public Facilities	1868255	1112345	1548981	205340
居民服务和其他服务业	**Resident Services and Other Services**	**463627**	**461975**	**2396421**	**2204312**
居民服务业	Services to Households	42698	63223	134119	126800
其他服务业	Other Services	420930	398752	2262302	2077512
教　育	**Education**	**156386**	**226415**	**147786**	**130551**
卫生、社会保障和社会福利业	**Health Care,Social Security and Social Welfare**	**135930**	**170487**	**130896**	**109344**
卫　生	Health	104775	138438	112116	99188
社会保障业	Social Securities				
社会福利业	Social Welfare	31155	32049	18780	10156
文化、体育和娱乐业	**Culture,Sports and Entertainment**	**1266511**	**1345589**	**2070553**	**1794124**
新闻出版业	Journalism and Publishing Activites	728151	779156	1097117	1033999
广播、电视、电影和音像业	Broadcasting,Televisions,Movies and Audiovisual Activities	100240	139051	357169	314332
文化艺术业	Cultural and Art Activities	105261	44383	147960	112214
体　育	Sports Activities	30076	34225	51542	47708
娱乐业	Entertainment	302783	348773	416764	285872

21-1 续表4 continued

单位：万元 (10000 yuan)

项目	Item	长期负债合计 Total Long-term Liabilities	所有者权益合计 Total Owner's Equity	#实收资本 Paid-up Capital	主营业务收入 Operating Income	主营业务成本 Operating Cost
合计	**Total**	**572660557**	**391915587**	**423952599**	**216443646**	**142528518**
按登记注册类型分	**Grouped by Registation Status of Enterprises**					
内资企业	Domestic Funded Enterprises	563412619	361717048	297039661	177856871	118752155
国有企业	State-Owned Enterprises	48461434	133074253	72185631	38001867	27628032
集体企业	Collective Owned Enterprises	609831	1999690	614259	3938137	3546663
股份合作企业	Share Holding Enterprises	46128	509028	458632	1279031	1013792
联营企业	Joint Owned Enterprises	47741	148149	120775	274468	219367
有限责任公司	Limited-Liability Corporations	239254641	93586744	118993462	65036228	50688079
股份有限公司	Share Holding Corporations Ltd.	273700522	121921998	90419182	46712662	16664072
私营企业	Private Enterprises	1288094	10408339	14233145	22472273	18896620
其他企业	Others	4229	68848	14576	142206	95530
港澳台商投资企业	Enterprises with Funds from Hongkong, Macao and Taiwan	3381512	15207379	16180879	8539085	5092705
外商投资企业	Foreign Funded Enterprises	5866426	14991160	110732058	30047690	18683658
按国民经济行业分	**Grouped by Sector**					
交通运输、仓储和邮政业	**Transportation,Storage and Post**	**6525953**	**18807798**	**13097550**	**13493936**	**10293943**
铁路运输业	Railway Transport	966229	8625673	7113702	3824668	2943722
道路运输业	Road Transport	1603128	2684287	1782621	846599	506098
城市公共交通业	Urban Public Traffic	598247	1195136	810921	902183	818920
水上运输业	Water Transport	15350	12652	2696	20773	14049
航空运输业	Air Transport	2753531	3371964	1829840	4626562	3671385
管道运输业	Transport Via Pipelines	491510	515056	429143	185436	97527
装卸搬运和其他运输服务业	Loading,Unloading and Other Transport Services	11496	1375685	668861	1979169	1595609
仓储业	Storage	77406	450571	240071	345599	289169
邮政业	Posts	9057	576775	219695	762947	357464
信息传输、计算机服务和软件业	**Information Transmission,Computer Servecis and Software**	**4507360**	**70995353**	**34080450**	**14016815**	**8804426**
电信和其他信息传输服务业	Telecommunications and Other Information Transmission Services	3643297	65537953	31165393	5712262	2982258
计算机服务业	Computer Services	144112	2695096	1436742	4562237	3594789
软件业	Software	719951	2762304	1478315	3742316	2227379
批发和零售业	**Wholesale Trade and Retail Trade**	**3808196**	**17553926**	**11152278**	**98085351**	**90217727**
批发业	Wholesale Trade	3438447	14554132	8705009	80891930	74792525
零售业	Retail Trade	369749	2999794	2447269	17193421	15425202
住宿和餐饮业	**Hotel and Restaurants**	**1628560**	**2344495**	**3670154**	**3365691**	**1069320**
住宿业	Hotels	1519703	2099645	3335001	1833075	354023
餐饮业	Restaurants	108857	244849	335152	1532616	715298

21-1 续表5 continued

单位：万元 (10000 yuan)

项目	Item	长期负债合计 Total Long-term Liabilities	所有者权益合计 Total Owner's Equity	#实收资本 Paid-up Capital	主营业务收入 Operating Income	主营业务成本 Operating Cost
金融业	**Finance Intermediation**	**510920371**	**150681661**	**283087128**	**43676699**	**58089**
银行业	Banks	298292517	101419186	87096278	31373811	
证券业	Security Activities	174504	1303830	2932152	647407	
保险业	Insurance	40996888	3428738	106367153	9569569	23461
其他金融活动	Other Financial Activities	171456463	44529907	86691546	2085913	34627
房地产业	**Real Estate**	**18609388**	**24093923**	**19652682**	**18160923**	**13524819**
租赁与商务服务业	**Leasing and Business Servecis**	**23403160**	**90681616**	**49057113**	**10707650**	**7399984**
租赁业	Leasing	91450	165338	138478	103811	55630
商务服务业	Business Services	23311710	90516279	48918636	10603839	7344354
科学研究、技术服务和地质勘查业	**Scientific Studies,Technical Servecis and Geological Prospecting**	**1355384**	**8769698**	**5614931**	**9389454**	**7252100**
研究与试验发展	Research and Experimental Development	294625	1720834	1379454	989592	779752
专业技术服务业	Professional Technical Services	580335	3432248	2254044	5027080	3666475
科技交流和推广服务业	Services of Science and Technology Exchanges and Promotion	209797	2637174	1413294	3242249	2682975
地质勘查业	Geologic Prospecting	270628	979442	568140	130532	122899
水利、环境和公共设施管理业	**Water，Environment and Municipal Engineering Conservancy**	**1397245**	**1582508**	**833734**	**412313**	**321519**
水利管理业	Management of Water Conservancy	35497	395039	225248	39918	41266
环境管理业	Environmental Management	18107	266177	230547	183587	143537
公共设施管理业	Management of Public Facilities	1343641	921292	377940	188808	136715
居民服务和其他服务业	**Resident Services and Other Services**	**189723**	**3075108**	**1506917**	**2533129**	**2056520**
居民服务业	Services to Households	7319	53368	51943	118973	44826
其他服务业	Other Services	182404	3021740	1454975	2414155	2011695
教　育	**Education**	**17235**	**155091**	**98079**	**171282**	**74829**
卫生、社会保障和社会福利业	**Health Care,Social Security and Social Welfare**	**21552**	**116081**	**90303**	**207394**	**127419**
卫　生	Health	12928	96459	89342	199193	125539
社会保障业	Social Securities					
社会福利业	Social Welfare	8624	19622	961	8201	1880
文化、体育和娱乐业	**Culture,Sports and Entertainment**	**276430**	**3058328**	**2011278**	**2223009**	**1327823**
新闻出版业	Journalism and Publishing Activites	63119	2333869	1368620	1702072	1062924
广播、电视、电影和音像业	Broadcasting,Televisions,Movies and Audiovisual Activities	42838	463045	308903	281427	171156
文化艺术业	Cultural and Art Activities	35746	149781	89265	59279	33667
体　育	Sports Activities	3835	32291	43845	38252	24204
娱乐业	Entertainment	130893	79342	200646	141978	35873

21-1 续表6 continued

单位：万元 (10000 yuan)

项目	Item	营业费用 Operating Expenses	主营业务税金及附加 Operating Tax and Extra Charges	利润总额 Total Profits	应交所得税 Income Tax Payable
合计	**Total**	**10187260**	**3172001**	**26960838**	**4816801**
按登记注册类型分	**Grouped by Registation Status of Enterprises**				
内资企业	Domestic Funded Enterprises	6266128	2519980	21812834	3616773
国有企业	State-Owned Enterprises	1235445	560367	8661135	464184
集体企业	Collective Owned Enterprises	152227	28004	78682	20349
股份合作企业	Share Holding Enterprises	111821	19240	49581	11468
联营企业	Joint Owned Enterprises	24988	3755	1408	1846
有限责任公司	Limited-Liability Corporations	2512292	984787	5394309	1171825
股份有限公司	Share Holding Corporations Ltd.	788031	615045	6916506	1791931
私营企业	Private Enterprises	1432648	305721	702048	153752
其他企业	Others	8675	3062	9164	1418
港澳台商投资企业	Enterprises with Funds from Hongkong, Macao and Taiwan	925101	259787	2158222	467379
外商投资企业	Foreign Funded Enterprises	2996031	392235	2989782	732649
按国民经济行业分	**Grouped by Sector**				
交通运输、仓储和邮政业	**Transportation,Storage and Post**	**540787**	**355602**	**1279612**	**331280**
铁路运输业	Railway Transport	4891	118608	435722	149667
道路运输业	Road Transport	83220	21855	86564	23908
城市公共交通业	Urban Public Traffic	24125	43249	-33819	7171
水上运输业	Water Transport	39	605	4525	1496
航空运输业	Air Transport	254029	116136	397156	61931
管道运输业	Transport Via Pipelines	4187	6119	57805	18734
装卸搬运和其他运输服务业	Loading,Unloading and Other Transport Services	77652	20416	177599	30422
仓储业	Storage	30682	4138	-1913	1443
邮政业	Posts	61962	24476	155973	36508
信息传输、计算机服务和软件业	**Information Transmission,Computer Servecis and Software**	**1444122**	**309370**	**5776033**	**669054**
电信和其他信息传输服务业	Telecommunications and Other Information Transmission Services	621077	189362	5129227	605624
计算机服务业	Computer Services	372191	57368	233129	27107
软件业	Software	450854	62639	413677	36324
批发和零售业	**Wholesale Trade and Retail Trade**	**3970851**	**117897**	**2770281**	**685907**
批发业	Wholesale Trade	2824761	81723	2588831	587679
零售业	Retail Trade	1146090	36174	181450	98228
住宿和餐饮业	**Hotel and Restaurants**	**1077496**	**174978**	**138612**	**71936**
住宿业	Hotels	528383	95240	121130	55123
餐饮业	Restaurants	549113	79738	17482	16813

21-1 续表7 continued

单位：万元 (10000 yuan)

项目	Item	营业费用 Operating Expenses	主营业务税金及附加 Operating Tax and Extra Charges	利润总额 Total Profits	应交所得税 Income Tax Payable
金融业	**Finance Intermediation**	**39695**	**675006**	**6366592**	**1454866**
银行业	Banks		534543	3773653	991017
证券业	Security Activities	10119	31652	-195079	19838
保险业	Insurance	4980	62719	-955945	104110
其他金融活动	Other Financial Activities	24596	46092	3743962	339901
房地产业	**Real Estate**	**1064744**	**1006560**	**979408**	**461617**
租赁与商务服务业	**Leasing and Business Servecis**	**1201390**	**249024**	**8366730**	**842142**
租赁业	Leasing	17940	4462	6184	2153
商务服务业	Business Services	1183450	244562	8360547	839990
科学研究、技术服务和地质勘查业	**Scientific Studies,Technical Servecis and Geological Prospecting**	**369709**	**170890**	**756385**	**131979**
研究与试验发展	Research and Experimental Development	62827	10915	-33014	8454
专业技术服务业	Professional Technical Services	204560	132137	471492	89042
科技交流和推广服务业	Services of Science and Technology Exchanges and Promotion	99333	26168	272009	33045
地质勘查业	Geologic Prospecting	2990	1670	45898	1439
水利、环境和公共设施管理业	**Water，Environment and Municipal Engineering Conservancy**	**26938**	**9151**	**18446**	**3790**
水利管理业	Management of Water Conservancy	2128	291	-8438	628
环境管理业	Environmental Management	10912	3449	17380	1179
公共设施管理业	Management of Public Facilities	13898	5412	9503	1983
居民服务和其他服务业	**Resident Services and Other Services**	**124751**	**28426**	**216298**	**58640**
居民服务业	Services to Households	40206	5062	4841	2123
其他服务业	Other Services	84545	23364	211457	56516
教育	**Education**	**30636**	**5520**	**3892**	**2035**
卫生、社会保障和社会福利业	**Health Care,Social Security and Social Welfare**	**25617**	**3698**	**2357**	**1234**
卫生	Health	25617	3513	327	1085
社会保障业	Social Securities				
社会福利业	Social Welfare		185	2030	149
文化、体育和娱乐业	**Culture,Sports and Entertainment**	**270527**	**65881**	**286194**	**102321**
新闻出版业	Journalism and Publishing Activites	180837	36926	232552	77112
广播、电视、电影和音像业	Broadcasting,Televisions,Movies and Audiovisual Activities	25121	12064	52997	22216
文化艺术业	Cultural and Art Activities	11147	1698	6205	1242
体育	Sports Activities	6013	1422	-2187	182
娱乐业	Entertainment	47409	13771	-3373	1569

21-2 会议及展览活动情况

STATISTICS ON CONFERENCES & EXHIBITIONS

项　目		Item		2005	2004	2005年为2004年% 2005 as % of 2004
会展活动人员、收入及设施		**Persons, Revenues, and Facilities for Conferences & Exhibitions**				
从业人员	(人)	Employed persons	(person)	14463	13874	104.2
#大学本科学历及以上	(人)	Those with University Education and Abov	(person)	3961	3413	116.1
#具有高级技术职称	(人)	Those with High-rank Technical Title	(person)	1232	1113	110.7
会展活动收入合计	(千元)	Total Revenues from Conferences & Exhibitions	(1000 yuan)	6109031	5078606	120.3
接待会议收入	(千元)	Revenues from Reception of Conferences	(1000 yuan)	3363277	2797601	120.2
#接待国际会议收入	(千元)	Revenues from Reception of International Conferences	(1000 yuan)	323629	232509	139.2
接待展览收入	(千元)	Revenues from Reception of Exhibitions	(1000 yuan)	2084510	1741214	119.7
#接待国际展览收入	(千元)	Revenues from Reception of International Exhibitions	(1000 yuan)	902738	663779	136.0
其他收入	(千元)	Other Revenues	(1000 yuan)	661244	539791	122.5
会议室总面积(使用面积)	(平方米)	Total Area of Conference Rooms	(sq.m)	621250	576521	107.8
会议室个数	(个)	Number of Conference Rooms	(unit)	3690	3433	107.5
#座位数超过500座的会议室	(个)	Number of Conference Rooms with More Than 500 Seats	(unit)	85	80	106.3
展览场馆使用面积		Usable Area of Exhibition Halls				
展厅面积	(平方米)	Area of Exhibition Halls	(sq.m)	203622	190122	107.1
室外展览面积	(平方米)	Area of Outdoor Exhibition	(sq.m)	63413	71413	88.8
住宿业接待会议和展览		**Conferences & Exhibitions Received by Hotels**				
接待会议个数	(个)	Number of Conferences Received	(unit)	171876	148579	115.7
按地区分		Grouped by Region				
国际会议	(个)	International Conferences	(unit)	6229	5157	120.8
按规模分		Grouped by Size				
参会人数超过500人的会议	(个)	Conferences with More than 500 Participants	(unit)	1627	1235	131.7
按会期分		Grouped by Time of Conference				
居住一夜以上的会议	(个)	Conferences with One-night Occupancy	(unit)	90402	79716	113.4
接待展览个数	(个)	Number of Exhibitions Received	(unit)	1875	1612	116.3
#国际展览	(个)	Internatonal Exhibitions	(unit)	207	182	113.7

21-2 续表1 continued

项目		Item		2005	2004	2005年为2004年% 2005 as % of 2004
展览场馆接待会议和展览		**Conferences & Exhibitions Received by Exhibition Halls**				
接待会议个数	(个)	Number of Conferences Received	(unit)	1670	1307	127.8
按地区分		Grouped by Region				
#国际会议	(个)	International Conferences	(unit)	714	691	103.3
按规模分		Grouped by Size				
#参会人数超过500人的会议	(个)	Conferences with More than 500 Participants	(unit)	202	221	91.4
接待展览个数	(个)	Number of Exhibitions Received	(unit)	492	490	100.4
按地区分		Grouped by Region				
#国际展览	(个)	Internatonal Exhibitions	(unit)	115	112	102.7
按规模分		Grouped by Size				
#展览面积超过1万平方米的展览	(个)	Exhibitions with an Area of More Than 10,000sq.m	(unit)	156	148	105.4
展览面积超过5万平方米的展览	(个)	Exhibitions with an Area of More Than 50,000sq.m	(unit)	3	2	150.0
按内容分		Grouped by Contents				
经贸科技展览	(个)	Trade and Technological Exhibitions	(unit)	263	265	99.2
#展销会	(个)	Exhibition Fairs	(unit)	18	19	94.7
文教体卫展览	(个)	Cultural, Educational, Sports and Health Exhibitions	(unit)	150	132	113.6
其他展览	(个)	Other Exhibitions	(unit)	79	93	84.9
展览(出)面积	(平方米)	Exhibition Area	(sq.m)	4450186	4412999	100.8
#国际展览面积(含室外展出面积)	(平方米)	International Exhibition Area (Including Outdoor Exhibition Area)	(sq.m)	877690	846944	103.6
主办单位举办会议和展览		**Conferences & Exhibitions Held by Organizing Members**				
会议个数	(个)	Number of Conferences	(unit)	1296	902	143.7
展览个数	(个)	Number of Exhibitions	(unit)	592	501	118.2
房产建材	(个)	On Real Estate and Building Materials	(unit)	35	32	109.4
生产设备	(个)	On Production Equipment	(unit)	44	50	88.0
人才招聘	(个)	On Human Resource	(unit)	20	19	105.3
新兴技术	(个)	On Rising Technology	(unit)	32	32	100.0
服装纺织	(个)	On Clothes and Textile	(unit)	27	23	117.4
其他展览	(个)	Other Exhibitions	(unit)	434	345	125.8
参加在京展览的参展单位(商)个数	(个)	Number of Participants in Beijing-based Exhibitions	(unit)	228474	203627	112.2
#国际参展单位(商)个数	(个)	International Participants	(unit)	49717	47694	104.2
参加在京展览观众人数	(人次)	Number of Visitors to Beijing-based Exhibitions	(person-time)	4166726	3605212	115.6
#专业观众	(人次)	Professional Visitors	(person-time)	1125790	1302376	86.4

企业和企业集团

ENTERPRISE AND ENTERPRISE GROUP

简要说明

一、本篇资料的主要内容及范围:

本篇资料包括企业集团调查资料及企业景气调查两大部分。

企业集团调查范围包括：一是由北京市人民政府及主管部门批准的企业集团；二是年资产总计在1亿元及以上的其他各类企业集团。企业集团的统计调查单位是以母子公司为整体的企业集团，即包括企业集团的母子公司、在中国境内和境外的全资子公司（单位）、绝对控股子公司（单位）和相对控股子公司（单位）；不包括参股和协作企业（单位）。

企业景气调查包括工业、建筑业、交通运输仓储和邮政业、批发和零售业、房地产业、信息传输、计算机服务和软件业、住宿和餐饮业、社会服务业等的具有法人资格的企业及其负责人（如厂长、总经理等）以及依照法人单位进行统计的产业活动单位及其负责人。

二、本篇资料的来源:

本篇资料由国家统计局北京调查总队统计监测处提供。

22-1 企业集团主要经济指标(2005年)

单位: 万元

项目	Item	集团个数(个) Number of Groups (unit)	资产总计 Total Assets	固定资产原价 Original Value of Fixed Assets	累计折旧 Accumulative Depreciation in this Year	流动资产平均余额 Average Balance of Circulating Funds
合计	**Total**	**151**	**68551625**	**23363549**	**6945912**	**35050329**
按控股情况划分	**Grouped by Share Holding**					
国有绝对控股	State-owned Absolute Holding Enterprises	68	56048081	20901320	6271361	28866380
国有相对控股	State-owned Relative Holding Enterprises	12	3004978	843997	228890	1176978
集体绝对控股	Collective-owned Absolute Holding Enterprises	15	1442094	226988	66455	773022
集体相对控股	Collective-owned Relative Holding Enterprises	3	351818	90758	22788	35640
其他	Others	53	7704654	1300486	356418	4198309
按行业划分	**Grouped by Sector**					
农、林、牧、渔业	Farming,Forestry,Animal Husbandry and Fishery	1	151321	58160	23932	91579
采矿业	Mining	1	741337	396197	129205	354183
制造业	Manufacturing	38	18880808	8107004	2322784	9013960
电力、煤气及水的生产和供应业	Electricity,Gas,Water Production and Supply	5	11482992	6791127	2097448	3173418
建筑业	Construction	21	8375127	1110645	363501	5289266
交通运输、仓储和邮政业	Transportation,Storage and Post	3	1724340	1492295	392741	401474
信息传输、计算机服务和软件业	Information Transmission,Computer Servecis and Software	3	174297	29267	16027	105856
批发和零售业	Wholesale Trade and Retail Trade	26	4797191	1533316	417622	2830438
住宿和餐饮业	Stay Place and Catering	2	1849942	1409158	568775	621919
房地产业	Real Estate	27	11875443	914514	220783	8298139
租赁和商务服务业	Tenancy and Commercial Servecis	15	7905241	1311787	326474	4620420
科学研究、技术服务和地质勘查业	Scientific Studies,Technical Servecis and Geological Prospecting	1	8375	867	316	4619
水利、环境和公共设施管理业	Water，Environment and Municipal Engineering Conservancy	4	173124	109826	46495	63147
教育	Education	1	95603	42528	4488	32628
文化体育和娱乐业	Culture,Art,Sports and Recreation	3	316484	56858	15321	149283
按登记注册类型划分	**Grouped by Registration Status**					
国有企业	State-owned	30	9537853	2026015	659453	6512117
国有独资公司	Exclusive State-owned	38	46510228	18875305	5611908	22354263
其他有限责任公司	Other Limited-liability Corporations Ltd.	64	9859898	2066461	552555	5292031
股份有限公司	Share Holding Corporations Ltd.	7	1766852	264851	71292	532779
港澳台合资企业	Hongkong,Macao ang Taiwan Venture	1	20844	11027	6600	14899
其他	Others	11	855950	119890	44104	344240

注：企业集团统计范围包括：(1)北京市政府及主管部门批准的企业集团 (2)年资产总额在1亿元及以上的其他各类企业集团。

MAIN ECONOMIC INDICATORS OF BUSINESS GROUP (2005)

(10000 yuan)

负 债 合 计 Total Liabilities	所有者权益 Ownership Interest	主营业务收入 Major Business Revenue	出口额 Total Exports	主营业务成本 Major Business Cost	利润总额 Total Profits	累计对外投资 Accumulative External Investment	投资收益 Investment Income	研究开发费用 Research and Exploit Expenses	从业人员(人) Number of Employed Persons (person)	从业人员报酬 Remuneration for Employed Persons
44651254	**18195812**	**35265975**	**1718927**	**29374323**	**1097414**	**6353099**	**280878**	**162047**	**771105**	**2049686**
36614458	14578052	25951404	1606955	21592612	660828	5656491	248214	123474	620536	1726647
1769576	935083	2637794	10042	2175913	151732	68740	15008	8541	41270	90273
1035414	376592	791971	43482	697165	29606	45267	-312	2714	32044	54864
174965	170597	334380		292755	19728	3381	60	30	7484	12509
5056841	2135488	5550426	58448	4615878	235520	579220	17908	27288	69771	165393
114901	28782	151377	23335	127996	-881	6702	631	200	6611	9690
438410	263854	464172	97248	306169	41733	14014	85	2296	26856	71307
11425625	5409358	13155684	1359404	11207741	288793	1690008	72105	119510	253599	637933
5183773	4784207	3010268	8331	2326553	246852	1874170	71309	3064	74424	198176
6709992	1446799	5168752	459	4507395	83549	430543	15300	17107	122802	339500
1088875	562572	568998		594949	-63951	19392	-1850		97255	216832
37278	134513	101018		10625	10705	12791	-44	14719	5178	34033
2949556	1411871	5745195	11777	5050034	152715	174830	8334	674	65955	147905
1117296	583371	1473057		972759	71714	236638	-15717		41363	117187
9307461	2002127	3119879	8256	2387866	220406	412000	19997	3865	31878	103785
5972013	1287720	2136376	210117	1766074	28830	1453524	103483	140	33025	126728
2617	5758	1207		913	42		8	103	107	215
77339	94828	25739		37624	-528	88	4	39	5687	16897
59283	36292	74557		30836	10601		3239	330	4130	22232
166835	143760	69696		46789	6834	28399	3994		2235	7266
6692375	2258161	3648515	87233	3011550	76421	490998	26474	8439	94812	237888
29922083	12319891	22302889	1519722	18581062	584407	5165493	221740	115035	525724	1488759
6369140	2744180	7561945	103560	6379992	326058	581125	29606	20308	117771	233130
1053809	645780	1234293		953307	100827	27605	3120	14697	15055	62954
16617	4227	16873		16777	1260		-15		1388	1548
597230	223573	501460	8412	431635	8441	87878	-47	3568	16355	25407

Note: Business group include: (1) Enterprise group which Beijing Municipal Government and responsible institution sanction. (2) Total Assets in 100 million and the above-mentioned other kinds enterprise groups.

22-2 企业景气指数(2005年)

项　　目	Item	一季度 First Quarter 本期实际 Real Index in This Period	比上年同期增减 as±of Last Same Period
企业景气指数	**Prosperity index on enterprises**	**129.50**	**-3.20**
按登记注册类型分	**Grouped by Registration Status**		
国有企业	State-owned Enterprises	139.72	9.38
集体企业	Collective-owned Enterprises	71.22	-22.70
股份合作企业	Cooperative Enterprises	120.60	-8.18
有限责任公司	Limited-Liability Corporations	141.09	-6.20
股份有限公司	Share Holding Corporations Ltd.	135.40	-24.74
私营企业	Private Enterprises	133.33	-33.34
外商及港澳台投资企业	Enterprises with Funds from Foreign, Hogkong,Macao and Taiwan	142.29	9.64
按行业分	**Grouped by Sector**		
工　业	Industry	130.66	-1.13
建筑业	Construction	112.70	-27.38
交通运输、仓储和邮政业	Transport, Storage, Posts	127.31	-2.42
批发和零售业	Wholesale and Retail Trade	158.28	9.44
房地产业	Real Estate	131.73	3.40
社会服务业	Social Services	120.37	15.67
信息传输、计算机服务和软件业	Information Transmission, Computer Services and Software	136.72	6.20
住宿和餐饮业	Hotels and Restaurants	153.76	-9.93
按企业规模分	**Group by Size of Enterprises**		
特大型及大型	Super- and large-sized	156.59	-4.51
中小型	Small- and Medium-sized	111.00	0.13
#中　型	Medium-sized	118.18	1.89
小　型	Small-sized	100.81	-3.36
按观察指标分	**Grouped by Indicator Observed**		
生产总量	Gross of Produces	96.12	-8.94
盈利（亏损)变化	Changes of Profit(Loss)	98.63	-4.18
流动资金	Circulating Funds	96.76	-1.03
货款拖欠	Paymeny for Goods in Arrears	108.31	-2.90
劳动力需求	Demond on Labors	95.88	-5.66
固定资产投资	Investment in Fixed Assets	101.56	8.26

PROSPERITY INDEX ON ENTERPRISES (2005)

二季度 Second Quarter		三季度 Third Quarter		四季度 Fouth Quarter	
本期实际 Real Index in This Period	比上年同期增减 as±of Last Same Period	本期实际 Real Index in This Period	比上年同期增减 as±of Last Same Period	本期实际 Real Index in This Period	比上年同期增减 as±of Last Same Period
132.92	**-2.17**	**131.82**	**-2.18**	**127.89**	**-10.13**
143.65	5.89	143.14	-1.62	120.35	-27.85
97.23	6.76	91.18	-10.60	103.12	-2.07
131.74	19.62	97.50	2.05	128.48	24.70
139.92	0.20	133.23	-5.37	138.68	-2.07
143.29	-24.72	157.03	4.89	147.45	-13.95
133.33	-66.67	100.00	-100.00	150.00	-50.00
143.65	9.06	146.20	16.20	149.32	22.97
127.40	-4.85	127.98	-6.26	131.40	-8.91
126.30	-14.10	146.20	12.67	121.99	-12.62
146.28	12.43	138.21	1.40	114.41	-13.65
150.03	-0.43	157.77	6.87	154.15	1.43
134.89	-0.96	128.40	1.15	127.71	-1.20
123.14	16.98	119.18	10.88	111.89	-6.18
155.92	16.50	137.75	7.21	142.32	3.79
176.89	9.38	166.22	-2.77	156.46	-6.85
157.99	-11.37	160.95	-7.05	148.11	-21.39
116.67	8.36	113.33	5.19	116.13	2.27
122.94	8.23	121.76	2.71	124.40	3.92
107.63	6.93	100.87	5.91	103.60	-2.24
133.18	5.13	123.02	2.14	117.60	-3.72
113.41	-2.87	114.44	-0.54	112.19	2.78
95.21	2.23	88.68	-0.10	91.12	-1.25
93.94	-9.35	96.70	0.64	101.37	-1.57
106.47	4.33	103.48	5.67	104.33	10.16
116.14	8.75	116.42	12.06	107.98	-1.46

22-3 企业家信心指数(2005年)

项　目	Item	一季度 First Quarter 本期实际 Real Index in This Period	比上年同期增减 as±of Last Same Period
企业家信心指数	**Index of Confidence by Enterprisers**	**131.36**	**-5.31**
按登记注册类型分	**Grouped by Registration Status**		
国有企业	State-owned Enterprises	147.84	6.03
集体企业	Collective-owned Enterprises	97.31	-0.06
股份合作企业	Cooperative Enterprises	127.19	35.52
有限责任公司	Limited-Liability Corporations	135.45	-12.17
股份有限公司	Share Holding Corporations Ltd.	155.12	-8.29
私营企业	Private Enterprises	166.67	…
外商及港澳台投资企业	Enterprises with Funds from Foreign, Hogkong,Macao and Taiwan	136.39	6.42
按行业分	**Grouped by Sector**		
工　业	Industry	132.46	-8.45
建筑业	Construction	135.21	-6.30
交通运输、仓储和邮政业	Transport, Storage, Posts	137.55	22.68
批发和零售业	Wholesale and Retail Trade	160.65	6.36
房地产业	Real Estate	132.82	15.74
社会服务业	Social Services	112.28	4.77
信息传输、计算机服务和软件业	Information Transmission, Computer Services and Software	145.72	-3.66
住宿和餐饮业	Hotels and Restaurants	147.22	17.02
按企业规模分	**Group by Size of Enterprise**		
特大型及大型	Super- and large-sized	160.33	-3.90
中小型	Small and Medium-sized	120.33	0.83
#中　型	Medium-sized	132.95	8.23
小　型	Small-sized	102.42	-10.68

INDEX OF CONFIDENCE ON MACRO ECONOMY BY ENTERPRISERS (2005)

二季度 Second Quarter		三季度 Third Quarter		四季度 Fouth Quarter	
本期实际 Real Index in This Period	比上年同期增减 as±of Last Same Period	本期实际 Real Index in This Period	比上年同期增减 as±of Last Same Period	本期实际 Real Index in This Period	比上年同期增减 as±of Last Same Period
127.99	**0.79**	**126.24**	**-3.80**	**125.08**	**-4.37**
144.13	15.08	141.68	13.28	117.94	-12.42
95.69	-9.47	93.25	-12.10	88.92	-8.06
103.95	12.28	103.95	8.50	118.43	-10.35
136.54	13.53	134.18	14.90	139.24	15.44
136.44	-15.19	131.70	-29.15	142.80	-8.09
144.44	-22.23	137.50	-62.50	137.50	-29.17
128.53	10.10	134.07	2.59	129.02	7.67
126.86	1.53	122.53	-8.20	122.48	-2.14
153.10	19.14	151.85	17.17	149.65	7.08
124.58	27.03	126.01	23.76	116.06	14.00
140.65	-8.63	145.99	6.82	142.55	-7.64
127.03	14.90	122.60	15.10	126.72	12.76
110.39	-0.60	109.61	-7.29	109.54	-13.24
144.28	-0.74	145.50	-3.99	141.45	1.87
148.49	20.40	142.39	-7.64	135.56	-9.65
148.81	4.92	147.49	4.19	139.18	-2.56
117.01	4.55	115.44	-2.15	116.13	-3.34
123.53	7.65	125.88	-0.31	123.81	-2.09
107.63	-0.76	100.00	-7.19	104.50	-7.18

主要统计指标解释

企业景气调查 也称为经济周期调查或短期经济观测调查，是以企业家为调查对象，采用问卷方式，定期收集有关宏观经济和企业生产经营景气状况变动判断的一种统计调查。简言之，企业景气调查就是调查企业家对宏观经济态势，对企业生产经营状况所做出的判断和预期。调查采用重点调查和抽样调查相结合的方法，调查范围覆盖国民经济八个主要行业，即：工业、建筑业、交通运输仓储和邮政业批发和零售业、房地产业、社会服务业、信息传输计算机服务和软件业、住宿和餐馆业。

景气指数 又称景气度，是对企业景气调查中定性经济指标的定量描述，以直观地反映经济所处的状态。指数的数值介于0和200之间，100为临界值。指数大于100时，表明经济状况趋于上升或改善，处于景气状态；指数小于100时，表明经济状况趋于下降或恶化，处于不景气状态。

企业家信心指数 亦称宏观经济景气指数，是指根据企业决策者对本行业发展状况的判断及其未来走势的预期（选择“乐观”、“一般”、“不乐观”）而编制的指数，反映企业决策者对国家宏观经济发展的信心和预期，是企业决策者对当前宏观经济状况及未来走势的一种感受、体验和期望。

企业景气指数 亦称企业综合生产经营景气指数，是根据企业决策者对本企业当前生产经营状况的判断及未来企业生产经营状况的预期（选择“好”、“一般”、“不佳”）而编制的指数，是企业决策者对企业生产经营现状及未来景气动向的一种综合评价和判断。

开发区

DEVELOPMENT ZONES

简要说明

一、本章资料的主要内容：

本章资料包括北京市清理整顿后的 28 家开发区的基本情况，重点介绍了北京经济技术开发区及中关村科技园区的主要情况。

二、本章的资料来源：

本章资料由北京市统计局社会科技处整理，其中 23-6 表由北京市经济技术开发区统计局提供。

三、北京市清理整顿开发区的情况简介

2004 年，根据国务院办公厅、国家发改委、国土资源部《关于清理整顿各类开发区、加强建设用地管理的通知》精神，北京市政府对全市各类开发区进行了清理整顿。全市 470 个各级、各类开发区经过清理整顿，保留 28 个。这 28 个开发区包括：经国务院批准设立的 3 个国家级开发区（北京经济技术开发区、中关村科技园区、北京天竺出口加工区）；经市政府批准设立的 18 个市级开发区（北京石龙工业开发区、北京良乡工业开发区、北京大兴工业开发区、北京通州工业开发区、北京怀柔雁栖工业开发区、北京兴谷工业开发区、北京密云工业开发区、北京林河工业开发区、北京天竺空港工业开发区、北京八达岭工业开发区、北京凤翔科技开发区、北京市永乐经济开发区、北京延庆经济技术开发区、北京滨河工业开发区、北京国家环保产业园区、北京市光机电一体化产业基地、北京生物工程与医药产业基地、北京石景山八大处高科技园区）。经市政府所属部门、各区县政府批准设立的 7 个其他开发区（昌平区小汤山工业区、顺义区高丽营金马工业区、通州轻纺服装服饰园区、大兴采育京津塘科技园、房山区科技工业园区、怀柔区北房经纬工业小区、平谷区马坊工业区）。

按分布区域分：除北京经济技术开发区、中关村科技园区（包括海淀园、丰台园、昌平园、电子城、亦庄园、德胜园、健翔园 7 个分园区）和北京天竺出口加工区 3 个国家级开发区外，其他主要分布在 11 个区县，其中通州区 5 个，大兴区、顺义区、怀柔区、平谷区各 3 个，房山区、延庆县各 2 个，石景山区、门头沟区、昌平区、密云县各 1 个。

目前开发区清理整顿工作尚未最后结束，有关园区范围及相关数据以国家最终文件为准。

23-1 各类开发区基本情况(2005年)

BASIC STATISTICS ON DEVELOPMENT ZONES (2005)

项　目		Item		合 计 Total	国家级 Of State	市 级 Of City	其 他 Others
开发区个数	(个)	Number of Development Zones	(unit)	28	3	18	7
累计实际征用土地面积	(平方公里)	Accumulated area of actual land acquisition	(sq.km)	108.74	51.88	46.11	10.75
累计土地开发施工面积	(平方公里)	Accumulated area of actual land development construction	(sq.km)	93.89	42.77	42.51	8.61
累计土地开发完工面积	(平方公里)	Accumulated area of land development completed	(sq.km)	88.5	40.0	40.9	7.6
累计出让转让土地使用权签定合同土地面积	(平方公里)	Accumulated area of land with a land use right transfer contract	(sq.km)	52.28	19.13	29.21	3.94
#三资企业	(平方公里)	Foreign Funded Enterprises	(sq.km)	15.18	7.31	7.46	0.41
累计招商项目企业个数	(个)	Accumulated number of enterprises inviting business	(unit)	30474	22890	7366	218
累计招商项目总投资	(亿元)	Accumulative Total Investment of inviting business	(100 million yuan)	5367.5	3694.8	1592.5	80.2
累计招商项目注册资本	(亿元)	Accumulative Registered Capital of inviting business	(100 million yuan)	3849.6	3135.4	697.2	17.0
#三资企业	(亿元)	Foreign Funded Enterprises	(100 million yuan)	1100.3	887.7	206.1	6.5
累计招商项目合同外资金额	(亿美元)	Accumulative Contracted Foreign Capital of inviting business	(USD 100 million)	111.6	84.2	26.3	1.1
累计招商项目外商实际投资	(亿美元)	Accumulated actual foreign investment of inviting business	(USD 100 million)	80.6	57.6	22.4	0.6

注：表内“累计”指自开始至2005年末的累计数。

Note: Accumulative data of this table refer to that from the beginning to the end of 2005.

23-2 各类开发区主要指标完成情况

STATISTICS ON FULFILLMENT OF MAJOR INDICATORS IN DEVELOPMENT ZONES

项　目		Item		2005	2004	2005年为2004年% 2005 as % of 2004
固定资产投资	(亿元)	Investment in Fixed Assets Completed	(100 million yuan)	252.8	229.0	110.4
新增固定资产	(亿元)	Increased Fixed Assets	(100 million yuan)	187.6	103.4	181.4
房屋建筑施工面积	(万平方米)	Floor Space of Buildings under Construction	(10000 sq.m)	690.4	771.7	89.5
房屋建筑竣工面积	(万平方米)	Floor Space of Buildings Completed	(10000 sq.m)	247.2	295.8	83.6
总收入	(亿元)	Total Revenue Completed	(100 million yuan)	6573.8	5073.4	129.6
利润总额	(亿元)	Total Profits Completed	(100 million yuan)	379.8	324.5	117.0
应缴税金总额	(亿元)	Total Taxes Payable	(100 million yuan)	289.1	225.8	128.0

23-3 各类开发区一览表(2005年)
LIST OF DEVELOPMENT ZONES (2005)

名 称 Name	通讯地址 Address	主要负责人 Chairman	邮 编 Post Code	电 话 Telephone
北京经济技术开发区	北京经济技术开发区荣华中路15号博大大厦1307室	张伯旭	100176	67880163
中关村科技园区海淀数字园	海淀区四季青路6号招商大厦6层、7层	周良洛	100089	88499093
中关村科技园区丰台园	丰台区南四环西路188号三区13、14号楼	汪 洪	100070	63795075
中关村科技园区昌平园	昌平城区镇超前路9号	苏贵光	102200	69709140
中关村科技园区电子城科技园	北京朝阳区酒仙桥路甲12号电子城科技大厦	鲍玉桐	100016	64313218
中关村科技园区德胜园	西城区西直门南小街20号519室	苏 东	100035	66206290
中关村科技园区健翔园	朝阳区大屯路西奥中心B座22层	吉广平	100101	64843018
北京天竺出口加工区	首都国际机场西侧一公里天竺空港工业区蓝天大厦	杭金亮	101312	80489510
北京石龙工业开发区	门头沟区石龙南路6号	张丰收	102308	69803404
北京良乡工业开发区	良乡长虹西路73号	齐彦军	102488	89360794
北京大兴工业开发区	北京大兴工业开发区广茂大街9号	邱国占	102600	61271751
北京通州工业开发区	通州区张家湾镇光华路	王 安	101113	69571700
北京怀柔雁栖工业开发区	怀柔区雁栖工业开发区	孟昭霞	101407	61667108
北京兴谷工业开发区	兴谷工业开发区平谷北街15号	王建忠	101200	69967690
北京密云工业开发区	密云工业开发区	李勇军	101500	89098415
北京林河工业开发区	顺义林河开发区双河大街18号	张东生	101300	89495653
北京天竺空港工业开发区	首都国际机场西侧一公里天竺空港工业区蓝天大厦	杭金亮	101312	80489358
北京八达岭工业开发区	延庆县康庄镇紫光东路1号	田玉珠	102100	61664927
北京凤翔科技开发区	怀柔区杨宋镇	雷 杰	101400	61679488
北京永乐经济开发区	通州区永乐店小甸屯村南	张学坤	101105	80511459
北京延庆经济技术开发区	延庆县湖南东路1号	唐富臣	102100	69149224
北京滨河工业开发区	平谷区府前西街22号	赵宝和	101200	69963284
北京国家环保产业园区	通州马驹桥镇环保园区1号环保园区	张树森	101102	60502501
北京市光机电一体化产业基地	通州区次渠光机电一体化基地	王 晨	101111	69501545
北京生物工程与医药产业基地	北京大兴工业开发区广茂大街9号	邱国占	102600	61271751
北京八大处高科技园区	石景山路22号万商大厦	赵 琦	100043	68686665
昌平区小汤山工业区	昌平区小汤山镇工业区	李 勇	102211	61714202
顺义区高丽营金马工业区	顺义高丽营金马工业开发中心	史卫东	101302	69457704
通州轻纺服装服饰园区	通州区西集开发区	杨建路	101108	69570522
大兴采育京津塘科技园	大兴区采育京津塘科技园	孙宏伟	102606	80271798
房山区科技工业园区	房山区城关街道马各庄村北	刘金禄	102400	89337189
怀柔区北房经纬工业小区	怀柔区北房镇政府	赵海军	101400	61681913
平谷区马坊工业区	平谷区马坊镇政府	马海山	101204	60995445

23-4 各类开发区招商、入资情况(2005年)

STATISTICS ON BUSINESS INVITATION AND INVESTMENT IN DEVELOPMENT ZONES (2005)

名称 Name	自开始至报告期累计 Accumulative Number from Beginning					
	招商项目企业个数(个) Number of inviting business (unit)	项目总投资(万元) Total Investment (10000 yuan)	注册资本(万元) Registered Capital (10000 yuan)	#三资企业 Foreign Partner	合同外资金额(万美元) Contracted Foreign Capital (USD 10000)	外商实际投资(万美元) Actual Foreign Investment (USD 10000)
北京经济技术开发区	1800	8850362	5572373	3569211	329562	243036
中关村科技园区	21481	35695955	29071608	7409239	663146	467628
中关村科技园区海淀数字园	15193	19704500	18044100	4065300	398300	222800
中关村科技园区丰台园	3059	3280674	3280674	199878	23509	28128
中关村科技园区昌平园	1564	1738100	1663100	241000	22317	17740
中关村科技园区电子城科技园	815	2599470	2071383	658268	53384	50697
中关村科技园区亦庄科技园	407	7725840	3415570	2227558	165623	148251
中关村科技园区德胜园	311	591161	591161	17133		
中关村科技园区健翔园	132	56210	5620	103	13	13
北京天竺出口加工区	16	127939	125577	125577	15079	13987
北京石龙工业开发区	1319	5339778	501043	92692	7897	6323
北京良乡工业开发区	930	417280	347280	18088	2127	2127
北京大兴工业开发区	736	404357	341928	135143	10495	9311
北京通州工业开发区	180	647089	237696	83766	38060	25801
北京怀柔雁栖工业开发区	147	688756	388553	244794	29400	29400
北京兴谷工业开发区	160	505672	183120	115923	33382	24749
北京密云工业开发区	97	678314	169499	33923	5553	18768
北京林河工业开发区	68	805109	461096	338206	24335	23576
北京天竺空港工业开发区	298	3134132	2532554	641759	47255	43140
北京八达岭工业开发区	644	341949	230674	18971	37	37
北京凤翔科技开发区	501	158850	93605	19780	3520	3069
北京永乐经济开发区	22	60152	29630	15847	3922	1027
北京延庆经济技术开发区	492	416425	380260	11749	4159	3173
北京滨河工业开发区	620	166006	142078	37418	3380	3380
北京国家环保产业园区	16	329027	42943	18804	16425	8450
北京市光机电一体化产业基地	42	807998	133895	69442	13911	8107
北京生物工程与医药产业基地	66	569508	312008	63619	7355	7355
北京八大处高科技园区	1028	455020	443803	101353	11444	5783
昌平区小汤山工业区	36	39700	17283	5961	539	425
顺义区高丽营金马工业区	46	144926	40182	19288	4400	3080
通州轻纺服装服饰园区						
大兴采育京津塘科技园	27	168185	20502	2081	111	111
房山区科技工业园区	10	181954	13446			
怀柔区北房经纬工业小区	68	92870	28000	5777	850	850
平谷区马坊工业区	31	173900	51240	32000	5000	1500

23-5 各类开发区投资、生产情况(2005年)

INVESTMENT AND PRODUCTION OF DEVELOPMENT ZONES (2005)

名称 Name	自年初累计 Accumulative Number from Year-beginning						
	固定资产投资(万元) Investment in Fixed Assets (10000 yuan)	新增固定资产(万元) Increased Fixed Assets (10000 yuan)	房屋建筑施工面积(平方米) Floor Space of Buildings under Construction (sq.m)	房屋建筑竣工面积(平方米) Floor Space of Buildings Completed (sq.m)	总收入(万元) Total Revenues Reaped (10000 yuan)	利润总额(万元) Total Profits (10000 yuan)	应缴税金总额(万元) Total Taxes Payable (10000 yuan)
北京经济技术开发区	1225133	1117744	2462132	1238984	12601816	840273	470668
中关村科技园区	301426	59235	1364464	164078	48729126	3210411	1816560
中关村科技园区海淀数字园	50062		329609		24853255	1760499	1121572
中关村科技园区丰台园	198188	1800	727579	93278	6023995	290227	163476
中关村科技园区昌平园	39132	57435	235221	70800	3352411	250442	113224
中关村科技园区电子城科技园					4109778	137097	198505
中关村科技园区亦庄科技园					9990546	723499	203210
中关村科技园区德胜园	14044		72055		269721	24581	11525
中关村科技园区健翔园					129420	24066	5049
北京天竺出口加工区	15591	34904	67347	34904	19862	-1858	242
北京石龙工业开发区	670		7295		612859	18825	43705
北京良乡工业开发区	7850		28877	3973	1172680	23000	53832
北京大兴工业开发区	1904	8291	54841		493573	19339	28006
北京通州工业开发区	39190	8965	38200	30500	338126	13442	13219
北京怀柔雁栖工业开发区	64190		65421		646603	51065	55698
北京兴谷工业开发区	75446	55479	135768	81438	582134	53210	39560
北京密云工业开发区	22289	22289	40485	40485	421101	1690	18073
北京林河工业开发区	299192	297197	277733	142812	2784345	165653	273647
北京天竺空港工业开发区	91526	76517	455845	202248	3998752	18375	165931
北京八达岭工业开发区					440116	9649	15415
北京凤翔科技开发区	38471	38471	115900	101877	71026	5916	6829
北京永乐经济开发区	5732	1710	40065	10940	24215	-1507	135
北京延庆经济技术开发区					550743	17171	14823
北京滨河工业开发区	6000		72000	14000	128100	7460	5850
北京国家环保产业园区	60615	16239	375436	73805	132084	9037	8180
北京市光机电一体化产业基地	59421	38367	461654	180312	386221	16318	7735
北京生物工程与医药产业基地	43179	22831	341355		71827	11571	1435
北京八大处高科技园区	2100				1105504	9793	29847
昌平区小汤山工业区	9000	6000	24000	16700	33000	2193	2353
顺义区高丽营金马工业区	23175	19676	65847	56729	116360	9815	7385
通州轻纺服装服饰园区					67539	3383	3935
大兴采育京津塘科技园	19932	13704	90520	32640	63439	3403	3380
房山区科技工业园区	22953		130420		6217	72	163
怀柔区北房经纬工业小区	41060		94300		86252	3126	3360
平谷区马坊工业区	51600	38200	94239	45160	45011	539	3920

23-6 北京经济技术开发区主要经济指标
MAIN ECONOMIC INDICATORS FOR BEIJING ECONOMIC-TECHNOLOGICAL DEVELOPMENT AREA

项 目		Item		2005	2004	2005年为2004年% 2005 as % of 2004
规划面积	(公顷)	Area Planned	(hectare)	4650.0	4680.0	99.4
累计征用土地面积	(公顷)	Accumulative Land Area Requisitioned	(hectare)	3772.1	3007.9	125.4
开发区生产总值	(亿元)	Gross Output Value of Development Area	(100 million yuan)	256.0	150.2	170.4
工业总产值（现价）	(亿元)	Gross Output Value of Industry	(100 million yuan)	1150.4	535.2	214.9
#高新技术产业		High-tech Industry		997.9	446.5	223.5
销售（营业)收入	(亿元)	Sales(Business)Revenue	(100 million yuan)	1260.2	675.6	186.5
#产品销售收入		Products Sales Income		1090.1	536.6	203.1
利润总额	(亿元)	Total Profits	(100 million yuan)	84.0	57.7	145.6
进出口总值	(亿美元)	Total Imports and Exports Value	(USD 100 million)	119.5	61.9	193.1
出 口	(亿美元)	Exports	(USD 100 million)	62.6	23.3	268.7
进 口	(亿美元)	Imports	(USD 100 million)	56.9	38.6	147.4
财政收入(含免抵)	(亿元)	Financial Revenue(Including Exempted and set-off revenue)	(100 million yuan)	51.7	41.4	124.9
#税收(含免抵)	(亿元)	Tax(Including Exempted and set-off tax)	(100 million yuan)	47.1	30.4	154.9
土地收入	(亿元)	Land Revenue	(100 million yuan)	4.6	11.0	41.8
财政支出	(亿元)	Financial Expenditure	(100 million yuan)	16.6	14.7	112.9
批准企业个数	(个)	Number of Enterprises Ratified	(unit)	437	521	83.9
入区企业投资额	(亿美元)	Investment of Enterprises Entered	(USD 100 million)	21.9	32.2	68.0
注册资本	(亿美元)	Registered Capital	(USD 100 million)	13.0	21.1	61.6
合同外资金额	(亿美元)	Contracted Foreign Capital	(USD 100 million)	7.4	11.4	64.9
实际利用外资	(亿美元)	Foreign Capital Actually Used	(USD 100 million)	6.1	5.7	107.0
固定资产投资	(亿元)	Investment in Fixed Assets	(USD 100 million)	122.5	135.5	90.4
从业人员	(个)	Number of Employed Persons	(person)	93990	89889	104.6
劳动者报酬	(万元)	Laborer Remuneration	(10000 yuan)	337549	235537	143.3

资料来源：北京经济技术开发区统计局。
Source of data: Beijing Economic & Technological Development Zone Bureau of Statistics.

23-7 中关村科技园区企业经营活动情况
MANAGEMENT OF ZHONG GUAN CUN SCIENCE AND TECHNOLOGY ZONES

单位：亿元 (100 million yuan)

项目	Item	2005	2004
工业总产值(现价)	Gross Output Value of Industry (at current prices)	2611.1	1915.0
新产品产值	Value of New Products	1552.2	1179.1
工业销售产值(现价)	Sales Value of Industry (at Current price)	2492.8	1767.9
出口交货值	Delivery Value of Exports	656.9	320.1
中间投入	Intermediate Input	2750.1	1898.1
工业中间投入	Intermediate Input of Industry	2159.6	1510.9
总收入	Total Income	4872.9	3721.1
产品销售收入	Products Sales Income	2991.3	2188.5
#产品自销零售收入	Sales by Oneself Revenue		427.0
出口收入	Export Revenue	630.0	295.2
新产品销售收入	New Product Sales Income	1839.3	1361.7
#出　口	Export	391.9	163.3
商品销售收入	Commodity Sales Income	809.5	726.9
其他收入	Other Revenue	259.9	227.9
上缴税费总额	Total Taxes Paid	173.8	146.9
#增值税	VAT	98.3	76.0
营业税	Business Tax	30.4	23.9
消费税	Excise	0.5	0.6
企业所得税	Corporate Income Tax	43.8	32.3
企业代缴个人所得税	Personal Income Tax Paid by Enterprise	27.5	23.9
关　税	Duties	9.5	13.9
减免税总额	Total Tax Reduced and Exempted	41.6	31.8
#免　税	Exempted		9.3
#增值税	VAT	11.5	9.3
营业税	Business Tax	1.1	0.9
所得税	Income Tax	23.3	20.3
本年应交增值税	Value Added Tax	91.4	68.2
本年销项税额	Included in Sales Cost	490.2	383.1
本年进项税额	Included in Revenue	426.3	342.4
出口退税	Export Drawback		15.3
用汇总额（亿美元）	Foreign Exchange Used (USD100 million)	80.6	39.8
出口创汇总额（亿美元）	Foreign Exchange Created by Export (USD100 million)	94.9	54.9

23-8 中关村科技园区企业活动情况
ACTIVITIES OF ENTERPRISES IN ZHONGGUANCUN SCIENCE AND TECHNOLOGY PARK

项 目	Item	2005	2004
科技活动情况	**Statistics on science and technology activities**		
科技活动人员合计 （人）	Total of Personnel Engaged in Science and Technology (person)	226992	178907
全时人员	Full-time	186423	154344
非全时人员	Part-time	40569	24563
#研究与试验发展人员	R&D Personnel	144494	111621
科技活动经费支出总额 （亿元）	Total Expenditures for Science and Technology Activities (100 million yuan)	318.4	228.9
内部支出合计	Total Internal Expenditures	284.3	210.4
按用途分组	Grouped by Purpose		
劳务费(含工资)	Labor Cost (Including Wages)	92.5	70.9
原材料费	Cost of Raw Materials	63.1	42.7
非基建项目资金购买和自制设备的支出	Cost of Non-capital Construction and Self-made Equipment	20.6	9.0
其 他	Other	108.1	65.2
按活动类型分组	Grouped by Type of Activitiy		
#研究与试验发展经费支出	R&D Expenditure	224.8	173.4
基础研究支出	Expenditure of Basic Research	24.7	21.3
应用研究支出	Expenditure for Applied Research	122.4	94.0
试验发展支出	Expenditure for Experimental Development	77.7	58.1
研究与试验发展成果应用经费支出	Expenditure for Application of R&D Achievements	26.8	14.5
#新产品开发经费支出	Expenditure of New Product Development	68.4	60.4
外部支出合计	Total Exterior Expenditure	34.1	18.5
#对国内独立研究院所支出	Payment to Domestic Independent Research Institutes	7.0	1.5
对国内高等学校支出	Payment to Domestic Colleges and Universities	1.8	1.5
对国内其他企业支出	Domesticn Other Corporation	11.2	7.2
对国外机构支出	Payment to Foreign Organizations	1.3	3.7
科研基建情况	**Statistics on Capital Construction for Research**		
用于科研的基建经费支出 （亿元）	Capital Construction Expenditure Used for Research (100 million yuan)	4.1	6.2

23-8 续表1 continued

项目	Item	2005	2004
新产品工程准备和支出 （亿元）	**Preparation and Expenditure for New Product Projects (100 million yuan)**		
新产品工程准备和试生产费用支出	Preparation and Test Run Expenditure for New Product Projects	6.5	11.7
本年度全部科技项目情况 （项）	**All Scientific Research Projects in the year (Nos.)**		
全部科技项目数	Number of All Scientific Research Projects	28178	25389
全部科技项目参加人员合计 （人）	Total Participants in All Scientific Research Projects (persons)	105253	98844
全部科技项目经费内部支出合计（亿元）	Total Interior Expenditure for All Scientific Research Projects (100million yuan)	126.2	113.5
#研究与试验发展项目支出	R&D Programs	81.9	67.7
企业科技活动产出情况	**Science and Technologh Output**		
获奖成果情况 （个）	Statistics on Prize-winning Achievements (Nos.)		
获奖成果数	Number of Prize-winning Achievements	1037	927
#国家级	National	303	407
省部级	Provincial	385	303
地、市级	Prefecture- and City-level	252	170
专利情况 （件）	Statistics on Patent (case)		
专利申请数	Number of Patents Applied	7203	5469
拥有发明专利数	Ceations and Inventions	3046	3120
专利授权数	Certified	3477	2608
论文、著作情况	Statistics on Papers and Writings		
发表科技论文 （篇）	Scientific Papers Published (Nos.)	4550	3947
出版科技著作 （种）	Scientific Writings Published (sort)	313	482
技术改造和技术获取情况 （亿元）	**Technical Rennovation and Acquisition (100 million yuan)**		
技术改造经费支出	Payment for Technical Rennovation Expenses	4.6	6.5
技术引进经费支出	Payment for Technical Introduction Expenses	5.0	8.2
消化吸收经费支出	Payment for Digest and Absorption Expenses	1.2	1.1
购买国内技术经费支出	Payment for Purchase Cost of Domestic Technology	6.3	4.6
享受技术开发减免税情况 （亿元）	**Statistics on Tax Reduction and Exemption for Technical Development (100 million yuan)**		
享受各级政府对技术开发的减免税	Tax Reduction and Exemption Granted by Governments at all levels on technical development	4.1	3.3

23-9 中关村科技园区企业人力资源情况
HUMAN RESOURCE IN ENTERPRISES IN ZHONGGUANCUN SCIENCE AND TECHNOLOGY PARK

单位：人 (person)

项 目	Item	2005	2004
企业人力资源情况	**Statistics on Human Resource**		
从业人员年末数	Year-end employees	690798	583517
#女 性	Female	232885	197758
#留学归国人员	Returned Students Studing Abroad	7170	4853
#中高级管理人员	Medium and High-grade Manager	71801	81924
#大学及以上学历	University education and Above		66348
#中级及以上职称	Medium-grade Technical Post and above		40311
按文化程度分	**Group by Educational Backgroiund**		
博士及以上学历	Doctor Degree and above	9147	7496
#留学归国人员	Returned Students Studing Abroad	1487	1162
硕 士	Masters	53180	40371
#留学归国人员	Returned Students Studing Abroad	2784	1718
大 学	Undergraduates	258325	208229
大 专	Junior College	142280	115786
#大本及以上学历人员中非本市户籍人员	Non-townees of the Undergraduates and Above		63184
按技术职称分	**Grouped by Technical Post**		
高 级	Senior	55671	45194
中 级	Middle	108628	86263
初 级	Junior	106240	86504
高级技术工人	Senior skilled workers	33965	23229
#中级及以上职称人员中非本市户籍人员	Non-townee of Intermediate Level above		21665
按来源分	**Grouped by Source**		
在岗职工	Fully Employed Staff and Workers	606722	512340
#女 性	Female		157481
聘用、留用的离退休人员	Retained VCSR and RRSW	21468	20186
外籍及港澳台方人员	Foreign Nationality,Hongkong,Macao and Taiwan Personnel	2804	4804
其他从业人员	Other Employed Persons	59804	46187
按岗位分	**Group by Station**		
科技活动	Scienctific and Technological Activities		186827
生产活动	Productive Activities		160881
经营管理	Management		154847
销售服务	Sales Service		79121
咨询服务	Consulting Service		21796

23-9 续表1 continued

单位：人 (person)

项目	Item	2005	2004
按年龄分	**Group by Age**		
29岁及以下	Age 29 and below	340083	288628
30岁—39岁	30-39	205122	173006
40—49岁	40-49	99046	81244
50岁及以上	Age 50 and over	46547	40639
从业人员年平均人数	Average Number of Empolyed Persons	726603	565545
#工程技术人员	Engineering Technician	170418	101883
#在岗职工	Fully Employed Staff and Workers	661062	506624
从业人员劳动报酬（亿元）	**Remuneration of Employed Persons (100 million yuan)**	**268.9**	**214.0**
在岗职工报酬	Remuneration of Fully Employed Staff and Workers	240.7	189.7
聘用、留用的离退休人员报酬	Remuneration of Appoint VCSR and RRSW	6.5	5.3
外籍及港澳台方人员报酬	Remuneration of Foreign Nationality, Hongkong,Macao and Taiwan Personnel	8.6	7.6
其他从业人员	Other Employed Persons	13.1	11.4
在岗职工参加社会保险情况	**Number of Take part in the Social Insurance**		
参加养老保险人数	Endowment Insurance	535307	364257
参加医疗保险人数	Hospitalization Insurance	411923	329148
参加失业保险人数	Unemployment Insurance	388894	314686
新增和调入的从业人员	**Employees Increased and Transferred in**	**156201**	**116845**
减少和调出的从业人员	**Employees Decreased and Transferred out**	**104196**	**83313**
不在岗职工年末人数	**Number of Staff and Workers not on the job**		
不在岗职工生活费	**Living cost of staff and workers not on the job**		

23-10 中关村科技园区企业财务状况
FINANCIAL STATUS OF ENTERPRISES IN ZHONGGUANCUN SCIENCE AND TECHNOLOGY PARK

单位：亿元 (100 million yuan)

项 目	Item	2005	2004
资产总计	Total Assets	8009.8	6424.2
流动资产合计	Total Current Assets	4558.3	3602.8
流动资产年平均余额	Annual Average Balance of Current Assets	3916.6	3550.6
固定资产合计	Total Fixed Assets	1220.5	1064.7
固定资产原价	Original Value of Fixed Assets	1442.3	1200.4
累计折旧	Accumulative Depreciation	435.0	351.1
固定资产净值年平均余额	Annual Average Balance of Net Fixed Assets	771.4	632.8
负债合计	Total Liabilities	3943.2	3092.2
流动负债合计	Current Liabilities	3233.1	2593.0
长期负债合计	Longterm Liabilities	605.2	484.8
所有者权益	Owner's Equity	4065.9	3332.0
实收资本	Paid-up Capital	2712.2	2184.8
主营业务收入	Operating Income	4752.9	3619.3
主营业务成本	Operating Cost	3776.7	2833.2
主营业务税金及附加	Operating Tax and Extra Charges	39.1	31.4
主营业务利润	Operating Profits	657.0	522.9
利润总额	Total Profits	329.1	256.1

主要统计指标解释

累计实际征用土地面积 指自开始至报告期末累计实际完成征用的土地面积合计。

累计土地开发施工面积 指自开始至报告期末累计进行“七通”(道路、上水、供电、供气、供热、电信、下水)“一平”(场地平整一进行地上物拆除) 施工的土地开发面积。

累计土地开发完工面积合计 指自开始至报告期末累计已具备“七通一平”条件的土地开发面积。

累计出让转让土地使用权签定合同土地面积 指自开始至报告期末累计出让转让土地使用权签定正式出让转让土地使用权合同的土地面积合计。包括科技园区、开发区和工业小区自行建设占用的土地面积。

累计招商项目企业个数 指自开始至报告期末累计招商入区并经工商管理机关注册取得法人营业执照的企业个数合计。

累计招商项目总投资 指自开始至报告期末累计批准的合同（章程）规定的投资总额。

累计招商项目注册资本 指自开始至报告期末累计为设立经营企业在工商行政管理机关注册的资本总额。

累计招商项目合同外资金额 指自开始至报告期末累计批准的合同（章程）中，外商和港、澳、台商的出资额。

累计招商项目外商实际投资 指自开始至报告期末累计按合同规定的外方和港、澳、台方以现金、实物、工业产权及专有技术的计价实缴资本投资额。

总收入 指企业全年的技术收入、自产产品销售收入、以出售为目的购入商品的销售收入及其它收入的总和。总收入应按不含增值税的价格计算。

用汇总额 指全年实际支出的外汇金额。

出口创汇总额 指出售给外贸部门或直接出售给外商的产品或商品的总金额。包括来料加工装配出口，境内外技术合同实现金额及在国内以外汇计价的商品出售和技术服务的总额等。

留学归国人员 指出国学习，取得学位的归国人员。

中国统计出版社最新资料书简目

中国统计年鉴-2006
中国统计摘要-2006
2006 中国发展报告
中国城市统计年鉴-2005
中国劳动统计年鉴-2006
中国人口统计年鉴-2006
中国工业经济统计年鉴-2006
中国市场统计年鉴-2006
2005 中国经济景气年鉴
中国建筑业统计年鉴-2005
中国城市调查年鉴-2006
中国商品交易市场统计年鉴-2006
中国连锁餐饮企业统计年鉴-2005、2006
中国连锁零售业统计年鉴-2005、2006
中国能源统计年鉴-2004、2005
全国农产品成本收益资料汇编-2005
国际统计年鉴-2006
中国对外经济贸易统计年鉴-2005
中国基本单位统计年鉴-2005
中国民政统计年鉴-2006
中国高技术产业统计年鉴-2006
中国房地产行业名录
中国农村统计年鉴-2006
中国农村住户调查年鉴-2006(中文)
中国农村住户调查年鉴-2006(英文)
中国乡镇统计资料-2006
中国县(市)社会经济调查年鉴-2006
中国西部农村统计资料-2006
中国建制镇统计资料-2006
中国农产品价格调查年鉴-2006
中国国民经济核算年鉴-2006
中国经济普查年鉴-2004
中国棉花年鉴-2004、2005
中国百强县(市)发展年鉴-2006
中国教育经费统计年鉴-2005

北京统计年鉴-2006
天津统计年鉴-2006
河北经济年鉴-2006
山西统计年鉴-2006
内蒙古统计年鉴-2006
辽宁统计年鉴-2006
吉林统计年鉴-2006
黑龙江统计年鉴-2006
上海统计年鉴-2006
江苏统计年鉴-2006
浙江统计年鉴-2006
安徽统计年鉴-2006

福建统计年鉴-2006
江西统计年鉴-2006
山东统计年鉴-2006
河南统计年鉴-2006
湖北统计年鉴-2006
湖南统计年鉴-2006
广东统计年鉴-2006
广西统计年鉴-2006
海南统计年鉴-2006
重庆统计年鉴-2006
四川统计年鉴-2006
贵州统计年鉴-2006
云南统计年鉴-2006
西藏统计年鉴-2006
陕西统计年鉴-2006
甘肃年鉴-2006
青海统计年鉴-2006
宁夏统计年鉴-2006
新疆统计年鉴-2006
新疆生产建设兵团统计年鉴-2006
石家庄统计年鉴-2006
唐山统计年鉴-2006
邯郸统计年鉴-2006
张家口统计年鉴-2006
朔州统计年鉴-2006
呼和浩特经济统计年鉴-2006
鄂尔多斯市统计年鉴-2006
包头统计年鉴-2006
沈阳年鉴-2006
大连统计年鉴-2006
鞍山统计年鉴-2006
长春统计年鉴-2006
吉林市社会经济统计年鉴-2006
四平统计年鉴-2006
延吉统计年鉴-2006
哈尔滨统计年鉴-2006
齐齐哈尔经济统计年鉴-2006
黑龙江垦区统计年鉴-2006
上海浦东新区统计年鉴-2006
南京统计年鉴-2006
苏州统计年鉴-2006
无锡统计年鉴-2006
常州统计年鉴-2006
徐州统计年鉴-2006
南通统计年鉴-2006
盐城统计年鉴-2006
镇江统计年鉴-2006
江阴统计年鉴-2006
杭州统计年鉴-2006

宁波统计年鉴-2006
绍兴统计年鉴-2006
台州统计年鉴-2006
舟山统计年鉴-2006
温州统计年鉴-2006
金华统计年鉴-2006
嘉兴统计年鉴-2006
安庆经济统计年鉴-2006
福州统计年鉴-2006
福州年鉴-2006
厦门经济特区年鉴-2006
福州经济技术开发区年鉴-2006
南昌经济社会统计年鉴-2006
上饶经济社会统计年鉴-2006
九江经济统计年鉴-2006
济南统计年鉴-2006
青岛统计年鉴-2006
潍坊统计年鉴-2006
淄博统计年鉴-2006
郑州统计年鉴-2006
洛阳统计年鉴-2006
三门峡统计年鉴-2006
南阳经济统计年鉴-2006
武汉统计年鉴-2006
宜昌统计年鉴-2006
十堰统计年鉴-2006
荆州统计年鉴-2006
长沙统计年鉴-2006
广州统计年鉴-2006
东莞统计年鉴-2006
惠州统计年鉴-2006
深圳统计年鉴-2006
南宁统计年鉴-2006
桂林经济社会统计年鉴-2006
柳州经济统计年鉴-2006
来宾统计年鉴-2006
河池地区经济社会统计年鉴-2006
海口统计年鉴-2006
成都统计年鉴-2006
贵阳统计年鉴-2006
昆明统计年鉴-2006
西安统计年鉴-2006
兰州年鉴-2006
西宁统计年鉴-2006
银川统计年鉴-2006
乌鲁木齐统计年鉴-2006
巴音郭楞统计年鉴-2006
吐鲁番统计年鉴-2006

编辑部电话：(010) 63376863　63376865　63376877
欲购以上图书请与中国统计出版社发行部联系。电话：(010) 63376897　同樺行书店电话：68585978
通讯地址：北京市西城区三里河月坛南街 75 号　邮政编码：100826

New Published Statistical Yearbook by China Statistics Press

China Statistical Yearbook -2006
China Statistical Abstract -2006
China Development Report in 2005
China Urban Statistical Yearbook-2004
China Labour Statistical Yearbook-2006
China Population Statistical Yearbook-2006
China Industrial Economic Statistical Yearbook-2006
China Market Statistical Yearbook-2006
China Economic Climate Yearbook
China Construction Statistical Yearbook-2004
China Urban Survey Yearbook-2006
China Statistical Yearbook of Commodities Market
China Statistical Yearbook of Chain Catering Service 2005,2006
China Statistical Yearbook of Chain Retail Trade 2005,2006
China Energy Statistical Yearbook-2004,2005
China Data Compilation of Rural Product Cost Benefit 2005
International Statistical Yearbook-2006
China Foreign Economic Statistical Yearbook-2004
China Basic Statistical Units Yearbook-2004
China Civil Affairs's Statistical Yearbook -2006
China High-tech Industry Yearbook-2006
Sectors of Real-estate Industry in China
China Rural Statistical Yearbook-2006
China Rural Household Survey Yearbook-2006
China Rural Household Survey Yearbook-2006(English)
China Township and Town Statistical Data-2004
China County(City) Social and Economic Survey Yearbook-2006
China Western Rural Statistical Data-2006
China Town Statistical Data-2006
China Rural Product Price Survey Yearbook-2006
China National Accounts Yearbook-2006

Beijing Statistical Yearbook-2006
Tianjin Statistical Yearbook-2006
Hebei Economic Statistical Yearbook-2006
Shanxi Statistical Yearbook-2006
Inner Mongolia Statistical Yearbook-2006
Liaoning Statistical Yearbook-2006
Jilin Statistical Yearbook-2006
Heilongjiang Statistical Yearbook -2006
Shanghai Statistical Yearbook-2006
Jiangsu Statistical Yearbook-2006
Zhejiang Statistical Yearbook-2006
Anhui Statistical Yearbook-2006
Fujian Statistical Yearbook-2006
Jiangxi Statistical Yearbook-2006
Shandong Statistical Yearbook-2006
Henan Statistical Yearbook-2006
Hubei Statistical Yearbook-2006
Hunan Statistical Yearbook-2006
Guangdong Statistical Yearbook-2006
Guangxi Statistical Yearbook-2006
Hainan Statistical Yearbook-2006
Chongqing Statistical Yearbook-2006
Sichuan Statistical Yearbook-2006
Guizhou Statistical Yearbook-2006
Yunnan Statistical Yearbook-2006
Tibet Statistical Yearbook-2006
Shanxi Statistical Yearbook-2006
Gansu Yearbook-2006
Qinghai Statistical Yearbook-2006
Ningxia Statistical Yearbook-2006
Xinjiang Statistical Yearbook-2006
Xinjiang Production & Construction Group Statistical Yearbook-2006
Shijiazhuang Statistical Yearbook-2006
Tangshan Statistical Yearbook-2006
Handan Statistical Yearbook-2006
Zhangjiakou Statistical Yearbook-2006
Shuozhou Statistical Yearbook-2006
Hohhot Economic Statistical Yearbook-2006
Erduosi Statistical Yearbook-2006
Baotou Statistical Yearbook-2006
Shenyang Yearbook-2006
Dalian Statistical Yearbook-2006
Anshan Statistical Yearbook-2006
Changchun Statistical Yearbook-2006
Jilin City Social Economic Statistical Yearbook-2006
Siping Statistical Yearbook-2006
Yanji Statistical Yearbook-2006
Harbin Statistical Yearbook-2006
Qiqihrer Economic Statistical Yearbook-2006
Heilongjiang Assarting District Statistical Yearbook-2006
Statistical Yearbook of Shanghai Pudong New Area -2006
Nanjing Statistical Yearbook-2006
Suzhou Statistical Yearbook-2006
Wuxi Statistical Yearbook-2006
Changzhou Statistical Yearbook-2006
Xuzhou Statistical Yearbook-2006
Nantong Statistical Yearbook-2006
Yancheng Statistical Yearbook-2006
Zhenjiang Statistical Yearbook-2006
Jiangyin Statistical Yearbook-2006
Hangzhou Statistical Yearbook-2006
Ningbo Statistical Yearbook-2006
Shaoxing Statistical Yearbook-2006
Taizhou Statistical Yearbook-2006
Zhoushan Statistical Yearbook-2006
Wenzhou Statistical Yearbook-2006
Jinhua Statistical Yearbook-2006
Jiaxing Statistical Yearbook-2006
Anqing Economic Statistical Yearbook-2006
Fuzhou Statistical Yearbook-2006
Fuzhou Yearbook-2006
Xiamen Special Economic zone Yearbook-2006
Yearbook of Fuzhou Economic & Technical Development District -2006
Nanchang Economic Social Statistical Yearbook-2006
Shangrao Economic Social Statistical Yearbook-2006
Jiujiang Economic Statistical Yearbook-2006
Jinan Statistical Yearbook-2006
Qingdao Statistical Yearbook-2006
Weifang Statistical Yearbook-2006
Zibo Statistical Yearbook-2006
Zhengzhou Statistical Yearbook-2006
Luoyang Statistical Yearbook-2006
Sanmenxia Statistical Yearbook-2006
Nanyang Economic Statistical Yearbook-2006
Wuhan Statistical Yearbook-2006
Yichang Statistical Yearbook-2006
Shiyan Statistical Yearbook-2006
Jingzhou Statistical Yearbook-2006
Changshao Statistical Yearbook-2006
Guangzhou Statistical Yearbook-2006
Dongguan Statistical Yearbook-2006
Huizhou Statistical Yearbook-2006
Shenzhen Statistical Yearbook-2006
Nanning Statistical Yearbook-2006
Guilin Economic Social Statistical Yearbook-2006
Liuzhou Economic Statistical Yearbook-2006
Laibin Statistical Yearbook-2006
Hechi Prefectural Economic Social Statistical Yearbook-2006
Haikou Statistical Yearbook-2006
Chengdu Statistical Yearbook-2006
Guiyang Statistical Yearbook-2006
Kunmin Statistical Yearbook-2006
Xi'an Statistical Yearbook-2006
Lanzhou Yearbook-2006
Xining Statistical Yearbook-2006
Yinchuan Statistical Yearbook-2006
Urumqi Statistical Yearbook-2006
Bayangol Statistical Yearbook-2006
Turpan Statistical Yearbook-2006

Editorial Depatrment: (010) 63376863 63376865 63376877
Tongjihang Bookstore: (010) 63376897 68585978
Address: No. 75 Yuetan Nanjie, Sanlihe, Beijing 100826, P. R. China Statistics Press